广州统计年鉴

2002

(总第14期)

广州市统计局 编

中国统计出版社
China Statistics Press

(京)新登字 041 号

图书在版编目(CIP)数据

广州统计年鉴　2002/广州市统计局编. －北京：
中国统计出版社,2002.7
ISBN　7－5037－3797－2
Ⅰ.广…　Ⅱ.广…　Ⅲ.社会经济统计－统计资料－广州－2002－年鉴　Ⅳ.C832.651－54
中国版本图书馆 CIP 数据核字(2002)第 034185 号

广州统计年鉴－2002

作　　者／广州市统计局
责任编辑／陈越月
E － mail／yearbook@stats.gov.cn
责任校对／肖兴文
封面设计／易莉蓉
出版发行／中国统计出版社
通信地址／北京市西城区三里河月坛南街 75 号　中国统计出版社
电　　话／(010)63262295
印　　刷／广州大一印刷有限公司
经　　销／新华书店
开　　本／787×1092 毫米／　16 开本
字　　数／95 万字
印　　张／30 印张
印　　数／1－1800
版　　别／2002 年 6 月第 1 版
版　　次／2002 年 6 月第 1 次印刷
书　　号／ISBN　7－5037－3797－2/F.1362
定　　价／200 元

《广州统计年鉴》编委会和编辑人员名单

一.编委会名单

主　　任:马余胜

副 主 任:王　军　　朱中华　　贾景智

主　　编:马余胜

副 主 编:贾景智

编辑委员:(按姓氏笔划为序)

吴永佳　　吴江波　　杨启光　　沈妙芬　　陈幸华
陈继红　　余家荣　　欧小平　　郑纪军　　梁国柱
黄海鹰　　韩菊英

二.编辑部工作人员名单

总 编 辑:余家荣

副总编辑:陈继红　陈幸华

责任编辑:林穗子　肖兴文　胡玉敏

编辑人员:(按姓氏笔划为序)

邓立坚　　邓　谦　　孔伟雄　　卞虹虹　　区海鹏
王晶莹　　冯　俊　　刘志军　　刘维敏　　朱秀英
朱展翔　　孙晓茵　　吴永红　　吴　燕　　陈　平
陈武耿　　李国桢　　肖坤强　　肖穗华　　杜倩文
苏　娟　　杨红慧　　杨秀仪　　杨　波　　杨　美
何　洋　　林　红　　林伟红　　林　彬　　林婉玲
周庆林　　周　虹　　罗志雄　　罗奕洋　　罗晓红
郑　彦　　郑振威　　郑曼玲　　钟炳基　　袁汉波
倪瑞萍　　盛世诚　　梁树佳　　黄健芳　　黄耀丹
董志聪　　谢卫明

电脑排版:华昕辉

英文翻译:欧阳可员

编　者　说　明

一、《广州统计年鉴——2002》是一本大型的统计资料工具书。本年鉴通过大量、翔实的统计数据，全面客观地反映了2001年及历史主要年份，特别是改革开放以来广州市经济、社会的发展情况。

二、全书内容分为17个篇目，即：1.综合；2.人口；3.从业人员和职工工资 4.固定资产投资；5.原材料消费与库存；6.财政金融和保险；7.物价指数；8.人民生活；9.城市公用事业；10.农业；11.工业；12.建筑业；13.运输与邮电；14.国内贸易；15.对外经济贸易和旅游；16.科技；17.教育文化体育卫生社会福利和其他。在附录部分，收集了全国、广东省及全国十大城市、珠江三角洲十二市(区)、香港特别行政区、澳门特别行政区主要经济指标。为了便于读者使用资料，本年鉴附有中译英国民经济主要指标和主要统计指标解释。

三、本年鉴中"市区原口径"指原八区(东山、荔湾、越秀、海珠、天河、芳村、白云、黄埔)，"市区新口径"指新十区(东山、荔湾、越秀、海珠、天河、芳村、白云、黄埔、番禺、花都)。除注明者外，均为十区口径。

四、本年鉴总量指标计算所采用的价格除注明者外均为当年价格。

五、读者在使用历年资料时，凡与本年鉴有出入的，均以本年鉴为准。

六、本年鉴表中的符号使用说明："空格"表示没有这种情况；"…"表示数字很小，达不到计算单位要求的最低位；"#"表示其中数。

七、《广州统计年鉴》公开出版以来，受到了广大读者的关心和支持，对此我们深表谢意。欢迎广大读者对年鉴内容、编排等方面提出宝贵意见，以利于我们进一步提高年鉴的编辑工作水平，更好地为广大读者服务。

篇　目　索　引

中国移动通信
CHINA MOBILE

暨南大学

JINAN UNIVERSITY

暨南大学的前身是1906年创办于南京的暨南学堂，1927年在上海改为国立暨南大学。其后几经变迁，1958年在广州重建。素有“华侨最高学府”之称。1996年成为国家“211工程”重点建设大学之一。现由原国家副主席荣毅仁任暨南大学董事会名誉董事长，全国政协副主席钱伟长兼任暨南大学名誉校长、董事会董事长，著名固体力学专家、中国工程院院士刘人怀任校长。

暨南大学学校领导

暨南大学现设有文学院、外国语学院、新闻与传播学院、理工学院、信息科学技术学院、生命科学技术学院、经济学院、法学院、管理学院、医学院、药学院、华文学院、中旅学院、珠海学院、国际学院和教育学院等16个学院。全校共有43个本科专业，有14个学科专业博士学位授予权，博士后科研流动站2个。目前有全日制学生13835人，其中攻读博士、硕士学位研究生2584人，本科生10570人，来自世界五大洲41个国家和港澳台地区的学生5061人。学校拥有先进的教学、科研和体育设施，图书馆藏书164.3万册，设有6家附属医院(均为三级甲等医院)，1家眼科医院和1家直属医院。学校学风浓郁、人文荟萃，建校96年来，共培养了7万余名毕业生，其中华侨华人学生来自五大洲86个国家。

暨南大学校门

暨南大学曾宪梓科学馆

学校根据自身的实力和特点，确立了7个学科为国家“211工程”重点建设的学科，并全面启动建设。学校师资力量雄厚，现有专任教师982人，其中中国工程院院士2人，教授155人，副教授407人，有博士学位教师近200人。师资质量已名列全国师资最优的25所高校行列，排名第13位。文科在全国前五十强中位居第21。

暨南大学中旅学院

暨南大学珠海学院学生宿舍

学校积极开展对外学术交流，已与美国、加拿大、秘鲁、英国、德国、法国、葡萄牙、澳大利亚、日本、泰国、新加坡、马来西亚、越南、印度尼西亚、老挝、南非等国家和港澳地区40多所高等院校和文化机构签订了双边协议或学术交流关系。

侨教之光照五洲大地，暨南沃壤育八方英才。在新世纪，暨南大学将实施“侨校+名校”的办学思路，以弘扬中华文化为己任，为海内外培育更多更好的人才。

地址：广州市石牌　电话：020-85220130　传真：020-85221340　邮编：510632　http://www.jnu.edu.cn　E-mail:ozsb@jnu.edu.cn

目　　录

第二篇　人　　口

第三篇　从业人员和职工工资

第四篇　固定资产投资

第五篇　原材料消费与库存

第六篇　财政、金融和保险

第七篇　物价指数

第八篇　人民生活

第九篇　城市公用事业

第十篇　农　　业

第十一篇　工　　业

第十二篇　建筑业

第十三篇　运输与邮电

第十四篇　国内贸易

第十五篇　对外经济贸易和旅游

第十六篇　科　　技

第十七篇　教育、文化、体育、卫生、社会福利和其他

附　　录

中译英国民经济主要指标

CONTENTS

CHAPTER 1 GENERAL SURVEY

CHAPTER 2 POPULATION

CHAPTER 3 EMPLOYMENT AND WAGES

CHAPTER 4 INVESTMENT IN FIXED ASSETS

CHAPTER 5 CONSUMPTION AND INVENTORY OF RAW MATERIALS

CHAPTER 6 FINANCE、BANKING AND INSURANCE

CHAPTER 7 PRICE

CHAPTER 8 PEOPLE'S LIVELIHOOD

CHAPTER 9 URBAN PUBLIC UTILITIES

CHAPTER 10 AGRICULTURE

CHAPTER 11 INDUSTRY

CHAPTER 12 CONSTRUCTION

CHAPTER 13 TRANSPORTATION, POSTAL AND TELECOMMUNICATION SERVICE

CHAPTER 14 DOMESTIC TRADE

CHAPTER 15 FOREIGN ECONOMY TRADE AND TOURISM

CHAPTER 16 SCIENCE AND TECHNOLOGY

CHAPTER 17 EDUCATION, CULTURE, SPORTS, PUBLIC HEALTH, SOCIAL WELFARE AND OTHERS

APPENDIX

THE SUMMARY PART IN ENGLISH

广州市二〇〇一年国民经济和社会发展统计公报

（2002年3月17日）

2001年，面对世界经济增势放缓、外需拉动明显减弱的严峻形势，市委、市政府采取了调整结构、扩大内需、深化改革等一系列政策措施，全市上下同心协力，努力克服困难，促进了国民经济持续快速健康发展，经济运行质量不断提高，各项社会事业蓬勃发展，人民生活水平继续提高，城市环境面貌实现“三年一中变”目标，综合经济实力进一步增强，实现了“十五”计划的良好开局。

一、综　　合

国民经济保持较快增长。据初步统计，2001年全市国内生产总值2684.83亿元，比上年增长12.7%。其中：第一产业增加值95.73亿元，增长2.0%；第二产业增加值1136.51亿元，增长12.7%；第三产业增加值1452.59亿元，增长13.5%；第一、二、三次产业增加值占国内生产总值的比重由上年的3.97:43.44:52.59调整为3.57:42.33:54.10。人均国内生产总值达3.8万元，增长10.5%；按当年国家平均汇率计算，达到4586美元，在全国十大城市中居于前列。

物价水平相对稳定。2001年城市居民消费价格总指数为98.9%，价格总水平比上年下降1.1%，其中消费品价格水平下降3.1%，服务项目价格水平上升4.0%。消费价格总水平下降的主要原因是食品、衣着、耐用消费品等价格下降较大，其降幅分别为2.4%、3.7%和5.3%。农村居民消费价格总指数为97.9%，价格总水平比上年下降2.1%。主要原材料、燃料、动力购进价格比上年下降0.5%，主要工业品出厂价格下降1.4%。

劳动就业基本稳定。2001年末，全市从业人员507.70万人，比上年末增加4.01万人，其中城镇从业人员238.62万人，比上年末减少0.64万人。年末职工总人数172.29万人，比上年末减少8.07万人；全市私营从业人员和个体劳动者62.79万人，比上年末增加6.52万人。年末我市城镇登记失业人员9.16万人，城镇登记失业率为3.76 %。全年已安置城镇失业人员17.77万人就业。

二、农　　业

农业生产在结构调整中平稳发展。通过大力推进农业产业化和现代化，广州农业逐步从传统城郊型农业向现代都市型农业转变。2001年，全市农业总产值167.05亿元，比上年增长1.6%。农产品种植结构逐步向优质高效和生态农业发展。全年花卉产值达8.39亿元，增长9.6%，目前花卉苗木已成为广州市农业的新增长点。全年蔬菜总产量328.74万吨，增长7.3%；水果总产量34.93万吨，增长6.0%。肉类总产量31.55万吨，下降3.7%；生猪出栏量193.12万头，增长0.9%；牛奶总产量4.74万吨，增长14.3%。水产品总产量33.53万吨，增长3.1%。

农业生产条件进一步改善。2001年，全市完成标准化农田建设8.54万亩。年末，农田有效灌溉面积已达143.08万亩。生态林业建设进一步强化。已建成森林公园11个，农林业生产条件和生态环境得到较大改善。

乡镇企业发展较快。全市乡镇企业营业收入 1854.46 亿元,比上年增长 11.7%;乡镇企业总产值 1753.37 亿元,增长 9.9%。

三、工业和建筑业

工业生产保持较快增长。2001 年全市实现工业增加值 982.04 亿元,比上年增长 13.1%;工业总产值 3391.04 亿元,增长 14.9%。其中,轻工业总产值 1891.99 亿元,比上年增长 11.0%;重工业总产值 1499.05 亿元,增长 20.9%;重工业增速继续高于轻工业,轻、重工业总产值占全市工业总产值比重分别为 55.79%和 44.21%。在工业总产值中:股份制企业工业总产值 453.80 亿元,增长 20.1%;"三资"企业工业总产值 1917.33 亿元,增长 18.0%;国有及国有控股企业工业总产值 946.65 亿元,增长 17.8%;大中型企业工业总产值 1571.58 亿元,增长 14.1%;市属企业工业总产值 3014.15 亿元,增长 16.5%。

工业结构进一步优化。2001 年,全市实现高新技术产品产值 608.69 亿元,增长 30.7%,占全市工业总产值的比重为 18.0%,比上年提高 2.2 个百分点。目前,广州市已在电子信息、生物医药新材料等领域初步形成了高新技术产业群,天河软件园被评为国家十大软件产业基地之一。通过结构调整,支柱行业不断壮大。电子及通信设备制造业、汽车制造业、石油化学工业三大工业支柱行业合计完成工业总产值 848 亿元,增长 31.2%,对全市工业增长的贡献率达 50.1%,成为广州工业增长的主要动力。

工业企业经济效益稳步提高。2001 年,全市规模以上(国有及年销售收入 500 万元以上非国有)工业企业经济效益综合指数为 137.11%,比上年提高 8.7 个百分点;产品销售收入为 2729.34 亿元,增长 12.6%;实现利润 139.08 亿元,增长 26.7%。全市国有及国有控股规模以上工业企业经济效益综合指数为 167.42%,比上年提高 10.6 个百分点。

建筑业生产稳步发展。全市建筑安装工作量 582.49 亿元,比上年增长 8.8%。

四、固定资产投资

固定资产投资平稳增长。在"九运会"场馆建设、"三年一中变"工程、城市公用事业重点项目以及房地产开发的带动下,投资需求不断扩大。全年实现固定资产投资 964.08 亿元,比上年增长 4.4%,其中基本建设投资 317.63 亿元,增长 2.9%;更新改造投资 175.41 亿元,增长 10.7%;房地产开发投资 380.99 亿元,增长 7.1%,占全市固定资产投资的 39.5%,是拉动投资稳步增长的重要力量。在全市固定资产投资额中,制造业完成投资 101.00 亿元,增长 32.3%;电力煤气及水的生产业完成投资 18.25 亿元,下降 12.9%;交通运输仓储邮电通讯业完成投资 150.09 亿元,增长 49.3%;地质勘察水利管理业完成投资 6.86 亿元,增长 40.3%;批发零售及餐饮业完成投资 5.37 亿元,下降 9.9%;卫生体育及社会福利业完成投资 19.38 亿元,增长 17.4%;教育文艺广播电影电视业完成投资 30.52 亿元,增长 13.9%;科学研究综合技术服务业完成投资 5.17 亿元,增长 47.1%。

重点建设项目顺利推进。2001 年,全市重点建设项目完成投资额 137.50 亿元,占全市基本建设和更新改造投资额的比重为 27.9%。制造业、交通运输仓储邮电通讯业、社会服务业、卫生体育及社会福利业重点项目投资分别占全市重点建设项目投资的 9.37%、30.17%、39.07%和 6.78%。广州新机场迁建工程、地铁二号线工程、新机场高速公路第一期工程、北二环高速公路、广州体育馆、广州本田汽车整车项目、广州五十铃客车、南方高科手机、广州宽带主干网络首期工程等重点建设项目的投资建设,对促进产业结构优化,推动技术进步,改善城市环境,拉动经济增长发挥了重要作用。

新增的生产能力和效益主要有:变电设备能力(11万伏及以上)103.00万千伏安,输电线路(11万伏及以上)长度101.74公里,新建公路40.80公里(其中高速公路38.40公里),改建公路67.10公里(其中一级公路31.20公里),程控交换机83.74万线/年,光纤通讯电缆90820.70芯公里,移动通信基站设备519个/年,客车制造400辆/年,轿车制造2万辆/年等。

五、国内贸易

消费需求稳中趋旺。2001年,全市实现社会消费品零售总额1243.90亿元,比上年增长11.0%,剔除价格因素的影响,实际增长14.6%。按行业分,贸易业零售额871.18亿元,增长11.1%;餐饮业实现营业额239.92亿元,增长15.3%;其他行业零售额132.8亿元,增长2.9%。全年零售额超亿元的大型零售商店有32家。

商品购销增长。全年批发零售贸易业商品购进总额2975.30亿元,比上年增长11.8%;商品销售总额3171.90亿元,增长7.2%。多种业态商业共同发展,形成了多渠道、多层次的市场销售格局。以产权改革为核心,推进国有商业战略性重组。以百货业为突破口,全面重组国有优良资产,整合为友谊和广百集团两大百货板块。目前全市有350多户商业小企业完成了以体制创新为核心的新一轮改革,多数转制企业焕发了生机和活力。

城乡集市贸易成交额增长较快。全年商品交易市场成交额504.15亿元,增长13.8%。

六、对外经济

外贸出口保持一定规模。2001年,全市海关进出口总值为230.37亿美元,其中,海关进口总值114.13亿美元,比上年下降1.3%;海关出口总值116.24亿美元,下降1.4%,其中市属出口总值91.86亿美元,增长0.1%。在全市海关出口中,一般贸易出口44.16亿美元,增长3.8%;加工贸易出口70.53亿美元,下降4.6%。从产品分类看,高新技术产品出口增长较快,增幅为10.9%;机电产品出口略下降0.1%。传统出口商品基本呈微幅增长或下降态势。从出口市场来看,主要的出口市场亚洲和北美洲出口额分别下降0.7%和6.0%,拉丁美洲、欧洲也分别下降0.5%和0.9%;其余两个洲有不同程度增长,非洲增长20.5%,大洋洲增长8.2%。

外经贸经营主体向多元化发展。2001年我市共有143家企业被赋予进出口经营权,其中民营企业为109家,占76%。

实际利用外资保持平稳增长。在连续3年实际利用外资超过30亿美元的高位上,2001年广州实际利用外资为33.27亿美元,比上年增长6.8%;合同利用外资20.06亿美元,增长22.7%。2001年共有49个国家和地区在广州投资,来自美、日、欧的合同外资已占全市合同利用外资的25%。外商投资结构进一步改善,广州的汽车及零部件、钢铁、化工、电子信息等优势制造业及服务业成为外商投资热点,全年制造业利用外资合同项目856个,合同外资金额11.79亿美元,实际利用外资金额15.58亿美元,分别占全市总额的78.7%、58.8%和46.8%。

国际经济技术合作进一步加强。2001年,对外承包工程和劳务合作业务均有较大发展,完成对外承包工程和劳务合作营业额7487万美元,增长2.7%;派出工程劳务人员1088人次,增长59.1%;年末在外人数2247人,增长22.6%。

七、交通、邮电和旅游

交通运输业稳步发展。各种运输形式竞相发展,综合运输能力得到加强。2001年全年货物运输量2.49亿吨,增长1.3%,其中公路运输1.33亿吨,铁路运输0.21亿吨,分别增长5.9%和1.7%;航空运输18.74万吨,水路运输9142.54万吨,分别下降5.8%和4.5%。旅客运输量2.45亿人次,增长4.4%,其中公路运输21056.40万人次、航空运输536.85万人次,分别增长5.5%和17.1%;铁路运输和水路运输分别下降3.9%和21.5%。全市港口货物吞吐量1.35亿吨,增长8.7%。港口集装箱吞吐量173.78万标箱,增长21.5%。广州白云机场旅客吞吐量1382.93万人次,增长8.1%;机场货物吞吐量53.16万吨,增长8.1%。

邮电通讯业持续发展。全年邮电业务总收入151.53亿元,比上年增长9.5%。年末电话机数达375.98万部,新增46.6万部,增长14.2%;市话交换机总容量达到484.85万门,新增135.52万门,增长38.8%;移动电话用户新增292.21万户,增长97.2%,年末总用户数达592.79万户,移动电话普及率达83.89户/百人。至2001年末,通过市电信部门网络线路作为出口的因特网用户达153.83万户,新增71.24万户,增长86.3%。城市电话普及率(含移动电话)达到137部/百人,在全国十大城市中居于前列。

旅游业较快发展。广州旅游业紧紧依托城市建设管理“三年一中变”的成果,抓住三个“旅游黄金周”和“九运会”的契机,推出多种线路,吸引了众多珠三角及港澳游客来穗旅游。2001年接待过夜旅游者2511.68万人次,其中海外游客442.37万人次,增长5.1%。旅游者在穗平均停留时间为2.08天。全市旅游业总收入达455.23亿元,其中旅游外汇收入16.52亿美元,增长7.0%。“广州一日游”逐步成为享誉国内外旅游市场的一个品牌。

八、金融、证券和保险

金融运行健康有序。2001年末,广州地区金融机构人民币存款余额为6228.04亿元,比年初增长12.6%;新增存款696.20亿元,其中企业存款新增206.42亿元。金融机构人民币贷款余额为4336.50亿元,比年初增长11.8%,新增贷款458.49亿元。中长期贷款比年初增长21.5%,短期贷款比年初增长4.8%,较好地满足了经济发展的需要。各项外币存款余额为77.47亿美元,贷款余额为33.69亿美元,比年初分别增长0.2%和1.8%。2001年末,全市共有各类金融机构营业网点2640家,外资金融机构在广州设立的分行和办事处达33家。

证券市场进一步发展。至2001年末,广州市在深、沪两证券交易所上市的公司共14家,股票15只。国债发行和兑付工作顺利完成,全年广州地区国家银行发行国库券43.44亿元。保险业务继续增长。全年保费收入81.38亿元,比上年增长40.6%。其中财产险保费收入25.29亿元,人身险保费收入56.09亿元,分别比上年增长12.9%和58.2%。至年末止全市共有各类保险营业网点117家,外资保险机构在广州设立的分公司和代表处达22家。

九、科学技术和教育

科技事业取得新进展。全年用于科技经费支出达100亿元,其中研究与发展(R&D)经费支出达37.60亿元,增长14.9%。工业科技进步对经济增长的贡献率达49.1%,比上年提高1个百分点。全年共获得重大科技成果130项,其中已投产应用115项。科技队伍不断壮大。年末全市各类专业技术人员44.61万人,比上年末增长2.0%;全市各类独立研究开发机构196家,从事科技活动人员2.1万人。科技中介服务网络逐步健全,全市有各类科技中介服务机构约1220家。

技术市场成交活跃。全年登记的技术合同金额34.79亿元,比上年增长11.8%。全市受理专利申请6006件,批准授权3553件。

科技产业基地和服务支撑体系不断完善。广州科学城首期4平方公里已开发完毕,南方高科和光宝电子等一批高科技项目已进园建设,部分企业已经投产。国家十大软件产业基地之一的天河软件园入园软件企业达730家,占全市软件企业的70%。全市已建成8家科技企业孵化器。进驻广州高新技术创业服务中心的科技企业达64家,孵化项目269项。留学人员广州创业园入园项目65个,企业注册资本为4195万美元。

教育事业有新的发展。"教育综合改造工程"和教育信息化建设取得新进展,教育投入力度加大,办学条件继续改善。2001年,全市共有小学1604所,在校学生78.86万人,比上年增长4.2%;小学学龄儿童入学率99.97%;小学毕业生升学率达97.58%。普通中学421所,在校学生45.81万人,其中初中在校学生35.12万人,增长5.1%,初中毕业生升学率为92.74%,比上年提高2.1个百分点;高中在校学生10.69万人,增长17.3%。

高等教育加快发展。2001年全市共有普通高等院校37所,招收本、专科学生8.81万人,在校学生达到24.47万人,分别比上年增长19.0%和32.2%。全市共有研究生培养单位22个,招收研究生7080人,在学研究生17150人,分别比上年增长30.3%和37.3%。

职业技术教育和成人教育继续发展。2001年全市有各类中等职业技术学校200所,在校学生达到21.15万人。成人高等学校27所,招收学生6.18万人,在校学生达到15.48万人,分别增长8.4%和7.9%。

十、文化、卫生和体育

文化事业欣欣向荣。全市现有各类专业艺术表演团体18个,群众艺术馆、文化馆14个,各艺术院团共获国际奖项11个,全国奖项20个,省级奖项21个。《紫荆勋章》、《土缘》等四部佳作均获"五个一工程"奖。在第11届群星奖评选中,广州五部参选作品全部获得金奖。文物博物工作开拓了新的发展领域,进行了南越国宫署遗址儿童公园地块的发掘、番禺先秦沙丘遗址、棠下施工工地考古和广州百货大厦施工现场考古工作等。营造良好的文化、娱乐、宣传、教育环境。全市现有广播电台8座,电视台5座。广播人口覆盖率99.8%,电视人口覆盖率99.5 %。全年发行各种新影片102部。全年出版各类杂志2.09亿册,比上年下降7.3%;报纸27.08亿份,图书2.66亿册,分别比上年增长15.8%和0.6%。

医疗卫生事业稳定发展。至年末,全市共有各类卫生医疗机构2257个,其中医院253个。医疗病床3.94万张,比上年增长1.7%;各类专业卫生技术人员5.63万人,其中医生2.39万人,分别增长1.1%和1.9%。

体育事业取得新成绩。以迎接"九运会"为契机,掀起了全民健身运动的高潮,建设了一批体育设施,出色完成18个竞赛项目的承办和闭幕式工作。九运会中广州籍运动员取得金牌比第八届全运会增加了13项。

十一、城市建设和环境保护

城市建设成效明显。2001年,广州市以加快实现城市面貌"三年一中变"为目标,以"九运会"配套项目建设为中心,加强了以交通为重点的城市基础设施建设,全年完成城建投资142.70亿元。

城市交通路网不断完善，城市道路面积达4273.96万平方米，比上年增长41.3%。广州体育馆、广东奥林匹克体育场等城市标志性工程和景观工程建设有新的进展，新白云国际机场和会展中心等一批重点项目按计划推进。城市供水、供电、供气能力不断增强。自来水日供水能力达490.16万吨/日，供电量达224.54亿千瓦时，煤气销售量达15053.90万立方米。城市生态环境质量提高，城市居住和创业环境不断改善。广州市荣获"国际花园城市"和"广东省文明城市"称号。

城市环境质量有较大改善。2001年全市结合"三年一中变"、迎接和承办好"九运会"工作，全面加大了环境保护力度。广州城区环境空气质量不断改善，大气可吸入颗粒物年平均值为0.073毫克/立方米，全年空气质量为"优"、"良"的比率已达97.0%，比上年提高6.6个百分点。市区共建成烟尘控制区11个，覆盖率达100%；环境噪声达标区18个，覆盖率达64.1%。全市废水、废气中的主要污染物排放总量控制在广东省规定的排放总量指标内，城市环境质量继续提高。城市污水处理率达28.5%，饮用水源水质达标率为98.8%，分别比上年提高2.2个和0.5个百分点。汽车尾气达标率达82.2%，比上年提高0.2个百分点。生活垃圾处理率达100%。

城市园林绿化面积继续扩大。全年共新增公共绿地面积558.32公顷，新增公园7个。城市园林绿地面积达46635公顷，其中公共绿地面积3263公顷。人均公共绿地面积9.17平方米，增长16.5%；建成区绿化覆盖率为34.4%，比上年提高2.8个百分点。

十二、人口与人民生活

年末全市总人口712.60万人，比上年末增加11.91万人。其中常住户口人数705.89万人，比上年末增加11.93万人。全市人口出生率9.56‰，人口自然增长率4.23‰。

城乡居民收入继续增加。2001年，全市职工工资总额387.81亿元，比上年增长11.4%。广州市职工平均工资达22141元，比上年增长16.0%。城镇居民人均可支配收入为14694元，增长5.2%，扣除价格因素，实际增长6.4%。年末城镇居民每百户家庭拥有彩电160.4台、空调器161.8台、家用电冰箱100.8台、家用洗衣机99台、组合音响63.2套、家用电脑60.8台、移动电话109.4部、家用汽车0.6辆。农村居民人均纯收入为6446元，增长5.9%，扣除价格因素，实际增长7.9%。年末农村居民每百户家庭拥有彩电107台、空调器23台、家用电冰箱59台、家用洗衣机61台、摩托车113辆、淋浴热水器63台、固定电话机85部、移动电话68部。12月末，城乡居民储蓄存款余额为2600.43亿元，比年初增长16.5%。

居民消费结构升级特征日益显现。城镇居民人均消费性支出为11467元，增长1.0%，扣除价格因素，实际增长2.1%。居民用于食品支出占消费性支出的比重(恩格尔系数)由上年的42.6%下降为40.0%。以住宅、汽车为代表的新的消费热点正在启动。汽车类销售额增长19.0%，居民人均用于居住类的支出占消费性支出总额的13.4 %。旅游、教育、信息等服务性消费进一步扩大。居民人均用于交通通讯类和娱乐文教服务类的支出占消费性支出总额的22.8%。

城乡居民居住条件进一步改善。城市居民人均居住面积从上年末的13.13平方米提高到本年末的13.36平方米；农村居民人均居住面积由上年末的29.28平方米提高到本年末的30.43平方米。

注：1.本公报所列数据，有一部分是初步统计数。

2.公报中国内生产总值、各产业的产值、增加值绝对数按当年价格计算，增长速度则按可比价格计算。

3.人口数按公安部门统计口径，未包括外来人口。

第一篇

综　　合

广 州 概 述

广州是广东省省会，全省政治、经济、科技、教育和文化中心。地处广东省东南部，珠江三角洲北缘，濒临南海，毗邻香港和澳门，是华南地区区域性中心城市、交通通讯枢纽，是中国的“南大门”。

广州属亚热带季风气候，夏无酷暑，冬无严寒，雨量充沛，四季如春，繁花似锦。全年平均气温20－22摄氏度，平均相对湿度为77%，市区年降雨量为1600毫米以上。

广州市辖十区和两个县级市，总面积7434.4平方千米，年末总人口712.6万人。市辖十区面积3718.5平方千米，人口576.97万人；市辖两个县级市面积3715.9平方千米，人口135.63万人。广州市共设98个街道办事处、74个镇，外来人口约300万人。

2001年，广州市坚持“开拓进取、稳中求快、加强管理、有效增长”的经济发展思路，大力推进经济结构调整，加快体制创新和科技创新，不断提高对外开放水平，国民经济持续快速增长，经济社会协调发展，人民生活水平逐步提高，城市环境面貌实现“三年一中变”目标，“十五”计划取得良好开局。2001年，广州市国内生产总值达到2685.76亿元，按可比价格计算，比上年增长12.7%，增幅居全国十大城市之首。人均国内生产总值达到3.8万元，突破4500美元，增长10.5%。全年完成工业总产值3393.19亿元、农业总产值167.05亿元，分别比上年增长14.9%和1.6%。实现社会消费品零售总额1248.28亿元，完成固定资产投资978.21亿元，分别比上年增长11.3%和5.9%；海关进口总值达114.13亿美元，海关出口总值达116.23亿美元，分别比上年下降1.3%和1.4%。城镇居民年人均可支配收入14694元，农村居民年人均纯收入6446元，分别比上年增长5.2%和5.9%。

广州在全省的经济社会发展中占有重要地位。国内生产总值占全省的25.4%，其中第二产业增加值、第三产业增加值分别占全省的21.4%和34.2%；全社会固定资产投资、社会消费品零售总额、海关进出口总值分别占全省的27.7%、27.6%和13.1%。

广州每天创造的财富逐年增多。2001年，平均每天创造国内生产总值73582万元、工农业总产值97541万元、一般预算内财政收入6745万元，分别比上年增长13.0%、9.1%和22.8%。为社会提供的服务量不断增加。平均每天售电量、售水量分别增长7.4%和18.3%；平均每天港口货物吞吐量、铁路货物到发量、汽(电)车客运量分别增长8.7 %、72.1%和15.1%。

按人口平均，广州市经济和社会发展水平逐年提高。2001年，人均工业总产值48018元、一般预算内财政收入3484元、社会消费品零售总额17665元、城乡居民储蓄存款余额36492元，分别比上年增加3275元、589元、1483元和4525元；市区居民人均居住面积13.87平方米，比上年增加0.74平方米。每万人拥有在校大学生343人，比上年增加79人；每万人拥有医院床位48张。

国内生产总值

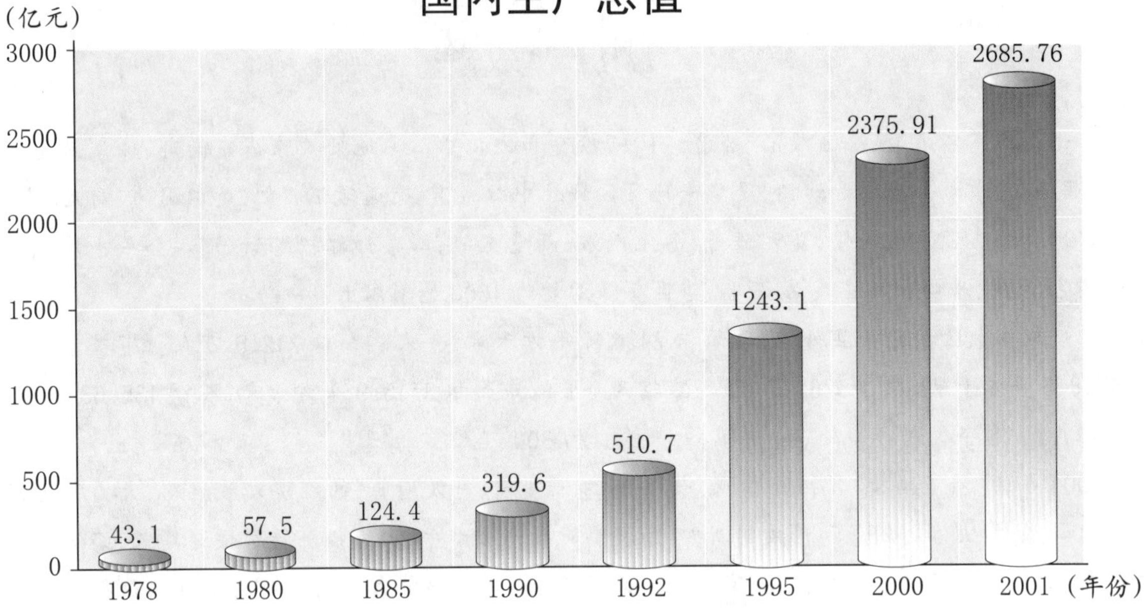

国内生产总值构成(%)

(按三次产业分)

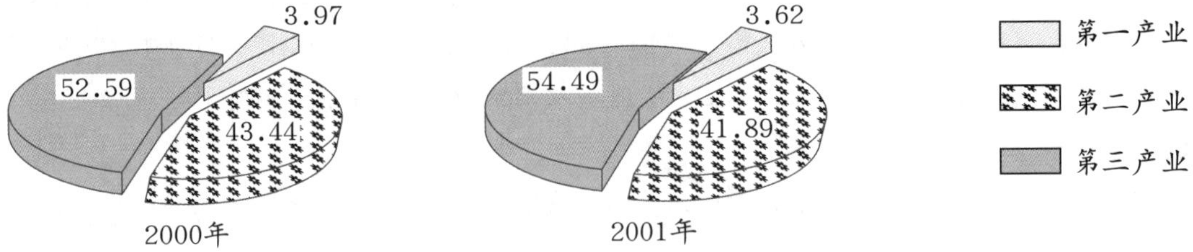

第三产业构成(%)

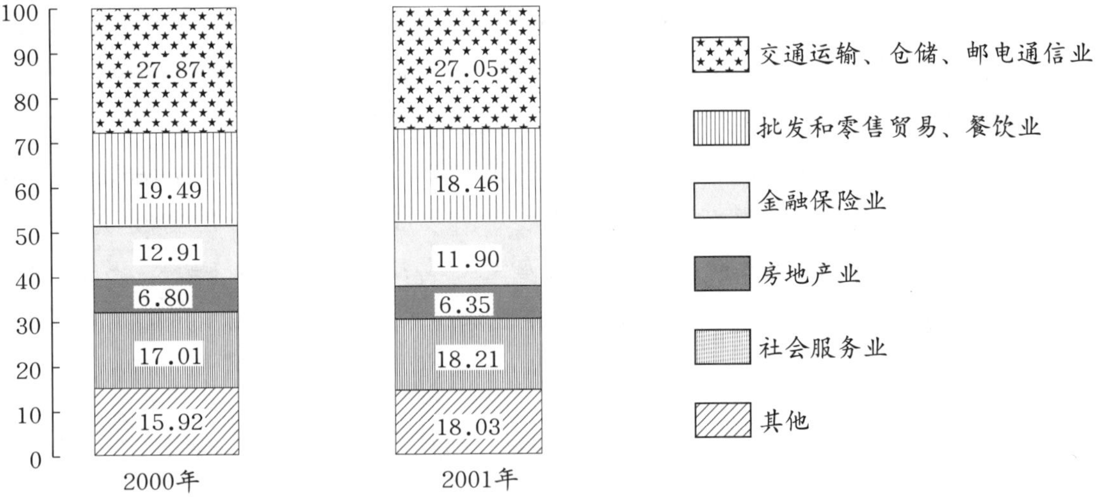

1-1 行　　政　　区　　划

(2001 年末)　　　　单位:个

区、县级市	街道办事处	镇	居民委员会	村民委员会
合　　计	98	74	1918	1262
市　区	97	44	1855	734
东山区	10		221	
荔湾区	12		207	
越秀区	10		223	
海珠区	16	1	418	20
天河区	16	2	230	15
芳村区	9	1	90	17
白云区	11	14	269	178
黄埔区	4	3	78	16
番禺区	9	13	95	305
花都区		10	24	183
县级市	1	30	63	528
增城市	1	15	37	302
从化市		15	26	226

各区、县级市的街、镇名单:

东山区:白云、东湖、梅花村、华乐、农林、黄花岗、珠光、建设、大东、大塘街

荔湾区:站前、西村、彩虹、南源、昌华、沙面、金花、龙津、逢源、多宝、岭南、华林街

越秀区:洪桥、广卫、北京、人民、六榕、光塔、大新、诗书、流花、东风街

海珠区:赤岗、南石头、新港、凤阳、沙园、南华西、滨江、海幢、素社、江南中、昌岗、龙凤、江海、瑞宝、琶洲、南洲街;新滘镇

天河区:五山、员村、车陂、沙河、登峰、石牌、天河南、兴华、沙东、林和、棠下、天园、猎德、冼村、黄村、员岗街;沙河、东圃镇

芳村区:白鹤洞、冲口、花地、石围塘、海龙、中南、东沙、东漖、茶滘街;东漖镇

白云区:矿泉、三元里、松洲、景泰、同德、黄石、棠景、新景、同和、京溪、永平街;蚌湖、人和、龙归、同和、竹料、太和、钟落潭、九佛、萝岗、石井、神山、江高、雅瑶、良田镇

黄埔区:黄埔、红山、鱼珠、夏港街;大沙、南岗、长洲镇

番禺区:市桥、沙湾、钟村、大石、南沙、大龙、桥南、沙头、东环街;南村、新造、化龙、石楼、东涌、黄阁、鱼窝头、万顷沙、横沥、灵山、大岗、榄核、石碁镇

花都区:新华、芙蓉、梯面、花山、花东、北兴、炭步、赤坭、狮岭、花侨镇

增城市:沙庄街;荔城、正果、三江、石滩、仙村、沙埔、新塘、永和、宁西、朱村、镇龙、中新、福和、派潭、小楼镇

从化市:街口、城郊、温泉、良口、东明、桃园、吕田、灌村、江埔、神岗、太平、棋杆、鳌头、龙潭、民乐镇

1-2 各月平均温度、湿度

(2001年)

月份	平均温度(℃)						平均湿度(%)	
	全市	市区	#番禺站	#花都站	增城站	从化站	全市	市区
全年	22.5	22.9	23.3	22.8	22.0	22.1	77	76
一月	15.4	15.7	16.3	15.4	15.2	14.8	75	74
二月	15.3	15.5	16.1	15.2	15.3	14.6	78	78
三月	19.5	19.7	20.2	19.6	19.2	19.1	75	75
四月	21.8	21.9	22.2	21.8	21.7	21.6	86	86
五月	26.5	26.7	27.0	26.7	26.0	26.3	81	80
六月	27.2	27.3	27.6	27.2	26.7	27.1	85	85
七月	28.2	28.4	28.5	28.4	27.6	28.2	83	82
八月	29.0	29.3	29.5	29.4	28.4	28.7	80	79
九月	27.8	28.3	28.7	28.3	26.8	27.2	73	71
十月	25.3	25.8	26.2	25.8	24.4	24.8	73	71
十一月	19.4	20.2	20.8	20.2	18.3	18.2	61	57
十二月	14.9	15.3	16.0	15.0	14.8	14.0	71	69

1-3 各月降雨量、日照时数

(2001年)

月份	降雨量(毫米)					日照时数(小时)				
	市区	#番禺站	#花都站	增城站	从化站	市区	#番禺站	#花都站	增城站	从化站
全年	2544.5	2201.6	2753.1	2382.8	2055.7	1630.8	1513.4	1727.8	1821.6	1668.5
一月	62.1	38.5	80.5	78.2	123.7	93.2	83.6	92.8	124.9	97.2
二月	79.5	69.6	83.2	75.2	98.0	97.2	90.7	97.1	112.6	104.2
三月	76.8	70.5	67.4	78.6	64.4	98.5	92.8	102.5	112.0	104.2
四月	272.9	273.5	270.6	350.0	282.9	41.0	43.3	39.4	41.0	30.4
五月	450.7	300.9	645.1	494.1	209.9	140.1	136.8	149.6	157.8	138.3
六月	480.3	341.2	621.0	490.5	504.9	124.4	113.3	133.7	117.5	113.0
七月	448.0	510.9	417.8	388.6	361.8	157.3	157.2	165.3	153.6	157.7
八月	266.7	253.6	164.3	135.7	169.6	178.7	170.6	192.7	204.7	193.1
九月	294.2	216.5	330.6	205.2	152.1	203.7	181.9	222.6	207.2	212.1
十月	15.3	6.3	2.5	7.6	3.4	175.0	156.5	197.2	212.4	185.9
十一月	19.1	23.6	14.0	11.4	10.8	190.9	170.6	194.9	218.0	195.9
十二月	78.9	96.5	56.1	67.7	74.2	130.8	116.1	140.0	159.9	136.5

1-4 国民经济和社会发展主要指标

项目	单位	1980年	1985年	1990年	1995年	2000年	2001年
人口和劳动力							
年末总人口	万人	501.86	544.98	594.25	646.71	700.69	712.60
年末社会从业人员	万人	275.05	313.47	341.15	407.78	503.69	510.07
#职工人数	万人	156.55	175.65	189.39	208.24	180.37	172.29
国内生产总值	亿元	57.55	124.36	319.60	1243.07	2375.91	2685.76
第一产业	亿元	6.24	12.04	25.73	73.46	94.37	97.28
第二产业	亿元	31.38	65.81	136.30	580.19	1032.05	1125.06
第三产业	亿元	19.93	46.51	157.57	589.42	1249.49	1463.42
人均国内生产总值	元	1160	2302	5418	19366	34292	38007
社会劳动生产率	元/人	2092	3967	9368	31761	49572	52846
农业生产							
农业总产值	亿元	8.95	18.02	43.93	126.81	163.05	167.05
主要农业产品产量							
粮食	万吨	124.58	113.06	119.53	97.90	88.11	75.13
糖蔗	万吨	140.94	239.59	202.63	75.43	7.60	8.50
水果	万吨	6.79	17.22	30.89	31.80	32.97	34.93
花生	万吨	4.30	5.02	3.88	2.73	2.56	2.60
蔬菜	万吨	47.45	76.50	126.34	215.80	306.49	328.74
水产品	万吨	3.18	6.21	8.72	18.78	32.52	33.53
工业生产							
工业总产值	亿元	88.12	177.93	442.44	1722.49	3100.02	3393.19
主要工业产品产量							
汽车	辆	1895	3533	6333	9963	38118	55601
摩托车	万辆		0.09	1.01	21.88	60.31	60.35
自行车	万辆	80.80	180.15	172.39	177.46	134.87	167.87
家用电冰箱	万台	0.15	20.84	68.38	90.02	58.14	45.75
电视机	万台	7.29	38.72	36.06	32.88	34.61	42.73
照相机	万架	2.12	18.68	84.47	233.09	86.81	97.88
房间空气调节器	万台		1.48	2.14	28.25	103.43	105.24
原电池	万只	31694	36738	82053	168460	188885	244062
发电量	亿千瓦·时	25.98	49.05	81.80	178.63	267.18	269.59
生铁	万吨	18.34	23.61	32.15	51.15	66.68	69.40
钢	万吨	19.95	34.02	55.01	90.94	151.16	176.79
水泥	万吨	102.41	202.82	342.60	954.31	1262.04	1204.16
化学纤维	吨	4728	13743	20987	28302	38683	33906
固定资产投资							
全社会固定资产投资	亿元	9.96	43.62	90.59	618.25	923.67	978.21
#住宅	亿元	2.43	10.40	23.28	169.63	325.03	331.69

1-4 续表

项　　目	单位	1980 年	1985 年	1990 年	1995 年	2000 年	2001 年
社会消费品零售总额	亿元	28.71	74.98	147.78	549.97	1121.13	1248.28
运输邮电							
货运量(全社会)	万吨		18233	17842	26992	24585	24914
#铁路	万吨		1359	1898	2286	2018	2051
公路	万吨		10716	7799	11996	12549	13286
水运	万吨		6154	7614	11987	9569	9143
民航	万吨		4	8	11	20	19
客运量(全社会)	万人次		11653	9461	16107	23430	24451
铁路	万人次		1898	1939	2530	2818	2708
公路	万人次		8796	6368	12437	19964	21057
水运	万人次		726	711	660	190	149
民航	万人次		233	443	480	458	537
港口货物吞吐量	万吨	2107	3700	5099	8340	12455	13539
邮电业务收入	亿元	0.36	0.99	5.60	38.03	138.48	151.53
对外贸易、外经							
海关进口总值	亿美元			18.24	71.32	115.60	114.13
海关出口总值	亿美元			23.55	95.67	117.91	116.23
实际利用外资额	亿美元	0.30	1.58	2.73	22.53	31.15	33.27
财政							
预算内财政收入	亿元	15.43	28.85	36.94	97.08	200.55	246.19
预算内财政支出	亿元	4.35	10.75	24.31	111.24	240.72	292.63
物价指数(上年=100)							
居民消费价格总指数	%	107.20	121.50	97.30	113.50	102.80	98.90
商品零售价格总指数	%	107.60	122.50	96.30	109.70	99.40	97.40
人民生活							
职工年人均工资	元	941	1621	3504	10317	19091	22141
城镇居民年人均可支配收入	元	606	1100	2749	9038	13967	14694
农村居民年人均纯收入	元	323	733	1539	4483	6086	6446
教育文化							
普通高等学校所数	所	15	24	26	25	31	37
普通高等学校在校学生数	万人	2.72	5.16	6.55	9.54	18.51	24.47
中等学校所数	所	431	473	539	576	617	621
中等学校在校学生数	万人	32.73	29.53	36	48.17	63.89	66.96
小学学校所数	所	1545	1573	1575	1604	1626	1604
小学学校在校学生数	万人	59.01	54.14	57.23	69.44	75.70	78.86
卫生							
医院病床数	万张	1.47	1.94	2.44	2.87	3.37	3.46
卫生技术人员	万人	3.58	4.25	4.83	5.29	5.57	5.63
#医生	万人	1.46	1.81	2.10	2.33	2.35	2.39

1-5 国民经济和社会发展主要指标发展速度

项目	2001年为各年(%)						1979-2001年平均增长(%)
	1978年	1980年	1985年	1990年	1995年	2000年	
人口和劳动力							
年末总人口	147.6	142.0	130.8	119.9	110.2	101.7	1.71
年末社会从业人员	191.1	185.4	162.7	149.5	125.1	101.3	2.86
#职工人数	116.9	110.1	98.1	91.0	82.7	95.5	0.68
国内生产总值	2082.7	1590.8	874.7	523.1	208.6	112.7	14.11
第一产业	375.4	326.3	226.7	208.5	132.7	102.2	5.92
第二产业	2348.7	1835.4	970.6	647.2	206.5	110.9	14.70
第三产业	2454.3	1735.8	962.7	460.9	218.3	115.1	14.93
人均国内生产总值	1400.7	1116.4	668.8	436.6	189.5	110.5	12.16
社会劳动生产率	1065.0	850.4	533.9	348.2	166.1	106.6	10.83
农业生产							
农业总产值	405.0	367.4	271.8	217.2	135.0	101.6	6.27
主要农业产品产量							
粮 食	67.6	60.3	66.4	62.9	76.7	85.3	-1.69
糖 蔗	6.3	6.0	3.5	4.2	11.3	111.8	-11.31
水 果							
花 生	78.5	60.4	51.7	66.9	95.1	101.4	-1.05
蔬 菜	590.4	692.8	429.8	260.2	152.3	107.3	8.03
水产品	1060.1	1055.7	540.1	384.6	178.6	103.1	10.81
工业生产							
工业总产值	2974.8	2443.2	1336.0	723.1	238.6	114.9	15.89
主要工业产品产量							
汽 车	2404.9	2934.1	1573.8	878.0	558.1	145.9	14.83
摩托车	402327.3		66610.5	6003.7	275.8	100.1	43.46
自行车	294.3	207.8	93.2	97.4	94.6	124.5	4.80
家用电冰箱		31462.7	219.5	66.9	50.8	78.7	
电视机	3261.8	586.2	110.4	118.5	130.0	123.5	16.36
照相机	5657.8	4617.0	524.0	115.9	42.0	112.8	19.18
房间空气调节器	32887.5		7110.8	4917.8	372.5	101.8	28.66
原电池	906.8	770.1	664.3	297.4	144.9	129.2	10.06
发电量	2494.3	1037.8	549.6	329.6	150.9	101.1	15.01
生 铁	337.6	378.3	293.9	215.9	135.7	104.1	5.43
钢	957.8	886.0	519.7	321.4	194.4	117.0	10.32
水 泥	1284.3	1175.8	593.7	351.5	126.2	95.4	11.74
化学纤维	743.2	717.1	246.7	161.6	119.8	87.7	9.11
固定资产投资							
全社会固定资产投资	13466.4	9824.8	2242.6	1079.8	158.2	105.9	23.76
#住 宅	36907.7	13675.7	3188.9	1424.5	195.5	102.0	29.30

1-5 续表

项目	2001年为各年(%)						1979-2001年平均增长(%)
	1978年	1980年	1985年	1990年	1995年	2000年	
社会消费品零售总额	7080.5	4347.5	1664.7	844.7	227.0	111.3	20.35
运输邮电							
货运量(全社会)			136.6	139.6	92.3	101.4	
#铁路			150.9	108.1	89.7	101.6	
公路			124.0	170.4	110.8	105.9	
水运			148.6	120.1	76.3	95.5	
民航			475.0	237.5	172.7	95.0	
客运量(全社会)			209.8	258.4	151.8	104.4	
铁路			142.7	139.7	107.0	96.1	
公路			239.4	330.7	169.3	105.5	
水运			20.5	21.0	22.6	78.4	
民航			230.5	121.2	111.9	117.2	
港口货物吞吐量	694.3	642.6	365.9	265.5	162.3	108.7	8.79
邮电业务收入	64288.6	41731.8	15264.2	2707.8	398.4	109.4	32.46
对外贸易、外经							
海关进口总值				625.7	160.0	98.7	
海关出口总值				493.7	121.5	98.6	
实际利用外资额		11043.7	2108.4	1220.5	147.7	106.8	
财政							
预算内财政收入	1804.2	1595.8	853.5	666.4	253.6	122.8	13.40
预算内财政支出	7561.5	6724.3	2723.0	1203.6	263.1	121.6	20.69
物价指数							
居民消费价格总指数	706.6	616.4	397.2	217.1	108.2	98.9	8.90
商品零售价格总指数	574.6	492.4	307.8	170.1	93.6	97.4	7.90
人民生活							
职工年人均工资	3101.0	2352.9	1365.9	631.9	214.6	116.0	16.10
城镇居民年人均可支配收入	3323.8	2424.3	1336.1	534.5	162.6	105.2	16.46
农村居民年人均纯收入	2580.4	1997.7	879.7	418.8	143.8	105.9	15.18
教育文化							
普通高等学校所数	246.7	246.7	154.2	142.3	148.0	119.4	4.00
普通高等学校在校学生数	1127.9	898.5	473.9	373.8	256.5	132.2	11.11
中等学校所数	181.0	144.1	131.3	115.2	107.8	100.6	2.61
中等学校在校学生数	165.0	204.6	226.7	186.0	139.0	104.8	2.20
小学学校所数	105.9	103.8	102.0	101.8	100.0	98.6	0.25
小学学校在校学生数	138.6	133.6	145.7	137.8	113.6	104.2	1.43
卫生							
医院病床数	240.3	234.3	177.8	141.7	120.3	102.5	3.89
卫生技术人员	178.3	157.2	132.3	116.5	106.5	101.1	2.55
#医生	199.3	164.4	132.5	114.0	102.7	101.9	3.04

1-6 平均每天主要社会经济活动

项　　目	单位	1990年	1995年	2000年	2001年
每天创造的财富					
国内生产总值	万元	8756	34057	65094	73582
工农业总产值	万元	13326	50666	89399	97541
工业总产值	万元	12122	47192	84932	92964
农业总产值	万元	1204	3474	4467	4577
预算内财政收入	万元	1012	2660	5494	6745
每天主要产品产量					
家用电冰箱	台	1873	2466	1593	1253
电风扇	台	5388	8325	2148	2134
家用洗衣机	台	759	494		
电视机	部	988	901	948	1171
原电池	万只	225	462	517	669
钟	只	8200	15840	27912	28116
缝纫机	架	2659	1747	243	112
照相机	台	2314	6386	2378	2682
自行车	辆	4723	4862	3695	4599
汽车	辆	17	27	104	152
啤酒	吨	565	1108	1975	2124
卷烟	箱	1680	1931	2199	2300
机制纸及纸板	吨	743	1968	1680	1888
每天消费量					
城乡居民消费总额	万元	3432	11482	18158	20276
社会消费品零售总额	万元	4049	15068	30716	34200
城乡居民粮食消费量	吨	2138	1945	1957	1889
城乡居民肉类消费量	吨	576	635	570	873
城乡居民食油消费量	吨	75	143	159	151
城乡居民水产品消费量	吨	340	491	688	612
城乡居民蛋类消费量	吨	93	228	441	328

1－6 续表

项目	单位	1990 年	1995 年	2000 年	2001 年
每天服务量					
售电量	万千瓦·时	1364	2989	5402	5800
售水量	万吨	225	304	301	356
液化气销售量	吨	143	349	508	732
人工煤气销售量	吨	1	19	30	40
港口货物吞吐量	吨	139701	228505	341233	370932
全社会货运量	吨	488822	739507	673562	682575
铁路货物到发量	吨	71134	99939	86679	149153
铁路客运量	人次	53123	69315	77205	74192
汽、电车客运量	万人次	192	222	424	488
出租汽车客运量	万人次	55	78	92	101
邮电业务收入	万元	153	1042	3794	4151
邮寄函件	万件	42	79	57	95
报纸发行量	万份	277	492	317	364
杂志发行量	万份	11	13	10	12
看电影	万人次	13.71	4.17	0.85	0.72
国内长途电话	万张	14	127	257	244
国际、港澳长途电话	万张	4	14	13	14
电报	份	12521	6055	1671	1151
主要宾馆接待来穗国际旅游人数	人次	5181	4676	5737	5494
主要宾馆接待来穗国内旅游人数	人次	13123	21752	27651	26914
每天人口变动和婚姻					
出生人口	人	242	208	195	185
死亡人口	人	89	98	110	103
迁入人口	人	275	361	486	520
迁出人口	人	242	213	294	265
结婚对数	对	151	169	141	136
离婚对数	对	12	13	25	27

1-7 主要年份人民物质文化生活水平

项　　目	单位	1978 年	1980 年	1985 年	1990 年	1995 年	2000 年	2001 年
职工年人均工资	元	714	941	1621	3504	10317	19091	22141
城市居民年人均可支配收入	元	442	606	1100	2749	9038	13967	14694
农村居民年人均纯收入	元	250	323	733	1539	4483	6086	6446
社会消费品零售总额	亿元	17.63	28.71	74.98	147.78	549.97	1121.13	1248.28
城市居民人均居住面积	米^2	3.82	3.97	6.62	7.99	9.61	13.13	13.87
储蓄								
城乡居民储蓄存款年末余额	亿元	5.67	9.56	39.86	181.14	961.49	2239.86	2600.43
平均每人储蓄额	元	117	190	731	3048	14867	31967	36492
交通								
每万人拥有公共车辆	辆	4.40	4.77	7.15	6.53	10.11	16.76	16.86
公共车辆平均每日乘客人数	万人次	185.36	230.41	247.59	191.80	222.23	441.68	505.70
每万人拥有出租汽车	辆	1.57	2.55	24.46	34.33	45.82	45.44	39.60
出租车平均每日乘客人数	万人次	0.76	2.00	17.73	55.45	78.28	92.29	101.02
通讯、电信								
城市电话普及率(含移动电话)	部/百人	1.31	1.41	3.00	9.70	41.00	117.22	131.29
每人每年函件交寄	件	12	15	23	26	45	30	49
供气								
居民液化气、煤气普及率	%	1.13	1.96	8.40	40.90	86.60	93.55	93.54
自来水								
人均日生活用水量	升	164	222	358	460	541	555	475
批发、零售贸易业、餐饮业								
每万人口拥有网点数								
批发、零售贸易业	个	11	26	113	153	274	250	245
餐饮业	个	2	9	18	17	25	42	41
每万人口拥有的服务人员								
批发、零售贸易业	人	224	277	510	674	932	862	787
餐饮业	人	80	70	132	142	295	287	281

注:交通、供气、自来水、绿化的数据 2001 年起按十区口径统计。

1－7 续表

项目	单位	1978年	1980年	1985年	1990年	1995年	2000年	2001年
文化								
每百人拥有出版物								
报纸(每天)	份	18	27	75	54	74	92	105
杂志(每年)	册	447	396	2228	1851	3098	3248	2953
图书(每年)	册	3628	3396	6741	4745	5707	3814	3764
教育								
每万人拥有大学生	人	45	54	95	110	148	264	343
学龄儿童入学率	%	98.12	98.64	99.24	99.85	99.92	99.97	99.97
卫生								
每万人拥有医院床位	张	30	29	36	41	44	48	48
每万人拥有医生	人	25	29	33	35	36	34	34
就业								
城镇每一就业者负担人口	人		1.63	1.67	1.68	1.69	1.72	1.81
绿化								
建成区绿化覆盖率	%	23.00	23.00	26.00	19.50	24.08	31.60	31.44
市区人均占有公共绿地	米^2	5.02	4.56	5.71	3.88	4.69	7.87	11.18
居民家庭耐用消费品拥有量								
每百户城市居民家庭拥有								
彩色电视机	台		1.50	35.70	88.70	111.00	154.80	160.40
家用电脑	台						54.20	60.80
组合音响	套				17.30	40.70	64.80	63.20
洗衣机	台		1.50	62.30	87.30	105	99.40	99
电冰箱	台			42.70	87.30	102.30	100.60	100.80
摩托车	辆			1.00	4.00	12.70	23.60	25.60
空调器	台				1.30	57.30	154.80	161.80
每百户农村居民家庭拥有								
彩色电视机	台			4	20	62	105	107
黑白电视机	台			31	67	49	19	14
洗衣机	台			2	22	42	61	61
电冰箱	台				3	33	57	59
摩托车	辆			1	5	45	110	113

1-8 按人口平均的国民经济主要指标

项　　目	单位	1978 年	1980 年	1985 年	1990 年	1995 年	2000 年	2001 年
国内生产总值	元	907	1160	2302	5418	19366	34292	38007
工业总产值	元	1586	1777	3293	7501	26836	44743	48018
农业总产值	元	168	180	333	745	1976	2353	2364
预算内财政收入	元	287	311	534	626	1513	2895	3484
粮食总产量	公斤	234	251	209	203	153	127	106
社会消费品零售总额	元	371	579	1388	2505	8568	16182	17665
固定资产投资额	元	153	201	807	1536	9632	13331	13843
海关出口总值	美元				399	1490	1702	1645
城市居民人均居住面积	米^2	3.82	3.97	6.22	7.99	9.61	13.13	13.87

1-9 各时期主要指标平均每年增长速度

单位：%

时　　期	国内生产总值	工业总产值	农业总产值	社会消费品零售总额	预算内财政收入	居民消费水平
“一五”时期	14.49	24.04	5.95	12.39	13.95	4.46
“二五”时期	0.74	6.56	0.06	3.28	1.36	3.28
1963－1965 年	16.32	16.39	11.21	0.02	11.35	－0.15
“三五”时期	7.94	12.22	0.47	2.63	9.62	1.87
“四五”时期	5.99	7.23	2.47	7.11	6.43	4.21
“五五”时期	9.20	7.02	4.36	13.55	4.02	10.32
“六五”时期	12.71	12.83	6.22	21.17	13.33	13.00
“七五”时期	10.83	13.07	4.58	14.53	5.07	15.79
“八五”时期	20.18	26.10	9.98	30.06	21.32	9.56
“九五”时期	13.10	15.73	5.85	15.31	23.59	7.09

1-10 国民经济主要指标比例关系

单位：%

项　　目	1978 年	1980 年	1985 年	1990 年	1995 年	2000 年	2001 年
从业人员比例							
第一产业	43.69	40.23	31.26	28.24	22.68	18.99	19.01
第二产业	32.13	33.55	37.66	36.40	38.84	40.12	39.03
第三产业	24.18	26.22	31.08	35.36	38.48	40.89	41.96
国内生产总值三次产业比例							
第一产业	11.67	10.85	9.69	8.05	5.91	3.97	3.62
第二产业	58.59	54.52	52.92	42.65	46.67	43.44	41.89
第三产业	29.74	34.63	37.39	49.30	47.42	52.59	54.49
工业总产值中轻重工业比例							
轻工业	63.24	65.16	65.40	63.97	58.20	56.85	55.57
重工业	36.76	34.84	34.60	36.03	41.80	43.15	44.43
农业总产值中农林牧副渔比例							
种植业	77.83	77.72	65.18	63.77	53.13	50.51	52.56
林　业	1.71	2.59	1.28	1.14	0.84	0.81	0.80
牧　业	13.78	13.11	24.19	25.11	29.14	26.41	24.33
副　业	2.24	2.50	4.06	3.57	2.27	4.09	4.09
渔　业	4.44	4.08	5.29	6.41	14.62	18.18	18.22
社会消费品零售总额比例							
批发零售业	84.16	78.17	66.62	63.95	62.50	69.92	70.53
餐饮业	9.21	8.12	15.44	16.21	17.51	18.57	19.22
其他行业	6.63	13.71	17.94	19.84	19.99	11.51	10.25
固定资产投资比例							
第一产业	5.94	4.97	3.13	1.57	0.69	0.72	0.18
第二产业	44.19	39.90	32.94	38.29	27.48	15.28	14.51
第三产业	49.87	55.13	63.93	60.14	71.83	84.00	85.31

1-11 主要年份国内生产总值

单位:万元

年份、时期	国内生产总值	第一产业	第二产业	工业	建筑业	第三产业
1952	53910	10787	16940	16434	506	26183
1957	111836	14952	51153	46088	5065	45731
1962	124147	20314	61196	56196	5000	42637
1965	180348	25033	101444	93401	8043	53871
1970	266600	31234	170872	164979	5893	64494
1975	366351	44318	227351	219739	7612	94682
1978	430947	50287	252479	243585	8894	128181
1980	575497	62438	313734	295337	18397	199325
1985	1243623	120449	658130	577048	81082	465044
1990	3195952	257288	1362975	1180978	181997	1575689
1995	12430697	734606	5801945	4959398	842547	5894146
1996	14449358	811630	6753844	5814566	939278	6883884
1997	16462567	857155	7661529	6661968	999561	7943883
1998	18416052	888763	8264307	7142835	1121472	9262982
1999	20567383	928522	9393241	8076035	1317206	10245620
2000	23759129	943718	10320464	8900429	1420035	12494947
2001	26857574	972806	11250617	9702444	1548173	14634151
1950－－1952	138545	29687	43557	42432	1125	65301
“一五”时期	446375	70744	179270	163383	15887	196361
“二五”时期	714451	84851	400777	372652	28125	228823
1963－－1965	469514	71608	255258	232026	23232	142648
“三五”时期	1065638	154579	603396	577866	25530	307663
“四五”时期	1552917	197149	959585	930744	28841	396183
“五五”时期	2253990	259115	1288406	1234654	53752	706469
“六五”时期	4373327	459872	2395362	2137482	257880	1518093
“七五”时期	11603019	1017120	5296091	4548434	747657	5289808
“八五”时期	38574663	2454921	18098928	15601173	2497755	18020814
“九五”时期	93654489	4429788	42393385	36595833	5797552	46831316
1979－－2001	176126084	9448506	80017841	69139848	10877993	86659737

1-12 国 内 生 产 总 值

单位:万元

项　　目	2000 年	2001 年	2001 年比 2000 年增长（%）
国内生产总值	23759129	26857574	12.74
第一产业	943718	972806	2.22
第二产业	10320464	11250617	10.89
工　业	8900429	9702444	11.12
建筑业	1420035	1548173	9.44
第三产业	12494947	14634151	15.07
农林牧渔服务业	18915	24249	29.04
地质勘查业、水利管理业	24486	28153	15.73
交通运输、仓储业、邮电通信业	3481850	3958410	9.16
批发和零售贸易、餐饮业	2435376	2700767	12.82
金融、保险业	1613315	1741262	9.06
房地产业	849127	929118	6.05
社会服务业	2126083	2664920	19.49
卫生、体育和社会福利事业	411081	566150	37.11
教育、文化艺术及广播电影电视业	644780	859006	32.63
科学研究和综合技术服务业	229381	282168	22.46
国家机关、政党机关和社会团体	594174	801676	34.32
其他行业	66379	78272	18.69

注:增长速度按可比价格计算。

1-13 县级市国内生产总值

单位:万元

项　　目	增城市		从化市	
	2000 年	2001 年	2000 年	2001 年
国内生产总值	1416101	1581241	691903	786932
第一产业	203205	208606	85060	93395
第二产业	824675	930848	461495	531682
工　业	789470	890703	437609	500119
建筑业	35205	40145	23886	31563
第三产业	388221	441787	145348	161855
农林牧渔服务业	1138	1122	1113	1632
地质勘查业、水利管理业	1581	1814	1121	995
交通运输、仓储业、邮电通信业	129846	152355	40731	46813
批发和零售贸易、餐饮业	100274	116305	32556	35436
金融、保险业	37132	37080	11741	10358
房地产业	32543	37147	8416	10667
社会服务业	31533	34725	7359	9386
卫生、体育和社会福利事业	10652	11387	8441	9055
教育、文化艺术及广播电影电视业	21828	25986	17110	18591
科学研究和综合技术服务业	705	757	1522	1650
国家机关、政党机关和社会团体	19154	21099	13470	14767
其他行业	1835	2010	1768	2505

1－14 各 行 业 增 加 值

(2001 年)　　单位:万元

项　　目	增加值	劳动者报酬	固定资产折旧	生产税净额	营业盈余
国内生产总值	26857574	12394540	3505583	3605477	7351974
第一产业	972806	680008	42519	14431	235848
第二产业	11250617	4120741	1326866	2065260	3737750
工 业	9702444	3170136	1202968	1850882	3478458
建筑业	1548173	950605	123898	214378	259292
第三产业	14634151	7593791	2136198	1525786	3378376
农林牧渔服务业	24249	20657	500	1233	1859
地质勘查业、水利管理业	28153	19912	3526	1885	2830
交通运输、仓储业、邮电通信业	3958410	1629282	783386	249744	1295998
批发和零售贸易、餐饮业	2700767	1591205	313303	499732	296527
金融、保险业	1741262	330616	119894	211555	1079197
房地产业	929118	295937	336602	199002	97577
社会服务业	2664920	1575067	371402	300004	418447
卫生、体育和社会福利事业	566150	446431	53024	8883	57812
教育、文化艺术及广播电影电视业	859006	774949	37958	6693	39406
科学研究和综合技术服务业	282168	194470	20102	21942	45654
国家机关、政党机关和社会团体	801676	648296	94006	21988	37386
其他行业	78272	66969	2495	3125	5683

1－15 各 行 业 增 加 值 构 成

(2001 年)　　单位:%

项　　目	合　计	劳动者报酬	固定资产折旧	生产税净额	营业盈余
国内生产总值	100	46.15	13.05	13.43	27.37
第一产业	100	69.90	4.37	1.48	24.25
第二产业	100	36.63	11.79	18.36	33.22
工 业	100	32.67	12.40	19.08	35.85
建筑业	100	61.40	8.00	13.85	16.75
第三产业	100	51.89	14.60	10.43	23.08
农林牧渔服务业	100	85.19	2.06	5.08	7.67
地质勘查业、水利管理业	100	70.73	12.52	6.70	10.05
交通运输、仓储业、邮电通信业	100	41.16	19.79	6.31	32.74
批发和零售贸易、餐饮业	100	58.92	11.60	18.50	10.98
金融、保险业	100	18.99	6.88	12.15	61.98
房地产业	100	31.85	36.23	21.42	10.50
社会服务业	100	59.10	13.94	11.26	15.70
卫生、体育和社会福利事业	100	78.85	9.37	1.57	10.21
教育、文化艺术及广播电影电视业	100	90.21	4.42	0.78	4.59
科学研究和综合技术服务业	100	68.92	7.12	7.78	16.18
国家机关、政党机关和社会团体	100	80.87	11.73	2.74	4.66
其他行业	100	85.56	3.19	3.99	7.26

1-16 国内生产总值使用表

单位：万元

项　　目	2000 年	2001 年	2001 年比 2000 年增长（%）
支出法国内生产总值	23759129	26857574	12.74
最终消费	11335536	13332902	18.77
1 居民消费	6627657	7400872	13.26
农业居民	1114684	1231429	12.52
城镇居民	5512973	6169443	13.41
2 政府消费	4707879	5932030	26.53
资本形成总额	9935998	10577310	8.45
1 固定资产形成总额	9716686	10295763	7.90
2 存货增加	219312	281547	32.48
货物和服务净流出	2487595	2947362	2.45

注：增长速度按可比价格计算。

1-17 资本形成总额

单位：万元

项　　目	2000 年	2001 年
资本形成总额	9935998	10577310
固定资产形成总额	9716686	10295763
第一产业	79436	44857
第二产业	1445742	1365657
第三产业	8191508	8885249
库存增加	219312	281547
第一产业	14907	16046
第二产业	247913	-63839
第三产业	-43508	329340

1-18 最终消费

单位:万元

项目	2000年	2001年
最终消费	11335536	13332902
一、居民消费	6627657	7400872
1.农村居民	1114684	1231429
自给性消费	82892	89540
商品性消费	522496	593199
文化生活服务性消费	203166	227700
住房及水电消费	306130	320990
2.城镇居民	5512973	6169443
商品性消费	3383796	3846626
文化生活服务性消费	1486834	1658577
住房及水电消费	642343	664240
二、政府消费	4707879	5932030

1-19 居民消费水平

单位:元/人

项目	2000年	2001年	2001年比2000年增长(%)
全体消费水平	9566	10473	11.04
农村居民	4255	4681	12.06
城镇居民	12795	13908	10.15
农村居民与城镇居民对比(农村居民为1)	1:3.01	1:2.97	

注:增长速度按可比价格计算。

1-20 公有制经济主要指标

单位：万元、%

项目	2000年			2001年		
	全市	#公有制经济	公有制经济占全市的比重	全市	#公有制经济	公有制经济占全市的比重
国内生产总值	23759129	15778132	66.41	26857574	17093058	63.64
职工人数(人)	1803652	1350382	74.87	1722910	1208560	70.15
工业						
工业总产值	25685694	12729971	49.56	28291517	12520935	44.26
工业增加值	7083953	3668477	51.79	7948467	3709943	46.67
产品销售收入	25342544	12985626	51.24	28113121	13155330	46.79
建筑业						
建筑业增加值	1420035	1248227	87.90	1548173	1313625	84.85
建安工作量	5351968	3613985	67.53	5746749	4302016	74.86
交通邮电业						
交通邮电业增加值	3481850	2861184	82.17	3958410	3132686	79.14
货物运输量(万吨)	24585	16884	68.68	24914	17922	71.94
货物周转量(万吨/千米)	21892465	21375045	97.64	22544007	22256850	98.73
客运量(万人次)	23430	19821	84.60	24451	18399	75.25
旅客周转量(万人/千米)	3289680	3123822	94.96	3529119	3205531	90.83
邮电业务总量	1311125	1260384	96.13	1630454	1572084	96.42
批发零售贸易、餐饮业						
批发零售贸易、餐饮业增加值	2435376	1399436	57.46	2700767	1364968	50.54
社会消费品零售总额	11211340	5818112	51.89	12482848	5585327	44.74
商品购进总额	26617911	18365466	69.00	29752976	18829178	63.29
商品销售总额	29587679	20175122	68.19	33256551	20790629	62.52

注：1. 工业指标统计口径为规模以上工业企业；

2. 公有制经济的计算办法：凡经济类型为国有、集体的企业全部视为公有制经济，混合经济按企业实收资本中，国有和集体资本金的比例推算其公有制经济的部分。3. 邮电业务总量按2000年不变价格计算。

1-21 支柱产业主要指标

单位:万元

项目	2000年			2001年		
	增加值	固定资产原价	利税总额	增加值	固定资产原价	利税总额
合计	10428932	15576430	4685144	12161929	17484445	5515729
电子信息业	2042549	3123674	1152036	2599774	4121342	1261503
交通运输及其设备制造业	651308	1173239	303758	875057	1208764	511281
#汽车制造业	314598	374531	208275	588532	344362	428007
建筑与房地产业	2035745	1884808	665311	2213364	1903857	770249
建筑业	1420035	1018202	369728	1548173	1219847	473670
房地产业	615710	866606	295583	665191	684010	296579
金融保险业	1613315	1672631	1010875	1741262	1682083	1290752
商贸旅游业	3133040	5722976	1047410	3580775	6308551	1114719
石油化工制造业	952975	1999102	505754	1151697	2259848	567225

注:支柱产业增加值占全市国内生产总值的比重2000年为43.89%,2001年为45.28%。

1-22 国有土地使用权出让、划拨情况

项目	单位	1997年	1998年	1999年	2000年	2001年
国有土地使用权出让						
出让地块	宗	850	1281	1057	2082	499
出让面积	万米^2	915.00	5178.95	1119.80	1206.30	1057.11
土地使用权出让总收入	万元	250672	342363	394312	369093	567257
征地费	万元	18	341	6711		29006
开发费	万元	66752	84805	64520	67648	44986
出让金	万元	183892	257217	323081	301445	491066
其他	万元	10				2199
国有土地使用权划拨						
划拨地块	宗	855	233	65	55	141
划拨面积	万米^2	141.00	1129.45	458.86	127.90	305.49

1-23 劳动力市场情况

项目	单位	1997年	1998年	1999年	2000年	2001年
职业介绍服务机构数	个	210	224	162	135	143
劳动部门所属	个	80	72	45	42	59
非劳动部门所属	个	130	152	117	93	84
年末实有外省劳动力	万人	35.93	32.22	36.28	34.24	46.79
年新增加的外省劳动力	万人	12.43	1.04	3.17	4.50	12.10
年末实有省内外来劳动力	万人	31.30	30.65	25.77	23.72	25.20
城镇	万人	8.36	7.26	7.63	7.12	9.73
农村	万人	22.94	23.39	18.14	16.60	15.47
年末实有外出劳动力	万人	1.87	4.47	2.22	2.13	2.94
城镇	万人	0.30	1.43	0.96	0.76	1.00
农村	万人	1.57	3.04	1.26	1.37	1.94

1-24 技术市场交易情况

项目	2000年				2001年			
	合同数（项）	#市属	金额（万元）	#市属	合同数（项）	#市属	金额（万元）	#市属
买方市场	4332	2710	311664	144722	7734	4120	348600	72060
#工业企业	2896	1600	259553	130002	5730	2906	305700	50822
科研机构	155	63	13084	1769	356	100	7500	2832
各级管理部门	350	248	17823	5706	504	257	16500	5827
技术贸易机构	39	33	1053	885	24	13	1200	448
个人及个人合伙	892	766	20151	6360	1120	844	17700	12131
卖方市场	4332	2710	311664	144722	7734	4120	348600	72060
#科研机构	1531	969	57696	12384	3037	1080	50400	9790
大中专院校	431	2	6409	72	831	150	19200	3324
工业企业	415	318	60615	9453	1571	1041	44400	18203
技术贸易单位	1712	1335	143435	117768	1733	1494	40000	31650
个人及个人合伙	243	86	43509	5045	562	355	194600	9093

1-25 城市房地产市场交易情况

项　　目	单位	1997 年	1998 年	1999 年	2000 年	2001 年
房产买卖						
交易宗数	宗	74067	131245	82489	136439	123128
交易面积	万米^2	737.50	1017.49	821.79	1124.99	1303
#住宅	万米^2	654.50	883.38	705.63	989.44	1126
办公用房	万米^2	25.60	47.36	40.29	23.17	38.33
商业用房	万米^2	47.10	55.08	49.41	81.16	69.30
交易金额	万元	3805849	4233874	4014034	4705955	5016915
#住宅	万元	2957928	2853121	2978534	3738112	3948240
办公用房	万元	335957	397998	335959	208109	288157
商业用房	万元	436822	542138	548990	600147	601742
契税	万元	42127	74737	74701	76751	80358
房屋租赁						
出租面积	万米^2	600.67	555.08	518.36	515.52	498.62
#住宅	万米^2	416.60	367.42	349.77	313.71	117.19
办公用房	万米^2	19.00	16.97	18.74	24.80	84.59
商业用房	万米^2	142.90	132.44	111.61	143.45	264.65
出租金额	万元	33167	36000	35493	34773	210062
#住宅	万元	7571	8851	9077	8898	12259
办公用房	万元	1733	1699	1820	1946	45028
商业用房	万元	18942	20694	19665	20538	149640
向个人出售住宅						
新建住宅面积	万米^2		200.31	350.97	466.60	439.88
新建住宅回收资金	万元		774484	1311002	1848766	1767467
旧住宅面积	万米^2	135.50	636.00	1176.00	10.37	9.58
旧住宅回收资金	万元	64986	352677	672927	2521	2268

1-26 各区、县级市国民经济主要指标

(2001年)

项目	单位	东山区	荔湾区	越秀区	海珠区	天河区	芳村区
土地面积	千米^2	17.2	11.8	8.9	90.4	108.3	42.6
年末总人口	人	611494	514245	429373	822301	582759	181888
街道办事处	个	10	12	10	16	16	9
镇	个				1	2	1
居民委员会	个	221	207	223	418	230	90
村民委员会	个				20	15	17
国内生产总值	万元	2906255	1804969	2290035	2293838	3114305	668589
年末全部从业人员数	人						
#职工人数	人	295636	132593	196763	191725	184241	57051
职工工资总额	万元	781858	305515	499002	412982	496189	119571
职工年人均工资	元	26143	22196	24919	20861	26632	20500
全社会固定资产投资额(原口径)	万元	1828297	167724	815531	627425	2113525	222431
#房地产开发	万元	1409085	79042	211417	246821	812770	44782
全社会固定资产投资额(新口径)	万元	690222	409017	846943	1220063	2160001	214025
#房地产开发	万元	271010	320335	242829	839459	859246	36376
一般预算财政收入	万元	79688	52440	59310	76242	99534	36455
一般预算财政支出	万元	124927	96926	96484	120928	122555	57739
城乡居民储蓄存款余额	万元						
年末耕地面积	公顷				637	849	935
农业总产值	万元				15679	20064	27119
乡镇企业人数	人				33603	59428	24770
乡镇企业营业收入	万元				798608	797574	415854
乡镇企业工资总额	万元				33880	45529	20333
乡镇企业总产值	万元				439562	592270	338717
工业增加值	万元	197735	587351	86176	901732	578701	284785
工业总产值	万元	359603	884415	227571	2027662	1900020	1042298
工业产品销售率(规模以上)	%	100.64	98.61	99.20	98.23	98.06	97.37
社会消费品零售总额	万元	1673142	1561512	1650392	1171653	1606350	344188
外贸出口总值	万美元	4984	4019	5378	18953	14301	8004
实际利用外资	万美元	6015	2834	510	1985	11592	4560
中等学校数	所	28	37	25	52	28	14
中等学校在校学生数	人	37124	33635	21592	48993	32408	10244
小学学校数	所	47	51	47	90	84	32
小学在校学生数	人	40276	36172	27663	68379	70006	20212
幼儿院数	所	70	58	57	170	134	37
幼儿院在院人数	人	17742	10016	8060	28524	25762	6514
各类卫生机构数	个	14	29	21	16	8	29
#医　院	个	5	6	10	8	5	4
各类卫生机构床位数	张	317	712	850	551	429	281
#医　院	张	317	656	850	551	429	281
卫生技术人员	人	1143	1378	1422	1150	627	665
#医　生	人	507	601	553	524	320	266

注:全社会固定资产投资额原口径指房地产开发地区数按企业划分;新口径指房地产开发地区数按项目划分。

1－26 **续表**

项　　目	单位	白云区	黄埔区	番禺区	花都区	增城市	从化市
土地面积	千米^2	1042.7	121.7	1313.8	961.1	1741.4	1974.5
年末总人口	人	869922	208180	944408	605121	824559	531729
街道办事处	个	11	4	9		1	
镇	个	14	3	13	10	15	15
居民委员会	个	269	78	95	24	37	26
村民委员会	个	178	16	305	183	302	226
国内生产总值	万元	3239582	3097224	3325467	1749137	1581241	786932
年末全部从业人员数	人			1152370	353564	558848	275272
#职工人数	人	177264	141057	163096	57081	83684	42719
职工工资总额	万元	356815	379102	284802	80381	109539	52309
职工年人均工资	元	19987	26632	17085	13808	13137	12203
全社会固定资产投资额(原口径)	万元	1052657	509492	1326022	759256	221759	137974
#房地产开发	万元	136434	79952	644525	100265	65890	39224
全社会固定资产投资额(新口径)	万元	1314379	448214	1357290	761206	222759	137974
#房地产开发	万元	398156	18674	675793	102215	66890	39224
一般预算财政收入	万元	102435	55774	280314	47371	49206	30543
一般预算财政支出	万元	131888	68250	301927	59937	64474	47409
城乡居民储蓄存款余额	万元					1134198	354664
年末耕地面积	公顷	16176	754	29034	16175	31982	18810
农业总产值	万元	359953	20303	461471	282427	329876	153626
乡镇企业人数	人	227832	31061	486546	148946	155292	89969
乡镇企业营业收入	万元	2880437	318196	5957910	3195076	2971222	1660786
乡镇企业工资总额	万元	243348	32071	525028	119592	95700	54954
乡镇企业总产值	万元	2361955	310259	5914307	3554247	2597952	1628760
工业增加值	万元	930413	2128325	1608526	1007878	890703	500119
工业总产值	万元	3484413	7890958	6976297	3778811	3410861	1948994
工业产品销售率(规模以上)	%	98.78	96.70	94.93	94.83	92.61	90.89
社会消费品零售总额	万元	1947525	349157	820927	536199	488595	333208
外贸出口总值	万美元	60345	22472	324889	27432	41106	34882
实际利用外资	万美元	15078	6005	37156	6245	21513	3453
中等学校数	所	84	13	69	41	53	34
中等学校在校学生数	人	69392	14918	77830	48470	58470	41011
小学学校数	所	237	41	279	190	301	205
小学在校学生数	人	132106	25243	124346	75185	101795	67221
幼儿院数	所	356	54	445	95	78	72
幼儿院在院人数	人	36968	9762	50243	21711	26434	18982
各类卫生机构数	个	50	31	109	100	88	88
#医　院	个	3	3	26	17	21	21
各类卫生机构床位数	张	1163	283	2964	1609	1696	1782
#医　院	张	540	265	2660	1301	1696	722
卫生技术人员	人	2525	488	3996	2262	2665	1912
#医　生	人	1247	259	1723	926	1053	809

1-27 广州经济技术开发区国民经济主要指标

项　　目	单位	1996 年	1997 年	1998 年	1999 年	2000 年	2001 年
年末社会从业人员	人	43938	47735	55102	55242	62526	77082
#工业职工人数	人	32446	41162	44275	45249	52325	58058
国内生产总值	万元	760557	859712	1014546	1055497	1409440	1733918
第一产业	万元						
第二产业	万元	569806	749712	786751	799800	1146069	1468918
工业	万元	520673	710772	719951	751566	1125713	1442099
建筑业	万元	49133	38940	66800	48234	20356	26819
第三产业	万元	190751	110000	227795	255697	263371	265000
固定资产投资额	万元	382761	374282	458295	295357	205235	251146
#基础(公共)设施	万元	91605	71325	69252	46733	93991	93156
工业项目	万元	276616	297887	368486	239224	105972	149457
区内税收	万元	212043	228981	245041	297323	382391	474988
#外商投资企业	万元		204929	219131			383707
利润总额	万元	186623	192928	124080	93279	241530	294357
#工业利润	万元	175634	185009	119345	95933	225496	310386
地方可支配财力	万元	148746	147436	157937	185174	231618	312616
地方财政支出	万元	143431	152793	157578	184543	227307	306548
工业总产值	万元	1789804	2271198	2310247	2666600	3389045	4340010
#"三资"企业产值	万元	1727838	2200513	2206699	2554700	3178402	4015559
工业销售产值	万元	1695614	2087740	2309489	2524971	3268439	4028928
商品销售总额	万元	380919	357158	776713	514000	865419	993224
出口总额	万美元	46020	50178	58463	65032	89753	97697
进口总额	万美元	27663	38728	37729	103683	133216	138774
利用外资项目(合同)数	个	65	47	63	48	73	85
合同利用外资金额	万美元	65689	71700	75410	87613	89474	129597
实际利用外资	万美元	50401	40554	43084	47037	48454	50007
#外商直接投资	万美元	38199	38154	41685	47037	48090	50007
在校学生数	人	1639	2076	2345	2077	2294	2426
#在校中学生	人	694	788	866	895	967	1040
在校小学生	人	550	786	967	1182	1327	1386
专业卫生技术人员	人	120	150	117	139	194	198

1-28 广州南沙经济技术开发区国民经济主要指标

项　　目	单位	1996年	1997年	1998年	1999年	2000年	2001年
土地面积	千米^2	54	54	54	54	54	54
累计已开发面积	千米^2	8.7	17.8	21.1	21.2	23.8	31.2
年末总人口	人	28805	30348	30816	31159	31218	31406
年末社会从业人员	人	12162	19614	19264	26960	23813	28528
年末单位数	个	210	212	224	150	228	457
国内生产总值	万元	104574	106143	120578	136375	151706	171773
第一产业	万元	2376	2994	3215	2661	1655	1742
第二产业	万元	53327	67786	78067	90309	111987	104086
第三产业	万元	48871	35363	39296	43405	38064	65945
固定资产投资额	万元	125528	45793	47945	56373	64829	76582
新开工项目	项	18	6	14	14	12	8
财政收入	万元	7519	6995	7016	8798	8944	14132
财政支出	万元		6323	7350		7025	14849
工业企业单位数	个	56	61	75	98	112	111
工业总产值	万元	118468	176320	205236	238201	290756	315308
工业增加值	万元	43452	63475	72654	84323	104262	91060
工业销售产值	万元		182033	1928774	225409	277262	283288
批发零售贸易业销售总额	万元	30347	34993	38947	40116	38736	48445
社会消费品零售总额	万元	17328	18007	18349	23513	26978	37724
外贸出口总额	万美元	8728	14773	16289	17062	23247	25701
外贸进口总额	万美元		10483	12703	14176	19573	20132
实际利用外资	万美元	5600	5893	2270	3000	3487	5196
“三资”企业户数	个	75	81	95	109	121	115
“三资”企业从业人员	人	11830	11993	14057	15450	17380	17314
“三资”企业工业总产值	万元	108092	164876	191150	158559	258954	308681

1-29 广州保税区国民经济主要指标

项　　目	单位	1996 年	1997 年	1998 年	1999 年	2000 年	2001 年
国内生产总值	万元						299300
＃工业增加值	万元				17683	15415	19000
工业总产值(当年价格)	万元			4307	69527	128447	135200
固定资产投资额	万元	8294	2076	25462	39515	30958	28374
外贸出口总值	万美元	5078	9449	11341	10686	16975	16752
实际利用外资	万美元	4329	4423	3078	6089	7156	12800
外商投资企业							
项目(合同)数	个	56	50	59	48	37	72
项目总投资	万美元	4347	6181	9829	9098	10436	20448
合同外资金额	万美元	3738	4873	6451	8140	9528	19612
外商实际投资额	万美元	4329	4423	3078	6089	7156	12800
国内投资企业							
批准项目数	个	242	186	145	92	288	177
注册资本	万元	66639	27089	29530	8296	18848	12290
进出区货物总值	万美元	14588	23125	31468	39902	77534	88719
＃出口货值	万美元	5078	9449	11341	10686	16975	16752
进口货值	万美元	6481	10946	15611	20986	38017	43140
从保税区到非保税区货值	万美元	2817	2728	3920	8003	22454	28281
从非保税区到保税区货值	万美元	212		596	227	89	546
国内贸易额	万元		407195	279955	492249	550000	870000
税收总额	万元	5243	7017	10833	12349	161947	24536

1-30 广州高新技术产业开发区国民经济主要指标

项　　目	单位	1996 年	1997 年	1998 年	1999 年	2000 年	2001 年
技工贸收入	万元	536700	739500	921000	1054083	1519985	2682206
工业总产值(当年价格)	万元	245300	367300	444000	550897	824966	1708096
开发区企业数	个	1172	1204	1261	1152	1175	1475
认定企业数	个	170	195	225	232	258	294
三资企业数	个	165	181	179	195	260	359
职工人数	人	17174	16323	21435	23396	32590	48268
利税总额	万元	49100	61200	83500	10578	14171	269630
出口创汇	万美元	4497	7039	7794	5138	7363	7731
合同利用外资	万美元	6324	9103	4193	2850	11449	11522
实际利用外资	万美元	2500	2830	3181	6182	6185	6173
实施火炬计划项目数	个	69	86	97	105	122	86

注:2001 年按新口径统计。

1-31 私营企业基本情况

(2001 年末,按行业分)

行业	全市			#城镇		
	户数(户)	人数(人)	注册资金(万元)	户数(户)	人数(人)	注册资金(万元)
合计	52203	434158	5511178	46838	363128	4981508
农、林、牧、渔业	205	2095	21755	122	1080	11629
#农、林、牧、渔服务业	15	123	1099	15	123	1099
采掘业	85	1285	12760	72	444	9528
制造业	7693	97028	635959	4378	47473	343203
建筑业	1423	12294	330349	1299	11056	271277
交通运输、仓储业	982	6828	61326	878	5891	53410
#仓储业	591	3775	24965	541	3303	21877
批发零售贸易餐饮业	26382	191486	2468218	25075	178511	2357976
#餐饮业	5510	43484	354297	5401	42864	347867
社会服务业	12483	99161	1288815	12101	95003	1256757
#日用修理业	135	1176	3114	101	780	2420
旅馆业	118	1626	12126	112	1290	11467
娱乐服务业	85	882	9933	74	714	4813
其他行业	2950	23981	691996	2913	23670	677728

1-32 私营企业基本情况

(2001 年末,按地区分)

项目	开业户数(户)	歇业户数(户)	年末户数(户)	年末人数(人)		
					投资人数	雇工人数
合计	13137	8633	52203	434158	111389	322769
市区	12531	8466	48155	385672	103443	282229
市工商局	6089	6207	26288	196854	58795	138059
东山区	363	97	1069	4154	2214	1940
荔湾区	333	91	1589	7083	2762	4321
越秀区	507	78	1340	8106	3032	5074
海珠区	569	70	1569	7197	2978	4219
天河区	1526	177	3973	35288	8487	26801
芳村区	212	28	650	5343	1168	4175
白云区	559	695	2966	25391	4955	20436
黄埔区	895	97	1662	15175	3383	11792
番禺区	760	183	3468	39635	8057	31578
花都区	447	230	1426	24039	2639	21400
开发区	122	362	1023	10735	2488	8247
保税区	118	111	742	4822	2050	2772
交易分局	31	40	390	1850	435	1415
县级市	606	167	4048	48486	7946	40540
增城市	430	100	3305	39142	6340	32802
从化市	176	67	743	9344	1606	7738

1-33 城乡个体工商业基本情况

项目	2000年 期末户数(户)	2000年 从业人数(人)	2000年 注册资金(万元)	2001年 期末户数(户)	2001年 从业人数(人)	2001年 注册资金(万元)
合计	226016	380941	404995	250672	427923	490425
市区	196297	330266	333109	216551	369655	401630
市工商局						
东山区	8184	8482	11207	10007	10276	13135
荔湾区	15754	18742	17667	17729	20717	18896
越秀区	17929	24797	19616	20057	30085	21129
海珠区	20208	20758	13029	22762	23570	18582
天河区	13993	31348	28795	13993	31348	28795
芳村区	7076	11250	8699	8396	12824	9993
白云区	35314	53991	68476	37531	55066	73037
黄埔区	10302	17338	11900	10019	17081	13030
番禺区	31430	82772	99589	41155	102882	154601
花都区	26581	45240	30743	27062	46304	31591
开发区	445	1634	462	593	1857	791
交易分局	8433	13001	22758	6555	16804	17869
珠江分局	648	913	168	692	841	181
县级市	29719	50675	71886	34121	58268	88795
增城市	21290	37662	57995	23769	40958	70169
从化市	8429	13013	13891	10352	17310	18626

1-34 城乡个体工商业基本情况

(2001年末,按行业分)

项目	户数(户)	#城镇	从业人员(人)	#城镇	注册资金(万元)	#城镇
合计	250672	167704	427923	266292	490425	280124
农、林、牧、渔业	540	225	1490	460	5993	1459
#农、林、牧、渔服务业	25	5	78	27	296	45
采掘业	363	50	1535	255	7613	1590
制造业	18996	8687	73278	28192	120227	39843
建筑业	177	45	362	105	889	329
交通运输、仓储业	19057	7442	30055	16886	56488	24836
#仓储业	9088	3258	19185	12564	19296	8160
批发零售贸易餐饮业	185531	133853	272458	189141	253662	181879
#餐饮业	44955	30434	83287	53359	88033	58784
社会服务业	25647	17206	47963	30905	43578	29333
#日用修理业	6754	4050	10871	5814	7342	4284
旅馆业	282	179	904	605	1629	1232
娱乐服务业	1045	664	2486	1260	4292	2928
其他行业	361	196	782	348	1975	855

1－35 工商企业基本情况

（2001年末）

项　　目	企业数（户）	＃国有企业	＃集体企业	＃联营企业	＃有限(股份)公司	＃股份合作企业	注册资金（万元）
总　　计	96479	12640	38021	1295	23526	19383	18327282
按地区分							
市区	90903	11456	34946	1135	22482	19341	17250013
市工商局	25904	8017	4164	521	11633	143	12875950
东山区	5763	148	949	17	1876	2767	237625
荔湾区	8554	297	4440	45	568	3167	186446
越秀区	9533	166	4498	9	1682	3176	253395
海珠区	13450	157	5141	16	1218	6917	323531
天河区	5527	330	2666	75	1247	1198	361249
芳村区	3377	181	1984	20	604	586	222339
白云区	7556	265	5364	82	771	1072	366274
黄埔区	2001	156	990	29	689	136	217617
番禺区	4836	790	2943	192	835	71	866013
花都区	2632	469	1536	49	560		294664
开发区	1037	278	142	59	516	29	835264
保税区	409	108	8	14	270		195644
交易分局	285	58	120	6	13	79	5804
珠江局	39	36	1	1			8198
县级市	5576	1184	3075	160	1044	42	1077269
增城市	3417	620	1960	100	642	26	579337
从化市	2159	564	1115	60	402	16	497932
按行业分							
农、林、牧渔业	445	103	194	16	112	15	114862
＃农、林、牧、渔服务业	37	6	23		7	1	1309
采掘业	370	35	293	24	15	3	35767
制造业	15735	1284	8638	313	2113	3123	4152640
电力、煤气及水的生产和供应业	256	50	120	5	69	10	626798
建筑业	4140	396	1701	32	1446	536	1597471
地质勘查业、水利管理业	189	93	54	10	31		58470
交通运输、仓储及邮电通信业	2762	903	889	32	716	182	1238011
批发和零售贸易、餐饮业	52097	5572	19887	551	12503	12810	4446661
金融、保险业	2762	1593	856	28	236	2	979023
房地产业	2317	279	333	29	1612	39	1985372
社会服务业	12104	1646	4009	182	3567	2406	1498102
卫生、体育和社会福利业	214	61	46	9	37	38	25627
教育、文化艺术及广播电影电视业	974	201	525	15	129	81	169072
科学研究和综合技术服务业	1627	360	365	38	760	70	503191
其他行业	487	64	111	11	180	68	896215

主 要 统 计 指 标 解 释

【国内生产总值(GDP)】指一个国家(或地区)所有常住单位在一定时期内生产活动的最终成果。国内生产总值有三种表现形态,即价值形态、收入形态和产品形态。从价值形态看,它是所有常住单位在一定时期内生产的全部货物和服务价值超过同期中间投入的全部非固定资产货物和服务价值的差额,即所有常住单位的增加值之和;从收入形态看,它是所有常住单位在一定时期内创造并分配给常住单位和非常住单位的初次收入分配之和;从产品形态看,它是所有常住单位在一定时期内最终使用的货物和服务价值与货物和服务净出口价值之和。在实际核算中,国内生产总值有三种计算方法,即生产法、收入法和支出法。三种方法分别从不同的方面反映国内生产总值及其构成。

【三次产业】是根据社会生产活动历史发展的顺序对产业结构的划分,产品直接取自自然界的部门称为第一产业,对初级产品进行再加工的部门称为第二产业,为生产和消费提供各种服务的部门称为第三产业。它是世界上较为通用的产业结构分类,但各国的划分不尽一致。我国的三次产业划分是:

第一产业:农业(包括种植业、林业、牧业和渔业)。

第二产业:工业(包括采掘业,制造业,电力、煤气及水的生产和供应业)和建筑业。

第三产业:除第一、第二产业以外的其他各业。由于第三产业包括的行业多、范围广,根据我国的实际情况,第三产业可分为两大部分;一是流通部门,二是服务部门。具体又可分为四个层次:

第一层次:流通部门,包括交通运输、仓储及邮电通信业,批发和零售贸易、餐饮业。

第二层次:为生产和生活服务的部门,包括金融、保险业,地质勘查业、水利管理业,房地产业,社会服务业,农、林、牧、渔服务业,交通运输辅助业,综合技术服务业等。

第三层次:为提高科学文化水平和居民素质服务的部门,包括教育、文化艺术及广播电影电视业,卫生、体育和社会福利业,科学研究业等。

第四层次:为社会公共需要服务的部门,包括国家机关、政党机关和社会团体以及军队、警察等。

【支出法国内生产总值】指一个国家(或地区)所有常住单位在一定时期内用于最终消费、资本形成总额,以及货物和服务的净出口总额,它反映本期生产的国内生产总值的使用及构成。

【最终消费】指常住单位在一定时期内对于货物和服务的全部最终消费支出,也就是常住单位为满足物质、文化和精神生活的需要,从本国经济领土和国外购买的货物和服务的支出;不包括非常住单位在本国经济领土内的消费支出。最终消费分为居民消费和政府消费。

【居民消费】指常住住户对货物和服务的全部最终消费支出。居民消费按市场价格计算,即按居民支付的购买者价格计算。购买者价格是购买者取得货物所支付的价格,包括购买者支付的运输和商业费用。居民消费除了直接以货币形式购买货物和服务的消费之外,还包括以其他方式获得的货物和服务的消费支出,即所谓的虚拟消费支出。居民虚拟消费支出包括以下几种类型:单位以实物报酬及实物转移的形式提供给劳动者的货物和服务;住户生产并由本住户消费了的货物和服务,其中的服务仅指住户的自有住房服务;金融机构提供的金融媒介服务;保险公司提供的保险服务。

【政府消费】指政府部门为全社会提供公共服务的消费支出和免费或以较低价格向住户提供的货物和服务的净支出。前者等于政府服务的产出价值减去政府单位所获得的经营收入的价值,政府服务的产出价值等于它的经常性业务支出加上固定资产折旧;后者等于政府部门免费或以较低价格向住户提供的货物和服务的市场价值减去向住户收取的价值。

【资本形成总额】指常住单位在一定时期内获得的减去处置的固定资产加存货的变动,包括固定资本形成总额和存货增加。

【固定资本形成总额】指常住单位在一定时期内购置、转入和自产自用的固定资产,扣除固定资产的销售和转出后的价值,可分有形固定资产形成总额和无形固定资产形成总额。有形固定资产形成总额包括一定时期内完成的建筑工程、安装工程和设备工器具购置(减处置)价值,以及土地改良、新增役、种、奶、毛、娱乐用牲畜和新增经济林木价值。无形固定资产形成总额包括矿藏的勘探、计算机软件、娱乐和文学艺术品原件等获得减处置。

【存货增加】指常住单位在一定时期内存货实物量变动的市场价值,即期末价值减期初价值的差额。存货增加可以是正值,也可以是负值;正值表示存货上升,负值表示存货下降。它包括生产单位购进的原材料、燃料和储备物资等存货,以及生产单位生产的产成品、在制品等存货等。

【货物和服务净出口】指货物和服务出口减货物和服务进口的差额。出口包括常住单位向非常住单位出售或无偿转让的各种货物和服务的价值;进口包括常住单位从非常住单位购买或无偿得到的各种货物和服务的价值。由于服务活动的提供与使用同时发生,因此服务的进出口业务并不发生出入境现象,一般把常住单位从国外得到的服务作为进口,非常住单位从本国得到的服务作为出口。货物的出口和进口都按离岸价格计算。

【可比价格】指计算各种总量指标所采用的扣除了价格变动因素的价格,可进行不同时期总量指标的对比。按可比价格计算总量指标有两种方法:一种是直接用产品产量乘某一年的不变价格计算;另一种是用价格指数进行缩减。

【不变价格】指以同类产品某年的平均价格作为固定价格,用于计算各年的产品价值。按不变价格计算的产品价值消除了价格变动因素,不同时期对比可以反映生产的发展速度。新中国成立后,随着工农业产品价格水平的变化,国家统计局先后五次制定了全国统一的工业产品不变价格和农业产品不变价格。从 1952 年到 1957 年使用 1952 年工(农)业产品不变价格,从 1957 年到

1970年使用1957年不变价格，从1971年到1980年使用1970年不变价格，从1981年到1990年使用1980年不变价格，从1991年开始使用1990年不变价格。

【平均增长速度】我国计算平均增长速度有两种方法：一种是习惯上经常使用的"水平法"，又称几何平均法，是以间隔期最后一年的水平同基期水平对比来计算平均每年增长(或下降)速度；另一种是"累计法"，又称代数平均法或方程法，是以间隔期内各年水平的总和同基期水平对比来计算平均每年增长(或下降)速度。在一般正常情况下，两种方法计算的平均每年增长速度比较接近；但在经济发展不平衡、出现大起大落时，两种方法计算的结果差别较大。

本《年鉴》内所列的平均增长速度，除固定资产投资用"累计法"计算外，其余均用"水平法"计算。从某年到某年平均增长速度的年份，均不包括基期年在内。如建国四十三年的平均增长速度是以1949年为基期计算的，则写为1950－1992年平均增长速度，其余类推。

【企业(单位)登记注册类型】是以在工商行政管理机关登记注册的各类企业为划分对象，以工商行政管理部门对企业登记注册的类型为依据，将企业登记注册类型分为内资企业、港澳台商投资企业和外商投资企业三大类。内资企业包括国有企业、集体企业、股份合作企业、联营企业、有限责任公司、股份有限公司、私营公司和其他企业；港澳台商投资企业和外商投资企业分别包括合资经营企业、合作经营企业、独资经营企业和股份有限公司。对不在工商行政管理部门进行登记注册的行政机关、事业单位和社会团体，主要按其经费来源和管理方式进行划分。

【国有企业】指企业全部资产归国家所有，并按《中华人民共和国企业法人登记管理条例》规定登记注册的非公司制的经济组织。不包括有限责任公司中的国有独资公司。

【集体企业】指企业资产归集体所有，并按《中华人民共和国企业法人登记管理条例》规定登记注册的经济组织。

【股份合作企业】指以合作制为基础，由企业职工共同出资入股，吸收一定比例的社会资产投资组建，实行自主经营，自负盈亏，共同劳动，民主管理，按劳分配与按股分红相结合的一种集体经济组织。

【联营企业】指两个及两个以上相同或不同所有制性质的企业法人或事业单位法人，按自愿、平等、互利的原则，共同投资组成的经济组织。联营企业包括国有联营企业、集体联营企业、国有与集体联营企业和其他联营企业。

【有限责任公司】指根据《中华人民共和国公司登记管理条例》规定登记注册，由两个以上、五十个以下的股东共同出资，每个股东以其所认缴的出资额对公司承担有限责任，公司以其全部资产对其债务承担责任的经济组织。有限责任公司包括国有独资公司以及其他有限责任公司。

【股份有限公司】指根据《中华人民共和国公司登记管理条例》规定登记注册，其全部注册资本由等额股份构成并通过发行股票筹集资本，股东以其认购的股份对公司承担有限责任，公司以其全部资产对其债务承担责任的经济组织。

【私营企业】指由自然人投资设立或由自然人控股，以雇佣劳动为基础的营利性经济组织。包括按照《公司法》、《合伙企业法》、《私营企业暂行条例》规定登记注册的私营有限责任公司、私营股份有限公司、私营合伙企业和私营独资企业。

【其他内资企业】指上述企业之外的其他内资经济组织。

【与港澳台商合资经营企业】指港澳台地区投资者与内地企业依照《中华人民共和国中外合资经营企业法》及有关法律的规定，按合同规定的比例投资设立、分享利润和分担风险的企业。

【与港澳台商合作经营企业】指港澳台地区投资者与内地企业依照《中华人民共和国中外合作经营企业法》及有关法律的规定，依照合作合同的约定进行投资或提供条件设立、分配利润和分担风险的企业。

【港澳台商独资经营企业】指依照《中华人民共和国外资企业法》及有关法律的规定，在内地由港澳台地区投资者全额投资设立的企业。

【港澳台商投资股份有限公司】指根据国家有关规定，经外经贸部依法批准设立，其中港、澳、台商的股本占公司注册资本的比例达25％以上的股份有限公司。凡其中港、澳、台商的股本占公司注册资本的比例小于25％的，属于内资企业中的股份有限公司。

【中外合资经营企业】指外国企业或外国人与中国内地企业依照《中华人民共和国中外合资经营企业法》及有关法律的规定，按合同规定的比例投资设立、分享利润和分担风险的企业。

【中外合作经营企业】指外国企业或外国人与中国内地企业依照《中华人民共和国中外合作经营企业法》及有关法律的规定，依照合作合同的约定进行投资或提供条件设立、分配利润和分担风险的企业。

【外资企业】指依照《中华人民共和国外资企业法》及有关法律的规定，在中国内地由外国投资者全额投资设立的企业。

【外商投资股份有限公司】指根据国家有关规定，经外经贸部依法批准设立，其中外资的股本占公司注册资本的比例达25％以上的股份有限公司。凡其中外资股本占公司注册资本的比例小于25％的，属于内资企业中的股份有限公司。

第二篇

人　口

人口稳步增加

2001年末，全市总人口为712.60万人，比上年末增加11.91万人，增长1.70%，增幅比上年的2.29%下降了0.59个百分点。其中：市区人口为576.97万人，比上年末增长1.82%；两个县级市人口为135.63万人，比上年末增长1.21%。全市总人口保持平稳增长。

一、老城区人口继续向新城区转移。2001年末，全市市区总人口中，老城区（包括东山、荔湾、越秀和海珠区）人口为237.74万人，比上年末增加2.69万人，增长1.14%；占市区总人口比重为41.21%，比上年末下降0.27个百分点。其中荔湾和越秀两区人口呈负增长，人口向外区流出的特征更为明显。新城区人口为339.23万人，比上年末增加7.60万人，增长2.29%，占市区净增人口10.29万人的73.85%。反映出市区增加的人口主要集中在新城区。

二、城镇人口增幅高于全市平均水平。2001年末，全市城镇人口为547.49万人，比上年末增长1.85%，高于全市人口平均增速0.15个百分点；净增人口9.97万人，占全市增长总量的83.71%。城镇人口占总人口比重达76.83%，比上年提高0.12个百分点。全市人口密度为959人/平方千米，与上年比，每平方千米增加17人，增长1.80%。其中市区为1552人/平方千米，两个县级市为365人/平方千米，均比上年有所提高。广州市城镇化进程逐步加快。

三、非农业人口比重持续增大。随着广州市户籍制度改革和市区“城中村”改造等措施的落实，非农业人口增长加快。2001年末，全市非农业人口为451.08万人，比上年末增长3.43%，高于全市人口增速1.74个百分点；占全市总人口比重由上年的62.24%上升到63.30%，提高了1.06个百分点。

四、人口机械增长对人口总量增长的影响较大。随着广州经济的发展，对人才的需求不断增加，迁入广州的人口逐步增多。2001年末，全市迁入人口为18.98万人，比上年末增加1.23万人，增长6.95%；迁出人口为9.67万人，比上年末下降了9.82%；迁移净增加人口为9.32万人，比上年末增加2.29万人，增长32.52%。全市人口机械增长率为13.18‰，高于上年3.03个千分点。从广州市人口增长构成分析，机械增长人口占人口增长总量的78.24%，是带动广州市人口增长的主要因素。

五、外来人口以经济活动人口为主。2001年末，全市外来人口约320万人。按来源地分类：省外的占67.37%，省内的占32.63%；按外来人口在本地分布情况分类：市区占90.34%，两县级市占9.66%；从来本地的目的分类：务工、务农的占62.92%，从事服务业的占11.59%，经商的占6.68%，其他的占18.81%。

年末总人口

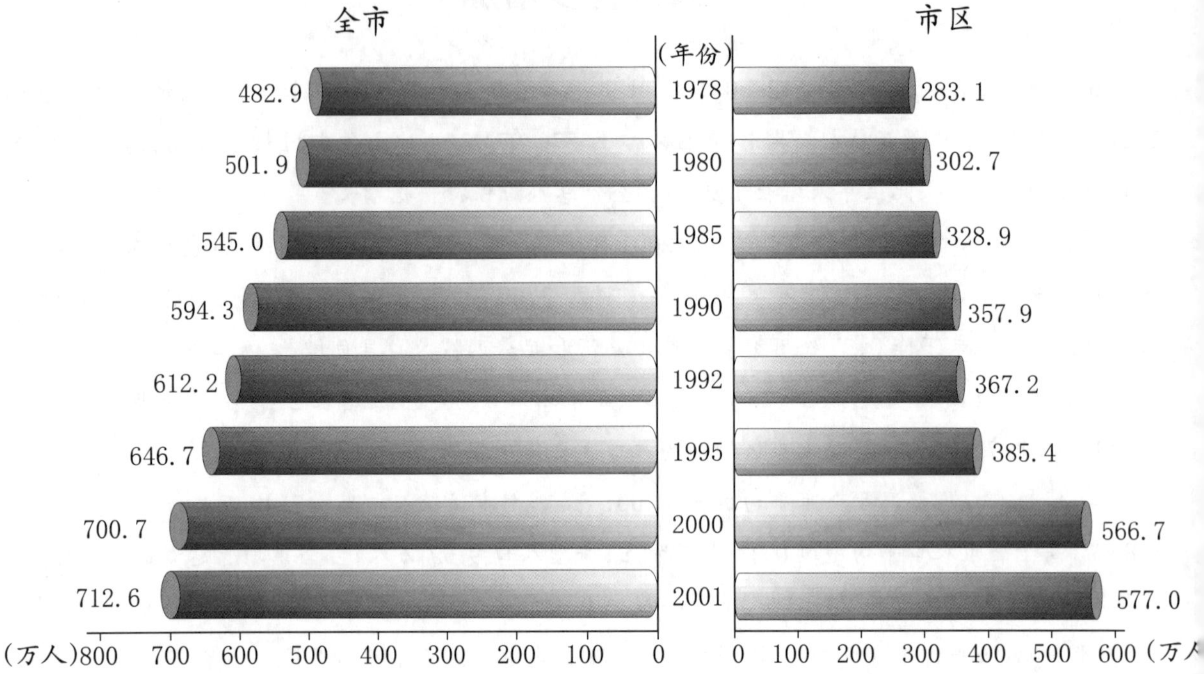

人口自然增长率（‰）

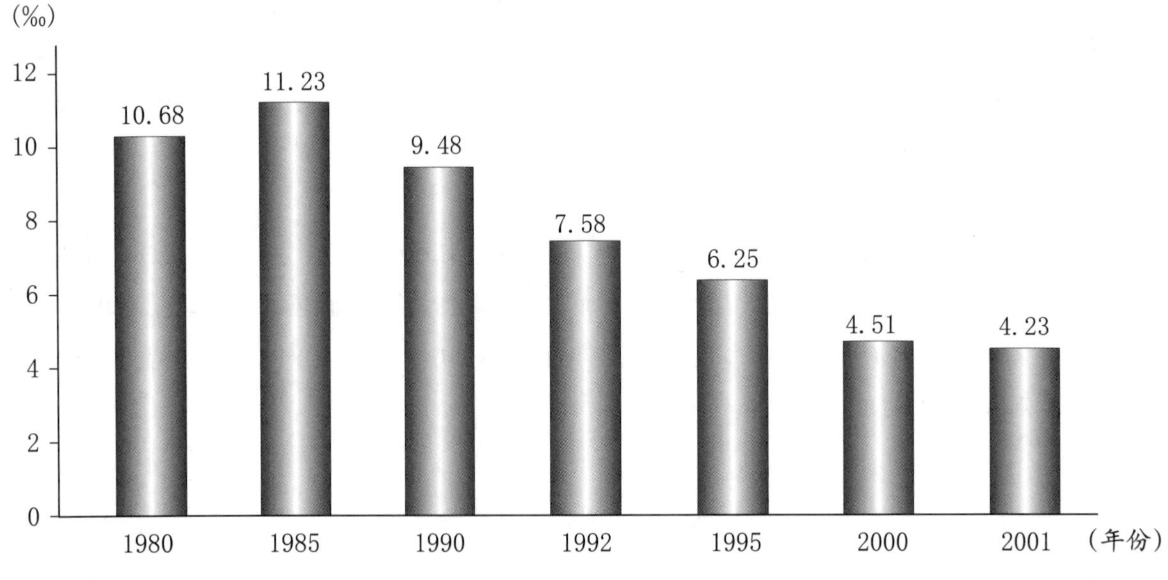

2-1 主要年份年末总户数、总人口数

年　　份	总户数（户）	总人口（人）	农业人口	非农业人口	#女	性别比（女=100）
全　　市						
1949	618698	2475259	1295637	1179622	1207954	104.91
1952	678722	2719141	1370170	1348971	1322250	105.64
1957	811439	3377586	1513557	1864029	1659746	103.50
1962	864664	3702454	1588191	2114263	1830123	102.31
1965	888576	3985070	1795294	2189776	1963842	102.92
1970	979764	4185363	2095823	2089540	2083979	100.84
1975	1071998	4591000	2408674	2182326	2263898	102.79
1978	1145925	4828961	2507540	2321421	2374951	103.33
1980	1162717	5018638	2458247	2560391	2468837	103.28
1985	1369661	5449820	2493662	2956158	2663431	104.62
1990	1641840	5942534	2528674	3413860	2887427	105.81
1995	1871894	6467115	2514356	3952759	3132759	106.44
1996	1905998	6560508	2527804	4032704	3179757	106.32
1997	1945905	6664862	2556223	4108639	3231941	106.22
1998	2007082	6741400	2568576	4172824	3272236	106.02
1999	2044756	6850024	2593729	4256295	3327111	105.89
2000	2100434	7006896	2645841	4361055	3401415	106
2001	2135837	7125979	2615185	4510794	3455802	106.20
市　　区						
1949	322133	1427648	388645	1039003	671270	112.68
1952	379087	1621776	415232	1206544	759811	113.44
1957	501793	2144799	455861	1688938	1032721	107.68
1962	542385	2394071	476997	1917074	1169713	104.67
1965	558343	2540688	560508	1980180	1235777	105.59
1970	605820	2515655	640643	1875012	1244494	102.14
1975	657669	2688779	747281	1941498	1313965	104.63
1978	706489	2831152	766176	2064976	1375737	105.79
1980	738713	3026616	737241	2289375	1472247	105.58
1985	883946	3288825	719278	2569547	1589830	106.87
1990	1054065	3579360	665079	2914281	1719027	108.22
1995	1172637	3853751	687037	3166714	1840191	109.42
1996	1193230	3901840	680430	3221410	1863900	109.34
1997	1211123	3956521	689200	3267321	1890134	109.32
1998	1229851	3993008	686731	3306277	1911456	108.90
1999	1248357	4054958	689565	3365393	1943367	108.66
2000(原口径)	1272083	4139045	700245	3438800	1980858	108.95
2000(新口径)	1734902	5666812	1652826	4013986	2742947	106.60
2001	1765120	5769691	1614883	4154808	2791775	106.67

2-2 主要年份年末常住户口户数、人口数

年份	户数(户)	农业户	非农业户	人口数(人)	农业人口	非农业人口
全市						
1949	618698	367061	251637	2475259	1295637	1179622
1952	678722	376549	302173	2719141	1370170	1348971
1957	811439	387282	424157	3377586	1513557	1864029
1962	864664	404295	460369	3702454	1588191	2114263
1965	888576	411867	476709	3985070	1795294	2189776
1970	979764	465477	514287	4172967	2087525	2085442
1975	1071998	519843	552155	4578124	2399434	2178690
1978	1145925	548559	597366	4815417	2500559	2314858
1980	1162717	524818	637899	5000658	2444826	2555832
1985	1369170	556013	813157	5431487	2475329	2956158
1990	1641063	612283	1028780	5918462	2504602	3413860
1995	1871173	624968	1246205	6433241	2480482	3952759
1996	1905305	630640	1274665	6532967	2500263	4032704
1997	1945526	639199	1306327	6629339	2520700	4108639
1998	2006279	647144	1359135	6704699	2531875	4172824
1999	2042447	655158	1387289	6807635	2551340	4256295
2000	2090384	667208	1423176	6939568	2578513	4361055
2001	2127840	659716	1468124	7058885	2548091	4510794
市区						
1949	322133	101914	220219	1427648	388645	1039003
1952	379087	109324	269763	1621776	415232	1206544
1957	501793	115283	386510	2144799	455861	1688938
1962	542385	117664	424721	2394071	476997	1917074
1965	558343	121828	436515	2540688	560508	1980180
1970	605820	135977	469843	2503726	632745	1870981
1975	657669	155781	501888	2675903	738041	1937862
1978	706489	163730	542759	2824263	761874	2062389
1980	738713	161018	577695	3017029	731851	2285178
1985	883612	173325	710287	3273789	704242	2569547
1990	1053971	178856	875115	3560658	646377	2914281
1995	1172515	186044	986471	3823234	656520	3166714
1996	1192970	188090	1004880	3877482	656072	3221410
1997	1211021	189945	1021076	3923866	656545	3267321
1998	1229635	190926	1038709	3960411	654134	3306277
1999	1248048	192508	1055540	4018469	653076	3365393
2000(原口径)	1271778	195319	1076459	4091372	652572	3438800
2000(新口径)	1734590	444218	1290372	5615121	1601135	4013986
2001	1764636	432929	1331707	5720453	1565645	4154808

2-3 主要年份总人口自然变动情况

单位：比率：‰
人数：人

年份	年平均人数	出生		死亡		自然增长率
		人数	出生率	人数	死亡率	
全市						
1949	2460084					
1952	2698816					
1957	3286712	129805	39.49	23395	7.12	32.37
1962	3683932	142881	38.78	25066	6.80	31.98
1965	3949440	106665	27.01	20739	5.25	21.76
1970	4157439	98912	23.79	22700	5.46	18.33
1975	4543684	76948	16.94	27019	5.95	10.99
1978	4753314	73470	15.46	25283	5.32	10.14
1980	4959822	80604	16.25	27643	5.57	10.68
1985	5402904	89630	16.59	28968	5.36	11.23
1990	5898400	88289	14.97	32388	5.49	9.48
1995	6418678	75867	11.82	35735	5.57	6.25
1996	6513812	78339	12.03	37216	5.71	6.32
1997	6612685	75184	11.37	35696	5.40	5.97
1998	6703131	67695	10.10	40981	6.11	3.99
1999	6795712	81485	11.99	39176	5.76	6.23
2000	6928460	71248	10.28	39987	5.77	4.51
2001	7066438	67542	9.56	37641	5.33	4.23
市区						
1949	1437368	38234	26.60	21992	15.30	11.30
1952	1610163	59254	36.80	16585	10.30	26.50
1957	2073385	93095	44.90	13477	6.50	38.40
1962	2393555	88574	37.01	14358	6	31.01
1965	2534506	53146	20.97	10982	4.33	16.64
1970	2513446	46984	18.69	13612	5.42	13.27
1975	2671601	32957	12.34	15302	5.73	6.61
1978	2770944	35159	12.69	14743	5.32	7.37
1980	2972122	40800	13.73	16519	5.56	8.17
1985	3255203	47881	14.71	17735	5.45	9.26
1990	3561652	44394	12.46	20329	5.71	6.75
1995	3828449	34888	9.11	22843	5.97	3.14
1996	3877796	37143	9.58	23259	6	3.58
1997	3929181	34205	8.71	22979	5.85	2.86
1998	3974765	30963	7.79	26096	6.57	1.22
1999	4023983	40782	10.13	25251	6.28	3.86
2000(原口径)	4097002	35378	8.64	25009	6.10	2.54
2000(新口径)	5613729	49805	8.87	33222	5.92	2.95
2001	5718252	48455	8.47	31613	5.53	2.94

2-4 土地面积、人口密度

(2001 年)

区、县级市	土地面积(千米^2)	年末总人口(人)	男	女	平均每千米^{2}人口(人)
全　市	7434.40	7125979	3670177	3455802	959
市　区	3718.50	5769691	2977916	2791775	1552
东山区	17.20	611494	314589	296905	35552
荔湾区	11.80	514245	261793	252452	43580
越秀区	8.90	429373	215875	213498	48244
海珠区	90.40	822301	432968	389333	9096
天河区	108.30	582759	313013	269746	5381
芳村区	42.60	181888	96923	84965	4270
白云区	1042.70	869922	452701	417221	834
黄埔区	121.70	208180	113111	95069	1711
番禺区	1313.80	944408	472017	472391	719
花都区	961.10	605121	304926	300195	630
县级市	3715.90	1356288	692261	664027	365
增城市	1741.40	824559	422669	401890	474
从化市	1974.50	531729	269592	262137	269

2-5 年　末　总　人　口

(2001 年)

单位:人

区、县级市	合　计	按农业与非农业分		按乡村与城镇分	
		农业人口	非农业人口	乡　村	城　镇
全　市	7125979	2615185	4510794	1651065	5474914
市　区	5769691	1614883	4154808	828041	4941650
东山区	611494	1452	610042		611494
荔湾区	514245	1968	512277		514245
越秀区	429373	618	428755		429373
海珠区	822301	72062	750239		822301
天河区	582759	75622	507137		582759
芳村区	181888	32695	149193		181888
白云区	869922	427363	442559	227852	642070
黄埔区	208180	51434	156746		208180
番禺区	944408	555191	389217	339987	604421
花都区	605121	396478	208643	260202	344919
县级市	1356288	1000302	355986	823024	533264
增城市	824559	610474	214085	494735	329824
从化市	531729	389828	141901	328289	203440

注:计算城乡人口,是按国家统计局 1999 年制订《关于统计上划分城乡的规定(试行)》的划分标准和方法执行。

2－6 年末常住户口户数、人口数

（2001 年）

区、县级市	户 数（户）	农业户	非农业户	人口数（人）	农业人口	非农业人口
全 市	2127840	659716	1468124	7058885	2548091	4510794
市 区	1764636	432929	1331707	5720453	1565645	4154808
东山区	177395	178	177217	610435	393	610042
荔湾区	167781	857	166924	514032	1755	512277
越秀区	137225		137225	428755		428755
海珠区	256650	21281	235369	815147	64908	750239
天河区	159847	18551	141296	561144	54007	507137
芳村区	61445	10835	50610	181731	32538	149193
白云区	268289	112674	155615	857129	414570	442559
黄埔区	64862	17584	47278	206492	49746	156746
番禺区	283040	147607	135433	940467	551250	389217
花都区	188102	103362	84740	605121	396478	208643
县级市	363204	226787	136417	1338432	982446	355986
增城市	217261	139294	77967	806953	592868	214085
从化市	145943	87493	58450	531479	389578	141901

2－7 人 口 迁 移 状 况

（2001 年）

单位：比率：‰ 人数：人

区、县级市	迁入人数	迁入率	迁出人数	迁出率	净增人数	净增率
全 市	189819	26.86	96650	13.68	93169	13.18
市 区	167029	29.21	79248	13.86	87781	15.35
东山区	12687	20.97	3966	6.55	8721	14.41
荔湾区	4029	7.83	1276	2.48	2753	5.35
越秀区	6483	15.05	2708	6.29	3775	8.76
海珠区	27609	33.94	11652	14.32	15957	19.62
天河区	46361	82.03	23872	42.24	22489	39.79
芳村区	4085	22.61	1775	9.83	2310	12.79
白云区	25351	29.34	12952	14.99	12399	14.35
黄埔区	4519	21.97	1200	5.83	3319	16.14
番禺区	23000	24.59	9565	10.22	13435	14.36
花都区	12905	21.40	10282	17.05	2623	4.35
县级市	22790	16.90	17402	12.91	5288	4.00
增城市	17784	21.75	12169	14.88	5615	6.87
从化市	5006	9.44	5233	9.86	－277	－0.43

2-8 总人口自然变动状况

(2001 年)

单位:比率:‰ 人数:人

区、县级市	年平均人数	出生		死亡			
		人数	出生率	人数	婴儿	死亡率	婴儿
全市	7066438	67542	9.56	37641	418	5.33	7.90
市区	5718252	48455	8.47	31613	278	5.53	7.13
东山区	605043	5343	8.83	3163	19	5.23	5.17
荔湾区	514627	3497	6.80	4052	15	7.87	6.63
越秀区	430852	2791	6.48	3116	12	7.23	5.72
海珠区	813440	5959	7.33	4741	33	5.83	8.26
天河区	565174	4912	8.69	2111	24	3.74	6.75
芳村区	180651	1437	7.95	1299	9	7.19	8.29
白云区	864152	7812	9.04	4435	48	5.13	7.05
黄埔区	205666	2365	11.50	875	15	4.25	8.87
番禺区	935475	9954	10.64	4933	62	5.27	6.73
花都区	603173	4385	7.27	2888	41	4.79	8.92
县级市	1348186	19087	14.16	6028	140	4.47	10.15
增城市	817614	13285	16.25	3380	90	4.13	11.47
从化市	530573	5802	10.94	2648	50	4.99	8.40

注:1.婴儿死亡率指未满周岁死亡婴儿数与活产婴儿数的比率,由市卫生局按常住户口本年出生人数计算。

2-9 主要年份农业人口转为非农业人口

单位:人

年份	全市	市区	#番禺区	#花都区	增城市	从化市
1980	109053	103596	3629	2043	4097	1360
1985	58578	52325	4294	3148	3315	2938
1990	34269	32209	2852	2055	1251	809
1991	33683	31574	1832	2187	1129	980
1992	33695	31369	1873	1061	1552	774
1993	57379	29247	1014	1534	1358	26774
1994	50803	50005	2381	2640	558	240
1995	45835	43868	2920	586	1285	682
1996	44565	43481	1907	498	344	740
1997	42078	41240	1841	758	514	324
1998	42877	42445	1723	802	161	271
1999	47492	47147	2939	494	288	57
2000	61717	60155	4417	851	1405	157
2001	98963	97250	2699	1272	1623	90

2-10 农业人口转为非农业人口

(2001 年)　　单位:人

区、县级市	合 计	招 生	招 工	征用土地	随迁、投靠	其 他
全 市	98963	41490	477	42188	12205	2603
市 区	97250	40964	463	42188	11445	2190
东山区	3907	2309	129		1425	44
荔湾区	2093	291	8		1715	79
越秀区	2821	1351	14		1407	49
海珠区	10801	7770	58	316	2393	264
天河区	20866	17130	76	2174	802	684
芳村区	3299	1197	62	1098	803	139
白云区	48089	8450	43	37994	812	790
黄埔区	1403	845	63	44	425	26
番禺区	2699	532	8	562	1482	115
花都区	1272	1089	2		181	
县级市	1713	526	14		760	413
增城市	1623	448	4		760	411
从化市	90	78	10			2

2-11 计 划 生 育 情 况

(2001 年)　　单位:比率:%
人数:人

区、县级市	已婚育龄妇女人数	晚婚率	节育率	计划生育率	一孩率	多孩率	独生子女领证率
全 市	1406901	79.30	88	92.54	82.30	1.66	32.70
市 区	1155356	82.75	87.28	96.20	85.23	0.58	36.38
东山区	134852	92.72	87.33	98.67	93.43	0.06	41.78
荔湾区	109500	94.03	86.08	97.81	93.18	0.06	72.91
越秀区	94444	91.75	86.15	97.43	92.29	0.17	41.54
海珠区	168986	88.46	87.07	98.29	91.27	0.19	41.31
天河区	96145	89.13	88.96	96.87	90.45	0.14	41.05
芳村区	39872	84.24	85.09	98.25	88.16	0.06	33.50
白云区	160479	80.54	89.16	93.41	81.59	0.89	31.44
黄埔区	46252	79.87	86.33	96.27	88.36	0.42	40.79
番禺区	196215	73.65	85.87	95.18	73.72	0.97	16.68
花都区	108611	68.59	89.26	94.54	80.80	1.59	18.61
县级市	251545	64.61	91.27	79.09	71.50	5.62	15.81
增城市	155683	66.21	89.99	92.43	78.12	1.35	16.48
从化市	95862	62.62	93.33	62.75	63.41	10.86	14.72

注:1.此表数据由市计生委提供;2.2001 年计划内多孩 70 人,其中:市区 61 人,县级市 9 人。

主 要 统 计 指 标 解 释

【总人口】 包括有常住户口和未落常住户口人员，以及被注销户口的在押犯、劳改及劳教人员，不包括外来人口。未落常住户口人员包括持出生、迁移、复员转业、劳改释放、解除劳教等证件未落常住户口的人员，以及城乡均无户口和户口情况不明但定居一年以上的流入人口。

【人口数】 指一定时点、一定地区范围内的有生命的个人的总和。年度统计的年末人口数指每年 12 月 31 日 24 时的人口数。

【出生率（又称粗出生率）】 指在一定时期内（通常为一年）平均每千人所出生的人数的比率，一般用千分率表示。计算公式为：

出生率＝年出生人数/年平均人数×1000‰

式中：出生人数指活产婴儿，即胎儿脱离母体时（不管怀孕月数），有过呼吸或其他生命现象。年平均人数指年初、年底人口数的平均数，也可用年中人口数代替。

【死亡率（又称粗死亡率）】 指在一定时期内（通常为一年）一定地区的死亡人数与同期平均人数（或期中人数）之比，一般用千分率表示。计算公式为：

死亡率＝年死亡人数/年平均人数×1000‰

【人口自然增长率】 指在一定时期内（通常为一年）人口自然增加数（出生人数减死亡人数）与该时期内平均人数（或期中人数）之比，一般用千分率表示。计算公式为：

人口自然增长率＝（本年出生人数－本年死亡人数）/年平均人数×1000‰＝人口出生率－人口死亡率

第三篇

从业人员和职工工资

劳动就业机会增多 职工工资继续增长

2001年,广州市社会从业人员增加,职工工资稳步增长。

一、社会从业人员增加,职工人数减速趋缓

2001年末,全市社会从业人员510.07万人,比上年末增加6.39万人,增长1.3%。其中城镇从业人员(含职工、其他从业人员和私营个体从业人员)240.62万人,比上年末增1.37万人,增长0.6%;农村(含乡镇企业)从业人员269.45万人,比上年末增加5.02万人,增长1.9%。

1.就业重心继续向第三产业转移。2001年末,广州市社会从业人员中,从事第一产业的为96.99万人,第三产业214.02万人,分别比上年末增加1.33万人和8.06万人,分别增长1.4%和3.9%;第二产业为199.06万人,比上年末减少3.00万人,减少1.5%。三次产业从业人员所占的比重分别由上年末的19.0%、40.1%和40.9%调整为2001年的19.0%、39.0%和42.0%。

2.在岗职工人数减速趋缓。2001年末,广州市职工总人数为172.29万人,比上年末减少8.07万人,下降4.5%。其中在岗职工165.15万人,比上年末减少7.79万人,下降4.5%。在岗职工人数减少较多的行业主要是制造业,批发和零售贸易、餐饮业,分别占减少人数的35.2%和29.0%。2001年各季末全市在岗职工人数分别为167.40万人、164.21万人、164.26万人和165.15万人,表明在岗职工人数的减速趋缓。2001年末国有经济单位在岗职工人数84.32万人,集体经济单位在岗职工人数15.80万人,分别比上年末减少8.88万人和7.71万人,分别下降9.5%和32.8%;其他经济单位在岗职工人数65.03万人,比上年末增加8.80万人,增长15.7%。

3.私营、个体工商户从业人员增加。2001年末,广州市城镇私营和个体工商户从业人员64.79万人,比上年末增加8.52万人,增长15.1%。私营、个体工商户从业人员主要集中在制造业和交通运输、仓储及邮电通信业,分别比上年末增长18.4%和52.4%。2001年广州市失业转就业的从业人员中,有4.69万的人员在私营企业和个体工商户实现了就业,比上年增加0.74万人,增18.7%。

4.不在岗职工人数减少,失业率上升。2001年末全市城镇登记失业人员9.16万人,比上年末增加0.65万人,增长7.7%。失业率为3.76%,比上年末提高了0.61个百分点。不在岗职工2.13万人(不含内部退养和停薪留职人员),比上年末减少0.56万人,下降20.8%。

二、职工工资平稳增长

2001年全市职工工资总额387.81亿元,比上年增长11.4%。全市职工平均工资22141元,增长16.0%。其中在岗职工平均工资22772元,增长15.8%,增速比上年回落2.3个百分点。

1.国有经济单位在岗职工人均工资高于集体和其他经济单位。2001年我市国有、集体、其他经济单位在岗职工年人均工资分别是27552元、12991元和18980元,分别比上年增长20.0%、11.2%和7.4%。国有经济单位在岗职工年人均工资比集体和其他经济单位分别高1.12倍和45.2%。

2.市属单位在岗职工人均工资相对较低。2001年中央、省属和市属单位在岗职工人均工资分别是30476元、25342元和19683元,比上年分别增长23.2%、19.1%和13.2%。中央单位和省属单位职工人均工资分别比市属单位高54.8%和28.8%。

3.事业、机关单位工资增长较快。2001年企业、事业和机关单位的在岗职工人均工资分别是20996元、26454元和35535元,分别比上年增长13.%、20.82%和24.17%。

职工工资总额

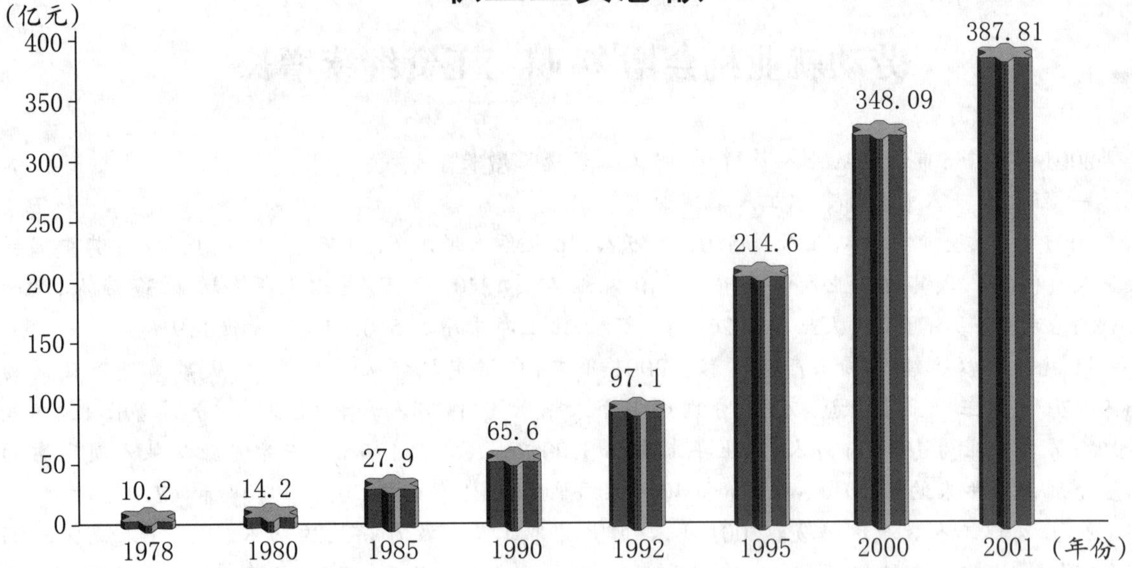

职工平均工资

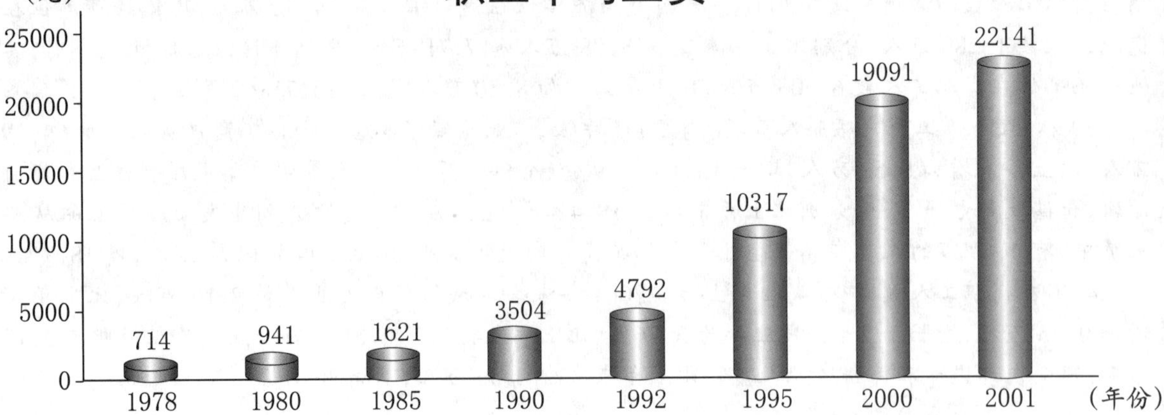

社会从业人员数

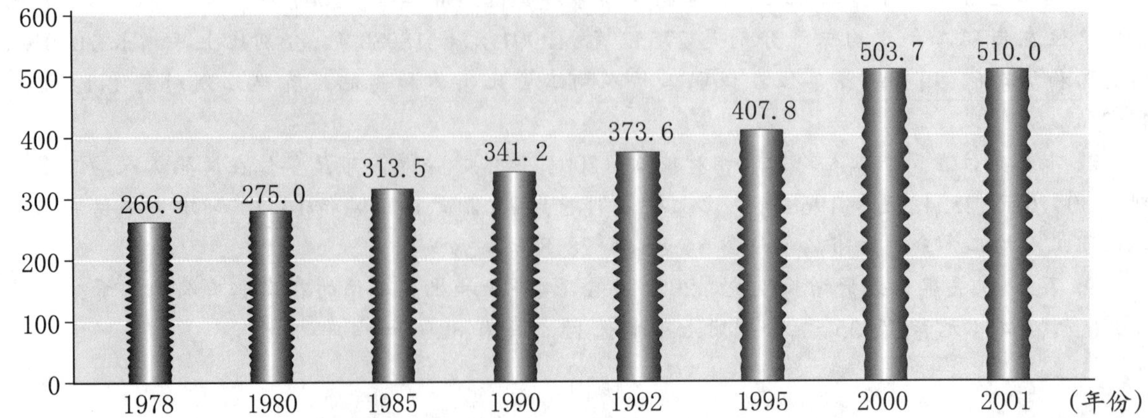

3-1 主要年份社会从业人员

单位:人

年份	全市	职工人数	农村劳动者	城镇私营个体及其他
全市				
1952	1118684	258326	656361	203997
1957	1372154	583563	715936	72655
1962	1473434	731780	708931	32723
1965	1699954	864321	773445	62188
1970	1970034	940661	989239	40134
1975	2375975	1208401	1138712	28862
1978	2668989	1473615	1178422	16952
1980	2750467	1565533	1160625	24309
1985	3134739	1756497	1310633	67609
1990	3411513	1893944	1408961	108608
1995	4077775	2082361	1698890	296524
1996	4122092	2028859	1745016	348217
1997	4282130	1998075	1886755	397300
1998	4453911	1970276	2027885	455750
1999	4548852	1879463	2150743	518646
2000	5036875	1803652	2644313	588910
2001	5100728	1722910	2694498	683320
市区				
1952	653940	239331	210612	203997
1957	816510	528539	215316	72655
1962	890078	656113	201242	32723
1965	1073976	773058	238730	62188
1970	1175850	838216	297500	40134
1975	1460693	1089396	342506	28591
1978	1699547	1332852	349914	16781
1980	1788188	1419816	345190	23182
1985	1991006	1559619	376128	55259
1990	2115276	1641416	393185	80675
1995	2472382	1768604	486356	217422
1996	2462386	1708226	492449	261711
1997	2495357	1657729	529613	308015
1998	2581462	1623272	597893	360297
1999	2572959	1517032	642428	413499
2000(原口径)	2748013	1445868	827426	474719
2000(新口径)	4233440	1682793	2001897	548750
2001	4266608	1596507	2031142	638959

注:本表1996年以前农村劳动者未包括外来劳动力;1997年农村劳动者包括6个月以上的外来劳动力;1998年起包括全部外来劳动力,与历年口径不可比。

3-2 社会从业人员

(2001年末) 单位:人

项目	合计	职工人数	农村劳动者	城镇私营个体劳动者	其他劳动者
总　计	5100728	1722910	2694498	647940	35380
按地区分					
市　区	4266608	1596507	2031142	605706	33253
#番禺区	1152370	163096	932387	54477	2410
花都区	353564	57081	259561	36698	224
县级市	834120	126403	663356	42234	2127
增城市	558848	83684	443679	29757	1728
从化市	275272	42719	219677	12477	399
按国民经济行业分					
农、林、牧、渔业	972275	15226	955419	1540	90
采掘业	3479	2773		699	7
制造业	1645765	548045	1017011	75665	5044
电力、煤气及水的生产和供应业	28588	28487			101
建筑业	312793	132467	165939	11161	3226
地质勘查业、水利管理业	6082	6001			81
交通运输、仓储及邮电通信业	242743	159887	55203	22777	4876
批发和零售贸易、餐饮业	812665	203437	238170	367652	3406
#零售贸易业	55154	53316			1838
餐饮业	142907	44391		98223	293
金融、保险业	61395	51850	4489		5056
房地产业	31852	30443			1409
社会服务业	306160	166565	11280	125908	2407
#公共服务业	64486	64099			387
居民服务业	31598	16071		15411	116
卫生、体育和社会福利事业	86887	74756	9136	1587	1408
#卫生事业	68928	66146		1587	1195
教育、文化艺术及广播电影电视业	182514	149086	11944	16933	4551
#教育事业	150672	130436		16933	3303
文化艺术业	13119	12764			355
科学研究和综合技术服务业	37637	35129	1032		1476
#科学研究业	14462	13811			651
国家机关、政党机关和社会团体	115976	104466	10162		1348
其他行业	253917	14292	214713	24018	894

3-3 市区社会从业人员

(2001年末)　　单位:人

行业	合计	职工人数	农村劳动者	城镇私营个体劳动者	其他劳动者
合计	4266608	1596507	2031142	605706	33253
农、林、牧、渔业	569547	11794	556288	1385	80
采掘业	3083	2549		527	7
制造业	1428108	503069	856955	64083	4001
电力、煤气及水的生产和供应业	26164	26097			67
建筑业	267164	111659	141782	10617	3106
地质勘查业、水利管理业	5588	5507			81
交通运输、仓储及邮电通信业	226154	155295	43398	22630	4831
批发和零售贸易、餐饮业	755274	196467	210770	344745	3292
#零售贸易	53820	51982			1838
餐饮业	135900	42814		92793	293
金融、保险业	56551	48053	3653		4845
房地产业	30975	29580			1395
社会服务业	296159	163559	10055	120152	2393
#公共服务业	62871	62488			383
居民服务业	31078	15987		14975	116
卫生、体育和社会福利事业	77478	67696	6877	1508	1397
#卫生事业	62339	59646		1508	1185
教育、文化艺术和广播电影电视业	162129	133149	8614	16056	4310
#教育事业	134045	114927		16056	3062
文化艺术业	12948	12593			355
科学研究和综合技术服务业	36946	34746	726		1474
#科学研究业	14352	13701			651
国家机关、政党机关和社会团体	104123	94160	8663		1300
其他行业	221165	13127	183361	24003	674

3-4 主要年份三次产业从业人员及构成

年份	从业人员（人）				构成（从业人员＝100）		
		第一产业	第二产业	第三产业	第一产业	第二产业	第三产业
全　市							
1952	1118684	646632	156720	315332	57.80	14.01	28.19
1957	1372154	706391	309909	355854	51.48	22.59	25.93
1962	1473434	712412	357782	403240	48.35	24.28	27.37
1965	1699954	780842	46004	459068	45.93	27.06	27.01
1970	1970034	958925	574633	436476	48.68	29.17	22.15
1975	2375975	1129317	700250	546408	47.53	29.47	23.00
1978	2668989	1165987	857527	645475	43.69	32.13	24.18
1980	2750467	1106432	922756	721279	40.23	33.55	26.22
1985	3134739	979869	1180526	974344	31.26	37.66	31.08
1990	3411513	963548	1241813	1206152	28.24	36.40	35.36
1995	4077775	924969	1583686	1569120	22.68	38.84	38.48
1996	4122092	935441	1547814	1638837	22.69	37.55	39.76
1997	4282130	932283	1628759	1721088	21.77	38.04	40.19
1998	4453911	936990	1703752	1813169	21.04	38.25	40.71
1999	4548852	930299	1750917	1867636	20.45	38.49	41.06
2000	5036875	956506	2020610	2059759	18.99	40.12	40.89
2001	5100728	969852	1990625	2140251	19.01	39.03	41.96
市　区							
1952	6539400	208230	179610	266100	31.84	27.47	40.69
1957	816510	211864	279569	325077	25.95	34.24	39.81
1962	890078	207976	323933	358169	23.37	36.39	40.24
1965	1073976	242858	422999	408119	22.61	39.39	38.00
1970	1175850	279618	511108	385124	23.78	43.47	32.75
1975	1460693	363095	628811	468787	24.86	43.05	32.09
1978	1699547	366748	767870	364929	21.58	45.18	33.24
1980	1788188	338240	818404	631544	18.91	45.77	35.32
1985	1991006	267498	903334	820174	13.44	45.37	41.19
1990	2115276	249162	900297	965817	11.78	42.56	45.66
1995	2472382	248653	988281	1235448	10.06	39.97	49.97
1996	2462386	242137	930102	1290147	9.83	37.77	52.40
1997	2495357	232534	915115	1347708	9.32	36.67	54.01
1998	2581462	236185	926689	1418588	9.15	35.90	54.95
1999	2572959	238480	890991	1443488	9.27	34.63	56.10
2000(原口径)	2748013	243451	937672	1566890	8.86	34.12	57.02
2000(新口径)	4233440	567841	1762633	1902966	13.41	41.64	44.95
2001	4266608	568297	1724519	1973792	13.32	40.42	46.26

注:1997年起增加的农村外来劳动力中,第二产业所占比重较大,与历年口径不可比。

3-5 三次产业从业人员及构成

(2001 年末)

项　　目	人数（人）	市区	构成（%）	市区
合　计	5100728	4266608	100.00	100.00
第一产业	969852	568297	19.01	13.32
第二产业	1990625	1724519	39.03	40.42
工　业	1677832	1457355	32.90	34.16
建筑业	312793	267164	6.13	6.26
第三产业	2140251	1973792	41.96	46.26
农林牧渔服务业	2423	1250	0.05	0.03
地质勘查业、水利管理业	6082	5588	0.12	0.13
交通运输和仓储及邮电通信业	242743	226154	4.76	5.30
批发和零售贸易、餐饮业	812665	755274	15.93	17.70
金融保险业	61395	56551	1.20	1.33
房地产业	31852	30975	0.62	0.73
社会服务业	306160	296159	6.00	6.94
卫生、体育、社会福利事业	86887	77478	1.70	1.82
教育、文艺、广播电影电视业	182514	162129	3.58	3.80
科学研究和综合技术服务事业	37637	36946	0.74	0.86
国家机关、政党机关和社会团体	115976	104123	2.27	2.44
其他	253917	221165	4.99	5.18

3-6 市区城镇从业人员

(2001 年末)

单位：人

行　　业	合计	国有单位	集体单位	其他单位	城镇私营个体
合　　计	2235466	852352	146755	630653	605706
农、林、牧、渔业	13259	11297	103	474	1385
采掘业	3083	2401		155	527
制造业	571153	101072	44944	361054	64083
电力、煤气及水的生产和供应业	26164	20000	429	5735	
建筑业	125382	51832	20715	42218	10617
地质勘查业、水利管理业	5588	5588			
交通运输、仓储及邮电通信业	182756	114110	4656	41360	22630
批发和零售贸易、餐饮业	544504	82250	29530	87979	344745
金融、保险业	52898	40148	5061	7689	
房地产业	30975	12188	3500	15287	
社会服务业	286104	76344	29686	59922	120152
卫生、体育和社会福利业	70601	64038	4186	869	1508
教育、文化艺术及广播电影电视业	153515	134151	2631	677	16056
科学研究和综合技术服务业	36220	34035	333	1852	
国家机关、政党机关和社会团体	95460	95169	291		
其他行业	37804	7729	690	5382	24003

3-7 城镇从业人员

(2001年末)　　单位:人

项目	合计	国有单位	集体单位	其他单位	城镇私营个体
总　计	2406230	918031	167267	672992	647940
按地区分					
市　区	2235466	852352	146755	630653	605706
#番禺区	219983	44790	27469	93247	54477
花都区	94003	29709	3738	23858	36698
县级市	170764	65679	20512	42339	42234
增城市	115169	40472	10949	33991	29757
从化市	55595	25207	9563	8348	12477
按国民经济行业分					
农、林、牧、渔业	16856	14532	103	681	1540
采掘业	3479	2570		210	699
制造业	628754	104996	48264	399829	75665
电力、煤气及水的生产和供应业	28588	22030	511	6047	
建筑业	146854	59461	34014	42218	11161
地质勘查业、水利管理业	6082	6082			
交通运输、仓储及邮电通信业	187540	117231	5654	41878	22777
批发和零售贸易、餐饮业	574495	87049	30850	88944	367652
金融、保险业	56906	42841	6156	7909	
房地产业	31852	12438	3729	15685	
社会服务业	294880	78526	29816	60630	125908
卫生、体育和社会福利业	77751	70928	4186	1050	1587
教育、文化艺术和广播电影电视业	170570	150290	2670	677	16933
科学研究和综合技术服务业	36605	34420	333	1852	
国家机关、政党机关和社会团体	105814	105523	291		
其他行业	39204	9114	690	5382	24018

3-8 职工人数与工资

(2001 年,按地区分)

项目	全市	市区	#番禺区	#花都区	增城市	从化市
职工年末人数(人)	1722910	1596507	163096	57081	83684	42719
国有单位	891779	827283	42982	29526	39603	24893
集体单位	165820	145477	27295	3730	10788	9555
其他各种类型单位	665311	623747	92819	23825	33293	8271
#三资企业	381195	347376	82530	19979	28542	5277
职工年平均人数(人)	1751570	1625322	166697	58210	83383	42865
国有单位	905198	840750	41865	29873	39362	25086
集体单位	172442	151962	29895	3983	10970	9510
其他各种类型单位	673930	632610	94937	24354	33051	8269
#三资企业	381671	347771	84170	20546	28406	5494
职工工资总额(万元)	3878065	3716217	284802	80381	109539	52309
国有单位	2401471	2295571	108064	50256	69257	36643
集体单位	216967	202074	40396	3835	8243	6650
其他各种类型单位	1259627	1218572	136342	26290	32039	9016
#三资企业	691639	658762	119347	22241	26850	6027
职工年平均工资(元)	22141	22864	17085	13809	13137	12203
国有单位	26530	27304	25812	16823	17595	14607
集体单位	12582	13298	13513	9628	7514	6993
其他各种类型单位	18691	19263	14361	10795	9694	10902
#三资企业	18121	18942	14179	10825	9452	10968

注:职工年人均工资是以"千元"为单位的工资总额计算的,下同。

3-9 职工工资总额及指数

年　　份	职工工资总额	国有单位	城镇集体单位	其他各种类型单位	#三资企业
绝对数(万元)					
1978	101809	76913	24896		
1980	142243	108015	34228		
1985	278892	208829	65660	4403	3127
1990	656434	487524	121441	47469	41198
1991	783043	565974	148783	68286	61119
1992	971335	690135	183771	97429	89978
1993	1316773	941475	226929	148369	106957
1994	1815428	1277944	308933	228551	183030
1995	2146245	1481375	344494	320376	263343
1996	2395597	1672483	348629	374485	313623
1997	2615842	1798987	338388	478467	404483
1998(原口径)	2831440	1900631	344677	586132	454061
1998(新口径)	2831440	1758088	322399	750953	454061
1999	3085768	1917375	296558	871835	507875
2000	3480880	2188085	289750	1003045	586413
2001	3878065	2401471	216967	1259627	691639
指数(上年=100)					
1978	116.20	121.34	102.76		
1980	139.72	140.44	137.48		
1985	123.19	121.95	124.25	190.69	236.36
1990	107.71	106.08	105.39	137.10	152.37
1991	119.29	116.09	122.51	143.85	148.35
1992	124.05	121.94	123.52	142.68	147.22
1993	135.56	136.42	123.48	152.28	118.87
1994	137.87	135.74	136.14	154.04	171.12
1995	118.22	115.92	111.51	140.18	143.88
1996	111.62	112.90	101.20	116.89	119.09
1997	109.19	107.56	97.06	127.77	128.97
1998	108.24	105.65	101.86	122.50	112.26
1999	108.98	109.06	91.99	116.10	111.85
2000	112.80	114.12	97.70	115.05	115.46
2001	111.41	109.75	74.88	125.58	117.94

注:1999年起各类型单位工资总额口径与以前年份不同,指数按可比口径计算。

3-10 职工人数与工资

（2001年，按行业分）

行业	职工年末人数(人)	职工年平均人数(人)	职工工资总额(万元)	职工年人均工资(元)
合计	1722910	1751570	3878065	22141
农、林、牧、渔业	15226	14485	17273	11925
农业	7061	6211	5646	9090
林业	1870	1908	2347	12298
畜牧业	2060	2093	3254	15515
渔业	1835	1902	1982	10419
农、林、牧、渔服务业	2400	2371	4044	17061
采掘业	2773	2781	6301	22650
制造业	548045	563341	939083	16670
电力、煤气及水的生产和供应业	28487	28971	107231	37013
建筑业	132467	137757	249142	18086
土木工程建筑业	102467	108333	187834	17338
线路、管道和设备安装业	21497	21304	48279	22661
建筑物的装修装饰业	8503	8120	13029	16046
地质勘查业、水利管理业	6001	6125	11761	19201
地质勘查业	3667	3790	6572	17341
水利管理业	2334	2335	5189	22219
交通运输、仓储及邮电通信业	159887	163289	469245	28737
铁路运输业	38437	38544	85382	22152
公路运输业	10084	10147	19383	19102
管道运输业				
水上运输业	29694	30416	82507	27126
航空运输业	6066	6063	23994	39574
交通运输辅助业	42316	43906	122138	27818
交通运输业	182	254	644	25334
仓储业	8438	8585	18575	21636
邮电通信业	24670	25374	116622	45961
批发和零售贸易、餐饮业	203437	211564	383253	18115
食品、饮料、烟草和家庭用品批发商业	55928	58145	123215	21191
能源材料和机械电子设备批发业	37056	38558	80770	20947
其他批发业	11129	12410	23489	18927
零售业	53316	55294	90044	16285

附：2001年末全市离休、退休、退职人数为629852人，其中国有企业315805人，集体企业117813人，其他企业66535人，事业单位93248人，机关单位27346人。

3－10　续表

行　　业	职工年末人数(人)	职工年平均人数(人)	职工工资总额(万元)	职工年人均工资(元)
商业经纪与代理业	1617	1672	4050	24220
餐饮业	44391	45485	61685	13561
金融、保险业	51850	52668	190387	36148
金融业	47509	48547	171988	35427
保险业	4341	4121	18399	44644
房地产业	30443	30371	70551	23229
房地产开发与经营业	14584	15009	37045	24681
房地产管理业	14195	13767	28975	21046
房地产代理与经纪业	1664	1595	4531	28410
社会服务业	166565	165577	329510	19900
公共服务业	64099	62474	140894	22552
居民服务业	16071	16405	25979	15835
旅馆业	45064	45616	85652	18776
租赁服务业	1815	1853	3408	18392
旅游业	5201	5192	10345	19924
娱乐服务业	4753	4802	6761	14080
信息、咨询服务业	6596	6861	15904	23180
计算机应用服务业	7097	6869	20094	29253
其他社会服务业	15869	15505	20473	13203
卫生、体育和社会福利业	74756	73894	213179	28849
卫生	66146	65365	193482	29600
体育	4895	4889	11354	23222
社会福利保障业	3715	3640	8343	22922
教育文化艺术和广播电影电视业	149086	147486	388758	26359
教育	130436	129114	335840	26011
文化艺术业	12764	12433	35228	28334
广播电影电视业	5886	5939	17690	29786
科学研究和综合技术服务业	35129	35378	106702	30160
科学研究业	13811	14046	37040	26370
综合技术服务业	21318	21332	69662	32656
国家机关、政党机关和社会团体	104466	103891	363896	35026
其他行业	14292	13992	31793	22722

3-11 市区职工人数与工资

(2001 年,按行业分)

行业	职工年末人数(人)	职工年平均人数(人)	职工工资总额(万元)	职工年人均工资(元)
合计	1596507	1625322	3716217	22864
农、林、牧、渔业	11794	11008	14211	12909
农业	6279	5405	5333	9866
林业	622	638	904	14167
畜牧业	1835	1868	3078	16478
渔业	1828	1892	1971	10418
农、林、牧、渔服务业	1230	1205	2925	24271
采掘业	2549	2556	6045	23648
制造业	503069	518124	895335	17280
电力、煤气及水的生产和供应业	26097	26587	100301	27725
建筑业	111659	117515	228544	19448
土木工程建筑业	82909	89164	169260	18982
线路、管道和设备安装业	20256	20240	46263	22857
建筑物的装修装饰业	8494	8111	13022	16054
地质勘查业、水利管理业	5507	5624	11098	19733
地质勘查业	3667	3790	6572	17341
水利管理业	1840	1834	4526	24677
交通运输、仓储及邮电通信业	155295	158845	460677	29001
铁路运输业	38437	38544	85382	22131
公路运输业	9718	9981	19253	19289
管道运输业				
水上运输业	28732	29453	81959	27827
航空运输业	6066	6063	23994	39574
交通运输辅助业	41070	42650	119829	28096
交通运输业	182	254	644	25334
仓储业	8366	8512	18520	21757
邮电通信业	22724	23388	111098	47502
批发和零售贸易、餐饮业	196467	203948	376919	18481
食品、饮料、烟草和家庭用品批发商业	53592	55791	120304	21563
能源材料和机械电子设备批发业	36550	37974	80332	21154
其他批发业	9967	10783	22850	21190
零售业	51982	53907	89085	16525

3－11 续表

行　　业	职工年末人数(人)	职工年平均人数(人)	职工工资总额(万元)	职工年人均工资(元)
商业经纪与代理业	1562	1615	3981	24650
餐饮业	42814	43878	60367	13757
金融、保险业	48053	48882	182729	37381
金融业	43946	44991	164881	36647
保险业	4107	3891	17848	45870
房地产业	29580	29489	69376	23526
房地产开发与经营业	13850	14253	36082	25315
房地产管理业	14095	13667	28883	21133
房地产代理与经纪业	1635	1569	4411	28114
社会服务业	163559	162559	326518	20086
公共服务业	62488	60863	139441	22910
居民服务业	15987	16320	25826	15824
旅馆业	44538	45076	84990	18854
租赁服务业	1815	1853	3408	18392
旅游业	4977	4975	10229	20561
娱乐服务业	4440	4486	6480	14445
信息、咨询服务业	6486	6751	15771	23361
计算机应用服务业	7087	6859	20082	29277
其他社会服务业	15741	15376	20292	13196
卫生、体育和社会福利业	67696	67024	202746	30249
卫生	59646	59026	184115	31192
体育	4657	4691	11127	23720
社会福利保障业	3393	3307	7503	22687
教育文化艺术和广播电影电视业	133149	131824	362769	27519
教育	114927	113880	310455	27261
文化艺术业	12593	12262	34975	28522
广播电影电视业	5629	5682	17339	30515
科学研究和综合技术服务业	34746	34999	106158	30331
科学研究业	13701	13936	36973	26530
综合技术服务业	21045	21063	69185	32846
国家机关、政党机关和社会团体	94160	93487	342175	36601
其他行业	13127	12851	30616	23824

3－12 国有单位职工人数与工资

（2001 年）

项　　　目	单位数（个）	职工年末人数（人）	职工年平均人数（人）	职工工资总额（万元）	职工年人均工资（元）
总　　计	8863	891779	905198	2401471	26530
按企、事业和机关分					
企业	3882	520372	536206	1324670	24704
事业	3832	272344	270483	727378	26892
机关	1149	99063	98509	349423	35471
按国民经济行业分					
农、林、牧、渔业	241	14470	13776	16182	11746
农业	63	6950	6101	5546	9089
林业	15	1840	1878	2319	12350
畜牧业	27	1516	1592	2380	14952
渔业	9	1835	1902	1982	10419
农、林、牧、渔服务业	127	2329	2303	3955	17174
采掘业	12	2566	2590	5540	21390
制造业	491	103563	109785	209221	19057
电力、煤气及水的生产和供应业	88	21933	22324	84892	38027
建筑业	193	57453	60690	125150	20621
土木工程建筑业	140	39908	43320	83985	19387
线路、管道和设备安装业	37	16940	16755	40177	23978
建筑物的装修装饰业	16	605	615	988	16071
地质勘查业、水利管理业	63	6001	6125	11761	19201
地质勘查业	28	3667	3790	6572	17340
水利管理业	35	2334	2335	5189	22219
交通运输、仓储及邮电通信业	360	112874	115243	338618	29382
铁路运输业	33	22093	22273	48994	21997
公路运输业	26	3787	3844	7799	20284
管道运输业					
水上运输业	27	23544	24020	73587	30635
航空运输业	12	5185	5166	21361	41348
交通运输辅助业	113	33104	34381	98219	28568
其他交通运输业	4	135	208	596	28629
仓储业	52	6478	6582	15180	23062
邮电通信业	93	18548	18769	72882	38831
批发和零售贸易、餐饮业	1351	84940	89529	203921	22777
食品、饮料、烟草和家庭用品批发业	532	35512	37157	94127	25332
能源、材料和机械电子设备批发业	403	22375	23422	53559	22866

3－12 续表

项　　目	单位数（个）	职工年末人数（人）	职工年平均人数（人）	职工工资总额（万元）	职工年人均工资（元）
其他批发业	120	4478	4907	12954	26399
零售业	204	13031	13697	27581	20136
商业经纪与代理业	34	1106	1166	2914	24993
餐饮业	58	8438	9180	12786	13927
金融、保险业	295	37890	37995	138880	36552
金融业	241	34213	34484	123248	35740
保险业	54	3677	3511	15632	44523
房地产业	308	11907	12333	31812	25793
房地产开发与经营业	165	6464	6644	17358	26125
房地产管理业	98	4687	4939	12012	24321
房地产代理与经纪业	45	756	750	2442	32565
社会服务业	776	77141	76583	164955	21539
公共服务业	220	46060	45227	107568	23784
居民服务业	52	1876	1877	5056	26933
旅馆业	172	18458	18793	29273	15576
租赁服务业	15	866	877	1163	13264
旅游业	52	3117	3134	5794	18487
娱乐服务业	12	679	718	1043	14529
信息、咨询服务业	139	2520	2561	7226	28214
计算机应用服务业	31	781	766	2254	29426
其他社会服务业	83	2784	2630	5578	21209
卫生、体育和社会福利业	373	69685	68902	202421	29378
卫生	261	62293	61532	184363	29962
体育	48	4098	4140	10390	25096
社会福利保障业	64	3294	3230	7668	23741
教育、文化艺术和广播电影电视业	2394	145826	144252	383580	26590
教育	2172	127561	126252	331335	26243
文化艺术业	175	12406	12085	34587	28620
广播电影电视业	47	5859	5915	17658	29852
科学研究和综合技术服务业	468	33057	33327	101843	30558
科学研究业	131	13768	14003	36983	26410
综合技术服务业	337	19289	19324	64860	33564
国家机关、政党机关和社会团体	1280	104195	103634	363497	35075
其他行业	170	8278	8110	19198	23672

3-13 市区国有单位职工人数与工资

（2001年）

项目	单位数（个）	职工年末人数（人）	职工年平均人数（人）	职工工资总额（万元）	职工年人均工资（元）
总计	7468	827283	840750	2295571	27304
按企、事业和机关分					
企业	3531	494162	509760	1284061	25190
事业	3001	243859	242387	682882	28173
机关	936	89262	88603	328628	37090
按国民经济行业分					
农、林、牧、渔业	154	11244	10502	13321	12684
农业	55	6231	5358	5270	9834
林业	7	592	608	877	14419
畜牧业	23	1403	1479	2343	15842
渔业	8	1828	1892	1971	10418
农、林、牧、渔服务业	61	1190	1165	2860	24551
采掘业	11	2397	2403	5345	22243
制造业	451	99843	105767	204764	19360
电力、煤气及水的生产和供应业	79	19937	20334	78473	38592
建筑业	179	49904	53472	113609	21246
土木工程建筑业	129	33583	37147	74430	20037
线路、管道和设备安装业	35	15725	15719	38198	24301
建筑物的装修装饰业	15	596	606	981	16184
地质勘查业、水利管理业	56	5507	5624	11098	19733
地质勘查业	28	3667	3790	6572	17340
水利管理业	28	1840	1834	4526	24678
交通运输、仓储及邮电通信业	335	109759	112070	331455	29576
铁路运输业	33	22093	22273	48994	21997
公路运输业	26	3787	3844	7799	20289
管道运输业					
水上运输业	26	23486	23962	73545	30692
航空运输业	12	5185	5166	21361	41349
交通运输辅助业	102	31870	33139	95920	28945
其他交通运输业	4	135	208	596	28629
仓储业	51	6469	6572	15168	23080
邮电通信业	81	16734	16906	68072	40265
批发和零售贸易、餐饮业	1233	80248	84672	199541	23566
食品、饮料、烟草和家庭用品批发业	458	33392	35022	91883	26236
能源、材料和机械电子设备批发业	393	22241	23226	53441	23009

3－13 续表

项目	单位数（个）	职工年末人数（人）	职工年平均人数（人）	职工工资总额（万元）	职工年人均工资（元）
其他批发业	113	4382	4804	12850	26749
零售业	189	11819	12438	26722	21484
商业经纪与代理业	27	1068	1125	2864	25458
餐饮业	53	7346	8057	11781	14622
金融、保险业	232	35408	35502	133169	37510
金融业	184	31924	32181	118003	36669
保险业	48	3484	3321	15166	45667
房地产业	289	11658	12059	31405	26043
房地产开发与经营业	147	6229	6384	16974	26588
房地产管理业	98	4687	4939	12012	24319
房地产代理与经纪业	44	742	736	2419	32867
社会服务业	739	74969	74403	162542	21846
公共服务业	209	44882	44050	106288	24129
居民服务业	46	1807	1807	4922	27239
旅馆业	166	17932	18253	28611	15675
租赁服务业	15	866	877	1163	13264
旅游业	47	2893	2917	5679	19469
娱乐服务业	11	663	702	1022	14561
信息、咨询服务业	135	2479	2520	7178	28484
计算机应用服务业	30	771	756	2241	29643
其他社会服务业	80	2676	2521	5438	21566
卫生、体育和社会福利业	315	62805	62165	192112	30904
卫生	207	55793	55193	174996	31706
体育	46	4040	4075	10289	25249
社会福利保障业	62	2972	2897	6827	23566
教育、文化艺术和广播电影电视业	1776	129928	128630	357641	27804
教育	1570	112091	111058	306000	27553
文化艺术业	166	12235	11914	34334	28818
广播电影电视业	40	5602	5658	17307	30589
科学研究和综合技术服务业	448	32674	32948	101299	30745
科学研究业	128	13658	13893	36916	26572
综合技术服务业	320	19016	19055	64383	33788
国家机关、政党机关和社会团体	1044	93889	93230	341776	36659
其他行业	127	7113	6969	18021	25859

3－14 市属国有单位职工人数与工资

（2001年）

项　　目	单位数（个）	职工年末人数（人）	职工年平均人数（人）	职工工资总额（万元）	职工年人均工资（元）
总　　计	6582	502525	509678	1270727	24931
按企、事业和机关分					
企业	2333	254344	263044	554429	21077
事业	3238	177158	175777	451757	25700
机关	1011	71023	70857	264541	37334
按国民经济行业分					
农、林、牧、渔业	196	12780	12058	12760	10582
农业	60	6549	5677	5234	9219
林业	13	1592	1629	1793	11004
畜牧业	25	1380	1449	1979	13654
渔业	6	1673	1731	1704	9841
农、林、牧、渔服务业	92	1586	1572	2050	13052
采掘业	10	1736	1722	3691	21432
制造业	393	76620	82522	150546	18243
电力、煤气及水的生产和供应业	52	11193	11226	33070	29458
建筑业	113	21187	20873	44594	21364
土木工程建筑业	78	15024	15403	32105	20843
线路、管道和设备安装业	23	5737	5039	11811	23439
建筑物的装修装饰业	12	426	431	678	15733
地质勘查业、水利管理业	32	1364	1368	2360	17254
地质勘查业	4	151	151	280	18556
水利管理业	28	1213	1217	2080	17092
交通运输、仓储及邮电通信业	120	27067	28365	78630	27720
铁路运输业					
公路运输业	17	3518	3588	7217	20115
管道运输业					
水上运输业	7	655	689	1037	15053
航空运输业					
交通运输辅助业	51	19683	20765	60711	29236
其他交通运输业	3	97	167	489	29287
仓储业	28	2198	2241	4876	21758
邮电通信业	14	916	915	4300	46992
批发和零售贸易、餐饮业	918	52205	55146	108079	19599
食品、饮料、烟草和家庭用品批发业	386	20935	21887	45803	20976
能源、材料和机械电子设备批发业	222	10749	11211	23848	21271

3－14 续表

项　　目	单位数（个）	职工年末人数（人）	职工年平均人数（人）	职工工资总额（万元）	职工年人均工资（元）
其他批发业	49	1347	1533	2459	16038
零售业	175	10943	11548	23177	20070
商业经纪与代理业	31	662	670	1356	20234
餐饮业	55	7569	8297	11436	13785
金融、保险业	27	1491	1397	5118	36635
金融业	25	1438	1344	4920	36607
保险业	2	53	53	198	37339
房地产业	226	7711	8248	22382	27136
房地产开发与经营业	113	4268	4355	11639	26725
房地产管理业	72	2729	3197	8495	26570
房地产代理与经纪业	41	714	696	2248	32300
社会服务业	573	61538	60924	136258	22365
公共服务业	215	45594	44753	106480	23792
居民服务业	48	1564	1565	4442	28382
旅馆业	87	7822	8001	11728	14657
租赁服务业	11	779	792	995	12568
旅游业	33	2129	2130	3460	16243
娱乐服务业	9	492	522	815	15620
信息、咨询服务业	95	1277	1303	3692	28331
计算机应用服务业	15	343	330	988	29924
其他社会服务业	60	1538	1528	3658	23943
卫生、体育和社会福利业	299	45440	44914	123569	27512
卫生	210	40874	40366	112205	27796
体育	37	1641	1666	4588	27539
社会福利保障业	52	2925	2882	6776	23512
教育、文化艺术和广播电影电视业	2175	94786	93635	237811	25397
教育	2041	86776	85845	215833	25142
文化艺术业	105	6213	5959	16533	27744
广播电影电视业	29	1797	1831	5445	29734
科学研究和综合技术服务业	238	8827	9025	28933	32058
科学研究业	43	2176	2263	5230	23111
综合技术服务业	195	6651	6762	23703	35053
国家机关、政党机关和社会团体	1093	73182	73006	271691	37214
其他行业	117	5398	5249	11235	21404

3－15 独立核算工业企业在岗职工人数

（2001 年末）

单位：人

项　　目	在岗职工年末人数	#市区	#市属	在岗职工年平均人数	#市区	#市属
总　　计	555675	508852	494446	569969	522964	506561
按隶属关系分						
中央	36697	36121		38297	37701	
省属	24532	23479		25111	24062	
市属	494446	449252	494446	506561	461201	506561
按国民经济行业分						
采掘业	2482	2310	1610	2461	2301	1578
煤炭采选业						
石油和天然气开采业	754	754		760	760	
黑色金属矿采选业						
有色金属矿采选业	118			123		
非金属矿采选业	1610	1556	1610	1578	1541	1578
其他矿采选业						
木材及竹材采运业						
制造业	525851	481589	475713	539607	495145	487703
食品加工业	4389	3942	4167	4730	4285	4508
食品制造业	19578	18209	17381	19775	18431	17594
饮料制造业	8198	7594	6573	8310	7694	6670
烟草加工业	2637	2637		2712	2712	
纺织业	18587	15906	18587	19310	16591	19310
服装及其他纤维制品制造业	53297	45683	53280	56285	48693	56125
皮革、毛皮、羽绒及其制品业	50234	37763	50120	49788	37327	49621
木材加工及竹、藤、棕、草制品业	3456	3383	2776	3700	3603	2935
家具制造业	2188	2049	1916	2232	2100	1947
造纸及纸制品业	10903	10578	10851	11281	10951	11226
印刷业、记录媒介的复制	13097	12745	8261	13159	12810	8397
文教体育用品制造业	23952	22501	23846	25258	23672	25152
石油加工及炼焦业	5074	4972	218	5484	5382	218
化学原料及化学制品制造业	25490	23962	24779	26070	24583	25299
医药制造业	17750	17298	17140	17855	17418	17242
化学纤维制造业	860	755	860	944	767	944
橡胶制品业	16512	16236	16171	16745	16479	16423
塑料制品业	18414	15015	18057	18804	15302	18405
非金属矿物制品业	15616	14174	15583	16349	14844	16310
黑色金属冶炼及压延加工业	7930	7466	7930	8031	7592	8031
有色金属冶炼及压延加工业	5085	4509	3356	5320	4711	3550
金属制品业	23414	22212	20205	24162	22986	20639
普通机械制造业	18315	17983	17693	18802	18516	18166
专用设备制造业	11250	10682	9561	11951	11384	10209
交通运输设备制造业	47646	45523	27333	48323	46396	27595
武器弹药制造业						
电气机械及器材制造业	40654	38551	40139	42090	39921	41567
电子及通信设备制造业	38944	37926	37035	38493	37446	36486
仪器仪表及文化、办公用机械制造业	8090	7912	7673	8351	8155	7910
其他制造业	14291	13423	14222	15293	14394	15224
电力、煤气及水的生产和供应业	27342	24953	17123	27901	25518	17280
电力、蒸气、热水的生产和供应业	18383	16510	8164	19048	17177	8427
煤气生产和供应业	2992	2822	2992	2996	2826	2996
自来水的生产和供应业	5967	5621	5967	5857	5515	5857

3－16 独立核算工业企业在岗职工工资总额

（2001 年）

项　　目	在岗职工工资总额（万元）	#市　区	#市　属	在岗职工年人均工资（元）	#市　区	#市　属
总　　计	1036113	985344	852550	18178	18842	16830
按隶属关系分						
中　央	101357	100459		26466	26646	
省　属	82206	79479		32737	33031	
市　属	852550	805406	852550	16830	17463	16830
按国民经济行业分						
采掘业	6091	5839	3697	24750	25376	21261
煤炭采选业						
石油和天然气开采业	2203	2203		28987	28987	
黑色金属矿采选业						
有色金属矿采选业	191			15528		
非金属矿采选业	3697	3636	3697	23428	23595	21261
其他矿采选业						
木材及竹材采运业						
制造业	923851	880263	793731	17121	17778	15888
食品加工业	6965	6346	6382	14725	14810	13787
食品制造业	38609	36784	32747	19524	19958	18427
饮料制造业	20024	19118	19047	24096	24848	27097
烟草加工业	16448	16448		60649	60649	
纺织业	24478	22078	24478	12676	13307	12129
服装及其他纤维制品制造业	59687	54384	59566	10604	11169	10489
皮革、毛皮、羽绒及其制品业	54966	44080	54675	11040	11809	10972
木材加工及竹、藤、棕、草制品业	4430	4365	3271	11973	12115	11018
家具制造业	2866	2692	2420	12841	12819	12252
造纸及纸制品业	17334	16932	17180	15366	15462	14971
印刷业、记录媒介的复制	19706	19443	10790	14975	15178	12527
文教体育用品制造业	31480	30178	31285	12463	12748	12361
石油加工及炼焦业	23037	22717	800	42008	42209	36697
化学原料及化学制品制造业	74377	71748	72413	28530	29186	27680
医药制造业	52196	51866	50751	29233	29777	28383
化学纤维制造业	1609	1397	1609	17044	18214	16083
橡胶制品业	23921	23689	23473	14285	14375	13632
塑料制品业	23734	20739	22575	12622	13553	12192
非金属矿物制品业	29144	27870	29080	17826	18775	17395
黑色金属冶炼及压延加工业	22145	21513	22145	27574	28336	27026
有色金属冶炼及压延加工业	9116	8040	6106	17135	17066	16651
金属制品业	35289	33608	29628	14605	14621	14021
普通机械制造业	36825	36360	35711	19586	19637	18131
专用设备制造业	19642	19238	17335	16435	16899	16126
交通运输设备制造业	105944	103601	56672	21924	22330	19767
武器弹药制造业						
电气机械及器材制造业	71031	68007	69512	16876	17035	16227
电子及通信设备制造业	70068	68976	65848	18203	18420	17744
仪器仪表及文化、办公用机械制造业	11330	11175	10868	13567	13703	13386
其他制造业	17450	16871	17364	11410	11721	11215
电力、煤气及水的生产和供应业	106171	99242	55122	38053	38891	31001
电力、蒸气、热水的生产和供应业	81019	74916	29969	42534	43614	33892
煤气生产和供应业	8815	8694	8815	29423	30764	29193
自来水的生产和供应业	16337	15632	16338	27893	28345	27558

3－17 独立核算工业企业在岗职工人数分类

（2001 年末）

单位：人

行业	在岗职工年末人数	工人和学徒	工程技术人员	管理人员	服务人员	其他人员
合计	555675	407145	45527	67963	25329	9711
采掘业	2482	605	236	1080	417	144
煤炭采选业						
石油和天然气开采业	754	6	214	281	114	139
黑色金属矿采选业						
有色金属矿采选业	118	77	13	12	16	
非金属矿采选业	1610	522	9	787	287	5
其他矿采选业						
木材及竹材采运业						
制造业	525851	390216	41395	63029	21897	9314
食品加工业	4389	3089	384	552	139	225
食品制造业	19578	13574	1262	2651	602	1489
饮料制造业	8198	4564	776	1448	1317	93
烟草加工业	2637	1747	142	371	318	59
纺织业	18587	14813	746	2002	817	209
服装及其他纤维制品制造业	53297	45082	1709	5059	1076	371
皮革、毛皮、羽绒及其制品业	50234	45737	1087	2277	966	167
木材加工及竹、藤、棕、草制品业	3456	2662	230	440	118	6
家具制造业	2188	1429	109	413	165	72
造纸及纸制品业	10903	8561	687	1280	239	136
印刷业、记录媒介的复制	13097	8826	1180	1894	686	511
文教体育用品制造业	23952	18931	956	2364	835	866
石油加工及炼焦业	5074	3305	980	436	335	18
化学原料及化学制品制造业	25490	16364	2431	5475	1066	154
医药制造业	17750	9769	3160	3092	1314	415
化学纤维制造业	860	618	40	96	66	40
橡胶制品业	16512	13836	676	1274	631	95
塑料制品业	18414	14735	1084	1973	586	36

3－17 **续表**

单位:人

行　　业	在岗职工年末人数	工　人和学徒	工程技术人员	管理人员	服务人员	其　他人　员
非金属矿物制品业	15616	11413	1239	1871	936	157
黑色金属冶炼及压延加工业	7930	6317	680	707	220	6
有色金属冶炼及压延加工业	5085	3376	601	776	328	4
金属制品业	23414	17114	1655	3230	1154	261
普通机械制造业	18315	11342	2568	3152	1162	91
专用设备制造业	11250	7331	1238	1880	756	45
交通运输设备制造业	47646	29972	5972	6291	2451	2960
武器弹药制造业						
电气机械及器材制造业	40654	30860	2832	5242	1637	83
电子及通信设备制造业	38944	26918	5699	4290	1454	583
仪器仪表及文化、办公用机械制造业	8090	6432	618	774	165	101
其他制造业	14291	11499	654	1719	358	61
电力、煤气及水的生产和供应业	27342	16324	3896	3854	3015	253
电力、蒸汽、热水的生产和供应业	18383	10822	3077	2745	1493	246
煤气生产和供应业	2992	1952	306	443	284	7
自来水的生产和供应业	5967	3550	513	666	1238	

3－18 建筑业企业在岗职工人数分类

(2001年末)

单位:人

项　　目	在岗职工年末人数	工　人和学徒	工程技术人员	管理人员	服务人员	其　他人　员
合　计	125781	78834	21926	16558	7310	1153
国有单位	52987	30049	10702	8192	3462	582
集体单位	33303	24041	4852	3604	478	328
其他单位	39491	24744	6372	4762	3370	243

3－19 城镇集体单位职工人数与工资

（2001 年）

项　　目	单位数（个）	职　工年末人数（人）	职工年平均人数（人）	职　工工资总额（万元）	职工年人均工资（元）
总　计	8761	165820	172442	216967	12582
按企、事业和机关分					
企业	8440	151452	158271	192583	12167
事业	314	14246	14050	24175	17206
机关	7	122	121	209	17314
按国民经济行业分					
农、林、牧、渔业	10	98	97	139	14350
农业	6	48	47	64	13531
林业					
畜牧业	1	28	28	39	13928
渔业					
农、林、牧、渔服务业	3	22	22	36	16636
采掘业					
制造业	1536	47771	50584	55436	10959
电力、煤气及水的生产和供应业	4	511	505	1884	37300
建筑业	453	33859	34534	38192	11059
土木工程建筑业	165	30770	31409	33696	10728
线路、管道和设备安装业	97	1701	1702	2789	16384
建筑物的装修装饰业	191	1388	1423	1707	12001
地质勘查业、水利管理业					
地质勘查业					
水利管理业					
交通运输、仓储及邮电通信业	161	5644	5910	7270	12301
铁路运输业	4	326	350	456	13031
公路运输业	61	810	839	1287	15340
管道运输业					
水上运输业	24	2676	2778	2760	9936
航空运输业					
交通运输辅助业	53	1323	1341	2078	15494
其他交通运输业	3	40	39	41	10461
仓储业	13	417	472	519	10989
邮电通信业	3	52	91	129	14208
批发和零售贸易、餐饮业	4818	30675	33047	35211	10654
食品、饮料、烟草和家庭用品批发业	1080	7336	7797	9223	11829
能源、材料和机械电子设备批发业	824	5686	5952	7593	12756

3－19 **续表**

项　　目	单位数（个）	职　工年末人数（人）	职工年平均人数（人）	职　工工资总额（万元）	职工年人均工资（元）
其他批发业	386	3769	4709	4618	9807
零售业	2140	9326	10083	9592	9513
商业经纪与代理业	9	154	153	230	15032
餐饮业	379	4404	4353	3955	9084
金融、保险业	61	6075	6070	15527	25579
金融业	61	6075	6070	15527	25579
保险业					
房地产业	395	3589	3789	6408	16912
房地产开发与经营业	347	2224	2439	4470	18325
房地产管理业	28	1235	1218	1782	14628
房地产代理与经纪业	20	130	132	156	11871
社会服务业	1035	29710	30072	40316	13406
公共服务业	124	8110	8137	12036	14791
居民服务业	505	8095	8474	13841	16333
旅馆业	53	1119	1235	1460	11824
租赁服务业	19	157	167	190	11353
旅游业	8	184	185	295	15962
娱乐服务业	50	337	347	354	10190
信息、咨询服务业	116	705	723	960	13278
计算机应用服务业	19	218	250	610	24400
其他社会服务业	141	10785	10554	10570	10015
卫生、体育和社会福利业	86	4028	4000	9392	23479
卫生	51	3607	3590	8716	24279
体育					
社会福利保障业	35	421	410	676	16470
教育、文化艺术和广播电影电视业	119	2589	2576	4324	16783
教育	101	2383	2373	3859	16263
文化艺术业	16	194	191	447	23413
广播电影电视业	2	12	12	18	14166
科学研究和综合技术服务业	24	322	313	744	23760
科学研究业	1	12	12	19	16000
综合技术服务业	23	310	301	725	24089
国家机关、政党机关和社会团体	28	271	257	399	15525
其他行业	31	678	688	1725	25090

3-20 市区城镇集体单位职工人数与工资

（2001 年）

项目	单位数（个）	职工年末人数（人）	职工年平均人数（人）	职工工资总额（万元）	职工年人均工资（元）
总计	8606	145477	151962	202074	13297
按企、事业和机关分					
企业	8288	131158	137841	177758	12895
事业	311	14197	14000	24107	17218
机关	7	122	121	209	17314
按国民经济行业分					
农、林、牧、渔业	10	98	97	139	14350
农业	6	48	47	64	13531
林业					
畜牧业	1	28	28	39	13928
渔业					
农、林、牧、渔服务业	3	22	22	36	16636
采掘业					
制造业	1502	44573	47468	53086	11183
电力、煤气及水的生产和供应业	3	429	423	1783	42156
建筑业	428	20600	21510	29136	13545
土木工程建筑业	141	17537	18413	24677	13402
线路、管道和设备安装业	96	1675	1674	2751	16434
建筑物的装修装饰业	191	1388	1423	1708	12001
地质勘查业、水利管理业					
地质勘查业					
水利管理业					
交通运输、仓储及邮电通信业	147	4646	4899	6670	13615
铁路运输业	4	326	350	456	13031
公路运输业	58	728	747	1205	16124
管道运输业					
水上运输业	14	1772	1873	2254	12034
航空运输业					
交通运输辅助业	52	1311	1327	2067	15574
其他交通运输业	3	40	39	41	10461
仓储业	13	417	472	519	10989
邮电通信业	3	52	91	128	14208
批发和零售贸易、餐饮业	4764	29357	31269	34493	11030
食品、饮料、烟草和家庭用品批发业	1077	7241	7703	9124	11844
能源、材料和机械电子设备批发业	823	5630	5898	7583	12836

3－20 续表

项目	单位数（个）	职工年末人数（人）	职工年平均人数（人）	职工工资总额（万元）	职工年人均工资（元）
其他批发业	344	2703	3185	4083	12819
零售业	2135	9250	10001	9541	9540
商业经纪与代理业	7	137	137	212	15489
餐饮业	378	4396	4345	3950	9089
金融、保险业	59	4980	4996	13902	27827
金融业	59	4980	4996	13902	27827
保险业					
房地产业	381	3365	3568	6159	17261
房地产开发与经营业	334	2002	2220	4223	19023
房地产管理业	27	1233	1216	1779	14629
房地产代理与经纪业	20	130	132	157	11871
社会服务业	1026	29580	29938	40171	13418
公共服务业	122	8053	8079	11993	14844
居民服务业	505	8095	8474	13841	16333
旅馆业	53	1119	1235	1460	11824
租赁服务业	19	157	167	190	11353
旅游业	8	184	185	295	15962
娱乐服务业	48	327	334	347	10374
信息、咨询服务业	112	662	680	904	13298
计算机应用服务业	19	218	250	610	24400
其他社会服务业	140	10765	10534	10531	9996
卫生、体育和社会福利业	86	4028	4000	9392	23479
卫生	51	3607	3590	8716	24279
体育					
社会福利保障业	35	421	410	676	16470
教育、文化艺术和广播电影电视业	117	2550	2536	4274	16832
教育	99	2344	2333	3810	16329
文化艺术业	16	194	191	447	23413
广播电影电视业	2	12	12	17	14166
科学研究和综合技术服务业	24	322	313	744	23760
科学研究业	1	12	12	19	16000
综合技术服务业	23	310	301	725	24069
国家机关、政党机关和社会团体	28	271	257	399	15525
其他行业	31	678	688	1726	25090

3-21 市属城镇集体单位职工人数与工资

(2001 年)

项目	单位数(个)	职工年末人数(人)	职工年平均人数(人)	职工工资总额(万元)	职工年人均工资(元)
总计	8592	156402	162681	197539	12142
按企、事业和机关分					
企业	8277	142477	148952	174339	11704
事业	308	13803	13608	22991	16895
机关	7	122	121	209	17314
按国民经济行业分					
农、林、牧、渔业	7	77	78	95	12179
农业	4	34	35	38	10742
林业					
畜牧业	1	28	28	39	13929
渔业					
农、林、牧、渔服务业	2	15	15	18	12266
采掘业					
制造业	1522	46819	49554	53301	10756
电力、煤气及水的生产和供应业	4	511	505	1884	37300
建筑业	444	32508	33279	36502	10968
土木工程建筑业	160	29596	30347	32334	10654
线路、管道和设备安装业	96	1691	1692	2767	16351
建筑物的装修装饰业	188	1221	1240	1401	11304
地质勘查业、水利管理业					
地质勘查业					
水利管理业					
交通运输、仓储及邮电通信业	154	4997	5182	6373	12297
铁路运输业					
公路运输业	61	810	839	1287	15343
管道运输业					
水上运输业	23	2487	2586	2519	9741
航空运输业					
交通运输辅助业	53	1323	1341	2078	15494
其他交通运输业	3	40	39	41	10461
仓储业	12	324	324	389	11996
邮电通信业	2	13	53	59	11113
批发和零售贸易、餐饮业	4753	28833	30988	31346	10116
食品、饮料、烟草和家庭用品批发业	1063	6697	7093	8090	11405
能源、材料和机械电子设备批发业	805	5070	5256	6480	12327

3-21 续表

项目	单位数（个）	职工年末人数（人）	职工年平均人数（人）	职工工资总额（万元）	职工年人均工资（元）
其他批发业	365	3311	4202	3209	7637
零售业	2133	9199	9933	9387	9450
商业经纪与代理业	9	154	153	230	15032
餐饮业	378	4402	4351	3950	9079
金融、保险业	29	2792	2794	7969	28522
金融业	29	2792	2794	7969	28522
保险业					
房地产业	393	3559	3744	6305	16841
房地产开发与经营业	345	2194	2394	4367	18241
房地产管理业	28	1235	1218	1782	14628
房地产代理与经纪业	20	130	132	156	11871
社会服务业	1014	29241	29552	39456	13351
公共服务业	123	8085	8112	11990	14781
居民服务业	504	8078	8457	13806	16324
旅馆业	40	871	942	1019	10814
租赁服务业	19	157	167	190	11353
旅游业	6	69	65	76	11692
娱乐服务业	50	337	347	354	10190
信息、咨询服务业	114	690	708	940	13274
计算机应用服务业	19	218	250	610	24400
其他社会服务业	139	10736	10504	10471	9969
卫生、体育和社会福利业	85	4018	3988	9379	23518
卫生	50	3597	3578	8704	24326
体育					
社会福利保障业	35	421	410	675	16470
教育、文化艺术和广播电影电视业	111	2156	2147	3100	14437
教育	98	2055	2046	2948	14406
文化艺术业	11	89	89	135	15179
广播电影电视业	2	12	12	17	14167
科学研究和综合技术服务业	21	220	208	606	29110
科学研究业	1	12	12	19	16000
综合技术服务业	20	208	196	587	29913
国家机关、政党机关和社会团体	28	271	257	399	15525
其他行业	27	400	405	824	20380

3-22 其他各种类型单位职工人数

（2001 年末）　　单位：人

项　目	单位数（个）	职工年末人数	#市区	#市属	职工年平均人数	#市区	#市属
总　计	12479	665311	623747	554528	673930	632610	560688
按登记注册类型分							
股份合作	6307	53412	51977	51765	53677	52281	52024
联营	202	12680	11714	7681	12914	11949	7776
有限责任公司	3189	159176	155368	112757	164212	160488	115900
股份有限公司	393	52267	50731	33324	54709	53374	33925
其他	524	6581	6581	6581	6747	6747	6747
港澳台投资	1403	271755	244534	248626	272340	245157	249818
外商投资	461	109440	102842	93794	109331	102614	94498
按国民经济行业分							
农、林、牧、渔业	10	658	452	658	612	409	612
采掘业	3	207	152	74	191	153	57
制造业	2583	396711	358653	370524	402972	364889	375313
电力、煤气及水的生产和供应业	31	6043	5731	6043	6142	5830	6142
建筑业	392	41155	41155	20684	42533	42533	22233
地质勘查业、水利管理业							
交通运输、仓储及邮电通信业	320	41369	40890	12402	42136	41876	12656
批发和零售贸易、餐饮业	6330	87822	86862	73699	88988	88007	74457
金融、保险业	66	7885	7665	4218	8603	8384	4365
房地产业	371	14947	14557	13871	14249	13862	13180
社会服务业	1668	59714	59010	44162	58922	58218	43682
卫生、体育和社会福利业	17	1043	863	850	992	859	802
教育、文化艺术及广播电影电视业	33	671	671	489	658	658	488
科学研究和综合技术服务业	107	1750	1750	1689	1738	1738	1672
国家机关、政党机关和社会团体							
其他行业	548	5336	5336	5165	5194	5194	5029

3－23 其他各种类型单位职工工资总额

（2001 年）

项　　目	职　　工 工资总额 （万元）	＃市区	＃市属	职工年 人均工资 （元）	＃市区	＃市属
总　　计	1259627	1218572	958750	18690	19262	17099
按登记注册类型分						
股份合作	60672	59243	56167	11303	11331	10796
联营	24256	23027	14014	18782	19270	18021
有限责任公司	326079	322280	216257	19857	20081	18658
股份有限公司	145563	143842	82007	26606	26949	24173
其他	11418	11418	11418	16922	16922	16922
港澳台投资	448662	424249	381913	16474	17305	15287
外商投资	242977	234513	196974	22223	22853	20844
按国民经济行业分						
农、林、牧、渔业	952	751	952	15552	18361	15552
采掘业	761	699	92	39821	45699	16105
制造业	674426	637486	602304	16736	17470	16048
电力、煤气及水的生产和供应业	20456	20045	20456	33304	34381	33304
建筑业	85799	85799	39242	20172	20172	17650
地质勘查业、水利管理业						
交通运输、仓储及邮电通信业	123357	122553	39253	29276	29265	31015
批发和零售贸易、餐饮业	144122	142885	107119	16196	16235	14386
金融、保险业	35980	35658	16963	41823	42530	38860
房地产业	32331	31812	29648	22690	22949	22494
社会服务业	124239	123805	87056	21085	21265	19929
卫生、体育和社会福利业	1367	1242	1020	13776	14454	12714
教育、文化艺术及广播电影电视业	854	854	484	12977	12977	9922
科学研究和综合技术服务业	4115	4115	3923	23677	23677	23459
国家机关、政党机关和社会团体						
其他行业	10868	10868	10238	20926	20926	20358

3-24 城镇私营个体从业人员

单位：人

项目	1985年	1990	1995年	2000年	2001年
总计	57609	98608	274453	562754	647940
按地区分					
市区(原口径)	45259	70675	200287	453012	514531
(新口径)	51608	82677	233612	524813	605706
#番禺区	5310	5610	15985	42270	54477
花都区	1039	6392	193400	29531	36698
县级市	6001	15931	38841	37941	42234
增城市	5028	12389	31554	29123	29757
从化市	973	3542	7287	8818	12477
按行业分					
农、林、牧、渔业			109	1031	1540
采掘业			418	573	699
制造业	7168	16787	36251	63891	75665
电力、煤气及水的生产和供应业					
建筑业	142	289	931	8655	11161
交通运输、仓储及邮电通信业	412	1188	7018	14943	22777
批发零售贸易、餐饮业	41190	66804	183709	331752	367652
金融保险业					
房地产	8638	13253	33445	108959	125908
社会服务业					
卫生、体育和社会福利业	54	286	526	1537	1587
教育、文化艺术和广播电影电视业	5	1	2728	11335	16933
科学研究和综合技术服务业			6658		
国家机关、政党机关和社会团体					
其他行业			2660	20078	24018

3－25 女职工年末人数

(2001 年)

行业	年末人数（人）	＃国有	＃集体	女职工比重(%) 合计	＃国有	＃集体
合　计	729170	362310	61388	42.32	40.63	37.02
农、林、牧、渔业	5576	5382	32	36.62	37.19	32.65
采掘业	788	734		28.42	28.60	
制造业	264438	43390	21643	48.25	41.90	45.31
电力、煤气及水的生产和供应业	8919	7348	185	31.31	33.50	36.20
建筑业	20236	10272	4606	15.28	17.88	13.60
地质勘查业、水利管理业	1565	1565		26.08	26.08	
交通运输、仓储及邮电通信业	40419	26674	1731	25.28	23.63	30.67
批发和零售贸易、餐饮业	101183	40491	14479	49.74	47.67	47.20
金融、保险业	25969	19856	2257	50.08	52.40	37.15
房地产业	11291	4356	1551	37.09	36.58	43.22
社会服务业	67943	32366	9392	40.79	41.96	31.61
卫生、体育和社会福利业	48158	44634	2902	64.42	64.05	72.05
教育、文化艺术和广播电影电视业	83563	81140	2091	56.05	55.64	80.76
科学研究和综合技术服务业	11038	10259	79	31.42	31.03	24.53
国家机关、政党机关和社会团体	30879	30742	137	29.56	29.50	50.55
其他行业	7205	3101	303	50.41	37.46	44.69

注：本表为单位从业人员中的女性人数及比重

3－26 在岗职工人数和工资总额

(2001 年)

项目	合计	企业	事业	机关
在岗职工年末人数(人)	1651520	1265316	288700	97504
长期职工	1455632	1091545	269030	95057
临时职工	195888	173771	19670	2447
在岗职工工资总额(万元)	3822729	2718245	757918	346566
在岗职工年人均工资(元)	22772	20996	26454	35535

3-27 单位从业人员变动情况

(2001 年)

单位:人

项目	合计	国有单位	城镇集体单位	其他各种类型单位
本年增加人数	230180	87437	11913	130830
从农村招收	101451	19233	5593	76625
从城镇招收	41029	12275	2472	26282
录用的复员转业军人	2584	1253	421	910
录用的大中专技工学校毕业生	33237	16731	1249	15257
调入	28898	22329	1056	5513
#由外省、自治区、直辖市调入	2127	1543	44	540
其他	22981	15616	1122	6243
本年减少人数	287633	122729	25492	139412
离休、退休、退职	29312	19793	2593	6926
开除、除名、辞退	35647	6879	3686	25082
终止、解除合同	142174	49261	13440	79473
不在岗职工	19991	11302	1235	7454
调出	29870	21921	1316	6633
#调到外省、自治区、直辖市	1208	1095	17	96
其他	30639	13573	3222	13844

3-28 非在职职工保险福利费用构成情况

(2001 年)

单位:万元

项目	合计	国有企业	城镇集体企业	其他各种类型企业	事业单位	机关单位
全市	780471	369109	79733	69151	189392	73086
离休金	34316	13115	1372	944	9117	9768
退休金	525096	245683	64124	55521	121698	38070
退职生活费	2757	1799	337	182	305	134
医疗卫生费	141014	79923	9490	10147	31516	9938
其他	77288	28589	4410	2357	26756	15176
市属	507164	220376	76191	63539	99391	47667
离休金	14650	4732	920	898	3070	5030
退休金	361666	149991	62296	50568	71564	27247
退职生活费	1941	1151	332	153	185	120
医疗卫生费	78920	47594	8602	9687	9778	3259
其他	49987	16908	4041	2233	14794	12011

3-29 城镇登记失业人员安置情况

单位:人

项　　目	1985年	1990年	1995年	2000年	2001年
本年失业人员总数	114924	154869	137146	225880	293848
本年安排失业人员人数	76792	89473	68620	134791	177739
国有单位	34272	49619	35604	25045	44582
招工	32442	49619	35604		
补员	1830				
集体单位	17140	27837	16620	16026	20494
1.区以上集体	10751	15810	11065		
招工	10293	15810	11065		
补员	458				
2.其他各种类型集体	6389	12027	5555		
城镇街道办集体	3446	1745	862		
全民单位集体		704	369		
劳动服务公司办集体	2570	3998	1101		
群众自办集体	216	202	281		
其他集体	157	5378	2942		
个体劳动者	10620	5233	3940	39508	46894
临时性工作	14760				
其他各种经济类型单位		6784	12456	54212	65769
其他原因减少的失业人数	2571	8854	5031	5993	24475
本年末实有失业人员数	35561	56542	63495	85096	91634
城镇登记失业率(%)	1.91	2.75	2.60	3.15	3.76

3－30 城乡劳动力资源与分配

单位：人

项目	1990年	1995年	1999年	2000年	2001年
年末劳动力资源总数	3768451	5670783	6328167	6905725	8306227
＃当年新增加的劳动力资源		81597	100906	117862	118577
年末16岁以上全部人数		5006455	5151433	5269386	5955419
＃不计入劳动力资源的人数		68851	106388	108824	75826
经济活动人口	3402471	4141270	4613488	5121971	5192362
从业人员	3345929	4077775	4548852	5036875	5100728
按就业身份分组					
全部职工	1893944	2082361	1879463	1803652	1722910
再就业的离退休人员		14675	8722	9426	8752
私营业主		26406	76284	99282	131648
个体户主		189307	221724	226016	250672
私营企业和个体从业人员	108608	240961	409080	459850	501607
乡镇企业从业人员	534097	687881	593079	577550	568075
农村从业人员	785512	828788	1348035	1844369	1890436
其他	23768	7396	13465	16730	26628
按登记注册类型分组					
国有	1365300	1344479	1053436	998629	918031
集体	1719510	1966141	2227112	2669194	2625778
私营	108608	140294	322192	402670	454417
个体		316380	384896	382478	429510
股份合作			25790	34423	53859
联营	128743	11665	23932	18763	13049
股份制		37517	47846	48107	52859
外商投资		74393	88473	97158	110560
港澳台投资		186568	252291	267086	273273
其他	23768	338	486	746	6619
有限责任公司			122398	117621	162773
按国民经济行业分组					
农、林、牧、渔业	962032	924969	932842	958963	972275
采掘业	991632	6692	4513	3694	3479
制造业		1230123	1423677	1674832	1645765
电力、煤气及水的生产和供应业		26850	30588	26866	28588
建筑业	198631	320021	292139	315218	312793
地质勘查业、水利管理业	6307	8446	6309	6229	6082
交通运输、仓储及邮电通信业	211174	265353	254249	249976	242743
批发和零售贸易、餐饮业	377766	564493	704520	789481	812665
金融、保险业	25653	43311	53527	55169	61395
房地产业	149263	14348	26582	28813	31852
社会服务业		185490	259834	281320	306160
卫生、体育和社会福利业	61851	69834	80391	83390	86887
教育、文化艺术和广播电影电视业	137077	158124	172599	176337	182514
科学研究和综合技术服务业	33712	48382	38588	37673	37637
国家机关、政党机关和社会团体	103942	103881	116188	118317	115976
其他行业	86889	107458	152306	230597	253917
失业人员	56542	63495	64636	85096	91634
非经济活动人口	365980	1693464	1714679	1783754	3113865
＃16岁以上在校学生	142823	367343	517882	576487	763839
家务劳动者	162607	338243	327374	349973	361222

主 要 统 计 指 标 解 释

【经济活动人口】指在 16 岁以上,有劳动能力,参加或要求参加社会经济活动的人口;包括从业人员和失业人员。

【非经济活动人口】指在劳动年龄内,有劳动能力,未参加(或没有要求参加)社会经济活动的人口。包括:(1)16 岁以上在校学生;(2)待学人员;(3)离退休不再要求就业的人员;(4)家务劳动者;(5)无就业愿望的其他人员。

【从业人员】指从事一定社会劳动并取得劳动报酬或经营收入的人员。包括全部职工、再就业的离退休人员、私营业主、个体户主、私营企业和个体从业人员、乡镇企业从业人员、农村从业人员、其他从业人员(包括民办教师、宗教职业者、现役军人、在各单位中工作的外方人员和港澳台方人员等)。这一指标反映了一定时期内全部劳动力资源的实际利用情况,是研究我国基本国情国力的重要指标。

【单位从业人员】指在各级国家机关、政党机关、社会团体及企业、事业单位中工作,并取得劳动报酬的全部人员。包括在岗职工、再就业的离退休人员、民办教师以及在各单位中工作的外方人员和港、澳、台方人员。不包括离开本单位仍保留劳动关系的职工。

【城镇私营和个体从业人员】城镇私营从业人员指在工商管理部门注册登记,其经营地址设在县城关镇(含城关镇)以上的私营企业从业人员;包括私营企业投资者和雇工。城镇个体从业人员指在工商管理部门注册登记,并持有城镇户口或在城镇长期居住,经批准从事个体工商经营的从业人员;包括个体经营者和在个体工商户劳动的家庭帮工和雇工。

【城镇登记失业人员】指城镇中具有非农业户口,在规定的劳动年龄内(16 岁以上,男 50 岁以下,女 45 岁以下),有劳动能力,无业而要求就业,并在当地就业服务机构进行求职登记的人员。

【城镇登记失业率】指城镇登记失业人数同城镇从业人数与城镇登记失业人数之和的比。计算公式为:

城镇登记失业率 = 城镇登记失业人数/(城镇从业人数 + 城镇登记失业人数) × 100%

【职工】指在国有经济、城镇集体经济、联营经济、股份制经济、外商和港、澳、台投资经济、其他各种经济单位及其附属机构工作,并由其支付工资的各类人员,不包括返聘的离退休人员、民办教师、在国有经济单位工作的外方人员和港、澳、台人员。

【国有经济单位职工】指在国有经济单位及其附属机构工作,并由其支付工资的各类人员,国有经济单位不包括:返聘的离退休人员、民办教师、在国有经济单位工作的外方人员和港、澳、台人员。

【城镇集体经济单位职工】指在城镇集体经济单位及其管理部门工作,并由其支付工资的各类人员。

【其他经济单位职工】指在联营经济、股份制经济、外商投资经济、港、澳、台投资经济、其他经济单位工作,并由其支付工资的各类人员。

【职工工资总额】指各单位在一定时期内直接支付给本单位全部职工的劳动报酬总额。

工资总额的计算原则应以直接支付给职工的全部劳动报酬为根据。各单位支付给职工的劳动报酬以及其他根据有关规定支付的工资,不论是计入成本的还是不计入成本的,不论是按国家规定列入计征奖金税项目的,还是未列入计征奖金税项目的,不论是以货币形式支付的还是以实物形式支付的,均应列入工资总额的计算范围。

【计件超额工资】是计件工资的一部分,指计件工人超额完成定额任务后所得的工资。即计件工人实得的全部计件工资减去应得的计件标准工资后的数额。某些企业的工人由于从事生产的工作物等级高于本人工资等级,因而其计件标准工资高于本人标准工资,其计件超额工资也应是全部工资减去应得的计件标准工资后的数额。

【奖金】指支付给职工的超额劳动报酬和增收节支的劳动报酬。

【津贴和补贴】指为了补偿职工特殊或额外的劳动消耗和因其他特殊原因支付给职工的津贴,以及为了保证职工工资水平不受物价影响而支付给职工的物价补贴。

【职工平均工资】指企业、事业、机关单位的职工在一定时期内平均每人所得的货币工资额。它表明一定时期职工工资收入的高低程度,是反映职工工资水平的主要指标。计算公式为:

职工平均工资 = 报告期实际支付的全部职工工资总额/报告期全部职工平均人数

【职工平均实际工资】指扣除物价变动因素后的职工平均工资,计算公式为:

职工实际平均工资 = 报告期职工平均工资/报告期城镇居民消费价格指数

【离休、退休、退职人员】指正式办理了离休、退休、退职手续,并享受相应的离休、退休、退职待遇的人员。

【保险福利费用】指企业、事业、机关单位在工资以外实际支付给职工和离休、退休、退职人员个人以及用于集体的劳动保险和福利费用

(1)职工保险福利费用包括:

①医疗卫生费:指实行医疗保险企业的职工及其供养的直系亲属的医疗费、医务经费、职工因工负伤就医路费以及住院伙食补助费等;卫生部门开支的事业及机关单位职工的公费医疗经费;未实行医疗保险企业和未参加公费医疗的事业和机关单位职工的医疗费。

②丧葬抚恤救济费:指职工死亡的丧葬费、丧葬补助费和所遗供养直系亲属的抚恤费、救济费、生活补助费以及职工供养直系亲属死亡时的丧张补助费等。

③生活困难补助:指对职工浴室、理发室、洗衣店、哺乳室、托儿所等集体福利设施各项支出与收入相抵后的差额补助费。

④文体宣传费:指企业、事业和机关单位实际支付的文体宣传费,不包括学习费。

⑤集体福利事业补贴费:指对职工浴室、理发室、洗衣房、哺乳室、托儿所等集体福利设施各项支出与收入相抵后的差额补助费。

⑥集体福利设施费:指按照国家规定开支的集体福利设施费用,如职工食堂炊事用具的购置费、修理费、职工宿舍的修缮费用。不包括由企业、事业、机关单位自筹经费开支的职工福利设施的基本建设费用。

⑦计划生育补贴:指发给职工独生子女的补贴费和保健费。

⑧其他:指上述费用以外,单位用于职工的保险福利费的支出,如防暑降温费、支付给职工的探亲路费等。

(2)离休、退休、退职人员保险福利费用包括:

①离休金:指发给离休人员的工资和按 1982 年国务院发布的"关于老干部离职休养制度的几项规定",发给符合规定的离休干部相当于 1-2 个月标准工资的生活补贴和国务院(1989)82、83 号文件规定提高离休人员的待遇所增加的费用及粮油价格补贴等。

②退休金:指按照国家有关规定发给退休人员的退休费和国务院(1989)82、83 号文件规定提高退休人员的待遇所增加的费用及粮油价格补贴等。

③退职生活费:指按照1978年国务院《关于工人退休、退职的暂行办法》规定定期发给退职人员的生活费和国务院(1989)82、83号文件规定提高退职人员的待遇所增加的费用及粮油价格补贴等。

④医疗卫生费:指离休、退休、退职人员的医疗费、住院费以及住院伙食补助等费用。

⑤护理费:指因工致残、饮食起居需要人扶助的离休、退休人员的护理费以及因病不能自理的离休人员的护理费。

⑥生活补贴:指按照1985年国务院《关于发给离休退休人员生活补贴费的通知》规定,发给离休、退休人员的生活补贴费。

⑦交通费补贴:指按月发给离休人员的交通补贴。

⑧丧葬抚恤救济费:指离休、退休、退职人员死亡的丧葬费、丧葬补助费和所遗供养直系亲属的抚恤费、救济费、生活补助费以及供养直系亲属死亡时的丧张补助费等。

⑨其他:包括易地安置的离休、退休、退职人员的安家补助费;离休、退休、退职人员的生活困难补助费、书报费、洗理费、副食品价格补贴、房租价格补贴、水电补贴、少数民族补贴以及老干部活动经费开支的旅游费用等。

第四篇

固定资产投资

固定资产投资稳定增长

2001年广州市固定资产投资继续保持增长,全年全社会完成固定资产投资978.21亿元,比上年增长5.9%。

1、非国有经济投资增长快。2001年,广州市非国有经济共完成投资530.65亿元,比上年增长20.4%,占全社会固定资产投资的54.2%。非国有经济投资中,民间投资299.46亿元,增长3.6%,占全市投资的30.6%。港澳台及外商投资快速增长,其中港澳台商投资173.41亿元,增长39.6%;外商投资57.77亿元,增长1.1倍。

2、房地产开发投资增幅大。2001年,广州市房地产开发投资呈现蓬勃发展的好势头。全年房地产开发完成投资387.02亿元,比上年增长了8.8%,占全社会固定资产投资的39.6%,房地产开发成为广州市固定资产投资增长的领头羊。随着市民投资置业的增多,增强了投资者的信心,尤其是私人投资者信心。2001年,在房地产开发投资中,私营企业共完成投资82.58亿元,比上年增长61.7%;占全市房地产开发投资的21.3%,比上年增加6.9个百分点。港澳台商投资126.31亿元,增长24.6%;外商投资4.30亿元,增长47.5%。

3、技改投资力度加大,工业投资保持较快增长。2001年广州市技改完成投资175.56亿元,同比增长10.8%。全市工业完成投资125.28亿元,比上年增长28.4%。工业投资增长较快的行业有:纺织业投资3.71亿元,增长2.2倍;电子及通信设备制造业投资19.12亿元,增长1.8倍;黑色金属冶炼及压延加工业投资6.44亿元,增长1.4倍;非金属矿物制品业投资1.35亿元,增长93.5%;机械工业投资31.93亿元,增长43.3%。

4、基本建设投资持续增长。2001年基本建设完成投资318.45亿元,同比增长3.2%;其中基建重点项目完成投资129.47亿元,占全市基本建设完成投资的四成多。已竣工交付使用的重点工程有:广州新机场高速公路第一期工程、广州北二环高速公路、广州新体育馆、广东奥林匹克体育场、广东划船赛场、九运会激流回旋赛场、九运会信息网络工程等。这些重点工程建成投入使用后,城市交通状况明显改善,并为广州市民开展体育运动、承办各项比赛活动提供了场所。

5、支柱产业投资力度加大。2001年广州市汽车、信息、房地产支柱产业加大了投资力度,全市涉及支柱产业的汽车制造业,电子及通信设备制造业,邮电通信业,信息、咨询服务业,计算机应用服务业,广播电影电视业和房地产开发七个行业共完成投资490.56亿元,比上年增长22.8%。其中汽车制造业投资增长1.2倍,电子及通信设备制造业增长1.8倍,邮电通信业增长1.5倍,房地产开发增长8.8%,增幅均高于全市平均水平。支柱产业投资占全社会固定资产投资总量的50.1%,比上年提高6.9个百分点。支柱产业投资的增长,带动了全市产业结构的优化调整和技术进步,推动了广州市经济社会的发展。

6、投资效果明显,经济活力增强。2001年,全市新增固定资产707.51亿元,比上年增长2.4%。至2001年底,全市共有770个基本建设项目,当年建成投产262个,投产率为34.0%;有1131个更新改造项目,当年建成投产782个,投产率为59.7%。全市基本建设和更新改造项目陆续建成投产,为广州市的经济发展注入了新的活力,拉动广州经济的增长。

全社会固定资产投资额

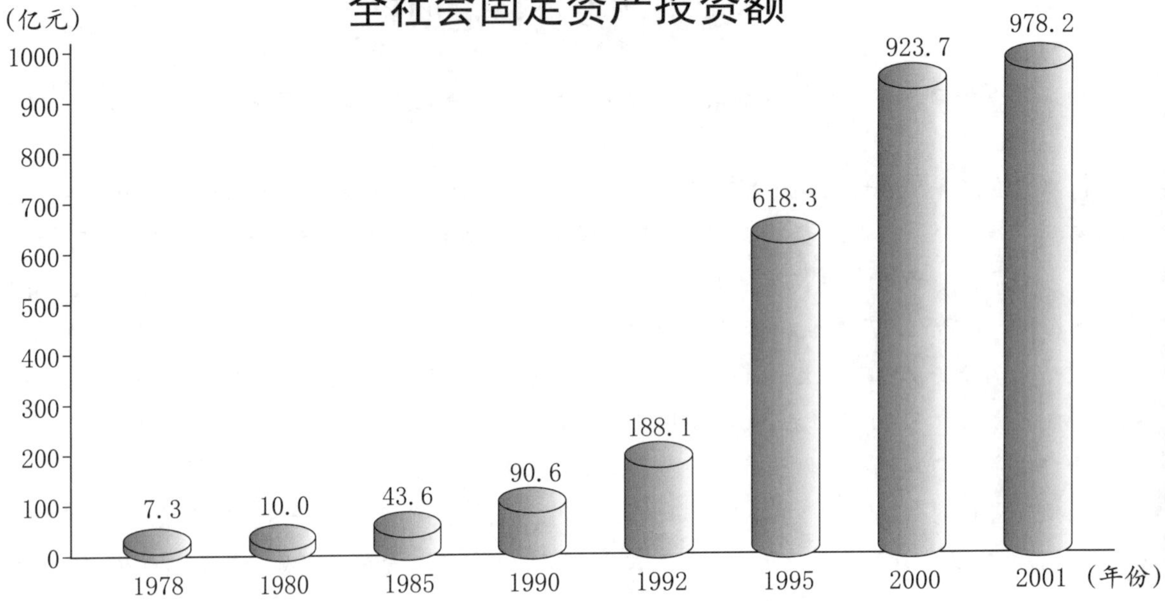

固定资产投资额三次产业构成(%)

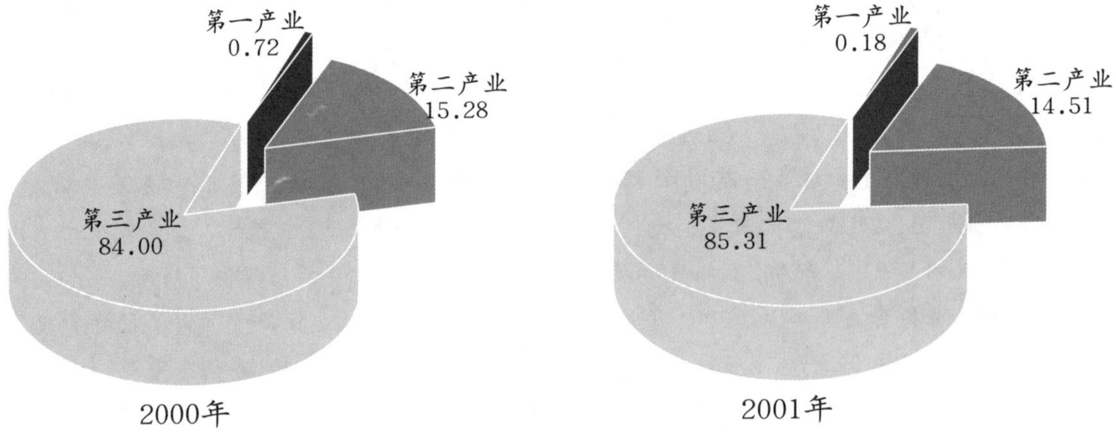

房 地 产 开 发

本年开发投资额(亿元)

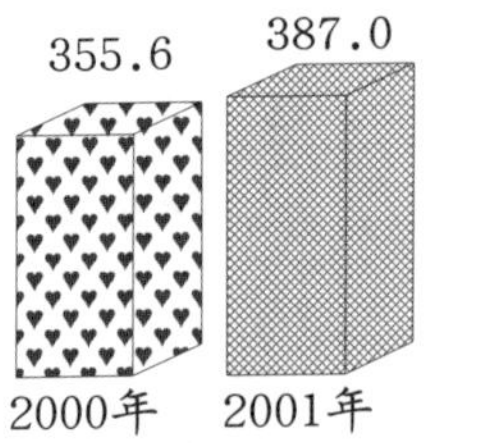

房屋施工面积(万平方米)

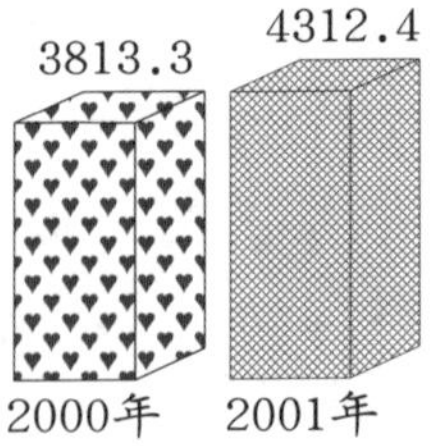

房屋竣工工积(万平方米)

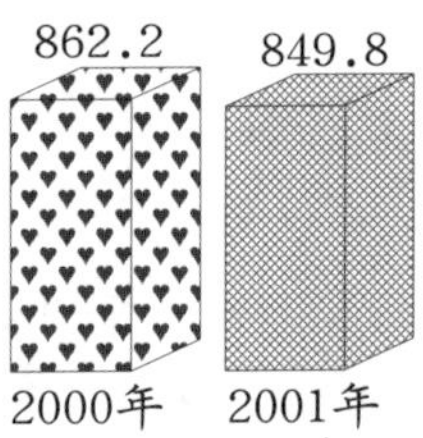

4-1 主要年份全社会固定资产投资额

单位：万元

年份	合计	原全民口径	#国有经济	集体经济	城镇集体	农村单位	私人投资	城镇私人	农村私人
全市									
1952	3931	3931	3931						
1957	16560	16560	16560						
1962	7456	7426	7426	30	30				
1965	20658	19760	19760	898	898				
1970	20668	19968	19968	700	700				
1975	56180	53556	53556	2624	2624				
1978	72641	68584	68584	1755	1325	430	2302	637	1665
1980	99565	89823	89823	2934	2709	225	6808	1131	5677
1985	436197	346000	346000	44788	17308	27480	45409	8832	36577
1990	905937	761738	761738	73172	29884	43288	71027	6677	64350
1995	6182515	5346423	3324871	512751	64312	448439	323341	49855	273486
1996	6389360	5618981	3172138	452339	65056	387283	318040	21980	296060
1997	6565767	5888550	3543369	372225	50702	321523	304992	20127	284865
1998	7588283	6868046	3803451	408949	50825	358124	311288	16138	295150
1999	8782586	8041136	4514598	441220	67866	373354	300230	26512	273718
2000	9236676	8410094	4830889	463807	56919	406888	362775	27624	335151
2001	9782093	9004111	4475639	506459	67520	438939	271523	31151	240372
市区									
1952	3255	3255	3255						
1957	15264	15264	15264						
1962	6841	6811	6811	30	30				
1965	19609	18718	18718	891	891				
1970	19205	18575	18575	630	630				
1975	51934	49572	49572	2362	2362				
1978	67021	64825	64825	1219	1148	71	977	480	497
1980	88684	83831	83831	2339	2300	39	2514	818	1696
1985	362215	312993	312993	31819	13321	18498	17403	4692	12711
1990	688267	612465	612465	47334	19816	27518	28468	1527	26941
1995	4735978	4274483	2933472	305309	43165	262144	156186	27818	128368
1996	4961794	4535627	2796738	254569	34277	220292	171598	3232	168366
1997	5415077	5059142	3121671	192795	25820	166975	163140	9584	153556
1998	6402341	6056185	3443918	188199	34207	153992	157957	3861	154096
1999	7469488	7092917	4117335	226881	55369	171512	149690	4491	145199
2000(原口径)	7532152	7118431	4240540	219040	45922	173118	194681	4330	190351
2000(新口径)	8880172	8168174	4674001	388830	53519	335311	323168	20964	302204
2001	9422360	8758523	4374404	434962	56339	378623	228875	19348	209527

注：原全民口径包括基本建设、更新改造和其他投资(即H101表中固定资产投资扣除城镇集体部分)以及各种登记注册类型的房地产开发投资。

4-2 主要年份全社会固定资产投资额

(按投资类别分)　　单位:万元

年　份	合　计	基本建设	更新改造	其他投资	房地产开发
全　市					
1952	3931	3931			
1957	16560	16560			
1962	7456	7426		30	
1965	20658	19760		898	
1970	20668	19968		700	
1975	56180	53556		2624	
1978	72641	65105	3479	4057	
1980	99565	79330	9801	10434	
1985	436197	200457	98513	90755	46472
1990	905937	422295	221809	144414	117419
1995	6182515	2137537	1093281	860561	2091136
1996	6389360	2194209	1120865	782646	2291640
1997	6565767	2283400	1206085	702059	2374223
1998	7588283	2927028	1231700	735866	2693689
1999	8782586	3531702	1432444	859413	2959027
2000	9236676	3085834	1585199	1009827	3555816
2001	9782093	3184471	1755560	971855	3870207
市　区					
1952	3255	3255			
1957	15264	15264			
1962	6841	6811		30	
1965	19609	18718		891	
1970	19205	18575		630	
1975	51934	49572		2362	
1978	67021	61547	3278	2196	
1980	88684	74126	9446	5112	
1985	362215	189155	78828	49780	44452
1990	688267	330649	184139	75938	97541
1995	4735978	1786962	785063	461495	1702458
1996	4961794	1634670	968611	429726	1928787
1997	5415077	1926341	1042755	362865	2083116
1998	6402341	2592443	1052502	355159	2402237
1999	7469488	3216985	1292147	390514	2569842
2000(原口径)	7532152	2637583	1457790	522329	2914450
2000(新口径)	8880172	3003384	1524285	886435	3466068
2001	9422360	3110231	1712049	834987	3765093

4－3 各时期全社会固定资产投资额

（按投资类别分）

单位：万元

时　期	合　计	基本建设	更新改造	其他投资	房地产开发
全　　市					
1950－1952年	8110	8110			
“一五”时期	55375	55375			
“二五”时期	122004	121780		224	
1963－1965年	50972	49217		1755	
“三五”时期	69853	66803		3050	
“四五”时期	167262	160829		6433	
“五五”时期	402292	358507	19628	24157	
“六五”时期	1310742	591568	337346	292454	89374
“七五”时期	3850377	1545049	1058484	714379	532465
“八五”时期	18092347	5930203	3259794	3110538	5791812
“九五”时期	38562672	14022173	6576293	4089811	13874395
1950－1978年	702015	678752	3479	19784	
1979－2001年	71772084	25415333	13003626	9194872	24158253
1950－2001年	72474099	26094085	13007105	9214656	24158253
市　　区					
1950－1952年	6753	6753			
“一五”时期	49757	49757			
“二五”时期	108373	108149		224	
1963－1965年	46782	45119		1663	
“三五”时期	64513	61706		2807	
“四五”时期	153532	147741		5791	
“五五”时期	369312	336720	18565	14027	
“六五”时期	1080481	561550	291792	143135	84004
“七五”时期	3037051	1286621	877951	407072	465407
“八五”时期	12949086	4681034	2440633	1548825	4278594
“九五”时期（原口径）	31780852	12008022	5813805	2060593	11898432
“九五”时期（新口径）	33128872	12373823	5880300	2424690	12450050
1950－1978年	643162	623364	3278	16520	
1979－2001年	59773710	22145840	11218012	5366710	21043148
1950－2001年	60416872	22769204	11221290	5383230	21043148

4-4 各时期全社会固定资产投资额平均每年增长速度

单位：%

时　　期	合　计	基本建设	更新改造	其他投资	房地产开发
全　　市					
1951－1952年	87.99	87.99			
“一五”时期	36.80	36.80			
“二五”时期	13.20	13.10			
1963－1965年	47.30	45.30		2.50倍	
“三五”时期	－12.80	－12.80		－12.60	
“四五”时期	16.50	16.30		21.00	
“五五”时期	12.20	9.90		21.10	
“六五”时期	34.20	13.60	73.10	64.30	
“七五”时期	19.60	14.80	26.70	15.50	29.10
“八五”时期	50.40	36.70	38.40	53.40	89.20
“九五”时期	7.50	9.20	6.20	－1.70	9.60
1951－1978年	17.10	16.90			
1979－2001年	27.70	21.30	37.11	33.40	
1951－2001年	20.13	17.40			
市　　区					
1951－1952年	70.30	70.30			
“一五”时期	39.90	39.90			
“二五”时期	11.90	11.90			
1963－1965年	47.30	45.20		2.43倍	
“三五”时期	－13.60	－13.60		－15.00	
“四五”时期	16.10	15.90		21.00	
“五五”时期	12.00	10.40		5.80	
“六五”时期	31.30	14.20	68.40	64.20	
“七五”时期	17.80	10.40	28.00	16.90	25.70
“八五”时期	48.00	37.00	34.50	51.20	83.90
“九五”时期	10.00	10.00	13.40	－3.70	11.40

4-5 主要年份全社会固定资产投资额和房屋建设

年份、时期	固定资产投资额（万元）	#住宅	新增固定资产（万元）	房屋施工面积（万米²）	#住宅	房屋竣工面积（万米²）	#住宅
1952	3931	389	3323	28.32	8.97	14.16	5.07
1957	16560	2166	13060	191.79	83.77	95.89	41.88
1962	7456	955	7260	52.75	23.71	28.22	13.46
1965	20658	2003	17530	120.85	45.45	82.64	31.19
1970	20668	1235	16458	145.31	48.22	72.65	24.11
1975	56180	3721	35511	301.25	108.53	113.30	38.40
1978	72641	8987	95685	429.55	173.09	184.97	84.82
1980	99565	24254	77438	610.94	334.12	269.07	163.33
1985	436197	104015	344990	1448.87	820.45	796.96	531.33
1990	905937	232839	779577	1681.89	970.81	879.68	537.36
1995	6182515	1696316	3449779	4958.58	2840.92	1847.86	1212.84
1996	6389360	1722037	4441604	4890.55	2812.24	1824.89	1155.37
1997	6565767	1902460	4739141	4935.07	2922.72	1743.37	1202.72
1998	7588283	2330102	6338823	5445.19	3307.05	1893.83	1275.12
1999	8782586	2878473	6245103	6041.03	3639.10	2245.16	1501.22
2000	9236676	3250326	6907436	6152.47	3789.88	2404.81	1539.43
2001	9782093	3316894	7075104	6612.84	3916.82	2138.40	1304.28
1950－1952 年	8110	778	6584	56.19	20.77	28.09	10.97
“一五”时期	55375	6464	47649	572.19	203.39	290.22	104.28
“二五”时期	122004	7495	95387	800.11	215.86	414.52	115.24
1963－1965 年	50972	5162	44012	284.98	110.36	164.70	64.55
“三五”时期	69853	6402	58789	515.04	210.15	296.95	122.91
“四五”时期	167262	11290	111348	920.60	319.39	406.78	131.68
“五五”时期	402292	61679	323278	2341.15	1060.94	947.92	459.34
“六五”时期	1310742	402770	1030043	6004.01	3745.15	3328.09	2352.35
“七五”时期	3850377	989264	3056834	8645.37	4722.40	4454.23	2808.76
“八五”时期	18092347	5632278	11179716	17131.12	9906.30	7045.41	4339.71
“九五”时期	38562672	12083398	28672107	27464.31	16470.99	10112.06	6673.86
1950－1978 年	702015	57559	552284	4340.21	1530.97	2087.32	746.92
1979－2001 年	71772084	22466315	51148567	67007.70	39371.55	27540.05	17741.01
1950－2001 年	72474099	22523874	51700851	71347.91	40902.52	29627.37	18487.93

4-6 市区主要年份全社会固定资产投资额和房屋建设

年份、时期	固定资产投资额（万元）	#住 宅	新增固定资产（万元）	房屋施工面积（万米²）	#住 宅	房屋竣工面积（万米²）	#住 宅
1952	3255	338	2615	25.58	8.29	12.79	4.15
1957	15264	2095	11968	187.22	82.63	93.61	41.31
1962	6841	894	6666	49.56	22.91	24.78	11.45
1965	19609	1922	16752	111.81	43.20	78.12	30.06
1970	19205	1112	15413	140.49	46.52	70.25	23.26
1975	51934	3157	32420	279.34	102.34	99.83	34.12
1978	67021	6663	91745	385.31	157.82	158.68	72.97
1980	88684	17690	67451	558.25	310.79	233.90	146.46
1985	362215	89260	284680	1142.77	618.50	537.91	344.43
1990	688267	172394	625292	1320.86	729.61	575.33	350.23
1995	4735978	1237079	2510650	3426.14	1926.18	1117.76	735.49
1996	4961794	1311832	3260735	3475.22	2000.34	1142.53	706.66
1997	5415077	1519797	3668818	3724.06	2224.60	1179.27	806.71
1998	6402341	1950859	5202937	4067.16	2638.06	1277.53	839.77
1999	7469488	2436509	4952791	4750.91	2895.76	1443.81	1026.99
2000	8880172	3158571	6195959	5830.09	3569.15	2226.68	1421.84
2001	9422360	3188145	6776012	6238.25	3685.09	1929.02	1182.67
1950－1952 年	6753	707	5406	51.48	19.80	25.74	9.90
“一五”时期	49757	6140	42991	558.47	198.92	279.23	99.76
“二五”时期	108373	6115	82844	774.33	210.61	387.16	105.31
1963－1965 年	46782	4910	40884	265.98	104.92	155.22	60.91
“三五”时期	64513	5938	54434	496.27	203.53	277.88	116.39
“四五”时期	153532	9718	102340	850.52	298.09	367.55	119.18
“五五”时期	369312	47884	294926	2115.17	973.41	815.68	399.34
“六五”时期	1080481	297325	831751	4750.85	3146.15	2218.81	1451.69
“七五”时期	3037051	758374	2415304	6623.53	3566.41	2959.49	1767.11
“八五”时期	12949086	3931649	7725987	11807.23	6613.51	4161.28	2556.71
“九五”时期(原口径)	31780852	9791254	22225365	20675.59	12656.42	6455.27	4366.91
“九五”时期(新口径)	33128872	10377568	23281240	21847.44	13327.91	7269.82	4801.97
1950－1978 年	643162	51173	516268	4081.59	1457.95	1916.73	686.12
1979－2001 年	59773710	18583300	41149332	52297.93	30891.40	18930.15	11984.82
1950－2001 年	60416872	18634473	41665600	56379.52	32349.35	20846.88	12670.94

注:“九五”时期、1979－2001 年及 1950－2001 年,只是 2000 年及以后年份为新口径,其余年份均为原口径。

4-7 主要年份三次产业固定资产投资额及构成

年份	合计（万元）	第一产业	第二产业	第三产业	构成（%）	第一产业	第二产业	第三产业
全市								
1952	3931	61	882	2988	100	1.55	22.44	76.01
1957	16560	519	9592	6449	100	3.13	57.92	38.95
1962	7456	702	4324	2430	100	9.41	58.00	32.59
1965	20658	752	8379	11527	100	3.64	40.56	55.80
1970	20668	333	9314	11021	100	1.61	45.07	53.32
1975	56180	2300	22664	31216	100	4.09	40.34	55.57
1978	72641	4317	32100	36224	100	5.94	44.19	49.87
1980	99565	4953	39722	54890	100	4.97	39.90	55.13
1985	436197	13672	143702	278823	100	3.13	32.94	63.93
1990	905937	14268	346872	544797	100	1.57	38.29	60.14
1995	6182515	42433	1698901	4441181	100	0.69	27.48	71.83
1996	6389360	85087	1636321	4667952	100	1.33	25.61	73.06
1997	6565767	39520	1389109	5137138	100	0.60	21.16	78.24
1998	7588283	40109	1292311	6255863	100	0.53	17.03	82.44
1999	8782586	50199	1562947	7169440	100	0.57	17.80	81.63
2000	9236676	66584	1411261	7758831	100	0.72	15.28	84.00
2001	9782093	17789	1419209	8345095	100	0.18	14.51	85.31
市区								
1952	3255	39	827	2389	100	1.20	25.41	73.39
1957	15264	165	9080	6019	100	1.08	59.49	39.43
1962	6841	311	4271	2259	100	4.55	62.43	33.02
1965	19609	243	8078	11288	100	1.24	41.20	57.56
1970	19205	189	8300	10716	100	0.99	43.22	55.79
1975	51934	839	20913	30182	100	1.62	40.27	58.11
1978	67021	2869	29720	34432	100	4.28	44.34	51.38
1980	88684	3088	34996	50600	100	3.48	39.46	57.06
1985	362215	10655	110225	241335	100	2.94	30.43	66.63
1990	688267	5738	236358	446171	100	0.83	34.34	64.83
1995	4735978	14105	1050838	3671035	100	0.30	22.19	77.51
1996	4961794	18778	1048629	3894387	100	0.38	21.13	78.49
1997	5415077	17568	983073	4414436	100	0.32	18.16	81.52
1998	6402341	14259	834677	5553405	100	0.22	13.04	86.74
1999	7469488	23829	1061282	6384377	100	0.32	14.21	85.47
2000（原口径）	7532152	47879	1079920	6404353	100	0.64	14.34	85.02
2000（新口径）	8880172	56575	1276298	7547299	100	0.64	14.37	84.99
2001	9422360	15849	1304301	8102210	100	0.17	13.84	85.99

4-8 全社会固定资产投资额

（2001年，按投资类别分）　　单位：万元

项目	合计	基本建设	更新改造	其他投资	房地产开发	#市区	#市属
总计	9782093	3184471	1755560	971855	3870207	9422360	7440592
按登记注册类型分							
内资企业	7470282	2753416	1374366	778431	2564069	7176117	5467306
国有企业	4124821	2472226	1278248		374347	4055328	2234105
集体企业	329321			262790	66531	279576	321960
股份合作企业	33039			13315	19724	31075	33039
联营企业	196498	167510	11146		17842	196498	193328
国有联营企业	184238	167510	11146		5582	184238	181286
集体联营企业	6330				6330	6330	6330
国有与集体联营企业	218				218	218	
其他联营企业	5712				5712	5712	5712
有限责任公司	1224344	102916	49743	36440	1035245	1163451	1144168
国有独资企业	166580	32354	8523		125703	134838	152069
其他有限责任公司	1057764	70562	41220	36440	909542	1028613	992099
股份有限公司	272344	7109	32220	10645	222370	269482	262250
私营企业	1007708			181872	825836	942358	999258
#私营独资企业	12473				12473	12473	12473
私营合伙企业	21827				21827	21827	21827
私营有限责任公司	769105				769105	723570	760655
私营股份有限公司	22431				22431	22431	22431
私人投资	271523			271523		228875	271523
城镇私人	31151			31151		19348	31151
农村私人	240372			240372		209527	240372
其他企业	10684	3655	3009	1846	2174	9474	7675
港、澳、台商投资企业	1734085	312965	55247	102747	1263126	1682295	1554094
合资经营企业	206385	43305	22262	9465	131353	197714	206038
合作经营企业	1180520	31024	871	26218	1122407	1162684	1068764
独资经营企业	245150	170748	1524	63512	9366	219867	245150
股份有限公司	102030	67888	30590	3552		102030	34142
外商投资企业	577726	118090	325947	90677	43012	563948	419192
合资经营企业	241002	44681	172218	12194	11909	237913	231481
合作经营企业	112407	43502	4869	32933	31103	112140	112254
独资经营企业	222817	29907	148860	44050		212395	73957
股份有限公司	1500			1500		1500	1500
按地区分							
市区	9422360	3110231	1712049	834987	3765093	9422360	7094126
#番禺区	1326022	297045	87907	296545	644525	1326022	1253724
花都区	759256	505264	10738	142989	100265	759256	465558
县级市	359733	74240	43511	136868	105114		346466
增城市	221759	54844	24612	76413	65890		215296
从化市	137974	19396	18899	60455	39224		131170

单位：万元

项　　目	合　计	基本建设	更新改造	其他投资	房地产开发	#市区	#市属
按隶属关系分							
中央项目	1535826	602735	777760		155331	1529119	
省项目	805675	375695	227866	1841	200273	799115	
市项目	4563735	1435236	654318	28368	2445813	4474704	4563735
县级市项目	2078024	736678	95366	177190	1068790	1961671	2078024
其他项目	798833	34127	250	764456		657751	798833
按建设性质分							
#新建	6276204	2084974	75734	245289	3870207	6057953	5499809
扩建	1846284	919730	600201	326353		1794001	1176023
改建	661321	113174	519328	28819		635258	256970
单纯购置	640530	18448	546701	75381		628200	180018
按构成分							
建筑工程	4943427	2024885	295329	574800	2048413	4710092	4102592
安装工程	800645	153308	238414	57094	351829	770655	494070
设备工具器具购置	1792544	409807	1012295	272301	98141	1735811	944302
其他	2245477	596471	209522	67660	1371824	2205802	1899628
按行业分							
农林牧渔业	19129	5095	2941	11093		17074	17564
农业	13716	145	2793	10778		11776	13596
林业	3700	3700				3700	3180
畜牧业	100			100		100	100
渔业	273	135	38	100		273	273
农林牧渔服务业	1340	1115	110	115		1225	415
工业	1252843	469296	416730	366817		1143576	1083684
采掘业	3434	1600	453	1381		2113	2981
制造业	1064903	350052	356783	358068		964998	1000423
电力、煤气及水的生产供应业	184506	117644	59494	7368		176465	80280
建筑业	166366	106695	16719	42952		160725	97684
土木工程建筑业	157868	104976	13793	39099		152227	93432
线路管道和设备安装业	8292	1719	2800	3773		8292	4046
建筑物的装修装饰业	206		126	80		206	206
地质勘查业、水利管理业	61714	19234	40853	1627		53992	59982
地质勘查业	1912	936	976			1912	180
水利管理业	59802	18298	39877	1627		52080	59802
交通运输、仓储及邮电通信业	1564615	633125	913494	17996		1539003	238444
交通运输业	890519	433852	450349	6318		881446	176136
仓储业	3644	3306	70	268		3376	3198
邮电通信业	670452	195967	463075	11410		654181	59110

4－8 续表2

单位:万元

项　　目	合　计					#市区	#市属
		基本建设	更新改造	其他投资	房地产开发		
批发和零售贸易、餐饮业	63384	27908	2941	32535		56963	61449
批发业	27424	15000	892	11532		25284	25489
零售业	18475	8908	2049	7518		18194	18475
商业经纪代理业	741			741		741	741
餐饮业	16744	4000		12744		12744	16744
金融、保险业	64028	49708	13022	1298		64028	27265
金融业	64028	49708	13022	1298		64028	27265
保险业							
房地产业	3900195	13300	8716	7972	3870207	3787625	3544591
房地产开发与经营	3891087	13300	1468	6112	3870207	3778517	3535483
房地产管理业	9108		7248	1860		9108	9108
房地产代理与经纪业							
社会服务业	1212912	902730	181284	128898		1203677	1205032
公共服务业	1085563	884774	170304	30485		1077247	1085563
居民服务业	1520	320		1200		1200	1520
旅馆业	30935	9395	5146	16394		30935	29679
租赁服务业	410			410		410	410
旅游业	63213		3854	59359		63213	59677
娱乐服务业	4878		345	4533		4533	4878
信息 咨询服务	4972	4648	324			4972	4818
计算机应用服务业	21047	3593	1311	16143		21047	18113
其他社会服务业	374			374		120	374
卫生体育和社会福利业	199446	163687	33223	2536		194468	66860
卫生	95727	61762	32927	1038		92288	32903
体育	102040	101591	296	153		101551	32612
社会福利保障业	1679	334		1345		629	1345
教育文化艺术及广播电影电视业	288220	238107	38198	11915		278249	107075
教育	246155	207386	27117	11652		237534	98195
#高等	148072	122331	22641	3100		143972	23305
中等	57315	52458	3661	1196		55526	47041
初等	25344	18699		6645		23022	25344
文化艺术	35280	24213	10804	263		35160	7650
广播电影电视业	6785	6508	277			5555	1230
科学研究和综合技术服务业	39663	22690	10670	6303		33564	27796
科学研究业	9745	5271	4474			9745	3278
综合技术服务业	29918	17419	6196	6303		23819	24518
国家机关政党机关社会团体	439377	319131	59324	60922		435419	412197
国家机关	377461	317678	58646	1137		374039	351633
政党机关	187	23	164			187	23
社会团体	1944	1430	514			1944	756
基层群众自治组织	59785			59785		59249	59785
其他行业	510201	213765	17445	278991		453997	490969

4-9 全社会新增固定资产

（2001 年，按投资类别分）　　单位：万元

项　　目	合　计					＃市区	＃市属
		基本建设	更新改造	其他投资	房地产开发		
总　　计	7075104	2467471	1495412	833760	2278461	6776012	5607758
按登记注册类型分							
内资企业	5562110	2333441	1268814	664396	1295459	5322409	4117050
国有企业	3313113	1860740	1227178		225195	3248298	1932664
集体企业	289431			229933	59498	241094	287140
股份合作企业	11989			8563	3426	10053	11989
联营企业	399128	394600	2576		1952	399128	396552
国有联营企业	397176	394600	2576			397176	394600
集体联营企业							
国有与集体联营企业							
其他联营企业	1952				1952	1952	1952
有限责任公司	583431	73415	24264	31240	454512	535545	532475
国有独资企业	108139	28517	8182		71440	89182	95067
其他有限责任公司	475292	44898	16082	31240	383072	446363	437408
股份有限公司	199028	3255	11787	1186	182800	197756	193249
私营企业	488187			120111	368076	456584	488187
＃私营独资企业							
私营合伙企业	3954				3954	3954	3954
私营有限责任公司	345369				345369	333331	345369
私营股份有限公司	18753				18753	18753	18753
私人投资	271523			271523		228875	271523
城镇私人	31151			31151		19348	31151
农村私人	240372			240372		209527	240372
其他企业	6280	1431	3009	1840		5076	3271
港、澳、台商投资企业	1232289	93387	61487	94413	983002	1178627	1210156
合资经营企业	122775	5439	21511	9465	86360	112147	122428
合作经营企业	949675	29578	871	23337	895889	925144	927889
独资经营企业	118706	58370	1524	58059	753	100203	118706
股份有限公司	41133		37581	3552		41133	41133
外商投资企业	280705	40643	165111	74951		274976	280552
合资经营企业	178872	7692	160323	10857		177955	178872
合作经营企业	69212	27403	4788	37021		68945	69059
独资经营企业	31121	5548		25573		26576	31121
股份有限公司	1500			1500		1500	1500
按地区分							
市　区	6776012	2419206	1461420	704673	2190713	6776012	5320921
＃番禺区	915248	221620	83760	249021	360847	915248	857128
花都区	609464	436890	10550	130955	31069	609464	589761
县级市	299092	48265	33992	129087	87748		286837
增城市	172661	31535	17637	70377	53112		167161
从化市	126431	16730	16355	58710	34636		119676

单位：万元

项　　目	合　计	基本建设	更新改造	其他投资	房地产开发	＃市区	＃市属
按隶属关系分							
中央项目	1027561	132413	814791		80357	1020986	
省项目	439785	301178	91169	1841	45597	434105	
市项目	3694008	1670389	515270	18399	1489950	3612263	3694008
县级市项目	1211820	337747	73932	137584	662557	1140689	1211820
其他项目	701930	25744	250	675936		567969	701930
按建设性质分							
＃新建	4292720	1776195	46501	191563	2278461	4115266	4053792
扩建	1311781	614629	431172	265980		1269376	959893
改建	536875	37711	471823	27341		516259	134490
单纯购置	624224	18448	540409	65367		611894	168727
按行业分							
农林牧渔业	13830	995	2903	9932		11775	12998
农业	12360		2793	9567		10420	12240
林业	93	93				93	93
畜牧业	150			150		150	150
渔业	100			100		100	100
农林牧渔服务业	1127	902	110	115		1012	415
工业	947026	250398	364148	332480		858382	772557
采掘业	1669		288	1381		348	1381
制造业	777783	130088	323489	324206		694876	717718
电力、煤气及水的生产供应业	167574	120310	40371	6893		163158	53458
建筑业	93630	44084	14046	35500		87989	80056
土木工程建筑业	78994	40294	11141	27559		73353	71905
线路管道和设备安装业	14451	3790	2800	7861		14451	7966
建筑物的装修装饰业	185		105	80		185	185
地质勘查业、水利管理业	8670	3743	3500	1427		2655	7158
地质勘查业	1572	716	856			1572	60
水利管理业	7098	3027	2644	1427		1083	7098
交通运输、仓储及邮电通信业	1100202	292646	793881	13675		1083603	264812
交通运输业	656828	234707	419707	2414		656768	234119
仓储业	19034	18766		268		18766	968
邮电通信业	424340	39173	374174	10993		408069	29725
批发和零售贸易、餐饮业	32443	7955	2941	21547		26172	31905
批发商业	14043	2738	892	10413		12053	13505
零售业	9191	1217	2049	5925		8910	9191
商业经纪代理业	2149			2149		2149	2149
餐饮业	7060	4000		3060		3060	7060

4-9 续表2

单位:万元

项目	合计					#市区	#市属
		基本建设	更新改造	其他投资	房地产开发		
金融、保险业	62456	49558	12834	64		62456	26031
金融业	62456	49558	12834	64		62456	26031
保险业							
房地产业	2299758	8489	5956	6852	2278461	2204920	2173804
房地产开发与经营	2292770	8489	1468	4352	2278461	2197932	2166816
房地产管理业	6988		4488	2500		6988	6988
房地产代理与经纪业							
社会服务业	1319533	1105112	157479	56942		1311211	1314587
公共服务业	1251208	1077627	151328	22253		1243619	1251208
居民服务业	320	320					320
旅馆业	34059	23729	1256	9074		34059	32803
租赁服务业	410			410		410	410
旅游业	23473		3536	19937		23473	19937
娱乐服务业	5425		345	5080		5080	5425
信息 咨询服务	3760	3436	324			3760	3606
计算机应用服务业	690		690			690	690
其他社会服务业	188			188		120	188
卫生体育和社会福利业	251839	218527	30750	2562		246513	99748
卫生	65066	33493	30509	1064		61279	15316
体育	185428	185034	241	153		184939	83087
社会福利保障业	1345			1345		295	1345
教育文化艺术及广播电影电视业	161980	120322	31318	10340		153674	69250
教育	154430	117827	26526	10077		146244	67044
#高等	88708	64963	22445	1300		84608	4805
中等	46018	41556	3266	1196		44344	43231
初等	17443	10858		6585		15121	17443
文化艺术	7273	2495	4515	263		7153	2206
广播电影电视业	277		277			277	
科学研究和综合技术服务业	21090	6080	8707	6303		14991	11578
科学研究业	8906	6009	2897			8906	1600
综合技术服务业	12184	71	5810	6303		6085	9978
国家机关政党机关社会团体	468345	355163	54090	59092		465538	459979
国家机关	408144	353595	53412	1137		405873	400456
政党机关	1551	1387	164			1551	1387
社会团体	695	181	514			695	181
基层群众自治组织	57955			57955		57419	57955
其他行业	294302	4399	12859	277044		246133	283295

4－10 固定资产投资额和房屋建设

（2001 年）

项目	固定资产投资额（万元）	#民间投资	#住宅	房屋施工面积（米^2）	#住宅	房屋竣工面积（米^2）	#住宅
全市	9782093	2994643	3316894	66128423	39168216	21383950	13042774
按登记注册类型分							
内资企业	7470282	2994643	2418355	48885976	29908475	18099074	11112334
国有企业	4124821		518674	15246940	8224536	3553338	2188224
集体企业	329321	329321	79487	4116319	1725586	2238432	688984
股份合作企业	33039	33039	15022	287913	150513	30960	8480
联营企业	196498	12260	12242	591272	356510	19427	14223
国有联营企业	184238		4886	78116	50849		
集体联营企业	6330	6330	2842	94230	27670		
国有与集体联营企业	218	218	33	113215	16982		
其他联营企业	5712	5712	4481	305711	261009	19427	14223
有限责任公司	1224344	1057764	738759	10958415	7321619	2327062	1571045
国有独资企业	166580		100748	1306164	808996	245246	145934
其他有限责任公司	1057764	1057764	638011	9652251	6512623	2081816	1425111
股份有限公司	272344	272344	168820	2256547	1748663	612965	446372
私营企业	1007708	1007708	644216	10706925	5831486	4662631	1692244
#私营独资企业	12473	12473	10013	119166	106627		
私营合伙企业	21827	21827	20457	157813	137541	32029	32029
私营有限责任公司	769105	769105	591719	7380182	5360627	1805764	1529362
私营股份有限公司	22431	22431	21585	232764	215741	131516	124863
私人投资	271523	271523	238812	4638706	4497740	4638706	4497740
城镇私人	31151	31151	26901	456332	383488	456332	383488
农村私人	240372	240372	211911	4182374	4114252	4182374	4114252
其他企业	10684	10684	2323	82939	51822	15553	5022
港、澳、台商投资企业	1734085		884021	16162714	9058769	3033527	1911060
合资经营企业	206385		113244	2205801	1279365	545738	444558
合作经营企业	1180520		757319	12802787	7648887	2165936	1442383
独资经营企业	245150		13458	1129173	130517	300570	24119
股份有限公司	102030			24953		21283	
外商投资企业	577726		14518	1079733	200972	251349	19380
合资经营企业	241002		409	322168	6339	102584	6339
合作经营企业	112407		14090	526889	181592	45899	
独资经营企业	222817		19	230676	13041	102866	13041
股份有限公司	1500						
按投资类别分							
基本建设	3184471	81326	240841	10805322	4055328	2918179	1413007
更新改造	1755560	76449	3674	933135	41880	280110	30615
其他投资	971855	778431	274923	11266272	5407768	9687327	4886779
房地产开发	3870207	2058437	2797456	43123694	29663240	8498334	6712373

注：民间投资是指全社会固定资产投资扣除国有、国有联营、国有独资、港澳台商投资和外商投资后的余额。

4－10 续表

项目	固定资产投资额（万元）	#民间投资	#住宅	房屋施工面积（米^2）	#住宅	房屋竣工面积（米^2）	#住宅
市属	7440592	2899846	2991531	58120848	35227141	20016962	12260840
按登记注册类型分							
内资企业	5467306	2899846	2173212	41628762	26482949	16822037	10364028
国有企业	2234105		298953	8968415	5081685	2447575	1473034
集体企业	321960	321960	76006	4044719	1690906	2224336	687104
股份合作企业	33039	33039	15022	287913	150513	30960	8480
联营企业	193328	12042	11834	478057	339528	19427	14223
国有联营企业	181286		4511	78116	50849		
集体联营企业	6330	6330	2842	94230	27670		
国有与集体联营企业							
其他联营企业	5712	5712	4481	305711	261009	19427	14223
有限责任公司	1144168	992099	720933	10288662	7127887	2175165	1545090
国有独资企业	152069		94526	1041276	721663	195977	135979
其他有限责任公司	992099	992099	626407	9247386	6406224	1979188	1409111
股份有限公司	262250	262250	167018	2242266	1734382	607684	441091
私营企业	999258	999258	642311	10597085	5808486	4662631	1692244
#私营独资企业	12473	12473	10013	119166	106627		
私营合伙企业	21827	21827	20457	157813	137541	32029	32029
私营有限责任公司	760655	760655	589814	7270342	5337627	1805764	1529362
私营股份有限公司	22431	22431	21585	232764	215741	131516	124863
其他企业	271523	271523	238812	4638706	4497740	4638706	4497740
私人投资	31151	31151	26901	456332	383488	456332	383488
城镇私人	240372	240372	211911	4182374	4114252	4182374	4114252
农村私人	7675	7675	2323	82939	51822	15553	5022
港、澳、台商投资企业	1554094		803801	15412353	8543220	2943576	1877432
合资经营企业	206038		113244	2205801	1279365	545738	444558
合作经营企业	1068764		677099	12052426	7133338	2075985	1408755
独资经营企业	245150		13458	1129173	130517	300570	24119
股份有限公司	34142			24953		21283	
外商投资企业	419192		14518	1079733	200972	251349	19380
合资经营企业	231481		409	322168	6339	102584	6339
合作经营企业	112254		14090	526889	181592	45899	
独资经营企业	73957		19	230676	13041	102866	13041
股份有限公司	1500						
按投资类别分							
基本建设	2206041	46484	172946	7307708	3155968	2109503	1002956
更新改造	749934	58876	3476	859080	35880	239680	30615
其他投资	970014	776590	274923	11248672	5407768	9675231	4886779
房地产开发	3514603	2017896	2540186	38705388	26627525	7992548	6340490

4-11 三次产业固定资产投资额及构成

(2001 年)

项目	全市(万元)	#市区	#市属	构成(%)	#市区	#市属
固定资产投资额合计	9782093	9422360	7440592	100.00	100.00	100.00
第一产业	17789	15849	17149	0.18	0.17	0.23
第二产业	1419209	1304301	1181368	14.51	13.84	15.88
工业	1252843	1143576	1083684	12.81	12.13	14.56
建筑业	166366	160725	97684	1.70	1.71	1.32
第三产业	8345095	8102210	6242075	85.31	85.99	83.89
农林牧渔服务业	1340	1225	415	0.01	0.01	0.01
地质勘查及水利管理业	61714	53992	59982	0.63	0.57	0.81
交通运输及仓储业	894163	884822	179334	9.14	9.39	2.41
邮电通信业	670452	654181	59110	6.85	6.94	0.79
批发零售贸易餐饮业	63384	56963	61449	0.65	0.60	0.83
金融保险业	64028	64028	27265	0.65	0.68	0.37
房地产业	3900195	3787625	3544591	39.87	40.20	47.64
社会服务业	1212912	1203677	1205032	12.40	12.77	16.20
卫生体育社会福利业	199446	194468	66860	2.04	2.06	0.90
教育文化艺术及广播电影电视业	288220	278249	107075	2.95	2.95	1.44
科学研究和综合技术服务业	39663	33564	27796	0.41	0.36	0.37
国家机关、党政机关和社会团体	439377	435419	412197	4.49	4.62	5.54
其他行业	510201	453997	490969	5.22	4.84	6.58
国有固定资产投资额合计	4475639	4374404	2567460	100.00	100.00	100.00
第一产业	6811	6811	6171	0.15	0.16	0.24
第二产业	416228	405567	193895	9.30	9.27	7.55
工业	303352	298332	148844	6.78	6.82	5.80
建筑业	112876	107235	45051	2.52	2.45	1.75
第三产业	4052600	3962026	2367394	90.55	90.57	92.21
农林牧渔服务业	1225	1225	300	0.03	0.03	0.01
地质勘查及水利管理业	60087	53941	58355	1.34	1.23	2.27
交通运输及仓储业	819973	810960	149507	18.32	18.54	5.82
邮电通信业	440858	424587	46264	9.85	9.71	1.80
批发零售贸易餐饮业	25770	21770	23835	0.58	0.50	0.93
金融保险业	57461	57461	24454	1.28	1.31	0.95
房地产业	519439	482675	315526	11.61	11.03	12.29
社会服务业	1051368	1048211	1044744	23.49	23.96	40.69
卫生体育社会福利业	196910	194173	64324	4.40	4.44	2.51
教育文化艺术及广播电影电视业	273505	270420	92360	6.11	6.18	3.60
科学研究和综合技术服务业	18696	18597	6829	0.42	0.43	0.27
国家机关、党政机关和社会团体	358098	354876	330918	8.00	8.11	12.89
其他行业	229210	223130	209978	5.12	5.10	8.18

4－12 城镇集体固定资产投资额

（2001 年，按地区分）　　单位：万元

项　　目	全　市	市　区	#番禺区	#花都区	增城市	从化市
总　　计	67520	56339	5250	4500	578	10603
按隶属关系分						
中央项目						
省项目	1841	1841				
市项目	1097	519			578	
县级市项目	58562	47959	5250			10603
其他项目	6020	6020		4500		
按建设性质分						
新建	12689	8845		4500		3844
扩建	20347	17997	4886			2350
改建	504	504				
单纯建设生活设施	2109	2109				
迁建	4167	2124			578	1465
恢复	8379	8379				
单纯购置	19325	16381	364			2944
按构成分						
建筑工程	40484	35140	4278	3500	415	4929
安装工程	740	485	409		75	180
设备工具器具购置	22138	17506	558		88	4544
其他	4158	3208	5	1000		950
按行业分						
农林牧渔业	1311	1311	100			
采掘业	116					116
制造业	21412	13325	364		578	7509
电力、煤气及水的生产供应业	2783	2155	1387			628
建筑业	15634	15634				
地质勘查业、水利管理业						
交通运输、仓储及邮电通信业	344	344				
批发和零售贸易、餐饮业	6144	6144	391	4500		
金融、保险业	1234	1234				
房地产业	2350					2350
社会服务业	4450	4450	3008			
卫生体育和社会福利业						
教育文化艺术及广播电影电视业						
科学研究和综合技术服务业						
国家机关政党机关社会团体	9897	9897				
其他行业	1845	1845				

4－13 城镇集体新增固定资产

（2001年，按地区分）

单位：万元

项目	全市	市区	#番禺区	#花都区	增城市	从化市
总计	49889	39446	3523		550	9893
按隶属关系分						
中央项目						
省项目	1841	1841				
市项目	2320	1770			550	
县级市项目	45328	35435	3523			9893
其他项目	400	400				
按建设性质分						
新建	6256	2414				3842
扩建	16063	14421	3159			1642
改建	160	160				
单纯建设生活设施	2999	2999				
迁建	3545	1530			550	1465
恢复	430	430				
单纯购置	20436	17492	364			2944
按行业分						
农林牧渔业	150	150	150			
采掘业	116					116
制造业	23480	15421	364		550	7509
电力、煤气及水的生产供应业	2310	1684	916			626
建筑业	8781	8781				
地质勘查业、水利管理业						
交通运输、仓储及邮电通信业						
批发和零售贸易、餐饮业	2662	2662	1799			
金融、保险业						
房地产业	1642					1642
社会服务业	1736	1736	294			
卫生体育和社会福利业						
教育文化艺术及广播电影电视业						
科学研究和综合技术服务业						
国家机关政党机关社会团体	9012	9012				
其他行业						

4－14 重点建设项目投资完成情况

（2001 年）

单位：万元

项目名称	开工年月	竣工年月	本年计划	累计完成投资	#本年
广州新机场迁建工程	2000.04		362700	574097	281000
广州地铁二号线工程	1998.08		263945	445626	263945
广州市内环路放射线	1999.06		121227	541588	121227
广州新机场高速公路第一期工程	2000.04	2001.10	150287	394600	150287
广州北二环高速公路建设	1998.11	2001.10	100767	254500	100767
广州国际会议展览中心	2001.04		211800	130296	130296
广州科学城基础设施建设	2000.01		65079	121731	53741
广州宽带主干网项目	2001.06		33086	33086	33086
科学城广东软件园	2001.04		7800	1723	1723
广州保税区电脑工业城	1997.11		12480	32131	6423
南方高科手机开发中心及产业化	2000.06		10561	27262	10561
珠江钢厂	1997.05	1999.08	80000	431941	26658
西朗污水处理工程			30000	18407	12258
广州轿车二期工程(整车部分)	2000.10		77464	101491	76143
广州五十铃客车有限公司	2000.03		25849	20267	13571
广州新体育馆	1999.02	2001.11	34524	82598	23975
广东奥林匹克体育场	1998.12	2001.11	43168	102424	39618
广东奥林匹克体育场附属工程	1999.12	2001.11	10343	18931	10343
广东划船赛场	1999.06	2001.11	4763	16680	4763
九运会激流回旋赛场	2000.09	2001.11	1000	1080	1000
九运会信息网络工程	1999.07	2001.11	13463	15700	13463
华工 211 工程项目	1996.12		9030	22756	3460
中大 211 工程项目	1997.12		1384	3330	1132
广工龙洞校区教学综合楼	1999.01		4990	20679	4990

4－15 全社会固定资产投资资金来源

（2001年，按投资类别分）　　单位：万元

项目	合计	基本建设	更新改造	其他投资	房地产开发
全市					
本年资金来源合计	11649579	3028894	1853442	1019228	5748015
1.上年末结余资金	1546436	437195	145873	30949	932419
2.本年资金来源小计	10103143	2591699	1707569	988279	4815596
国家预算内资金	123638	82378	35077	6183	
国内贷款	1912787	579719	193929	68871	1070268
债券	22888	22888			
利用外资	706179	182581	290999	102822	129777
自筹资金	4230371	1608134	1071457	483518	1067262
其他资金	3107280	115999	116107	326885	2548289
本年各项应付款合计	1376538	613398	103593	20649	638898
#工程款	673946	283809	40525	7331	342281
设备、器材款	99936	43655	19642	4317	32322
市属					
本年资金来源合计	9203422	2122050	838269	1017128	5225975
1.上年末结余资金	1334009	304621	138537	30789	860062
2.本年资金来源小计	7869413	1817429	699732	986339	4365913
国家预算内资金	39895	22255	11457	6183	
国内贷款	1535321	429986	100752	68871	935712
债券	22338	22338			
利用外资	433174	182581	21976	102822	125795
自筹资金	2945964	1051643	456790	481578	955953
其他资金	2892721	108626	108757	326885	2348453
本年各项应付款合计	1165437	462244	101579	20649	580965
#工程款	527926	149967	39309	7331	331319
设备、器材款	84058	28754	19115	4317	31872

注：本表资金来源为全社会口径，以下各资金来源表同。

4－16 全社会固定资产投资资金来源

（2001年，按隶属关系分）　　单位：万元

项　目	合　计	中央项目	省项目	市项目	县级市	其　他
本年资金来源合计	11649579	1436015	1010142	5605741	2795152	802529
1.上年末结余资金	1546436	56250	156177	1066191	266657	1161
2.本年资金来源小计	10103143	1379765	853965	4539550	2528495	801368
国家预算内资金	123638	21847	61896	26134	7578	6183
国内贷款	1912787	175696	201770	1096543	407506	31272
债券	22888		550	20000	2338	
利用外资	706179	269552	3453	151095	196901	85178
自筹资金	4230371	806658	477749	1472231	1104426	369307
其他资金	3107280	106012	108547	1773547	809746	309428
本年各项应付款合计	1376538	150595	60506	849616	310723	5098
＃工程款	673946	134607	11413	329680	195968	2278
设备、器材款	99936	14533	1345	38633	45186	239
＃本年基本建设资金来源合计	3028894	494408	412436	1287660	796012	38378
1.上年末结余资金	437195	35244	97330	257762	46020	839
2.本年资金来源小计	2591699	459164	315106	1029898	749992	37539
国家预算内资金	82378	13966	46157	16109	6146	
国内贷款	579719	68190	81543	346947	82039	1000
债券	22888		550	20000	2338	
利用外资	182581			27610	131525	23446
自筹资金	1608134	374843	181648	526548	512002	13093
其他资金	115999	2165	5208	92684	15942	
本年各项应付款合计	613398	140612	10542	362381	99433	430
＃工程款	283809	125719	8123	104465	45311	191
设备、器材款	43655	13724	1177	828	27687	239
＃本年更新改造资金来源合计	1853442	778810	236363	740237	97532	500
1.上年末结余资金	145873	4574	2762	136740	1746	51
2.本年资金来源小计	1707569	774236	233601	603497	95786	449
国家预算内资金	35077	7881	15739	10025	1432	
国内贷款	193929	86072	7105	98894	1858	
债券						
利用外资	290999	268773	250	1954	19573	449
自筹资金	1071457	405705	208962	387323	69467	
其他资金	116107	5805	1545	105301	3456	
本年各项应付款合计	103593	1846	168	100249	1330	
＃工程款	40525	1216		38426	883	
设备、器材款	19642	359	168	18751	364	

4－17　全社会固定资产投资资金来源

（2001年，按地区分）

单位：万元

项　　目	全　市	市　区			增城市	从化市
			#番禺区	#花都区		
本年资金来源合计	11649579	11241422	1692721	618069	231948	176209
1.上年末结余资金	1546436	1510007	132263	31741	8852	27577
2.本年资金来源小计	10103143	9731415	1560458	586328	223096	148632
国家预算内资金	123638	111769	3895	2536	4299	7570
国内贷款	1912787	1868339	222893	120730	30822	13626
债　券	22888	22888				
利用外资	706179	670249	68598	26059	32902	3028
自筹资金	4230371	4060858	678457	337708	92645	76868
其他资金	3107280	2997312	586615	99295	62428	47540
本年各项应付款合计	1376538	1353333	156246	214268	20310	2895
#工程款	673946	652520	97776	145089	18847	2579
设备、器材款	99936	99289	17485	751	336	311
#本年基本建设资金来源合计	3028894	2941224	342894	331299	62816	24854
1.上年末结余资金	437195	429062	18484	17296	2179	5954
2.本年资金来源小计	2591699	2512162	324410	314003	60637	18900
国家预算内资金	82378	82138	2153	2436	200	40
国内贷款	579719	575584	38065	101500	4000	135
债　券	22888	22888				
利用外资	182581	156645	24739	9692	23271	2665
自筹资金	1608134	1562565	253758	199629	31832	13737
其他资金	115999	112342	5695	746	1334	2323
本年各项应付款合计	613398	611894	53169	189185	1154	350
#工程款	283809	282305	25411	131296	1154	350
设备、器材款	43655	43655	4528	249		
#本年更新改造资金来源合计	1853442	1798082	91563	15617	28424	26936
1.上年末结余资金	145873	138192	1623	7693	62	7619
2.本年资金来源小计	1707569	1659890	89940	7924	28362	19317
国家预算内资金	35077	28211	1132		4099	2767
国内贷款	193929	190480	36072		1200	2249
债　券						
利用外资	290999	290500	635		449	50
自筹资金	1071457	1041443	49923	4924	16544	13470
其他资金	116107	109256	2178	3000	6070	781
本年各项应付款合计	103593	103048	5794	3237		545
#工程款	40525	39985	2759	24		540
设备、器材款	19642	19642	2934			

4-18 固定资产投资主要经济效益指标

（2001年）

项　　目	单　位	合　计	基本建设	更新改造	其他投资	房地产开发
全　市						
建设项目竣工投产率	%	50.59	34.03	59.65	57.14	
竣工建设项目数	个	1120	262	782	76	
施工建设项目数	个	2214	770	1311	133	
建设项目平均建设周期	年	5.44	5.24	2.45	3.49	7.08
施工项目计划总投资	万元	49311433	16701342	4307652	911732	27390707
本年完成投资额	万元	9071631	3184471	1755560	261393	3870207
新增固定资产交付使用率	%	70.81	77.48	85.18	69.81	58.87
新增固定资产	万元	6423829	2467471	1495412	182485	2278461
本年完成投资额	万元	9071631	3184471	1755560	261393	3870207
未完工程占用率	%	124.67	107.70	30.74	119.59	181.59
本年未完成工程投资额	万元	11309618	3429676	539574	312594	7027774
本年完成投资额	万元	9071631	3184471	1755560	261393	3870207
房屋面积竣工率	%	22.02	27.01	30.02	67.64	19.71
竣工房屋建筑面积	米^2	12269167	2918179	280110	572544	8498334
施工房屋建筑面积	米^2	55708619	10805322	933135	846468	43123694
竣工房屋平均造价	元/米^2	1583	1916	1581	746	1525
竣工房屋价值	万元	1942473	559177	44292	42706	1296298
竣工房屋建筑面积	米^2	12269167	2918179	280110	572544	8498334
市　区						
建设项目竣工投产率	%	50.00	31.37	60.85	46.32	
竣工建设项目数	个	1008	218	746	44	
施工建设项目数	个	2016	695	1226	95	
建设项目平均建设周期	年	5.45	5.25	2.44	3.85	7.09
施工项目计划总投资	万元	48083246	16323571	4172698	875624	26711353
本年完成投资额	万元	8814862	3110231	1712049	227489	3765093
新增固定资产交付使用率	%	70.63	77.78	85.36	67.89	58.18
新增固定资产	万元	6225780	2419206	1461420	154441	2190713

注：本表不包括集体、私人及私营投资；房地产开发按企业统计，不计算施、竣工项目个数。

4－18 续表

项目	单位	合计	基本建设	更新改造	其他投资	房地产开发
本年完成投资额	万元	8814862	3110231	1712049	227489	3765093
未完工程占用率	%	126.31	109.69	29.33	136.06	183.56
本年未完成工程投资额	万元	11134136	3411511	502064	309524	6911037
本年完成投资额	万元	8814862	3110231	1712049	227489	3765093
房屋面积竣工率	%	21.17	25.77	29.10	62.51	19.21
竣工房屋建筑面积	米²	11254656	2668886	245311	407645	7932814
施工房屋建筑面积	米²	53151163	10355984	843002	652109	41300068
竣工房屋平均造价	元/米²	1640	2013	1662	766	1559
竣工房屋价值	万元	1845664	537143	40769	31210	1236542
竣工房屋建筑面积	米²	11254656	2668886	245311	407645	7932814
市属						
建设项目竣工投产率	%	51.73	32.50	62.02	56.82	
竣工建设项目数	个	866	182	609	75	
施工建设项目数	个	1674	560	982	132	
建设项目平均建设周期	年	6.14	5.62	3.86	3.50	7.16
施工项目计划总投资	万元	41354144	12394206	2894243	909532	25156163
本年完成投资额	万元	6730130	2206041	749934	259552	3514603
新增固定资产交付使用率	%	73.65	92.20	78.60	69.60	61.24
新增固定资产	万元	4956483	2033880	589452	180644	2152507
本年完成投资额	万元	6730130	2206041	749934	259552	3514603
未完工程占用率	%	130.65	85.08	35.16	120.44	180.38
本年未完成工程投资额	万元	8792740	1876964	263668	312594	6339514
本年完成投资额	万元	6730130	2206041	749934	259552	3514603
房屋面积竣工率	%	22.86	28.87	27.90	67.62	20.65
竣工房屋建筑面积	米²	10902179	2109503	239680	560448	7992548
施工房屋建筑面积	米²	47701044	7307708	859080	828868	38705388
竣工房屋平均造价	元/米²	1549	1876	1535	729	1520
竣工房屋价值	万元	1688210	395787	36786	40865	1214772
竣工房屋建筑面积	米²	10902179	2109503	239680	560448	7992548

4－19 农村单位固定资产投资额

（2001 年）

单位：万元

项目	全市	市区	＃番禺区	＃花都区	增城市	从化市
总计	438939	378623	148855	100284	42520	17796
按村镇分						
村属	253322	238349	54931	58375	14208	765
镇属	185617	140274	93924	41909	28312	17031
按工程用途分						
＃住宅	26516	24366	460	791	2013	137
按行业分						
农林牧渔业	3972	1917		1750	2055	
采掘业	360	60		60	300	
制造业	210700	182578	69189	82792	19658	8464
电力、煤气及水的生产供应业	3374	2018	1483	535	1176	180
建筑业	24228	24228	15992	7626		
地质勘查业、水利管理业	1627	51	51		85	1491
交通运输、仓储及邮电通信业	1010	682			60	268
批发和零售贸易、餐饮业	15714	13512	2998	5566	2140	62
金融、保险业						
房地产业	2642	2562			80	
社会服务业	100013	94255	55303	1200	5740	18
卫生、体育和社会福利业	2536	295	295		1808	433
教育文化艺术及广播电影电视业	10115	6029	3212		3312	774
科学研究和综合技术服务业	6000				6000	
国家机关、政党机关和社会团体	51025	50289	185	755	106	630
其他行业	5623	147	147			5476

4－20 农村单位新增固定资产及房屋建筑面积

（2001 年）　　　　单位：万元

项　　目	全　市	市　区	＃番禺区	＃花都区	增城市	从化市
新增固定资产	379752	321357	110716	93252	40734	17661
农林牧渔业	3972	1917		1750	2055	
采掘业	360	60		60	300	
制造业	198513	171497	65085	77272	18558	8458
电力、煤气及水的生产供应业	3372	2016	1483	533	1176	180
建筑业	26568	26568	19022	7316		
地质勘查业、水利管理业	1427	51	51		85	1291
交通运输、仓储及邮电通信业	1010	682			60	268
批发和零售贸易、餐饮业	13392	11340	2998	5566	1990	62
金融、保险业						
房地产业	3130	3050			80	
社会服务业	53505	48283	18445		5204	18
卫生、体育和社会福利业	2562	295	295		1808	459
教育文化艺术及广播电影电视业	10340	6254	3152		3312	774
科学研究和综合技术服务业	6000				6000	
国家机关、政党机关和社会团体	50080	49344	185	755	106	630
其他行业	5521					5521
房屋施工面积（米^2）	5781098	5384076	2614462	792788	272087	124935
房屋竣工面积（米^2）	4476077	4188311	2461255	670551	249487	38279
＃住宅	293940	257735	17832	32000	29705	6500

4－21 城镇私人建房情况

（2001 年）

项目	建房户数（户）	竣工房屋面积（米^2）	#住宅	竣工房屋价值（万元）	#住宅
全市	1707	456332	383488	31151	26901
市区	1244	246390	246390	19348	19348
#番禺区	974	211587	211587	16816	16816
花都区					
县级市所在镇	305	170469	113418	9780	6369
增城市	218	44760	35800	2238	1790
从化市	87	125709	77618	7542	4579
镇	158	39473	23680	2023	1184
在总计中：农村户在城建房	144	34146	34146	2136	2136

4－22 农村私人固定资产投资

（2001 年）

项目	建房户数（户）	本年完成投资合计（万元）	#住宅	本年竣工房屋面积（米^2）	#住宅
全市	24595	240372	211911	4182374	4046206
市区	19428	209527	185842	3600831	3487199
#番禺区	6137	68467	64219	1034852	1024846
花都区	3174	27189	18734	480085	412039
县级市	5167	30845	26069	581543	559007
增城市	3821	24603	20769	439913	422943
从化市	1346	6242	5300	141630	136064

4-23 房地产开发与经营

（2001 年）

项目	单位	全市	市区	#番禺区	#花都区	增城市	从化市
年末房地产开发							
公司个数	个	1318	1210	124	66	59	49
年末从业人数	人	32634	30389	5774	1749	1547	698
年平均从业人数	人	32898	30542	5493	1748	1628	728
本年开发投资额	万元	3870207	3765093	644525	100265	65890	39224
中央、省属公司	万元	355604	355604				
市属各公司	万元	3514603	3409489	644525	100265	65890	39224
本年已开发土地	米^2	6166165	5647835	1391225	783902	379897	138433
本年房屋建设							
房屋建筑施工面积	米^2	43123694	41300068	6173919	1908892	1153192	670434
#新开工	米^2	12453149	11831658	2946501	701962	444879	176612
在施工面积中							
#住宅	米^2	29663240	28181940	4888501	1438817	968724	512576
办公用房	米^2	3384085	3334507	50879	10441	32677	16901
商业用房	米^2	5386123	5166300	768031	301772	102014	117809
房屋建筑竣工面积	米^2	8498334	7932814	2231344	320539	367561	197959
#住宅	米^2	6712373	6275392	1939895	251007	280560	156421
办公用房	米^2	294097	258702	6859	2650	28677	6718
商业用房	米^2	688803	633544	136305	60199	37963	17296
竣工住宅套数	套	77359	73779	18066	2359	2198	1382
本年房屋销售							
本年实际销售房屋面积	米^2	5544552	5174372	1769369	267010	275033	95147
#住宅	米^2	5101687	4776674	1646416	231478	236338	88675
本年销售房屋合同金额	万元	2379574	2310639	560698	47136	48872	20063

4-24 港澳台及外商投资房地产开发与经营

项目	单位	1995年		2000年		2001年	
		全市	#市区	全市	#市区	全市	#市区
年末房地产开发							
公司个数	个	309	227	381	356	393	368
本年完成开发投资额	万元	789884	634122	1042991	1022856	1306138	1289978
本年房屋建设							
房屋建筑施工面积	米^2	8286079	6244377	11763315	11074783	15227614	14582810
#新开工	米^2	1142402	819154	2505741	2328972	4798386	4619644
在施工面积中							
#住宅	米^2	4050066	2599966	6885410	6315335	9150598	8641414
办公用房	米^2			1498290	1498290	1638998	1629284
商业用房	米^2			1943849	1827726	2598249	2481670
房屋建筑竣工面积	米^2	1288354	531887	2029795	1841840	2508950	2340221
#住宅	米^2	890764	341701	1533386	1352639	1886635	1750537
办公用房	米^2			56630	56630	138598	128884
商业用房	米^2			205460	198664	226826	205831
竣工住宅套数	套	10629	3838	16977	14723	22041	20645
本年房屋销售							
本年预售房屋面积	米^2	939638	499955	1054546	958077	1329691	1273417
本年实际销售房屋面积	米^2	674540	208418	1329341	1205094	1555168	1453668

4－25 房地产开发投资额和新增固定资产

（2001年）　　　　单位：万元

项　目	投资额合计	住宅	办公楼	商业用房	其他用房	新增固定资产
全　市	3870207	2797456	208103	440845	423803	2278461
按登记注册类型分						
内资企业	2564069	1905964	110189	275282	272634	1295459
国有企业	374347	291182	17419	29255	36491	225195
集体企业	66531	46332	1378	10188	8633	59498
股份合作企业	19724	14862	691	2054	2117	3426
联营企业	17842	12242	2221	1475	1904	1952
国有联营企业	5582	4886		598	98	
集体联营企业	6330	2842	2145	692	651	
国有与集体联营企业	218	33	76	78	31	
其他联营企业	5712	4481		107	1124	1952
有限责任公司	1035245	728535	50710	140480	115520	454512
国有独资有限责任公司	125703	96991	3227	10113	15372	71440
其他有限责任公司	909542	631544	47483	130367	100148	383072
股份有限公司	222370	166914	12858	15084	27514	182800
私营企业	825836	643774	24912	76724	80426	368076
私营独资企业	12473	10013		1897	563	
私营合伙企业	21827	20457	83	110	1177	3954
私营有限责任公司	769105	591719	24829	74446	78111	345369
私营股份有限公司	22431	21585		271	575	18753
其他内资企业	2174	2123		22	29	
港、澳、台商投资企业	1263126	877402	93024	146857	145843	983002
合资经营企业	131353	113184	2489	10407	5273	86360
合作经营企业	1122407	757114	89835	135232	140226	895889
独资经营企业	9366	7104	700	1218	344	753
股份有限公司						
外商投资企业	43012	14090	4890	18706	5326	
合资经营企业	11909		402	10740	767	
合作经营企业	31103	14090	4488	7966	4559	
独资经营企业						
股份有限公司						
按资质分						
一级资质	226000	193445	5617	7472	19466	123235
二级资质	1845970	1333865	107852	197098	207155	1092700
三级资质	1316818	933728	80135	166361	136594	891794
四级以下(包四级)	481419	336418	14499	69914	60588	170732
按隶属关系分						
中央项目	155331	132241	8280	5247	9563	80357
省属项目	200273	125029	13480	17672	44092	45597
市属项目	3514603	2540186	186343	417926	370148	2152507

单位:万元

项目	投资额合计	住宅	办公楼	商业用房	其他用房	新增固定资产
市区	3765093	2710759	205428	433199	415707	2190713
按登记注册类型分						
内资企业	2475115	1834067	107556	268359	265133	1233946
国有企业	365918	286814	15811	28635	34658	204014
集体企业	63237	44146	1378	9789	7924	55787
股份合作企业	18518	14151	691	1945	1731	2220
联营企业	17842	12242	2221	1475	1904	1952
国有联营企业	5582	4886		598	98	
集体联营企业	6330	2842	2145	692	651	
国有与集体联营企业	218	33	76	78	31	
其他联营企业	5712	4481		107	1124	1952
有限责任公司	1006625	704763	50035	138781	113046	431415
国有独资有限责任公司	97946	73951	2552	8457	12986	52483
其他有限责任公司	908679	630812	47483	130324	100060	378932
股份有限公司	220500	165262	12858	14986	27394	182520
私营企业	780301	604566	24562	72726	78447	356038
私营独资企业	12473	10013		1897	563	
私营合伙企业	21827	20457	83	110	1177	3954
私营有限责任公司	723570	552511	24479	70448	76132	333331
私营股份有限公司	22431	21585		271	575	18753
其他内资企业	2174	2123		22	29	
港、澳、台商投资企业	1246966	862602	92982	146134	145248	956767
合资经营企业	127487	109830	2447	10031	5179	79037
合作经营企业	1110943	746277	89835	134919	139912	877730
独资经营企业	8536	6495	700	1184	157	
股份有限公司						
外商投资企业	43012	14090	4890	18706	5326	
合资经营企业	11909		402	10740	767	
合作经营企业	31103	14090	4488	7966	4559	
独资经营企业						
股份有限公司						
按资质分						
一级资质	226000	193445	5617	7472	19466	123235
二级资质	1817266	1308928	107177	196786	204375	1057872
三级资质	1270210	895453	78505	162424	133828	864338
四级以下(包四级)	451617	312933	14129	66517	58038	145268
按隶属关系分						
中央项目	155331	132241	8280	5247	9563	80357
省属项目	200273	125029	13480	17672	44092	45597
市属项目	3409489	2453489	183668	410280	362052	2064759

4-26 房地产开发房屋面积

（2001 年）

单位：米²

项目	施工面积	#住宅	竣工面积	#住宅	实际销售面积	#住宅
全市	43123694	29663240	8498334	6712373	5544552	5101687
按登记注册类型分						
内资企业	27896080	20512642	5989384	4825738	3989384	3663929
国有企业	5734492	4335729	961667	786577	756735	670513
集体企业	1117486	885233	417604	350768	394875	335349
股份合作企业	210131	147513	13800	5480	18521	18155
联营企业	571112	356510	19427	14223	16712	16240
国有联营企业	57956	50849			3149	3149
集体联营企业	94230	27670				
国有与集体联营企业	113215	16982				
其他联营企业	305711	261009	19427	14223	13563	13091
有限责任公司	10151061	7180689	2017749	1541345	1201207	1096069
国有独资有限责任公司	1218530	771043	211067	126934	151787	147454
其他有限责任公司	8932531	6409646	1806682	1414411	1049420	948615
股份有限公司	2168583	1739632	589828	441091	195411	186790
私营企业	7889925	5820536	1969309	1686254	1405923	1340813
私营独资企业	119166	106627			3056	2230
私营合伙企业	157813	137541	32029	32029	27464	27464
私营有限责任公司	7380182	5360627	1805764	1529362	1289095	1229502
私营股份有限公司	232764	215741	131516	124863	86308	81617
其他内资企业	53290	46800				
港、澳、台商投资企业	14646743	8969006	2508950	1886635	1543332	1432015
合资经营企业	1669319	1275574	484187	440767	258060	244406
合作经营企业	12642447	7645433	2017824	1438929	1260057	1175348
独资经营企业	334977	47999	6939	6939	25215	12261
股份有限公司						
外商投资企业	580871	181592			11836	5743
合资经营企业	156763					
合作经营企业	424108	181592			11508	5415
独资经营企业						
股份有限公司					328	328
按资质分						
一级资质	2686387	2161491	384251	335742	288195	283196
二级资质	20963315	13872053	3473760	2715150	2036121	1895090
三级资质	14993003	10376415	3525492	2748388	2387946	2172436
四级以下(包四级)	4480989	3253281	1114831	913093	832290	750965
按隶属关系分						
中央项目	1054949	832656	281330	253123	161386	159014
省属项目	3363357	2203059	224456	118760	151981	146137
市属项目	38705388	26627525	7992548	6340490	5231185	4796536

单位：米²

项目	施工面积	#住宅	竣工面积	#住宅	实际销售面积	#住宅
市区	41300068	28181940	7932814	6275392	5174372	4776674
按登记注册类型分						
内资企业	26717258	19540526	5592593	4524855	3720704	3425984
国有企业	5525420	4188519	789478	659826	630120	561485
集体企业	1079950	855742	393592	334431	381980	324265
股份合作企业	203731	142033	7400		16074	15793
联营企业	571112	356510	19427	14223	16712	16240
国有联营企业	57956	50849			3149	3149
集体联营企业	94230	27670				
国有与集体联营企业	113215	16982				
其他联营企业	305711	261009	19427	14223	13563	13091
有限责任公司	9885002	6953352	1927658	1474986	1143923	1039550
国有独资有限责任公司	1004865	590242	147876	86267	113091	108758
其他有限责任公司	8880137	6363110	1779782	1388719	1030832	930792
股份有限公司	2133033	1708082	587278	438541	192861	184240
私营企业	7265720	5289488	1867760	1602848	1339034	1284411
私营独资企业	119166	106627				
私营合伙企业	157813	137541	32029	32029	27464	27464
私营有限责任公司	6755977	4829579	1704215	1445956	1225262	1175330
私营股份有限公司	232764	215741	131516	124863	86308	81617
其他内资企业	53290	46800				
港、澳、台商投资企业	14001939	8459822	2340221	1750537	1441832	1344947
合资经营企业	1500511	1138823	448243	431032	235098	234876
合作经营企业	12181495	7287224	1891978	1319505	1187773	1104064
独资经营企业	319933	33775			18961	6007
股份有限公司						
外商投资企业	580871	181592			11836	5743
合资经营企业	156763					
合作经营企业	424108	181592			11508	5415
独资经营企业						
股份有限公司					328	328
按资质分						
一级资质	2686387	2161491	384251	335742	288195	283196
二级资质	20492475	13441116	3314766	2582646	1931272	1792285
三级资质	14227497	9816216	3317126	2606632	2258853	2068746
四级以下(包四级)	3893709	2763117	916671	750372	696052	632447
按隶属关系分						
中央项目	1054949	832656	281330	253123	161386	159014
省属项目	3363357	2203059	224456	118760	151981	146137
市属项目	36881762	25146225	7427028	5903509	4861005	4471523

4－27 房地产开发资金来源

（2001 年）

单位：万元

项目	合计	#国内贷款	#利用外资	#自筹资金	#其他资金
全市	4815596	1070268	129777	1067262	2548289
按登记注册类型分					
内资企业	3147408	650466	5096	834785	1657061
国有企业	475488	94831	1060	153036	226561
集体企业	90703	12564		30466	47673
股份合作企业	26101	8430		8758	8913
联营企业	17283	4158		4988	8137
国有联营企业	6124	4158		1216	750
集体联营企业	4232			80	4152
国有与集体联营企业	30				30
其他联营企业	6897			3692	3205
有限责任公司	1229756	247707	3994	321220	656835
国有独资有限责任公司	121673	29053	779	24160	67681
其他有限责任公司	1108083	218654	3215	297060	589154
股份有限公司	279249	76437		27465	175347
私营企业	1023073	202339	42	288097	532595
私营独资企业	16878	2000		6000	8878
私营合伙企业	23723	1500		10151	12072
私营有限责任公司	943494	186578	42	269998	486876
私营股份有限公司	38978	12261		1948	24769
其他内资企业	5755	4000		755	1000
港、澳、台商投资企业	1615624	411272	111280	220216	872856
合资经营企业	198907	18500	1529	51644	127234
合作经营企业	1385470	384772	90340	168185	742173
独资经营企业	31247	8000	19411	387	3449
股份有限公司					
外商投资企业	52564	8530	13401	12261	18372
合资经营企业	11909			11909	
合作经营企业	40655	8530	13401	352	18372
独资经营企业					
股份有限公司					
按资质分					
一级资质	241953	41400		45124	155429
二级资质	2395130	556078	72367	414638	1352047
三级资质	1621776	356882	44561	453596	766737
四级以下(包四级)	556737	115908	12849	153904	274076
按隶属关系分					
中央项目	146365	21434	779	26110	98042
省属项目	303318	113122	3203	85199	101794
市属项目	4365913	935712	125795	955953	2348453

4－27 续表

单位:万元

项目	合计	#国内贷款	#利用外资	#自筹资金	#其他资金
市区	4709223	1035923	129597	1038713	2504990
按登记注册类型分					
内资企业	3062013	617682	5096	809059	1630176
国有企业	468585	93040	1060	151531	222954
集体企业	87088	12414		28471	46203
股份合作企业	24790	8430		8097	8263
联营企业	17283	4158		4988	8137
国有联营企业	6124	4158		1216	750
集体联营企业	4232			80	4152
国有与集体联营企业	30				30
其他联营企业	6897			3692	3205
有限责任公司	1206536	236984	3994	318245	647313
国有独资有限责任公司	99243	18330	779	21775	58359
其他有限责任公司	1107293	218654	3215	296470	588954
股份有限公司	276840	76437		27452	172951
私营企业	975136	182219	42	269520	523355
私营独资企业	16878	2000		6000	8878
私营合伙企业	23723	1500		10151	12072
私营有限责任公司	895557	166458	42	251421	477636
私营股份有限公司	38978	12261		1948	24769
其他内资企业	5755	4000		755	1000
港、澳、台商投资企业	1594646	409711	111100	217393	856442
合资经营企业	195564	18500	1529	49964	125571
合作经营企业	1368522	383211	90160	167429	727722
独资经营企业	30560	8000	19411		3149
股份有限公司					
外商投资企业	52564	8530	13401	12261	18372
合资经营企业	11909			11909	
合作经营企业	40655	8530	13401	352	18372
独资经营企业					
股份有限公司					
按资质分					
一级资质	241953	41400		45124	155429
二级资质	2364178	547727	72367	410277	1333807
三级资质	1577889	337309	44381	444994	751205
四级以下(包四级)	525203	109487	12849	138318	264549
按隶属关系分					
中央项目	146365	21434	779	26110	98042
省属项目	303318	113122	3203	85199	101794
市属项目	4259540	901367	125615	927404	2305154

4-28 房地产开发主要财务指标

（2001 年）

单位：万元

项　　目	资产总计	所有者权益	经营总收入	经营成本	经营税金及附加	利润总额
全　市	25721222	6216426	2988102	2254370	166962	88396
按登记注册类型分						
内资企业	16009126	3406973	1997683	1538346	109700	59341
国有企业	4970330	1185954	515482	401133	22522	15811
集体企业	930693	151138	150913	113085	8213	10678
股份合作企业	74458	17537	7384	5982	605	-1657
联营企业	212219	101557	20267	15583	1063	-1257
国有联营企业	30087	12362	874	458	48	-77
集体联营企业	22879	4408	4723	3997	260	-33
国有与集体联营企业	2725	1935				-39
其他联营企业	156528	82852	14670	11128	755	-1108
有限责任公司	6137696	1137913	663129	533340	36589	-3871
国有独资有限责任公司	1697989	314513	101665	80962	4002	6337
其他有限责任公司	4439707	823400	561464	452378	32587	-10208
股份有限公司	992025	309965	229776	163894	13233	30188
私营企业	2684058	499576	410732	305329	27475	9923
私营独资企业	37783	10273	11327	9084	666	512
私营合伙企业	49230	3896	5973	4418	327	720
私营有限责任公司	2478265	439780	377494	279599	25609	7778
私营股份有限公司	118780	45627	15938	12228	873	913
其他内资企业	7647	3333				-474
港、澳、台商投资企业	9295620	2719654	988785	715316	57183	29325
合资经营企业	505260	154942	152972	91006	9446	19034
合作经营企业	8168084	2439903	817313	611827	47102	11179
独资经营企业	622276	124809	18500	12483	635	-888
股份有限公司						
外商投资企业	416476	89799	1634	708	79	-270
合资经营企业	24764	6132				
合作经营企业	381619	78664	1108	526	53	-116
独资经营企业	10093	5003	526	182	26	-154
股份有限公司						
按资质分						
一级资质	2051125	526696	244246	177618	11022	33948
二级资质	13705076	3461177	1625784	1242283	90954	54764
三级资质	7246182	1666113	884965	649539	53657	10128
四级以下(包四级)	2718839	562440	233107	184930	11329	-10444
按隶属关系分						
中央项目	442404	117271	99579	69961	4932	8354
省属项目	1997260	359126	229009	167176	9424	7632
市属项目	23281558	5740029	2659514	2017233	152606	72410

4－28 续表 单位：万元

项目	资产总计	所有者权益	经营总收入	经营成本	经营税金及附加	利润总额
市区	25101169	6059889	2927486	2204071	163698	95937
按登记注册类型分						
内资企业	15624270	3356980	1967637	1512640	107868	63431
国有企业	4864341	1184520	512271	398343	22263	16726
集体企业	887848	138590	147313	110157	8023	11171
股份合作企业	70830	17764	6511	5278	536	－1582
联营企业	204728	95867	20191	15575	1059	－1178
国有联营企业	22596	6672	798	450	44	2
集体联营企业	22879	4408	4723	3997	260	－33
国有与集体联营企业	2725	1935				－39
其他联营企业	156528	82852	14670	11128	755	－1108
有限责任公司	6022291	1138840	647970	519880	35741	－2106
国有独资有限责任公司	1604246	311666	86637	67626	3161	7681
其他有限责任公司	4418045	827174	561333	452254	32580	－9787
股份有限公司	984347	310245	229377	163601	13208	30454
私营企业	2582238	467821	404004	299806	27038	10420
私营独资企业	37683	10203	11327	9084	666	512
私营合伙企业	48430	3196	5973	4418	327	720
私营有限责任公司	2377345	408795	370766	274076	25172	8275
私营股份有限公司	118780	45627	15938	12228	873	913
其他内资企业	7647	3333				－474
港、澳、台商投资企业	9060423	2613110	958215	690723	55751	32776
合资经营企业	466539	135379	140046	80378	8895	20458
合作经营企业	7973208	2353722	799669	597862	46221	13206
独资经营企业	620676	124009	18500	12483	635	－888
股份有限公司						
外商投资企业	416476	89799	1634	708	79	－270
合资经营企业	24764	6132				
合作经营企业	381619	78664	1108	526	53	－116
独资经营企业	10093	5003	526	182	26	－154
股份有限公司						
按资质分						
一级资质	2051125	526696	244246	177618	11022	33948
二级资质	13565011	3417800	1603435	1223086	89791	57589
三级资质	6970435	1579455	857506	627842	52242	12272
四级以下(包四级)	2514598	535938	222299	175525	10643	－7872
按隶属关系分						
中央项目	442404	117271	99579	69961	4932	8354
省属项目	1997260	359126	229009	167176	9424	7632
市属项目	22661505	5583492	2598898	1966934	149342	79951

主 要 统 计 指 标 解 释

【全社会固定资产投资】固定资产投资是社会固定资产再生产的主要手段。通过建造和购置固定资产的经济活动,国民经济不断采用先进技术装备,建立新兴部门,进一步调整经济结构和生产力的地区分布,增强经济实力,为改善人民物质文化生活创造物质条件。这对我国的社会主义现代化建设具有重要意义。

固定资产投资额是以货币表现的在一定时期内建造和购置固定资产活动的工作量以及与此有关的费用的价值总和。它是反映固定资产投资规模、结构、速度、比例关系和使用方向的综合性指标。全社会固定资产投资按经济类型可分为国有、集体、个体、联营、股份制、外商、港澳台商、其他等。按照管理渠道,全社会固定资产投资总额分为基本建设、更新改造、房地产开发投资和其他固定资产投资四个部分。

【基本建设投资】基本建设指企业、事业、行政单位以扩大生产能力或工程效益为主要目的的新建、扩建工程及有关工作。其综合范围为总投资50万元以上(含50万元,下同)的基本建设项目。具体包括:(1)列入中央和各级地方本年基本建设计划的建设项目,以及虽未列入本年基本建设计划,但使用以前年度基建计划内结转投资(包括利用基建库存设备材料)在本年继续施工的建设项目;(2)本年基本建设计划内投资与更新改造计划内投资结合安排的新建项目和新增生产能力(或工程效益)达到大中型项目标准的扩建项目,以及为改变生产力布局而进行的全厂性迁建项目;(3)国有单位既未列入基建计划,也未列入更新改造计划的总投资在50万元以上的新建、扩建、恢复项目和为改变生产力布局而进行的全厂性迁建项目,以及行政、事业单位增建业务用房和行政单位增建生活福利设施的项目。

【更新改造投资】更新改造指企业、事业单位对原有设施进行固定资产更新和技术改造,以及相应配套的工程和有关工作(不包括大修理和维护工程)。其综合范围为总投资50万元以上的更新改造项目。具体包括:(1)列入中央和各级地方本年更新改造计划的投资单位(项目)和虽未列入本年更新改造计划,但使用上年更新改造计划内结转的投资在本年继续施工的项目;(2)本年更新改造计划内投资与基本建设计划内投资结合安排的对企、事业单位原有设施进行技术改造或更新的项目和增建主要生产车间、分厂等其新增生产能力(或工程效益)未达到大中型项目标准的项目,以及由于城市环境保护和安全生产的需要而进行的迁建工程;(3)国有企、事业单位既未列入基建计划也未列入更新改造计划,总投资在50万元以上的属于改建或更新改造性质的项目,以及由于城市环境保护和安全生产的需要而进行的迁建工程。

【房地产开发投资】指房地产开发公司、商品房建设公司及其他房地产开发法人单位和附属于其他法人单位实际从事房地产开发或经营的活动单位统一开发的包括统代建、拆迁还建的住宅、厂房、仓库、饭店、宾馆、度假村、写字楼、办公楼等房屋建筑物和配套的服务设施,土地开发工程(如道路、给水、排水、供电、供热、通讯、平整场地等基础设施工程)的投资;不包括单纯的土地交易活动。**【其他固定资产投资】**指全社会固定资产投资中未列入基本建设、更新改造和房地产开发投资的建造和购置固定资产的活动。具体包括:

⑴国有单位按规定不纳入基本建设计划和更新改造计划管理,计划总投资(或实际需要总投资)在50万元以上的以下工程:①用油田维护费和石油开发基金进行的油田维护和开发工程;②煤炭、铁矿、森工等采掘采伐业用维简费进行的开拓延伸工程;③交通部门用公路养路费对原有公路、桥梁进行改建的工程;④商业部门用简易建筑费建造的仓库工程。

⑵城镇集体固定资产投资:指所有隶属城市、县城和经国务院及省、自治区、直辖市批准建制的镇领导的集体单位(乡镇企业局管理的除外)建造和购置固定资产计划总投资(或实际需要总投资)在50万元以上的项目。

⑶除上述以外的其他各种企、事业单位、个体建造和购置固定资产总投资在50万元以上的、未列入基本建设计划和更新改造计划的项目。

【城镇和工矿区私人建房投资和农村个人投资】城镇和工矿区私人建房包括市、县城、镇、工矿区所辖范围内的全部私人建房,不论其房主是否系本地的常住户口均应包括。农村个人投资包括农村个人建房及购置生产性固定资产的投资。

【固定资产投资的资金来源】根据固定资产投资的资金来源不同,分为国家预算内资金、国内贷款、利用外资、自筹资金和其他资金来源。

(1)国家预算内资金:指中央财政和地方财政中由国家统筹安排的基本建设拨款和更新改造拨款,以及中央财政安排的专项拨款中用于基本建设的资金和基本建设拨款改贷款的资金等。

(2)国内贷款:指报告期内企、事业单位向银行及非银行金融机构借入的用于固定资产投资的各种国内借款。包括银行利用自有资金及吸收的存款发放的贷款、上级主管部门拨入的国内贷款、国家专项贷款(包括煤代油贷款、劳改煤矿专项贷款等)、地方财政专项资金安排的贷款、国内储备贷款、周转贷款等。

(3)债券:是企业(公司)或金融机构通过发行各种债券筹集到的用于固定资产投资的资金,包括由银行代理国家专业投资公司发行的重点企业债券和重点建设债券。

(4)利用外资:指报告期内收到的用于固定资产投资的国外资金,包括统借统还、自借自还的国外贷款,中外合资项目中的外资,以及对外发行债券和股票等。国家统借统还的外资指由我国政府出面同外国政府、团体或金融组织签订贷款协议、并负责偿还本息的国外贷款。

(5)自筹资金:指建设单位报告期内收到的,用于进行固定资产投资的上级主管部门、地方和企、事业单位自筹资金。

(6)其他资金来源:指报告期内收到的除以上各种资金之外其他用于固定资产投资的资金,包括群众集资、个人资金、无偿捐赠的资金及其他单位拨入的资金等。

【固定资产投资按国民经济行业分】建设项目归哪个行业，按其建成投产后的主要产品种类或主要用途及社会经济活动性质来确定。基本建设按建设项目划分国民经济行业，更新改造、国有单位其他固定资产投资及城镇集体投资根据整个企业、事业单位所属的行业来划分。一般情况下，一个建设项目或一个企业、事业单位只能属于一种国民经济行业。为了更准确地反映国民经济各行业之间的比例关系，联合企业（总厂）所属分厂属于不同行业的，原则上按分厂划分行业。

【固定资产投资按建设性质分】建设项目的性质一般分为新建、扩建、改建、单纯建造生活设施、迁建、恢复、单纯购置。基本建设按建设项目划分建设性质，更新改造、国有单位其他固定资产投资及城镇集体投资等按整个企业、事业单位的建设情况确定建设性质，房地产开发单位、农村投资、城镇工矿区私人建房等投资不划分建设性质。

⑴新建：一般是指从无到有、"平地起家"新开始建设的企业、事业和行政单位或独立工程。现有企业、事业、行政单位一般不属于新建。但有的单位原有的基础很小，经过建设后其新增加的固定资产价值超过原有固定资产价值（原值）三倍以上的也算新建。

⑵扩建：一般是指为扩大原有产品的生产能力，在厂内或其他地点增建主要生产车间（或主要工程）、独立的生产线或分厂的企业；事业单位和行政单位在原单位增建业务用房（如学校增建教学用房、医院增建门诊部或病床用房、行政机关增建办公楼等）也作为扩建。

⑶改建：一般是指现有企业、事业单位为了技术进步，提高产品质量，增加花色品种，促进产品升级换代，降低消耗和成本，加强资源综合利用和三废治理、劳保安全等，采用新技术、新工艺、新设备、新材料等对现有设施、工艺条件进行技术改造或更新（包括相应配套的辅助性生产、生活福利设施）。有的企业为充分发挥现有生产能力，进行填平补齐而增建不增加本单位主要产品生产能力的车间等，也属于改建。

【固定资产投资按构成分】固定资产投资活动按其工作内容和实现方式分为建筑安装工程，设备、工具、器具购置，其他费用三个部分。

⑴建筑安装工程（建筑安装工作量）：指各种房屋、建筑物的建造工程和各种设备、装置的安装工程。包括各种房屋建造工程，各种用途设备基础和各种工业窑炉的砌筑工程；为施工而进行的各种准备工作和临时工程以及完工后的清理工作等；铁路、道路的铺设，矿井的开凿及石油管道的架设等；水利工程；防空地下建筑等特殊工程；以及各种机械设备的安装工程；为测定安装工程质量，对设备进行的试运工作。在安装工程中，不包括被安装设备本身的价值。

⑵设备、工具、器具购置：指购置或自制达到固定资产标准的设备、工具、器具的价值，固定资产的标准按财务部门规定。新建单位、扩建单位的新建车间按照设计和计划要求购置或自制的全部设备、工具、器具，不论是否达到固定资产标准均计入"设备、工具、器具购置"中。

⑶其他费用：指在固定资产建造和购置过程中发生的，除建筑安装工程和设备、工具、器具购置以外的各种应摊入固定资产的费用。

【施工项目】指报告期内进行建筑或安装工程施工活动的建设项目，包括报告期内新开工项目、报告期以前开工跨入报告期继续施工的项目以及报告期施过工并在报告期内全部建成投产或停缓建的项目。

【全部建成投产项目】工业项目是指设计文件规定形成生产能力的主体工程及其相应配套的辅助设施全部建成，经负荷试运转，证明具备生产设计规定合格产品的条件，并经过验收鉴定合格或达到竣工验收标准，与生产性工程配套的生活福利设施可以满足近期正常生产的需要，正式移交生产的建设项目。非工业项目是指设计文件规定的主体工程和相应的配套工程全部建成，能够发挥设计规定的全部效益，经验收鉴定合格或达到竣工验收标准，正式移交使用的建设项目。

【新增生产能力】指通过固定资产投资活动而新增加的设计生产能力或工程效益，它是以实物形态表示的固定资产投资的成果指标。新增生产能力的计算，是以能独立发挥生产能力或工程效益的单项工程（或项目）为对象。当单项工程（或项目）建成，经有关部门鉴定合格，正式移交投入生产，即可计算新增生产能力。

新增生产能力或工程效益有以下几种表现形式：

⑴以建设项目或单项工程建成后的年产能力用产品数量表示，如煤炭开采、石油开采等。

⑵以建设项目或单项工程建成后处理原料的能力表示，如选矿工程的年处理矿石能力、洗煤厂年洗原煤能力等。

⑶以新增的主要设备数量或容量表示，如棉纺锭锭数、发电机组容量等。

⑷以建筑物容积、容量、面积或长度表示，如水库容量、铁路公路里程等。

新增生产能力的数量一般按设计能力计算。设计能力是指设计文件中规定的在正常情况下能够达到的生产能力，而不论投产后的实际产量如何。以设备数量、建筑物容积、面积、长度等表示的新增生产能力或工程效益，则按建成的实际数量计算。

【房屋建筑面积】指从房屋外墙线算起的各层平面面积的总和，包括可供使用的有效面积和房屋结构（如柱、墙）占用的面积。多层建筑按各层（包括地下室）面积总和计算。

【住宅建筑面积】指施工和竣工房屋建筑面积中供居住用的施工和竣工房屋建筑面积。

【施工面积】指报告期内施工的全部房屋建筑面积。包括本期新开工的面积、上期跨入本期继续施工的房屋面积、上期停缓建在本期恢复施工的房屋面积、本期竣工的房屋面积及本期施工后又停缓建的房屋面积。

【竣工面积】指在报告期内房屋建筑按照设计要求已全部完工，达到住人和使用条件，经验收鉴定合格，正式移交使用单位的建筑面积。

【房屋建筑面积竣工率】指一定时期内房屋竣工面积占同期房屋施工面积的比率。它是从房屋建筑施工速度的角度反映投资效果和建筑业经济效益的指标。

【本年实际销售房屋面积(即本年交楼面积)】是指报告期末已竣工的房屋(即现楼)面积中已正式交付给购房者或已签订(正式)销售合同的商品房屋面积(即本年交楼面积)。不包括已签订预售合同正在建设的商品房屋面积(即不包括期楼签约面积),但包括报告期或报告期以前签订了预售合同,在报告期又竣工的商品房屋面积。

【本年实际销售房屋合同金额】指报告期内实际销售商品房的总价格(买卖合同总金额,不能只统计财务上的商品房销售收入)。该指标与实际销售房屋面积同口径统计,包括正式交付商品房屋在建前期预收的定金,预收的款项及结算尾数和拖欠款。不包括未交付的商品房所预收的款项。(收取的外汇按当时外汇调节市场价折算)

【新增固定资产】指通过投资活动所形成的新的固定资产价值,包括已经建成投入生产或交付使用的工程价值和达到固定资产标准的设备、工具、器具的价值及有关应摊入的费用。它是以价值形式表示的固定资产投资成果的综合性指标,可以综合反映不同时期、不同部门、不同地区的固定资产投资成果。

【固定资产交付使用率】指一定时期新增固定资产与同期完成投资额的比率。它是反映各个时期固定资产动用速度,衡量建设过程中宏观投资效果的一个综合性指标。

第五篇

原材料消费与库存

原材料、能源消费量稳步上升

2001年，广州市工业、交通运输和邮电业、建筑业持续发展，从而带动了原材料、能源消费需求适度增加。

一、原材料、能源生产与消费的基本情况

2001年，各原材料、能源生产企业根据市场的需求，积极扩大生产，促进原材料、能源生产稳步增长。全市列入统计的22种主要原材料、能源产品中，产量比上年增长幅度较大的有钢材（增长26.1%）、焊接钢管（增长25.6%）、铜材（增长7.5%）、煤油（增长6.6%）、火电（增长2.6%）等；比上年下降幅度较大的有锡（下降96.4%）、铅（下降80.0%）、铜（下降41.8%）、锯材（下降30.6%）、硫酸（下降18.9%）等。

全市32个主要原材料、能源消费品种中，比上年增长的有焊接钢管（增长9.8%）、普通中型钢材（增长5.9%）、煤油（增长2.4%）和铜材（增长4.2%）等20种，占总量的62.5%；比上年下降的有锡（下降11.0%）、铅（下降10.9%）、铜（下降8.8%）和硫酸（下降4.6%）等12种，占总量的37.5%。同上年比，消费量呈现稳步上升的趋势。

二、各行业原材料、能源消费基本情况

2001年，从各行业原材料、能源消费的情况看，电力、煤气及水的生产和供应业煤炭消费所占比重较大，达51.4%，比上年上升3.5个百分点。主要原因是中国石化广州市石油化工总厂的行业类别由制造业改为电力、煤气及水的生产和供应业影响所致。其次是制造业，占煤炭消费总量的46.4%。在原材料、能源消费总量中，有60.4%燃料油用于电力、煤气及水的生产和供应业；有99.3%煤油用于交通运输及邮电通信业；有87.7%生铁用于黑色金属冶炼及压延加工业；而超过90.0%的铜材、铝材、焦炭、原油用于制造业。

三、库存升多降少

2001年，全市列入统计的32种原材料、能源品种中，除电力无库存外，其余31种中有22种的库存比上年有所上升，占71.0%。其中增长幅度较大的有：汽油（增长9.4%）、普通中型钢材（增长7.8%）、焊接钢管（增长6.9%）、合成橡胶（增长4.6%）等。库存下降的有9种，占29.0%。其中下降幅度最大的是原油（下降30.9%），主要原因是中国石化股份有限公司广州分公司压缩库存所致；其次是锡（下降10.0%）、铜（下降8.3%）等。

四、工业企业主要能源加工转换效率继续保持较好水平

2001年，全市主要能源加工转换企业在加强管理、提高节能意识和技术水平等方面做了大量工作，使加工转换效率继续保持较好水平。其中，火电发电加工转换效率为34.8%，供热加工转换效率为85.7%；炼焦加工转换效率为90.9%，炼油加工转换效率为97.9%；制气加工转换效率为85.2%，均稳定在较好水平上。

主 要 物 资 消 费 量

(2001年)

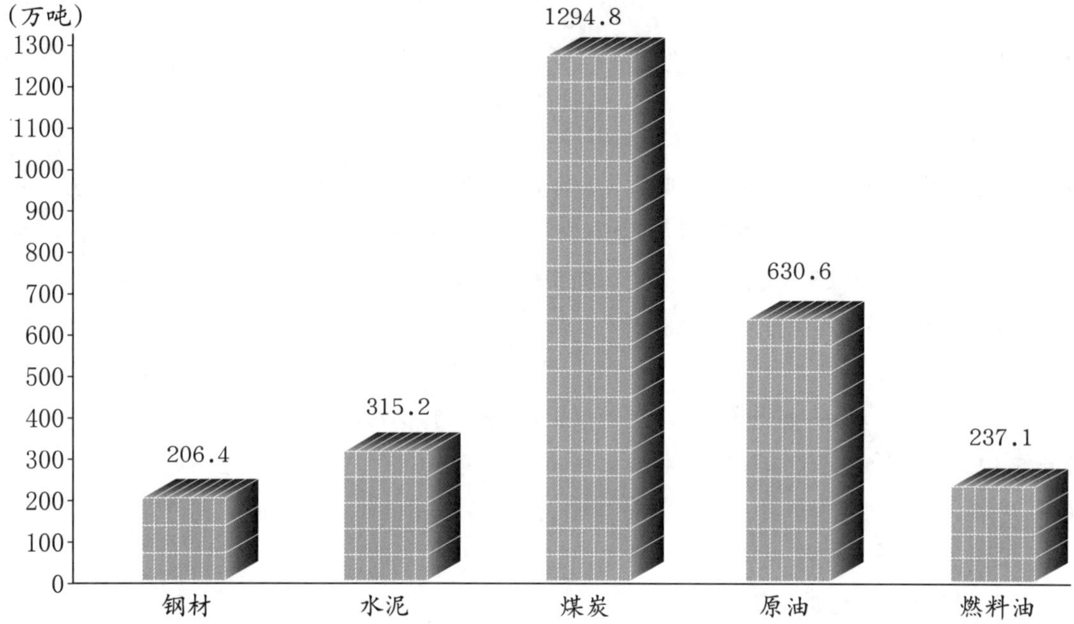

主 要 物 资 库 存 量

(2001年)

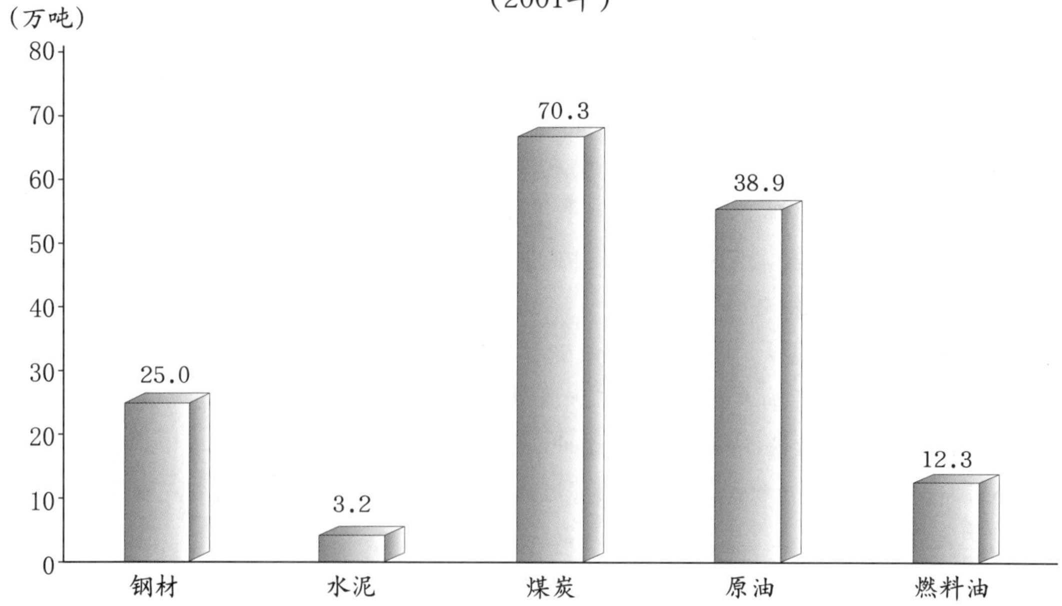

5－1 主要物资消费与库存量

单位：吨

物资名称	2000年		2001年	
	消费量	库存量	消费量	库存量
生铁	786329	6588	818568	6667
钢材	2008314	244405	2064449	250026
＃普通中型钢材	141083	16193	149392	17456
普通小型钢材	463640	28763	461236	28638
钢带	159376	11967	165751	12589
线材	257350	8114	248522	8141
中厚钢板	303360	39301	314524	40126
薄钢板	315473	41017	331206	43108
硅钢板	29113	2077	30889	2209
焊接钢管	49049	5963	53838	6374
铜	20241	844	18459	774
铝	43496	774	40841	742
铅	8411	492	7494	455
锌	32140	479	32747	487
锡	740	60	659	54
铜材	34172	3297	35607	3372
铝材	27893	2179	27084	2141
硫酸	185955	3174	177443	2983
烧碱	72164	1366	73598	1405
纯碱	88461	2604	89484	2659
天然橡胶	36585	5140	37297	5197
合成橡胶	35750	8151	37659	8526
水泥	3120943	31185	3151747	31559
原木(米^3)	822517	109443	834032	111774
＃原木直接消费	677986		687477	
锯材(米^3)	381902	36581	370914	36178
煤炭	12618514	679037	12948354	702750
焦炭	394500	9990	386807	10271
原油	6507384	562611	6305869	388531
汽油	133087	3094	141263	3386
煤油	474250	49184	485668	50167
柴油	702005	28901	726224	29801
燃料油	2374084	122218	2371344	123342
电力(万千瓦.时)	1229949		1298826	

5-2 市区主要物资消费与库存量

单位:吨

物资名称	2000年		2001年	
	消费量	库存量	消费量	库存量
生铁	784520	6420	816685	6497
钢材	1867933	232796	1920144	238150
#普通中型钢材	120541	14697	127640	15843
普通小型钢材	426734	27768	424521	27647
钢带	154993	11953	161193	12574
线材	232207	7793	224241	7819
中厚钢板	271022	35469	280996	36214
薄钢板	306640	39483	321932	41496
硅钢板	28726	2054	30478	2185
焊接钢管	48117	5690	52815	6082
铜	20138	838	18365	768
铝	42243	738	39664	707
铅	8410	492	7493	455
锌	31841	465	32442	473
锡	738	59	657	53
铜材	33167	3236	34560	3310
铝材	27608	2149	26807	2112
硫酸	176155	3032	168092	2850
烧碱	71623	1285	73046	1322
纯碱	87054	2582	88061	2637
天然橡胶	35498	5043	36189	5099
合成橡胶	33244	7800	35019	8159
水泥	2740812	28366	2767864	28706
原木(米^3)	768724	107101	779486	109382
#原木直接消费	651477		660597	
锯材(米^3)	359675	36076	349327	35679
煤炭	11916925	646511	12228426	669088
焦炭	392330	9884	384679	10162
原油	6507384	562611	6305869	388531
汽油	129347	3031	137293	3317
煤油	474203	49184	485620	50167
柴油	684946	28352	708576	29235
燃料油	2186531	113467	2184007	114511
电力(万千瓦.时)	1163163		1228300	

5-3 市属主要物资消费与库存量

单位:吨

物资名称	2000年		2001年	
	消费量	库存量	消费量	库存量
生铁	779645	6336	811610	6412
钢材	1502018	138260	1544001	141440
#普通中型钢材	88840	10924	94072	11776
普通小型钢材	388206	24158	386193	24053
钢带	147024	11948	152905	12569
线材	231847	7755	223894	7781
中厚钢板	165604	16007	171698	16343
薄钢板	249634	29959	262084	31486
硅钢板	27849	1952	29548	2076
焊接钢管	29450	4079	32325	4360
铜	19496	808	17780	741
铝	38938	454	36561	435
铅	6063	364	5402	337
锌	31095	363	31682	369
锡	683	57	608	51
铜材	33584	3003	34994	3071
铝材	27385	2079	26591	2043
硫酸	184151	3163	175722	2973
烧碱	65626	1054	66930	1084
纯碱	88364	2601	89386	2656
天然橡胶	36574	5136	37286	5193
合成橡胶	34459	2755	36299	2882
水泥	2546065	26616	2571195	26935
原木(米^3)	807465	109082	818769	111405
#原木直接消费	668155		677508	
锯材(米^3)	359675	34474	349327	34094
煤炭	10002696	608078	10264160	629313
焦炭	392330	9989	384679	10270
原油	6507	398	5359	231
汽油	119073	2950	126388	3228
煤油	3320	98	3400	100
柴油	312533	11511	323315	11869
燃料油	1130301	71791	1128996	72451
电力(万千瓦.时)	973382		1027891	

5-4 主要物资消费量

(2001年) 单位:吨

行业	煤炭	焦炭	原油	燃料油	汽油	柴油	煤油
合计	12948354	386807	6305869	2371344	141263	726224	485668
采掘业	1648		54056	5	1161	31223	
#木材加工及竹材采运业							
制造业	6005372	385836	6059247	645238	84003	247550	3094
#食品加工业	1035868	414		5181	1241	12502	
食品制造业	161007			3700	13126	18970	
饮料制造业	112644			4472	1409	6339	73
烟草加工业	10105				76	189	
纺织业	151038	1989		83775	1689	17791	154
服装及其他纤维制品制造业	4158			6166	6411	8237	70
皮革、毛皮、羽绒及其制造业	817			5691	2478	20354	39
木材加工及竹、藤、棕、草制造业	28913			1186	310	1242	
家具制造业	16			2	436	856	9
造纸及纸制品业	664474			6403	1163	2876	71
印刷业、记录媒介的复制					904	498	150
文教体育用品制造业	13235				1111	6172	80
石油加工及炼焦业	249874		6059247	80388	1434	1743	58
化学原料及化学制品制造业	958220	38215		103296	4816	16753	439
医药制造业	79919			1541	1741	5651	4
化学纤维制造业				1375	177	2052	
橡胶制品业	94587			36281	3176	3366	
塑料制品业	14225			9841	12006	39578	41
黑色金属冶炼及压延加工业	248201	327025		114061	1433	13979	14
有色金属冶炼及压延加工业	6981	1668		5059	619	9690	417
金属制品业	8091	5547		1399	2871	3270	415
电力、煤气及水的生产和供应业	6661583	211	192566	1432734	1469	37027	18
#电力、蒸气、热水的生产和供应业	6597916	135	192566	1403998	410	35269	18
自来水的生产和供应业	4	76			598	718	
建筑业	66	18		5697	12934	52576	316
交通运输及邮电通信业	279685	742		287670	41696	357848	482240
#邮电通信业					382	312	

续表

单位：吨

行　　业	电　力（万千瓦.时）	生　铁	钢　材	铜　材	铝　材	原木直接消费（米³）	锯　材（米³）
合　　计	**1298826**	**818568**	**2064449**	**35607**	**27084**	**687477**	**370914**
采掘业	50646	2	274				
#木材加工及竹材采运业							
制造业	981290	811693	1239689	35445	25454	455425	192531
#食品加工业	31562	458	8082	10			11
食品制造业	22571	17	11347	1		1	
饮料制造业	17159		846	9	3		17
烟草加工业	4097		8				
纺织业	36321	39	228	21			
服装及其他纤维制品制造业	47994		5110	6	34	17	
皮革、毛皮、羽绒及其制造业	15572		981	1	148		231
木材加工及竹、藤、棕、草制造业	5266		31			116972	14054
家具制造业	1957	133	16382		36	24071	23615
造纸及纸制品业	62998	70	1429	3	2	300713	4580
印刷业、记录媒介的复制	6912	7	1670	5	18		6
文教体育用品制造业	14349	433	11514	430	479	9844	121031
石油加工及炼焦业	62155		9909			6	
化学原料及化学制品制造业	138866	322	10633	27	46	42	193
医药制造业	9507	9	517	2	50		10
化学纤维制造业	7397		37	1			
橡胶制品业	24947	1090	3557	5	1		
塑料制品业	25157	2445	1163	23	84		
黑色金属冶炼及压延加工业	97193	718060	100104	7	59	4	2954
有色金属冶炼及压延加工业	13406		592	9825	29		
金属制品业	17096	41286	409483	2323	11251	55	605
电力、煤气及水的生产和供应业	215930	802	7872	16	22	3	49
#电力、蒸气、热水的生产和供应业	133066	528	4459	10	20	1	31
自来水的生产和供应业	79429	274	1415	4		2	17
建筑业	14202	2710	803691	90	1581	231321	173328
交通运输及邮电通信业	36758	3361	12923	56	27	728	5006
#邮电通信业	318	1	127	28			

5-5 工业企业能源加工转换情况

（2001 年）

项目	单位	火力发电	供热	炼焦	炼油	制气
投入量合计	万吨标准煤	-846.67	-94.65	-27.83	-897.63	-16.90
产出量合计	万吨标准煤	294.97	81.13	25.30	878.61	14.39
加工转换损失量	万吨标准煤	-551.70	-13.52	-2.53	-19.02	-2.51
加工转换效率	%	34.84	85.72	90.91	97.88	85.15
原煤	万吨	-862.96	-109.83			-2.37
洗精煤	万吨			-30.93		
其他煤气	亿米^3					1.55
焦炭	万吨			21.74		
原油	万吨				-628.33	
燃料油	万吨	-135.01	-2.67		37.52	-6.19
汽油	万吨				131.08	
煤油	万吨				37.53	
柴油	万吨	-8.62	-0.48		231.89	-0.01
液化石油气	万吨				19.78	-1.15
炼厂干气	万吨	-1.29	-1.16		22.73	-2.79
焦炉煤气	亿米^3			0.37		
其他石油制品	万吨	-0.93	-0.84		90.69	
其他焦化产品	万吨			1.48		
热力	万百万千焦		2379.14			
电力	亿千瓦.时	240.01				
其他能源	万吨标准煤	-0.06	-0.31		42.43	

5-6 地区能源平衡表(实物量)

(2001 年)

项　　目	原　煤（万吨）	洗精煤（万吨）	其他洗煤（万吨）	煤制品（万吨）	焦　炭（万吨）	焦炉煤气（亿米^3）	其他煤气（亿米^3）
可供本地区消费的能源量	1465.88	31.82		0.02	16.98		
年初库存量	67.90	6.04		0.02	3.71		
一次能源生产量							
回收能							
外省(区、市)调入量	1444.87	30.75			16.24		
进口量	23.39						
我轮.机在外国加油量							
本省(区、市)调出量(－)							
出口量(－)							
外轮、机在我国加油量(－)							
年末库存量(－)	－70.28	－4.97			－2.97		
加工转换投入(－)产出(＋)量	－975.77	－30.93		0.63	21.74	0.37	1.55
火力发电	－862.96						
供热	－109.83						
洗选煤							
炼焦		－30.93			21.74	0.37	
炼油							
制气	－2.37						1.55
＃焦炭再投入量(－)							
煤制品加工	－0.61			0.63			
损失量	17.92						0.14
＃运输和输配损失	8.85						
终端消费量	472.19	0.89		0.65	38.72	0.37	1.41
第一产业	5.34						
农、林、牧、渔业	5.34						
第二产业	442.19	0.89			38.59	0.33	
工业	442.12	0.89			38.59	0.33	
＃用作原料、材料	69.77						
建筑业	0.07						
第三产业	10.86				0.13		0.48
交通运输、仓储及邮电通信业	0.79				0.07		
批发和零售贸易业、餐饮业	9.72						0.30
其他	0.35				0.06		0.18
生活消费	13.80			0.65		0.04	0.93
城镇	12.86			0.65		0.04	0.93
乡村	0.94						
平衡差额							
消费量合计	1465.88	31.82		0.65	38.72	0.37	1.55

续表 1

项目	原油（万吨）	汽油（万吨）	煤油（万吨）	柴油（万吨）	燃料油（万吨）	液化石油气（万吨）	炼厂干气（万吨）
可供本地区消费的能源量	630.59	-50.79	14.59	-92.25	218.02	5.76	
年初库存量	56.26	6.13	4.92	10.62	12.22	0.54	
一次能源生产量							
回收能							
外省(区、市)调入量		20.09	24.27	20.82	41.07	5.80	
进口量	613.18		24.41	7.07	156.50	2.08	
我轮.机在外国加油量				8.40	27.95		
本省(区、市)调出量(-)		-33.54	-16.20	-115.56	-5.26	-2.15	
出口量(-)		-40.11	-16.91	-14.93	-1.20		
外轮、机在我国加油量(-)			-0.88	-0.49	-0.91		
年末库存量(-)	-38.85	-3.36	-5.02	-8.18	-12.35	-0.51	
加工转换投入(-)产出(+)量	-628.33	131.08	37.53	222.78	-106.35	18.63	17.49
火力发电				-8.62	-135.01		-1.29
供热				-0.48	-2.67		-1.16
洗选煤							
炼焦							
炼油	-628.33	131.08	37.53	231.89	37.52	19.78	22.73
制气				-0.01	-6.19	-1.15	-2.79
#焦炭再投入量(-)							
煤制品加工							
损失量							
#运输和输配损失							
终端消费量	2.26	80.29	52.12	130.53	111.67	24.39	17.49
第一产业		0.76	0.16	9.84			
农、林、牧、渔业		0.76	0.16	9.84			
第二产业	2.26	19.56	0.31	55.81	71.19	6.90	17.49
工业	2.26	18.05	0.30	49.46	70.48	6.89	17.49
#用作原料、材料					3.41		
建筑业		1.51	0.01	6.35	0.71	0.01	
第三产业		49.65	51.65	64.88	40.48	0.93	
交通运输、仓储及邮电通信业		32.57	51.49	45.29	34.95	0.22	
批发和零售贸易业、餐饮业		0.92		5.34	0.66	0.35	
其他		16.16	0.16	14.25	4.87	0.36	
生活消费		10.32				16.56	
城镇		10.32				12.99	
乡村						3.57	
平衡差额							
消费量合计	630.59	80.29	52.12	139.64	255.54	25.54	22.73

续表 2

项　　目	天然气（亿米^3）	其　他石油制品（万吨）	其　他焦化产品（万吨）	热　力（万百万千焦）	电　力（亿千瓦·时）	其他能源（万吨标准煤）
可供本地区消费的能源量		2.94			30.97	5.96
年初库存量		7.15				0.02
一次能源生产量					30.97	
回收能						5.98
外省(区、市)调入量		10.22				
进口量						
我轮.机在外国加油量		0.53				
本省(区、市)调出量(－)		－0.66				
出口量(－)		－7.10				
外轮、机在我国加油量(－)						
年末库存量(－)		－7.20				－0.04
加工转换投入(－)产出(＋)量		88.92	1.48	2379.14	240.01	42.06
火力发电		－0.93			240.01	－0.06
供热		－0.84		2379.14		－0.31
洗选煤						
炼焦			1.48			
炼油		90.69				42.43
制气						
＃焦炭再投入量(－)						
煤制品加工						
损失量					12.84	
＃运输和输配损失					12.84	
终端消费量		91.86	1.48	2379.14	258.14	48.02
第一产业		0.14			2.45	
农、林、牧、渔业		0.14			2.45	
第二产业		88.02	1.48	2347.70	149.40	48.02
工业		87.69	1.48	2347.70	146.32	48.02
＃用作原料、材料		43.29				
建筑业		0.33			3.08	
第三产业		3.70		31.44	59.56	
交通运输、仓储及邮电通信业		2.13			5.36	
批发和零售贸易业、餐饮业					28.43	
其他		1.57		31.44	25.77	
生活消费					46.73	
城镇					28.85	
乡村					17.88	
平衡差额						
消费量合计		93.63	1.48	2379.14	270.98	48.39

5-7 地区能源平衡表(标准量)

(2001 年)　　　　单位:万吨标准煤

项　　目	原　煤	洗精煤	其他洗煤	煤制品	焦　炭	焦炉煤气	其他煤气
可供本地区消费的能源量	1047.08	28.63		0.01	16.49		
年初库存量	48.50	5.43		0.01	3.60		
一次能源生产量							
回收能							
外省(区、市)调入量	1032.07	27.67			15.78		
进 口 量	16.71						
我轮.机在外国加油量							
本省(区、市)调出量(-)							
出 口 量(-)							
外轮、机在我国加油量(-)							
年末库存量(-)	-50.20	-4.47			-2.89		
加工转换投入(-)产出(+)量	-696.99	-27.83		0.38	21.29	2.23	14.39
火力发电	-616.41						
供 热	-78.45						
洗 选 煤							
炼 焦		-27.83			21.29	2.23	
炼 油							
制 气	-1.69						14.39
#焦炭再投入量(-)							
煤制品加工	-0.44			0.38			
损 失 量	12.80						1.30
#运输和输配损失	6.32						
终端消费量	337.29	0.80		0.39	37.78	2.23	13.09
第一产业	3.81						
农、林、牧、渔业	3.81						
第二产业	315.86	0.80			37.65	1.99	
工 业	315.81	0.80			37.65	1.99	
#用作原料、材料	49.84						
建 筑 业	0.05						
第三产业	7.76				0.13		4.46
交通运输、仓储及邮电通信业	0.56				0.07		
批发和零售贸易业、餐饮业	6.94						2.79
其他	0.26				0.06		1.67
生活消费	9.86			0.39		0.24	8.63
城 镇	9.19			0.39		0.24	8.63
乡 村	0.67						
平衡差额							
消费量合计							

续表 1

单位：万吨标准煤

项　　目	原　油	汽　油	煤　油	柴　油	燃料油	液化石油气	炼厂干气
可供本地区消费的能源量	900.86	-74.73	21.47	-134.41	311.48	9.88	
年初库存量	80.37	9.02	7.24	15.47	17.46	0.93	
一次能源生产量							
回收能							
外省(区、市)调入量		29.56	35.71	30.34	58.67	9.94	
进 口 量	875.99		35.92	10.30	223.58	3.57	
我轮.机在外国加油量				12.24	39.93		
本省(区、市)调出量(-)		-49.35	-23.84	-168.38	-7.51	-3.69	
出 口 量(-)		-59.02	-24.88	-21.75	-1.71		
外轮、机在我国加油量(-)			-1.29	-0.71	-1.30		
年末库存量(-)	-55.50	-4.94	-7.39	-11.92	-17.64	-0.87	
加工转换投入(-)产出(+)量	-897.63	192.87	55.22	324.62	-151.93	31.94	27.49
火力发电				-12.56	-192.88		-2.03
供 热				-0.70	-3.81		-1.82
洗 选 煤							
炼 焦							
炼 油	-897.63	192.87	55.22	337.89	53.60	33.91	35.72
制 气				-0.01	-8.84	-1.97	-4.38
＃焦炭再投入量(-)							
煤制品加工							
损 失 量							
＃运输和输配损失							
终端消费量	3.23	118.14	76.69	190.21	159.55	41.82	27.49
第一产业		1.12	0.24	14.34			
农、林、牧、渔业		1.12	0.24	14.34			
第二产业	3.23	28.78	0.45	81.33	101.71	11.83	27.49
工 业	3.23	26.56	0.44	72.08	100.70	11.81	27.49
＃用作原料、材料					4.87		
建 筑 业		2.22	0.01	9.25	1.01	0.02	
第三产业		73.05	76.00	94.54	57.84	1.60	
交通运输、仓储及邮电通信业		47.92	75.76	66.00	49.94	0.38	
批发和零售贸易业、餐饮业		1.35		7.78	0.94	0.60	
其他		23.78	0.24	20.76	6.96	0.62	
生活消费		15.19				28.39	
城 镇		15.19				22.27	
乡 村						6.12	
平衡差额							
消费量合计							

续表 2

单位:万吨标准煤

项　　目	天然气	其　他 石油制品	其　他 焦化产品	热　力	电　力	其他能源	合　计 (当量值)	合计(电 热等价值)
可供本地区消费的能源量		3.73			38.06	5.96	2174.51	2242.93
年初库存量		9.08				0.02	197.13	197.13
一次能源生产量					38.06		38.06	106.48
回收能						5.98	5.98	5.98
外省(区、市)调入量		12.98					1252.72	1252.72
进 口 量							1166.07	1166.07
我轮.机在外国加油量		0.67					52.84	52.84
本省(区、市)调出量(-)		-0.84					-253.61	-253.61
出 口 量(-)		-9.02					-116.38	-116.38
外轮、机在我国加油量(-)							-3.30	-3.30
年末库存量(-)		-9.14				-0.04	-165.00	-165.00
加工转换投入(-)产出(+)量		124.49	1.78	81.13	294.97	42.06	-559.52	-24.11
火力发电		-1.30			294.97	-0.06	-530.27	
供 热		-1.18		81.13		-0.31	-5.14	
洗 选 煤								
炼 焦			1.78				-2.53	-2.53
炼 油		126.97				42.43	-19.02	-19.02
制 气							-2.50	-2.50
#焦炭再投入量(-)								
煤制品加工							-0.06	-0.06
损 失 量					15.78		29.88	58.25
#运输和输配损失					15.78		22.10	50.47
终端消费量		128.22	1.78	81.13	317.25	48.02	1585.11	2160.57
第一产业		0.20			3.01		22.72	28.13
农、林、牧、渔业		0.20			3.01		22.72	28.13
第二产业		122.86	1.78	80.06	183.61	48.02	1047.45	1382.61
工 业		122.40	1.78	80.06	179.82	48.02	1030.64	1358.99
#用作原料、材料		60.43					115.14	115.14
建 筑 业		0.46			3.79		16.81	23.62
第三产业		5.16		1.07	73.20		394.81	526.47
交通运输、仓储及邮电通信业		2.97			6.59		250.19	262.04
批发和零售贸易业、餐饮业					34.94		55.34	118.15
其他		2.19		1.07	31.67		89.28	146.28
生活消费					57.43		120.13	223.36
城 镇					35.46		91.37	155.10
乡 村					21.97		28.76	68.26
平衡差额								
消费量合计							2174.51	2242.93

主 要 统 计 指 标 解 释

【能源消费总量】指一定时期内全国(地区)物质生产部门、非物质生产部门和生活消费的各种能源的总和,是观察能源消费水平、构成和增长速度的总量指标。能源消费总量包括原煤和原油及其制品、天然气、电力,不包括低热值燃料、生物质能和太阳能等的利用。能源消费总量分为终端能源消费量、能源加工转换损失量和损失量三部分。

⑴终端能源消费量:指一定时期内全国(地区)生产和生活消费的各种能源在扣除了用于加工转换二次能源消费量和损失量以后的数量。

⑵能源加工转换损失量:指一定时期内全国(地区)投入加工转换的各种能源数量之和与产出各种能源产品之和的差额,是观察能源在加工转换过程中损失量变化的指标。

⑶能源损失量:指一定时期内能源在输送、分配、储存过程中发生的损失和由客观原因造成的各种损失量,不包括各种气体能源放空、放散量。

【能源加工转换效率】指一定时期内能源经过加工、转换后,产出的各种能源产品的数量与同期内投入加工转换的各种能源数量的比率。它是观察能源加工转换装置和生产工艺先进与落后、管理水平高低等的重要指标。计算公式为:

能源加工转换效率=能源加工、转换产出量/能源加工、转换投入量×100%

第六篇

财政、金融和保险

财政收入稳定增长　信贷增速放缓

2001 年广州市继续执行积极财政政策和稳健的货币政策，财政收入稳定增长，财政支出结构有所调整；金融存贷款在保持继续增长的同时，增速有所放缓；保险市场加速发展。

一、财政收支稳定增长。2001 年，地方财政收入 271.91 亿元，增收 52 亿元，比上年增长 23.7%；其中一般预算收入 246.19 亿元，为年度预算的 111.5%，增长 22.8%。上缴中央库增值税(75%部分)、消费税收入 175.49 亿元，增长 27.0%；上缴省库共享的“四税”收入 72.36 亿元，增长 24.7%。地方财政支出 314.98 亿元，增长 21.8%；其中一般预算支出 292.63 亿元，为年度预算的 95.8%，增长 21.6%。

1.主体税种增长是推动财政收入稳步增长的主要力量。增值税(25%部分)收入继续稳定增长，营业税收入增速放缓，个人所得税收入持续快速增长，企业所得税收入增速最快，同比分别增长 26.5%、12.6%、37.3%和 56.1%，共增收 39.60 亿元，占全市地方财政收入增加额的 76.2%。

2.区、县级市财政收入增速高于市本级收入的增速，占全市财政一般预算收入的比重进一步提高。市本级一般预算收入为 130.77 亿元，增长 18.0%。区、县级市一般预算收入 115.43 亿元，增长 28.6%，比市本级一般预算收入高 10.6 个百分点；占全市一般预算收入的比重为 46.9%，比上年提高 2.1 个百分点。

3.进一步调整财政支出结构，经常性支出比例增大，经营性和竞争性领域的直接投资逐步减少。2001 年，广州市加大对科学、教育、文化、社保等社会事业的投入力度。其中，基建支出 49.79 亿元，增长 51.1%；教育事业费支出 30.55 亿元，增长 21.3%；行政管理费支出 21.99 亿元，增长 38.1%。支出增长较快的项目还有：科学事业费、文体广播事业费、行政事业单位离退休经费、抚恤和社会福利救济费、部门事业费，分别增长 19.1%、22.8%、28.0%、31.1%和 41.8%。主要减支项目有：政策性补贴支出和企业挖潜改造资金，分别下降 18.8%和 39.9%。

二、金融机构存贷规模继续扩大，但增速放缓；现金净投放大幅增长。2001 年末，广州地区金融机构人民币各项存款余额 6228.04 亿元，新增存款 696.20 亿元，比年初增长 12.6%；各项贷款余额 4336.50 亿元，新增贷款 458.49 亿元，比年初增长 11.8%。外汇存款余额 77.47 亿美元，比年初增长 0.2%；外汇贷款余额 33.69 亿美元，比年初增长 1.8%。全年累计现金回笼 8722.99 亿元，比上年下降 2.2%；现金投放 8828.25 亿元，比上年下降 1.6%，现金收支相抵全年累计净投放 105.26 亿元，比上年增长 90.4%。

1.企业存款增速继续放缓，储蓄存款持续稳定增长。2001 年末，在各项存款余额中，企业存款余额 2651.65 亿元，比年初增长 8.4%，增速同比下降 6.4 个百分点；城乡居民储蓄存款余额 2600.43 亿元，比年初增长 16.5%，增速同比提高了 6.7 个百分点。

2.在新增人民币贷款中，中期流动资金贷款比重下降，短期和中长期贷款比重提高，贷款主要投向基础建设和扩大内需项目。2001 年，新增中期流动资金贷款 18.19 亿元，占各项贷款新增额的 4.0%，比上年下降 6.3 个百分点；新增短期贷款 95.53 亿元，占各项贷款新增额的 20.8%，比上年提高了 6.2 个百分点；新增中长期贷款 330.56 亿元，占各项贷款新增额的 72.1%，比上年提高了 8.2 个百分点。

三、保险事业快速发展，人身保险继续保持最快增速。2001 年全地区保险机构累计保费收入 81.04 亿元，比上年增长 41.1%。其中：财产险保费收入 25.02 亿元，比上年增长 13.5%；人身险保费收入 56.02 元，比上年增长 58.2%。累计支付赔款及给付 18.05 亿元，比上年增长 35.8%，其中财产险 11.58 亿元，比上年增长 20.3%；人身险 6.47 亿元，比上年增长 76.1%。

财 政 收 支（按当年口径）

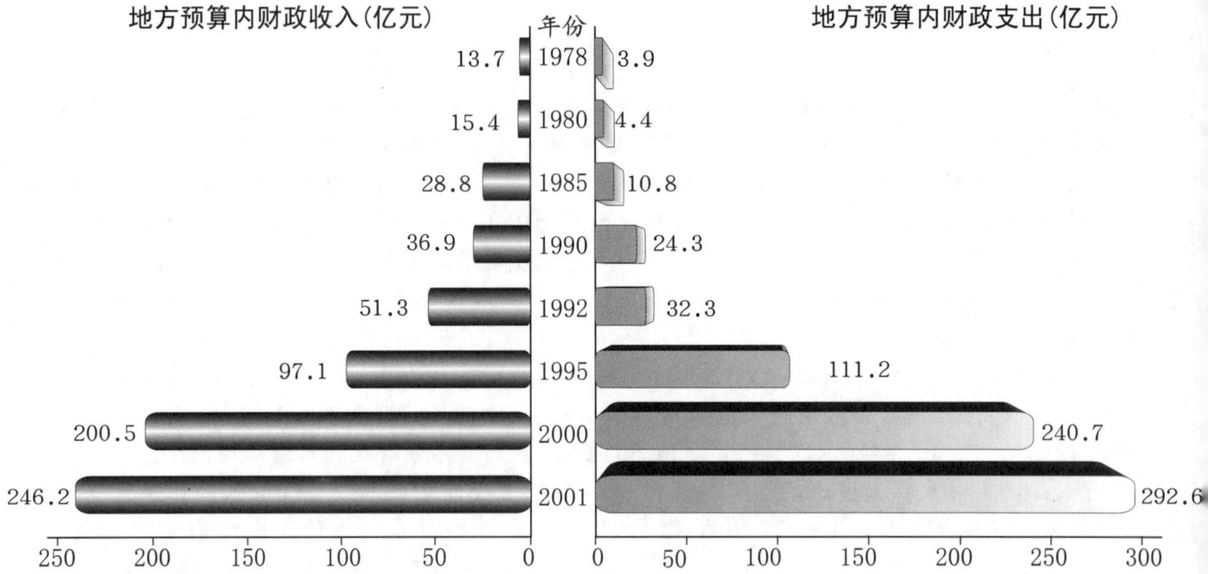

金融机构存、贷款余额

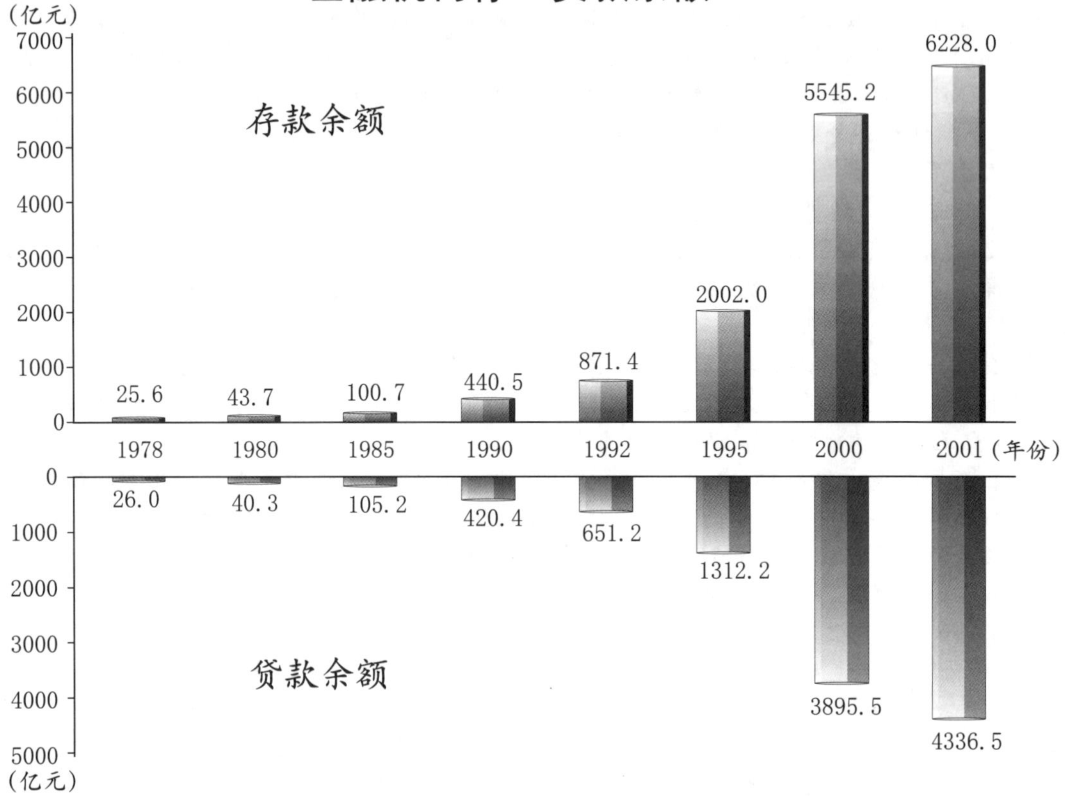

6-1 地 方 财 政 收 入

(2001 年)　　单位:万元

项　　目	全　市	市　区	#番禺区	#花都区	增城市	从化市
地方财政收入合计	2719058	2635416	292764	49670	51288	32354
一般预算收入	2461941	2382192	280314	47371	49206	30543
#增值税	443213	427184	43548	9248	11280	4749
营业税	540075	519442	67587	12810	12068	8565
企业所得税	483421	475523	61554	3839	3791	4107
个人所得税	254892	246737	17988	5244	4468	3687
城市维护建设税	152739	148617	9300	2948	2352	1770
房产税	109140	105816	6741	2072	2070	1254
印花税	30106	29708	2729	345	264	134
城镇土地使用税	15030	14630	585	207	210	190
车船使用和牌照税	11059	10346	1680	448	420	293
农业税	7748	6210	3235	730	1200	338
契税	97903	94479	18019	4799	2442	982
国有企业计划亏损补贴	−20663	−20663				
行政性收费收入	85762	84487	11777	651	675	600
罚没收入	130063	124908	20154	245	3568	1587
专项收入	87285	84004	7374	1809	2261	1020
其他收入	7376	7238	328	0	68	70
基金预算收入	257117	253224	12450	2299	2082	1811
附:上级补助收入	433756	399867	25915	13804	16686	17203
#税收返还补助	255379	242184	15494	8036	7782	5413

6-2 地 方 财 政 支 出

(2001 年)　　　　单位:万元

项　目	全　市	市　区	#番禺区	#花都区	增城市	从化市
地方财政支出合计	3149752	3028666	319942	65924	68954	52132
一般预算支出	2926284	2814401	301927	59937	64474	47409
#基本建设支出	497907	494082	79104	2672	75	3750
企业挖潜改造资金	91351	89971	1185	642	1281	99
科技三项费用	67752	67201	5713	1273	350	201
流动资金	359	359				
支援农村生产支出	49355	38632	11191	4289	4814	5909
农业综合开发支出	9386	7918	5400	643	966	502
农林水利气象等部门的事业费	29526	26842	4143	1121	1217	1467
工业交通等部门的事业费	12690	12345	694	110	170	175
文体广播事业费	68192	65496	6809	857	1491	1205
教育事业费	305538	278702	45083	12465	16673	10163
科学事业费	18209	18088	1416	175	87	34
卫生经费	143095	137662	11667	3809	2469	2964
税务等部门的事业费	172023	166481	24264	2783	3573	1969
抚恤和社会福利救济费	45734	42299	5013	976	2317	1118
行政事业单位离退休经费	155248	145646	11272	4692	5498	4104
社会保障补助支出	99181	98819	3670	94	212	150
行政管理费	219943	210818	25466	6512	6381	2744
公检法司支出	288571	277675	30054	4626	6838	4058
城市维护费	173674	171420	10007	3901	1314	940
政策性补贴支出	8027	6523	2249	676	996	508
专项支出	76918	73780	6217	1874	1723	1415
其他支出	382960	373193	9450	5308	5924	3843
基金预算支出	223468	214265	18015	5987	4480	4723
附:上解支出	10009	7978	1169	1086	1059	972

6-3 金融机构信贷资金平衡表

（2001 年末）　　　　单位:万元

项　目	全　市	市　区	增城市	从化市
资金来源项目				
合　计	48372626	46912682	1114793	345151
各项存款	62280428	60079197	1654392	546839
企业存款	26516464	25942979	422896	150589
财政存款	2491134	2480718	7211	3205
机团存款	1884816	1855770	13662	15384
城乡居民储蓄存款	26004346	24515484	1134198	354664
城镇储蓄存款	22932817	21763717	884903	284197
农村储蓄存款	3071529	2751767	249295	70467
农业存款	1249128	1178371	59408	11349
信托存款	496658	496658		
委托存款	492333	492065	132	136
其他存款	3145549	3117152	16885	11512
金融债券	661	660		1
应付及暂收款	1787775	1762379	19834	5562
流通中货币				
各项准备	460303	450569	7104	2630
所有者权益	3134212	3134075	5119	-4982
其他	-19290753	-18514198	-571656	-204899
资金占用项目				
合　计	48372626	46912682	1114793	345151
各项贷款	43364974	42025426	1012650	326898
#短期贷款	20833594	19850324	732927	250343
工业贷款	4853491	4620209	195030	38252
商业贷款	5396933	5167998	168211	60724
建筑业贷款	1666650	1634478	28919	3253
农业贷款	346976	284385	43287	19304
乡镇企业贷款	1519499	1304191	159387	55921
三资企业贷款	2037739	1968853	46871	22015
私营企业及个体贷款	424026	403543	6160	14323
其他短期贷款	4588280	4466668	85062	36550
中期流动资金贷款	1954660	1916262	35540	2858
中长期贷款	18662984	18360504	229326	73154
信托贷款	446639	446639		
融资贷款	10481	10481		
委托贷款	336582	336582		
在各项贷款中:不良贷款	7589623	6878705	508105	202813
有价证券及投资	2393946	2366468	26133	1345
应收及预付款	1786031	1723015	53960	9056
委托投资	24276	24276		
金银占款	46913	46913		
外汇占款	299921	300362	-441	
库存现金	456565	426222	22491	7852
财政借款				

6-4 国内金融机构外币存贷款余额

单位:万美元

项目	1998年末	1999年末	2000年末	2001年末
各项存款	554759	629546	772428	774689
单位活期存款	63490	61076	72080	56936
单位定期存款	102148	98329	113091	85636
储蓄存款	323876	411363	528863	573832
信托存款	8829	9157	7630	8475
委托存款	16944	9735	9870	10194
其他存款	17729	23067	26640	23346
境外存款	21743	16819	14254	16270
各项贷款	595331	330258	234097	336910
短期贷款	167259	108018	68070	87067
中长期贷款	137171	89613	55972	101348
进出口贸易融资	9261	5966	4678	8385
票据融资	309	242	1778	617
融资租赁	11433	1723	1088	602
信托贷款	183365	27663	16705	36477
委托贷款	16689	9548	9482	9883
逾期类贷款	69844	87485	76324	
各项垫款				8650
境外筹资转贷款				83881

附:驻穗外资银行2001年末存款余额21626万美元,年末贷款余额75921万美元。

6-5 金融机构现金收支

(2001年)

单位:万元

项　　目	全　市	市　区	增城市	从化市
现金收入合计	87229852	81364630	4365357	1499865
商品销售收入	8544224	7769861	622956	151407
服务业收入	4724935	4493471	131685	99779
税款收入	306112	275663	18905	11544
城乡个体经营收入	2733709	2282114	284908	166687
储蓄存款收入	65879623	61792737	3082267	1004619
其他金融机构收入	201989	191868	9411	710
居民归还贷款收入	59994	47430	8192	4372
汇兑收入	1669923	1580546	63999	25378
有价证券收入	364290	362593	489	1208
其他收入	2745053	2568347	142545	34161
现金支出合计	88282474	82361025	4409556	1511893
工资性支出	5896252	5270757	429132	196363
农副产品采购支出	961532	660275	272166	29091
工矿及其他产品采购支出	779079	666289	92155	20635
行政企事业管理费支出	5178363	4907735	181361	89267
城乡个体经营支出	3565665	2887992	423760	253913
储蓄存款支出	68491801	64753528	2856133	882140
其他金融机构支出	87375	76566	10695	114
居民提取贷款支出	51279	50060	691	528
汇兑支出	302851	289218	4060	9573
有价证券支出	260575	259268	375	932
其他支出	2707702	2539337	139028	29337
现金净投放(+)净回笼(-)	1052622	996395	44199	12028

6-6 国内财产保险业务情况

(2001 年)

单位:万元

项　　目	全　市	市　区	#番禺区	#花都区	增城市	从化市
保险金额	103400716	101586626	5723894	1151380	1065040	749050
财产保险	96936005	95216825	5314615	1117659	995188	723992
责任保险	6219005	6127489	403002	31950	68373	23143
信用保险	61099	58041	1021	1771	1143	1915
保证保险	125361	125025	3548		336	
农业保险	59246	59246	1708			
保险业务总收入	272638	260955	25323	6082	6998	4685
按来源分						
保费收入	250199	239748	21715	5399	6380	4171
储金收入	22439	21307	3608	783	618	514
按险种分						
财产保险	257709	246543	23575	5917	6606	4560
责任保险	12026	11550	1527	143	377	99
信用保险	810	770	16	22	14	26
保证保险	1537	1536	40		1	
农业保险	556	556	165			
赔付给付件数(件)	121078	111606	14836	3403	4651	4821
保险业务总支出	115819	110585	10121	2181	3048	2186
财产保险	110279	105287	8810	2126	2880	2112
责任保险	4346	4104	1220	55	168	74
信用保险	787	787				
保证保险	217	217	2			
农业保险	190	190	89			

6-7 国内人身保险业务情况

（2001 年）

单位:万元

项　　目	全　市	市　区	♯番禺区	♯花都区	增城市	从化市
个人人身保险						
保费	407772	399170	32315	10614	5520	3082
人寿保险	386605	378180	31603	10373	5448	2977
意外伤害保险	8647	8616	288	120	17	14
健康保险	12520	12374	424	121	55	91
期满给付	29267	29218	391	100	35	14
人寿保险	29267	29218	391	100	35	14
意外伤害保险						
健康保险						
死亡医疗给付	10721	10713	188	41	8	
人寿保险	5881	5873	143	41	8	
意外伤害保险	56	56	4			
健康保险	4784	4784	41			
团体人身保险						
保费	152444	150052	5481	2965	1009	1383
人寿保险	122576	120970	3861	2535	700	906
意外伤害保险	16606	15866	1359	402	273	467
健康保险	13262	13216	261	28	36	10
期满给付	9963	9596	1167	174	182	185
人寿保险	9963	9596	1167	174	182	185
意外伤害保险						
健康保险						
死亡医疗给付	14755	14130	1393	341	207	418
人寿保险	1342	1276	231	106	44	22
意外伤害保险	3726	3256	856	205	140	330
健康保险	9687	9598	306	30	23	66
本年承保或期末有效合同						
人数(人次)	6731864	6597533	281774	70227	107793	26538
保额	57060274	56480261	1287946	188821	565912	14101

6-8 主要外资金融机构及代表处一览表

(2001年)

机构(代表处)名称	所属国家(地区)	开业时间
南洋商业银行广州分行	香港	1992.08.12
东亚银行有限公司广州分行	香港	1992.09.28
法国兴业银行广州分行	法国	1992.08.18
三井住友银行广州分行	日本	1992.09.28
美国美洲银行广州分行	美国	1993.01.20
大华银行有限公司广州分行	新加坡	1993.11.04
加拿大丰业银行广州分行	加拿大	1994.08.03
法国东方汇理银行广州分行	法国	1994.08.19
德国德意志银行广州分行	德国	1994.11.02
法国巴黎银行广州分行	法国	1994.11.02
加拿大蒙特利尔银行广州分行	加拿大	1994.11.02
香港恒生银行有限公司广州分行	香港	1995.07.14
美国花旗银行广州分行	美国	1997.12.31
比利时富通银行广州分行	比利时	1998.03.17
香港上海汇丰银行有限公司广州分行	香港	1999.08.20
英国渣打银行广州代表处	英国	1982.11.11
法国里昂信贷银行广州代表处	法国	1982.04.28
日本兴业银行广州代表处	日本	1984.03.01
日本东京三菱银行广州代表处	日本	1996.04.01
荷兰银行广州代表处	荷兰	1994.12.02
德国德累斯登银行广州代表处	德国	1995.08.15
澳门大丰银行广州代表处	澳门	1995.01.05
香港永隆银行广州代表处	香港	1994.05.20
株式会社富士银行广州代表处	日本	1985.06.29
株式会社三和银行广州代表处	日本	1985.05.01
株式会社第一劝业银行广州代表处	日本	1985.04.29
株式会社东海银行广州代表处	日本	1985.10.24
泰国泰华国际银行有限公司广州代表处	泰国	1996.01.31
永亨银行有限公司广州代表处	香港	1997.03.12
葡萄牙商业银行广州代表处	葡萄牙	1997.03.21
荷兰商业银行广州代表处	荷兰	1998.08.01
廖创兴银行广州代表处	香港	1999.02.10
美联银行广州代表处	美国	2001.01.08

6-9 外资保险公司及代表处一览表

（2001 年）

机构（代表处）名称	所属国家（地区）	开业时间
美亚保险公司广州分公司	美国	1995.10.30
友邦保险公司广州分公司	美国	1995.10.30
日本东京海上火灾保险株式会社广州代表处	日本	1993.06.23
日本住友海上火灾保险公司广州代表处	日本	1993.07.31
德国安联保险公司广州代表处	德国	1994.10.05
荷兰保险公司广州代表处	荷兰	1995.01.05
法国安盛保险公司广州代表处	法国	1995.01.17
香港人安保险公司广州代表处	香港	1995.01.20
英国商联保险有限公司广州代表处	英国	1995.08.02
瑞士丰泰保险公司广州代表处	瑞士	1996.04.08
林肯国民（中国）股份有限公司广州代表处	美国	1996.06.01
美国信诺保险公司广州代表处	美国	1996.12.06
美国纽约人寿国际公司广州代表处	美国	1996.12.06
苏黎世保险有限公司广州代表处	瑞士	1997.03.27
澳大利亚昆士兰保险集团股份有限公司广州代表处	澳大利亚	1997.07.10
瑞士人寿保险和养老金公司广州代表处	瑞士	1998.01.22
香港盈科保险有限公司广州代表处	香港	1998.01.26
日本生命保险公司广州代表处	日本	1998.09.18
英国麦哲伦国际集团有限公司广州代表处	英国	1998.10.11
英国怡和保险顾问集团有限公司广州代表处	英国	1998.11.13

主 要 统 计 指 标 解 释

【财政收入】指国家财政参与社会产品分配所取得的收入，是实现国家职能的财力保证。财政收入所包括的内容几经变化，目前主要包括：

（1）各项税收：包括增值税、营业税、消费税、土地增值税、城市维护建设税、资源税、城市土地使用税、印花税、个人所得税、企业所得税、关税、农牧业税和耕地占用税等。

（2）专项收入：包括征收排污费收入、征收城市水资源费收入、教育费附加收入等。

（3）其他收入：包括罚没收入、行政事业性收费等。

（4）国有企业计划亏损补贴：是国家财政对因客观原因或国家政策需要而发生亏损的国有企业给予的一种补助。它要纳入国家统一的亏损计划。

【财政支出】国家财政将筹集起来的资金进行分配使用，以满足经济建设和各项事业的需要，主要包括：

（1）基本建设支出：指按国家有关规定，属于基本建设范围内的基本建设有偿使用、拨款、资本金支出以及经国家批准对专项和政策性基建投资贷款，在部门的基建投资额中统筹支付的贴息支出。

（2）企业挖潜改造资金：指国家预算内拨给的用于企业挖潜、革新和改造方面的资金。包括各部门企业挖潜改造资金和企业挖潜改造贷款资金，为农业服务的县办"五小"企业技术改造补助，挖潜改造贷款利息支出。

（3）地质勘探费用：指国家预算用于地质勘探单位的勘探工作费用，包括地质勘探管理机构及其事业单位经费、地质勘探经费。

（4）科技三项费用：指国家预算用于科技支出的费用，包括新产品试制费、中间试验费、重要科学研究补助费。

（5）支援农村生产支出：指国家财政支援农村集体（户）各项生产的支出。包括对农村举办的小型农田水利和打井、喷灌等的补助费，对农村水土保持措施的补助费，对农村举办的小水电站的补助费，特大抗旱的补助费，农村开荒补助费，扶持乡镇企业资金，农村农技推广和植保补助费，农村草场和畜禽保护补助费，农村造林和林木保护补助费，农村水产补助费，发展粮食生产专项资金。

（6）农林水利气象等部门的事业费用：指国家财政用于农垦、农场、农业、畜牧、农机、林业、森工、水利、水产、气象、乡镇企业的技术推广、良种推广（示范）、动植物（畜禽、森林）保护、水质监测、勘探设计、资源调查、干部训练等项费用，园艺特产场补助费，中等专业学校经费，飞播牧草试验补助费，营林机构、气象机构经费，渔政费以及农业管理事业费等。

（7）工业交通商业等部门的事业费：指国家预算支付给工交商各部门用于事业发展的经费，包括勘探设计费、中等专业学校经费、技术学校经费、干部训练费。

（8）文教科学卫生事业费：指国家预算用于文化、出版、文物、教育、卫生、中医、公费医疗、体育、档案、地震、海洋、通讯、电影电视、计划生育、党政群干部训练、自然科学、社会科学、科协等项事业的经费支出和高技术研究专项经费。主要包括工资、补助工资、福利费、离退休费、助学金、公务费、设备购置费、修缮费、业务费、差额补助费。

（9）抚恤和社会福利救济费：指国家预算用于抚恤和社会福利救济事业的经费。包括由民政部门开支的烈士家属和牺牲病残人员家属的一次性、定期抚恤金，革命伤残人员的抚恤金，各种伤残补助费，烈军属、复员退伍军人生活补助费，退伍军人安置费，优抚事业单位经费，烈士纪念建筑物管理、维修费，自然灾害救济事业费和特大自然灾害灾后重建补助费等。

（10）国防支出：指国家预算用于国防建设和保卫国家安全的支出，包括国防费、国防科研事业费、民兵建设以及专项工程支出等。

（11）行政管理费：包括行政管理支出，党派团体补助支出，外交支出，公安安全支出，司法支出，法院支出，检察院支出和公检法办案费用补助。

（12）价格补贴支出：指经国家批准，由国家财政拨给的政策性补贴支出。主要包括粮食加价款，粮、棉、油差价补贴，棉花收购价外奖励款，副食品风险基金，市镇居民的肉食价格补贴，平抑市价肉食、蔬菜价差补贴等以及经国家批准的教材课本、报刊新闻纸等价格补贴。

【中央财政收入和地方财政收入】指按财政体制划分的中央本级收入和地方本级收入。1994年分税制财政体制以后，属于中央财政的收入包括关税、海关代征消费税和增值税，消费税，中央企业所得税，地方银行和外资银行及非银行金融企业所得税，铁道、银行总行、保险总公司等集中缴纳的营业税、所得税、利润和城市维护建设税，增值税的75%部分，证券交易印花税中央分成收入和海洋石油资源税。属于地方财政的收入包括营业税，地方企业所得税，个人所得税，城镇土地使用税，固定资产投资方向调节税，城镇维护建设税，房产税，车船使用税，印花税，屠宰税，农牧业税，农业特产税，耕地占用税，契税，增值税25%部分，证券交易印花税地方分成收入和除海洋石油资源税以外的其他资源税。

【中央财政支出和地方财政支出】指根据政府在经济和社会活动中的不同职责，划分中央和地方政府的责权，按照政府的责权划分确定的支出。中央财政支出包括国防支出，武装警察部队支出，中央级行政管理费和各项事业费，重点建设支出以及中央政府调整国民经济结构、协调地区发展、实施宏观调控的支出。地方财政支出主要包括地方行政管理和各项事业费，地方统筹的基本建设、技术改造支出，支援农村生产支出，城市维护和建设经费，价格补贴支出等。

【城乡居民储蓄存款余额】指某一时点城乡居民存入银行及农村信用社的储蓄金额，包括城镇居民储蓄存款和农民个人储蓄存款，不包括居民的手存现金和工矿企业、部队、机关、团体等单位存款。

【信贷资金】指金融机构以信用方式积聚和分配的货币资金。金融机构信贷资金的来源有各项存款、对国际金融机构负债、流通中货币、银行自有资金及当年结益等;信贷资金的运用有各项贷款、黄金占款、外汇占款、财政借款及在国际金融机构中的资产等。

【存款】指企业、机关、团体或居民根据资金必须收回的原则,把货币资金存入银行或其他信用机构保管并取得一定利息的一种信用活动形式。根据存款对象的不同可划分为企业存款、财政存款、机关团体存款、基本建设存款、城镇储蓄存款、农村存款等科目。它是银行信贷资金的主要来源。

【贷款】指银行或其他信用机构根据资金必须归还的原则,按一定利率,为企业、个人等提供资金的一种信用活动形式。我国银行贷款分为流动资金贷款、固定资产贷款、城乡个体工商户贷款以及农业贷款等科目。

【保险金额】指保险人承担赔偿或者给付保险金责任的最高限额。

【保费】指投保人为取得保险人在约定范围内所承担赔偿责任而支付给保险人的费用。

【赔款】指保险人根据保险合同的规定,向被保险人支付的赔偿保险责任损失的金额。

【给付】包括死伤医疗给付和满期给付。死伤医疗给付是指保险人根据人寿保险及长期健康保险合同的规定,因被保险人在保险期内发生保险责任范围内的保险事故支付给被保险人(或受益人)的金额。满期给付是指被保险人生存期满,保险人按人寿保险合同规定支付给被保险人的满期保险金额。

第七篇

物价指数

城乡价格总水平在低位徘徊

2001年，广州市城市居民消费价格在上年回升的情况下又重新走低，其价格总水平比上年下降1.1%。农村居民消费价格继续走低，农村居民消费价格总水平和农业生产资料价格总水平分别比上年下降2.1%和3.0%，降幅分别比上年收窄1.8个和0.3个百分点。

一、城市居民消费价格和工业生产价格

构成城市居民消费价格指数的八大类商品(服务)价格降多升少。与上年比，价格上升的有三大类，分别是烟酒及用品、娱乐教育文化用品及服务和居住类；价格下降的有五大类，分别是食品、衣着、家庭设备用品及维修服务、医疗保健和个人用品、交通和通讯类。

食品类价格下降面广。全年食品类价格比上年下降2.4%，降幅比上年加大1.2个百分点，影响居民消费价格总水平下降0.9个百分点。在计算食品类价格的16个小类商品中，与上年比，价格下降的有12类，下降面达75%。

居住和服务项目价格升幅回落。与上年比，居住类价格上升1.7%，服务项目价格上升4.0%，分别比上年回落3.6个和13.4个百分点。

2001年广州市工业消费品市场继续呈供大于求的格局，工业产品出厂价格在低位徘徊，工业消费品价格普遍下降。与上年比，工业原材料、燃料、动力购进价格下降了0.5%；工业品出厂价格总水平下降1.4%，其中生活资料价格下降2.2%。在构成生活资料价格指数的类别中，食品类价格下降2.2%，耐用消费品价格下降5.9%。

二、农村生活消费价格和生产消费价格

农村居民消费价格中，生活消费价格和生产消费价格总水平比上年分别下降2.0%和2.5%，分别影响价格总水平下降1.7个和0.4个百分点。计算农村居民消费价格指数的十一类项目价格全面下降，其中降幅较大的有交通通讯类和文教娱乐用品类，分别下降11.7%和9.0%；降幅最小的是食品类，仅下降了0.5%。影响农村居民消费价格总水平下降较大的有服务项目和流动资产两类，分别影响价格总水平下降0.5个和0.4个百分点。在计算农村居民消费价格总指数的447个具体商品及服务项目中，价格上升的有141个，持平的有17个，下降的有289个，分别占总数的31.5%、3.8%和64.7%。

三、农业生产资料价格

在计算农业生产资料价格指数的十类商品中，上升的只有幼禽幼畜和机械化农具两类，分别上升5.3%和0.4%，共影响价格总水平上升0.5个百分点。其余八类价格均有不同程度下降，其中降幅较大的有农用机油和大牲畜两类，分别下降7.1%和7.0%。饲料类和化学肥料类成为影响农业生产资料价格总水平下降的主要因素，分别影响价格总水平下降1个和0.9个百分点。在计算农业生产资料价格指数的41个具体商品中，价格上升的有10个，持平的有1个，下降的有30个，分别占总数24.4%、2.4%和73.2%。

从分地区来看，各区、县级市的农村居民消费价格总水平和农业生产资料价格总水平均呈下降趋势，其中农村居民消费价格总水平下降幅度最大的是番禺区，最小的是白云区，分别下降2.6%和0.1%；农业生产资料价格总水平下降幅度最大的是花都区，最小的是白云区，分别下降4.7%和0.4%。

城市居民消费价格指数

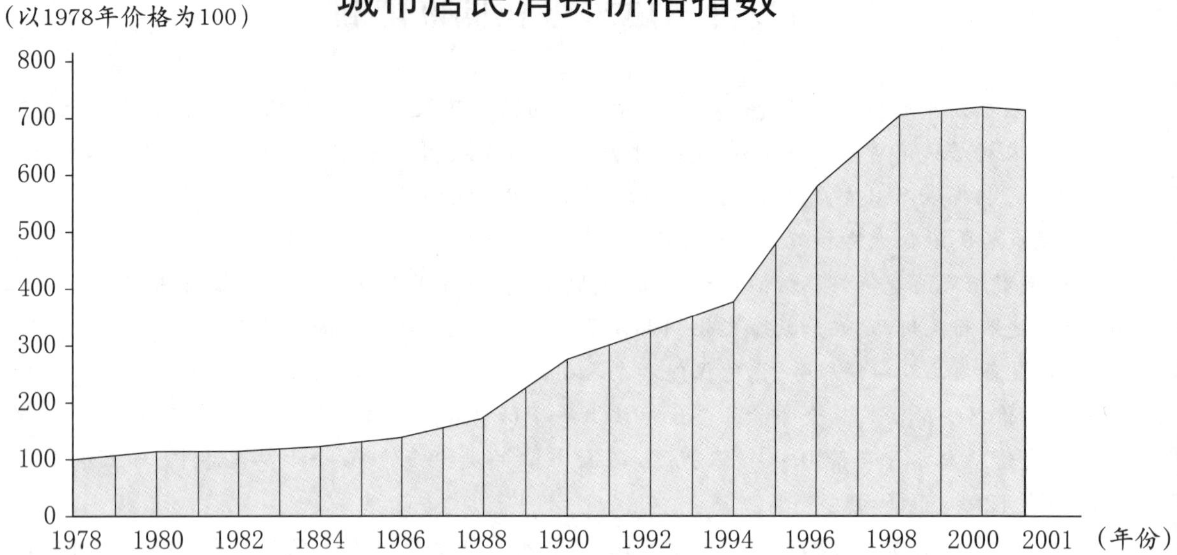

农村居民消费价格总指数

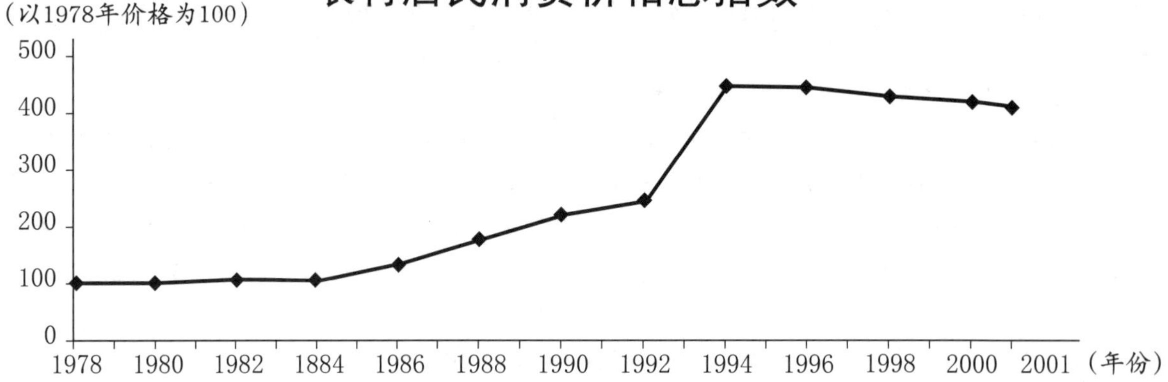

农业生产资料价格总指数

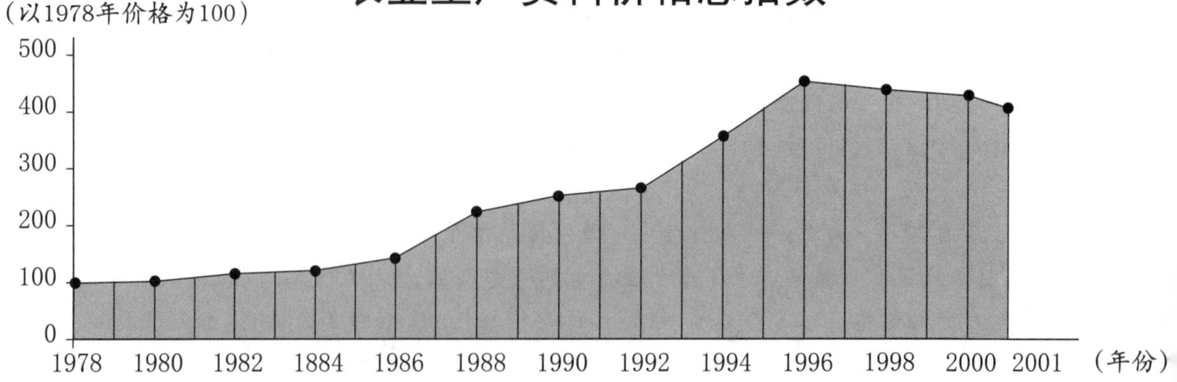

7-1 城市居民消费价格指数

（上年＝100）

项　　目	2001年
居民消费价格总指数	98.9
消费品价格指数	96.9
服务项目价格指数	104.0
食品	97.6
＃粮食	93.2
油脂	96.3
肉禽及其制品	98.2
蛋	97.3
水产品	91.8
菜	103.1
＃鲜菜	104.1
烟酒及用品	101.7
衣着	96.3
家庭设备用品及维修服务	96.8
＃耐用消费品	94.7
医疗保健和个人用品	98.1
＃医疗保健	98.1
交通和通讯	98.6
娱乐教育文化用品及服务	101.1
居住	101.7

注：根据国家城调总队的价格调查方法制度，从2001年1月开始对居民消费价格指数的分类作了一些调整。

7-2 城市商品零售价格指数

（上年＝100）

项　　目	1996年	1997年	1998年	1999年	2000年	2001年
商品零售价格总指数	104.3	99.4	96.3	96.8	99.4	97.4
食品类	105.8	100.2	95.3	95.5	98.9	98.1
饮料、烟酒类	105.7	98.9	99.0	99.6	100.4	101.8
服装、鞋帽类	108.9	101.6	97.9	92.3	97.7	95.5
纺织品类	107.1	100.5	100.7	92.0	98.1	101.9
中西药品类	111.8	105.7	102.1	98.2	95.2	96.0
化妆品类	102.3	102.2	99.9	99.9	100.8	99.0
书报杂志类	133.0	107.4	113.4	100.1	110.9	110.3
文化体育用品类	106.9	98.6	93.6	98.8	99.0	95.6
日用品类	103.2	99.8	99.6	98.6	100.2	99.4
家用电器类	96.6	94.2	92.0	98.3	95.9	93.0
首饰类	98.6	94.6	90.6	95.4	104.2	89.2
燃料类	103.6	109.1	90.6	107.0	124.5	98.0
建筑装璜材料类	96.9	97.4	88.9	96.6	98.2	99.1
机电产品类	92.6	87.0	90.0	92.8	90.7	91.4

7-3 工业品出厂价格指数

（上年＝100）

项　　目	1996 年	1997 年	1998 年	1999 年	2000 年	2001 年
工业品出厂价格指数	101.37	100.16	95.23	98.33	103.15	98.61
轻工业	101.65	100.19	96.71	97.21	97.52	98.73
以农产品为原材料	105.20	100.64	95.96	100.21	98.33	100.19
以非农产品为原材料	98.97	99.88	97.29	95.01	96.77	96.70
重工业	100.77	100.10	92.30	100.40	112.33	98.62
采掘工业	94.59	90.02	90.81	96.76	95.69	94.65
原材料工业	100.62	102.05	90.30	103.53	121.56	100.17
加工工业	101.26	97.02	95.75	95.27	98.80	96.77
生产资料	100.99	99.79	92.16	100.23	111.41	99.57
采掘工业	94.59	90.02	90.81	96.76	95.69	94.65
原材料工业	100.43	101.43	90.12	102.95	119.63	100.13
加工工业	102.42	97.17	95.79	95.53	98.92	98.83
生活资料	101.55	100.28	96.72	97.02	97.29	97.81
食品类	106.58	103.97	94.39	102.55	96.30	97.84
衣着类	102.62	99.58	99.00	97.73	99.61	101.64
一般日用品类	104.73	100.50	97.86	98.14	98.85	98.98
耐用消费品类	94.60	97.86	96.57	91.32	95.15	94.08

7-4 原材料、燃料、动力购进价格指数

（上年＝100）

项　　目	1996 年	1997 年	1998 年	1999 年	2000 年	2001 年
原材料、燃料、动力购进价格指数	104.45	96.93	91.06	99.68	113.61	99.52
燃料、动力类	113.40	104.19	88.62	105.53	127.73	100.30
黑色金属材料类	98.80	96.80	94.49	93.92	101.99	101.13
＃钢材	98.46	96.35	93.59	93.45	101.91	98.82
其他	100.27	98.38	97.41	95.39	101.65	106.94
有色金属材料和电线类	95.84	96.15	90.63	104.75	110.05	94.14
化工原料类	93.08	92.35	84.71	102.13	113.80	99.23
木材及纸浆类	101.28	97.33	99.20	97.56	106.36	99.40
建筑材料及非金属矿类	84.43	94.39	98.25	98.67	98.52	97.03
其他工业原料及半成品类	93.04	85.38	95.37	96.46	110.39	102.07
农副产品类	112.03	96.40	95.13	96.64	99.35	98.48
纺织原料类	100.04	98.76	90.46	93.36	98.15	97.48

注：根据国家城调总队的物价调查方法制度，从 1997 年开始把非金属矿类并入建筑材料类，故 1996 年该栏数据只反映建筑材料类的价格变动指数。

7-5 主要食品平均价格

单位:元/千克

商品名称	代表规格品	1995 年	1999 年	2000 年	2001 年
大米	标一	2.91	2.76	2.80	2.38
黄豆	一级	4.47	4.84	4.72	4.47
绿豆	一级	5.94	5.91	6.34	6.92
花生油	纯净	12.53	11.49	10.80	10.75
鲜菜类	37 种	3.32	2.81	2.66	2.79
猪肉	上肉一级	18.02	13.92	13.62	13.68
牛肉	净肉	22.67	18.08	16.91	16.45
鸡	中等本地活鸡项	24.82	21.40	20.76	19.80
鸡蛋	新鲜完整	7.75	5.95	4.90	4.78
鲜带鱼	冰鲜一级原条	11.26	12.50	12.90	12.50
鳙鱼	一级	9.18	8.95	8.58	8.20
鳊鱼	一级	7.96	6.92	6.78	6.49
草鱼	一级	12.15	10.62	10.68	10.75
香蕉	黄熟一级	5.43	3.59	4.00	4.15
潮州柑	一级	4.34	4.45	4.50	4.50
西瓜	普通一级	2.69	1.87	1.76	1.76

注:本表为混合平均价。

7-6 建筑业价格指数

（上年=100）

项目	1996年	1997年	1998年	1999年	2000年	2001年
建筑业价格指数	101.02	103.48	101.86	98.37	99.78	98.62
直接费用	101.22	103.75	98.95	97.76	99.62	98.48
#人工费	115.96	112.69	116.19	100.47	102.50	100.95
材料费	96.39	100.78	95.24	95.91	98.80	97.97
其他费用	100.23	102.35	113.97	100.39	100.31	99.02
主要材料价格指数						
钢材	96.05	98.21	94.32	92.12	103.81	99.89
木材	94.86	100.26	104.22	97.47	91.20	92.54
水泥	86.54	95.87	96.32	95.27	91.93	97.10
地方材料	93.47	100.75	99.84	96.70	98.19	95.53
其他材料	105.54	103.75	92.67	97.75	100.65	98.65

7-7 农业生产资料价格指数

（上年=100）

项目	1996年	1997年	1998年	1999年	2000年	2001年
农业生产资料价格指数	**105.66**	**98.41**	**97.83**	**97.32**	**96.73**	**97.00**
小农具	108.35	100.53	98.60	93.33	95.83	97.85
饲料	107.18	100.67	113.48	98.02	85.93	95.61
幼禽幼畜	121.27	94.46	80.97	83.67	105.71	105.32
大牲畜	98.04	98.40	71.90	89.68	91.45	93.04
半机械化农具	102.82	89.19	97.50	103.60	101.42	98.38
机械化农具	100.87	97.32	93.68	106.42	98.52	100.41
化学肥料	101.42	96.81	93.15	95.59	96.56	96.15
农药及农药械	103.74	102.52	97.82	99.60	98.71	95.77
化学农药	103.33	102.38	97.80	100.59	98.95	95.05
农药械	111.31	105.69	98.04	92.16	97.12	100.52
农用机油	102.46	103.84	98.23	102.99	121.12	92.86
其他	103.35	94.97	98.93	103.81	94.66	97.05

7-8 农村居民消费价格指数

（上年＝100）

项　　目	1996 年	1997 年	1998 年	1999 年	2000 年	2001 年
农村居民消费价格总指数	105.79	101.01	97.69	96.23	96.10	97.94
生活消费指数	105.96	101.19	97.66	96.09	96.33	98.03
食品	106.92	100.65	94.28	94.84	96.47	99.49
#粮食	102.54	97.20	97.13	95.71	92.70	96.64
蔬菜	92.50	99.96	92.24	93.84	96.87	110.80
肉禽及制品	110.93	102.96	89.71	93.58	93.99	97.15
蛋类	119.91	87.16	90.02	94.36	85.71	98.31
水产品	105.43	94.79	90.21	92.65	98.31	98.46
衣着	108.24	100.77	93.58	94.78	94.28	97.13
#服装	107.51	99.50	87.60	95.94	93.66	96.91
居住	101.94	101.07	97.61	95.52	103.14	98.66
#建筑材料	96.69	96.58	98.35	93.02	100.31	99.35
家庭设备用品	104.79	98.87	97.60	95.35	96.65	97.26
#耐用消费品	104.09	97.66	94.91	96.18	94.55	96.14
家庭日杂用品	105.56	99.67	101.28	94.12	98.41	98.23
医疗保健	113.53	106.75	101.36	98.46	96.46	97.21
#中药	111.11	106.60	101.51	98.19	97.32	95.35
西药	118.79	107.45	101.78	99.12	96.47	99.27
交通和通讯	93.53	92.44	94.37	95.12	86.62	88.28
#交通工具	93.60	91.97	93.71	98.46	90.84	92.89
文教娱乐用品	108.27	94.92	103.72	93.23	89.66	91.03
#文娱用机电消费品	105.69	93.13	94.13	88.87	85.75	87.36
书报杂志	127.83	106.97	109.88	112.32	104.60	99.01
服务项目	110.99	108.64	103.55	100.84	97.15	97.28
#交通费	105.12	106.85	98.82	97.61	102.46	103.48
学习培训费	112.36	110.25	107.76	112.61	97.04	96.17
修理费	113.02	108.88	102.26	97.41	98.06	102.06
医疗保健服务费	103.23	113.57	121.12	105.94	102.10	99.86
生产消费指数	105.24	100.47	97.74	96.68	95.40	97.49
流动资产类	105.58	100.59	98.12	96.48	95.66	97.37
#小农具	109.13	102.48	97.15	93.97	95.80	97.53
饲料	108.85	100.51	109.80	98.81	85.65	95.64
幼禽幼畜	121.27	94.17	81.02	83.42	105.87	105.20
化学肥料	100.72	102.20	87.60	95.88	96.28	96.17
化学农药	102.84	102.61	98.97	102.03	99.44	95.49
农药械	111.62	106.76	96.71	90.51	97.01	100.69
生产用燃料	101.79	103.79	94.51	103.00	121.94	92.93
固定资产类	95.34	97.62	91.44	100.30	91.26	98.16
大牲畜	97.99	98.41	71.90	89.68	91.45	93.04
半机械化农具	103.44	95.26	90.72	103.58	101.42	98.38
机械化农具	101.50	99.44	94.40	106.48	98.44	100.50
运输工具	91.96	97.07	97.76	100.28	85.84	98.49

主 要 统 计 指 标 解 释

【商品零售价格指数】是反映城乡商品零售价格变动趋势的一种经济指数。零售物价的调整变动直接影响到城乡居民的生活支出和国家的财政收入，影响居民购买力和市场供需平衡，影响消费与积累的比例。因此，计算零售价格指数，可以从一个侧面对上述经济活动进行观察和分析。

【居民消费价格指数】是反映一定时期内城乡居民所购买的生活消费品价格和服务项目价格变动趋势和程度的相对数，是对城市居民消费价格指数和农村居民消费价格指数进行综合汇总计算的结果。利用居民消费价格指数，可以观察和分析消费品的零售价格和服务价格变动对城乡居民实际生活费支出的影响程度。

【城市居民消费价格指数】是度量一组代表性消费品及服务项目价格水平随着时间而变动的相对数。反映居民家庭购买的消费品及服务价格水平的变动情况。它是宏观经济分析和决策、价格总水平监测和调控以及国民经济核算的重要指标。其按年度计算的变动率通常被用来作为反映通货膨胀(或紧缩)程度的指标。

【农村居民消费价格指数】是反映农村居民家庭所购买的生活消费品价格和服务项目价格变动趋势和程度的相对数。农村居民消费价格指数可以观察农村消费品的零售价格和服务项目价格变动对农村居民生活消费支出的影响，直接反映农民生活水平的实际变化情况，为分析和研究农村居民生活问题提供依据。

第八篇

人民生活

收入平稳增长　生活不断改善

2001年，广州市城乡居民家庭收入平稳增长，城市居民家庭人均可支配收入14694元，农村居民家庭人均可支配收入6338.12元，比上年分别增长5.2%和6%；剔除价格因素影响后，实际增长分别达6.4%和8.2%。从城市居民家庭可支配收入构成看，人均工资性收入10238.09元，增长2.3%；人均非工资性收入为4455.91元，增长12.7%，其中，财产性收入增长28.1%，转移性收入增长18.7%。农村居民家庭收入保持两增一减的格局，人均工资性收入2684.34元，比上年增长11.5%，拉动农村居民人均纯收入增长4.6个百分点；人均非生产性纯收入1232.43元，比上年增长16.4%，拉动农村居民人均纯收入增长2.8个百分点；人均家庭经营纯收入2528.95元，比上年下降3.5%。这是自1997年以来连续第五年下降。其中，人均经营农业纯收入1819.97元，增长0.9%；人均经营非农产业纯收入708.98元，减少13.2%。

2001年，广州市城乡居民消费支出回落。城市居民家庭人均消费性支出11467.35元，农村居民家庭人均生活消费支出4388.39元，比上年分别增长1.0%和减少1.5%；剔除价格因素，实际增长2.1%和0.4%，增速比上年分别回落了11.1个和26.5个百分点。城市居民人均收支节余率为22.0%，比上年增加了3.3个百分点。

城乡居民消费结构进一步优化，消费质量有所提高。八大类消费支出中，城市居民的食品支出和衣着支出占消费性支出的比重下降，家庭设备用品及服务、医疗保健、交通和通讯、娱乐文教服务、居住、杂项商品和服务六大类支出的比重有所提高；农村居民的衣着和居住支出占生活消费支出的比重下降，医疗保健和交通通讯支出的比重持平，食品、家庭设备用品、文教娱乐用品、其他商品和服务四大类支出的比重均有不同程度提高。

饮食向更高层次发展。城市居民人均食品支出4589.72元，比上年下降5.1%；农村居民人均食品支出1920.91元，增长12.9%，其中副食支出和在外饮食消费分别增长15.0%和76.7%。城乡居民的恩格尔系数分别为40.0%和43.8%。

居住条件不断改善。城市居民人均居住面积13.87平方米，比上年增加0.74平方米。人均居住支出1539.97元，增长4.4%，其中：人均住房支出899.04元，增长8.9%；人均自有房物业管理支出38.69元，增长1.7倍。农村居民年内人均新建住房面积1.15平方米，年末人均居住面积达30.43平方米；人均居住支出936.43元，减少31.1%，其中人均住房支出671.19元，比上年减少38.4%。

城市居民的医疗保健支出增幅最大，人均医疗保健支出557.56元，比上年增长25.4%。其中人均医药费327.61元，增长17.7%；人均补药品支出72.66元，增长28.3%；人均医疗保健服务支出132.92元，增长56.8%。农村居民则在其他商品和服务方面支出增幅最大。人均其他商品和服务支出128.33元，比上年增长32.7%。

交通通讯支出保持增长势头。城市居民人均交通支出418.36元，比上年增长3.8%；农村居民家庭平均每百户拥有摩托车113辆，增长2.7%。通讯消费支出稳步增长。城乡居民人均通讯消费支出分别为681.91元和197.17元，分别比上年增长8.2%和4.7%。每百户城乡居民家庭拥有移动电话机分别为109部和68部，分别增长51.5%和44.7%。

精神文化生活不断充实。城乡居民人均娱乐文教服务支出分别为1515.95元和532.78元，分别比上年增长5.0%和22.5%。教育支出持续增长，城乡居民人均教育支出分别为796.10元和464.05元，分别比上年增长14.8%和26.3%。

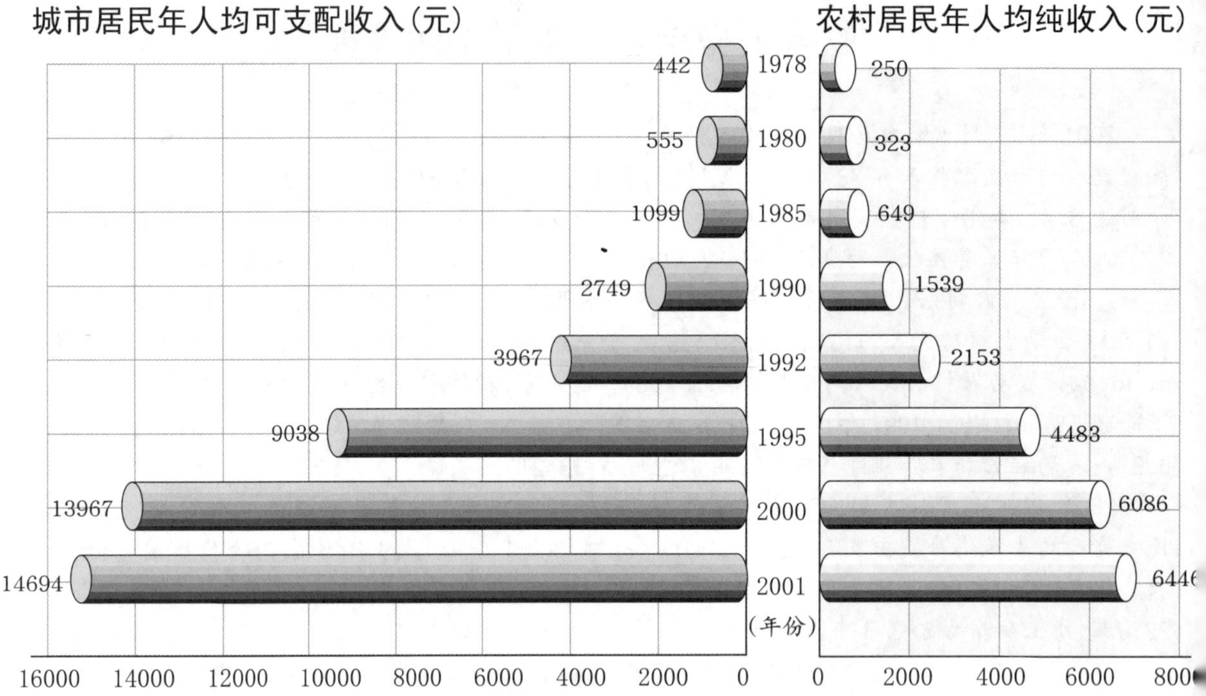

平均每百户城市居民和农村居民家庭耐用消费品拥有量

(2001年)

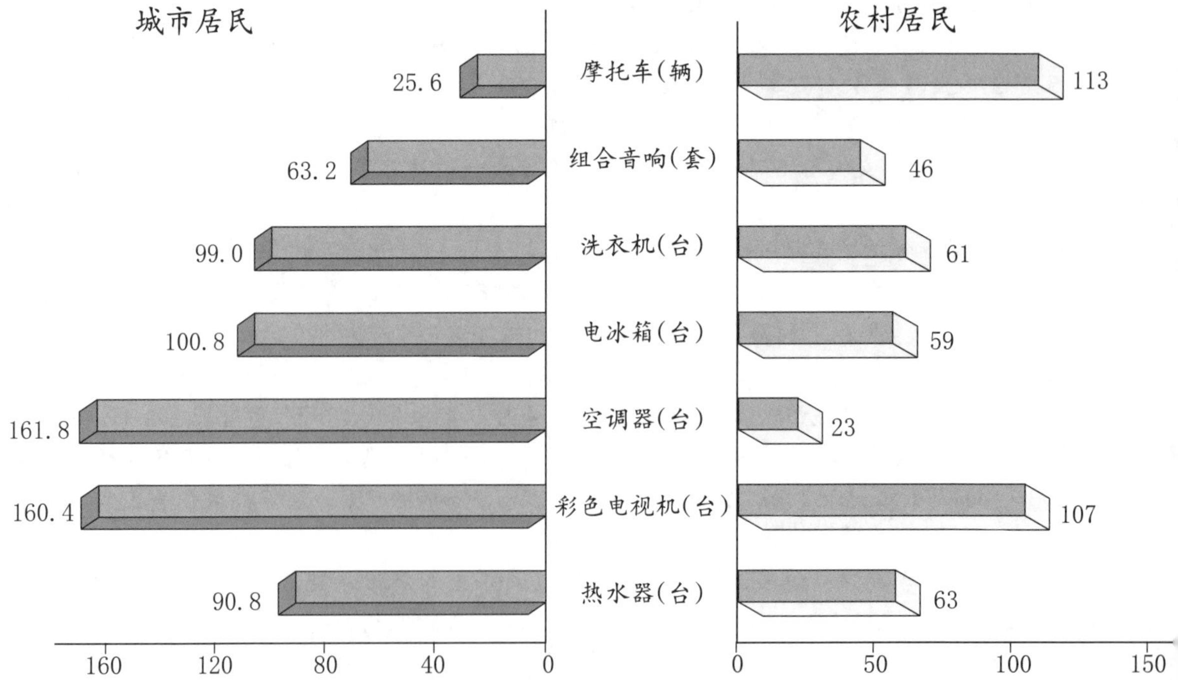

8-1 城市居民家庭基本情况

(2001年)　　单位:人

项　　目	合　计	低收入户	中等偏下收入户	中　等收入户	中等偏上收入户	高收入户
调查户数(户)	500	100	100	100	100	100
家庭人数	1559.07	322.99	319.17	305.00	304.58	307.33
平均每户人数	3.12	3.23	3.19	3.05	3.05	3.07
(一)有收入者人数	1038.41	175.75	212.34	208.74	217.82	223.76
平均每户有收入者人数	2.08	1.76	2.12	2.09	2.18	2.24
1.就业人数	860.90	138.09	161.08	175.91	185.90	199.92
平均每户就业人数	1.72	1.38	1.61	1.76	1.86	2.00
平均每一就业者负担人数	1.81	2.34	1.98	1.73	1.64	1.54
国有经济单位职工	605.57	71.42	111.16	121.00	148.90	153.09
集体经济单位职工	110.32	31.66	22.25	17.00	19.00	20.41
其他经济单位职工	52.75	7.84	6.24	13.00	11.00	14.67
个体雇主与自营者	17.66	7.08	2.00	6.00	1.58	1.00
个体被雇人员	47.42	9.34	13.84	14.91	2.00	7.33
被聘.留用离退休人员	11.67	2.00	2.25	2.00	3.42	2.00
其他就业人员	15.51	8.75	3.34	2.00		1.42
2.离退休人数	164.66	30.49	48.59	31.58	31.50	22.50
3.其他有收入者人数	12.85	7.17	2.67	1.25	0.42	1.34
(二)无收入者人数	520.66	147.24	106.83	96.26	86.76	83.57
本组最低人均年收入(元)	2082.72	2082.72	9179.40	11701.68	15238.68	19602.96
本组最高人均年收入(元)	54545.28	9101.88	11615.04	15233.64	19506.72	54545.28

注:本表是500户抽样调查资料,以下的城市居民家庭表同。

8-2 城市居民家庭平均每人全年现金收支情况

（2001 年）

单位：元

项　　目	总平均	低收入户	中等偏下收入户	中等收入户	中等偏上收入户	高收入户
期初手存现金	681.76	412.60	580.07	662.51	733.51	1038.07
现金收入	19034.19	9107.59	13617.11	17474.89	21225.68	34467.97
实际收入	14965.06	6911.21	10740.16	13543.98	17409.07	26805.12
＃可支配收入	14694.00	6854.28	10472.20	13394.52	17130.30	26192.76
1.国有经济单位职工工资	8278.07	2649.27	5355.81	7128.55	10673.43	15995.40
2.集体经济单位职工工资	1132.63	1106.40	983.04	956.70	1174.63	1448.52
3.其他经济单位职工工资	827.39	386.69	295.64	898.39	868.46	1731.63
4.职工从单位得到的其他收入	1123.09	339.59	642.30	896.92	1441.03	2355.21
5.个体劳动者经营收入	668.41	637.64	624.28	1208.42	232.57	642.56
雇主、自营者净收益	203.69	377.01	75.82	309.36	66.44	185.47
被雇者收入	464.72	260.63	548.46	899.06	166.13	457.09
6.被聘用、留用离退休人员收入	73.98	45.78	47.78	72.66	81.95	124.22
7.其他就业者收入	99.91	164.22	130.12	135.15		65.01
8.其他劳动收入	103.88	48.39	67.17	72.08	43.29	291.94
9.财产性收入	620.75	272.24	549.12	593.61	698.66	1011.13
10.转移性收入	2036.95	1260.99	2044.90	1581.50	2195.05	3139.50
＃赡养收入	92.71	62.23	31.17	52.30	166.02	156.08
赠送收入	301.02	110.91	192.14	170.16	303.25	741.57
离退休金	1238.70	784.75	1560.02	1150.87	1487.79	1222.37
记帐补贴	30.73	28.36	37.96	32.43	27.79	26.94
出售财物	3.27	1.36	2.51	2.42	3.66	6.55
储蓄借贷收入	4069.13	2196.38	2876.95	3930.91	3816.61	7662.85
＃提取储蓄存款	3156.41	1353.82	2049.71	3097.11	2932.34	6481.14
借入款	154.58	40.25	263.18	186.89		283.08
收回借出款	19.22		0.31	4.59	90.18	3.25
兑售有价证券	69.27			98.36	114.91	139.91
现金支出	18932.91	9055.30	13483.26	17289.39	21023.81	34532.31
实际支出	12919.72	7518.88	10103.63	12384.34	14294.87	20688.81
1.消费性支出	11467.35	7002.53	9237.84	11238.37	12919.24	17263.40
2.非消费性支出	1409.91	497.77	677.80	1145.97	1375.63	3424.76
＃个人所得税	197.87	9.99	42.02	117.04	250.97	584.77
赡养支出	387.72	143.39	205.67	439.48	384.40	785.49
赠送支出	408.01	243.08	266.69	366.04	448.39	729.73
购房与建房支出	292.22	42.36	90.45	105.88	159.21	1081.11
3.家庭副业生产支出	42.46	18.58	187.99			0.65
储蓄借贷支出	6013.19	1536.42	3379.63	4905.05	6728.94	13843.50
＃存入储蓄款	4248.90	795.09	2099.58	3280.40	4549.62	10773.96
归还借款	42.95	27.25	44.21	14.92	38.74	90.13
购买有价证券	12.51			21.64	25.94	16.27
归还购买住房贷款	42.40		2.51	16.70	41.65	154.64
期末手存现金	783.04	464.89	713.92	848.01	935.38	973.73

8-3 城市居民家庭平均每人全年消费性支出情况

(2001 年)

单位:元

项　　目	总平均	低收入户	中等偏下收入户	中　等收入户	中等偏上收入户	高收入户
消费性支出合计	11467.35	7002.53	9237.84	11238.37	12919.24	17263.40
食品	4589.72	3757.55	4081.03	4566.18	5094.75	5515.42
粮食	247.66	230.86	223.19	261.32	263.03	261.97
淀粉及薯类	13.69	14.28	13.14	11.24	14.86	14.94
干豆类及制品	24.93	22.26	21.34	26.60	25.76	28.97
油脂类	63.57	60.24	62.07	68.73	67.64	59.46
肉禽及制品	856.91	807.05	798.29	899.96	914.64	870.24
蛋类	47.42	47.44	46.53	46.50	51.82	44.89
水产品类	388.72	345.71	354.87	412.42	444.18	390.55
菜类	304.34	292.34	276.55	298.76	327.91	328.00
调味品	35.53	34.97	31.43	35.75	35.20	40.48
糖类	37.82	35.95	36.88	36.52	37.37	42.50
烟草类	78.47	68.94	77.46	84.32	81.84	80.39
酒和饮料	112.43	82.79	104.08	107.84	129.13	140.29
干鲜瓜果类	235.39	194.82	222.21	225.95	278.72	258.14
坚果及果仁类	31.22	26.65	28.15	29.81	37.56	34.35
糕点类	119.40	109.31	102.50	129.77	127.35	129.36
奶及奶制品	161.75	125.70	129.43	179.00	187.15	190.89
其他食品	78.62	50.36	78.35	80.62	95.24	90.13
在外用餐	1751.84	1207.87	1474.55	1631.07	1975.35	2509.87
食品加工费	0.01	0.01	0.01			
衣着	573.00	262.84	373.86	563.28	705.12	984.48
服装	390.74	164.97	253.85	377.65	476.37	698.29
衣着材料	6.12	2.29	3.53	6.90	8.68	9.52
鞋袜帽及其他	168.69	92.59	112.84	170.90	209.55	263.99
衣着加工费	7.45	2.99	3.64	7.83	10.52	12.68
设备用品及服务	836.21	343.90	481.02	873.19	908.95	1613.69
耐用消费品	444.39	141.29	200.37	459.92	523.12	922.91
家具	150.81	45.03	74.67	124.05	166.58	351.97
住房装饰	7.19	1.66	1.95	11.42	6.04	15.37
家庭设备	286.39	94.60	123.75	324.45	350.50	555.57

单位：元

项　　　目	总平均	低收入户	中等偏下收入户	中　等收入户	中等偏上收入户	高收入户
室内装饰品	31.55	6.07	7.55	24.21	22.32	99.71
床上用品	48.03	24.91	28.53	62.23	48.16	78.33
家庭日用杂品	189.74	117.50	154.20	191.83	207.09	283.31
家具材料	5.54	4.53	1.17	14.34	3.18	4.76
家庭服务	116.96	49.60	89.20	120.66	105.08	224.67
医疗保健	557.56	380.67	538.65	423.81	647.05	807.13
医疗器具	3.14	0.05	0.06	1.06	11.20	3.63
保健用品	17.90	5.32	34.94	1.53	9.38	38.10
医药费	327.61	289.27	313.42	310.51	356.09	371.38
补药品	72.66	23.59	70.42	43.49	98.19	130.22
医疗保健服务	132.92	60.13	113.30	66.56	169.63	259.29
其他	3.33	2.31	6.51	0.66	2.56	4.51
交通和通讯	1100.27	453.71	829.39	1115.02	1314.75	1833.93
交通	418.36	177.87	263.43	466.29	454.71	748.40
#交通费	282.30	128.65	205.71	296.39	304.77	487.08
通讯	681.91	275.84	565.96	648.73	860.04	1085.53
#电讯费	487.42	223.00	413.89	483.55	597.65	736.28
邮费	3.31	1.10	1.41	1.48	4.19	8.57
娱乐文教服务	1515.95	679.25	1219.52	1501.22	1769.58	2466.39
耐用消费品	364.18	122.56	171.62	327.96	391.10	827.37
教育	796.10	391.19	769.29	836.26	948.64	1058.47
文化娱乐	355.67	165.50	278.61	337.00	429.84	580.55
居住	1539.97	925.40	1282.20	1509.45	1579.19	2444.98
住房	899.04	413.01	700.09	918.89	864.81	1630.68
水电燃料	640.93	512.39	582.11	590.56	714.38	814.30
杂项商品及服务	754.67	199.21	432.17	686.22	899.85	1597.38
个人消费	663.48	167.12	376.44	607.61	818.50	1384.99
其他商品	39.39	21.28	40.76	32.63	38.22	64.88
其他服务	51.80	10.81	14.97	45.98	43.13	147.51

8－4 城市居民家庭平均每人全年可支配收入和消费性支出情况

单位:元

项目	1980年	1985年	1990年	1995年	2000年	2001年
期初手存现金	12.05	34.21	283.96	530.44	618.67	681.76
可支配收入	606.12	1099.77	2748.95	9038.16	13966.53	14694.00
消费性支出	521.04	1011.48	2409.60	7601.73	11349.47	11467.35
食品	366.57	632.13	1461.41	3816.34	4835.57	4589.72
衣着	49.10	65.33	154.14	498.13	586.69	573.00
设备用品及服务	23.98	86.83	174.15	690.69	812.79	836.21
医疗保健	6.36	13.20	40.08	244.53	444.61	557.56
交通及通讯	5.09	31.47	73.05	476.24	1033.55	1100.27
娱乐文教服务	23.67	78.92	193.59	734.42	1443.42	1515.95
居住	23.74	52.45	192.88	658.94	1474.60	1539.97
杂项商品及服务	22.53	51.15	120.30	482.44	718.24	754.67
期末手存现金	15.20	74.02	386.10	1122.25	892.92	783.04

8－5 城市居民家庭平均每百户年末耐用消费品拥有量

项目	单位	1980年	1985年	1990年	1995年	2000年	2001年
组合家具	套			51.7	55.0	54.6	56.8
自行车	辆	140.0	165.7	191.7	190.7	145.4	136.0
电风扇	台	98.5	235.3	335.7	326.0	300.2	301.2
洗衣机	台		62.3	87.3	105.0	99.4	99.0
电冰箱	台		42.7	87.3	102.3	100.6	100.8
摩托车	辆		1.0	4.0	12.7	23.6	25.6
彩色电视机	台		35.7	88.7	111.0	154.8	160.4
钢琴	架				1.3	4.0	6.0
立体声收录机	台	31.0	42.0	44.7	36.0	64.0	63.2
照相机	架	2.0	14.0	33.7	66.0	82.0	80.6
中高档乐器	件			8.3	13.7	10.4	10.8
空调器	台			1.3	57.3	154.8	161.8
电炊具	台			128.3	160.3	152.4	165.2
组合音响	套			17.3	40.7	64.8	63.2
录放像机	台			31.0	63.0	47.8	44.8

注:中高档乐器不包括钢琴。

8-6 城市居民家庭平均每百户年末耐用消费品拥有量

(2001 年)

项　　目	单位	总平均	低收入户	中等偏下收入户	中等收入户	中等偏上收入户	高收入户
组合家具	套	56.8	47.0	50.0	56.0	63.0	68.0
大衣柜	个	168.0	121.0	160.0	162.0	193.0	204.0
写字台	张	99.2	68.0	82.0	89.0	119.0	138.0
摩托车	辆	25.6	19.0	27.0	21.0	35.0	26.0
自行车	辆	136.0	111.0	146.0	147.0	143.0	133.0
洗衣机	台	99.0	96.0	100.0	98.0	100.0	101.0
电风扇	台	301.2	294.0	326.0	297.0	301.0	288.0
电冰箱	台	100.8	98.0	103.0	100.0	102.0	101.0
彩色电视机	台	160.4	129.0	151.0	165.0	171.0	186.0
录放像机	台	44.8	35.0	40.0	49.0	49.0	51.0
影碟机	台	74.4	57.0	69.0	86.0	84.0	76.0
组合音响	套	63.2	38.0	62.0	68.0	73.0	75.0
家用电脑	台	60.8	34.0	52.0	53.0	75.0	90.0
照相机	架	80.6	56.0	61.0	87.0	82.0	117.0
钢琴	架	6.0	2.0	5.0	3.0	7.0	13.0
中高档乐器	件	10.8	7.0	8.0	8.0	8.0	23.0
移动电话	台	109.4	61.0	90.0	96.0	124.0	176.0
空调器	台	161.8	90.0	146.0	147.0	196.0	230.0
淋浴热水器	台	90.8	84.0	92.0	87.0	93.0	98.0
脱排油烟机	台	72.6	58.0	74.0	71.0	80.0	80.0
吸尘机	台	18.8	4.0	12.0	13.0	24.0	41.0
健身器材	件	8.2	5.0	7.0	8.0	13.0	8.0

8-7 城市居民家庭购买的主要商品数量

（2001 年）

项　　目	单位	购买量	项　　目	单位	购买量
平均每人每月购买			服　　装	件	78.16
粮　　食	千克	4.68	#男士服装	件	24.35
食用植物油	千克	0.48	女士服装	件	42.12
鲜　　菜	千克	8.88	童　　装	件	11.69
猪　　肉	千克	1.38	鞋	双	20.16
牛羊肉	千克	0.21	肥　　皂	块	10.11
家　　禽	千克	0.80	洗衣粉	千克	15.04
鲜　　蛋	千克	0.62	水	米^3	561.97
其他肉禽蛋	千克	1.09	电	千瓦·时	4297.23
水产品	千克	2.41	煤　　炭	千克	36.19
食　　糖	千克	0.19	液化石油气	千克	246.01
卷　　烟	盒	1.41	管道煤气	米^3	278.38
白　　酒	千克	0.08	**平均每百户全年购买**		
啤　　酒	千克	0.13	自行车	辆	4.80
茶　　叶	千克	0.03	家用电脑	台	6.80
鲜瓜果	千克	3.68	电风扇	台	23.20
糖　　果	千克	0.08	洗衣机	台	3.60
糕　　点	千克	0.48	电冰箱	台	4.80
鲜　　奶	千克	1.14	空调器	台	14.20
平均每百人每月购买			吸尘器	台	2.60
棉　　布	米	1.26	摩托车	辆	0.80
棉花化纤混纺布	米	0.17	彩色电视机	台	6.60
化纤布	米	1.12	组合音响	套	0.80
呢　　绒	米	0.10	收录机	台	5.20
绸　　缎	米	0.05	照相机	架	2.80
毛　　线	千克	0.03	影碟机	台	5.60

注：以上食品购买量不含在外用餐。

8-8 城市居民家庭居住情况

（2001年末）

项目	调查户数（户）	家庭常住人口（人）	项目	调查户数（户）	家庭常住人口（人）
总计	500	1559	空调设备	417	1306
按居住面积分			暖气		
无房户			火坑、火炉		
4平方米以下	8	25	**按厨房使用情况分**		
4－6平方米	23	78	无厨房		
6－8平方米	50	169	独用厨房	478	1419
8－10平方米	63	210	公用厨房	22	68
10－12平方米	74	235	**按燃料使用情况分**		
12－14平方米	59	182	管道煤气	211	661
14平方米以上	223	660	液化石油气	285	883
按房屋产权分			煤	4	15
公房	96	297	其他		
租赁私房	7	22	**按电话拥有情况分**		
自有房	379	1186	无电话	26	77
部分产权的自有房	18	54	公费电话	20	59
按自来水使用情况分			自费电话	454	1423
无自来水			公用电话		
独用自来水	484	1510	**按住宅建筑式样分**		
公用自来水	16	49	家庭单栋配套住宅		
按卫生设备拥有情况分			单元式配套住宅	448	1395
无卫生设备	15	49	一居室	17	50
有浴室厕所	448	1396	二居室	93	291
有厕所无浴室	6	20	三居室	266	830
公用卫生设备	31	94	四居室及以上	72	224
按取暖设备拥有情况分			普通楼房	44	138
无取暖设备	83	253	普通平房	8	26

附：调查户合计居住面积21380.50米^2，居住间数1393间，辅助面积4884米^2。

8-9 农村居民家庭基本情况

（2001 年）

项目	单位	总平均	低收入户	中等偏下收入户	中等收入户	中等偏上收入户	高收入户
调查户数	户	400	80	80	80	80	80
各组比重	%	100	20	20	20	20	20
本组最低人均年纯收入	元	1081	1081	3250	4469	6238	9057
本组最高人均年纯收入	元	33905	3239	4458	6267	9006	33905
调查户常住人口	人	1816	421	382	365	332	316
平均每户常住人口	人	4.54	5.26	4.78	4.56	4.15	3.95
#整半劳动力	人	2.90	3.11	3.10	2.91	2.89	2.48
平均每一劳动力负担人口数	人	1.57	1.69	1.54	1.57	1.44	1.60
平均每户生产性固定资产原价	元	4374.65	4709.50	4750.63	1999.63	1700.88	8712.63
平均每人经营耕地面积	亩	0.63	0.61	0.59	0.64	0.69	0.64
平均每户居住面积	米^2	138.16	113.33	120.99	143.89	154.91	157.69
平均每人居住面积	米^2	30.43	21.53	25.34	31.54	37.33	39.92
平均每人全年农产品产量							
粮食产量	千克	236.41	274.18	252.91	200.24	300.55	140.55
油料产量	千克	6.95	6.33	9.73	8.75	6.35	2.96
糖料产量	千克	54.07	0.48	14.86	108.22	95.33	66.96
蔬菜产量	千克	934.82	517.49	718.36	920.90	1403.17	1276.49
水果产量	千克	34.37	38.49	28.73	38.10	53.14	11.68
平均每人全年农产品出售量							
粮食出售量	千克	81.43	48.32	78.24	58.97	149.42	83.93
油料出售量	千克	1.49	1.81	1.35	2.51	1.55	
糖料出售量	千克	42.43		14.59	68.22	78.52	64.87
蔬菜出售量	千克	658.70	304.12	437.77	637.10	1106.20	952.98
水果出售量	千克	26.16	29	21.64	29.40	44.85	4.50
猪肉出售量	千克	12.41	5.95	8.50	10.01	10.61	30.38
家禽出售量	只	5.34	0.48	0.27	0.62	12.66	15.71
禽蛋出售量	千克	0.02	0.05	0.03			
水产品出售量	千克	29.16	1.33	4.73	3.85	10.22	144.89
平均每人全年消费							
粮 食	千克	159.95	188.34	160.89	162.58	134.81	136.54
蔬菜及其制品	千克	146.78	149.14	139.84	141.44	147.76	157.19
油脂类	千克	7.38	6.53	7.02	6.60	7.79	9.41
肉禽及其制品	千克	43.56	31.75	40.40	43.88	49.14	56.91

8－9 续表

项目	单位	总平均	低收入户	中等偏下收入户	中等收入户	中等偏上收入户	高收入户
蛋类及其制品	千克	4.55	3.48	4.03	4.28	4.89	6.55
水产品	千克	15.88	9.31	12.94	15.87	20.71	23.11
食糖	千克	3.33	3.24	2.99	3.99	3.23	3.21
酒和饮料	千克	7.06	5.30	7.61	6.85	7.50	8.54
水果及其制品	千克	28.27	20.43	25.16	25.68	31.55	42.01
平均每户年内购买							
水　泥	千克	926.02	938.54	403.51	608.06	802.06	1877.94
钢　材	千克	177.02	121.24	18.19	152.85	173.13	419.68
砖　瓦	块	379.81	1108.91	1556.44	683.09	2136.33	3136.90
化　肥	千克	496.44	483.34	420.68	532.19	632.30	413.68
饼　肥	千克	62.51	37.28	85.44	80.56	67.13	42.16
农　药	千克	28.37	25.19	22.76	30.19	30.24	33.48
农用薄膜	千克	0.95	0.79	0.23	0.53	1.31	1.91
生产用燃料	千克	52.41	15.01	34.04	15.08	21.65	176.25
饲料	千克	342.85	91.71	80.19	191.15	480.99	870.20
平均每百户年末拥有							
洗衣机	台	61	36	55	61	66	88
电风扇	台	385	401	371	375	413	364
电冰箱	台	59	33	44	54	73	91
空调机	台	23	4	13	14	34	49
抽油烟机	台	29	23	20	26	29	46
热水器	台	63	36	48	56	81	93
自行车	辆	180	184	196	180	188	151
摩托车	辆	113	91	111	105	136	123
电话机	部	85	58	70	89	95	113
移动电话	部	68	36	54	59	86	104
寻呼机	部	47	44	46	53	45	46
彩色电视机	台	107	96	100	100	115	125
黑白电视机	台	14	19	20	14	5	11
影碟机	台	54	29	46	49	63	81
组合音响	套	46	25	33	41	56	73
电饭煲	台	84	84	89	70	85	94
液化汽炉具	台	100	78	95	105	105	119

8-10 农村居民家庭平均每人全年收支情况

(2001年)　　单位:元

项　目	总平均	低收入户	中等偏下收入户	中等收入户	中等偏上收入户	高收入户
全年可支配收入	6338.12	2484.44	3828.95	5246.49	7372.64	14679.54
全年纯收入	6445.72	2528.57	3860.94	5324.61	7606.30	14864.71
全年总收入	7542.65	3187.55	4608.83	6128.84	8786.32	17217.87
工资性收入	2684.34	1022.27	1691.86	2458.53	3517.08	5484.40
#在本地企业劳动得到收入	1153.91	580.36	1012.63	1388.09	1990.48	3326.29
外出从业得到收入	530.36	216.40	334.57	540.79	839.39	848.57
家庭经营收入	3326.38	1728.62	2276.23	2931.83	4044.79	6425.47
#农林牧副渔业收入	2394.17	1490.57	1730.58	2151.99	2995.57	4048.14
转移性收入	431.95	237.80	370.29	363.55	463.72	810.79
财产性收入	1099.98	198.86	270.45	374.93	760.73	4497.21
全年总支出	5423.27	3502.56	3562.29	4664.42	6334.69	10150.82
家庭经营费用支出	679.66	376.12	343.14	459.44	778.22	1641.68
购置生产性固定资产支出	7.16	10.67	3.70	3.51	6.98	11.08
税费支出	53.53	69.73	41.02	59.63	44.55	49.47
生活消费支出	4388.39	2865.85	3029.92	3895.76	5036.58	7947.07
食品消费支出	1920.91	1351.68	1555.11	1741.24	2296.30	2934.65
#副食支出	1045.64	782.21	927.77	1025.58	1171.07	1430.47
衣着消费支出	107.45	82.19	79.39	91.55	112.64	187.94
居住消费支出	936.43	623.53	473.93	662.88	795.60	2376.34
#住房支出	671.19	474.18	294.14	441.44	445.70	1891.76
家庭设备、用品及服务支出	221.03	114.88	124.68	181.04	277.00	466.30
医疗保健支出	177.08	126.57	157.97	169.89	236.04	213.85
交通和通讯消费支出	364.38	163.93	206.65	265.98	600.10	688.07
文教娱乐用品及服务支出	532.78	344.08	361.71	675.41	567.95	789.28
其他商品及服务消费支出	128.33	58.99	70.48	107.77	150.95	290.64
财产性支出	18.52	13.12	6.32	9.73	46.72	21.01
转移性支出	276.01	167.07	138.19	236.35	421.64	480.51
全年货币总收入	6791.06	2409.97	3868.16	5321.19	7990.18	16599.21
#出售农副产品收入	1530.25	697.79	878.28	1241.01	2018.54	3248.54
全年非收入货币所得	771.26	414.23	236.96	710.35	513.36	2234.12
全年货币总支出	5049.04	2949.82	3117.19	4296.14	6065.20	9983.16
#家庭经营费用货币支出	670.26	360.78	336.21	443.32	774.54	1638.94
生活消费货币支出	4048.00	2362.31	2620.57	3568.09	4789.70	7794.43
全年非消费性货币支出	624.00	60.69	155.09	225.79	537.55	2492.08
年末金融资产余额	4211.37	1163.71	3129.98	3458.16	5846.88	8730.63

主 要 统 计 指 标 解 释

【城镇居民家庭实际收入】指被调查的城镇居民家庭全部实际的现金收入。不包括借贷收入，如提取银行存款、向亲友借入款、收回借出款以及其他各种暂收款。

【城镇居民家庭可支配收入】指被调查的城镇居民家庭的实际收入在支付个人所得税及扣除家庭副业生产支出、记帐补帖的余下部分。计算公式为：

可支配收入＝实际收入－个人所得税－家庭副业生产支出－记帐补贴

【城镇居民家庭消费性支出】指被调查的城镇居民家庭用于日常生活的全部支出。按用途划分包括食品、衣着、家庭设备用品及服务、医疗保健、交通和通讯、娱乐教育文化服务、居住、杂项商品和服务等八大类支出。

【城镇居民家庭购买商品支出】指被调查的城镇居民家庭从商店、集市、饮食业、工作单位食堂以及直接从工厂和农村购买各种商品的支出，包括自用的和赠送亲友的在内。

【城镇居民家庭非消费性支出】指被调查的城镇居民家庭的直接税、消费性贷款利息支出、经常性转移支出等。

【农村居民家庭纯收入】指农村居民家庭总收入中，扣除从事生产和非生产经营费用支出、缴纳税款和上交承包集体任务金额以后剩余的，可直接用于进行生产性、非生产性建设投资、生活消费和积蓄的那一部分收入。农村居民家庭纯收入包括从事生产性和非生产性的经营收入，取自在外人口寄回带回和国家财政救济、各种补贴等非经营性收入；既包括货币收入，又包括自产自用的实物收入。但不包括向银行、信用社和向亲友借款等属于借贷性的收入。

【农村居民家庭可支配收入】指农村居民家庭获得的收入经过初次分配与再分配后形成的收入。即农村居民家庭在扣除家庭经营费用支出、生产性固定资产折旧和调查补贴，以及支付税费、财产性和转移性支出后所余下的实际收入。可支配收入可用于农村居民家庭的最终消费、非义务性支出以及储蓄。

【农村居民家庭生活消费支出】指农村居民家庭用于日常生活的全部开支，是反映和研究农民家庭实际生活消费水平高低的重要指标。

第九篇

城市公用事业

城市建设更上一层楼

据广州市对建成区面积重新核定的结果,2001年末,广州市建成区面积达526.42平方千米,比上年增长了3.7%(按可比口径计算,下同),其中番禺区建成区面积达166.40平方千米,花都区建成区面积51.60平方千米。

随着建成区面积的进一步扩充,广州市在上年城建投资基数大的情况下,继续维持对城市基础设施的投资力度,全年城市建设固定资产投资额达133.52亿元,比上年略有下降。

1、"三年一中变"成效显著。自1998年以来,广州市围绕建设现代化区域中心城市的发展目标,实施城市面貌"一年一小变、三年一中变"工程,至2001年末,"三年一中变"城市建设投入资金已达605.19亿元,建设了一批城市标志性工程和城市形象工程,完成了142项城市景观工程,城市面貌焕然一新。

2、以构建城市主骨架路网为重点,加快城市基础设施建设,一批与市民生活息息相关的城市基础设施相继落成或动工建设。至2001年底止,广州城市道路长度4210千米,比上年增长7.1%;道路总面积5270万平方米,增长15.6%;人均拥有道路面积达12.68平方米,增长11.6%。城市桥梁总数达919座,增长10.1%,其中立交桥124座,增长21%。完成了广园东路二期、新机场高速公路、广汕路、广花路等一批重点交通工程的建设和改造。地铁二号线全线33个施工点的土建工程进展顺利,全线16个车站主体结构全部封顶,15个区间隧道,有13个实现双向贯通。目前广州市中心城区以内环路、外环加7条放射线为主骨架的城市交通路网已基本形成,以内环、外环、珠三环为基础的环形放射加方格网的主骨架路网体系初具雏形。

3、改善生态环境,园林绿化成绩突出。2001年底,城市公园达125个,比上年增长9.7%;公园面积0.28万公顷,增长0.5%。城市园林绿地面积达9.91万公顷,增长1.2%。其中公共绿地面积0.46万公顷,增长20.6%;建成区绿化覆盖面积达1.66万公顷,增长12.8%;绿化覆盖率达31.4%,比去年提高2.8个百分点。建成区人均公共绿地面积达11.18平方米,增长16.5%。

4、公用事业持续发展。2001年底,全市投入营运公共汽、电车达6887辆,增长17.1%;出租汽车16451辆,增长1.6%;公共汽、电车客运收入达22.06亿元,增长16.6%。2001年底,全市自来水供水总量14.81亿立方米,自来水普及率达99.7%。2001年底,全市煤气管道长度达1485千米,增长4.7%,基本实现环状管网供气。煤气管道用户达47.61万户,增长11.5%;销售量达1.45亿立方米,增长31.3%。液化气使用户数达60.61万户,销售量达26.71万吨。至2001年底,按人口计算的气化率达93.5%。

5、加快实现广州电网十年发展规划。通过对市内原有的35千伏电网进行升压改造,新建、扩建一批输变电工程,同时对农村电网进行改造,以满足现代农村用电需求,广州市现代化大型电网逐步形成。2001年全市售电量达211.70亿千瓦·时,增长7.4%。其中工业用电113.36亿千瓦·时,增长4.5%;城乡居民生活用电46.73亿千瓦·时,增长11.8%。

6、市容环境卫生得到较大改观,并进入全国省会城市的先进行列。至2001年底,全市环卫专用车辆达1068辆,增长3.9%;公厕665座,增长4.5%。年生活垃圾粪便清运量达290万吨,增长46.1%;城市垃圾、粪便无害化处理率均达100%。全市一、二级马路实现16小时保洁制度,马路机械化清扫率达73%;清扫保洁面积达3554万平方米,增长32.6%。全市垃圾压缩站达129座;全市下水道总长度达3099千米,增长6.2%。

注:2001年城建统计指标计算口径仍按原制度执行。

城市建设固定资产投资额

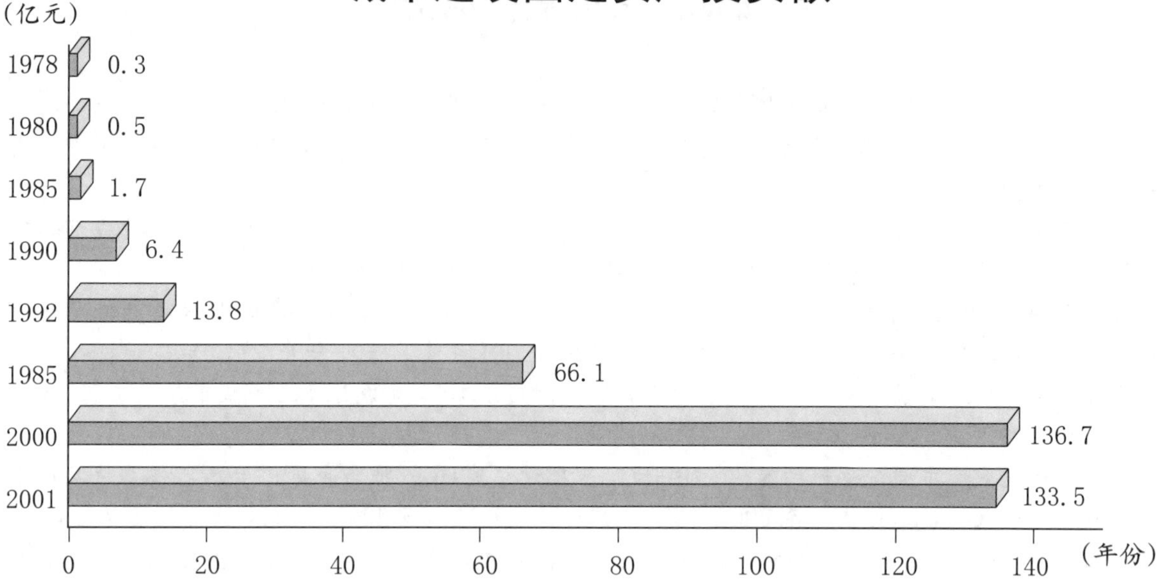

城市供水

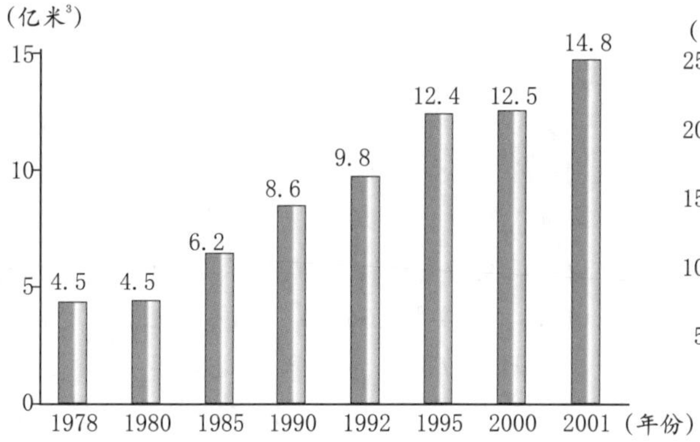

城市供电

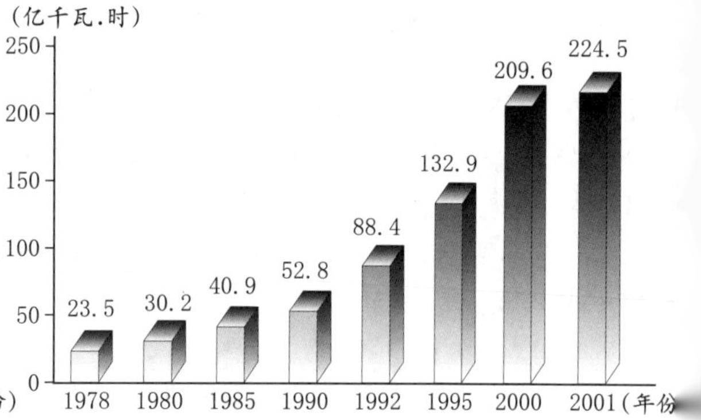

城市道路面积

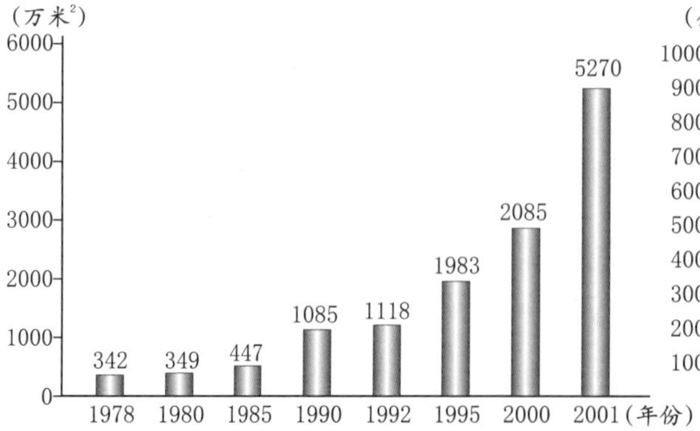

城市园林绿地面积

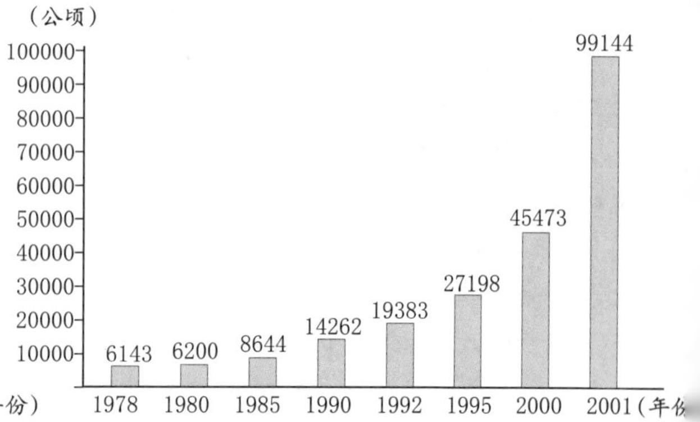

9-1 城市（市区）供水

项目	单位	1990年	1995年	2000年	2001年	
					八区	十区
自来水管长度	千米	2947	4138	5169	5498	10825
#干管	千米	886	1197	2029	2128	2128
年底自来水综合生产能力	万吨/日	260	364	355	365	489
全年供水量	万米^3	86136	124184	124958	119633	148078
全年售水量	万米^3	82307	110899	109943	103998	129899
生产用水	万米^3	27902	37377	26379	23732	35649
生活用水	万米^3	54405	73522	83564	80266	94250
最高日供水量	万米^3	265	374	375	380	380
年末用水人数	万人	328	372	412	410	549
用水普及率	%	100	98.20	99.01	99.69	99.74
人均每天用水量(按市区用水人口)	升	419	544	554	536	471
人均每天用水量(按用水人口)	升	460	541	555	539	475

注：本表资料除2001年分八区、十区口径外，其余年份为原八区口径。

9-2 城市供电

单位：万千瓦·时

项目	1990年	1995年	2000年	2001年
全市				
供电总量	527670	1329050	2096499	2245355
售电总量	498014	1090811	1971582	2116961
#工业用电	297277	737951	1084992	1133617
城乡居民生活用电	81301	252491	418084	467250
城市	57250	177549	253099	288472
乡村	24051	74942	164985	178778
市区				
供电总量	428107	958143	1436451	2002697
售电总量	404046	790334	1356970	1895498
#工业用电	239331	482226	627360	964733
城乡居民生活用电	60192	189711	315672	436041
城市	49013	147861	230502	270746
乡村	11179	41850	85170	165295

注：本表资料除2001年市区数为十区口径，其余年份市区数为原八区口径。

9-3 全 市 用 电

(2001年)

单位:万千瓦·时

项目	全市	市区	#番禺区	#花都区	增城	从化
供电总量	2245355	2002697	354748	131672	181905	60753
#售电总量	2116961	1895498	343076	124837	167687	53776
农、林、牧、渔水利业	26030	24259	4077	2146	1687	84
#排灌	4226	3852	109	555	351	23
工业	1133617	964733	242116	90349	140220	28664
轻工业	421049	373493	77798	28796	30662	16894
重工业	712568	591240	164318	61553	109558	11770
1.煤炭采选业	11951	11951	10534	59		
2.石油及天然气开采业	94	94	7			
3.黑色金属矿采选业	167	167	15	28		
4.有色金属矿采选业	429	81	18			348
5.建材及其他非金属矿采选业	10635	9720	1612	2699	514	401
6.其他矿采选业	1330	1222	975	13		108
7.木材及竹材采运业	2296	2296	914	8		
8.自来水生产和供应业	40149	30916	3080	1259	8558	675
9.食品饮料供应业	48060	41640	8265	2982	3550	2870
10.纺织业	59484	51104	18633	9547	7413	967
11.造纸及纸制品业	25822	24011	7736	1934	1811	
12.电力生产业	128463	107268	11672	6835	14218	6977
#线路损失电量	128394	107199	11672	6835	14218	6977
13.石油加工业	5031	5031	55	3		
14.炼焦煤气及煤制品业	2007	1604	40	3	36	367
15.化学工业	69329	64088	9751	2253	4280	961
16.医药工业	8794	7703	254	393	382	709
17.化学纤维工业	16129	15286	935	1916		843
18.橡胶及塑料制品业	88642	79152	40619	9025	7440	2050
19.建材及其他非金属矿物制品业	137518	100017	12647	29493	35375	2126
20.黑色金属冶炼及压延加工业	91716	89693	4418		1809	214
21.有色金属冶炼及压延加工业	13256	12490	6473	310		766
22.金属制品业	53141	42859	16544	7095	6211	4071
23.机械工业	27293	26355	7928	1558	519	419
24.交通运输电气电子设备制造业	85553	81488	28282	1030	3164	901
25.其他工业	206328	158497	50709	11906	44940	2891
地质普查和勘探业、水利管理业	2401	508	24	57		1893
建筑业	30812	24722	3206	3042	1174	4916
交通运输邮电通信业	53588	46504	2469	1209	1445	5639
商业公共饮食物资供销和仓储业	284288	270228	31701	7250	9445	4615
其他事业	247369	235702	12071	6913	4917	6750
城乡居民生活用电	467250	436041	59084	20706	23017	8192
城市	288472	270746	17069	3403	13026	4700
乡村	178778	165295	42015	17303	9991	3492

注:本表资料由广州电力工业局提供,市区为十区口径。

9-4 城 市 供 气

项 目	单位	1995年		2000年		2001年			
		合 计	#煤气公司	合 计	#煤气公司	合 计（八区）	#煤气公司	合 计（十区）	#煤气公司
液化气									
液化气储气能力	米^3	24442	5000	36852	10000	38794	10000	38794	10000
液化气供气量	吨	127334	51168	185507	70132	183012	64475	267116	64475
液化气销售量	吨	127334	51168	185507	70132	183012	64475	267116	64475
#家庭使用	吨	102818	47421	118761	59021	104073	55226	128044	55226
居民液化气使用户数	户	448295	181052	504623	207543	479357	221069	606111	221069
居民液化气使用人数	万人	170.30	72.40	171.57	70.56	167.80	77.40	212.20	77.40
人工煤气									
煤气管道长度	千米	1184	1169	1418	1392	1485	1481	1485	1481
煤气销售量	万米^3	7078	6378	11003	10623	14452	14062	14452	14062
#家庭使用	万米^3	6724	6028	8509	8129	9572	9242	9572	9242
居民煤气使用户数	户	256705	250882	426983	417031	476133	468938	476133	468938
居民煤气使用人数	万人	103	100	145	142	166.60	164.10	166.60	164.10
按人口计算气化率	%	86.60		93.55		94.51		93.54	

注：1.本表资料除2001年分八区、十区口径外，其余年份为原八区口径；2.煤气销售量不包括工业自产自销量。

9-5 主要年份城市房屋建筑面积

年 份	年末实有房屋建筑面积（万米^2）	年末实有住宅建筑面积（万米^2）	年末实有住宅居住面积（万米^2）	平均每人居住面积（米^2）
1952	1256.38	789.76	473.86	3.93
1957	1484.49	868.31	520.99	3.08
1962	1823.35	943.00	565.86	2.95
1965	1957.95	992.63	595.50	3.01
1970	2166.65	1056.93	634.16	3.39
1975	2484.36	1153.38	692.03	3.57
1978	2889.89	1314.03	788.42	3.82
1980	3247.82	1512.88	907.73	3.97
1985	5511.97	2834.43	1700.66	6.62
1990	7567.44	3974.23	2327.55	7.99
1995	9666.45	5276.22	3043.65	9.61
2000	13740.03	7952.05	4515.36	13.13
2001	14829.01	8713.55	4934.19	13.87

注：本表资料为原市区八区口径。

9-6 城市建设固定资产投资额

单位:万元

年份	合计	自来水	公用设施	煤气
1978	3150	803	2296	51
1980	5407	774	4348	285
1985	17212	2525	13397	1290
1990	64424	12405	32741	19278
1991	81781	11616	49310	20855
1992	137813	16742	102870	18201
1993	251411	13008	218251	20152
1994	422510	58679	357345	6486
1995	661264	87382	559769	14113
1996	595693	87903	497870	9920
1997	919932	47523	862770	9639
1998	1333760	45179	1281400	7181
2000	1366620	54354	1304728	7538
2001	1335199	28777	1297313	9109

注:本表资料除2001年是十区口径外,其余年份为原八区口径。

9-7 城市维护费收支情况

单位:万元

项目	1990年	1995年	2000年	2001年
维护费收入	30693	644878	1586816	1459671
维护费支出	31825	639215	1314048	1178305
用于养护维修	16741	101806	103495	91815
用于更新改造	9623	529620	1208047	1086490
偿还贷款	4700	3200		
其他	761	4589	2506	

注:本表资料除2001年是十区口径外,其余年份为原八区口径。

9-8 公 共 交 通

(2001 年)

项 目	单 位	汽、电车	#市 区	#汽 车	轮 渡	市区出租汽车	#小汽车	地 铁
年末营运车、船数	辆、艘	6887	6400	6166	62	16451	16318	120
营运车船座位数	个	453715	436832	419282	21452	67968	65845	6720
营运线路条数	条	447	358	347	25			1
营运线路长度	千米	13564	6397	6283	208			18
客 运 量	万人次	178216	175715	166755	2528	36872	36782	6364
客运周转量	万人千米	1326078	1195066	1163013	3061	186352	176276	43912
客运收入	万元	220648	196317	190593	2928	315668	312916	18422
车船完好率	%	98.20	98.22	98.17	94.31	99.72	99.74	82.32
每辆汽、电车负担人数(按市区人口计)	人		649					

注:本表资料为十区口径。

9-9 城市(市区)公共设施

项 目	单 位	1990 年	1995 年	2000 年	2001 年	
					八 区	十 区
道路总长度	千米	945	1809	2053	2199	4210
#高级路面	千米	833	1573	1817	1979	3284
道路总面积	万米^2	1085	1983	2805	3242	5270
#高级路面	万米^2	993	1811	2634	3015	4111
桥 梁	座	265	524	685	754	919
#立交桥	座	24	52	100	121	124
人行天桥	座	42	74	106	111	114
隧 道	座	5	7	9	20	25
路 灯	盏	39138	59643	92279	107761	154940
路灯线路总长度	千米	2718	3329	6585	6475	7481
下水道总长度	千米	1217	1535	1952	2073	3099

注:本表资料除 2001 年分八区、十区口径外,其余年份为原八区口径。

9-10 城市(市区)园林情况

项目	单位	1990年	1995年	2000年	2001年	
					八区	十区
城市园林绿地面积	公顷	14262	27198	45473	46029	99144
#公共绿地	公顷	1132	1485	2705	3263	4646
建成区绿化覆盖面积	公顷	3655	6240	9400	10600	16550
建成区园林绿地面积	公顷	3508	5763	8797	9949	14677
市园林局系统	公顷	783	1559	2690	3461	4098
非园林局系统	公顷	2725	4204	6107	6488	10579
建成区道路绿化覆盖面积	公顷	147	295	595	809	1061
建成区绿化覆盖率	%	19.50	24.08	31.60	34.37	31.44
公园个数	个	24	38	72	79	125
#游乐园	个	3	3	3	3	3
动物园	个	1	1	1	1	3
公园面积	公顷	1026	1264	1883	1893	2797
#游乐园	公顷	69	73	68	68	68
动物园	公顷	43	43	42	42	402
水面积	公顷	139	135	177	177	202
#游乐园	公顷	5	6	3	3	3
动物园	公顷	3	2	2	2	15
风景区个数	个	6	4	1	1	2
风景区面积	公顷	2664	2130	1730	1730	1883
#水面积	公顷	113	30	2	2	5
建成区面积	千米^2	187.40	259.10	297.50	308.42	526.42

注:本表资料除2001年分八区、十区口径外,其余年份为原八区口径。

9-11 城市环境卫生

项目	单位	1990年	1995年	2000年	2001年	
					八区	十区
实际清扫保洁面积	万米^2	2112	2372	2288	3033	3554
环卫职工人数	人	12479	15587	15813	18383	19916
生活垃圾粪便全年清运量	万吨	136	188	193	282	290
生活垃圾	万吨	105	155	166	239	244
粪便	万吨	31	33	27	43	46
清洁卫生机械拥有量	辆	475	872	967	1005	1068
粪便无害化处理厂日处理能力	吨	400	1000	742	1166	1264
公共厕所	座	558	619	579	605	665

附:2001年公共厕所座数包括系统外为1729座。

注:本表资料除2001年分八区、十区外,其余年份为原八区口径。

9－12 立交桥、人行天桥（隧道）一览表

名　称	竣工日期	名　称	竣工日期
立　交　桥		48.广从路东方乐园立交桥	1994.05.
1.沙河顶铁路立交桥	1950、1971扩	49.广从路黄石立交桥	1994.05.
2.大北立交桥	1964.04.	50.省高速公路(广深珠)新塘互通立交桥	1994.06.
3.德坭路立交桥	1964.09.	51.北村三立交桥	1995.04.
4.黄花东铁路立交桥	1965.9、1987.5扩	52.龙溪路、花地大道立交桥	1995.06.
5.黑山铁路立交桥	1978.12.	53.解放路、中山路立交桥	1995.09.
6.广园西路铁路立交桥(一)	1981.12.注	54.果园场立交桥	1995.12.
7.广园西路铁路立交桥(二)	1981.12.	55.石牌立交桥	1996.01.
8.石围塘铁路立交桥	1983.09.	56.北村一立交桥	1996.05.
9.区庄立交桥	1983.11.	57.丰乐路立交桥	1996.09.
10.广花立交桥	1984.09.	58.南江立交桥	1996.12.
11.洪德路立交桥	1984.11.	59.苍头立交桥	1996.12.
12.麓景路立交桥	1985.12.	60.新港路、昌岗路立交桥	1996.12.
13.中山一路立交桥	1985.06.	61.五山路立交桥	1998.02.
14.天河立交桥	1986.12.	62.广中路立交桥	1998.07.
15.石牌立交桥	1987.08.	63.昌岗路立交桥	1998.07.
16.茅岗铁路立交桥	1987.09.	64.黄埔大道立交桥	1998.07.
17.横枝岗立交桥	1987.12.	65.新洲立交桥	1998.08.
18.环市东、淘金坑立交桥	1987.	66.新滘立交桥	1998.08.
19.西场立交桥	1989.06.	67.东圃立交桥	1998.08.
20.客村立交桥	1989.12.	68.中山立交桥	1999.12.
21.高速公路沙贝立交跨主线立交桥	1989.08.	69.岑村立交桥	1999.12.
22.北环高速公路沙河立交桥	1990.03.	70.广园立交桥	1999.12.
23.高速公路跨广清公路立交桥	1989.08.	71.横沙立交桥	1999.12.
24.高速公路西槎路跨线立交桥	1990.12.	72.黄村立交桥	1999.12.
25.高速公路广北立交桥	1990.12.	73.小坪立交桥	1999.12.
26.高速公路广花立交桥	1990.12.	74.广汕立交桥	1999.12.
27.机场路、广园路立交桥	1991.10.	75.海南立交桥	1999.12.
28.机场路候机楼立交桥	1992.08.	76.增滶立交桥	1999.12.
29.新市立交桥	1992.10.	77.黄歧立交桥	1999.12.
30.东风路农林下路立交桥	1992.08.	78.浔峰洲立交桥	1999.12.
31.先烈路立交桥	1992.10.	79.中山八路立交桥	2000.01.
32.小北路立交桥	1992.08.	80.西场立交桥	2000.01.
33.盘福路立交桥	1992.10.	81.广园西路立交桥	2000.01.
34.东风路越秀北立交桥	1993.09.	82.麓湖立交桥	2000.01.
35.花地立交桥	1993.12.	83.恒福路立交桥	2000.01.
36.东华东立交桥	1993.12.	84.东风路立交桥	2000.01.
37.高速公路沙河立交桥	1993.12.	85.东山口立交桥	2000.01.
38.北环高速公路濂泉立交桥	1993.12.	86.海印南立交桥	2000.01.
39.北环高速公路元岗立交桥	1993.12.	87.素社立交桥	2000.01.
40.北环高速公路轻工技校立交桥	1993.12.	88.工业大道立交桥	2000.01.
41.北环高速公路华南路立交桥	1993.12.	89.洪德立交桥	2000.01.
42.北环高速公路双燕岗立交桥	1993.12.	90.镇安立交桥	2000.01.
43.省高速公路(广深珠)罗岗互通立交	1993.10.	91.梅东立交桥	2000.01.
44.广花路黄石立交桥	1994.01.	92.沙河立交桥	2000.06.
45.岗顶立交桥	1994.09.	93.广州东站北广场立交桥	2000.06.
46.广从路广园立交桥	1994.05.	94.东莞庄立交桥	2000.06.
47.广从路铁路跨线桥	1994.05.	95.广氮铁路立交桥	2000.06.

注：1.本表资料为十区口径；2.6项是广园西与五股道，7项是广园西与三股道。

9－12 续表1

名称	竣工日期	名称	竣工日期
96.吉山物资仓立交桥	2000.06.	9.高速公路广园路高架路	1993.12.
97.茅岗立交桥	2000.06.	10.东濠涌高架路	1994.07.
98.车陂立交桥	2000.06.	11.黄埔大道放射线高架路	2001.01.
99.援外仓铁路立交桥	2000.06.	12.增槎路高架路	2001.01.
100.南洲立交桥	2000.11.	13.东晓路放射线高架路	2001.01.
101.丰乐路立交桥	2001.10.	14.大金钟路高架路	2001.09.
102.石化铁路立交桥	2001.10.	15.新市高架路	2001.12.
103.笔村立交桥	2001.10.	16.黄石路高架路	2001.12.
104.南岗立交桥	2001.10.	17.广花路高架路	2001.12.
105.仓头1号立交桥	2001.10.	18.旧广花路高架路	2001.12.
106.仓头2号立交桥	2001.10.	**人行天桥**	
107.广园东路羊城汽车城1号立交桥	2001.10.	1.人民南、西濠二马路天桥	1980.10.
108.广园东路羊城汽车城2号立交桥	2001.10.	2.北京路、中山五路天桥	1980.12.
109.广园东路羊城汽车城3号立交桥	2001.10.	3.北京路、大南路天桥	1981.12.
110.中新立交桥	2001.10.	4.北京路、文明路天桥	1981.12.
111.荔新1号立交桥	2001.10.	5.北京路、惠福东路天桥	1984.08.
112.荔新2号立交桥	2001.10.	6.南方大厦北门人行天桥	1984.09.
113.荔新3号立交桥	2001.10.	7.先烈路省科学院天桥	1984.12.
114.荔新4号立交桥	2001.10.	8.六二三路人行天桥	1985.12.
115.汇景新城规划路立交桥	2001.10.	9.东风东、陵园西东侧天桥	1985.12.
116.广汕路1号立交桥	2001.10.	10.东风东、陵园西西侧天桥	1985.12.
117.广汕路2号立交桥	2001.10.	11.江南大道北人行天桥	1985.12.
118.三元里立交桥	2001.12.	12.环市西、水厂路人行天桥	1985.12.
119.平沙互通立交桥	2001.12.	13.环市东、广工学院天桥	1986.09.
120.蚌湖互通立交桥	2001.12.	14.环市西、省汽车站天桥	1986.10.
121.新机场互通立交桥	2001.12.	15.执信南中山一院天桥	1986.12.
122.迎宾立交桥(市桥路段)		16.中山一农林东天桥	1987.07.
123.迎宾立交桥(南村路段)		17.解放北、桂花岗天桥	1987.01.
124.迎宾立交桥(大石镇路段)		18.环市东、东环路天桥	1987.08.
高架路		19.环市东、建设六马路天桥	1987.10.
1.小北路高架路	1986.08.	20.环市东、建设大马路天桥	1987.10.
2.大北路高架路	1986.09.	21.人民北、环市路天桥	1987.11.
3.人民路、六二三路高架路	1987.09.	22.中山大道、港湾路东天桥	1987.11.
4.解放北路高架路	1993.09.	23.中山大道、港湾路西天桥	1987.11.
5.高速公路双燕岗高架路	1993.12.	24.西华路源头天桥	1988.03.
6.高速公路侨乐路高架路	1993.12.	25.解放北、应元路天桥	1988.10.
7.高速公路元岗高架路	1993.12.	26.江南大道、万松园天桥	1988.11.
8.高速公路濂泉路高架路	1993.12.	27.中山大道武警天桥	1988.11.

注:2001年拆除了三座人行天桥(流花万宝天桥、流花东方宾馆天桥和沿江西555天桥)。

9－12 续表 2

名　　称	竣工日期	名　　称	竣工日期
28.中山大道岗顶天桥	1988.11.	57.东风路正南路天桥	1993.07.
29.中山大道水厂天桥	1988.12.	58.东风路梅东路天桥	1993.08.
30.广州客运站人行天桥	1989.01.	59.东风路执信路天桥	1993.09.
31.环市东假日酒店天桥	1989.05.	60.德政北天桥	1994.05.
32.环市西华丽宫天桥	1989.12.	61.机械学院人行天桥	1994.07.
33.荔湾北热力天桥	1989.12.	62.农科院一号人行天桥	1994.07.
34.工业大道凤宁南天桥	1989.12.	63.农科院二号人行天桥	1994.07.
35.环市东农林下路天桥	1989.12.	64.五羊新城天桥	1994.09.
36.东风美特天桥	1990.09.	65.广园路景泰直街天桥	1994.09.
37.一德路海珠广场天桥	1990.11.	66.小北路环市路天桥	1994.09.
38.洪德路、厚德路天桥	1991.01.	67.东风西路人民北东天桥	1994.09.
39.西站、铁路人行天桥	1991.04.	68.东风西路人民北西天桥	1994.09.
40.高速公路沙贝收费站人行天桥	1991.04.	69.东风西路荔湾北天桥	1994.09.
41.寺右路天桥	1991.08.	70.芳村大道北天桥	1994.02.
42.机场路、广园路天桥	1991.10.	71.岗顶天桥(石牌)	1994.12.
43.交易会天桥	1991.10.	72.龙溪路花地人行天桥	1995.07.
44.中山七路天桥	1991.11.	73.棠下天桥	1995.12.
45.西增路天桥	1991.10.	74.新市天桥	1995.12.
46.机场路 1 号天桥	1992.03.	75.槎头天桥	1995.12.
47.机场路 2 号天桥	1992.10.	76.海珠购物中心天桥	1996.01.
48.中医学院天桥	1992.07.	77.文明路文德路天桥	1996.04.
49.东风路先烈天桥	1992.11.	78.燕塘天桥	1996.12.
50.小北立交东侧天桥	1992.12.	79.广深公路文冲段双岗天桥	1996.12.
51.小北立交西侧天桥	1992.12.	80.水荫路天桥	1997.01.
52.盘福路天桥	1992.10.	81.解放路迎宾馆天桥	1997.10.
53.蓬莱路天桥	1993.09.	82.解放路大新路天桥	1997.11.
54.东风路解放北 1 号天桥	1993.09.	83.解放路惠福路天桥	1997.12.
55.东风路解放北 2 号天桥	1993.09.	84.黄埔区广深公路庙头天桥	1997.12.
56.东风路越秀北天桥	1993.09.	85.黄埔区夏围天桥	1997.12.

9－12 续表3

名称	竣工日期	名称	竣工日期
86.石化路天桥	1998.03.	**人行隧道**	
87.广深公路沙步人行天桥	1999.11.	1.起义路人行隧道	1986.11.
88.茅岗小学人行天桥	1999.12.	2.天河路体育中心东侧隧道	1987.09.
89.市一中人行天桥	2000.01.	3.天河路体育中心隧道	1987.09.
90.荔湾湖人行天桥	2000.01.	4.天河路体育中心西侧隧道	1987.09.
91.麓湖人行天桥	2000.01.	5.中山大道石牌人行隧道	1987.12.
92.麓湖跨铁路人行天桥	2000.01.	6.黄沙隧道北出口疏解1号人行隧道	1995.12.
93.达道路人行天桥	2000.01.	7.海印南隧道	2000.12.
94.素社人行天桥	2000.01.	8.暨南大学门前人行隧道	2001.01.
95.工业大道人行天桥	2000.01.	9.黄埔大道石牌西人行隧道	2001.01.
96.广东工学院天桥	2000.06.	10.黄埔大道石牌东人行隧道	2001.01.
97.农科院天桥	2000.06.	11.体育西人行隧道	2001.01.
98.农科院机耕桥	2000.06.	12.站前路至站南路人行隧道	2000.12.
99.广氮厂天桥	2000.06.	13.人民北路至流花路人行隧道	2001.09.
100.车陂天桥	2000.06.	14.新体育馆(跨新广从路)人行隧道	2001.09
101.茅岗－本田厂天桥	2000.06.	15.清河东路人行隧道	
102.沙涌天桥	2000.06.	16.平康路人行隧道	
103.沙步天桥	2000.06.	**其他隧道**	
104.石化路人行天桥	2001.03	1.华南隧道(人、车行)	1990.08.
105.人民北交易会人行天桥	2001.04	2.珠江隧道(车行)	1994.01.
106.五山－华景新城人行天桥	2001.05	3.中大下穿式隧道(车行)	2000.09.
107.新体育馆周边道路人行天桥	2001.09	4.三华隧道(人、车行)	2000.12.
108.广园东路人行天桥(丰乐路)	2001.10	5.黄埔大道中央林荫隧道(车行)	2001.01
109.广园东路人行天桥(石化路)	2001.10	6.宝华隧道(人、车行)	2001.04.
110.广园东路人行天桥(南岗镇)	2001.10	7.车陂路隧道(车行)	2001.07
111.鸿洲路人行天桥	2001.12	8.新体育馆跨新广从路1号隧道(车行)	2001.09
112.何贤医院人行天桥		9.新体育馆跨新广从路2号隧道(车行)	2001.09
113.大北－禺山人行天桥			
114.大北路人行天桥			

主 要 统 计 指 标 解 释

【年末自来水生产能力】指年底城建部门管理的自来水厂和自备水源的社会单位取水、净化、送水、出厂输水干管等环节的实际生产能力。

【年末供水管道长度】指从送水泵到用户水表之间所有管道的长度。

【全年供水总量】指公用自来水厂和自备水源的社会单位全年的供水总量,包括有效供水量及损失水量。

【生活用水量】指居民日常生活与公共福利设施的用水量,包括居民、饮食店、旅馆、医院、理发店、浴池、洗衣店、游泳池、商店、学校、机关、部队等单位的用水量。

【城市人口用水普及率】指城市用水的非农业人口数(不包括临时人口和流动人口)与城市非农业人口总数之比。计算公式为:

用水普及率=城市非农业用水人口数/城市非农业人口数×100%

【煤气综合生产能力】指城市煤气厂制气、净化、输送等环节的综合实际生产能力。

【输气管道长度】指由压缩机、鼓风机、储气罐的出口到用户煤气表之间的全部管道长度。

【全年供气总量】指全年售给各类用户的全部煤气量,包括工业用量、家庭用量和其他用量。

【城市气化率】指使用燃气(包括人工煤气、液化石油气、天然气)的城市非农业人口数(不包括临时人口和流动人口)与城市非农业人口总数之比。计算公式为:

城市气化率=城市非农业用气人口数/城市非农业人口总数×100%

【年底实有铺装道路长度】指除土路外,路面经过铺筑宽度在3.5米以上的道路,包括高级、次高级道路和普通道路。

【城市桥梁】指城市范围内,修建在河道上的桥梁和道路与道路立交、道路跨越铁路的立交桥及人行天桥。包括永久性桥和半永久性桥,不包括临时性桥、铁路桥、涵洞。

【城市下水道总长度】指所有排水总管、干管、支管及暗渠、检查井、连接井进出水口等长度之和。

【年末实有公共汽(电)车】指年底可参加营运的全部车辆数,包括营运车辆数和库存查封未参加营运的车辆。不包括非营运车辆,如架线车、油罐车、工程车、货车及其他专用车辆和借入的客运车辆。

【城市园林绿地面积】指城市用作园林和绿化的各种绿地面积。包括:公共绿地、单位附属绿地、居住区绿地、专用绿地、生产绿地、防护绿地和风景林地的全部面积总和。

【公共绿地】指供游览休息的各种公园、动物园、植物园、陵园以及花园、游园和供游览休息用的林荫道绿地、广场绿地,不包括一般栽植的行道树及林荫道的面积。

第十篇

农　　业

农业生产和农村经济在结构调整中持续发展

2001年,全市农业增加值达97.28亿元,比上年增长2.2 %;农业总产值为167.05亿元,比上年增长1.6%;其中,种植业产值87.81亿元,比上年增长3.6%;林业产值1.33亿元,比上年下降7.1%;畜牧业产值40.64亿元,比上年下降4.8%;副业产值6.82亿元,比上年下降3.0%;渔业产值30.44亿元,比上年增长7.1%。

种植业生产结构进一步调整优化。2001年广州市种植业生产以市场为导向,在粮食作物播种面积继续调减的同时,进一步增加了蔬菜、花卉等高附加值农作物的播种面积,使种植业生产结构不断优化,效益提高。全年全市粮食作物播种面积为199.58万亩,比上年下降13.0%;粮食作物总产量为75.13万吨,下降14.7%。其中,甜玉米播种面积为3.71万亩,产量9844吨,分别比上年增长10.4%和6.3%;番薯播种面积为9.72万亩,产量2.72万吨,分别比上年增长2.8%和4.4%。蔬菜产销两旺。全年蔬菜播种面积和产量分别为213.11万亩和328.74万吨,分别比上年增长9.6%和7.3%;其中经济效益较好的草菇、北运菜的产量分别为9935吨和7.01万吨,分别比上年增长66.3%和40.5%。蔬菜占农作物播种面积和产量的比重分别为47.6%和55.3%,分别比上年提高了5.9个和3.1个百分点。花卉生产顺应市场的需求,从引进优良品种、扩大种植面积、产业化经营、拓宽流通渠道等多个方面促进花卉生产,成为我市种植业生产的亮点。全年花卉产值达8.39亿元,比上年增长9.6%;花卉种植面积由上年的6.14万亩扩大到7.70万亩,增长25.4%。全年水果收获面积48.44万亩,产量为34.93万吨,分别比上年增长6.0%和5.9%。其中香大蕉、荔枝、木瓜等具有岭南特色的优质水果产量分别为21.91万吨、3.35万吨、1.07万吨,分别比上年增长13.1%、13.6%、38.8%;由于受到气温偏高和阴雨时间长的影响,龙眼大幅度减产,产量为1.28万吨,比上年下降18.2%。

渔业生产规模扩大,优质品种不断增加。2001年全市水产养殖面积59.20万亩,比上年增长28.2%,其中淡、海水养殖面积分别为43.94万亩和15.26万亩,分别比上年增长2.2%和3.8倍。水产品产量33.53万吨,比上年增长3.1%,其中,淡水产品产量26.75万吨,比上年增长4.3%;海水产品产量6.78万吨,比上年下降1.5%。

畜牧业生产稳中有降,牛奶产量大幅增长。2001年,全市肉类总产量31.55万吨,比上年下降3.7%。生猪出栏193.12万头,比上年增长0.9%;猪肉产量14.36万吨,比上年增长1.5%;三鸟出栏1.24亿只,比上年下降8.5%。牛奶产量大幅度增长,总产量为4.74万吨,比上年增长14.2%。

乡镇企业的经济总量稳定增长,经济效益不断提高。全市乡镇企业总产值1773.80亿元,比上年增长11.1%,其中工业总产值1084.19亿元,比上年增长10.4%。主要特点:一是乡镇企业队伍不断壮大。2001年全市乡镇企业户数为10.2万户,比上年净增3610户,其中,私营、个体乡镇企业为9.50万户,比上年增加了3893户;总产值为955.22亿元,比上年增长20.2%,占全市乡镇企业总产值的比重为53.9%,成为拉动全市乡镇企业增长的主要动力。二是规模以上乡镇工业企业依靠科技进步,调整产业、产品结构,完善经营机制,发挥了主导作用。全市年销售收入500万元以上的乡镇工业企业有1914家,完成工业总产值590.83亿元,增长9.3%,占全市乡镇工业总产值的54.5%。三是经济效益不断提高。全年乡镇企业增加值率23.2%,比上年提高了0.8个百分点;乡镇工业企业增加值率为23.4%,比上年提高了1.3个百分点。

农业总产值及增加值

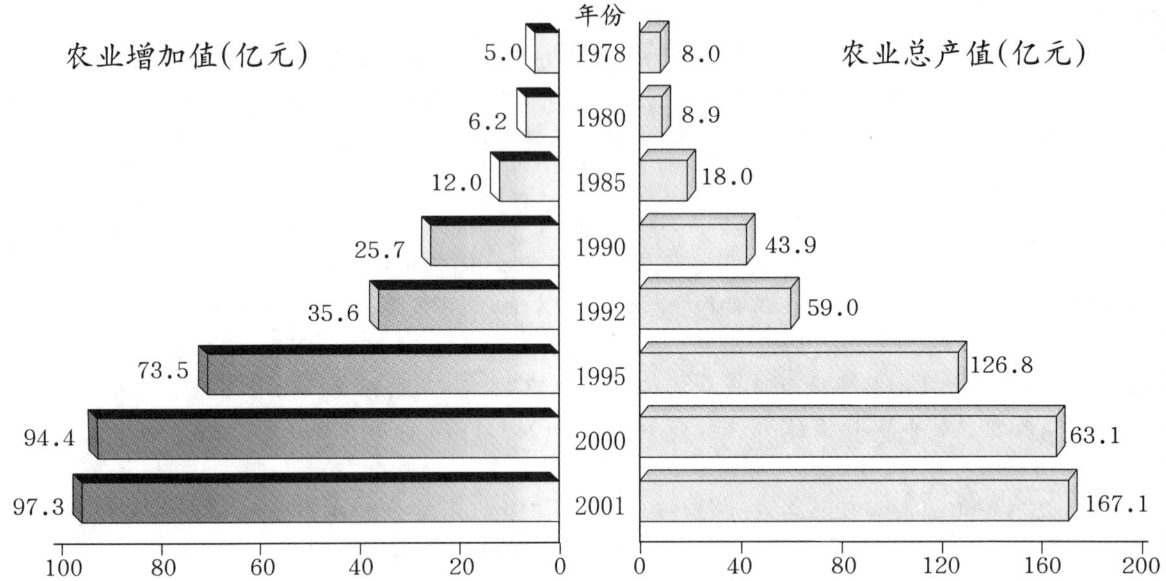

农业增加值(亿元)
年份
农业总产值(亿元)
5.0
1978
8.0
6.2
1980
8.9
12.0
1985
18.0
25.7
1990
43.9
35.6
1992
59.0
73.5
1995
126.8
94.4
2000
63.1
97.3
2001
167.1
100
80
60
40
20
0
0
40
80
120
160
200

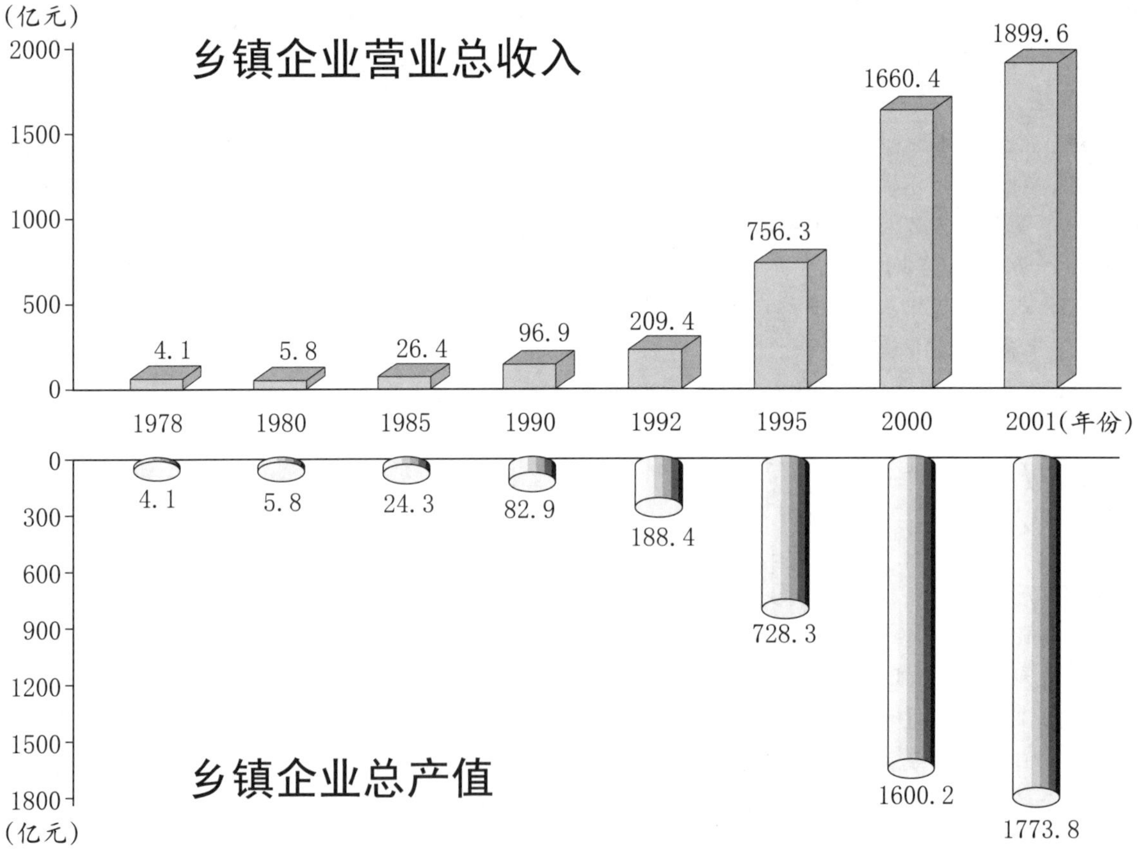

(亿元)
乡镇企业营业总收入
2000
1500
1000
500
0
4.1
5.8
26.4
96.9
209.4
756.3
1660.4
1899.6
1978
1980
1985
1990
1992
1995
2000
2001(年份)
0
300
600
900
1200
1500
1800
(亿元)
4.1
5.8
24.3
82.9
188.4
728.3
1600.2
1773.8
乡镇企业总产值

10－1 农业主要指标

项目	单位	1990年	1995年	2000年	2001年
乡镇户数	户	723782	841016	865440	882850
乡镇从业人员	人	1387731	1516681	1610371	1606899
第一产业	人	911286	879715	882664	892795
第二产业	人	295251	390257	422566	388563
第三产业	人	181194	246709	305141	325541
耕地面积	公顷	164635	132439	118460	115352
实际机耕面积	公顷	126104	101865	95331	96793
有效灌溉面积	公顷	152075	125060	112731	109861
农业机械总动力	万瓦	174421	241922	246999	247026
化肥供应量(折纯)	吨	134591	106953	90136	106315
农药供应量	吨	7483	6737	3740	2425
农村用电量	万千瓦·时	84909	376000	783960	855980
农村社会总产值	万元	1138369	8547293	16786050	18724074
农业增加值	万元	257288	734606	943719	972806
农业总产值	万元	439322	1268076	1630468	1670518
农业商品率	%	74.05	83.44	85.81	86.12
主要产品产量					
粮食	吨	1195283	978988	881069	751288
糖蔗	吨	2026304	754327	76035	85044
花生	吨	38812	27325	25625	25976
水果	吨	308886	318018	329650	349282
水产品	吨	87172	187775	325191	335295
猪肉	吨	84542	100928	141548	143612
蔬菜	吨	1263415	2158004	3064896	3287449
乡镇企业单位数	个	61324	85088	98363	101973
乡镇企业人数	人	534097	966132	1221077	1257447
乡镇企业营业总收入	万元	968773	7562954	16604241	18995663
乡镇企业固定资产原价	万元	370354	2136796	4943480	5427474

10－2 乡镇户数、人口和从业人员

(2001 年)　　　　单位：人

区、县级市	乡镇户数（户）	#农业户	乡镇人口	#农业人口	农村从业人员	#农业从业人员
全　市	882850	689011	3196403	2683241	1623935	899017
海珠区	22064	21152	66415	64668	40437	21248
天河区	32057	20200	85957	59645	40168	12116
芳村区	15747	10297	48842	32390	23651	14537
白云区	180047	125365	570918	447612	281193	140338
黄埔区	29073	17390	81390	49343	35467	14496
番禺区	230252	162307	778726	609880	434927	164207
花都区	107373	103401	410179	401630	218098	137260
增城市	172717	138626	737691	606040	334880	228048
从化市	93520	90273	416285	412033	215114	166767

10－3 农村镇、村组织情况

(2001 年)　　　　单位：个

区、县级市	镇政府		村民委员会		村民小组
	个数	干部人数（人）	个数	干部人数（人）	
全　市	74	5395	1262	8465	13787
海珠区	1	94	20	181	229
天河区	2	216	15	197	203
芳村区	1	85	17	137	133
白云区	14	600	178	1366	2032
黄埔区	3	176	16	134	223
番禺区	13	934	305	1917	2725
花都区	10	683	183	1198	1904
增城市	15	1355	302	1976	3539
从化市	15	1252	226	1359	2799

10－4 主要年份年末耕地面积

单位：公顷

年　　份	耕地面积	水(旱)田	旱　　地	平均每个农业人口有耕地	平均每个农业劳动力有耕地
1952	212968	188312	24656	0.16	0.33
1957	216368	188579	27789	0.14	0.31
1962	198186	168447	29739	0.12	0.28
1965	191252	166566	24686	0.11	0.24
1970	188398	165393	23005	0.09	0.20
1975	186869	164740	22129	0.08	0.17
1978	185735	164062	21673	0.07	0.16
1980	184827	163178	21649	0.08	0.17
1985	174338	153675	20663	0.07	0.18
1990	164635	145404	19231	0.07	0.18
1995	132439	117683	14756	0.05	0.15
1996	128186	113596	14590	0.05	0.14
1997	126340	112336	14004	0.05	0.14
1998	125440	111752	13688	0.05	0.14
1999	122704	109242	13462	0.05	0.14
2000	118460	105364	13096	0.04	0.13
2001	115352	101962	13390	0.04	0.13

10－5 年末耕地面积

（2001 年）

单位：公顷

区、县级市	合计	水（旱）田	旱地	＃粮食占用耕地面积	＃蔬菜占用耕地面积	平均每个农业人口有耕地	平均每个农业劳动力有耕地
全市	115352	101962	13390	60810	28323	0.04	0.13
海珠区	637	637			475	0.01	0.03
天河区	849	813	36	6	643	0.01	0.07
芳村区	935	935		6	313	0.03	0.06
白云区	16176	15474	702	5485	8276	0.04	0.12
黄埔区	754	727	27	88	577	0.02	0.05
番禺区	29034	26597	2437	12253	6795	0.05	0.18
花都区	16175	14590	1585	9686	2618	0.04	0.12
增城市	31982	26249	5733	19234	6111	0.05	0.14
从化市	18810	15940	2870	14052	2515	0.05	0.11

10－6 耕地面积变动情况

（2001 年）

单位：公顷

区、县级市	年内增加的耕地面积	当年减少的耕地面积	＃国家基建占用	＃农村建设占用	＃农民建房占用	＃改鱼塘	＃改种果
全市	958	4066	822	557	32	36	1306
海珠区		21	21				
天河区	163	67	46	14			
芳村区	13	20	20				
白云区	4	749	354	57	17	14	6
黄埔区	205	207	56			11	74
番禺区	523	2058	47	261	4		1126
花都区		513	238	188	1	6	3
增城市	47	416	40	37	10	5	96
从化市	3	15					1

10-7 农村乡镇从业人员分布情况

（2001年）　　　　单位：人

行业	全市	海珠区	天河区	芳村区	白云区
合计	1606899	40437	40168	23651	274807
农、林、牧、副、渔业	892795	21248	12116	14537	139554
种植业	745056	20698	9938	13503	118959
林业	3069		21		416
牧业	33479	322	370	442	9840
副业	75542		1498	400	5657
渔业	35649	228	289	192	4682
工业	309771	5125	4798	2043	56010
镇办	95075	1089	973	212	11221
村及村以下办	214696	4036	3825	1831	44789
建筑业	78792	661	976	762	15833
交通运输和邮电业	65576	1154	1974	1232	15044
商业、饮食业、物资供销和仓储业	109697	2009	6569	2234	17655
房地产管理、公用事业、居民服务和咨询服务业	11280	1264	844	59	1209
卫生、体育和社会福利事业	10485	407	922	98	1681
教育、文化、艺术和广播电视事业	11944	120	157	103	1727
科学研究和综合技术服务事业	1032	3	31		208
金融、保险业	4489	37	263	67	478
镇经济组织管理	10162	1110	383	32	1841
其他	100876	7299	11135	2484	23567

10－7　**续表**　　　　单位:人

行　　业	黄埔区	番禺区	花都区	增城市	从化市
合　计	35467	428054	218058	334516	211741
农、林、牧、副、渔业	14496	160890	137240	227821	164893
种植业	13136	127565	113544	182885	144828
林业	14	366	298	1344	610
牧业	494	3447	2943	12436	3186
副业	330	13200	13311	26249	14897
渔业	522	16312	7144	4908	1372
工业	9349	129238	43478	42925	16805
镇办	2951	48412	12033	12954	5230
村及村以下办	6398	80826	31445	29971	11575
建筑业	1136	21703	14663	13777	9281
交通运输和邮电业	3103	20068	7143	12373	3485
商业、饮食业、物资供销和仓储业	3675	44301	9946	16588	6720
房地产管理、公用事业、居民服务和咨询服务业	401	5130	1148	905	320
卫生、体育和社会福利事业	350	3674	703	1895	755
教育、文化、艺术和广播电视事业	158	5812	537	1632	1698
科学研究和综合技术服务事业	1	322	161	225	81
金融、保险业	122	2427	259	716	120
镇经济组织管理	936	1627	2734	963	536
其他	1740	32862	46	14696	7047

10-8 主要年份农业总产值

单位:万元

年份、时期	合　计	种植业	林　业	牧　业	副　业	渔　业
1949	11728	10162	20	1029	284	233
1952	15485	13229	71	1477	431	277
1957	19719	16426	189	2065	657	382
1962	28180	23792	71	2452	1279	586
1965	34122	27038	287	4869	1266	662
1970	43923	34725	360	6176	1731	931
1975	64116	49203	846	10355	2404	1308
1978	79940	62212	1367	11018	1792	3551
1980	89465	69534	2316	11730	2235	3650
1985	180163	117429	2312	43583	7309	9530
1990	439322	280156	5011	110313	15700	28142
1995	1268076	673678	10672	369589	28741	185396
1996	1429078	701636	11152	429758	38649	247883
1997	1508110	748281	12706	449656	42965	254502
1998	1540244	770438	12643	439267	52376	265520
1999	1600738	818349	12683	433928	55623	280155
2000	1630468	823477	13224	430589	66675	296503
2001	1670518	878086	13344	406407	68239	304442
“一五”时期	101614	86914	620	9012	3271	1797
“二五”时期	117821	98129	952	10906	5034	2800
1963－1965	98476	78807	663	13239	3776	1991
“三五”时期	214065	170974	1108	29390	8088	4505
“四五”时期	281725	220108	3042	42060	10640	5875
“五五”时期	393414	306952	5669	56157	11066	13570
“六五”时期	658543	455112	8949	135454	24174	34854
“七五”时期	1691762	1078926	21001	422369	65706	103760
“八五”时期	4155220	2323337	41125	1196610	100512	493636
“九五”时期	7708638	3862181	62408	2183198	256288	1344563
1979－2001	16055899	8731359	150144	4367574	519062	2287760

10－9 主要年份农业总产值

（按1990年不变价格计算） 单位：万元

年份、时期	合计	种植业	林业	牧业	副业	渔业
1949	68280	60747	201	4469	460	2403
1952	89974	79078	942	6405	696	2853
1957	120114	103118	2248	9491	1120	4137
1962	120447	105817	674	7939	1546	4471
1965	165669	136850	3305	18024	1739	5751
1970	169630	140158	2860	18268	1897	6447
1975	191602	152505	6523	23603	2026	6945
1978	215148	172325	3364	26916	2108	10435
1980	237153	190343	5634	27956	2629	10591
1985	320648	223981	4180	63571	7180	21736
1990	401185	257523	4236	93613	13605	32208
1995	645542	321622	5086	186517	28307	104010
1996	688222	312286	5454	199327	38018	133137
1997	733870	335355	5318	209847	41879	141471
1998	767853	335554	5168	217531	51017	158583
1999	841020	395916	5712	217392	53419	168581
2000	857711	391687	6194	221335	61870	176625
2001	871404	405818	5752	210630	60042	189162
“一五”时期	553719	487317	6951	37099	4987	17365
“二五”时期	582393	500684	9075	40951	6901	24782
1963－1965	449833	375443	7037	46222	4885	16246
“三五”时期	857179	715633	9948	90044	9182	32372
“四五”时期	920132	748517	22591	104802	9842	34380
“五五”时期	1074271	868603	17322	130153	11094	47099
“六五”时期	1411784	1041800	17560	245663	26175	80586
“七五”时期	1839727	1208758	26386	408483	55507	140593
“八五”时期	2692799	1483898	27362	756805	95775	328959
“九五”时期	3888676	1770798	27846	1065432	246203	778397
1979－2001	11160796	6279202	112989	2743458	488575	1536572

10－10 农业总产值及构成

（2001 年）

区、县级市	合计	种植业	林业	牧业	副业	渔业
绝对数(万元)						
全市	1670518	878086	13344	406407	68239	304442
海珠区	15679	11522		3940		217
天河区	20064	11857		7616		591
芳村区	27119	21035		5945		139
白云区	359953	180723	859	135840	14019	28512
黄埔区	20303	10073		9019		1211
番禺区	461471	212332	257	60224	5753	182905
花都区	282427	134367	5642	72368	14600	55450
增城市	329876	206294	5111	74351	12439	31681
从化市	153626	89883	1475	37104	21428	3736
构成(%)						
全市	100	52.56	0.80	24.33	4.09	18.22
海珠区	100	73.49		25.13		1.38
天河区	100	59.10		37.95		2.95
芳村区	100	77.57		21.92		0.51
白云区	100	50.21	0.24	37.74	3.89	7.92
黄埔区	100	49.61		44.43		5.96
番禺区	100	46.01	0.06	13.05	1.25	39.63
花都区	100	47.58	2.00	25.62	5.17	19.63
增城市	100	62.54	1.55	22.54	3.77	9.60
从化市	100	58.51	0.96	24.15	13.95	2.43

10－11 农业总产值

（2001 年，按 1990 年不变价格计算）　　单位：万元

区、县级市	合计	种植业	林业	牧业	副业	渔业
全市	871404	405818	5752	210630	60042	189162
海珠区	5781	4334		1338		109
天河区	7927	4793		2584		550
芳村区	13543	11176		2271		96
白云区	194964	72530	635	80025	13894	27880
黄埔区	11624	5772		4959		893
番禺区	258211	112897	83	34791	3308	107132
花都区	122220	50137	973	32566	8591	29953
增城市	156502	87129	2897	34065	12241	20170
从化市	100632	57050	1164	18031	22008	2379

10－12 农业商品产值

(2001年)　　　　单位：万元

区、县级市	合计	种植业	林业	牧业	副业	渔业
全市	1438701	708363	7819	377637	66335	278547
海珠区	14058	10220		3643		195
天河区	19303	11675		7070		558
芳村区	25979	20046		5797		136
白云区	334722	160289	567	132668	13570	27628
黄埔区	19050	9124		8870		1056
番禺区	392711	166392	118	51633	5753	168815
花都区	235931	109567	1976	64836	13942	45610
增城市	275398	158651	4290	69617	11925	30915
从化市	121549	62399	868	33503	21145	3634

10－13 农业商品产值率

(2001年)　　　　单位：%

区、县级市	合计	种植业	林业	牧业	副业	渔业
全市	86.12	80.67	58.59	92.92	97.21	91.49
海珠区	89.66	88.70		92.47		90.05
天河区	96.21	98.47		92.83		94.47
芳村区	95.80	95.30		97.52		97.78
白云区	92.99	88.69	65.99	97.67	96.79	96.90
黄埔区	93.83	90.59		98.35		87.21
番禺区	85.10	78.36	45.81	85.74	100.00	92.30
花都区	83.54	81.54	35.02	89.59	95.50	82.25
增城市	83.49	76.91	83.94	93.63	95.87	97.58
从化市	79.12	69.42	58.87	90.29	98.68	97.26

10－14 农业增加值

(2001年)　　单位:万元

区、县级市	合计	种植业	林业	牧业	副业	渔业
全市	972806	597267	9588	146195	42839	176917
海珠区	10545	8188		2192		165
天河区	11775	9022		2447		306
芳村区	14511	12105		2338		68
白云区	215464	139909	537	51280	8151	15587
黄埔区	12235	8113		3416		706
番禺区	258423	129839	44	23222	3081	102237
花都区	147852	77667	3970	25362	8238	32615
增城市	208606	151888	3979	22710	6711	23318
从化市	93395	60536	1058	13228	16658	1915

10－15 农业中间消耗

(2001年)　　单位:万元

区、县级市	合计	种植业	林业	牧业	副业	渔业
全市	697712	280819	3756	260212	25400	127525
海珠区	5134	3334		1748		52
天河区	8289	2835		5169		285
芳村区	12608	8930		3607		71
白云区	144489	40814	322	84560	5868	12925
黄埔区	8068	1960		5603		505
番禺区	203048	82493	213	37002	2672	80668
花都区	134575	56700	1672	47006	6362	22835
增城市	121270	54406	1132	51641	5728	8363
从化市	60231	29347	417	23876	4770	1821

10－16 主要农作物生产水平

单位:千克

产品名称	平均每一农业人口生产			平均每一农业劳动力生产		
	1995年	2000年	2001年	1995年	2000年	2001年
粮食	400	334	280	1087	980	836
花生	11	10	10	30	29	29
糖蔗	308	29	32	838	85	95
蔬菜	882	1162	1225	2396	3410	3657
水果	130	125	130	353	367	389

10－17 畜牧业生产水平

单位:头

区、县级市	平均每一农户生猪存栏量		平均每一农户生猪饲养量		平均每公顷耕地养猪（按饲养量计）	
	2000年	2001年	2000年	2001年	2000年	2001年
全市	**1.41**	**1.28**	**4.23**	**4.08**	**24.21**	**24.38**
海珠区	0.29	0.29	1.09	0.97	33.89	32.06
天河区	1.66	1.01	4.19	3.24	103.49	77.06
芳村区	2.66	2.30	7.30	6.62	80.27	72.96
白云区	1.87	1.79	6.68	6.36	50.20	49.26
黄埔区	2.43	2.44	6.78	7.01	151.00	161.70
番禺区	0.70	0.86	2.22	2.44	11.64	13.63
花都区	0.89	0.84	3.08	3.02	18.75	19.30
增城市	1.67	1.20	4.55	4.15	19.19	17.98
从化市	2.10	1.89	5.12	5.06	23.34	24.28

10－18 主要农作物播种面积和产量

（2001 年）

区、县级市	粮食作物			#稻谷		
	播种面积（公顷）	公顷产量（千克）	总产量（吨）	播种面积（公顷）	公顷产量（千克）	总产量（吨）
全市	133054	5646	751288	118074	5867	692685
海珠区						
天河区	24	3750	90			
芳村区	6	3833	23	6	3833	23
白云区	13780	5384	74190	11686	5576	65162
黄埔区	253	3419	865	26	5423	141
番禺区	25370	6142	155815	24506	6224	152527
花都区	21816	5877	128205	19372	6070	117593
增城市	44311	5327	236062	38417	5633	216384
从化市	27494	5675	156038	24061	5854	140855

10－18 续表 1

区、县级市	1.夏收			2.秋收		
	播种面积（公顷）	公顷产量（千克）	总产量（吨）	播种面积（公顷）	公顷产量（千克）	总产量（吨）
全市	58245	5891	343120	59829	5843	349565
海珠区						
天河区						
芳村区				6	3833	23
白云区	5863	5559	32594	5823	5593	32568
黄埔区	8	5625	45	18	5333	96
番禺区	12598	6248	78707	11908	6199	73820
花都区	9398	5901	55456	9974	6230	62137
增城市	19101	5649	107902	19316	5616	108482
从化市	11277	6067	68416	12784	5666	72439

10－18 续表 2

区、县级市	#杂粮			#薯类		
	播种面积（公顷）	公顷产量（千克）	总产量（吨）	播种面积（公顷）	公顷产量（千克）	总产量（吨）
全　市	5699	3638	20735	9281	4080	37868
海珠区						
天河区	24	3750	90			
芳村区						
白云区	967	3625	3505	1127	4901	5523
黄埔区	206	3194	658	21	3143	66
番禺区	442	3937	1740	422	3668	1548
花都区	1145	3862	4422	1299	4765	6190
增城市	2133	3548	7568	3761	3220	12110
从化市	782	3519	2752	2651	4689	12431

10－18 续表 3

区、县级市	大豆			花生		
	播种面积（公顷）	公顷产量（千克）	总产量（吨）	播种面积（公顷）	公顷产量（千克）	总产量（吨）
全　市	1001	2210	2212	10154	2558	25976
海珠区						
天河区						
芳村区						
白云区				943	2555	2409
黄埔区						
番禺区	141	2050	289	322	2680	863
花都区	310	2823	875	1535	2803	4303
增城市	212	1976	419	3604	2542	9160
从化市	338	1861	629	3750	2464	9241

10－18 续表 4

区、县级市	糖蔗			红(土)烟		
	播种面积（公顷）	公顷产量（千克）	总产量（吨）	播种面积（公顷）	公顷产量（千克）	总产量（吨）
全　市	771	110304	85044	37	2054	76
海珠区						
天河区						
芳村区						
白云区	…		22	1	2000	2
黄埔区	…		24			
番禺区	690	115068	79397			
花都区	30	103500	3105	3	1667	5
增城市	45	52689	2371	4	2250	9
从化市	6	20833	125	29	2000	60

10－18 续表 5

区、县级市	木薯			蔬菜		
	播种面积（公顷）	公顷产量（千克）	总产量（吨）	播种面积（公顷）	公顷产量（千克）	总产量（吨）
全　市	1414	17130	24222	142072	23139	3287449
海珠区				2376	21225	50431
天河区				3596	21363	76821
芳村区				2223	14556	32359
白云区	17	9824	167	46794	21191	991615
黄埔区	4	29000	116	3120	16966	52935
番禺区			5	31667	22569	714698
花都区	105	28448	2987	12470	24999	311734
增城市	394	14660	5776	26523	27366	725832
从化市	894	16970	15171	13303	24883	331024

10－18 续表6

区、县级市	果用瓜			马蹄		水果	
	播种面积（公顷）	公顷产量（千克）	总产量（吨）	播种面积（公顷）	总产量（吨）	年末面积（公顷）	总产量（吨）
全　市	852	26310	22416	631	15795	63863	349282
海珠区						1100	7561
天河区						178	973
芳村区						7	22
白云区	64	20547	1315	48	1001	6174	13147
黄埔区						1128	10363
番禺区	39	11282	440	335	7403	9243	196332
花都区	538	27740	14924	101	3620	5317	20683
增城市	42	20405	857	129	3261	21350	56977
从化市	169	28876	4880	18	510	19366	43224

10－18 续表7

区、县级市	#荔枝		#柑桔橙		#香(大)蕉		#龙眼	
	年末面积（公顷）	总产量（吨）	年末面积（公顷）	总产量（吨）	年末面积（公顷）	总产量（吨）	年末面积（公顷）	总产量（吨）
全　市	30242	33508	1203	7100	9081	219103	6195	12765
海珠区	104	11	6	8	143	3851	250	114
天河区	63	106	…	11	2	31	35	107
芳村区								
白云区	3213	2275	477	2663	108	2145	748	1355
黄埔区	270	96	45	925	275	7055	138	76
番禺区	678	1145	24	465	7309	183321	596	1183
花都区	2738	4347	23	86	337	7712	1670	2999
增城市	13217	6733	154	863	820	14006	1961	4484
从化市	9959	18795	474	2079	87	982	797	2447

10－19 畜牧业生产情况

（2001年）

单位：头

区、县级市	耕牛年末实有头数	#能劳役的	黄牛	水牛	奶牛年末实有头数	#良种奶牛
全市	64857	48830	26536	38321	18159	17222
海珠区					2069	2069
天河区	39	24	10	29	2465	2465
芳村区					402	402
白云区	4245	3227	1239	3006	7620	7585
黄埔区	39	39	7	32	6	6
番禺区	1779	1693	799	980	2897	1995
花都区	3814	2981	488	3326	2090	2090
增城市	40740	29213	22768	17972	600	600
从化市	14201	11653	1225	12976	10	10

10－19 续表1

单位：头

区、县级市	牛奶产量（吨）	牛全年出栏量		羊年末实有头数	羊全年出栏量	
		头数	牛肉产量（吨）		头数	羊肉产量（吨）
全市	47426	10813	1379	9282	14391	218
海珠区	8790					
天河区	6752	13	2	15	20	
芳村区	1570					
白云区	20238	888	122	200	1235	19
黄埔区	28			100	142	2
番禺区	5430	173	24	461	743	11
花都区	3946	344	46	1125	1378	23
增城市	659	5113	612	7108	10791	162
从化市	13	4282	573	273	82	1

10－19 续表 2　　单位：头

区、县级市	生猪全年饲养量	生猪年底存栏量	肉(肥)猪全年出栏量		家禽全年出栏量(百只)	禽蛋产量(吨)	肉类总产量(吨)
			头数	猪肉产量(吨)			
全市	2812590	881405	1931185	143612	1383133	26282	315545
海珠区	20425	6196	14229	1040	2291		1301
天河区	65422	20496	44926	3344	4654		3929
芳村区	68214	23721	44493	3296	6451		4102
白云区	796906	224384	572522	42356	583618	12899	115456
黄埔区	121922	42462	79460	5720	25247	27	8752
番禺区	395629	140214	255415	18906	251287	3403	50762
花都区	312241	87199	225042	17031	226801	5749	45755
增城市	575195	166537	408658	30339	210246	2257	54503
从化市	456636	170196	286440	21580	72538	1947	30985

10－20 水产品生产情况

(2001 年)

区、县级市	水产品产量(吨)	＃淡水产品	＃养殖	＃塘鱼	养殖面积(公顷)	＃淡水养殖	＃鱼塘
全市	335295	267474	215241	197364	39464	29290	21285
海珠区	254	254	254	254	30	30	30
天河区	1106	1106	1106	1009	113	113	84
芳村区	218	218	218	218	14	14	14
白云区	43059	29626	29490	26610	3334	3334	2883
黄埔区	1964	1776	1642	1562	187	187	175
番禺区	202272	148072	99187	91914	20374	10200	7901
花都区	48842	48842	48842	47098	7532	7532	6288
增城市	31794	31794	28716	24562	4384	4384	3200
从化市	5786	5786	5786	4137	3496	3496	710

10－21 农村经济效益主要指标

项目	单位	2000年		2001年	
		全市	#市区	全市	#市区
劳动生产率(按当年价格计算)					
按农业总产值计算	元	18141	22789	18582	23542
按农业增加值计算	元	10500	12784	10821	13304
农业(村)生产费用率	%	83.15	83.89	83.80	84.71
纯收入分配率	%	74.75	75.67	75.63	77.06
每百元农村总收入提供国家税收	元	1.54	1.57	1.58	1.60
每百元农村总收入提供公共积累	元	2.71	2.35	2.37	1.91

10－22 乡村企业主要财务指标

(2001年)　　单位:万元

项目	合计	农业	工业	建筑业	交通运输	批发零售餐饮服务及其他企业
营业收入	8031181	37027	6384870	363594	96186	1149504
费用支出	7305171	32523	5868974	340650	78668	984356
#营业成本	6766605	32390	5508955	321414	68983	834863
利润总额	462108	1940	290681	13419	14592	141476
#所得税(应交)	32292	223	20187	2323	849	8710
应交国家税金	226506	401	160516	13814	4261	47514
可供分配的利润	321142	1854	182982	7897	13334	115075
工资总额	580695	1659	495494	23848	11790	47904
固定资产原价	3522465	16592	2509804	49995	47378	898696
本年提取折旧基金	209474	487	163095	2143	2775	40974

10－23 主要农业机械年末拥有量

（2001 年）

项　　目	单　位	全　市	海　珠　区	天　河　区	芳　村　区	白　云　区
农业机械总动力合计	千瓦	2470259	50783	75834	101150	749539
柴油发动机动力	千瓦	1610741	13044	50229	57121	432176
汽油发动机动力	千瓦	615528	36155	20155	38660	280762
电动机动力	千瓦	243990	1584	5450	5369	36601
耕作机械	千瓦	330569	652	1461	296	33866
大中型拖拉机	台	283		25		1
	千瓦	10127		715		37
小型拖拉机	台	56816	79	73	35	7117
	千瓦	320012	652	746	296	33826
耕整机	台	78				1
	千瓦	427				3
机动水稻插秧机	部	1				
	千瓦	3				
大中型拖拉机机引农具	部	478				10
小型拖拉机机引农具	部	98101		98	36	11794
农用排灌机械	千瓦	157363	900	4560	7942	31844
农用排灌动力机械	台	20630	78	213	678	2604
	千瓦	157363	900	4560	7942	31844
农用水泵	台	14353	75	125	520	1803
喷灌机械	套	255			23	22
收获机械	千瓦	126926			48	17678
联合收割机	台	294				45
	千瓦	7395				1345
机动收割(晒)机	台	41				
机动脱粒机	台	43275			12	6081
	千瓦	119492			48	16333
植保机械	千瓦	4446	161	80	212	1825
机械喷雾(粉)器	部	2211	30	20	128	907
	千瓦	4446	161	80	212	1825

10－23 续表 1

项 目	单位	黄埔区	番禺区	花都区	增城市	从化市
农业机械总动力合计	千瓦	110852	442287	418385	368627	152802
柴油发动机动力	千瓦	30009	348434	300457	261469	117802
汽油发动机动力	千瓦	79995	30203	65708	47150	16740
电动机动力	千瓦	848	63650	52220	60008	18260
耕作机械	千瓦	513	74437	80542	115911	22891
大中型拖拉机	台		141		116	
	千瓦		6106		3269	
小型拖拉机	台	58	10435	19498	16925	2596
	千瓦	513	67918	80542	112628	22891
耕整机	台		74		3	
	千瓦		413		11	
机动水稻插秧机	部				1	
	千瓦				3	
大中型拖拉机机引农具	部		322		146	
小型拖拉机机引农具	部		23338	38481	22534	1820
农用排灌机械	千瓦	621	50754	24881	27814	8047
农用排灌动力机械	台	84	8484	3941	3059	1489
	千瓦	621	50754	24881	27814	8047
农用水泵	台	28	1103	6535	2927	1237
喷灌机械	套	2	5		15	188
收获机械	千瓦		46829	36940	18940	6491
联合收割机	台		72	75	65	37
	千瓦		2103	2138	1117	692
机动收割(晒)机	台			18	23	
机动脱粒机	台		13012	12527	7691	3952
	千瓦		44687	34802	17823	5799
植保机械	千瓦	40	783	176	961	208
机械喷雾(粉)器	部	20	355	49	599	103
	千瓦	40	782	176	961	208

10－23　续表 2

项目	单位	全市	海珠区	天河区	芳村区	白云区
畜牧机械	千瓦	32182	128	1505	150	3892
饲料粉碎机	台	2662	10	40	31	185
林业机械	千瓦	287				264
除草机	部					
渔业机械	千瓦	165829		26388		27025
渔用机动船	艘	5128				283
	吨	41425				13938
	千瓦	135159				25795
农产品加工机械	千瓦	98203	748	445	175	6188
碾米机	部	4071	10	13		322
磨面机	部					
榨油机	部	1157		6	26	86
淀粉加工机械	部					
运输机械	千瓦	1503824	48194	38695	91951	620906
农用载重汽车	部	19758	950	1052	705	10069
	千瓦	1307118	47794	31770	91951	607163
机动运输船	艘	9041	25			73
	吨	98373	100			4910
	千瓦	98784	400			2902
油灌车(油槽车)	辆	182		31		107
	千瓦	16120		3325		9419
农用运输车	辆	2215		120		68
	千瓦	81802		3600		1422
大中型拖车	辆	117				
小型拖车	辆	27046				906
其他农业机械	千瓦	50630		2700	376	6051
推土机	台	740		49		81
	千瓦	39147		2700		5983

10－23 续表 3

项目	单位	黄埔区	番禺区	花都区	增城市	从化市
畜牧机械	千瓦	162	6520	1721	12992	5412
饲料粉碎机	台	15	790	201	673	717
林业机械	千瓦			13		10
除草机	部					
渔业机械	千瓦	1713	105987	1275	3441	
渔用机动船	艘	73	4349	66	357	
	吨	404	26301	68	714	
	千瓦	1713	103627	583	3441	
农产品加工机械	千瓦	236	11227	39377	28617	11190
碾米机	部	17	1305	934	924	546
磨面机	部					
榨油机	部	1	648	86	161	143
淀粉加工机械	部					
运输机械	千瓦	106687	126371	226309	155196	89515
农用载重汽车	部	875	701	2586	1860	960
	千瓦	69968	49501	194433	141502	73036
机动运输船	艘	1	8039	225	678	
	吨	2	80997	8621	3743	
	千瓦	12	72350	13878	9242	
油灌车(油槽车)	辆	16	5	16	7	
	千瓦	1297	290	1145	644	
农用运输车	辆	513	157	574	197	586
	千瓦	35410	4230	16853	3808	16479
大中型拖车	辆			20	97	
小型拖车	辆		2800	10032	12153	1155
其他农业机械	千瓦	880	19379	7151	5055	9038
推土机	台	11	178	122	94	205
	千瓦	880	9559	6144	4843	9038

10－24 农 业“四 化”情 况

（2001 年）

区、县级市	农村小水电站		农村用电量（万千瓦·时）	机耕面积		有效灌溉面积	
	宗数（个）	装机容量（千瓦）		合计（公顷）	占耕地面积（%）	合计（公顷）	占耕地面积（%）
全市	95	42245	855980	96793	83.91	109861	95.24
海珠区			42128			637	100.00
天河区			12366			750	88.34
芳村区			18802			935	100.00
白云区	1	325	124503	9812	60.66	16086	99.44
黄埔区			58484			750	99.47
番禺区			287195	29010	99.92	29031	99.99
花都区	9	1473	107952	15121	93.48	16172	99.98
增城市	7	3810	157801	26850	83.95	26790	83.77
从化市	78	36637	46749	16000	85.06	18710	99.47

10－24 **续表**

区、县级市	旱涝保收面积		化肥供应量(吨)		平均每公顷耕地化肥供应量(千克)		农药供应总量（吨）	平均每公顷耕地农药供应量（千克）
	合计（公顷）	占耕地面积（%）	混合量	折纯量	按混合量计	按折纯量计		
全市	96980	84.07	288463	106315	2501	922	2425	21
海珠区	630	98.90	1770	765	2779	1201	13	20
天河区	640	75.38	2774	1157	3267	1363	4	5
芳村区	790	84.49	1985	723	2123	773	10	11
白云区	15470	95.64	51881	19802	3207	1224	472	29
黄埔区	750	99.47	2382	552	3159	732	5	7
番禺区	28370	97.71	97590	35797	3361	1233	559	19
花都区	15760	97.43	31314	11499	1936	711	229	14
增城市	20860	65.22	66226	25032	2071	783	651	20
从化市	13710	72.89	32541	10988	1730	584	482	26

10－25 主要农副产品产量与建国以来最高年份比较

（2001 年）

项　　目	2001 年	建国以来最高年份(不含当年)		2001 年为建国以来最高年(%)
		年　份	产　量	
农产品总产量(吨)				
粮食总产量	751288	1984	1259928	59.63
稻谷	692685	1984	1242982	55.73
花生	25976	1982	56397	46.06
糖蔗	85044	1985	2395941	3.55
蔬菜	3287449	2000	3064896	107.26
水果	349282	1992	406663	85.89
单位播种面积产量(公斤/公顷)				
粮食作物	5646	2000	5758	101.98
稻谷	5867	2000	5952	98.57
花生	2558	1991	2562	99.84
糖蔗	110323	1991	121120	91.09
蔬菜	23139	2000	23640	97.88
水果	5469	1992	8420	64.95
畜禽产品产量(吨)				
猪肉	143612	2000	141548	101.46
牛羊肉	1597	1993	1747	91.41
牛奶	47426	2000	41487	114.32
家禽	169743	2000	184134	92.18
鲜蛋	26282	1994	37321	70.42
水产品产量(吨)				
海水产品	67821	1998	74769	90.71
淡水产品	267474	2000	256357	104.34

10－26 乡镇企业单位数

(2001 年)　　单位:个

项　目	合　计	集体企业	镇　办	村　办	私有企业
全　市	101973	6927	1401	5526	95046
按地区分					
海珠区	602	132	32	100	470
天河区	7937	410	28	382	7527
芳村区	3294	395	27	368	2899
白云区	18193	2336	149	2187	15857
黄埔区	4179	181	54	127	3998
番禺区	27800	784	395	389	27016
花都区	15755	1030	328	702	14725
增城市	12907	818	153	665	12089
从化市	11306	841	235	606	10465
按行业分					
农业	252	252	22	230	
工业	24738	4672	1042	3630	20066
建筑业	2261	160	87	73	2101
交通运输业	12889	150	18	132	12739
商业	43417	822	140	682	42595
饮食服务业	16215	501	38	463	15714
其他	2201	370	54	316	1831

10－27 乡镇企业人数

（2001年）　　单位:人

项目	合计	集体企业	镇办	村办	私有企业
全市	1257447	560711	238000	322711	696736
按地区分					
海珠区	33603	15256	3418	11838	18347
天河区	59428	33251	3589	29662	26177
芳村区	24770	14105	1493	12612	10665
白云区	227832	150049	30652	119397	77783
黄埔区	31061	16205	5582	10623	14856
番禺区	486546	187882	109924	77958	298664
花都区	148946	70797	38314	32483	78149
增城市	155292	32402	10048	22354	122890
从化市	89969	40764	34980	5784	49205
按行业分					
农业	1995	1995	617	1378	
工业	899891	487205	211022	276183	412686
建筑业	49867	22943	17274	5669	26924
交通运输业	37488	6540	580	5960	30948
商业	144478	14008	2859	11149	130470
饮食服务业	108320	22078	3871	18207	86242
其他	15408	5942	1777	4165	9466

10－28 乡镇企业营业收入

(2001年)　　单位:万元

区、县级市	合　计	集体企业	镇　办	村　办	私有企业
全　市	18995663	8031181	4224765	3806416	10964482
海珠区	798608	204828	107615	97213	593780
天河区	797574	555725	90008	465717	241849
芳村区	415854	283517	54121	229396	132337
白云区	2880437	1795513	365826	1429687	1084924
黄埔区	318196	178746	58092	120654	139450
番禺区	5957910	1905649	1400829	504820	4052261
花都区	3195076	1699616	1086643	612973	1495460
增城市	2971222	364998	123820	241178	2606224
从化市	1660786	1042589	937811	104778	618197

10－29 乡镇企业出口情况

(2001年)　　单位:万元

区、县级市	企业单位数(个)	年末职工人数(人)	出口产品生产总值	出口产品交货值
全　市	1662	409110	3709697	3571487
海珠区	13	8426	104920	79985
天河区	16	6494	14973	14973
芳村区	17	3684	54011	53181
白云区	173	58176	442389	444988
黄埔区	28	8173	46370	47811
番禺区	815	237342	1796420	1708763
花都区	158	25546	416585	405033
增城市	366	40645	274116	266549
从化市	76	20624	559913	550204

10－30 乡镇企业成本费用支出

(2001年)　　单位:万元

区、县级市	合　计	集体企业	镇　办	村　办	私有企业
全　市	16047387	7305171	4091008	3214163	8742216
海珠区	784022	201499	109507	91992	582523
天河区	653181	447003	83700	363303	206178
芳村区	185528	81659	52479	29180	103869
白云区	2555249	1600894	353898	1246996	954355
黄埔区	277138	164984	57980	107004	112154
番禺区	5246550	1860211	1382013	478198	3386339
花都区	2950357	1610516	1043740	566776	1339841
增城市	1836773	351328	118720	232608	1485445
从化市	1558589	987077	888971	98106	571512

10－31 乡镇企业实交国家税金

(2001年)　　单位:万元

区、县级市	合　计	集体企业	镇　办	村　办	私有企业
全　市	377060	190447	81390	109057	186613
海珠区	14588	6957	4818	2139	7631
天河区	27186	18673	3054	15619	8513
芳村区	12796	9156	1675	7481	3640
白云区	93460	64825	10137	54688	28635
黄埔区	13308	7348	2616	4732	5960
番禺区	139021	49220	37894	11326	89801
花都区	30524	18748	10746	8002	11776
增城市	30380	6739	2846	3893	23641
从化市	15797	8781	7604	1177	7016

10－32 乡镇企业税后利润净额

（2001 年）　　单位：万元

区、县级市	合　计	集体企业	镇　办	村　办	私有企业
全　　市	973006	429816	102853	326963	543190
海珠区	11099	2955	－2239	5194	8144
天河区	129522	101803	9609	92194	27719
芳村区	24682	17027	1076	15951	7655
白云区	233558	147157	7121	140036	86401
黄埔区	29222	10346	－24	10370	18876
番禺区	250178	19324	1485	17839	230854
花都区	166523	72840	38114	34726	93683
增城市	46178	7736	2910	4826	38442
从化市	82044	50628	44801	5827	31416

10－33 乡镇企业工资总额

（2001 年）　　单位：万元

区、县级市	合　计	集体企业	镇　办	村　办	私有企业
全　　市	1190435	580695	287149	293546	609740
海珠区	33880	17099	9097	8002	16781
天河区	45529	28449	4210	24239	17080
芳村区	20333	13100	1654	11446	7233
白云区	243348	156480	34259	122221	86868
黄埔区	32071	16046	7233	8813	16025
番禺区	545028	243560	169464	74096	301468
花都区	119592	58987	31015	27972	60605
增城市	95700	20430	7185	13245	75270
从化市	54954	26544	23032	3512	28410

10－34 乡镇企业资本金

（2001年）

单位：万元

区、县级市	合计	集体企业	镇办	村办	私有企业
全市	3696970	2261138	1097246	1163892	1435832
海珠区	117855	93927	61251	32676	23928
天河区	263190	222142	32281	189861	41048
芳村区	72192	61884	7242	54642	10308
白云区	617831	558561	104734	453827	59270
黄埔区	115883	97828	29897	67931	18055
番禺区	1425053	734785	552298	182487	690268
花都区	502967	292404	175648	116756	210563
增城市	394138	86237	39221	47016	307901
从化市	187861	113370	94674	18696	74491

10－35 乡镇企业年末固定资产原价

（2001年）

单位：万元

区、县级市	合计	集体企业	镇办	村办	私有企业
全市	5427474	3522465	1748553	1773912	1905009
海珠区	154045	129631	89000	40631	24414
天河区	484117	458964	94121	364843	25153
芳村区	93875	81674	7638	74036	12201
白云区	988619	849408	199059	650349	139211
黄埔区	190387	142262	52404	89858	48125
番禺区	2071368	1115984	822321	293663	955384
花都区	648957	443841	283788	160053	205116
增城市	555944	143226	69882	73344	412718
从化市	240162	157475	130340	27135	82687

10－36 乡镇企业总产值

（2001 年）　　单位：万元

项目	合计	集体企业	镇办	村办	私有企业
全市	17738029	8185781	4526488	3659293	9552248
按地区分					
海珠区	439562	191945	107917	84028	247617
天河区	592270	437383	66454	370929	154887
芳村区	338717	258563	42260	216303	80154
白云区	2361955	1627161	329235	1297926	734794
黄埔区	310259	170808	57934	112874	139451
番禺区	5914307	2068097	1552685	515412	3846210
花都区	3554247	1938005	1272504	665501	1616242
增城市	2597952	426798	138631	288167	2171154
从化市	1628760	1067021	958868	108153	561739
按行业分					
农业	37661	37661	18345	19316	
工业	13751186	6840144	3892620	2947524	6911042
建筑业	822068	450467	344361	106106	371601
交通运输业	497335	83447	7395	76052	413888
商业	1031555	261434	103644	157790	770121
饮食业	1292533	289967	55467	234500	1002566
其他企业	305691	222661	104656	118005	83030

10－37 乡镇企业总产值

(2001年,按1990年不变价格计算)　　单位:万元

项目	合计	集体企业	镇办	村办	私有企业
全市	16565977	7570416	4149994	3420422	8995561
按地区分					
海珠区	395390	169061	96641	72420	226329
天河区	568923	415297	64475	350822	153626
芳村区	315943	238780	38771	200009	77163
白云区	2223945	1513834	285401	1228433	710111
黄埔区	301370	163719	56290	107429	137651
番禺区	5723077	1995451	1499651	495800	3727626
花都区	3192811	1721144	1116233	604911	1471667
增城市	2372880	388754	124652	264102	1984126
从化市	1471638	964376	867880	96496	507262
按行业分					
农业	34658	34658	15975	18683	
工业	12615770	6239258	3522658	2716600	6376512
建筑业	788435	438991	340199	98792	349444
交通运输业	497335	83447	7395	76052	413888
商业	1031555	261434	103644	157790	770121
饮食业	1292533	289967	55467	234500	1002566
其他企业	305691	222661	104656	118005	83030

10－38 农村经济收入分配和效益

单位：万元

项目	1995年		2000年		2001年	
	合计	#农民家庭经营	合计	#农民家庭经营	合计	#农民家庭经营
总收入	8184750	2475536	14645242	5307845	15630845	5718040
农业	655494	590260	836710	768692	872632	801783
林业	10207	8781	10120	8589	9941	8673
牧业	290219	267114	350177	335423	347879	330193
渔业	137687	125971	230222	219220	236299	223164
工业	4594850	561418	8954735	1892400	9628350	2135414
建筑业	669210	205246	908884	428110	897257	457494
交通运输业	316579	249238	461570	379575	470992	385507
商业饮食业	699600	232834	1495404	763435	1615824	771438
服务业	264806	69237	560735	221214	603632	235765
其他	546098	165437	836685	291187	948039	368609
总费用	6408938	1548262	12177732	3839788	13097960	4192439
纯收入	1775812	927274	2467510	1468057	2532885	1525601
国家税收	157590	46994	225613	94774	246583	103236
集体提留	420524	26177	397362	14962	370598	18409
农村居民纯收入	1197698	854103	1844535	1358321	1915704	1403956

10－39 乡镇企业营业收入1.5亿元以上企业名单

（2001年）

企业名称	营业收入（万元）	排列名次	企业名称	营业收入（万元）	排列名次
海珠区新珠江食品饮料集团公司	168190	1	白云区广州市石井水泥公司	22801	38
从化市东麟钻石有限公司	144352	2	白云区广州添利电子科技有限公司	22778	39
番禺广州华凌空调设备有限公司	109777	3	番禺区沙湾镇金江仪表厂	22341	40
广州添利线路板有限公司	87085	4	从化广州三雅摩托车有限公司	21913	41
广东精通集团广州天马摩托车有限公司	79432	5	番禺沙湾镇冠田玩具厂	21570	42
番禺灵山创信鞋业有限公司	76500	6	增城市顺龙高尔夫球制品有限公司	21000	43
番禺石楼镇中油油品销售公司	72925	7	番禺潭洲镇振裕纺织印染有限公司	20857	44
增城市广东海丰鞋业有限公司	67807	8	花都区广州永大机械有限公司	20331	45
花都广州陆仕水产有限公司	61516	9	花都区广州坤佳鞋业有限公司	19855	46
番禺万顷沙镇互太纺织印染公司	57406	10	花都区广州日山电子有限公司	19803	47
番禺化龙世门手袋有限公司	55886	11	花都区华丰印染公司	19320	48
白云区广州江丰实业有限公司	52329	12	番禺区东涌镇锦兴纺织漂染公司	19079	49
广州丝宝精细化工有限公司	49117	13	番禺区新造镇曾边轧钢厂	18989	50
番禺横沥镇合兴油脂有限公司	44370	14	番禺区石碁镇旧水坑五金综合总厂	18883	51
番禺万顷沙镇华鸣油品公司	43647	15	番禺区榄核镇敏腾实业公司	18877	52
番禺南村镇电缆有限公司	41776	16	番禺区大石建筑工程公司	18503	53
番禺鱼窝头镇裕丰钢铁有限公司	39724	17	花都区晓辉纸品印染有限公司	18249	54
番禺大岗大兴鞋业有限公司	39711	18	白云区广州强兴制鞋有限公司	17948	55
花都区广州飞达音响专业器材有限公司	33147	19	白云区广州市庆丰铜材厂	17763	56
番禺黄阁镇粤海储运公司	33125	20	番禺市桥镇海鸥卫浴有限公司	17566	57
番禺石楼镇恒兴油库公司	32665	21	番禺石碁镇珠江实业有限公司	17513	58
番禺莲花山渔农燃油有限公司	32427	22	番禺石碁镇东怡房地产公司	17454	59
番禺榄核镇镇泰工业公司	31549	23	番禺化龙镇千如电子(番禺)有限公司	17359	60
从化广州鑫林工艺有限公司	31149	24	白云区广州镇达玩具厂	16962	61
白云区镇泰(广州)有限公司	30910	25	广州市金汇丰贸易有限公司	16851	62
花都区广州宏昌胶粘带厂	28678	26	番禺石楼镇番龙石油化工有限公司	16805	63
番禺石楼镇喜之朗公司	27650	27	番禺东涌镇励业漂染厂	16754	64
番禺黄阁镇埃克森化工(番禺)有限公司	27220	28	广州美业针织有限公司	16682	65
海珠区镇泰海珠公司	27215	29	花都区广州江滨皮革制品有限公司	16534	66
番禺化龙镇广东日立有限公司	26282	30	从化市四建公司	16501	67
天河区千鹤房地产有限公司	24908	31	番禺区大石镇明珠星钟厂	16306	68
从化广州市新动力摩托车工业有限公司	24342	32	番禺钟村镇骏升科技有限公司	15962	69
番禺石楼镇泛达化工公司	24242	33	白云区石井水泥厂	15915	70
白云区广州顺达饼干厂	24104	34	番禺区石碁镇艺彩印刷联合有限公司	15836	71
花都区广州永大不锈钢型材有限公司	23019	35	番禺区东涌镇京写万威电路板厂	15713	72
白云区广州白云电器设备厂	22892	36	番禺石楼镇阿乐斯绝热材料公司	15116	73
天河区大威汽车服务公司	22839	37	番禺南村镇利德鞋业有限公司	15000	74

10－40 乡镇企业营业收入10亿元以上的镇名单

（2001年）

乡（镇）名称	营业收入（万元）	排列名次	乡（镇）名称	营业收入（万元）	排列名次
花都区新华镇	916831	1	番禺区化龙镇	189104	30
番禺区大石镇	881896	2	增城市石滩镇	185455	31
增城市新塘镇	812291	3	从化市城郊镇	179340	32
海珠区新滘镇	700003	4	花都区北兴镇	172161	33
番禺区石碁镇	645353	5	白云区人和镇	168505	34
番禺区沙湾镇	528632	6	黄埔区大沙镇	163595	35
白云区石井镇	510790	7	从化市江埔镇	161208	36
花都区狮岭镇	450292	8	增城市永和镇	160628	37
番禺区钟村镇	434283	9	白云区神山镇	153062	38
花都区花山镇	397752	10	从化市鳌头镇	148164	39
花都区花东镇	374847	11	白云区钟落潭镇	141391	40
花都区炭步镇	345248	12	花都区芙蓉镇	140107	41
番禺区石楼镇	332509	13	从化市街口镇	133900	42
天河区东圃镇	329876	14	增城市中新镇	132268	43
芳村区东漖镇	320863	15	白云区三元里街	131063	44
白云区江高镇	310958	16	番禺区市桥镇	126186	45
增城市荔城镇	309600	17	番禺区万顷沙镇	124297	46
番禺区灵山镇	301143	18	番禺区鱼窝头镇	124112	47
白云区新市镇	281933	19	增城市沙埔镇	123218	48
番禺区榄核镇	275910	20	黄埔区南岗镇	122137	49
番禺区南村镇	274825	21	白云区龙归镇	121130	50
天河区沙河镇	265403	22	番禺区大岗镇	120222	51
花都区赤坭镇	260355	23	花都区梯面镇	118885	52
番禺区东涌镇	253286	24	从化市神岗镇	113213	53
从化市太平镇	246298	25	番禺区横沥镇	107990	54
番禺区潭州镇	230878	26	增城市镇龙镇	107323	55
从化市棋杆镇	228717	27	白云区罗岗镇	105075	56
白云区太和镇	207481	28	从化市龙潭镇	103338	57
增城市仙村镇	195882	29			

10－41 乡镇企业营业收入4亿元以上的村名单

（2001年）

乡（镇）村名称	营业收入（万元）	排列名次	乡（镇）村名称	营业收入（万元）	排列名次
白云区三元里街三元里村	131063	1	海珠区新滘镇石溪村	53460	27
白云区九佛镇凤尾村	118739	2	番禺区钟村镇谢　村	53120	28
白云区江高镇江村村	110019	3	番禺区沙湾镇蚬涌村	52710	29
番禺区大石镇沙溪村	108900	4	番禺区沙湾镇福涌村	52328	30
番禺区石楼镇海心村	107201	5	天河区东圃镇黄　村	51742	31
番禺区灵山镇九比村	107185	6	芳村区东滘镇东滘村	51672	32
增城市石滩镇横岭村	83597	7	海珠区新滘镇土华村	48590	33
番禺区东涌镇东导村	83087	8	海珠区新滘镇沥滘村	48445	34
白云区棠景街棠溪村	82820	9	花都区新华镇新华村	46932	35
番禺区石碁镇石岗东村	76902	10	番禺区沙湾镇龙歧村	46038	36
天河区东圃镇吉山村	70867	11	番禺区榄核镇人民村	44500	37
番禺区东涌镇官坦村	69567	12	花都区新华镇三东村	43972	38
番禺区沙湾镇陈涌村	68710	13	番禺区沙湾镇草河村	43915	39
番禺区大石镇东乡村	64599	14	天河区东圃镇棠东村	43378	40
番禺区榄核镇榄核村	63644	15	番禺区石碁镇罗家村	42688	41
天河区东圃镇棠下村	61390	16	番禺区大石镇会江村	42485	42
天河区东圃镇前进村	60349	17	花都区新华镇田美村	42305	43
天河区沙河镇扬箕村	59590	18	花都区新华镇五华村	42249	44
番禺区石楼镇赤山东村	58684	19	白云区新市镇望岗村	42143	45
增城市新塘镇大墩村	58625	20	天河区沙河镇元岗村	41679	46
天河区东圃镇珠　村	58226	21	番禺区大石镇大山村	41652	47
白云区棠景街远景村	57598	22	增城市新塘镇群星村	41083	48
番禺区大石镇何　村	57375	23	番禺区鱼窝头镇太石村	40990	49
海珠区新滘镇联星村	57100	24	白云区太和镇大源村	40560	50
番禺区石碁镇石碁村	54633	25	番禺区潭洲镇放马村	40351	51
芳村区东滘镇增滘村	54018	26			

10－42 乡镇(街)社会经济发展基本情况

(2001 年)

镇 名 称	乡镇基本情况				
	村民委员会(个)	＃通公路	＃通自来水	乡镇户数(户)	乡镇人口(人)
天河区沙河镇	6	6	7	7622	22427
东圃镇	9	9	8	10384	21690
白云区萝岗镇	12	12	6	12693	4493
新市镇	10	10	10	10034	36345
石井镇	19	19	19	22142	70175
太和镇	14	14	10	14315	45442
龙归镇	7	7	4	8485	23962
竹料镇	14	14	5	13459	42902
良田镇	8	8	6	7092	23687
钟落潭镇	15	15	15	13546	41074
九佛镇	14	14	12	9473	31101
人和镇	18	18	11	16909	60864
蚌湖镇	7	7	2	6167	18101
江高镇	18	18	18	16849	49062
神山镇	17	17	17	11615	36173
雅瑶镇	5	5	5	3786	10617
黄埔区大沙镇	6	5	6	10775	28408
南岗镇	7	7	7	13728	39759
长洲镇	2	2	2	2490	7704
番禺区沙湾镇	18	18	18	16339	52321
榄核镇	13	13	13	8075	29205
灵山镇	19	19	19	12541	48684
鱼窝头镇	12	12	12	10609	37071
东涌镇	11	11	11	9012	30541
万顷沙镇	10	10	10	7776	29115
南沙镇	16	16	16	10923	28697
潭洲镇	19	19	19	10576	37459
横沥镇	13	13	13	6074	22244
黄阁镇	15	15	15	10626	33357
石楼镇	18	18	18	14301	51260
化龙镇	14	14	14	9086	29389
石碁镇	29	29	30	21873	75319
南村镇	17	17	17	12328	44447
新造镇	15	15	6	7328	25827
大石镇	24	24	24	27440	80912
钟村镇	18	18	18	13561	47615
市桥镇	26	26	26	11356	40088
大岗镇	5	5	5	5062	15583
新垦镇	7	7	7	1580	5259
莲花山镇	6	6	6	3786	13333

10－42 续表 1

镇 名 称	乡 镇 基 本 情 况				
	村民委员会(个)	#通公路	#通自来水	乡镇户数(户)	乡镇人口(人)
花都区新华镇	24	24	18	92767	236166
花东镇	30	30	5	14772	59078
花山镇	27	27	4	17852	68890
狮岭镇	18	18	5	13349	54317
炭步镇	29	29	6	12753	43648
赤坭镇	31	31	14	11246	43511
北兴镇	17	17	4	7352	34175
梯面镇	9	9	5	1872	7535
芙蓉镇	7	7	1	3020	10874
花侨镇	7	7	6	1304	3110
增城市荔城镇	31	31	19	15194	68708
新塘镇	36	36	36	27269	95570
永和镇	14	14	14	9331	40646
仙村镇	18	18	18	12555	44794
沙埔镇	9	9	9	5057	16073
宁西镇	10	10	4	3567	13910
石滩镇	24	24	24	18317	66633
三江镇	18	18	18	10146	33265
中新镇	14	14	6	7690	27661
镇龙镇	14	14	3	7059	36690
福和镇	22	22	1	9779	42590
派潭镇	36	36	13	15141	73972
小楼镇	21	21	5	10408	48043
正果镇	31	31	10	11643	49508
朱村镇	12	12	5	7022	30719
沙庄镇	4	4	4	2539	9309
从化市太平镇	17	17	6	9614	41456
神岗镇	21	21	9	9586	45307
城郊镇	28	26	4	11190	46356
江埔镇	21	21	21	8940	41870
灌村镇	9	8	8	4402	19294
桃园镇	13	12	6	5010	23886
良口镇	22	22	3	6824	31575
吕田镇	17	17	16	6284	24403
棋杆镇	12	12	12	6995	28362
民乐镇	10	10	2	3889	16375
鳌头镇	23	23	12	9968	46001
龙潭镇	19	19	6	10877	43908
东明镇	9	9	9	2345	11010
街口镇	5	5	5	1899	6987
温泉镇	2	2	2	1804	4277

镇名称	农业生产条件			
	年末耕地面积（亩）	农业机械总动力（千瓦）	有效灌溉面积（亩）	农业技术人员（人）
天河区沙河镇	5640	28825	5204	12
东圃镇	6230	22949	5249	6
白云区萝岗镇	4785	47822	4785	282
新市镇	18202	18164	16770	151
石井镇	21714	280417	21690	85
太和镇	18731	22513	18690	603
龙归镇	13686	10114	13680	341
竹料镇	21252	30374	20100	694
良田镇	12130	20155	12135	10
钟落潭镇	18357	23235	17610	367
九佛镇	14838	15498	14520	27
人和镇	26030	55171	25095	434
蚌湖镇	10045	5300	10035	226
江高镇	31407	53920	30135	85
神山镇	18531	65415	18525	238
雅瑶镇	4558	5558	4155	200
黄埔区大沙镇	4062	1886	4065	17
南岗镇	6210	0	4905	6
长洲镇	720	100	720	6
番禺区沙湾镇	15975	3495	15975	6
榄核镇	29310	43003	29310	38
灵山镇	50220	36714	50220	4
鱼窝头镇	36480	22728	36480	10
东涌镇	26340	12010	26340	250
万顷沙镇	8580	9329	8580	38
南沙镇	2310	3525	2160	4
潭洲镇	29370	19167	29205	10
横沥镇	21480	17298	21480	16
黄阁镇	19500	14611	19500	24
石楼镇	29940	25310	29940	144
化龙镇	15195	6263	4140	6
石碁镇	30720	27030	29520	8
南村镇	10605	1242	4500	75
新造镇	15135	8778	10950	2
大石镇	12150	247	12150	75
钟村镇	19980	3074	16635	3
市桥镇	3630	186	3630	12
大岗镇	255	121	255	0
新垦镇	3045	15599	2835	2
莲花山镇	3165	976	2505	1

10－42 续表 3

镇名称	农业生产条件			
	年末耕地面积（亩）	农业机械总动力（千瓦）	有效灌溉面积（亩）	农业技术人员（人）
花都区新华镇	24158	40870	23700	46
花东镇	29400	2582	28650	18
花山镇	47535	32871	45345	26
狮岭镇	30135	43189	29505	35
炭步镇	41219	92699	39863	39
赤坭镇	44589	51477	41385	38
北兴镇	15360	8043	13995	48
梯面镇	3870	39145	3480	11
芙蓉镇	5625	1188	5625	8
花侨镇	684	0	0	12
增城市荔城镇	47837	48626	36750	11
新塘镇	27041	68370	20700	51
永和镇	19789	35907	12765	15
仙村镇	25429	23543	19965	80
沙埔镇	8910	10464	8085	38
宁西镇	8452	1577	5970	15
石滩镇	56520	37268	42525	28
三江镇	36870	35326	30750	23
中新镇	22080	14785	18225	13
镇龙镇	24450	5507	21225	4
福和镇	36090	6210	31650	27
派潭镇	51820	24841	48000	45
小楼镇	38190	18276	28650	185
正果镇	37487	18388	32760	34
朱村镇	32625	12539	28320	4
沙庄镇	5925	7000	4665	4
从化市太平镇	18337	12892	17325	5
神岗镇	24390	16302	18030	195
城郊镇	41445	14273	31995	21
江埔镇	23715	11963	23715	25
灌村镇	12810	6178	12810	5
桃园镇	18190	5659	9135	13
良口镇	20070	10239	18412	25
吕田镇	19119	15732	15540	22
棋杆镇	19605	6799	10995	12
民乐镇	12825	4013	9030	25
鳌头镇	26235	18484	22005	510
龙潭镇	33015	14685	28245	65
东明镇	5625	3237	4035	15
街口镇	1425	6848	1095	67
温泉镇	240	5498	210	3

单位：万元

镇名称	乡镇经济情况						
	粮食总产量（吨）	肉类总产量（吨）	农村经济总收入	乡镇企业营业收入	乡镇企业净利润	财政收入	财政支出
天河区沙河镇	0	861	223188	265405	37106	6995	7583
东圃镇	90	1324	180000	275290	48051	948	950
白云区萝岗镇	3404	10477	109938	105075	7437	4276	4207
新市镇	805	8389	278261	275572	19514	3262	4128
石井镇	1820	10471	574985	355498	28524	3798	4692
太和镇	3277	6875	228803	207481	8572	2359	2356
龙归镇	4423	3851	183931	121130	9095	1338	3272
竹料镇	9985	5618	128382	94533	3332	2692	2692
良田镇	5024	7177	60667	15949	503	1200	1200
钟落潭镇	8976	10236	150946	141391	9365	1209	1209
九佛镇	7251	9759	157511	124905	29558	1317	1871
人和镇	8807	13487	153512	125032	15545	2313	6046
蚌湖镇	1047	3914	96210	88183	3734	1150	1150
江高镇	9694	12783	398223	310958	21812	3190	3141
神山镇	8382	8174	175118	153062	10726	2151	2111
雅瑶镇	1416	1750	30003	27040	1265	1486	1272
黄埔区大沙镇	243	3849	180328	164817	15718	2404	1664
南岗镇	587	4527	165879	122137	10334	4866	4352
长洲镇	35	249	9466	6396	－67	570	1129
番禺区沙湾镇	5725	7371	779118	528632	23326	12395	12985
榄核镇	11521	1296	327860	276922	10857	4744	4645
灵山镇	19225	2009	359594	302729	11964	5761	5523
鱼窝头镇	15864	4136	155833	125017	2162	4979	4911
东涌镇	12400	1514	326625	253286	11000	4076	4046
万顷沙镇	6459	217	141561	125783	940	3343	3343
南沙镇	1607	737	517425	430658	34300	14132	14849
潭洲镇	17591	873	245622	230878	9269	4951	4855
横沥镇	13628	568	130976	107990	1222	4373	4472
黄阁镇	10149	1337	177316	153159	6396	5928	6127
石楼镇	19279	2338	441025	366482	6336	8590	8419
化龙镇	3415	6769	229370	189104	433	5830	5058
石碁镇	9333	3061	690287	645353	21537	12132	11908
南村镇	757	3957	330835	275259	9511	10709	10696
新造镇	3096	3268	833893	79425	3283	4939	4512
大石镇	349	1893	9170018	881896	31352	10864	11352
钟村镇	59	5188	390650	356108	372	8946	7193
市桥镇	884	3032	783617	739798	54686	8043	6905
大岗镇	126	14	210200	130000	710	4072	3961
新垦镇	24	21	8230	3178	570	1534	1533
莲花山镇	887	125	121881	92906	3112	2690	2807

单位:万元

镇名称	乡镇经济情况						
	粮食总产量(吨)	肉类总产量(吨)	农村经济总收入	乡镇企业营业收入	乡镇企业净利润	财政收入	财政支出
花都区新华镇	15314	5229	1089740	916832	45938	15283	15494
花东镇	18711	4257	452202	182874	6619	6540	6155
花山镇	31930	9746	450952	401647	13001	5178	5175
狮岭镇	11888	3186	552894	450292	33627	7656	7632
炭步镇	19430	5905	421723	345248	15692	7228	7228
赤坭镇	19582	8352	318680	185473	1826	3746	3728
北兴镇	8422	4556	195839	165208	5654	2796	2795
梯面镇	2428	983	191410	118885	7111	1595	1595
芙蓉镇	491	384	144813	114017	5093	2601	2594
花侨镇	9	363	21535	16817	6100	743	742
增城市荔城镇	23544	7711	604856	309600	976	3586	3544
新塘镇	9734	5351	1659930	812291	9354	18185	17780
永和镇	9762	1759	283860	137000	12005	3496	2942
仙村镇	9785	1954	270577	195882	1171	1005	977
沙埔镇	6810	1187	202200	102400	38600	1263	1265
宁西镇	4392	2033	43236	14463	877	711	699
石滩镇	13199	4146	198353	185455	8254	2610	2644
三江镇	26554	6175	77193	73954	5328	942	927
中新镇	12008	3420	235268	132268	2057	912	905
镇龙镇	13209	1674	186110	107323	890	720	341
福和镇	18484	3230	59802	43965	210	2847	875
派潭镇	31477	4382	76000	65468	5893	1170	1166
小楼镇	14923	4151	93819	48051	1910	606	615
正果镇	18049	1607	107728	87165	3530	980	2116
朱村镇	18280	3646	71980	60860	315	892	889
沙庄镇	2647	504	38102	28727	80	391	436
从化市太平镇	9520	4065	339166	246298	11218	1696	1666
神岗镇	20500	2360	127521	113213	6109	1526	1526
城郊镇	21414	4095	182314	159488	10687	792	786
江埔镇	8711	2159	188606	161208	7642	1200	1172
灌村镇	3593	850	81200	74013	4211	548	546
桃园镇	7353	1048	107773	95010	4479	642	624
良口镇	12226	1616	70777	63650	5291	1021	1018
吕田镇	9596	1074	54527	37074	2550	1136	1123
棋杆镇	10858	2519	327450	228717	10030	981	878
民乐镇	5693	1005	48150	44050	22025	548	545
鳌头镇	21034	4592	161000	148164	6141	2312	2260
龙潭镇	20931	2955	113338	103338	5095	1553	1551
东明镇	2763	319	3582	455	121	539	525
街口镇	296	413	260800	246181	13150	1139	1131.5
温泉镇	138	205	14138	9908	702	901	870

镇名称	乡镇教育卫生情况				
	在校学生总数	教师总数	乡镇村卫生院(所)数(个)	医务人员数(人)	敬老院、福利院数
天河区沙河镇	13265	393	8	130	2
东圃镇	3982	386	6	20	1
白云区萝岗镇	11118	617	9	47	1
新市镇	15905	781	10	62	0
石井镇	14379	1121	32	213	15
太和镇	10998	543	16	480	16
龙归镇	5379	288	1	40	8
竹料镇	8661	505	15	168	1
良田镇	5616	303	14	51	0
钟落潭镇	9422	621	21	90	1
九佛镇	7120	460	1	30	1
人和镇	14880	921	19	101	0
蚌湖镇	3221	202	8	59	1
江高镇	13218	892	32	175	1
神山镇	7909	435	18	120	3
雅瑶镇	2878	135	3	52	1
黄埔区大沙镇	3600	201	5	19	0
南岗镇	4686	316	11	35	1
长洲镇	920	66	2	23	2
番禺区沙湾镇	11709	711	17	150	1
榄核镇	5609	284	3	88	1
灵山镇	9268	512	21	103	1
鱼窝头镇	7449	447	14	98	1
东涌镇	2186	340	1	80	1
万顷沙镇	5447	251	10	145	1
南沙镇	7430	441	16	142	1
潭洲镇	8573	463	1	87	1
横沥镇	3993	203	5	70	1
黄阁镇	5676	371	22	118	1
石楼镇	11047	605	15	100	1
化龙镇	4874	267	13	115	1
石碁镇	18963	1034	32	177	1
南村镇	9503	503	17	137	1
新造镇	4387	223	1	74	1
大石镇	18403	959	43	192	1
钟村镇	8693	443	17	144	1
市桥镇	30250	1600	8	1758	2
大岗镇	3600	190	2	166	1
新垦镇	1251	62	1	59	1
莲花山镇	2800	145	1	67	1

单位:人

镇名称	乡镇教育卫生情况				
	在校学生总数	教师总数	乡镇村卫生院(所)数(个)	医务人员数(人)	敬老院、福利院数
花都区新华镇	34065	1634	27	225	1
花东镇	10652	566	26	78	1
花山镇	13789	816	29	187	1
狮岭镇	14540	731	18	80	1
炭步镇	8951	534	35	134	1
赤坭镇	8597	466	3	156	1
北兴镇	7751	405	16	68	1
梯面镇	1698	139	10	18	1
芙蓉镇	2404	136	7	42	1
花侨镇	485	25	1	63	1
增城市荔城镇	26766	1341	32	684	1
新塘镇	19416	951	31	476	6
永和镇	4350	410	15	81	1
仙村镇	7627	407	21	141	1
沙埔镇	1676	138	9	60	1
宁西镇	2561	143	8	64	1
石滩镇	11127	539	35	146	1
三江镇	4952	332	36	105	1
中新镇	5883	337	15	150	1
镇龙镇	6395	332	16	133	1
福和镇	7232	404	21	57	1
派潭镇	12076	641	39	110	0
小楼镇	8450	433	15	90	1
正果镇	6911	386	29	123	1
朱村镇	5740	325	12	40	1
沙庄镇	1535	88	6	12	0
从化市太平镇	8629	484	14	121	1
神岗镇	9371	488	18	100	1
城郊镇	9000	550	34	40	1
江埔镇	8838	464	22	60	1
灌村镇	3762	207	8	39	1
桃园镇	5406	241	13	28	1
良口镇	4722	412	19	115	1
吕田镇	4328	234	14	72	1
棋杆镇	5229	314	11	84	1
民乐镇	2937	181	9	38	1
鳌头镇	7948	396	18	152	1
龙潭镇	6633	413	17	101	1
东明镇	1624	121	9	37	1
街口镇	5205	238	6	327	1
温泉镇	923	87	1	25	0

主 要 统 计 指 标 解 释

【农业总产值】以货币表现的农、林、牧、副、渔五业全部产品的总量，它反映一定时期内农业生产的总规模和总成果。

农、林、牧、副、渔五业的统计范围：

1. 农作物种植业 包括粮、棉、油料、糖料、麻类、烟叶、蔬菜、药材、瓜类和其他农作物的种植，以及茶园、桑园、果园的生产经营。

2. 林业 包括林木的栽培（不包括茶园、桑园和果园的栽培、管理和收获等活动）、林产品的采集和村及村以下合作经济组织和农户的林木采伐。

3. 牧业 包括除渔业养殖以外的一切动物饲养和放牧。

4. 副业 包括采集野生植物、捕猎野兽、野禽及农民家庭兼营的工业。

5. 渔业 包括水生动物和海藻类植物的养殖和捕捞。

农业总产值的计算方法通常是按农林牧渔业产品及其副产品的产量，分别乘以各自单位产品价格求得，少数生产周期较长，当年没有产品或产品产量不易统计的则采用间接方法匡算其产值，然后将五业产品产值相加即为农业总产值。

【粮食产量】指全社会的产量。包括国有经济经营的、集体统一经营的和农民家庭经营的粮食产量，还包括工矿企业办的农场和其他生产单位的产量。粮食除包括稻谷、小麦、玉米、高粱、谷子及其他杂粮外，还包括薯类和豆类。其产量计算方法，豆类按去豆荚后的干豆计算；薯类（包括甘薯和马铃薯，不包括芋头和木薯）1963 年以前按每 4 公斤鲜薯折 1 公斤粮食计算，从 1964 年开始改为按 5 公斤鲜薯折 1 公斤粮食计算。城市郊区作为蔬菜的薯类（如马铃薯等）按鲜品计算，并且不作粮食统计。其他粮食一律按脱粒后的原粮计算。

【水产品产量】指人工养殖的水产品和天然生长的水产品的捕捞量。包括海水的鱼类、虾蟹类、贝类和藻类以及内陆水域的鱼类、虾蟹类和贝类，不包括淡水生植物。

【猪、牛、羊肉产量】指当年出栏并已屠宰、除去头蹄下水后带骨肉（即胴体重）的重量。

【耕地面积】指可以用来种植农作物、经常进行耕锄的田地，包括熟地、当年新开荒地、连续撂荒未满三年的耕地和当年的休闲地（轮歇地），还包括以种植农作物为主并附带种植桑树、茶树、果树和其他林木的土地，以及沿海、沿湖地区已围垦利用的“海涂”、“湖田”等面积。不包括属于专业性的桑园、茶园、果园、果木苗圃、林地、芦苇地、天然或人工草地面积。

【农作物播种面积】指实际播种或移植有农作物的面积。凡是实际种植有农作物的面积，不论种植在耕地上还是种植在非耕地上，均包括在农作物播种面积中。在播种季节基本结束后，因遭灾而重新改种和补种的农作物面积，也包括在内。

【有效灌溉面积】指具有一定的水源，地块比较平整，灌溉工程或设备已经配套，在一般年景下当年能够进行正常灌溉的耕地面积。

【农用化肥施用量】指本年内实际用于农业生产的化肥数量，包括氮肥、磷肥、钾肥和复合肥。化肥施用量要求按折纯量计算数量。折纯量是指把氮肥、磷肥、钾肥分别按含氮、含五氧化二磷、含氧化钾的百分之一百成份进行折算后的数量。复合肥按其所含主要成分折算。

【农业机械总动力】指主要用于农、林、牧、渔业的各种动力机械的动力总和。包括耕作机械、排灌机械、收获机械、农用运输机械、植物保护机械、牧业机械、林业机械、渔业机械和其他农业机械〔内燃机按引擎马力折成瓦（特）计算、电动机按功率折成瓦（特）计算〕。不包括专门用于乡、镇、村、组办工业、基本建设、非农业运输、科学试验和教学等非农业生产方面用的动力机械与作业机械。

第十一篇

工　　业

工业保持较快增长　运行质量有新提高

2001年广州市工业面对全球经济增长放缓等不利因素的影响，积极开拓进取，致力提高工业经济运行质量，使工业生产在继续保持较快增长的同时，经济效益继续提高。全市完成工业总产值3393.19亿元，比上年增长14.9%，其中规模以上工业企业完成工业总产值2829.15亿元，比上年增长16.2%；完成工业增加值794.85亿元，比上年增长13.8%。

1.重工业生产快速增长，轻重结构发生了积极的变化。2001年全市规模以上重工业完成工业总产值1289.75亿元，比上年增长21.2%；轻工业完成工业总产值1539.40亿元，比上年增长12.8%。由于近几年广州市加大了重工业的投资力度，促进了重工业快速发展，在广州本田汽车、风神汽车、珠钢、石化（乙烯）等重工企业的拉动下，重工业生产增幅比轻工业高8.4个百分点。重工业的发展速度已连续5年快于轻工业。轻、重工业比重已由上年的55.2:44.8发展为54.4:45.6。

2.国有、集体企业产值所占比重下降，三资企业、股份制企业比重上升。2001年全市规模以上三资企业、股份制企业分别完成工业总产值1680.34亿元、534.77亿元，两项合计比上年增长29.5%；占全市工业总产值的78.3%，比上年提高了12.3个百分点。而国有企业、集体企业的工业总产值则比上年分别下降26.8%、21.7%，国有和集体企业的比重由上年的25.1%下降为14.3%。

3.调整产业结构，壮大和提升了支柱行业。2001年规模以上交通运输设备制造业、电子及通信设备制造业、化学原料及化学制品制造业、电气机械及器材制造业、食品加工业和食品制造业等六个行业生产发展较快，共完成工业总产值1215.49亿元，比上年增长28.8 %；六大行业占全市工业总产值的43.0%，比上年上升了4.8个百分点。广州市重点发展的电子产业、汽车制造业和石油化工制造业分别完成工业总产值215亿元、208亿元和442亿元，分别增长33.8%、65.2%和26.0%；三大支柱产业合计完成工业总产值865亿元，比上年增加180亿元，增长36.4%；对全市工业增长的贡献率为62.6%，拉动全市工业增长10.2个百分点，成为广州工业增长的主要动力。

4.工业高新技术产品生产加快发展。2001年全市工业企业加强企业技术改造，加大研发投入，促进了工业高新技术产品生产的发展。全市工业企业实现高新技术产品产值610.86亿元，比上年增加123.57亿元，增长31.6%，比全市增幅高16.7个百分点；高新技术产品产值占全市工业总产值的18.0%，比上年提高2.2个百分点。

5.产品结构调整形成了一批优势拳头产品。2001年广州市工业产品更新换代步伐加快，产品的技术水平和质量都有了明显的提高，并形成了一定的生产规模，其中，本田汽车、珠江钢琴、南方高科手机、七喜电脑、乐华彩电、日立电梯、美晨系列等产品全面增长，在市场竞争中显示出较强的竞争力，成为我市优势拳头产品。

6.工业经济效益整体水平继续提高。2001年，全市规模以上工业企业实现产品销售收入2811.31亿元，比上年增长10.9%；实现利润140.08亿元，增长18.3%；工业经济效益综合指数为137.88%，比上年提高了12.74个百分点。在构成工业经济效益综合指数的七项指标中，六项上升，一项下降。其中总资产贡献率为10.72%，提高1.11个百分点；资本保值增值率112.24%，提高10.07个百分点；资产负债率（逆指标）55.38%，下降3.75个百分点；流动资产周转率1.8次，提高0.07次；成本费用利润率5.31%，提高0.38个百分点；全员劳动生产率69917元/人，增长22.28%；产品销售率96.04%，下降0.84个百分点。

工业总产值及增加值

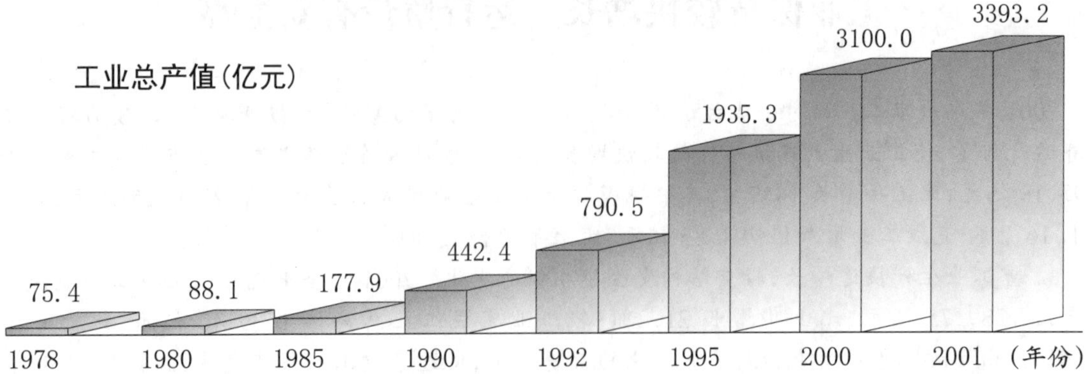

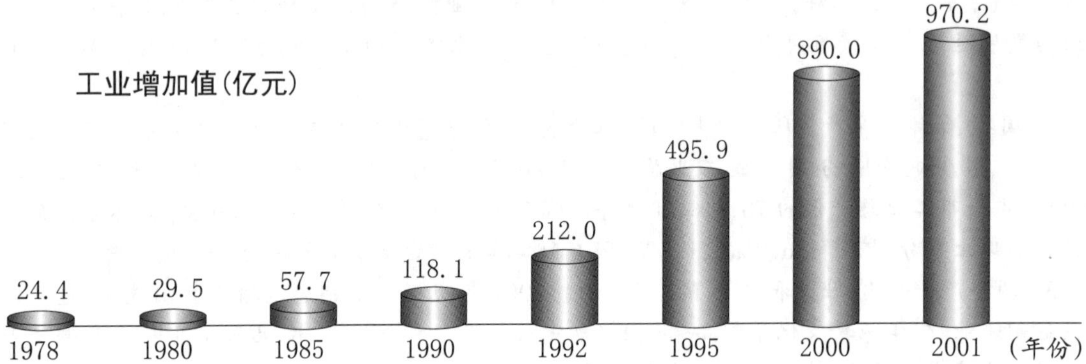

工业总产值构成(%)

按 规 模 分

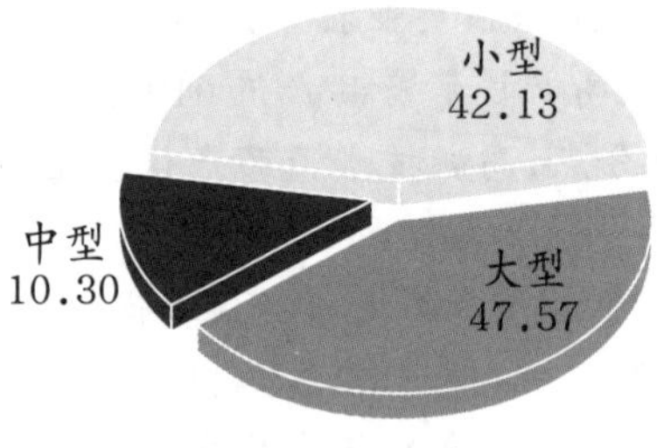

2000年

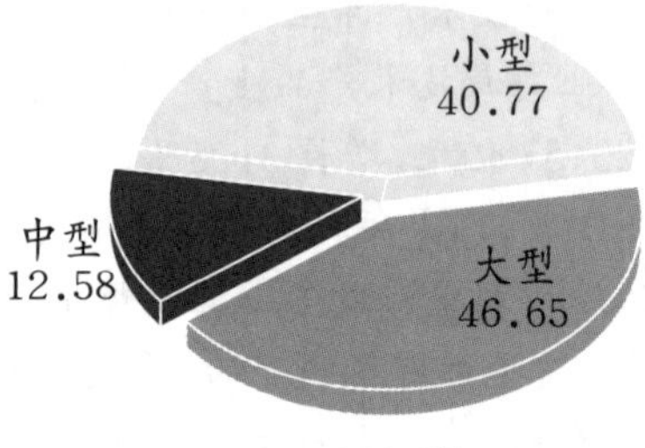

2001年

按轻重工业分

2000年

2001年

11-1 主要年份工业总产值

单位:万元

年份、时期	合计（按当年价格计算）	轻工业	重工业	合计（按1990年不变价格计算）	轻工业	重工业
1949	29670	26644	3026	32960	28430	4530
1952	49612	42657	6955	57077	47129	9948
1957	138497	111268	27229	167616	129707	37909
1962	180698	135171	45527	230265	165699	64566
1965	278331	195362	82969	363036	245384	117652
1970	473200	314691	158509	646125	413836	232289
1975	658434	414798	243636	916130	551732	364398
1978	753873	476737	277136	1056253	638185	418068
1980	881242	574239	307003	1286085	792438	493647
1985	1779333	1163704	615629	2351845	1467985	883860
1990	4424437	2830366	1594071	4345682	2882641	1463041
1995(原规定)	19353440	11263263	8090177	13854652	8690180	5164472
1995(新规定)	17224948	10263515	6961433	13169472	8414840	4754632
1996	20685796	12641264	8044532	15684742	10607975	5076767
1997	23753915	14395602	9358313	18489780	12387980	6101800
1998	25127025	15661603	9465422	21069644	13973099	7096545
1999	27793652	16797164	10996488	24074002	15550782	8523220
2000	31000188	17622183	13378005	27337139	16776472	10560667
2001	33931904	18855507	15076397	31421481	18552870	12868611
1950－1952	128640	110683	17957	146337	126136	20201
“一五”时期	527303	432382	94921	627218	516606	110612
“二五”时期	1183456	833617	349839	1475718	1044799	430919
1963－1965	701979	505233	196746	910260	658416	251844
“三五”时期	1699709	1136488	563221	2285860	1536299	749561
“四五”时期	2729688	1729515	1000173	3784008	2397464	1386544
“五五”时期	3861380	2443104	1418276	5457579	3436370	2021209
“六五”时期	6447893	4209237	2238656	8933853	5824122	3109731
“七五”时期	16252266	10438049	5814217	17426769	11840078	5586691
“八五”时期	59397158	34984219	24412939	47270331	30306808	16963523
“九五”时期	128360576	77117816	51242760	106655307	69296308	37358999
1979－2001	246090803	146680186	99410617	214144854	137347931	76796923

注:本表的统计范围为全社会口径。

11-2 市区主要年份工业总产值

单位:万元

年份、时期	合计(按当年价格计算)	轻工业	重工业	合计(按1990年不变价格计算)	轻工业	重工业
1949	26972	24059	2913	29859	25559	4300
1952	45295	38459	6836	50230	40850	9380
1957	125942	99054	26888	147371	111014	36357
1962	164568	120619	43949	206663	145075	61588
1965	256902	176240	80662	331811	218013	113798
1970	453498	298398	155100	613807	386817	226990
1975	622835	388380	234455	871624	520540	351084
1978	701598	439048	262550	983205	592310	390895
1980	799666	494913	304753	1198235	731926	466309
1985	1583869	1022167	561702	2092210	1306166	786044
1990	3647615	2293551	1354064	3558835	2331815	1227020
1995(原规定)	12517030	7101660	5415370	8599132	5378277	3220855
1995(新规定)	11066817	6491338	4575479	8064184	5219891	2844293
1996	12557994	7067668	5490326	8841823	5686753	3155070
1997	13865661	7905190	5960471	10031803	6520848	3510955
1998	13489966	7764942	5725024	10669779	6591399	4078380
1999	14622451	8091540	6530911	12062385	7145760	4916625
2000	26261590	14395352	11866238	23044300	13698466	9345834
2001	28572049	15110727	13461322	26552147	14964579	11587568
1950-1952	119573	101996	17577	132408	112927	19481
"一五"时期	477274	383461	93813	548563	440603	107960
"二五"时期	1089357	752789	336568	1341101	926830	414271
1963-1965	644413	453226	191187	825595	580555	245040
"三五"时期	1596605	1046164	550441	2125489	1392807	732682
"四五"时期	2568167	1602080	966087	3579959	2233264	1346695
"五五"时期	3578594	2216157	1362437	5108729	3186355	1922374
"六五"时期	5841923	3719555	2122368	8062962	5245231	2817731
"七五"时期	13730836	8768495	4962341	14769572	9594737	5174835
"八五"时期	41609047	23595892	18013155	32250708	20262326	11988382
"九五"时期(原口径)	71072328	39137288	31935040	55653282	33621730	22031552
"九五"时期(新口径)	80797662	45224692	35572970	64650090	39643226	25006864
1979-2001	172113305	97372622	74740683	134615466	82107062	52508404

注:本表的统计范围为全社会口径。

11-3 工业企业单位数

单位:个

项目	1995年	2000年	2001年
总计	27030	31416	34168
按地区分			
市区	21768	24298	26903
#番禺区	4949	5359	7575
花都区	4862	6397	5398
增城市	3968	4209	4562
从化市	1294	2909	2703
规模以上工业企业		4531	4572
按登记注册类型分			
内资企业		2721	2714
国有企业		394	354
集体企业		932	625
股份合作企业		90	96
联营企业		102	51
国有联营企业		15	12
集体联营企业		31	20
国有与集体联营企业		21	8
其他联营		35	11
有限责任公司		177	264
国有独资有限责任公司		66	50
其他有限责任公司		111	214
股份有限公司		35	57
私营企业		875	1229
私营独资企业		541	669
私营合伙企业		140	170
私营有限责任公司		181	365
私营股份有限公司		13	25
其他企业		116	38

注:规模以上工业指全部国有及年销售收入500万元以上的全部非国有工业企业;规模以下工业指年销售收入500万元以下的非国有工业,以下各表同。

单位：个

项　　　　目	1995年	2000年	2001年
港、澳、台商投资企业		1415	1488
合资经营企业		495	445
合作经营企业		311	333
独资经营企业		608	700
股份有限公司		1	10
外商投资企业		395	370
合资经营企业		160	159
合作经营企业		68	63
独资经营企业		165	145
股份有限公司		2	3
按隶属关系分			
中央企业		87	69
省属企业		147	125
市属企业		4297	4378
#县属企业		190	80
按轻重工业分			
轻工业		2832	2899
以农产品为原料		1652	1658
以非农产品为原料		1180	1241
重工业		1699	1673
采掘工业		106	87
原料工业		402	412
制造工业		1191	1174
按生产规模分			
大型企业		270	254
中型企业		302	338
小型企业		3959	3980
规模以下工业		26885	29596

11-4 市区工业企业单位数

单位:个

项　　目	1995 年	2000 年	2001 年
合　计	11957	24298	26903
规模以上工业企业		3498	3489
按登记注册类型分			
内资企业		2021	1982
国有企业		363	324
集体企业		731	492
股份合作企业		80	90
联营企业		71	39
国有联营企业		14	11
集体联营企业		16	13
国有与集体联营企业		17	7
其他联营企业		24	8
有限责任公司		158	233
国有独资有限责任公司		59	46
其他有限责任公司		99	187
股份有限公司		32	50
私营企业		475	718
私营独资企业		309	359
私营合伙企业		30	57
私营有限责任公司		129	285
私营股份有限公司		7	17
其他企业		111	36
港、澳、台商投资企业		1132	1197
合资经营企业		420	395
合作经营企业		260	262
独资经营企业		451	531
股份有限公司		1	9
外商投资企业		345	310
合资经营企业		147	140
合作经营企业		66	58
独资经营企业		130	110
股份有限公司		2	2
按隶属关系分			
中央企业		84	68
省属企业		142	119
市属企业		3272	3302
#县属企业			
按轻重工业分			
轻工业		2162	2170
以农产品为原料		1233	1211
以非农产品为原料		929	959
重工业		1336	1319
采掘工业		68	50
原料工业		281	289
制造工业		987	980
按生产规模分			
大型企业		255	239
中型企业		286	303
小型企业		2957	2947
规模以下工业企业		20800	23414

11-5 工 业 总 产 值

（按1990年不变价格计算） 单位：万元

项目	1995年 原规定	1995年 新规定	2000年	2001年
总 计	13854652	13169472	27337139	31421481
按地区分				
市 区(原口径)	8599132	8064184	14047492	16578292
(新口径)	12597056	11943839	23044300	26552147
♯番禺区	2695600	2616742	6219493	6725369
花都区	1302324	1262913	2777315	3248486
增城市	948930	923768	2752694	3053538
从化市	308666	301865	1540145	1815796
规模以上工业企业			23018052	26755263
按登记注册类型分				
内资企业			8567881	9413030
国有企业			2309820	1691049
集体企业			1865942	1460928
股份合作企业			141596	146548
联营企业			452573	131770
国有联营企业			200271	38072
集体联营企业			77363	30434
国有与集体联营企业			57555	26321
其他联营企业			117384	36943
有限责任公司			1103055	2096266
国有独资有限责任公司			558586	681214
其他有限责任公司			544469	1415052
股份有限公司			585363	1334365
私营企业			1853471	2441184
私营独资企业			977023	1164432
私营合伙企业			196597	261887
私营有限责任公司			661185	923191
私营股份有限公司			18666	91674
其他企业			256061	110920

11－5 续表

单位：万元

项目	1995年		2000年	2001年
	原规定	新规定		
港、澳、台商投资企业			7258552	8681019
合资经营企业			3466962	3293084
合作经营企业			1125493	1373643
独资经营企业			2451657	3804127
股份有限公司			214440	210165
外商投资企业			7191619	8661214
合资经营企业			4834179	4943427
合作经营企业			861065	1496005
独资经营企业			1484985	2204133
股份有限公司			11390	17649
按隶属关系分				
中央企业			1611187	1703098
省属企业			514007	566421
市属企业			20892858	24485744
#县属企业			879596	363526
按轻重工业分				
轻工业			13641307	15391823
以农产品为原料			6892937	7576669
以非农产品为原料			6748370	7815154
重工业			9376745	11363440
采掘工业			252444	155205
原料工业			2559321	3094852
制造工业			6564980	8113383
按生产规模分				
大型企业			10935187	12741762
中型企业			2197613	3388131
小型企业			9885252	10625370
规模以下工业企业			4319087	4666218

11-6 市区工业总产值

（按1990年不变价格计算）　　单位：万元

项目	1995年 原规定	1995年 新规定	1999年	2000年	2001年
合计	8599132	8064184	12062385	23044300	26552147
规模以上工业企业			10935818	19941938	23158338
按登记注册类型分					
内资企业			4595356	7060235	7610728
国有企业			2533501	2250676	1651730
集体企业			787949	1451881	1158960
股份合作企业			70554	124672	139211
联营企业			133574	384390	104564
国有联营企业			87238	196842	31948
集体联营企业			17447	53432	21783
国有与集体联营企业			19946	50851	21348
其他联营企业			8943	83265	29485
有限责任公司			585435	928779	1668494
国有独资有限责任公司			258477	479012	652993
其他有限责任公司			326958	449767	1015501
股份有限公司			392485	562946	1252655
私营企业			86370	1113658	1534214
私营独资企业			1925	552857	686253
私营合伙企业			3871	60465	98193
私营有限责任公司			80574	487918	675394
私营股份有限公司				12418	74374
其他企业			5488	243233	100900
港、澳、台商投资企业			2898671	6094978	7345030
合资经营企业			1599625	3169552	3113222
合作经营企业			414862	936957	967104
独资经营企业			687821	1774029	3055315
股份有限公司			196363	214440	209389
外商投资企业			3441791	6786725	8202580
合资经营企业			2681871	4592439	4634605
合作经营企业			127456	846740	1478698
独资经营企业			632464	1336156	2073927
股份有限公司				11390	15350
按隶属关系分					
中央企业			1452974	1606069	1701628
省属企业			461649	493854	550536
市属企业			9021195	17842015	20906174
#县属企业			968776		
按轻重工业分					
轻工业			6289395	11446522	12665503
以农产品为原料			3080837	5836706	6237018
以非农产品为原料			3208558	5609816	6428485
重工业			4646423	8495416	10492835
采掘工业			306116	182347	96170
原料工业			1354304	2325972	2822797
制造工业			2986003	5987097	7573868
按生产规模分					
大型企业			6493420	10591083	12234437
中型企业			1955874	2048641	2811681
小型企业			2486524	7302214	8112220
规模以下工业企业			1126567	3102362	3393809

11-7 工业企业单位数及工业总产值

(2001 年,按地区分)

单位:万元

项目	单位数(个)	#轻工业	工业总产值	#轻工业	工业总产值(1990 年不变价)	#轻工业
全市	34168	27498	33931904	18855507	31421481	18552870
市区	26903	21517	28572049	15110727	26552147	14964579
#番禺区	7575	6258	6976297	4087159	6725369	4352047
花都区	5398	4853	3778811	2285490	3248486	2033855
增城市	4562	3750	3410861	2288323	3053538	2177776
从化市	2703	2231	1948994	1456457	1815796	1410515
规模以上工业企业	4572	2899	28291517	15394001	26755263	15391823
市区	3489	2170	24469713	12593123	23158338	12665503
#番禺区	1094	711	5619752	3254647	5603117	3591797
花都区	680	447	2620871	1574862	2290538	1384910
增城市	765	530	2254240	1578505	2096681	1529570
从化市	318	199	1567564	1222373	1500244	1196750
规模以下工业	29596	24599	5640387	3461506	4666218	3161047
市区	23414	19347	4102336	2517604	3393809	2299076
#番禺区	6481	5547	1356545	832512	1122252	760250
花都区	4718	4406	1157940	710628	957948	648945
增城市	3797	3220	1156621	709818	956857	648206
从化市	2385	2032	381430	234084	315552	213765

11－8 工业企业单位数及工业总产值

（2001 年）

单位:万元

项目	单位数（个）	#市区	工业总产值	#市区	工业总产值(1990年不变价)	#市区
合计	34168	26903	33931904	28572049	31421481	26552147
规模以上工业企业	4572	3489	28291517	24469713	26755263	23158338
按登记注册类型分						
内资企业	2714	1982	11488145	9615042	9413030	7610728
国有企业	354	324	2377300	2334480	1691049	1651730
集体企业	625	492	1680771	1335756	1460928	1158960
股份合作企业	96	90	160543	154750	146548	139211
联营企业	51	39	197781	153931	131770	104564
国有联营企业	12	11	50560	29986	38072	31948
集体联营企业	20	13	30198	20736	30434	21783
国有与集体联营企业	8	7	28814	23590	26321	21348
其他联营企业	11	8	88209	79619	36943	29485
有限责任公司	264	233	2120462	1773001	2096266	1668494
国有独资有限责任公司	50	46	714965	687330	681214	652993
其他有限责任公司	214	187	1405497	1085671	1415052	1015501
股份有限公司	57	50	2096420	2016869	1334365	1252655
私营企业	1229	718	2723063	1726409	2441184	1534214
私营独资企业	669	359	1296325	761112	1164432	686253
私营合伙企业	170	57	295927	113805	261887	98193
私营有限责任公司	365	285	1027133	766651	923191	675394
私营股份有限公司	25	17	103678	84841	91674	74374
其他企业	38	36	131805	119846	110920	100900
港、澳、台商投资企业	1488	1197	9788485	8296737	8681019	7345030
合资经营企业	445	395	3908520	3712397	3293084	3113222
合作经营企业	333	262	1596694	1142033	1373643	967104
独资经营企业	700	531	4076049	3235969	3804127	3055315
投资股份有限公司	10	9	207222	206338	210165	209389
外商投资企业	370	310	7014887	6557934	8661214	8202580
合资经营企业	159	140	4330672	4044682	4943427	4634605
合作经营企业	63	58	917487	888255	1496005	1478698
独资经营企业	145	110	1747411	1608379	2204133	2073927
投资股份有限公司	3	2	19317	16618	17649	15350
按隶属关系分						
中央企业	69	68	2724706	2723581	1703098	1701628
省属企业	125	119	857667	839436	566421	550536
市属企业	4378	3302	24709144	20906696	24485744	20906174
#县属企业	80		362871		363526	
按轻重工业分						
轻工业	2899	2170	15394001	12593123	15391823	12665503
以农产品为原料	1658	1211	8774353	7383191	7576669	6237018
以非农产品为原料	1241	959	6619648	5209932	7815154	6428485
重工业	1673	1319	12897516	11876590	11363440	10492835
采掘工业	87	50	166313	101476	155205	96170
原料工业	412	289	5187253	4795716	3094852	2822797
制造工业	1174	980	7543950	6979398	8113383	7573868
按生产规模分						
大型企业	254	239	13196590	12730598	12741762	12234437
特大型企业	7	7	1885987	1885987	743867	743867
大一型企业	103	99	6011950	5919110	6691368	6599140
大二型企业	144	133	5298653	4925501	5306527	4891430

11-8 续表 单位:万元

项目	单位数(个)	#市区	工业总产值	#市区	工业总产值(1990年不变价)	#市区
中型企业	338	303	3558789	2957243	3388131	2811681
中一型企业	134	124	1469370	1259846	1301179	1129131
中二型企业	204	179	2089419	1697397	2086952	1682550
小型企业	3980	2947	11536138	8781872	10625370	8112220
按工业行业分						
煤炭采选业						
石油和天然气开采业						
黑色金属矿采选业						
有色金属矿采选业	1		3724		3724	
非金属矿采选业	86	50	162589	101476	151481	96170
其他矿采选业						
木材及竹材采运业						
食品加工业	91	76	654387	449452	605977	352018
食品制造业	101	79	997051	896321	975384	880425
饮料制造业	39	31	650791	624378	490446	477575
烟草加工业	3	3	461043	461043	256819	256819
纺织业	233	176	896917	745143	748977	604783
服装及其他纤维制品制造业	541	316	1383813	866797	1213213	744099
皮革、毛皮、羽绒及其制品业	242	202	1236430	1039322	1132266	946983
木材加工及竹、藤、棕、草制品业	58	48	182930	163690	166334	148653
家具制造业	80	60	206757	156843	187180	139772
造纸及纸制品业	148	110	667197	579468	582212	503104
印刷业、记录媒介的复制	105	101	223600	220281	193207	190191
#印刷业	101	97	218020	214701	187172	184156
文教体育用品制造业	116	88	566826	440520	480060	361964
石油加工及炼焦业	19	13	1389480	1378479	525411	512230
化学原料及化学制品制造业	308	230	3029265	2613188	2958319	2541404
医药制造业	60	50	615681	590640	803115	778605
化学纤维制造业	15	12	58533	42544	74202	59300
橡胶制品业	57	51	328583	311652	370101	354410
塑料制品业	259	196	965357	777126	931496	742794
非金属矿物制品业	291	160	926067	663043	740403	524594
黑色金属冶炼及压延加工业	42	35	912679	824753	661323	609603
有色金属冶炼及压延加工业	42	37	304517	269349	412250	378816
金属制品业	365	303	1043500	881826	948231	780932
普通机械制造业	156	135	590785	529060	594024	537013
专用设备制造业	93	79	219361	192625	197754	171343
交通运输设备制造业	210	149	3402613	3019620	3429225	3040731
武器弹药制造业						
电气机械及器材制造业	292	258	2002298	1874170	2676974	2542816
电子及通信设备制造业	242	227	2069297	2032436	3218536	3184118
仪器仪表及文化、办公用机械制造业	63	58	194977	183453	190696	179503
其他制造业	138	95	548565	205173	489112	183905
电力、蒸气、热水的生产和供应业	43	33	1182669	1128785	273622	262744
煤气生产和供应业	8	8	59726	59726	23130	23130
自来水的生产和供应业	25	20	153509	147331	50059	47791
规模以下工业	29596	23414	5640387	4102336	4666218	3393809

11－9 规模以上工业企业单位数、工业总产值和工业增加值

（2001 年）

单位：万元

项　　目	单位数（个）	#市区	工业总产值	#市区	工业增加值	#市区
总　计	4572	3489	28291517	24469713	7948467	7020035
按地区分						
市　区	3489	3489	24469713	24469713	7020035	7020035
#番禺区	1094	1094	5619752	5619752	1504457	1504457
花都区	680	680	2620871	2620871	688951	688951
增城市	765		2254240		535793	
从化市	318		1567564		392639	
按登记注册类型分						
内资企业	2714	1982	11488145	9615042	3241868	2803926
国有企业	354	324	2377300	2334480	1037905	1025494
集体企业	625	492	1680771	1335756	418965	330939
股份合作企业	96	90	160543	154750	43484	42021
联营企业	51	39	197781	153931	74957	66579
国有联营企业	12	11	50560	29986	10461	8395
集体联营企业	20	13	30198	20736	8125	5835
国有与集体联营企业	8	7	28814	23590	7575	6349
其他联营企业	11	8	88209	79619	48796	46000
有限责任公司	264	233	2120462	1773001	491775	448199
国有独资有限责任公司	50	46	714965	687330	174025	170095
其他有限责任公司	214	187	1405497	1085671	317750	278104
股份有限公司	57	50	2096420	2016869	468870	450190
私营企业	1229	718	2723063	1726409	674573	412430
私营独资企业	669	359	1296325	761112	329159	185396
私营合伙企业	170	57	295927	113805	74004	26441
私营有限责任公司	365	285	1027133	766651	241505	176501
私营股份有限公司	25	17	103678	84841	29905	24092
其他企业	38	36	131805	119846	31339	28074
港、澳、台商投资企业	1488	1197	9788485	8296737	2623843	2249615
合资经营企业	445	395	3908520	3712397	1164764	1119252
合作经营企业	333	262	1596694	1142033	430317	309934
独资经营企业	700	531	4076049	3235969	1039016	830881
投资股份有限公司	10	9	207222	206338	－10254	－10452
外商投资企业	370	310	7014887	6557934	2082756	1966495
合资经营企业	159	140	4330672	4044682	1204687	1134848
合作经营企业	63	58	917487	888255	346713	339723
独资经营企业	145	110	1747411	1608379	525443	486461
股份有限公司	3	2	19317	16618	5913	5463
按隶属关系分						
中央企业	69	68	2724706	2723581	774056	773891
省属企业	125	119	857667	839436	352751	347062
市属企业	4378	3302	24709144	20906696	6821660	5899083
#县属企业	80		362871		76106	
按轻重工业分						
轻工业	2899	2170	15394001	12593123	4408926	3732360
以农产品为原料	1658	1211	8774353	7383191	2624885	2311467
以非农产品为原料	1241	959	6619648	5209932	1784041	1420893
重工业	1673	1319	12897516	11876590	3539541	3287676
采掘工业	87	50	166313	101476	42992	27191
原料工业	412	289	5187253	4795716	1511356	1416227
制造工业	1174	980	7543950	6979398	1985193	1844258

11-9 续表 单位:万元

项目	单位数(个)	#市区	工业总产值	#市区	工业增加值	#市区
按生产规模分						
大型企业	254	239	13196590	12730598	4201071	4078198
特大型企业	7	7	1885987	1885987	529449	529449
大一型企业	103	99	6011950	5919110	1948372	1920708
大二型企业	144	133	5298653	4925501	1723250	1628041
中型企业	338	303	3558789	2957243	907544	800897
中一型企业	134	124	1469370	1259846	378308	330717
中二型企业	204	179	2089419	1697397	529236	470180
小型企业	3980	2947	11536138	8781872	2839852	2140941
按工业行业分						
煤炭采选业						
石油和天然气开采业						
黑色金属矿采选业						
有色金属矿采选业	1		3724		188	
非金属矿采选业	86	50	162589	101476	42804	27191
木材及竹材采运业						
食品加工业	91	76	654387	449452	109699	97782
食品制造业	101	79	997051	896321	299512	268496
饮料制造业	39	31	650791	624378	218896	215491
烟草加工业	3	3	461043	461043	349638	349638
纺织业	233	176	896917	745143	212108	179939
服装及其他纤维制品制造业	541	316	1383813	866797	358492	223814
皮革、毛皮、羽绒及其制品业	242	202	1236430	1039322	300185	248402
木材加工及竹、藤、棕、草制品业	58	48	182930	163690	40167	36283
家具制造业	80	60	206757	156843	51232	38781
造纸及纸制品业	148	110	667197	579468	157924	135843
印刷业、记录媒介的复制	105	101	223600	220281	61686	60779
#印刷业	101	97	218020	214701	59971	59064
文教体育用品制造业	116	88	566826	440520	169755	137658
石油加工及炼焦业	19	13	1389480	1378479	234290	232790
化学原料及化学制品制造业	308	230	3029265	2613188	917407	804725
医药制造业	60	50	615681	590640	214489	209773
化学纤维制造业	15	12	58533	42544	13168	8968
橡胶制品业	57	51	328583	311652	86438	82356
塑料制品业	259	196	965357	777126	249231	200684
非金属矿物制品业	291	160	926067	663043	252108	185525
黑色金属冶炼及压延加工业	42	35	912679	824753	218614	197983
有色金属冶炼及压延加工业	42	37	304517	269349	57869	51227
金属制品业	365	303	1043500	881826	261217	224193
普通机械制造业	156	135	590785	529060	156381	140766
专用设备制造业	93	79	219361	192625	53631	46963
交通运输设备制造业	210	149	3402613	3019620	875057	776646
武器弹药制造业						
电气机械及器材制造业	292	258	2002298	1874170	499133	468291
电子及通信设备制造业	242	227	2069297	2032436	586370	576867
仪器仪表及文化、办公用机械制造业	63	58	194977	183453	48020	45127
其他制造业	138	95	548565	205173	146826	54482
电力、蒸气、热水的生产和供应业	43	33	1182669	1128785	615161	603548
煤气生产和供应业	8	8	59726	59726	12394	12394
自来水的生产和供应业	25	20	153509	147331	78377	76631

11－10 规模以上工业销售产值

单位：万元

项　　目	1996 年	1997 年	1998 年	1999 年	2000 年	2001 年
总　　计	15763328	17474226	18074239	18876239	24883053	27171297
按登记注册类型分						
国有企业	4179279	5930679	5265089	5621834	5125889	2374230
集体企业	1861735	2002412	1910588	1695332	2261849	1613905
其他企业	9722314	9541135	10898562	11559073	17495315	23183162
按隶属关系分						
中央企业、省属企业	3612163	3795225	3441591	3930666	3838537	3586659
市属企业	12151165	13679001	14632648	14945573	21044516	23584638
按轻重工业分						
轻工业	8468622	10011043	10466751	10483017	13652095	14590681
重工业	7294706	7463183	7607488	8393222	11230958	12580616
按生产规模分						
大中型企业	10053270	11062427	11465330	12427565	14443413	16109426
小型企业	5710058	6411799	6608909	6448674	10439640	11061871

11－11 工业企业出口产品产值及比重

单位：万元

年　　份	工业总产值	出口产品产值	出口产品产值比率(%)
1978	731313	96278	13.17
1980	850326	141305	16.62
1985	1692215	135850	8.03
1990	4111455	848193	20.63
1995	15850391	4051313	25.56
1996	16303779	4682145	28.72
1997	18142403	5321594	29.33
1998	18509812	5402864	29.19
1999	27793652	6368838	22.91
2000	31000188	7126804	22.99
2001	33931904	7344095	21.64

注：本表 1999 年以前年份为乡及乡以上口径，1999 年起为全口径。

11-12 规模以上工业企业出口产品产值及出口交货值

单位：万元

项　　目	出口产品产值		出口产品交货值	
	2000 年	2001 年	2000 年	2001 年
总　　计	6494288	6908211	6356778	6502235
按登记注册类型分				
国有企业	478499	273872	461355	203047
集体企业	262850	262628	234488	228639
其他企业	5752939	6371711	5660935	6070549
按隶属关系分				
中央企业、省属企业	529309	399216	521429	404285
市属企业	5964979	6508995	5835349	6097950
按轻重工业分				
轻工业	4579438	4819543	4366131	4402076
重工业	1914850	2088668	1990647	2100159
按生产规模分				
大中型企业	2755869	2799914	3159989	3056172
小型企业	3738419	4108297	3196789	3446063
按工业行业分				
煤炭采选业				
石油和天然气开采业	170820		170820	
黑色金属矿采选业				
有色金属矿采选业				809
非金属矿采选业	28124	29394	28298	15127
木材及竹材采运业				
食品加工业	74410	75471	94874	109348
食品制造业	40343	43266	35469	38982
饮料制造业	15537	20729	16196	23884
烟草加工业	17955	18114	17955	18114
纺织业	467503	437245	408516	370696
服装及其他纤维制品制造业	633439	690072	607208	603472
皮革、毛皮、羽绒及其制品业	1066887	947400	1033642	873270
木材加工及竹、藤、棕、草制品业	32575	33672	21801	40618
家具制造业	67013	59823	74730	57138

11－12 **续表**　　单位：万元

项　　目	出口产品产值		出口产品交货值	
	2000年	2001年	2000年	2001年
造纸及纸制品业	56775	60450	42499	76286
印刷业、记录媒介的复制	31194	31645	27847	46349
#印刷业	31194	31645	27798	46349
文教体育用品制造业	418761	402707	398326	339105
石油加工及炼焦业	72888	70722	67367	79417
化学原料及化学制品制造业	267248	364379	334475	355689
医药制造业	25119	27591	28107	32378
化学纤维制造业	30487	30661	23566	20302
橡胶制品业	181833	172805	168482	151750
塑料制品业	352303	428211	372768	392932
非金属矿物制品业	101775	117660	89803	121060
黑色金属冶炼及压延加工业	28586	28560	19103	60887
有色金属冶炼及压延加工业	23664	18415	21162	19279
金属制品业	304463	276049	270897	233866
普通机械制造业	71353	81861	62326	58545
专用设备制造业	13123	44816	16501	48306
交通运输设备制造业	357821	391898	356305	398256
武器弹药制造业				
电气机械及器材制造业	480088	565861	450443	558845
电子及通信设备制造业	658843	920634	708477	853414
仪器仪表及文化、办公用机械制造业	75268	108614	90982	108342
其他制造业	328090	409486	297833	395769
电力、蒸气、热水的生产和供应业				
煤气生产和供应业				
自来水的生产和供应业				

11－13　市属工业新产品、新花色品种情况

单位：种

项　　目	1990年	1995年	2000年	2001年
试制成功的新产品	567	363	603	612
#填补省内空白				
达到国际先进水平	210	9	25	43
达到国际水平		53	46	55
达到国内先进水平	160	98	374	246
已鉴定的新产品	567	363	603	612
已投产的新产品	468	307	431	437

11-14 主要工业产品产量

产品名称	单位	1997年	1998年	1999年	2000年	2001年
木材	米^3	71323	62397	68761	73625	55446
食用植物油	吨	37163	43366	46562	61998	96167
糖	吨	65758	70284	63450	16061	
乳制品	吨	5864	6388	6963	7360	10044
罐头	吨	9193	9874	11648	17499	13364
饮料酒(混合量)	吨	457058	567682	644938	733397	783580
#啤酒	吨	440548	553872	628314	720989	775387
卷烟	箱	713669	726437	750743	802619	839329
纱	吨	18579	15364	12177	19750	17250
布	万米	10089	10195	9335	10767	12047
#棉布	万米	7940	8579	8062	8355	8821
纯化纤布	万米	32	36	40	60	59
针棉织品折用纱线	吨	31468	30741	32050	33942	24088
毛线	吨	420	562	750	456	337
丝	吨	336	193	24	13	
丝织品	万米	65		3		
服装	万件	55597	52417	53831	68312	50438
皮鞋	万双	23354	24189	25667	27675	20954
锯材	米^3	62090	25043	21884	24429	41787
人造板	米^3	188083	125739	147527	148794	264476
家具	万件	1237	915	856	867	581
机制纸及纸板	吨	421891	472262	501009	613029	689215
#新闻纸	吨	128970	156565	168212	231813	271757
发电量	亿千瓦.时	183	190	207	267	270
原油加工量	吨	4597908	4744205	5595458	6490493	6283328
汽油	吨	1176269	1315248	1251785	1342064	1310814
煤油	吨	296039	305129	340752	352160	375252
柴油	吨	1439760	1572748	2082944	2323279	2318934
燃料油	吨	265021	203434	270828	445530	557111
焦炭	吨	220376	217903	217767	216195	217362
硫酸((折100%)	吨	255948	267970	272501	146511	74036
烧碱(氢氧化钠)	吨	68307	66995	70910	73432	77134
农用氮、磷、钾化学肥料	吨	332460	299395	214474	139032	4055
氮肥(折100%)	吨	309953	280500	193805	122413	
磷肥(折100%)	吨	22507	18895	20669	16619	4055
合成氨	吨	446946	407564	292482	166684	20524
化学农药(折100%)	吨	2714	2919	2215	1806	2268
油漆	吨	82235	90242	93099	98711	105168
塑料树脂及共聚物(即塑料)	吨	71373	62985	68825	381280	395460
肥皂	吨	5602	4375	6231	10185	13872
合成洗涤剂	吨	186645	174158	146047	158290	180367
化学原料药(24大类)	吨	764	819	2458	4642	5495
中成药	吨	15568	15453	18203	22233	25285
化学纤维	吨	23974	34776	36754	38683	33906
#合成纤维	吨	23872	32087	36754	38683	33906

11－14　续表 1

产品名称	单位	1997年	1998年	1999年	2000年	2001年
轮胎外胎	条	2934812	3208800	3170200	3392160	4059096
橡胶胶鞋	万双	1902	1993	2261	2326	2468
塑料制品	吨	315032	308778	346767	479655	557984
水 泥	万吨	1098	1182	1256	1262	1204
日用玻璃制品	吨	216201	242683	267974	299019	263660
生 铁	吨	566417	581124	615000	666807	694028
钢	吨	1112488	1133286	1289700	1511581	1767948
成品钢材	吨	1499824	1549260	1757392	2062686	2400736
铜	吨	12669	15168	22128	22200	12917
日用搪瓷制品	吨	1280	1939	2114		1363
日用精铝制品	吨	1274	837	735	398	379
内燃机生产量	万千瓦	10	5	9	5	4
金属切削机床	台	5254	4672	4529	6757	6860
矿山设备	吨	76	1145	796	245	16
化工设备	吨	7216	2343	1998	2367	1708
自行车	辆	1103515	1121238	1068198	1348715	1678670
缝纫机	架	578574	435644	87894	88650	40968
钟	只	8161883	7693028	8505463	10187789	10262200
照相机	架	576822	640311	752527	868128	978756
汽 车	辆	7123	9458	16871	38118	55601
燃气用具	台	398472	301972	339469	302825	192886
交流电动机	千瓦	313717	327400	340400	420068	331252
变压器	千伏安	3377573	3204266	3938594	4363002	7977462
干电池(折合一号电池)	万只	133370	133347	151646	188885	244062
家用洗衣机	台	104813	50027	16420		
家用电冰箱	台	807792	508504	526507	581393	457467
电风扇	台	1246448	1389242	706738	784092	778949
房间空气调节器	台	314575	522152	782591	1034316	1052424
电熨斗	个	2013145	1751847	1771127	2121347	2158564
灯 泡	万只	5078	5370	1978	4435	3358
手电筒	万个	13856	13585	12840	13577	15518
电话单机	部	1918161	4438783	6226859	5698083	6185607
微型电子计算机	部	9194	1612	2553	3100	173637
电视机	部	167413	85000	211896	346128	427263
＃彩色电视机	部	12635	3200	211896	346128	427263
录音机	部	2288344	2597684	2745023	3085325	3399261
收音机	部	369673	378600	369890	469141	518356
电子计算器	部	4568624	3341978	17815039	9932927	1680860
电 梯	台	2819	3049	3930	4202	5615
摩托车	辆	371607	456429	599860	603131	603491
配混合饲料	吨	903739	828147	984411	991100	980645
排油烟机	台	15321	12796	17584	26885	4447
钢 琴	架	63716	75076	76838	80221	83762

11－15 规模以上工业企业全员劳动生产率

(1996年－2001年)

单位:元/人

年份	合计	国有企业	集体企业	三资企业	其他企业
1996	45422	40255	23546	61700	43362
1997	51764	58637	24861	59509	45207
1998	53499	64347	27238	56952	46688
1999	60087	81519	30910	58846	47523
2000	60342	108088	32429	61748	48220
2001	69917	89566	40058	72400	67034

注:此表按工业增加值计算,以下劳动生产率表同。

11－16 规模以上工业企业全员劳动生产率

(2001年)

项目	企业单位数(个)	工业增加值(万元)	职工年平均人数(人)	劳动生产率(元/人)
总计	4572	7948467	1136838	69917
按地区分				
市区	3489	7020036	940746	74622
#番禺区	1094	1504457	341007	44118
花都区	680	688951	97355	70767
县级市	1083	928431	196092	47347
增城市	765	535793	122529	43728
从化市	318	392638	73563	53374
按轻重工业分				
轻工业	2899	4408926	781867	56390
重工业	1673	3539541	354971	99714
按隶属关系分				
中央企业	69	774056	41468	186663
省属企业	125	352751	30562	115421
市属企业	4378	6821660	1064808	64065

11－17　规模以上国有工业企业全员劳动生产率

（2001年）

项　　目	企业单位数（个）	工业增加值（万元）	职工年平均人数（人）	劳动生产率（元/人）
总　计	354	1037905	115882	89566
按地区分				
市区	324	1025494	111823	91707
＃番禺区	10	19715	6533	30178
花都区	18	13342	4920	27118
县级市	30	12411	4059	30576
增城市	14	5224	2276	22953
从化市	16	7187	1783	40308
按轻重工业分				
轻工业	178	673232	52398	128484
重工业	176	364673	63484	57443
按隶属关系分				
中央企业	44	392450	18662	210294
省属企业	87	227245	22036	103124
市属企业	223	418210	75184	55625

11－18　规模以上集体工业企业全员劳动生产率

（2001年）

项　　目	企业单位数（个）	工业增加值（万元）	职工年平均人数（人）	劳动生产率（元/人）
总　计	625	418965	104590	40058
按地区分				
市区	492	330939	84359	39230
＃番禺区	94	65221	25461	25616
花都区	174	127857	19784	64626
县级市	133	88026	20231	43510
增城市	67	37946	8679	43722
从化市	66	50080	11552	43352
按轻重工业分				
轻工业	334	192972	59673	32338
重工业	291	225993	44917	50313
按隶属关系分				
中央企业	2	4436	793	55939
省属企业	1	－154	50	－30800
市属企业	622	414683	103747	39971

11－19 规模以上三资工业企业全员劳动生产率

(2001 年)

项　　目	企业单位数（个）	工业增加值（万元）	职工年平均人数（人）	劳动生产率（元/人）
总　计	1858	4706600	650083	72400
按地区分				
市 区	1507	4216111	552878	76258
#番禺区	556	1148428	244560	46959
花都区	225	327847	47785	68609
县级市	351	490489	97205	50459
增城市	250	278291	64765	42969
从化市	101	212198	32440	65412
按轻重工业分				
轻工业	1307	2697990	503025	53635
重工业	551	2008610	147058	136586
按隶属关系分				
中央企业	14	136226	9850	138301
省属企业	16	49906	3713	134409
市属企业	1828	4520468	636520	71018

11－20 规模以上其他工业企业全员劳动生产率

(2001 年)

项　　目	企业单位数（个）	工业增加值（万元）	职工年平均人数（人）	劳动生产率（元/人）
总　计	1735	1784997	266283	67034
按地区分				
市 区	1166	1447492	191686	75514
#番禺区	434	271093	64453	42061
花都区	263	219905	24866	88436
县级市	569	337505	74597	45244
增城市	434	214332	46809	45789
从化市	135	123173	27788	44326
按轻重工业分				
轻工业	1080	844732	166771	50652
重工业	655	940265	99512	94488
按隶属关系分				
中央企业	9	240944	12163	198096
省属企业	21	75754	4763	159047
市属企业	1705	1468299	249357	58883

11-21 规模以上工业企业全员劳动生产率

（2001 年，按行业分）

单位：元/人

行业	全市	国有企业	集体企业	三资企业	其他企业
合　计	69917	89566	40058	72400	67034
煤炭采选业					
石油和天然气开采业					
黑色金属矿采选业					
有色金属矿采选业	22927				22927
非金属矿采选业	66015	18267	83562	55339	71033
其他矿采选业					
木材及竹材采运业					
食品加工业	73767	77289	93414	77505	64916
食品制造业	107746	42655	30035	146109	45831
饮料制造业	196884	251120	35031	205427	56193
烟草加工业	1264971	1328395			85106
纺织业	43395	15904	54644	45823	41273
服装及其他纤维制品制造业	25797	14458	28443	23872	30674
皮革、毛皮、羽绒及其制品业	22726	11746	20060	21573	42169
木材加工及竹、藤、棕、草制品业	29857	20795	61725	24254	30312
家具制造业	42951	13333	14819	55203	36763
造纸及纸制品业	71983	16000	52962	87718	51392
印刷业、记录媒介的复制	39459	36151	37437	33643	61296
＃印刷业	39163	35551	37437	33643	60325
文教体育用品制造业	24686	12073	24859	20056	56648
石油加工及炼焦业	335371		62727	180284	349052
化学原料及化学制品制造业	203506	35056	86294	344047	91938
医药制造业	105410	103604	33226	165509	99670
化学纤维制造业	48323	19157	11083	77262	34948
橡胶制品业	39495	22061	38214	44886	43128
塑料制品业	48417	7425	51577	52055	50183
非金属矿物制品业	50219	31386	42386	66107	43393
黑色金属冶炼及压延加工业	144883	21533	26510	214236	92773
有色金属冶炼及压延加工业	76123	36050	64912	193537	45326
金属制品业	53029	23168	49789	57846	52562
普通机械制造业	63435	19843	47830	127175	44016
专用设备制造业	35090	20498	33822	58301	31746
交通运输设备制造业	120693	26032	28856	242700	71008
武器弹药制造业					
电气机械及器材制造业	64834	46685	35615	79284	53367
电子及通信设备制造业	78685	26109	27724	81886	106508
仪器仪表及文化、办公用机械制造业	31314	27966	15846	28171	99338
其他制造业	34428	19458	22083	41112	19960
电力、蒸气、热水的生产和供应业	303978	168892	192560	768393	576723
煤气生产和供应业	43472	40740		40810	202708
自来水的生产和供应业	122483	121255	138647		80053

11－22 市区规模以上工业企业全员劳动生产率

（2001年，按行业分）

单位：元/人

行业	全市	国有企业	集体企业	三资企业	其他企业
合计	74622	91707	39230	76258	75514
煤炭采选业					
石油和天然气开采业					
黑色金属矿采选业					
有色金属矿采选业					
非金属矿采选业	64434	18267	84149	70822	67005
其他矿采选业					
木材及竹材采运业					
食品加工业	74637	80337	93666	77376	66863
食品制造业	109327	42655	27967	148151	46785
饮料制造业	213951	262970	33450	209765	89333
烟草加工业	1264971	1328395			85106
纺织业	46393	15904	60193	50659	39988
服装及其他纤维制品制造业	21836	14458	24714	21257	24450
皮革、毛皮、羽绒及其制品业	22430	11746	16288	21443	45237
木材加工及竹、藤、棕、草制品业	30216	20795	61725	23578	31635
家具制造业	50549	13333	17831	69659	41176
造纸及纸制品业	76926	16000	52005	94127	53650
印刷业、记录媒介的复制	39539	36518	37437	33639	61946
#印刷业	39240	35941	37437	33639	60940
文教体育用品制造业	22675	12073	21653	17456	59006
石油加工及炼焦业	348227			219552	356941
化学原料及化学制品制造业	210490	38652	94909	339032	93892
医药制造业	109519	107264	35564	175099	100889
化学纤维制造业	41731	19157	11083	80304	34948
橡胶制品业	39640	22061	36778	45773	40473
塑料制品业	49214	7425	47161	54472	51989
非金属矿物制品业	54993	32086	44785	70757	46860
黑色金属冶炼及压延加工业	139336	21533	20788	204075	96869
有色金属冶炼及压延加工业	85123	34285	65308	208315	57129
金属制品业	54330	23168	51380	60264	53101
普通机械制造业	63620	19843	41278	130181	46879
专用设备制造业	34435	20498	35940	60270	29581
交通运输设备制造业	141980	26032	28487	277394	79252
武器弹药制造业					
电气机械及器材制造业	66847	50174	33806	82203	54006
电子及通信设备制造业	79997	26367	27261	83254	108006
仪器仪表及文化、办公用机械制造业	31034	30767	15846	28845	93564
其他制造业	24574	20913	8143	30402	17633
电力、蒸气、热水的生产和供应业	311573	169935	211028	811529	632919
煤气生产和供应业	43472	40740		40810	202708
自来水的生产和供应业	127294	126809	139077		76688

11－23 规模以上工业企业主要经济指标

（2001年，按行业分）

单位：万元

行业	单位数（个）	从业人员（人）	工业总产值	工业销售产值
合计	4572	1136838	28291517	27171297
煤炭采选业				
石油和天然气开采业				
黑色金属矿采选业				
有色金属矿采选业	1	82	3724	3724
非金属矿采选业	86	6484	162589	155398
其他矿采选业				
木材及竹材采运业				
食品加工业	91	14871	654387	600618
食品制造业	101	27798	997051	965386
饮料制造业	39	11118	650791	628050
烟草加工业	3	2764	461043	458778
纺织业	233	48879	896917	861042
服装及其他纤维制品制造业	541	138964	1383813	1328731
皮革、毛皮、羽绒及其制品业	242	132091	1236430	1182642
木材加工及竹、藤、棕、草制品业	58	13453	182930	178792
家具制造业	80	11928	206757	197778
造纸及纸制品业	148	21939	667197	638276
印刷业、记录媒介的复制	105	15633	223600	218767
＃印刷业	101	15313	218020	213205
文教体育用品制造业	116	68766	566826	547778
石油加工及炼焦业	19	6986	1389480	1389833
化学原料及化学制品制造业	308	45080	3029265	2696895
医药制造业	60	20348	615681	591702
化学纤维制造业	15	2725	58533	56994
橡胶制品业	57	21886	328583	318089
塑料制品业	259	51476	965357	943571
非金属矿物制品业	291	50202	926067	888388
黑色金属冶炼及压延加工业	42	15089	912679	880358
有色金属冶炼及压延加工业	42	7602	304517	286147
金属制品业	365	49259	1043500	1001770
普通机械制造业	156	24652	590785	555273
专用设备制造业	93	15284	219361	209643
交通运输设备制造业	210	72503	3402613	3366700
武器弹药制造业				
电气机械及器材制造业	292	76986	2002298	1899335
电子及通信设备制造业	242	74521	2069297	2012905
仪器仪表及文化、办公用机械制造业	63	15335	194977	189220
其他制造业	138	42647	548565	526244
电力、蒸气、热水的生产和供应业	43	20237	1182669	1180452
煤气生产和供应业	8	2851	59726	59526
自来水的生产和供应业	25	6399	153509	152492

11－23 续表 1

单位：万元

行业	年末资产总计	#流动资产	流动资产年平均余额	固定资产原价	固定资产净值	固定资产净值年平均余额
合计	31726543	15384532	15641686	18895896	12510738	12425742
煤炭采选业						
石油和天然气开采业						
黑色金属矿采选业						
有色金属矿采选业	651	595	756	56	56	48
非金属矿采选业	86715	53427	60663	39817	27571	27756
其他矿采选业						
木材及竹材采运业						
食品加工业	403286	221220	234144	211279	139522	140253
食品制造业	970456	440778	476045	651924	420510	416190
饮料制造业	825744	377944	409173	529404	331840	331060
烟草加工业	324955	182955	160242	217689	103952	110582
纺织业	825890	411359	418610	512900	335187	333903
服装及其他纤维制品制造业	853588	557674	572523	393254	242611	241138
皮革、毛皮、羽绒及其制品业	745895	451639	471164	370535	236619	236972
木材加工及竹、藤、棕、草制品业	280133	92897	92436	194104	149301	116202
家具制造业	123392	78773	84113	51301	35466	36473
造纸及纸制品业	889440	312886	306506	674935	508596	489705
印刷业、记录媒介的复制	300849	124869	130727	223810	137746	138410
#印刷业	281036	115340	121061	209625	129403	130948
文教体育用品制造业	438868	243870	258959	222511	140269	140556
石油加工及炼焦业	867114	245578	379865	999492	536682	644380
化学原料及化学制品制造业	2943757	1682794	1676837	1260356	874961	866038
医药制造业	906672	447740	475375	334703	220538	214196
化学纤维制造业	77309	26298	27181	73208	40017	42575
橡胶制品业	507745	207476	204436	313538	215650	220644
塑料制品业	1036120	544173	556165	597654	413501	410375
非金属矿物制品业	1187037	549816	548274	799437	533879	544497
黑色金属冶炼及压延加工业	1221275	357474	381166	893959	709402	705522
有色金属冶炼及压延加工业	314630	159075	167453	148156	101993	108458
金属制品业	940886	518830	539640	488188	339718	347331
普通机械制造业	943682	504961	506895	381289	275704	273254
专用设备制造业	308090	188190	181879	137574	95096	89899
交通运输设备制造业	3163708	1947731	1892103	1208764	813227	811900
武器弹药制造业						
电气机械及器材制造业	2144448	1163874	1234749	1170508	761199	720409
电子及通信设备制造业	2461415	1533788	1456766	832684	593699	575039
仪器仪表及文化、办公用机械制造业	223055	139485	142019	82144	49182	46907
其他制造业	338960	201078	218054	159104	117381	122595
电力、蒸气、热水的生产和供应业	4246998	1222352	1188149	3894284	2451898	2406340
煤气生产和供应业	238703	67132	64279	186140	145895	129121
自来水的生产和供应业	585077	125801	124340	641195	411870	387014

行业	年末负债合计	#流动负债合计	产品销售收入	利润总额	利税总额	成本费用总额
合计	17570521	14315446	28113121	1400821	3021342	26405521
煤炭采选业						
石油和天然气开采业						
黑色金属矿采选业						
有色金属矿采选业	598	598	3724	－1	83	3713
非金属矿采选业	48346	38640	155037	4196	8668	149505
其他矿采选业						
木材及竹材采运业						
食品加工业	253035	207893	635905	5912	31011	617864
食品制造业	518808	451991	930801	80883	140888	860122
饮料制造业	458378	347580	632601	63943	134438	550503
烟草加工业	83565	74020	459085	74177	305495	207758
纺织业	463102	409024	843355	24131	44285	839688
服装及其他纤维制品制造业	488227	453728	1301228	20416	52297	1276223
皮革、毛皮、羽绒及其制品业	499107	482999	1156230	20863	38163	1134987
木材加工及竹、藤、棕、草制品业	158990	124562	176537	1949	7998	173123
家具制造业	71413	59431	196683	8741	15836	186582
造纸及纸制品业	590369	384997	623231	774	28818	616966
印刷业、记录媒介的复制	150049	120870	218374	4072	12826	216572
#印刷业	134679	108717	214032	4580	12976	210769
文教体育用品制造业	194904	173924	529573	17904	32375	513107
石油加工及炼焦业	476064	309167	1370408	6280	111074	1316901
化学原料及化学制品制造业	1589705	1301698	2847902	231665	456152	2568621
医药制造业	632186	582515	528271	28876	76766	502068
化学纤维制造业	50853	26616	57688	724	1416	56297
橡胶制品业	258453	211821	313937	5127	21072	306442
塑料制品业	596968	537835	941630	29560	55904	905361
非金属矿物制品业	683548	561273	871655	15918	55296	859739
黑色金属冶炼及压延加工业	792124	505687	863438	13477	48804	841199
有色金属冶炼及压延加工业	225919	171248	284642	－562	6619	289655
金属制品业	542824	472822	1002353	23143	53801	971542
普通机械制造业	521368	475516	558333	31501	61706	561334
专用设备制造业	195886	173229	206974	4163	14581	206132
交通运输设备制造业	1879377	1598357	3400532	260869	511281	3004541
武器弹药制造业						
电气机械及器材制造业	1349913	1262176	1855649	38059	106643	1825674
电子及通信设备制造业	1460984	1317159	2067493	115796	165280	1984983
仪器仪表及文化、办公用机械制造业	149505	91438	195755	2250	7746	192237
其他制造业	181636	167937	526899	11903	20232	509953
电力、蒸气、热水的生产和供应业	1764297	1065204	2146263	250227	376244	1940947
煤气生产和供应业	128852	92262	55385	－988	425	68045
自来水的生产和供应业	111168	61229	155550	4873	17119	147137

11－24 规模以上工业企业主要经济指标

单位：万元

项目	1995年	2000年	2001年
企业单位个数(个)	5069	4531	4572
＃亏损企业(个)	1742	954	967
产品销售收入	13096243	25342544	28113121
＃产品销售税金及附加	320467	462801	509752
产品销售利润	1008670	2915628	3317011
盈利企业的利润总额	911216	1577983	1749154
亏损企业的亏损总额	364127	393740	348333
盈亏相抵后的利润总额	547089	1184243	1400821
利税总额	1320766	2566383	3021342
固定资产原价年末数	8278952	17672981	18895896
＃生产用	7075116	15506463	16633698
固定资产净值年末数	6281587	12099558	12510738
固定资产净值全年平均数	5652213	12011074	12425742
本年提取的折旧	489945	1034694	1004128
流动资产全年平均数	8807657	14658174	15641686
流动资产年末合计	8955897	15082653	15384532
工业总产值(当年价格、原规定)	15261690		
工业总产值(当年价格、新规定)	13557693	25685694	28291517
工业总产值(1990年不变价格、原规定)	10650396		
工业总产值(1990年不变价格、新规定)	10084707	23018052	26755263
全部职工年平均人数(人)	971069	1173960	1136838

11-25 规模以上工业企业主要经济指标

（2001 年）

单位：万元

项目	全市	#市区	#市属	#国有及国有控股工业企业合计	#市区	#市属
企业单位数(个)	4572	3489	4378	576	531	412
#亏损企业(个)	967	789	901	180	160	119
产品销售收入	28113121	24649153	23480010	10095061	9947718	5756491
#产品销售成本	22613943	19694662	18773050	8062524	7939832	4400713
产品销售费用	1672415	1443690	1612733	274874	267891	242016
产品销售税金及附加	509752	463901	253162	396817	396087	144652
产品销售利润	3317011	3046900	2841065	1360846	1343908	969110
盈利企业的盈利总额	1749154	1635794	1458714	778706	773718	514662
亏损企业的亏损总额	348333	323307	330896	81854	75435	64961
盈亏相抵后的利润总额	1400821	1312487	1127818	696852	698283	449701
应交所得税	184032	163202	140792	90738	90193	50902
应交增值税	1110769	1043360	920501	512509	506704	333799
流动资产年末合计	15384532	13872087	13208805	6022527	5879745	4051809
#存货	4294662	3826182	3761527	1485764	1433622	986293
#产成品存货	1792251	1620074	1699730	517750	502045	436401
流动资产年平均余额	15641686	14076077	13372088	6046286	5905421	3978368
固定资产原价合计	18895896	17524001	14586871	9616768	9401820	5989721
#生产经营用	16633698	15489745	12620407	8612153	8429505	5273424
本年折旧	1004128	937787	791870	461251	449859	281972
固定资产净值年平均余额	12425742	11413935	9583823	6269478	6123600	3952504
年末资产合计	31726543	28953837	25970355	14505569	14138254	9548229
年末负债合计	17570521	15897193	15090185	7421090	7174906	5408264
年末所有者权益合计	14156022	13056644	10880170	7084479	6963348	4139965
#实收资本	8935231	8080646	7595463	3405008	3306247	2242163
#国家资本	1276018	1208663	684853	1103923	1040346	617207
外商资本	4173490	3756788	4060505	470238	454225	411252
本年应付工资	1698863	1533636	1502673	565212	553116	386770
本年应付福利费	192865	180029	153605	90657	88834	52572
全部职工年平均人数(人)	1136838	940746	1064808	223881	216540	157617
工业总产值(当年价格、新规定)	28291517	24469713	24709144	9103286	8951145	5801218
工业总产值(1990 年不变价、新规定)	26755263	23158338	24485744	7308511	7176173	5275936
工业增加值(当年价格)	7948467	7020036	6821660	2879770	2847791	1855456

11－25 续表 单位:万元

项　　　　目	番禺区	花都区	增城市	从化市
企业单位数(个)	1094	680	765	318
＃亏损企业(个)	253	65	139	39
产品销售收入	5236460	2375749	2038166	1425802
＃产品销售成本	4378697	2140218	1742717	1176564
产品销售费用	216076	48347	123580	105145
产品销售税金及附加	14001	14589	31215	14636
产品销售利润	627686	172595	140654	129457
盈利企业的盈利总额	314693	67543	59681	53679
亏损企业的亏损总额	65539	26535	15175	9851
盈亏相抵后的利润总额	249154	41008	44506	43828
应交所得税	23152	4899	6615	14215
应交增值税	179580	45000	35099	32310
流动资产年末合计	2571304	1019947	815288	697157
＃存货	868195	305063	263068	205412
＃产成品存货	408610	191522	102172	70005
流动资产年平均余额	2628881	1044339	849126	716483
固定资产原价合计	3707967	840884	932081	439814
＃生产经营用	3411684	651515	777974	365979
本年折旧	226927	36832	46287	20054
固定资产净值年平均余额	2211159	590239	675479	336328
年末资产合计	5363393	1773612	1647602	1125104
年末负债合计	3120367	1105825	1008726	664602
年末所有者权益合计	2243026	667787	638876	460502
＃实收资本	1776908	449748	562000	292585
＃国家资本	48314	20048	7725	59630
外商资本	1114869	208906	281216	135486
本年应付工资	442278	88089	103631	61596
本年应付福利费	30423	10446	6742	6094
全部职工年平均人数(人)	341007	97355	122529	73563
工业总产值(当年价格、新规定)	5619752	2620871	2254240	1567564
工业总产值(1990年不变价、新规定)	5603117	2290538	2096681	1500244
工业增加值(当年价格)	1504457	688951	535793	392638

11－26 规模以上工业企业主要经济指标

（2001年，按企业规模分） 单位：万元

项目	全市			#国有及国有控股工业企业		
	大型	中型	小型	大型	中型	小型
企业单位数（个）	254	338	3980	114	118	344
#亏损企业（个）	61	134	772	18	44	118
产品销售收入	13690612	3521511	10900998	8451735	1098375	544951
#产品销售成本	10161171	2900408	9552364	6702875	915526	444123
产品销售费用	1083747	198245	390423	216913	34513	23448
产品销售税金及附加	422877	25969	60906	389070	3589	4158
产品销售利润	2022817	396889	897305	1142877	144747	73222
盈利企业的盈利总额	1184599	173262	391293	680754	72193	25759
亏损企业的亏损总额	141906	87324	119103	39226	25514	17114
盈亏相抵后的利润总额	1042693	85938	272190	641528	46679	8645
应交所得税	110546	23446	50040	71945	13661	5132
应交增值税	730611	120683	259475	426026	60776	25707
流动资产年末合计	7433330	2811613	5139589	4306098	1201869	514560
#存货	1895591	734031	1665040	1061243	267477	157044
#产成品存货	748985	320936	722330	357566	92665	67519
流动资产年平均余额	7590465	2796746	5254475	4342778	1180154	523354
固定资产原价合计	11727265	2965223	4203408	7883211	1217035	516522
#生产经营用	10605381	2484995	3543322	7212292	1007264	392597
本年折旧	598509	173961	231658	381350	54676	25225
固定资产净值年平均余额	7725171	1927230	2773341	5149292	799526	320660
年末资产合计	17608310	5403343	8714890	11210224	2334500	960845
年末负债合计	9037626	3338672	5194223	5379724	1447204	594162
年末所有者权益合计	8570684	2064671	3520667	5830500	887296	366683
#实收资本	4560809	1600602	2773820	2585548	542657	276803
#国家资本	964407	164896	146715	858333	132243	113347
外商资本	1924266	824388	1424836	383428	53452	33358
本年应付工资	674247	285800	738816	393480	97536	74196
本年应付福利费	104012	31378	57475	65891	14510	10256
全部职工年平均人数（人）	279354	158499	698985	136306	42758	44817
工业总产值（当年价格、新规定）	13196590	3558789	11536138	7530234	1033429	539623
工业总产值（1990年不变价、新规定）	12741762	3388131	10625370	6022236	808111	478164
工业增加值（当年价格）	4201071	907544	2839852	2425077	316788	137905

11-27 规模以上工业企业主要经济指标

(2001 年,按轻重工业分)　　单位:万元

项目	全市		#市区		#市属	
	轻工业	重工业	轻工业	重工业	轻工业	重工业
企业单位数(个)	2899	1673	2170	1319	2811	1567
#亏损企业(个)	600	367	478	311	569	332
产品销售收入	14514467	13598654	12004047	12645106	13709517	9770493
#产品销售成本	11158184	11455759	9056354	10638308	10736287	8036763
产品销售费用	1357993	314422	1163167	280523	1317584	295149
产品销售税金及附加	309703	200049	272220	191681	127962	125200
产品销售利润	1688587	1628424	1512306	1534594	1527684	1313381
盈利企业的盈利总额	814156	934998	741054	894740	714137	744577
亏损企业的亏损总额	198663	149670	182054	141253	195196	135700
盈亏相抵后的利润总额	615493	785328	559000	753487	518941	608877
应交所得税	114545	69487	100321	62881	83691	57101
应交增值税	601064	509705	554614	488746	533858	386643
流动资产年末合计	7686649	7697883	6696991	7175096	7316808	5891997
#存货	2270872	2023790	1959367	1866815	2139245	1622282
#产成品存货	963015	829236	854182	765892	942558	757172
流动资产年平均余额	7926594	7715092	6883118	7192959	7576586	5795502
固定资产原价合计	7886132	11009764	7089793	10434208	7431422	7155449
#生产经营用	6887846	9745852	6242396	9247349	6490366	6130041
本年折旧	452856	551272	411147	526640	422540	369330
固定资产净值年平均余额	5042951	7382791	4454826	6959109	4789980	4793843
年末资产合计	14409650	17316893	12707463	16246374	13717643	12252712
年末负债合计	8172037	9398484	7152675	8744518	7908638	7181547
年末所有者权益合计	6237613	7918409	5554788	7501856	5809005	5071165
#实收资本	4295079	4640152	3744749	4335897	4064073	3531390
#国家资本	488562	787456	454663	754000	346153	338700
外商资本	2476761	1696729	2174027	1582761	2419673	1640832
本年应付工资	1036753	662110	911737	621899	989104	513569
本年应付福利费	108657	84208	98938	81091	100457	53148
全部职工年平均人数(人)	781867	354971	628222	312524	767023	297785
工业总产值(当年价格、新规定)	15394001	12897516	12593123	11876590	14599012	10110132
工业总产值(1990 年不变价、新规定)	15391823	11363440	12665503	10492835	14827261	9658483
工业增加值(当年价格)	4408926	3539541	3732360	3287676	3971400	2850260

11-28 规模以上国有工业企业主要经济指标

(2001 年) 单位:万元

项目	全市	#轻工业	#市区	#轻工业	#市属	#轻工业
企业单位数(个)	354	178	324	161	223	116
#亏损企业(个)	131	58	116	49	77	33
产品销售收入	3421738	1412976	3381467	1394536	1288282	862421
#产品销售成本	2700611	874373	2669694	859252	979418	627169
产品销售费用	104706	82198	102698	81080	86944	68980
产品销售税金及附加	217210	207952	216687	207648	30323	26477
产品销售利润	399211	248453	392388	246556	191597	139795
盈利企业的盈利总额	237969	135584	235993	135271	75208	54705
亏损企业的亏损总额	27301	8265	26224	7611	15020	5979
盈亏相抵后的利润总额	210668	127319	209769	127660	60188	48726
应交所得税	56701	40619	56570	40550	19921	13459
应交增值税	191590	114759	189490	113909	86000	58897
流动资产年末合计	2484130	1142390	2445013	1116322	1379493	865623
#存货	494948	272305	481136	264031	284028	162485
#产成品存货	157964	86432	151370	82582	124989	73968
流动资产年平均余额	2428845	1115011	2388552	1087430	1362476	862200
固定资产原价合计	4112176	1607724	4025577	1558271	2041916	1283406
#生产经营用	3595580	1371705	3527243	1328456	1686284	1099618
本年折旧	196091	83679	192975	81933	93569	61321
固定资产净值年平均余额	2587051	967904	2529631	932293	1240826	791529
年末资产合计	6075721	2465625	5961833	2392721	3097127	1963017
年末负债合计	2656188	1177681	2587886	1131516	1653165	990737
年末所有者权益合计	3419533	1287944	3373947	1261205	1443962	972280
#实收资本	1035136	390715	1011438	380051	553139	258328
#国家资本	585653	222042	571414	216643	278655	107811
外商资本						
本年应付工资	271844	131474	265912	128652	167384	99505
本年应付福利费	46184	20019	45214	19609	22935	13849
全部职工年平均人数(人)	115882	52398	111823	50198	75184	42732
工业总产值(当年价格、新规定)	2377300	1397305	2334480	1378048	1263709	839376
工业总产值(1990 年不变价、新规定)	1691049	1012424	1651730	991787	985191	677615
工业增加值(当年价格)	1037905	673232	1025494	668625	418210	295110

11－29 规模以上集体工业企业主要经济指标

（2001年） 单位：万元

项　　　　目	全　市	#轻工业	#市区	#轻工业	#市属	#轻工业
企业单位数(个)	625	334	492	264	622	334
#亏损企业(个)	93	55	83	50	92	55
产品销售收入	1587128	716282	1269240	541475	1572812	716282
#产品销售成本	1382613	628562	1107883	474670	1372559	628562
产品销售费用	45403	18085	34564	13515	44970	18085
产品销售税金及附加	12637	5910	9362	4455	12211	5910
产品销售利润	146475	63725	117431	48835	143072	63725
盈利企业的盈利总额	63431	23610	51444	17563	61835	23610
亏损企业的亏损总额	17941	6285	17623	6060	17891	6285
盈亏相抵后的利润总额	45490	17325	33821	11503	43944	17325
应交所得税	12476	3867	9615	2345	11952	3867
应交增值税	41979	18083	37029	15370	41610	18083
流动资产年末合计	739360	340374	609056	277307	731699	340374
#存货	220872	109053	183135	85293	218276	109053
#产成品存货	118414	48514	107695	43147	116010	48514
流动资产年平均余额	789639	360040	655328	295287	782786	360040
固定资产原价合计	801353	319721	717405	290270	797715	319721
#生产经营用	707183	275913	635171	254259	706336	275913
本年折旧	39202	17788	36624	16603	38943	17788
固定资产净值年平均余额	527388	197788	464838	176598	525457	197788
年末资产合计	1458799	602047	1256182	512618	1447323	602047
年末负债合计	893596	335907	783540	285945	886475	335907
年末所有者权益合计	565203	266140	472642	226673	560848	266140
#实收资本	321272	143054	272326	121862	318618	143054
#国家资本						
外商资本						
本年应付工资	111622	53788	98333	45909	109256	53788
本年应付福利费	9237	4258	8692	4082	9200	4258
全部职工年平均人数(人)	104590	59673	84359	47105	103747	59673
工业总产值(当年价格、新规定)	1680771	759468	1335756	568561	1664452	759468
工业总产值(1990年不变价、新规定)	1460928	690134	1158960	512465	1447598	690134
工业增加值(当年价格)	418965	192972	330939	143947	414683	192972

11－30 规模以上三资工业企业主要经济指标

（2001 年）

单位：万元

项 目	全 市	#轻工业	#市区	#轻工业	#市属	#轻工业
企业单位数(个)	1858	1307	1507	1037	1828	1293
#亏损企业(个)	552	377	454	303	547	374
产品销售收入	15973550	9220565	14239167	7882127	15062954	8987055
#产品销售成本	12499898	7052366	11034451	5924131	11784241	6893794
产品销售费用	1211976	1042900	1105134	948432	1182538	1017206
产品销售税金及附加	152572	51872	141811	42653	152151	51774
产品销售利润	2109104	1073427	1957771	966911	1944024	1024281
盈利企业的盈利总额	1201348	540289	1138583	494829	1093811	522146
亏损企业的亏损总额	245162	151469	227870	139169	244052	150649
盈亏相抵后的利润总额	956186	388820	910713	355660	849759	371497
应交所得税	73119	47967	63744	41004	67998	44425
应交增值税	646733	368957	610669	341212	610067	358484
流动资产年末合计	8564309	4660662	7748498	4099845	8057643	4580489
#存货	2521975	1450773	2272461	1276788	2416477	1433318
#产成品存货	1074439	624597	986249	562332	1050185	618612
流动资产年平均余额	8648279	4854235	7799427	4260064	8119981	4769211
固定资产原价合计	9881602	4763963	9056980	4261443	9479039	4650980
#生产经营用	8695848	4214089	8007564	3816413	8329453	4103461
本年折旧	563542	288834	521686	261826	544104	281500
固定资产净值年平均余额	6535637	3087547	5913068	2706910	6275929	3020525
年末资产合计	16712267	8527177	15154120	7511919	15898896	8364533
年末负债合计	9621781	4960048	8649702	4330146	9269105	4898968
年末所有者权益合计	7090486	3567129	6504418	3181773	6629791	3465565
#实收资本	5580644	3034389	5040018	2664196	5332746	2943650
#国家资本	298432	149962	258135	127418	221773	123897
外商资本	4168278	2476761	3751576	2174027	4055293	2419673
本年应付工资	957125	659648	867628	584315	912004	645363
本年应付福利费	97408	64232	90378	58233	87536	62480
全部职工年平均人数(人)	650083	503025	552878	418436	636520	498798
工业总产值(当年价格、新规定)	16803372	9830691	14854671	8300870	15930553	9615079
工业总产值(1990 年不变价、新规定)	17342233	10330636	15547610	8875223	16475665	10121229
工业增加值(当年价格)	4706600	2697990	4216111	2307992	4520468	2643736

11－31 规模以上其他工业企业主要经济指标

（2001 年）

单位：万元

项目	全市	#轻工业	#市区	#轻工业	#市属	#轻工业
企业单位数(个)	1735	1080	1166	708	1705	1068
#亏损企业(个)	191	110	136	76	185	107
产品销售收入	7130705	3164644	5759279	2185909	5555962	3143759
#产品销售成本	6030821	2602883	4882634	1798301	4636832	2586762
产品销售费用	310330	214810	201294	120140	298281	213313
产品销售税金及附加	127333	43969	96041	17464	58477	43801
产品销售利润	662221	302982	579310	250004	562372	299883
盈利企业的盈利总额	246406	114673	209774	93391	227860	113676
亏损企业的亏损总额	57929	32644	51590	29214	53933	32283
盈亏相抵后的利润总额	188477	82029	158184	64177	173927	81393
应交所得税	41736	22092	33273	16422	40921	21940
应交增值税	230467	99265	206172	84123	182824	98394
流动资产年末合计	3596733	1543223	3069520	1203517	3039970	1530322
#存货	1056867	438741	889450	333255	842746	434389
#产成品存货	441434	203472	374760	166121	408546	201464
流动资产年平均余额	3774923	1597308	3232770	1240337	3106845	1585135
固定资产原价合计	4100765	1194724	3724039	979809	2268201	1177315
#生产经营用	3635087	1026139	3319767	843268	1898334	1011374
本年折旧	205293	62555	186502	50785	115254	61931
固定资产净值年平均余额	2775666	789712	2506398	639025	1541611	780138
年末资产合计	7479756	2814801	6581702	2290205	5527009	2788046
年末负债合计	4398956	1698401	3876065	1405068	3281440	1683026
年末所有者权益合计	3080800	1116400	2705637	885137	2245569	1105020
#实收资本	1998179	726921	1756864	578640	1390960	719041
#国家资本	391933	116558	379114	110602	184425	114445
外商资本	5212		5212		5212	
本年应付工资	358272	191843	301763	152861	314029	190448
本年应付福利费	40036	20148	35745	17014	33934	19870
全部职工年平均人数(人)	266283	166771	191686	112483	249357	165820
工业总产值(当年价格、新规定)	7430074	3406537	5944806	2345644	5850430	3385089
工业总产值(1990 年不变价、新规定)	6261053	3358629	4800038	2286028	5577290	3338283
工业增加值(当年价格)	1784997	844732	1447492	611796	1468299	839582

11－32 规模以上工业企业主要经济效益指标

（2001 年）

项目	单位	全市	＃市区	＃市属	＃国有及国有控股工业企业	＃市区	＃市属
工业经济效益综合指数	%	137.88	141.89	133.61	170.45	172.92	172.75
总资产贡献率	%	10.72	10.89	10.06	12.20	12.45	11.34
资本保值增值率	%	112.24	111.74	111.48	110.63	111.07	113.31
资产负债率	%	55.38	54.91	58.11	51.16	50.75	56.64
流动资产周转率	次	1.80	1.75	1.76	1.67	1.68	1.45
工业成本费用利润率	%	5.31	5.69	5.08	7.53	7.67	8.46
工业全员劳动生产率	元/人	69917	74622	64065	128629	131513	117719
工业产品销售率	%	96.04	96.69	95.45	99.08	99.11	98.38
工业资金利税率	%	10.76	11.06	10.03	13.04	13.31	11.70
工业增加值率	%	28.09	28.69	27.61	31.63	31.81	31.98
企业亏损面	%	21.15	22.61	20.58	31.25	30.13	28.88
工业产成品存货可供销售天数	天	22.95	23.66	26.06	18.46	18.17	27.29
每百元资金提供的总产值(当年价格)	元	100.80	96.00	107.64	73.92	74.41	73.15
每百元资金提供的利税	元	10.76	11.06	10.03	13.04	13.31	11.70
每百元固定资产原价提供利税	元	15.99	16.09	15.78	16.70	17.03	15.50
每百元固定资产原价提供总产值(当年价格)	元	149.72	139.64	169.39	94.66	95.21	96.85
每百元固定资产净值提供利税	元	24.15	24.54	23.72	25.57	26.10	23.35
每百元固定资产净值提供总产值(当年价格)	元	226.14	212.93	254.71	144.94	145.92	145.96
每百元总产值(当年价格)实现利税	元	10.68	11.52	9.31	17.64	17.89	16.00
每百元总产值(当年价格)占用全部资产	元	112.14	118.33	105.10	159.34	157.95	164.59
平均每个职工拥有全部资产	元	279077	307775	243897	647914	652917	605787
平均每个职工提供利税	元	26577	29974	21614	71742	73939	58887

11-33 规模以上工业企业主要经济效益指标

(2001 年,按经济类型分)

项　　目	单位	全　市	国有企业	集体企业	三资企业	其他企业	#国有及国有控股工业企业
工业经济效益综合指数	%	137.88	135.03	101.60	150.35	123.66	170.45
总资产贡献率	%	10.72	10.01	7.10	11.91	9.48	12.20
资本保值增值率	%	112.24	98.79	86.69	114.86	132.48	110.63
资产负债率	%	55.38	43.72	61.26	57.57	58.81	51.16
流动资产周转率	次	1.80	1.41	2.01	1.85	1.89	1.67
工业成本费用利润率	%	5.31	6.65	2.97	6.44	2.75	7.53
工业全员劳动生产率	元/人	69917	89566	40058	72400	67034	128629
工业产品销售率	%	96.04	99.87	96.02	95.46	96.13	99.08
工业资金利税率	%	10.76	12.35	7.60	11.56	8.34	13.04
工业增加值率	%	28.09	43.66	24.93	28.01	24.02	31.63
企业亏损面	%	21.15	37.01	14.88	29.71	11.01	31.25
工业产成品存货可供销售天数	天	22.95	16.62	26.86	24.21	22.29	18.46
每百元资金提供的总产值(当年价格)	元	100.80	47.40	127.62	110.67	113.43	73.92
每百元资金提供的利税	元	10.76	12.35	7.60	11.56	8.34	13.04
每百元固定资产原价提供利税	元	15.99	15.06	12.49	17.77	13.32	16.70
每百元固定资产原价提供总产值(当年价格)	元	149.72	57.81	209.74	170.05	181.19	94.66
每百元固定资产净值提供利税	元	24.15	22.97	18.50	26.69	20.26	25.57
每百元固定资产净值提供总产值(当年价格)	元	226.14	88.16	310.58	255.50	275.55	144.94
每百元总产值(当年价格)实现利税	元	10.68	26.06	5.96	10.45	7.35	17.64
每百元总产值(当年价格)占用全部资产	元	112.14	255.57	86.79	99.46	100.67	159.34
平均每个职工拥有全部资产	元	279077	524302	139478	257079	280895	647914
平均每个职工提供利税	元	26577	53457	9571	27004	20515	71742

11－34 规模以上工业企业主要经济效益指标

（2001年，按企业规模分）

项目	单位	全市			#国有及国有控股工业企业		
		大型	中型	小型	大型	中型	小型
工业经济效益综合指数	%	203.23	108.80	105.07	203.66	112.19	80.25
总资产贡献率	%	13.77	6.21	7.25	13.98	6.37	5.04
资本保值增值率	%	111.99	133.94	103.00	110.76	114.00	101.37
资产负债率	%	51.33	61.79	59.60	47.99	61.99	61.84
流动资产周转率	次	1.80	1.26	2.07	1.95	0.93	1.04
工业成本费用利润率	%	8.42	2.49	2.57	8.44	4.23	1.56
工业全员劳动生产率	元/人	150385	57259	40628	177914	74089	30771
工业产品销售率	%	96.18	96.02	95.89	99.19	99.17	97.37
工业资金利税率	%	14.34	4.92	7.38	15.35	5.61	4.56
工业增加值率	%	31.83	25.50	24.62	32.20	30.65	25.56
企业亏损面	%	24.02	39.64	19.40	15.79	37.29	34.30
工业产成品存货可供销售天数	天	19.69	32.81	23.85	15.23	30.37	44.60
每百元资金提供的总产值(当年价格)	元	86.16	75.33	143.70	79.33	52.20	63.94
每百元资金提供的利税	元	14.34	4.92	7.38	15.35	5.61	4.56
每百元固定资产原价提供利税	元	18.73	7.84	14.10	18.48	9.12	7.46
每百元固定资产原价提供总产值(当年价格)	元	112.53	120.02	274.45	95.52	84.91	104.47
每百元固定资产净值提供利税	元	28.15	12.13	21.23	28.22	13.85	12.12
每百元固定资产净值提供总产值(当年价格)	元	169.14	185.57	413.37	145.89	128.92	169.82
每百元总产值(当年价格)实现利税	元	16.64	6.54	5.14	19.34	10.75	7.14
每百元总产值(当年价格)占用全部资产	元	133.43	151.83	75.54	148.87	225.90	178.06
平均每个职工拥有全部资产	元	630322	340907	124679	822431	545980	214393
平均每个职工提供利税	元	78616	14674	8478	106864	25970	8593

11-35 规模以上工业企业主要经济效益指标

(2001 年,按轻重工业分)

项目	单位	全市		#市区		#市属	
		轻工业	重工业	轻工业	重工业	轻工业	重工业
工业经济效益综合指数	%	129.93	153.36	133.24	157.51	121.56	158.00
总资产贡献率	%	11.54	10.02	11.78	10.17	9.57	10.62
资本保值增值率	%	107.05	116.70	105.97	116.44	106.70	117.52
资产负债率	%	56.71	54.27	56.29	53.82	57.65	58.61
流动资产周转率	次	1.83	1.76	1.74	1.76	1.81	1.69
工业成本费用利润率	%	4.51	6.16	4.97	6.37	3.95	6.70
工业全员劳动生产率	元/人	56390	99714	59411	105198	51777	95715
工业产品销售率	%	94.78	97.54	95.63	97.81	94.57	96.72
工业资金利税率	%	11.77	9.90	12.22	10.13	9.55	10.58
工业增加值率	%	28.64	27.44	29.64	27.68	27.20	28.19
企业亏损面	%	20.70	21.94	22.03	23.58	20.24	21.19
工业产成品存货可供销售天数	天	23.89	21.95	25.62	21.80	24.75	27.90
每百元资金提供的总产值(当年价格)	元	118.69	85.43	111.07	83.92	118.05	95.47
每百元资金提供的利税	元	11.77	9.90	12.22	10.13	9.55	10.58
每百元固定资产原价提供利税	元	19.35	13.58	19.55	13.74	15.89	15.66
每百元固定资产原价提供总产值(当年价格)	元	195.20	117.15	177.62	113.82	196.45	141.29
每百元固定资产净值提供利税	元	29.75	20.26	30.54	20.62	24.15	23.29
每百元固定资产净值提供总产值(当年价格)	元	300.03	174.76	277.54	170.78	298.56	210.14
每百元总产值(当年价格)实现利税	元	9.91	11.59	11.00	12.07	8.09	11.09
每百元总产值(当年价格)占用全部资产	元	93.61	134.27	100.91	136.79	93.96	121.19
平均每个职工拥有全部资产	元	184298	487840	202277	519844	178843	411462
平均每个职工提供利税	元	19521	42118	22060	45882	15394	37635

11－36 规模以上工业企业年末固定资产原价

（2001 年）

单位：万元

项目	合计	国有企业	集体企业	三资企业	其他企业
总计	18895896	4112176	801353	9881602	4100765
按登记注册类型分					
内资企业	9014294	4112176	801353		4100765
国有企业	4112176	4112176			
集体企业	801353		801353		
股份合作企业	68490				68490
联营企业	664209				664209
国有联营企业	46895				46895
集体联营企业	16038				16038
国有与集体联营企业	18518				18518
其他联营企业	582758				582758
有限责任公司	1158110				1158110
国有独资有限责任公司	720471				720471
其他有限责任公司	437639				437639
股份有限公司	1502299				1502299
私营企业	660510				660510
私营独资企业	269319				269319
私营合伙企业	116232				116232
私营有限责任公司	244276				244276
私营股份有限公司	30683				30683
其他企业	47147				47147
港、澳、台商投资企业	6413517			6413517	
合资经营企业	3538129			3538129	
合作经营企业	910185			910185	
独资经营企业	1791642			1791642	
股份有限公司	173561			173561	
外商投资企业	3468085			3468085	
合资经营企业	2082071			2082071	
合作经营企业	499605			499605	
独资经营企业	878851			878851	
股份有限公司	7558			7558	
按轻重工业分					
轻工业	7886132	1607724	319721	4763963	1194724
重工业	11009764	2504452	481632	5117639	2906041
按行业分					
煤炭采选业					
石油和天然气开采业					
黑色金属矿采选业					

11－36 续表 单位:万元

项目	合计	国有企业	集体企业	三资企业	其他企业
有色金属矿采选业	56				56
非金属矿采选业	39817	1950	11349	11348	15170
其他矿采选业					
木材及竹材采运业					
食品加工业	211279	34128	8626	86615	81910
食品制造业	651924	49124	12748	531940	58112
饮料制造业	529404	220128	11216	285159	12901
烟草加工业	217689	216951			738
纺织业	512900	60634	21929	340790	89547
服装及其他纤维制品制造业	393254	13494	30096	254393	95271
皮革、毛皮、羽绒及其制品业	370535	9585	9583	308131	43236
木材加工及竹、藤、棕、草制品业	194104	14485	5421	61842	112356
家具制造业	51301	4252	3278	31314	12457
造纸及纸制品业	674935	3449	32688	576635	62163
印刷业、记录媒介的复制	223810	64562	3087	108151	48010
#印刷业	209625	52517	3087	108151	45870
文教体育用品制造业	222511	2884	5102	155801	58724
石油加工及炼焦业	999492		50	22066	977376
化学原料及化学制品制造业	1260356	56848	20285	837700	345523
医药制造业	334703	92887	4413	82748	154655
化学纤维制造业	73208	33777	129	38721	581
橡胶制品业	313538	70361	11323	219894	11960
塑料制品业	597654	15775	19236	477849	84794
非金属矿物制品业	799437	56026	160934	448007	134470
黑色金属冶炼及压延加工业	893959	37197	400	813442	42920
有色金属冶炼及压延加工业	148156	35623	26637	59341	26555
金属制品业	488188	28691	53512	322188	83797
普通机械制造业	381289	73379	12678	179389	115843
专用设备制造业	137574	40135	4769	29821	62849
交通运输设备制造业	1208764	239975	25581	680159	263049
武器弹药制造业					
电气机械及器材制造业	1170508	135816	55784	788915	189993
电子及通信设备制造业	832684	11447	67786	618095	135356
仪器仪表及文化、办公用机械制造业	82144	28362	7774	37149	8859
其他制造业	159104	2431	9525	133473	13675
电力、蒸气、热水的生产和供应业	3894284	1747943	77198	1324709	744434
煤气生产和供应业	186140	169683		15817	640
自来水的生产和供应业	641195	540194	88216		12785

11－37 市区规模以上工业企业年末固定资产原价

（2001年）

单位：万元

行业	合计	国有企业	集体企业	三资企业	其他企业
总计	17524001	4025577	717405	9056980	3724039
按登记注册类型分					
内资企业	8467021	4025577	717405		3724039
国有企业	4025577	4025577			
集体企业	717405		717405		
股份合作企业	64080				64080
联营企业	646967				646967
国有联营企业	38269				38269
集体联营企业	13425				13425
国有与集体联营企业	17559				17559
其他联营企业	577714				577714
有限责任公司	1118652				1118652
国有独资有限责任公司	709131				709131
其他有限责任公司	409521				409521
股份有限公司	1480243				1480243
私营企业	369343				369343
私营独资企业	125987				125987
私营合伙企业	35744				35744
私营有限责任公司	187469				187469
私营股份有限公司	20143				20143
其他企业	44754				44754
港、澳、台商投资企业	5813206			5813206	
合资经营企业	3384573			3384573	
合作经营企业	767518			767518	
独资经营企业	1487963			1487963	
股份有限公司	173152			173152	
外商投资企业	3243774			3243774	
合资经营企业	1964764			1964764	
合作经营企业	457178			457178	
独资经营企业	814660			814660	
股份有限公司	7172			7172	
按轻重工业分					
轻工业	7089793	1558271	290270	4261443	979809
重工业	10434208	2467306	427135	4795537	2744230
按行业分					
煤炭采选业					
石油和天然气开采业					
黑色金属矿采选业					

11－37 续表　　单位:万元

行业	合计	国有企业	集体企业	三资企业	其他企业
有色金属矿采选业					
非金属矿采选业	24659	1950	8620	7224	6865
其他矿采选业					
木材及竹材采运业					
食品加工业	183369	31886	6739	70120	74624
食品制造业	588551	49124	12537	473227	53663
饮料制造业	514287	218326	11073	282802	2086
烟草加工业	217689	216951			738
纺织业	450618	60634	21040	297726	71218
服装及其他纤维制品制造业	282115	13494	23697	212261	32663
皮革、毛皮、羽绒及其制品业	311053	9585	6956	258730	35782
木材加工及竹、藤、棕、草制品业	184170	14485	5421	54591	109673
家具制造业	34262	4252	2534	19889	7587
造纸及纸制品业	642182	3449	31397	559232	48104
印刷业、记录媒介的复制	222536	64483	3087	107765	47201
＃印刷业	208350	52438	3087	107765	45060
文教体育用品制造业	189335	2884	2735	127181	56535
石油加工及炼焦业	988557			12338	976219
化学原料及化学制品制造业	1142673	49743	12945	758614	321371
医药制造业	321160	87971	1910	81167	150112
化学纤维制造业	68452	33777	129	33964	582
橡胶制品业	306408	70361	11153	213813	11081
塑料制品业	529839	15775	18068	430574	65422
非金属矿物制品业	665206	48288	132001	422137	62780
黑色金属冶炼及压延加工业	877152	37197	326	802022	37607
有色金属冶炼及压延加工业	127343	31913	26602	47866	20962
金属制品业	443464	28691	49951	296190	68632
普通机械制造业	353308	73379	9630	158161	112138
专用设备制造业	127389	40135	4408	27312	55534
交通运输设备制造业	1124888	239975	24377	642980	217556
武器弹药制造业					
电气机械及器材制造业	1070796	115788	52150	726792	176066
电子及通信设备制造业	818026	10724	65839	608378	133085
仪器仪表及文化、办公用机械制造业	75626	24350	7774	35878	7624
其他制造业	92849	2397	6196	75360	8896
电力、蒸气、热水的生产和供应业	3740240	1733268	70217	1196869	739886
煤气生产和供应业	186140	169683		15817	640
自来水的生产和供应业	619659	520659	87893		11107

11－38 规模以上工业企业年末固定资产净值

(2001年)

单位:万元

行业	合计	国有企业	集体企业	三资企业	其他企业
总计	12510738	2696529	541179	6576587	2696443
按登记注册类型分					
内资企业	5934151	2696529	541179		2696443
国有企业	2696529	2696529			
集体企业	541179		541179		
股份合作企业	41972				41972
联营企业	489225				489225
国有联营企业	26281				26281
集体联营企业	10964				10964
国有与集体联营企业	10859				10859
其他联营企业	441121				441121
有限责任公司	795291				795291
国有独资有限责任公司	493859				493859
其他有限责任公司	301432				301432
股份有限公司	858267				858267
私营企业	477143				477143
私营独资企业	194792				194792
私营合伙企业	85082				85082
私营有限责任公司	175781				175781
私营股份有限公司	21488				21488
其他企业	34545				34545
港、澳、台商投资企业	4191430			4191430	
合资经营企业	2341440			2341440	
合作经营企业	464077			464077	
独资经营企业	1271504			1271504	
股份有限公司	114409			114409	
外商投资企业	2385157			2385157	
合资经营企业	1423256			1423256	
合作经营企业	337246			337246	
独资经营企业	618591			618591	
股份有限公司	6064			6064	
按轻重工业分					
轻工业	5130772	990523	198233	3144689	797327
重工业	7379966	1706006	342946	3431898	1899116
按行业分					
煤炭采选业					
石油和天然气开采业					
黑色金属矿采选业					

11－38 续表 单位:万元

行业	合计	国有企业	集体企业	三资企业	其他企业
有色金属矿采选业	56				56
非金属矿采选业	27571	1160	8354	7856	10201
其他矿采选业					
木材及竹材采运业					
食品加工业	139522	20192	6427	55822	57081
食品制造业	420510	29822	8559	346440	35689
饮料制造业	331840	138106	7318	180574	5842
烟草加工业	103952	103762			190
纺织业	335187	39406	14864	222165	58752
服装及其他纤维制品制造业	242611	8430	16716	150746	66719
皮革、毛皮、羽绒及其制品业	236619	4460	6625	192740	32794
木材加工及竹、藤、棕、草制品业	149301	6663	3308	41268	98062
家具制造业	35466	3131	1767	21878	8690
造纸及纸制品业	508596	2993	22111	444843	38649
印刷业、记录媒介的复制	137746	34780	1905	70006	31055
#印刷业	129403	28351	1905	70006	29141
文教体育用品制造业	140269	1669	3325	96230	39045
石油加工及炼焦业	536682		32	15820	520830
化学原料及化学制品制造业	874961	39814	13497	594817	226833
医药制造业	220538	64704	2543	56694	96597
化学纤维制造业	40017	14188	70	25300	459
橡胶制品业	215650	43832	5154	160694	5970
塑料制品业	413501	9012	11699	342894	49896
非金属矿物制品业	533879	31463	111531	293190	97695
黑色金属冶炼及压延加工业	709402	27158	269	651113	30862
有色金属冶炼及压延加工业	101993	21079	19612	46194	15108
金属制品业	339718	19996	35919	224915	58888
普通机械制造业	275704	52373	8704	123224	91403
专用设备制造业	95096	27171	3389	20423	44113
交通运输设备制造业	813227	165640	14492	465009	168086
武器弹药制造业					
电气机械及器材制造业	761199	93235	32982	511077	123905
电子及通信设备制造业	593699	8348	58613	433073	93665
仪器仪表及文化、办公用机械制造业	49182	19531	6036	17563	6052
其他制造业	117381	1542	5355	101489	8995
电力、蒸气、热水的生产和供应业	2451898	1182718	55661	650625	562894
煤气生产和供应业	145895	133641		11905	349
自来水的生产和供应业	411870	346510	54342		11018

11－39 市区规模以上工业企业年末固定资产净值

（2001年）

单位：万元

行业	合计	国有企业	集体企业	三资企业	其他企业
总计	11491720	2637990	477697	5957171	2418862
按登记注册类型分					
内资企业	5534549	2637990	477697		2418862
国有企业	2637990	2637990			
集体企业	477697		477697		
股份合作企业	38893				38893
联营企业	481354				481354
国有联营企业	23090				23090
集体联营企业	9377				9377
国有与集体联营企业	10285				10285
其他联营企业	438602				438602
有限责任公司	766122				766122
国有独资有限责任公司	486352				486352
其他有限责任公司	279770				279770
股份有限公司	843054				843054
私营企业	256825				256825
私营独资企业	90892				90892
私营合伙企业	21139				21139
私营有限责任公司	131156				131156
私营股份有限公司	13638				13638
其他企业	32614				32614
港、澳、台商投资企业	3732590			3732590	
合资经营企业	2214415			2214415	
合作经营企业	364267			364267	
独资经营企业	1039893			1039893	
股份有限公司	114015			114015	
外商投资企业	2224581			2224581	
合资经营企业	1337329			1337329	
合作经营企业	313174			313174	
独资经营企业	568281			568281	
股份有限公司	5797			5797	
按轻重工业分					
轻工业	4537426	953949	176095	2763942	643440
重工业	6954294	1684041	301602	3193229	1775422
按行业分					
煤炭采选业					
石油和天然气开采业					
黑色金属矿采选业					

11－39 续表

单位:万元

行　　业	合　计	国有企业	集体企业	三资企业	其他企业
有色金属矿采选业					
非金属矿采选业	15628	1160	5746	4059	4663
其他矿采选业					
木材及竹材采运业					
食品加工业	117046	18326	4810	43405	50505
食品制造业	377073	29822	8360	306312	32579
饮料制造业	323051	136514	7185	178358	994
烟草加工业	103952	103762			190
纺织业	292047	39406	14138	190698	47805
服装及其他纤维制品制造业	162495	8430	12487	120102	21476
皮革、毛皮、羽绒及其制品业	191153	4460	4629	155849	26215
木材加工及竹、藤、棕、草制品业	141166	6663	3308	35650	95545
家具制造业	22024	3131	1387	11911	5595
造纸及纸制品业	486967	2993	21080	434275	28619
印刷业、记录媒介的复制	136910	34762	1905	69702	30541
＃印刷业	128568	28334	1905	69702	28627
文教体育用品制造业	119569	1669	1370	79336	37194
石油加工及炼焦业	528620			8684	519936
化学原料及化学制品制造业	788204	34898	8906	534683	209717
医药制造业	210434	60843	697	55540	93354
化学纤维制造业	35989	14188	70	21273	458
橡胶制品业	210361	43832	5022	156209	5298
塑料制品业	362608	9012	10711	307502	35383
非金属矿物制品业	423241	27291	85678	272712	37560
黑色金属冶炼及压延加工业	694957	27158	250	641869	25680
有色金属冶炼及压延加工业	86306	18091	19585	35985	12645
金属制品业	305142	19996	32997	204429	47720
普通机械制造业	253535	52373	6215	106419	88528
专用设备制造业	88955	27171	3072	18819	39893
交通运输设备制造业	751314	165640	13566	437977	134131
武器弹药制造业					
电气机械及器材制造业	679161	77629	30874	457275	113383
电子及通信设备制造业	582871	7740	57004	425892	92235
仪器仪表及文化、办公用机械制造业	43894	16463	6036	16489	4906
其他制造业	60506	1515	3177	50425	5389
电力、蒸气、热水的生产和供应业	2353346	1175925	53343	563427	560651
煤气生产和供应业	145895	133641		11905	349
自来水的生产和供应业	397300	333486	54089		9725

11-40 规模以上工业企业分组主要指标

(2001 年)　　单位:万元

项　　目	企业单位数(个)	盈亏相抵后利润总额	固定资产原价年末数	工业增加值	工业总产值(1990年不变价格)	工业总产值	职工年平均人数(人)
总　计	4572	1400821	18895896	7948467	26755263	28291517	1136838
按总产值分组							
1亿元及以上	390	1228270	12462333	5339986	17648198	17793219	408085
5000万元－9999万元	460	76688	1940720	877592	3170511	3565422	179864
4999万元以下	3722	95863	4492843	1730889	5936554	6932876	548889
按固定资产原价分组							
1亿元及以上	282	1040803	13837326	4417329	13425496	14112679	303759
5000万元－9999万元	222	60376	1574184	680847	2576288	2505433	112391
4999万元以下	4068	299642	3484386	2850291	10753479	11673405	720688
按利税总额分组							
1亿元及以上	43	1043519	7254443	3017132	7072530	8393128	72025
5000万元－9999万元	29	121188	789681	465434	1511058	1451406	24193
4999万元以下	4500	236114	10851772	4465901	18171675	18446983	1040620
按职工人数分组							
2000人及以上	57	454240	5454717	1751785	4900779	6155892	215550
500人－1999人	449	365119	4930525	2478309	8889124	8050496	386896
499人及以下	4066	581462	8510654	3718373	12965360	14085129	534392

11-41 规模以上国有工业企业分组主要指标

(2001 年)　　单位:万元

项　　目	企业单位数(个)	盈亏相抵后利润总额	固定资产原价年末数	工业增加值	工业总产值(1990年不变价格)	工业总产值	职工年平均人数(人)
总　计	354	210668	4112176	1037905	1691049	2377300	115882
按总产值分组							
1亿元及以上	31	214595	3104546	875484	1211129	1770296	50677
5000万元－9999万元	25	－3333	386540	64146	187348	240479	19912
4999万元以下	298	－594	621090	98275	292572	366525	45293
按固定资产原价分组							
1亿元及以上	45	207125	3556215	910709	1123381	1880500	64198
5000万元－9999万元	35	1283	242940	49733	278387	181112	14445
4999万元以下	274	2260	313021	77463	289281	315688	37239
按利税总额分组							
1亿元及以上	8	200129	2455397	730634	488078	1197797	18648
5000万元－9999万元	2	3236	62230	38299	130386	123473	5644
4999万元以下	344	7303	1594549	268972	1072585	1056030	91590
按职工人数分组							
2000人及以上	13	108008	2649968	416098	482087	985172	42558
500人－1999人	39	97679	857434	512629	814019	955084	33749
499人及以下	302	4981	604774	109178	394943	437044	39575

11-42 大中型工业企业产品销售流向

（2001 年）

产品名称	单位	合计	出口	广州市	广东省	广东省外
产品销售收入合计	万元	17212123	2765148	6263773	3629906	4553296
配混合饲料	吨	203870		144037	54306	5527
乳制品	吨	5851		733	3162	1956
罐头	吨	11866	2576	2009	2454	4827
啤酒	吨	755728	903	187192	412292	155341
软饮料	吨	583140	25652	175919	315984	65585
卷烟	箱	839850	22329	817521		
化学纤维	吨	26307	6529	976	14938	3864
#合成纤维	吨	26307	6529	976	14938	3864
纱	吨	8560	610	1381	6545	24
布	万米	2363	551	273	1302	237
棉布	万米	494	271	48	175	
混纺交织布	万米	849	63	42	741	3
纯化纤布	万米	1020	217	183	386	234
服装	万件	2625	2191	237	59	138
人造板	立方米	100794		42849	42545	15400
机制纸	吨	307623	42	172214	42035	93332
#新闻纸	吨	263419	42	153968	16826	92583
机制纸板	吨	218740		60107	155869	2764
汽油	吨	1353644	341111	736448	215611	60474
煤油	吨	362526	169019	31540	161967	
柴油	吨	2362785	149311	1212948	802043	198483
燃料油	吨	293065		240477	51001	1587
硫酸(折 100%)	吨	1658	1651	7		
氢氧化钠(折 100%)	吨	62947	958	17742	44247	
碳酸钠(纯碱)	吨	246020		38467	207553	
化学农药(折 100%)	吨	1929	122	732	495	580
油漆	吨	49418	153	25273	14016	9976
塑料树脂及共聚物	吨	411838	26498	5399	78589	301352
合成纤维聚合物	吨	75821		15308	10913	49600
合成洗涤剂	吨	148295	10096	18525	46253	73421
化学原料药	吨	4837	2608	153	120	1956
轮胎外胎	条	4050286	1633301	566973	614804	1235208
塑料制品	吨	295731	101687	53148	101557	39339
#农业用薄膜	吨	1309		356	910	43
水泥	万吨	456	25	362	68	

11－42 续表1

产品名称	单位	合计	出口	广州市	广东省	广东省外
成品钢材	吨	2702829	248235	816057	1366051	272486
普通中型钢材	吨	125041	118240	5840	961	
普通小型钢材	吨	885606	85319	329752	470535	
线材	吨	135544	1	42952	86979	5612
薄钢板	吨	760626		190156	327070	243400
钢带	吨	96307	8526	4013	82849	919
无缝钢管	吨	18526	5	4992	9933	3596
焊接钢管	吨	102922	22549	34387	27027	18959
十种有色金属	吨	12003		1728	10275	
#铜	吨	12003		1728	10275	
铜加工材	吨	71022	546	7010	62024	1442
铝材	吨	13843	1253	7826	2837	1927
工业锅炉	蒸吨	783		69	346	368
内燃机	万千瓦	4			4	
金属切削机床	台	3803	687	726	651	1739
#数控机床	台	378	31	96	63	188
缝纫机	架	38544	4046	25404		9094
汽车	辆	74375	1	7323	22816	44235
#载货汽车	辆	3107	1	456	2386	264
公路客车	辆	12623		875	11632	116
轿车	辆	58645		5992	8798	43855
摩托车	辆	543838	17946	7424	69513	448955
自行车	辆	965622	845910	18038	71603	30071
民用钢质船舶	综合吨	224290	146300		3400	74590
交流电动机	千瓦	240000	15300	66700	152500	5500
家用洗衣机	台	342			342	
家用电冰箱	台	420088	101548	185418	48938	84184
房间空气调节器	台	919632	173573	121698	263307	361054
电饭锅	个	8087		2348	1408	4331
程控交换机	线	199360	700	3628	2288	192744
#数字程控交换机	线	199360	700	3628	2288	192744
电子计算机	部	1			1	
微型电子计算机	部	1044		1044		
彩色电视机	部	581145	370375	210770		
录放音机	部	1709	1709			
表	只	517440	478470	31176	1948	5846

11－42 续表2

产品名称	单位	中南地区	西南地区	华东地区	华北地区	东北地区	西北地区
产品销售收入合计	万元	836152	434622	1835259	795967	399969	251327
配混合饲料	吨	40	5487				
乳制品	吨	209	441	747	348	120	91
罐头	吨	212	364	3721	301	175	54
啤酒	吨	87248	2913	30405	30561	3979	235
软饮料	吨	48470	1120	8826	5711	127	1331
卷烟	箱						
化学纤维	吨	41		2516	1307		
＃合成纤维	吨	41		2516	1307		
纱	吨	24					
布	万米	43	31	81	62	20	
棉布	万米						
混纺交织布	万米	2			1		
纯化纤布	万米	41	31	81	61	20	
服装	万件	20	10	64	29	10	5
人造板	立方米	4123		1070	10023	169	15
机制纸	吨	21370	3535	16089	32994	6	19338
＃新闻纸	吨	21090	3491	15772	32893		19337
机制纸板	吨	318		2446			
汽油	吨	60474					
煤油	吨						
柴油	吨	198483					
燃料油	吨	1587					
硫酸(折100%)	吨						
氢氧化钠(折100%)	吨						
碳酸钠(纯碱)	吨						
化学农药(折100%)	吨	294	156	110	20		
油漆	吨	2887	461	1218	1056	4071	283
塑料树脂及共聚物	吨	197988	16420	83764	1183	1711	286
合成纤维聚合物	吨			49600			
合成洗涤剂	吨	13332	11781	17105	15663	7839	7701
化学原料药	吨	289	194	621	575	187	90
轮胎外胎	条	277722	177565	378516	133781	164784	102840
塑料制品	吨	5314	8101	15635	4262	3522	2505
＃农业用薄膜	吨	28		14			1
水泥	万吨						

11－42 续表 3

产品名称	单位	中南地区	西南地区	华东地区	华北地区	东北地区	西北地区
成品钢材	吨	16676	2566	246820	5235		1189
普通中型钢材	吨						
普通小型钢材	吨						
线材	吨	5612					
薄钢板	吨			243400			
钢带	吨	313		606			
无缝钢管	吨	845	1562				1189
焊接钢管	吨	9906	1004	2814	5235		
十种有色金属	吨						
#铜	吨						
铜加工材	吨	996	14	432			
铝材	吨	1299		385	243		
工业锅炉	蒸吨	22	73	45	209	11	8
内燃机	万千瓦						
金属切削机床	台	64	39	1473	81	15	67
#数控机床	台	12	11	153	5	1	6
缝纫机	架	1735	638	1729	1916	2092	984
汽车	辆	3645	2727	26172	7694	2593	1404
#载货汽车	辆	71	56	71	25	41	
公路客车	辆	27	65	8	13	1	2
轿车	辆	3547	2606	26093	7656	2551	1402
摩托车	辆	68216	42517	89920	81715	20391	146196
自行车	辆	29763			308		
民用钢质船舶	综合吨	6140			68450		
交流电动机	千瓦	300	4100	200	600	300	
家用洗衣机	台						
家用电冰箱	台	19161	10007	30365	12631	7211	4809
房间空气调节器	台	162779	35520	141726	6833	8455	5741
电饭锅	个	4331					
程控交换机	线	10528	46996	11340	19979	102778	1123
#数字程控交换机	线	10528	46996	11340	19979	102778	1123
电子计算机	部						
微型电子计算机	部						
彩色电视机	部						
录放音机	部						
表	只				5846		

11－43 规模以上大中型工业企业主要经济指标

（2001 年）　　　　单位：万元

项　　目	全　市	#轻工业	#市　区	#轻工业	#市　属	#轻工业
企业单位数(个)	592	331	542	304	529	304
#亏损企业(个)	195	98	177	88	177	92
产品销售收入	17212123	7600714	16300009	6998828	12774524	6863174
#产品销售成本	13061579	5046722	12365527	4616528	9373066	4674386
产品销售费用	1281993	1109401	1176647	1011322	1231182	1073085
产品销售税金及附加	448846	271129	427777	250592	194145	89909
产品销售利润	2419705	1173462	2330058	1120386	1976131	1025794
盈利企业的盈利总额	1357861	592689	1324649	572257	1082100	499712
亏损企业的亏损总额	229230	125613	217252	117152	214632	123513
盈亏相抵后的利润总额	1128631	467076	1107397	455105	867468	376199
应交所得税	133992	86654	131115	84973	93720	57389
应交增值税	851294	453940	826305	435515	670545	390515
流动资产年末合计	10244943	4671653	9816136	4431858	8216640	4349969
#存货	2629622	1286884	2488496	1203228	2141836	1168136
#产成品存货	1069921	562534	1016037	532717	998358	548046
流动资产年平均余额	10387211	4826102	9941036	4567624	8260367	4525084
固定资产原价合计	14692488	5581200	14163038	5315937	10509527	5174707
#生产经营用	13090376	4921290	12648219	4718574	9174715	4560644
本年折旧	772470	322006	745508	305759	566539	293825
固定资产净值年平均余额	9652401	3497564	9260143	3297500	6890930	3276969
年末资产合计	23011653	9469013	22074950	8986568	17515848	8867719
年末负债合计	12376298	5288590	11727488	4942704	10050846	5072277
年末所有者权益合计	10635355	4180423	10347462	4043864	7465002	3795442
#实收资本	6161410	2647170	5877941	2481322	4895297	2445938
#国家资本	1129303	440621	1081321	416915	570877	312689
外商资本	2748653	1541164	2572998	1424933	2646866	1487672
本年应付工资	960047	537207	916695	505330	789228	497832
本年应付福利费	135390	73725	128992	68329	99724	67198
全部职工年平均人数(人)	437853	271738	409006	248975	381621	261700
工业总产值(当年价格、新规定)	16755379	8075846	15687841	7338589	13369945	7348689
工业总产值(1990 年不变价、新规定)	16129893	8588430	15046117	7758144	14046931	8085780
工业增加值(当年价格)	5108615	2619307	4879095	2462975	4042599	2201910

11-44 规模以上大中型工业企业主要经济指标

（2001年，按经济类型分） 单位：万元

项目	国有企业	集体企业	三资企业	其他企业
企业单位数(个)	112	28	349	103
#亏损企业(个)	36	9	125	25
产品销售收入	3151408	248618	10250500	3561597
#产品销售成本	2483941	203281	7427114	2947243
产品销售费用	94734	8208	1024233	154818
产品销售税金及附加	214419	1715	139114	93598
产品销售利润	358314	35414	1660039	365938
盈利企业的盈利总额	226716	18869	995338	116938
亏损企业的亏损总额	19557	8310	167109	34254
盈亏相抵后的利润总额	207159	10559	828229	82684
应交所得税	54493	4898	54058	20543
应交增值税	175807	10532	529850	135105
流动资产年末合计	2218843	183352	5724481	2118267
#存货	418589	50636	1580535	579862
#产成品存货	128708	37407	683667	220139
流动资产年平均余额	2174077	197955	5770051	2245128
固定资产原价合计	3757686	358063	7533419	3043320
#生产经营用	3327416	332706	6684071	2746183
本年折旧	178691	18530	429671	145578
固定资产净值年平均余额	2362014	224434	5027461	2038492
年末资产合计	5515197	527799	11953449	5015208
年末负债合计	2279920	316480	6816612	2963286
年末所有者权益合计	3235277	211319	5136837	2051922
#实收资本	913349	118425	3814551	1315085
#国家资本	511112		265751	352440
外商资本			2743441	5212
本年应付工资	225170	27602	539137	168138
本年应付福利费	39981	2018	70438	22953
全部职工年平均人数(人)	85263	12994	265350	74246
工业总产值(当年价格、新规定)	2113728	243556	10758597	3639498
工业总产值(1990年不变价、新规定)	1482946	178495	11644036	2824416
工业增加值(当年价格)	963447	62017	3227233	855918

11－45 规模以上大型工业企业主要经济指标

(2001 年)　　单位:万元

企业名称	工业总产值	固定资产原价年末数	产品销售收入	职工年平均人数(人)
特大型企业:				
广东蓄能发电有限公司	69900	567064	69900	268
广州市自来水公司	110138	507625	112187	4827
广州电力工业局	144573	1168173	1094945	4580
中国石化集团广州石油化工总厂	36863	122628	55999	4881
广州造纸有限公司	145457	229136	140120	3509
三菱电机(广州)压缩机有限公司	96355	68570	81493	1518
中国石油化工股份有限公司广州分公司	1282700	969393	1273431	5267
大一型企业:				
广东粤华发电有限公司责任公司	197481	228006	197481	2075
广州市广州铝加工厂	6103	22367	5782	472
广州珠江钢琴集团有限公司	68424	44774	72432	2622
广州第一棉纺织厂	16488	30840	16903	1385
广州红棉保温容器实业公司	4826	19918	4964	929
广州市珠江啤酒集团公司	186404	190662	180710	2507
广州白云山企业集团有限公司	16073	14981	15289	1416
广州电缆厂	19002	17121	18170	581
广州中药一厂	48307	19567	47053	1279
广州铁道车辆厂	17507	38489	15457	2471
广州市电筒工业公司	43864	24378	38144	3051
广州广重企业集团有限公司	13942	62106	11098	1308
广州天心药业股份有限公司	24015	14966	22328	499
广州广船国际股份有限公司	188043	149659	207660	4811
广州文冲船厂有限责任公司	94484	127897	85507	4526
广州市永大集团公司	15889	48913	16910	1113
美晨集团股份有限公司	64128	25270	53807	1008
广州市塑料工业股份有限公司	18940	20594	37085	870
广州海鸥蓄电池厂	278	13718	278	32
广州华光压缩机有限公司	10989	11422	7393	178
广州市华侨糖厂	25920	19768	26132	557
广州电池厂	79609	37852	122777	2593
广州啤酒厂	856	19355	1456	175
广州鹰金钱企业集团公司	20884	33745	17446	1220
广州瑞明电力有限公司	29571	69094	29571	488
广州白云电器设备厂	26330	17044	22892	1266
广州市番禺区旧水坑五金综合总厂	18883	40700	18883	1816
广州银珠聚丙烯有限公司	37839	38166	36275	105
广州广纺联集团有限公司	15609	33644	16364	1627
广州市金珠江化学有限公司	20635	29226	20653	1282
广州包装印刷集团有限责任公司	9171	16318	12161	991
广州白云山制药股份有限公司	150558	35703	82415	2667
广东正大康地有限	44997	11077	44848	191
广东四明燕塘乳业有限公司	5859	9783	3950	219

11－45 续表1

单位:万元

企业名称	工业总产值	固定资产原价年末数	产品销售收入	职工年平均人数(人)
广州太平洋马口铁有限公司	49410	52078	48286	300
卡夫广通食品有限公司	23882	41796	16657	239
广州万宝压缩机有限公司	6878	34339	6068	301
广州钢铁股份有限公司	261102	292436	237307	5269
广州三兴纤维板企业有限公司	6665	23573	6265	291
广州高露洁有限公司	29504	36301	28548	903
广州生力啤酒有限公司	31250	23215	30689	682
广州珠江电力有限公司	125453	263845	125453	325
广州万邦鞋业有限公司	73873	11329	69307	6410
广州宝洁纸品有限公司	97878	68472	90257	217
广州市华南橡胶轮胎有限公司	57696	117869	55986	1334
镇泰(广州)有限公司	40424	12666	30910	7400
广东澳联玻璃有限公司	38936	71820	38011	835
广州珠江轮胎有限公司	55092	38732	54414	2070
松下·万宝(广州)电熨斗有限公司	16411	13601	15879	553
松下·万宝(广州)空调器有限公司	179704	76309	135505	1358
松下·万宝(广州)压缩机有限公司	163358	213218	144661	3402
广州高士线业有限公司	23272	14367	24730	693
广州箭牌口香糖有限公司	160090	52323	155012	2061
广州珠江钢铁有限责任公司	264332	443883	261045	486
安利(中国)日用品有限公司	409895	92759	347035	1754
广州亚美聚酯有限公司	42154	41839	44775	185
西门子(广州)传输系统有限公司	22621	6564	22536	356
味可美(广州)食品有限公司	25197	15365	20480	252
广州市粤港气体工业有限公司	11339	31471	11339	295
广州奥的斯电梯有限公司	60775	26270	62853	1126
广州绿十字药业有限公司	15953	14396	15669	344
广州屈臣氏食品饮料有限公司	47261	22580	34602	473
广州麦芽有限公司	46902	14379	46640	167
广州顶益国际食品有限公司	50815	58869	51179	1230
广州宝洁口腔保健用品有限公司	66269	27225	64377	90
广州添利线路板有限公司	85678	25670	87046	4884
广州添利电子科技有限公司	26391	29133	22777	802
广州奥桑味精食品有限公司	37956	29896	35583	791
广州奥力斯油封有限公司	472	12372	564	63
广州羊城麦芽有限公司	4682	17280	4682	57
华纳(广州)有限公司	23057	45540	21313	1013
欧文斯—科宁(广州)玻璃纤维有限公司	8386	32783	7611	126
广州日立电梯有限公司	136603	72058	123604	1720
苏拿(广州)树脂镜片制造有限公司	8204	16318	7808	367
广州高露洁棕榄有限公司	124659	35053	165431	418
广州大旺食品有限公司	15712	13609	15866	753
豪雅(广州)光学有限公司	12910	15376	11331	370

11－45　续表2　　单位：万元

企业名称	工业总产值	固定资产原价年末数	产品销售收入	职工年平均人数(人)
广州市开发区顶津食品有限公司	50878	33584	50967	900
广州龙沙有限公司	17154	22073	17208	139
南方气体产品(广州)有限公司	8486	28505	9135	48
广州宏庆塑胶工业有限公司	22375	19541	17778	300
广州宏仁电子工业有限公司	53440	28439	54668	310
依利安达(广州)电子有限公司	66091	66448	66091	1783
广州东方电力有限公司	140877	392898	140877	217
舒尔物德包装(广州)有限公司	7083	30443	7083	105
广州雅奥伊林变压器有限公司	16868	18735	14166	273
松下电工电子材料(广州)有限公司	10719	15805	11256	126
依利安达(广州)显示器有限公司	11788	14984	6555	810
广州宏铭塑胶工业有限公司	56506	38735	51303	282
广州宏信塑胶工业有限公司	61081	42570	62894	700
番禺嘉晖建材制造有限公司	3728	13293	2993	220
广州进道集装箱有限公司	56832	19087	54109	867
番禺合兴油脂有限公司	44091	18392	44298	2540
广州市番禺创信鞋业有限公司	77805	81822	72933	14626
广东育丰鞋业有限公司	65424	34178	67807	9046
广州华凌空调设备有限公司	168415	38192	116351	1264
广州天衣薄膜有限公司	12062	15214	12795	318
广上科技(广州)有限公司	45193	16117	44385	843
东风本田发动机有限公司	375379	47335	374732	381
广州冷机股份有限公司	25113	49842	24142	1187
广州市万宝冰箱有限公司	12032	9844	7184	711
广州市珠江水泥有限公司	45408	96041	45056	1382
广州广橡轮胎企业集团有限公司	26118	58749	25445	3582
大二型企业：				
广东新华印刷厂	3740	5020	3379	442
广州卷烟一厂	156460	80362	154649	1123
广州卷烟二厂	298583	136589	298757	1500
广东国营燕塘牛奶公司	19881	9377	18209	393
广东省畜产业进出口集团羽绒实业公司	696	4887	550	398
广东省鱼珠林产集团有限公司	6037	89624	12078	1245
广州市萌芽实业总公司	1305	4439	1499	272
广州华穗轻质陶粒制品厂	3064	8777	2948	266
广州市煤气公司	51774	169683	47851	2593
广州第一橡胶厂一分厂	5200	5380	4458	510
广州市塑料制品三厂	3899	7148	3684	221
广州市利工民实业公司	1700	5764	1879	532
广州华南印刷厂	5834	10511	5938	606
广州南洋电器厂	17709	11214	17157	1306
鑫光集团广州珠江冶炼厂	16859	8701	16048	731
广州市人民机器厂	7421	7755	6873	608

单位：万元

企业名称	工业总产值	固定资产原价年末数	产品销售收入	职工年平均人数(人)
广州柴油机厂	8543	10966	9269	1100
广州全新针织厂	10117	11363	10097	369
广州铜材厂有限公司	12940	5592	12805	796
广州花城玻璃实业公司	9765	5846	8941	1079
广州陈李济药厂	17084	12813	17582	617
广州何济公制药厂	12098	6466	12136	506
广州侨光制药厂	26911	13901	24820	989
广州明兴制药厂	12430	10543	12038	757
广州摩托集团公司	41056	63607	41102	3384
广州广日电梯工业有限公司	19540	16467	15423	386
广州市南方面粉股份有限公司	15479	13191	15565	410
广州敬修堂(药业)股份有限公司	15665	11968	15613	575
广州羊城药业股份有限公司	16499	7204	16306	478
广州光华药业股份有限公司	18930	16923	16083	998
广州市浪奇实业股份有限公司	59683	31208	58500	985
广州潘高寿药业股份有限公司	21405	13693	21654	707
广州合成纤维公司	13233	33777	13306	534
广州黄埔造船厂	45977	36542	104484	2969
广东轻工业机械集团有限公司	9529	20366	10144	1327
广州钛白粉厂	7348	12302	7130	403
广州气体厂	4385	14786	4841	311
广州玻璃钢总厂	986	4405	629	144
广州复印机厂	8144	5503	9662	231
广州星群(药业)股份有限公司	22106	5371	22500	568
广州百花香料股份有限公司	11325	10185	10155	401
广州服装集团有限公司	360	2975	577	265
广州市奥威隆皮革股份有限公司	1104	13660	1003	326
万宝冷机集团广州电器有限公司	3709	3095	3545	292
广州新太新技术研究设计有限公司	19074	10463	17018	691
广州市江丰实业有限公司	28410	10372	52316	673
番禺区友利玩具厂	3889	4850	3417	988
广州市番禺莲花山造纸有限公司	18350	14041	12716	664
广东大日生物化学药业有限公司	6121	7153	5907	179
广州无线电集团有限公司	31063	14810	40380	464
广州昊天化学(集团)有限公司	27727	51664	28076	1598
广州新联泰染织实业有限公司	3406	11194	3434	594
广州虎辉集团有限公司	4721	5179	4612	725
广州丝绸印染厂有限公司	1341	10058	1250	188
广东精通集团广州天马摩托车有限公司	80683	6563	79432	1736
普博雅香料(广州)有限公司	5414	9151	5079	109
百事(中国)有限公司	68914	9403	63146	70
广州越胜环境试验设备有限公司	514	8816	633	168
广州市宝力轮胎有限公司	11895	5943	9688	325

企业名称	工业总产值	固定资产原价年末数	产品销售收入	职工年平均人数(人)
五羊－本田摩托(广州)有限公司	197312	101246	182075	2442
卜内门太古油漆(中国)有限公司	31290	27995	30912	313
广州积士佳食品有限公司	6312	4056	6202	534
广州汇侨电子有限公司	32859	9803	22282	510
广州宝洁有限公司	528876	94868	527648	1658
广州致美斋食品有限公司	15789	6333	15537	573
广州经济技术开发区美达针织布有限公司	4307	4021	4340	130
雅芳(中国)有限公司	166089	39963	85018	354
广州冷冻食品有限公司	7749	16010	8548	585
广州市镇泰海珠有限公司	28535	3537	28535	5256
广美食品有限公司	4480	7541	4114	212
百事－亚洲饮料有限公司	5421	10564	4583	277
广州中宝包装制品有限公司	7181	6870	8238	244
广州市天海经编装饰织物有限公司	8635	11073	8543	328
广州埃特尼特有限公司	7650	8886	7095	274
广州国光电器有限公司	14066	4483	12110	856
广州市广荣鞋业有限公司	37925	9439	37913	2671
广州市广达鞋业有限公司	20867	5735	20867	1436
广州荣诚鞋业有限公司	46665	13198	45111	6400
中国雪柜实业有限公司	33589	34671	34800	1204
广州蓄电池企业有限公司	6351	5938	6341	754
广州奇星药业有限公司	20843	10993	20811	589
广州水泥厂	22850	25861	22439	1162
广州金日科技有限公司	4049	6208	3586	260
广州日宝钢材制品有限公司	34530	9586	33903	135
松下电工万宝电器(广州)有限公司	35823	20982	42048	807
广州百特医疗用品有限公司	11768	11139	14721	176
美赞臣(广州)有限公司	47936	23567	36796	256
广州家乐食品有限公司	24412	5583	13920	96
环球华大(广州)有限公司	1547	8306	1588	77
广州镇达玩具有限公司	18235	8316	16963	3800
广州市嘉华南方水泥有限公司	16916	35483	16487	696
仙妮蕾德(广州)有限公司	33412	13146	23282	162
国际香料(广州)有限公司	33085	11814	32828	120
广州昭和减震器有限公司	12530	9519	12171	205
广州威达高实业有限公司	41253	143185	36538	1155
李锦记(广州)有限公司	33629	8985	26814	475
广州协易制模有限公司	2720	5287	2992	552
高挤食品(广州)有限公司	5225	9331	4118	91
广州哈里斯通信有限公司	5213	9439	5668	122
利高曼(广州)有限公司	25112	8186	22917	70
先灵(广州)药业有限公司	14176	12764	13677	221
广州美标益丰搪瓷有限公司	3973	12141	3167	156

11－45　续表 5　　　　单位：万元

企　业　名　称	工业总产值	固定资产原价年末数	产品销售收　入	职工年平均人数(人)
广州洛民塑料有限公司	12943	5748	14531	378
广州 JVC 电器有限公司	22994	7633	23126	1250
广州百事可乐饮料有限公司	53795	22830	52401	830
杨协成(广州)有限公司第一分厂	7581	17750	7861	212
广州旺旺食品有限公司	20133	13406	19899	291
住轻(广州)金属制品有限公司	12816	10913	12211	74
广州珠江电信设备制造有限公司	25398	9168	21871	377
阿托菲纳(广州)化学有限公司	5510	9728	6549	105
安佳乳品(广州)有限公司	7679	9736	7142	185
国光电器股份有限公司	12717	5399	12227	397
德尔福派克电气(广州)有限公司	23887	11931	23887	961
广州仨祥软管包装有限公司	7169	9075	7170	80
爱索尔(广州)包装有限公司	9961	9181	10090	158
台一铜业(广州)有限公司	19826	27634	19336	253
广州华立－萨其宾化工有限公司	16478	9092	16501	727
广州必旺食品有限公司	5705	9149	5586	242
永丰纸业(广州)有限公司	10617	9335	10997	200
番禺潭洲振裕纺织染印有限公司	24636	45612	20857	1693
敏腾(广州)实业有限公司	18877	16900	18877	2200
广东泛达化工有限公司	24242	21243	21378	310
广州东洲油脂工业有限公司	29608	13165	24731	760
骏升科技(中国)有限公司	15962	8581	15962	1085
佳口食品(中国)有限公司	62049	26344	48815	908
正大康地(番禺)有限公司	8621	7152	8609	107
番禺曾本五金工业有限公司	5582	14194	4661	654
月亮贺卡(番禺)有限公司	11255	14400	11255	1200
广州番禺大兴制鞋实业有限公司	44980	8939	39711	3246
美国通用电器塑料中国有限公司	128956	48057	133182	219
广州邮电通信设备有限公司	19814	18269	29259	818
广州市羊城有限公司	9531	8421	7969	554
广州日立冷机有限公司	13709	6885	13198	170
广州宏焕胶工业有限公司	19331	20206	19059	450
广州本田汽车有限公司	1213924	116467	1216910	2131
广州副食品集团广州调味食品分公司	7269	4508	8000	831
贝尔罗斯(广州)工程塑料有限公司	19387	10500	15704	234
广州华南信息产业集团有限公司	4417	9023	4633	345
广州乐华电子有限公司	54227	10954	55813	238
广州依利安达微通科技有限公司	2867	17686	2867	33
广州双桥股份有限公司	14444	12795	14338	228
广州珠江化工集团有限公司	62651	33002	63193	1843
风神汽车有限公司	176818	6743	146886	1015
南方日报社印刷厂	11066	14304	5505	295

11－46 规模以上中型工业企业主要经济指标

(2001 年)　　单位:万元

企业名称	工业总产值	固定资产原价年末数	产品销售收入	职工年平均人数(人)
中一型企业:				
广东韶钢集团广州梅花铝材有限公司	6005	11779	6261	455
广东省建筑机械厂	1090	2661	926	277
广东省建材机械厂	684	4262	694	300
广东省糖业机械制造厂	108	4363	136	345
太平洋影音公司	2940	7098	2140	177
广州风行牛奶有限公司	6594	6358	6187	568
广州第一染织厂	4488	2726	4527	605
广州照相制版厂	685	2390	697	101
广州市第四针织厂	2084	4162	2431	424
广州电机厂	3224	4026	3474	535
广州皮鞋厂	4793	2363	4773	392
广州铝材厂有限公司	20501	12550	19265	798
广州型腔模具厂	643	5088	513	156
广州机床工具有限公司	11262	8137	11132	1901
广州市东方红印刷公司	3264	3584	3304	314
广州卫生材料厂	6449	2639	5409	295
中国唱片广州公司	1117	2618	696	76
广州时装实业公司	1709	3130	1827	726
广州手表厂	446	6855	518	201
广州农药厂	7813	3076	7437	164
广州市趣香饼家	1585	3030	1668	298
广州市复印机硒鼓厂	844	2638	574	68
广州起重运输机械实业公司	4798	6747	4512	196
广州化学试剂厂	7249	3059	7237	332
广州华南船舶修造厂	8860	9523	8393	1116
广州发电厂	55851	124412	55851	757
广州市第一水泵厂	11121	4913	8825	610
广州市石井水泥厂	16541	10592	15915	702
广州市白云饲料总厂	12850	2333	11100	132
广州市黄埔东粤铝厂	9380	6875	9409	210
珠江啤酒从化分装厂	20574	8626	17959	387
广州双菱钢铁工业有限公司	79289	8995	69430	456
广州市番禺区拆船轧钢公司	8748	7495	21496	466
番禺区市桥自行车零件厂	2046	3134	2695	371
广州番禺南兴集团公司	2082	4055	2082	1476
广州市番禺餐具总厂	1467	3837	1284	306
广东邮电南方彩色印务有限公司	4985	7072	4985	344
广州市华南医疗器械有限公司	1580	4417	1716	279
广州市番禺珠江实业集团有限公司	30154	30451	17513	1294
广东太古可口可乐有限公司	91151	60040	110297	1476
亨氏联合有限公司	24669	10902	25699	455
广东燕塘兽药有限公司	2601	1963	2391	110
番禺百宜食品有限公司	3350	12063	4400	317
广州市欧亚床垫家具有限公司	11082	3246	11165	449
穗屏企业有限公司饲料厂	632	4741	669	181
广州市南方家具有限公司	15871	3080	15870	100
广州东信印铁制罐有限公司	1185	2085	1207	155

11－46 续表 1

单位:万元

企业名称	工业总产值	固定资产原价年末数	产品销售收入	职工年平均人数(人)
广州运洋船舶修理有限公司	15112	28893	16055	420
广州华意电路有限公司	4267	3245	4286	501
广州羊城汽车有限公司	18826	20206	19000	730
广州三盛电子实业有限公司	2145	4818	2097	87
广州致达电子厂有限公司	876	3187	865	143
广州明珠表业有限公司	2183	3613	1830	450
中望商业机器有限公司	23943	9111	23943	453
广州羊城管桩有限公司	6046	4598	8310	125
广州颖昌鞋业有限公司	8917	2675	9063	802
广州市诚隆鞋业有限公司	23529	3649	23529	961
广州星光环保中心有限公司	760	2223	927	196
广州广熙塑料管道工程有限公司	2897	3568	2701	126
广州市五羊－欣陆水泥制品有限公司	6289	2273	6183	87
广州德发食品工业有限公司	2359	4823	3088	125
广州建强混凝土有限公司	4129	2510	4131	114
住电钢线制品(广州)有限公司	2138	5387	2553	82
广州至法实业有限公司	8715	4133	8611	628
广州京安云豹汽车有限公司	29215	36077	26034	1504
广州明治制果有限公司	1343	2897	1346	57
广州经济技术开发区环球帽制品有限公司	751	3770	744	250
广州广联针织染整厂有限公司	910	4223	1184	23
广州普笙音箱厂有限公司	21323	3546	20507	641
杨协成(广州)有限公司	6310	10033	6057	187
广东南方制碱有限公司	27912	61940	30895	913
广州摩恩水暖器材有限公司	12775	2867	13979	120
广州艺爱丝纤维有限公司	13858	25237	13153	139
广州大新电器有限公司	9665	4025	10714	525
广州欣昌鞋业有限公司	33113	1736	30309	2500
三协精机(广州)有限公司	17371	2575	20122	701
广州粤荣鞋业有限公司	25252	4607	25390	2786
广州天星鞋业有限公司	7084	5357	7254	1076
广州经济技术开发区卜威工业有限公司	10670	5670	10308	1070
广州市好得利电子实业发展有限公司	1840	7431	1830	330
BHP 建筑钢品(广州)有限公司	5671	6068	9721	99
广州永联钢结构有了公司	5666	6210	4697	198
广州广盛电力有限公司	17635	62977	17635	145
广州广重精工有限公司	2251	4717	2218	200
广州雅马哈珠江钢琴有限公司	10966	4541	10257	185
埃尔夫润滑油(广州)有限公司	11844	8300	13436	119
广州文洪有线电视器材有限公司	701	6163	597	52
广州南新制药有限公司	9435	4534	9332	268
广州迪生鸟取三洋电机有限公司	34963	6099	33846	900
施耐德太古(广州)配电设备有限公司	16219	6075	16219	206
广州日成玩具制品有限公司	6824	4102	6831	4268
广州卓德嘉薄膜有限公司	7008	3562	7935	71
广州鼎丰水产开发有限公司	1345	5068	1345	86
广州美亚金属制品有限公司	30769	8853	31608	308
广州珠江光电新材料有限公司	3515	5105	2705	70
国际纸业(广州)包装有限公司	8014	8495	8087	164

11－46　**续表 2**　　单位：万元

企业名称	工业总产值	固定资产原价年末数	产品销售收入	职工年平均人数(人)
台一江铜(广州)有限公司	56351	19394	43857	121
金百利(广州)纸业有限公司	7526	4272	7929	187
广州市番禺利得鞋有限公司	15051	10201	13390	4419
番禺添美漂染有限公司	5950	4757	5309	417
广州番禺威乐办公用品有限公司	7700	4075	7146	1000
广州市新蜜宝食品有限公司	1363	2626	1231	50
广州市番禺裕丰钢铁有限公司	53569	23543	39724	857
番禺全统食品工业有限公司	1687	6447	2342	120
番禺梅山－马利酵母有限公司	9033	3119	9059	102
卓越织造(广州)有限公司	11659	10081	11884	993
永隆(番禺)塑料五金电器有限公司	5405	5207	5294	3000
广州联亚制衣有限公司	4839	4574	4646	1435
番禺新速能板式热交换器有限公司	1519	10779	1965	24
广州珠江美乐多饮品(香港)有限公司	6090	3959	5451	127
增城市顺龙高尔夫球制品有限公司	27007	6611	25368	999
增城市运豪五金塑料有限公司	6868	8589	6456	1000
广州新太科技有限公司	33260	12473	35044	700
广州市建筑集团罗冲围混凝土有限公司	5575	3831	4651	166
广州市香雪制药股份有限公司	7628	5556	7515	568
广东省农垦集团妙新实业有限公司	143	4534	143	65
城高(增城)塑胶五金有限公司	15169	5177	13790	1350
广州市番禺海鸥卫浴用品有限公司	17274	4410	17469	1102
广州酒家企业集团利口福番禺食品有限公司	12550	16500	12551	525
埃克森化工(番禺)有限公司	27286	17868	13761	348
广州双鱼体育用品集团有限公司	11593	3714	11653	617
依利安达(广州)电子科技有限公司	843	5895	843	108
广州普林科技有限公司	1543	4386	887	150
广州轻出集团虎头电池有限公司	10450	2220	10386	447
广州市中南食品有限公司	4842	2738	4348	359
希世比科技电池(广州)有限公司	4462	7763	4208	200
广州天河胶管制品有限公司	4813	3856	4874	295
青海华鼎实业股份有限公司番禺恒联食品机械	10401	5297	9583	585
广州金莱冷轧带钢有限公司	27881	35493	28047	854
广东茶叶进出口公司一茶厂	5104	1393	8856	195
广州市冠华塑料制品厂	1618	2440	1811	224
中二型企业：				
广东省电力线路器材厂	4755	8369	6482	715
广东省花城企业公司	6244	4243	5708	554
广东省水利水电机械厂	3262	3658	3018	315
广东省电力工业局广州电力设备厂	6302	6057	5679	519
广东新中国船厂有限公司	3456	5002	3625	931
广州光导纤维厂	1125	4012	1020	233
广东省生物药厂	1778	2347	1815	285
广东省半导体器件厂	2903	3382	2959	260
广东国营燕塘毛织厂	857	1350	568	298
广州市铸锻工业公司	1010	7518	1150	265
广州市锅炉工业公司	6700	1916	7771	420
广州市九佛电器实业有限公司	24313	7128	23884	818

企业名称	工业总产值	固定资产原价年末数	产品销售收入	职工年平均人数(人)
广州胶带制品厂	3117	5698	3087	528
广州市长岛光电机械厂(解放军第四三零七厂)	2887	3919	2613	433
广州第六橡胶厂	3675	7335	3536	562
广州金银首饰有限公司	3873	1598	4749	176
广州港品机械实业总公司	1884	8496	2082	279
广州果子食品厂	716	1934	815	213
广州针织机械厂	339	3110	233	166
广州油墨厂	1656	4179	1714	151
广东云山汽车厂	10059	10455	11024	525
广州钢管厂有限公司	21281	21991	19822	822
广州市荷花纺织装饰实业公司	464	3215	843	169
珠海鑫光集团广州冶炼厂	106	8967	1908	96
广州有色金属冶炼厂	1646	2467	1739	81
广州凤凰电器工业公司	608	3188	731	219
广州砂轮厂	1896	2699	1626	264
广州市广州市汽车灯具厂	971	3165	887	175
广州光学仪器厂	3559	2178	3493	377
广州市花城制药厂	10964	5264	9479	581
广州市羊城水泥厂	3109	5381	3035	274
广州试验仪器厂	1224	1721	1296	296
广州仪表厂	964	1746	1288	196
广州市解放木家具厂	602	1758	603	210
广州市凌兴齿轮厂	1675	1550	1432	182
广州金通仪器实业股份有限公司	1235	2286	1160	178
广东天普生化医药股份有限公司	14919	4701	12851	300
广州劲马动力设备企业集团有限公司	1079	3980	930	271
广州精细化学工业公司	6738	6000	6442	372
广州铁路物资总公司广州配件厂	1381	4860	1387	272
广州华立颜料化工有限公司	3281	10526	3024	362
广州畜产进出口公司皮鞋厂	1555	1689	1438	235
广州白云配件工业公司	4444	10841	4912	438
广州诺贝华乐制药厂	352	4484	429	139
广州迈特兴华制药厂有限公司	3984	4538	1090	175
广州市坚红化工厂	3205	6219	3269	263
广州市珠江甘蔗化工总厂	3594	14485	3678	327
广州市珠江船舶修造厂	805	3113	702	183
广州市工艺美术总公司	568	1852	2578	71
广州银座实业公司	2141	3363	1979	234
广州食品添加剂技术开发公司	2605	2247	2371	80
广州恒运企业集团股份有限公司	94504	152113	94504	615
广州市永红服装配件企业集团永红钮扣厂	632	2674	700	101
广州市荔湾区钢管制品厂	1786	4738	2074	152
广州市海珠区珠江镀锌钢管厂	9498	4355	9869	192
广州市天河棠下纸业制造公司	3738	5284	4083	165
广州红菱电热设备有限公司	4150	2305	3340	352
广州石井水泥公司	24911	45967	22801	762
广州市从化鳌头水泥厂	7950	4256	7826	850
增城市通用机械股份有限公司	3526	2437	2998	221

企业名称	工业总产值	固定资产原价年末数	产品销售收入	职工年平均人数(人)
番禺区自来水公司	11134	49795	11134	254
广州市番禺区石基自来水公司	3748	9139	3901	245
广州市番禺红桥客车厂	8975	7888	7924	472
番禺区市桥工艺时装实业公司	883	3816	985	65
广东广洋高科技实业有限公司	7269	2778	7478	160
广州五羊建设机械有限公司	1884	12990	2687	524
广州维高集团有限公司	12793	16919	12919	888
广州飞机维修工程有限公司	48500	40610	48500	2321
宝兴塑料仪器容器厂	1568	2172	1508	66
新龙科技产业有限公司	12091	7169	10074	220
广州开发区宝力威化学建材有限公司	2344	2486	1027	58
广东中宝食品容器有限公司	5077	2429	5138	45
广东联合油墨有限公司	849	1744	813	109
广州轻电机有限公司	718	1719	720	300
广州凯迪自行车有限公司	12273	2135	12343	450
中亚工业(广州)有限公司	1623	1989	782	60
广州力得容器有限公司	3304	1672	3170	146
广州荣丰印刷纸品企业有限公司	2509	2819	2511	86
广州三兴精密模具塑料工程有限公司	1328	3311	1255	121
广州美罗钢格板有限公司	3513	2272	4071	100
广州珠江特种纸有限公司	5221	1506	4174	148
广州环球自行车工业有限公司	24113	4013	24234	400
广州珠丰彩印纸品有限公司	1702	3156	1740	49
广州威华自行车有限公司	4530	2474	4600	130
广州美嘉彩印有限公司	1063	2400	1331	160
广州达能酸乳酪有限公司	11362	4364	11133	284
广州建莱铜业有限公司	11048	6704	10159	330
广州(恒丰)染整厂有限公司	13731	3051	13468	584
广州梅园针织印染厂有限公司	2873	1941	2896	274
广州高力电池有限公司	4943	1651	4870	496
广州劲马锅炉实业有限公司	2613	2963	2785	335
广州珠江铜厂有限公司	13967	11476	15471	288
雅思床褥家具(广州)有限公司	2455	1521	2005	95
广州新星微电子有限公司	942	2151	762	76
广州佐敦远洋制漆有限公司	13048	2227	12867	135
广州胜力不织布有限公司	925	1771	991	75
广州经济技术开发区铝箔有限公司	1496	2539	1531	62
广州嘉特利微电机实业有限公司	2988	2989	3268	157
广州三华实业有限公司	1115	3342	1172	237
广州市嘉华(黄陂)石矿有限公司	1971	7024	1658	45
广州骏威客车有限公司	29694	3694	25498	1562
广州永丰纺织厂有限公司	2331	2115	2626	71
广州广奥化纤有限公司	3244	5413	3237	106
广州豪华空调器有限公司	3321	20332	5074	179
广州东化泰福电子有限公司	900	1518	1002	273
广州建明印刷有限公司	1850	5073	1850	80
广州斯科达－劲马汽轮机有限公司	1001	3571	1021	207
科顺(广州)脚轮有限公司	4525	2478	5074	185

11－46 续表 5

单位:万元

企 业 名 称	工业总产值	固定资产原价年末数	产品销售收入	职工年平均人数(人)
广州禾瑞硅橡胶有限公司	3688	3866	3319	385
广州导新模具注塑有限公司	794	3268	792	92
广州统一企业有限公司	54744	40224	65836	1200
广州鸿星鞋业有限公司	1985	1834	1985	600
广州新泉包装容器有限公司	10564	9554	7612	259
广州蚌湖发电有限公司	5316	15927	5519	70
广州新电元电器有限公司	6448	4427	6225	246
广州富斯乐有限公司	3530	2357	3103	88
广州宝柏塑胶有限公司	2055	3856	2080	185
富乐(中国)粘合剂有限公司	12449	2839	12044	134
南亚塑胶工业(广州)有限公司	31174	49300	38490	531
广州将军机械有限公司	2792	3042	3355	65
广州亨咏旅游制品有限公司	1384	1710	1580	300
广州金羊彩印有限公司	3483	3849	3483	221
广州柳河精机有限公司	4411	8628	4140	292
思瑞克斯(广州)电器有限公司	14939	2815	14939	220
广州明珠C厂发电有限公司	32597	74666	35597	326
东华(广州)油墨有限公司	3125	2221	2297	34
广州德本兴业鞋材有限公司	3994	2274	3942	300
广州员村热电有限公司	25749	101802	25749	232
长兴(广州)化学工业有限公司	22385	3115	23197	65
广州优良电子电器有限公司	6489	1938	6489	786
广州顶园食品有限公司	3099	19593	2660	821
广州日盛皮革制品有限公司	3840	1646	2637	602
广州威康特塑料制品有限公司	1567	2397	1677	30
广州经济技术开发区亚太铝业有限公司	3573	6715	3034	70
广州国马不干胶标系统有限公司	1958	2500	1982	82
广州可诺奈食品有限公司	2268	1725	1627	42
联信摩擦材料(广州)有限公司	4023	2042	3081	82
亚新科制动系统(广州)有限公司	5174	4249	5471	58
广州龙记金属制品有限公司	2541	25466	2435	142
从化太平电厂	11672	29880	12020	48
安美特(广州)化学有限公司	15479	6430	14857	106
广州航新电子有限公司	4614	4581	4614	65
京信通信系统(广州)有限公司	61329	3784	42333	395
陶氏化学(广州)有限公司	15644	6663	15644	53
广州超智精密制品有限公司	1525	2651	1644	521
广州南方管道有限公司	3801	4936	3312	287
广大科技(广州)有限公司	43507	42135	44425	1233
广州金发科技发展有限公司	50561	6632	62233	1040
广州迪森热能技术股份有限公司	16566	4571	11538	427
安捷利(番禺)电子实业有限公司	4623	4811	4436	150
利民(番禺南沙)电器发展有限公司	28684	17680	26815	2451
广州市番禺丰群鞋业有限公司	5485	10281	5385	610
广东日立工机有限公司	28000	12504	26203	333
联盛(番禺)塑料五金模具有限公司	14657	24261	14657	1846
番禺美特包装有限公司	7542	15477	6597	290
番禺联合企业文具制品厂	9403	14041	8452	1002

单位:万元

企业名称	工业总产值	固定资产原价年末数	产品销售收入	职工年平均人数(人)
广州南沙经济技术开发区凯斯五金有限公司	4606	4821	4606	480
广州番禺富来防伪包装有限公司	1106	4412	922	95
洛德加印刷(番禺)有限公司	1402	11930	1402	362
广州明宇木业有限公司	7574	6803	7869	518
番禺广进铸锻有限公司	4034	8259	4202	170
广州环亚制衣有限公司	14100	9552	12420	3678
番禺南沙电力有限公司	18823	74339	18823	189
番禺艺彩印刷联合有限公司	15837	5052	15837	2208
镇泰(中国)工业有限公司	31484	21300	31484	6100
建滔(番禺)化工有限公司	15491	10156	16074	206
正凌精密工业(广东)有限公司	6618	6576	6838	1281
广州市番禺区沙湾冠田玩具有限公司	22986	2585	21571	3080
广州市番禺慕登时装有限公司	3996	1644	3245	591
番禺雅士达陶瓷制品有限公司	6871	6125	6272	1585
广州恒光电子有限公司	26769	12527	23223	1171
增溢织造有限公司	7365	5470	7329	150
增城江龙电力有限公司	14566	62324	12589	104
增城市水泥有限公司	4832	6708	4808	297
增城市新塘发电厂	14529	35636	14152	94
广州华德汽车弹簧有限公司	5328	7080	5219	164
广州华阳制衣有限公司	2228	2507	2291	225
广州市皇上皇饲料厂有限公司	17279	3093	17591	161
广州市番禺明珠电器有限责任公司	17200	16129	15746	726
广州市宝龙特种汽车有限公司	65213	5518	56080	721
广州市新动力摩托车工业有限公司	25362	1744	24342	1185
阿托－芬得利(广州)胶粘合剂有限公司	7165	5322	6540	72
广美精密钢管(广州)有限公司	1941	2426	1976	49
广州金鹏集团有限公司	129529	10256	209035	460
广州广电林仕豪模具制造有限公司	2800	2608	2622	182
广州飒特电力红外技术有限公司	2282	5494	1478	82
广州顺兴高尔夫制品有限公司	1436	1656	907	391
广州东永港煤气有限公司	600	2622	600	29
广州安利日用品制造有限公司	38554	2210	37178	165
广州市番禺绣品服装有限公司	7708	3062	7858	621
广州南方高科有限公司	35346	2892	23601	237
广州丰田汽车特约维修有限公司	1288	1800	1488	154
广州精工电子有限公司	12046	7368	12046	840
广州嘉丰装饰材料有限公司	5606	2205	4772	301
广州植之元油脂有限公司	155659	1381	126969	221
广州白云粘胶厂	13015	1527	10421	153
广州永发窗帘制品有限公司	14318	2321	14718	1002
广州海格通信有限公司	19100	1652	18021	481
旭丽电子(广州)有限公司	16837	3434	17607	1852
广州思唯可喷膜科技有限公司	934	1562	933	30
广州迪森家用锅炉制造有限公司	2742	1428	2210	60
广州紫江包装有限公司	1499	1581	1487	82
广州蓝月亮生物工程有限公司	2442	6702	2109	240
广州市渔轮修造厂	1687	4425	1576	247
广州联辉塑胶电子实业有限公司	2923	2909	2923	177

11－47 工业企业按利税总额排序前100名

（2001年）

单位：万元

企业名称	序号	利税总额	企业名称	序号	利税总额
广州本田汽车有限公司	1	324537	广州屈臣氏食品饮料有限公司	51	8463
广州卷烟二厂	2	215245	广东南方制碱有限公司	52	8394
安利（中国）日用品有限公司	3	164037	亨氏联合有限公司	53	7943
中国石油化工股份有限公司广州分公司	4	107696	广州百事可乐饮料有限公司	54	7936
东风本田发动机有限公司	5	95653	国际香料（广州）有限公司	55	7760
广州卷烟一厂	6	90097	广州奥的斯电梯有限公司	56	7733
广州东方电力有限公司	7	85328	广州金鹏集团有限公司	57	7657
广州电力工业局	8	82396	广州明珠C厂发电有限公司	58	6963
广州宝洁有限公司	9	62645	广州生力啤酒有限公司	59	6688
广州珠江电力有限公司	10	61797	广州新太科技有限公司	60	6554
广州市珠江啤酒集团公司	11	60142	广州宏仁电子工业有限公司	61	6486
广州箭牌口香糖有限公司	12	53013	广州旺旺食品有限公司	62	6415
美国通用电器塑料中国有限公司	13	40155	广州电池厂	63	5924
广东粤华发电有限公司责任公司	14	39643	广州星群（药业）股份有限公司	64	5547
广州添利线路板有限公司	15	34063	广州市电筒工业公司	65	5539
广州恒运企业集团股份有限公司	16	30496	广州进道集装箱有限公司	66	5467
广州造纸有限公司	17	27422	广州华南资讯科技有限公司	67	5395
五羊－本田摩托（广州）有限公司	18	27416	卜内门太古油漆（中国）有限公司	68	5268
广州高露洁棕榄有限公司	19	26829	广州员村热电有限公司	69	5161
百事（中国）有限公司	20	26475	德尔福派克电气（广州）有限公司	70	5136
广州宝洁口腔保健用品有限公司	21	26012	广州市东山区宏达通信设备厂	71	4986
松下.万宝（广州）压缩机有限公司	22	25828	广州奇星药业有限公司	72	4853
广州发电厂	23	20750	广州维高斯坦雷电气有限公司	73	4778
广州日立电梯有限公司	24	20181	广州南联航空食品有限公司	74	4744
广州钢铁股份有限公司	25	19150	广州摩托集团公司	75	4629
广州市开发区顶津食品有限公司	26	18391	广州潘高寿药业股份有限公司	76	4577
广州珠江钢琴集团有限公司	27	17580	广州陈李济药厂	77	4503
京信通信系统（广州）有限公司	28	16111	广州市京华网络有限公司	78	4486
广州瑞明电力有限公司	29	15880	广州大旺食品有限公司	79	4461
雅芳（中国）有限公司	30	15639	番禺中德电控有限公司	80	4429
广州宏铭塑胶工业有限公司	31	15115	广州海格通信有限公司	81	4337
美赞臣（广州）有限公司	32	14861	广州天心药业股份有限公司	82	4010
广州白云山制药股份有限公司	33	14844	广州顶益国际食品有限公司	83	3942
广州植之元油脂有限公司	34	14224	广州侨光制药厂	84	3877
广州中药一厂	35	13823	广东澳联玻璃有限公司	85	3865
广东蓄能发电有限公司	36	13647	广州邮电通信设备有限公司	86	3864
广州飞机维修工程有限公司	37	12711	广州双桥股份有限公司	87	3857
依利安达（广州）电子有限公司	38	12560	西门子（广州）传输系统有限公司	88	3829
广州市自来水公司	39	12497	广州珠江化工集团有限公司	89	3792
三菱电机（广州）压缩机有限公司	40	11533	阿乐斯绝热材料（广州）有限公司	90	3792
佳口食品（中国）有限公司	41	10924	广州羊城药业股份有限公司	91	3771
广东太古可口可乐有限公司	42	10126	番禺莲花山电力有限公司	92	3756
广州广日电梯工业有限公司	43	9831	广州金发科技发展有限公司	93	3746
李锦记（广州）有限公司	44	9479	邦讯科技有限公司	94	3738
广州安费诺电子通信有限公司	45	9405	广州高露洁有限公司	95	3696
广州珠江轮胎有限公司	46	9076	广州珠江电信设备制造有限公司	96	3621
贝尔罗斯（广州）工程塑料有限公司	47	9070	广州市浪奇实业股份有限公司	97	3607
广州华凌空调设备有限公司	48	8803	广东精通集团广州天马摩托车有限公司	98	3561
美晨集团股份有限公司	49	8641	广州市宝龙特种汽车有限公司	99	3487
广州市珠江水泥有限公司	50	8495	广东育丰鞋业有限公司	100	3453

11-48 工业企业按销售收入排序前100名

(2001年)　　单位:万元

企业名称	序号	销售收入	企业名称	序号	销售收入
中国石油化工股份有限公司广州分公司	1	1273431	广州珠江化工集团有限公司	51	63193
广州本田汽车有限公司	2	1216910	百事(中国)有限公司	52	63146
广州电力工业局	3	1094945	广州宏信塑胶工业有限公司	53	62894
广州宝洁有限公司	4	527648	广州奥的斯电梯有限公司	54	62853
东风本田发动机有限公司	5	374732	广州金发科技发展有限公司	55	62233
安利(中国)日用品有限公司	6	347035	广州陆仕水产企业有限公司	56	61516
广州卷烟二厂	7	298757	互太(番禺)纺织印染有限公司	57	58868
广州钢铁股份有限公司	8	237307	广州市浪奇实业股份有限公司	58	58500
广州金鹏集团有限公司	9	209035	广州市宝龙特种汽车有限公司	59	56080
广州广船国际股份有限公司	10	207660	中国石化集团广州石油化工总厂	60	55999
广东粤华发电有限公司责任公司	11	197481	广州市华南橡胶轮胎有限公司	61	55986
五羊-本田摩托(广州)有限公司	12	182075	番禺世门手袋有限公司	62	55886
广州市珠江啤酒集团公司	13	180710	广州发电厂	63	55851
广州高露洁棕榄有限公司	14	165431	广州乐华电子有限公司	64	55813
广州箭牌口香糖有限公司	15	155012	广州宏仁电子工业有限公司	65	54668
广州卷烟一厂	16	154649	广州珠江轮胎有限公司	66	54414
松下.万宝(广州)压缩机有限公司	17	144661	广州进道集装箱有限公司	67	54109
从化东麟钻石有限公司	18	144352	美晨集团股份有限公司	68	53807
广州东方电力有限公司	19	140877	广州百事可乐饮料有限公司	69	52401
广州造纸有限公司	20	140120	广州市江丰实业有限公司	70	52316
松下.万宝(广州)空调器有限公司	21	135505	广州宏铭塑胶工业有限公司	71	51303
美国通用电器塑料中国有限公司	22	133182	广州顶益国际食品有限公司	72	51179
广州植之元油脂有限公司	23	126969	广州市开发区顶津食品有限公司	73	50967
广州珠江电力有限公司	24	125453	广州丝宝精细化工有限公司	74	49117
广州日立电梯有限公司	25	123604	佳口食品(中国)有限公司	75	48815
广州电池厂	26	122777	广州飞机维修工程有限公司	76	48500
广州华凌空调设备有限公司	27	116351	广州太平洋马口铁有限公司	77	48286
广州市自来水公司	28	112187	广州市煤气公司	78	47851
广东太古可口可乐有限公司	29	110297	广州中药一厂	79	47053
广州黄埔造船厂	30	104484	广州麦芽有限公司	80	46640
广州恒运企业集团股份有限公司	31	94504	广州荣诚鞋业有限公司	81	45111
捷普电子(番禺)有限公司	32	90904	广州市珠江水泥有限公司	82	45056
广州宝洁纸品有限公司	33	90257	广东正大康地有限公司	83	44848
广州添利线路板有限公司	34	87046	广州亚美聚酯有限公司	84	44775
广州文冲船厂有限责任公司	35	85507	广大科技(广州)有限公司	85	44425
雅芳(中国)有限公司	36	85018	广上科技(广州)有限公司	86	44385
广州七喜资讯产业有限公司	37	84836	番禺合兴油脂有限公司	87	44298
番禺中德电控有限公司	38	83382	台一江铜(广州)有限公司	88	43857
广州白云山制药股份有限公司	39	82415	京信通信系统(广州)有限公司	89	42333
三菱电机(广州)压缩机有限公司	40	81493	松下电工万宝电器(广州)有限公司	90	42048
广东精通集团广州天马摩托车有限公司	41	79432	广州摩托集团公司	91	41102
广州市番禺创信鞋业有限公司	42	72933	广州攀兴金属加工有限公司	92	40388
广州珠江钢琴集团有限公司	43	72432	广州无线电集团有限公司	93	40380
广东蓄能发电有限公司	44	69900	广州市番禺裕丰钢铁有限公司	94	39724
广州双菱钢铁工业有限公司	45	69430	广州番禺大兴制鞋实业有限公司	95	39711
广州万邦鞋业有限公司	46	69307	南亚塑胶工业(广州)有限公司	96	38490
广东育丰鞋业有限公司	47	67807	广州市电筒工业公司	97	38144
依利安达(广州)电子有限公司	48	66091	广东澳联玻璃有限公司	98	38011
广州统一企业有限公司	49	65836	广州市广荣鞋业有限公司	99	37913
广州宝洁口腔保健用品有限公司	50	64377	广州安利日用品制造有限公司	100	37178

11－49 工业企业按所有者权益排序前100名

(2001年)

单位:万元

企业名称	序号	所有者权益	企业名称	序号	所有者权益
广州电力工业局	1	1244230	广州鹰金钱企业集团公司	51	40310
广州市自来水公司	2	404943	广东南方制碱有限公司	52	40295
中国石油化工股份有限公司广州分公司	3	362026	广州铁道车辆厂	53	40153
广州宝洁有限公司	4	327425	广州瑞明电力有限公司	54	39219
广州本田汽车有限公司	5	308368	广州电池厂	55	38313
安利(中国)日用品有限公司	6	221872	三菱电机(广州)压缩机有限公司	56	37020
广东蓄能发电有限公司	7	218285	南亚塑胶工业(广州)有限公司	57	34961
广州东方电力有限公司	8	189315	建滔(番禺南沙)石化有限公司	58	34514
广州卷烟二厂	9	172667	广州宏仁电子工业有限公司	59	34442
广州钢铁股份有限公司	10	168413	松下电工万宝电器(广州)有限公司	60	33298
中国石化集团广州石油化工总厂	11	143611	中国雪柜实业有限公司	61	32317
广州恒运企业集团股份有限公司	12	136313	广州市番禺区旧水坑五金综合总厂	62	32263
东风本田发动机有限公司	13	134516	广州顶益国际食品有限公司	63	31275
广州市珠江啤酒集团公司	14	131134	美晨集团股份有限公司	64	30846
广东粤华发电有限公司责任公司	15	116363	广州市粤港气体工业有限公司	65	30694
广州造纸有限公司	16	114668	广州新太新技术研究设计有限公司	66	30689
松下.万宝(广州)压缩机有限公司	17	111382	广州生力啤酒有限公司	67	30037
广州日立电梯有限公司	18	104381	番禺区自来水公司	68	29970
广州市煤气公司	19	95128	广州昊天化学(集团)有限公司	69	29497
广州发电厂	20	95107	广州水泥厂	70	28682
广州市珠江水泥有限公司	21	88811	广州华南信息产业集团有限公司	71	28670
广州文冲船厂有限责任公司	22	86353	番禺潭洲振裕纺织染印有限公司	72	28420
广州珠江电力有限公司	23	82497	广州明珠C厂发电有限公司	73	28390
广州运洋船舶修理有限公司	24	77449	广州奥桑味精食品有限公司	74	27597
广州珠江钢琴集团有限公司	25	77295	舒尔物德包装(广州)有限公司	75	27548
广州摩托集团公司	26	76505	广州市番禺珠江实业集团有限公司	76	27420
广东省鱼珠林产集团有限公司	27	75713	广州广纺联集团有限公司	77	26915
广州市华南橡胶轮胎有限公司	28	74705	广州高露洁棕榄有限公司	78	26851
广州卷烟一厂	29	68223	广州中药一厂	79	25668
广州广船国际股份有限公司	30	68131	广州市花都区花都水泥有限公司	80	25364
广东澳联玻璃有限公司	31	66637	广州珠江化工集团有限公司	81	24855
广州金鹏集团有限公司	32	65864	广州龙记金属制品有限公司	82	24487
广州广橡轮胎企业集团有限公司	33	62514	从化太平电厂	83	24181
广东太古可口可乐有限公司	34	59049	广州添利电子科技有限公司	84	24030
广州飞机维修工程有限公司	35	58545	广州第一棉纺织厂	85	24018
依利安达(广州)电子有限公司	36	57769	广州鑫林工艺有限公司	86	23727
广州广日电梯工业有限公司	37	55997	广州高露洁有限公司	87	23472
广州添利线路板有限公司	38	55976	广州市电筒工业公司	88	23466
美国通用电器塑料中国有限公司	39	55301	广州市番禺创信鞋业有限公司	89	23251
广州广重企业集团有限公司	40	54780	广州啤酒厂	90	23085
广州邮电通信设备有限公司	41	52444	广州京安云豹汽车有限公司	91	23000
广州宏铭塑胶工业有限公司	42	51256	卜内门太古油漆(中国)有限公司	92	22844
广州市浪奇实业股份有限公司	43	51162	广州宏信塑胶工业有限公司	93	22463
五羊－本田摩托(广州)有限公司	44	45675	广州统一企业有限公司	94	22213
广州华凌空调设备有限公司	45	45278	广州五十铃客车有限公司	95	21695
广州箭牌口香糖有限公司	46	43657	国际香料(广州)有限公司	96	21663
广州威达高实业有限公司	47	41979	广州市永大集团公司	97	21482
广州珠江轮胎有限公司	48	41926	百事(中国)有限公司	98	21045
广州白云山制药股份有限公司	49	41855	广州钢管厂有限公司	99	20807
广州冷机股份有限公司	50	40526	广州恒光电子有限公司	100	20577

11-50 大中型工业企业按总资产贡献率排序前100名

（2001年）

单位：%

企业名称	序号	总资产贡献率	企业名称	序号	总资产贡献率
广州卷烟二厂	1	106.40	广州奇星药业有限公司	51	20.86
京信通信系统(广州)有限公司	2	92.46	广州星群(药业)股份有限公司	52	20.56
广州卷烟一厂	3	90.06	BHP建筑钢品(广州)有限公司	53	20.19
广州本田汽车有限公司	4	88.83	广州美罗钢格板有限公司	54	20.06
广州植之元油脂有限公司	5	75.43	依利安达(广州)电子有限公司	55	20.00
广州箭牌口香糖有限公司	6	73.73	广州高力电池有限公司	56	19.44
百事(中国)有限公司	7	72.04	广州何济公制药厂	57	18.56
东风本田发动机有限公司	8	69.25	五羊－本田摩托(广州)有限公司	58	18.41
安利(中国)日用品有限公司	9	64.11	广州陈李济药厂	59	18.28
广州宝洁口腔保健用品有限公司	10	62.57	广州潘高寿药业股份有限公司	60	18.06
李锦记(广州)有限公司	11	61.12	广州敬修堂(药业)股份有限公司	61	17.86
亨氏联合有限公司	12	60.13	广州洛民塑料有限公司	62	17.86
广州市第四针织厂	13	57.08	广州市宝力轮胎有限公司	63	17.76
美赞臣(广州)有限公司	14	54.20	广州天心药业股份有限公司	64	17.39
广州卓德嘉薄膜有限公司	15	49.51	广州百事可乐饮料有限公司	65	17.37
广州珠江电力有限公司	16	47.85	广州飞机维修工程有限公司	66	17.08
金百利(广州)纸业有限公司	17	46.74	广州航新电子有限公司	67	17.07
广州中药一厂	18	46.53	广州佐敦远洋制漆有限公司	68	16.87
美国通用电器塑料中国有限公司	19	42.50	广州卫生材料厂	69	16.75
广州高露洁棕榄有限公司	20	40.70	增城市顺龙高尔夫球制品有限公司	70	16.61
广州添利线路板有限公司	21	39.06	广州银珠聚丙烯有限公司	71	16.54
广州市镇泰海珠有限公司	22	38.89	广州侨光制药厂	72	16.20
广州市开发区顶津食品有限公司	23	38.63	味可美(广州)食品有限公司	73	16.13
广东中宝食品容器有限公司	24	32.24	广州珠江轮胎有限公司	74	16.00
佳口食品(中国)有限公司	25	31.75	广州生力啤酒有限公司	75	15.87
广州市欧亚床垫家具有限公司	26	31.61	广州普笙音箱厂有限公司	76	15.86
广州旺旺食品有限公司	27	31.43	广州中宝包装制品有限公司	77	15.83
广州仨祥软管包装有限公司	28	30.48	广东广洋高科技实业有限公司	78	15.73
广州东方电力有限公司	29	30.42	三菱电机(广州)压缩机有限公司	79	15.59
广州达能酸乳酪有限公司	30	29.90	广州明珠C厂发电有限公司	80	15.40
广州羊城药业股份有限公司	31	28.71	广州广电林仕豪模具制造有限公司	81	15.35
广州华意电路有限公司	32	28.31	广州珠江钢琴集团有限公司	82	15.27
广州致美斋食品有限公司	33	28.10	松下.万宝(广州)压缩机有限公司	83	14.76
国际香料(广州)有限公司	34	26.57	爱索尔(广州)包装有限公司	84	14.71
广东粤华发电有限公司责任公司	35	25.84	广州环球自行车工业有限公司	85	14.54
德尔福派克电气(广州)有限公司	36	25.59	广州双桥股份有限公司	86	14.48
广州海格通信有限公司	37	25.58	广州珠江电信设备制造有限公司	87	14.47
广州瑞明电力有限公司	38	25.21	施耐德太古(广州)配电设备有限公司	88	14.40
安美特(广州)化学有限公司	39	24.96	广州市南方家具有限公司	89	14.28
广州食品添加剂技术开发公司	40	24.47	广州发电厂	90	14.22
广州化学试剂厂	41	24.10	广州国光电器有限公司	91	14.10
广州屈臣氏食品饮料有限公司	42	23.86	广州奥的斯电梯有限公司	92	14.06
广州珠江美乐多饮品(香港)有限公司	43	23.57	广州家乐食品有限公司	93	14.03
雅芳(中国)有限公司	44	23.33	广州明兴制药厂	94	13.78
广州大旺食品有限公司	45	23.22	美晨集团股份有限公司	95	13.78
广州恒运企业集团股份有限公司	46	22.56	广州市宝龙特种汽车有限公司	96	13.78
广州宏铭塑胶工业有限公司	47	21.77	广州天河胶管制品有限公司	97	13.77
广州市珠江啤酒集团公司	48	21.44	广东太古可口可乐有限公司	98	13.69
广州市五羊－欣陆水泥制品有限公司	49	21.16	广州迪生鸟取三洋电机有限公司	99	13.61
广州虎辉集团有限公司	50	20.97	广州高士线业有限公司	100	13.55

主 要 统 计 指 标 解 释

【工业】指从事自然资源的开采,对采掘品和农产品进行加工和再加工的物质生产部门。具体包括:(1)对自然资源的开采,如采矿、晒盐、森林采伐等(但不包括禽兽捕猎和水产捕捞);(2)对农副产品的加工、再加工,如粮油加工、食品加工、轧花、缫丝、纺织、制革等;(3)对采掘品的加工、再加工,如炼铁、炼钢、化工生产、石油加工、机器制造、木材加工等,以及电力、自来水、煤气的生产和供应等;(4)对工业品的修理、翻新,如机器设备的修理、交通运输工具(包括小卧车)的修理等。

1984年以前农村的村及村以下办工业归属农业,1984年以后划归工业。

【轻工业】指主要提供生活消费品和制作手工工具的工业。按其所使用的原料不同,可分为两大类:(1)以农产品为原料的轻工业,是指直接或间接以农产品为基本原料的轻工业。主要包括食品制造、饮料制造、烟草加工、纺织、缝纫、皮革和毛皮制作、造纸以及印刷等工业;(2)以非农产品为原料的轻工业,是指以工业品为原料的轻工业。主要包括文教体育用品、化学药品制造、合成纤维制造、日用化学制品、日用玻璃制品、日用金属制品、手工工具制造、医疗器械制造、文化和办公用机械制造等工业。

【重工业】是指为国民经济各部门提供物质技术基础的主要生产资料的工业。按其生产性质和产品用途,可以分为下列三类:(1)采掘(伐)工业,是指对自然资源的开采,包括石油开采、煤炭开采、金属矿开采、非金属矿开采和木材采伐等工业;(2)原材料工业,指向国民经济各部门提供基本材料、动力和燃料的工业。包括金属冶炼及加工、炼焦及焦炭、化学、化工原料、水泥、人造板以及电力、石油和煤炭加工等工业;(3)加工工业,是指对工业原材料进行再加工制造的工业。包括装备国民经济各部门的机械设备制造工业、金属结构、水泥制品等工业,以及为农业提供的生产资料如化肥、农药等工业。

根据上述划分原则,修理业中以重工业产品为修理作业对象的划为重工业,反之划为轻工业。

【规模以上工业企业】是指全部独立核算国有及年产品销售收入500万元以上的非国有工业企业。

【工业总产值】是以货币表现的工业企业在一定时期内生产的已出售或可供出售工业产品总量,它反映一定时间内工业生产的总规模和总水平。它包括:在本企业内不再进行加工,经检验、包装入库(规定不需包装的产品除外)的成品价值,对外加工费收入,自制半成品、在产品期末初差额价值。工业总产值采用"工厂法"计算,即以工业企业作为一个整体,按企业工业生产活动的最终成果来计算,企业内部不允许重复计算,不能把企业内部各个车间(分厂)生产的成果相加。但在企业之间、行业之间、地区之间存在着重复计算。

轻重工业总产值的划分也是按"工厂法"计算的,即一个工业企业在正常情况下生产的主要产品的性质属于轻工业,产的主要产品的性质属于重工业,则该企业的全部总产值作为重工业总产值。

【工业增加值】是指工业行业在报告期内以货币表现的工业生产活动的最终成果。

【实收资本】指企业实际收到的投资人投入的资本。按投资主体可分为国家资本、集体资本、法人资本、个人资本、港澳台资本和外商资本等。

【资产合计】指企业拥有或控制的能以货币计量的经济资源。包括各种财产、债权和其他权利。资产按其流动性划分为流动资产、长期投资、固定资产、无形及递延资产和其他资产。

(1)流动资产指企业可以在一年内或者超过一年的一个生产周期内变现或耗用的资产合计。包括现金及各种存款、短期投资、应收及预付款项、存货等。

(2)固定资产 指企业固定资产净值、固定资产清理、在建工程、待处理固定资产损失所占用的资金合计。

(3)无形资产 指企业长期使用而没有实物形态的资产。包括专利权、非专利技术、商标权、著作权、土地使用权、商誉等。

【负债合计】指企业承担的能以货币计量,将以资产或劳务偿付的债务。负债一般按偿还期长短分为流动负债和长期负债、递延税项等。

(1)流动负债 指企业在一年内或者超过一年的一个营业周期内需要偿还的债务合计,其中包括短期借款、应付及预收款项、应付工资、应交税金和应交利润等。

(2)长期负债 指企业在一年以上或者超过一年的一个营业周期以上需要偿还的债务合计,其中包括长期借款、应付债务、长期应付款项等。

【所有者权益】指企业投资人对企业净资产的所有权。企业净资产等于企业全部资产减去全部负债后的余额,其中包括投资者对企业的最初投入,以及资本公积金、盈余公积金和未分配利润,对股份制企业即为股东权益。

【固定资产原价】指企业在建造、购置、安装、改建、扩建、技术改造某项固定资产时所支出的全部货币总额。它一般包括买价、包装费、运杂费和安装费等。

【固定资产净值】是指固定资产原价减去历年已提折旧额后的净额。

【流动资产】是指可以在一年或者超过一年的一个营业周期内变现或者耗用的资产,包括现金及各种存款、短期投资、应收及预付货款、存货等。

【产品销售收入】指企业销售产品和提供劳务等主要经营业务取得的业务总额。

【产品销售成本】指企业销售产品和提供劳务等主要经营业务的实际成本。

【产品销售税金及附加】指企业销售产品和提供工业性劳务等主要经营业务应负担的城市维护建设税、消费税、资源税和教育费附加。

【产品销售利润】指企业销售产品和提供工业性劳务等主要经营业务收入扣除其成本、费用、税金后的利润。

【利润总额】指企业实现的利润。

【应交增值税】指企业在报告期内应交纳的增值税额。

【总资产贡献率】反映企业全部资产的获利能力，是企业经营业绩和管理水平的集中体现，是评价和考核企业盈利能力的核心指标。计算公式为：

总资产贡献率(%)=(利润总额+税金总额+利息支出)/平均资产总额×100 %

【资产负债率】该指标既反映企业经营风险的大小，也反映企业利用债权人提供的资金从事经营活动的能力。计算公式为：

资产负债率(%)=负债总额/资产总额×100 %

【工业成本费用利润率】指在一定时期内实现的利润与成本费用之比，是反映工业生产成本及费用投入的经济效益指标，同时也是反映降低成本的经济效益的指标。计算公式为：

工业成本费用利润率(%)=利润总额/成本费用总额×100%

【工业增加值率】指在一定时期内工业增加值占同期工业总产值的比重，反映降低中间消耗的经济效益。计算公式为：

工业增加值率(%)=工业增加值(现价)/工业总产值(现价)×100%

【流动资产周转(次数)】指在一定时期内流动资产完成的周转次数，反映流动资产的周转速度。计算公式为：

流动资金周转次数=产品销售收入/全部流动资产平均余额

【产品销售率】指报告期工业销售产值与同期全部工业总产值之比，是反映工业产品已实现销售的程度，分析工业产销衔接情况，研究工业产品满足社会需求程度的指标。计算公式为：

产品销售率(%)=工业销售产值/工业总产值(现价)×100%

【全员劳动生产率】指根据产品的价值量指标计算的平均每一个从业人员在单位时间内的产品生产量。是考核企业经济活动的重要指标，是企业生产技术水平、经营管理水平、职工技术熟练程度和劳动积极性的综合表现。目前我国的全员劳动生产率是将工业企业的工业增加值除以同一时期全部从业人员的平均人数来计算的。计算公式为：

全员劳动生产率=工业增加值/全部从业人员平均人数

第十二篇

建　筑　业

建筑业生产继续增长

2001年,广州加大了基础建设投资力度,随着“三年一中变”工程、“九运会”工程、地铁二号线、广州国际会展中心和广州新机场等重点建设工程的全面推进,带动了整个建筑业的发展。

1.建筑业总产值稳步增长。2001年,全市建筑业总产值340.39亿元,比上年增长4.3%(按可比口径计算,下同)。按建筑业总产值的构成分:建筑工程271.02亿元,比上年下降0.8%;安装工程57.87亿元,比上年增长60.0%;房屋建筑物修理10.64亿元,比上年下降4.6%;非标准设备制造0.86亿元,比上年下降13.8%。

全市建筑企业竣工产值283.05亿元,比上年增长9.9%。其中,私营企业31.02亿元,比上年增长2.3倍;国有企业112.36亿元,比上年增长2.2%;集体企业47.58亿元,比上年下降17.9%。

至2001年末,全市具备一级资质的建筑业企业121户,二级资质的企业174户,三级资质的企业234户,四级资质的企业96户。全市建筑业企业年平均人数为31.83万人。

2.房屋建筑施工、竣工面积有所减少。2001年,全市建筑企业房屋建筑施工面积3490.22万平方米,比上年下降3.4%;新开工面积1517.36万平方米,比上年增长7.4%。房屋建筑竣工面积1205.79万平方米,比上年下降9.3%。

3.技术装备水平大大提高。随着我国加入世贸组织及建筑业市场的进一步开放,建筑市场的竞争越来越激烈,对建筑技术水平的要求也越来越高,提高企业技术装备水平势在必然。2001年,全市建筑企业自有机械设备净值36.44亿元,比上年增长14.6%,占全市建筑业生产经营用固定资产的36.4%;平均每人拥有的技术装备已达1.15万元。

4.企业总收入有所增加,实现利税水平提高。2001年,全市建筑企业总收入达486.53亿元,比上年增长11.1%。其中工程结算收入459.08亿元,比上年增长9.9%;其他业务收入27.45亿元,比上年增长37.1%。

2001年,全市建筑企业工程结算利润为38.73亿元,营业利润为14.73亿元,利润总额为14.48亿元,分别比上年增长7.2%、30.1%和45.9%。全市建筑企业实现利税总额27.77亿元,比上年增长20.0%。其中:国有企业8.13亿元,增长15.0 %;集体企业4.05亿元,下降19.6%;私营企业3.96亿元,增长1.4倍;港澳台投资企业0.56亿元,增长24.1%。全市建筑企业人均创利税达8725元,比上年增长27.5 %。

5.增加值增速加快,国有企业增加值所占比重有所下降。2001年,全市建筑业企业实现增加值84.42亿元,比上年增长7.0%,增速比上年提高5.72个百分点。其中,国有企业增加值为34.47亿元,比上年增长6.1%;占全市建筑业增加值的40.8%,比上年下降6.1个百分点,但所占比重仍居各登记注册类型企业之首。

建筑业增加值

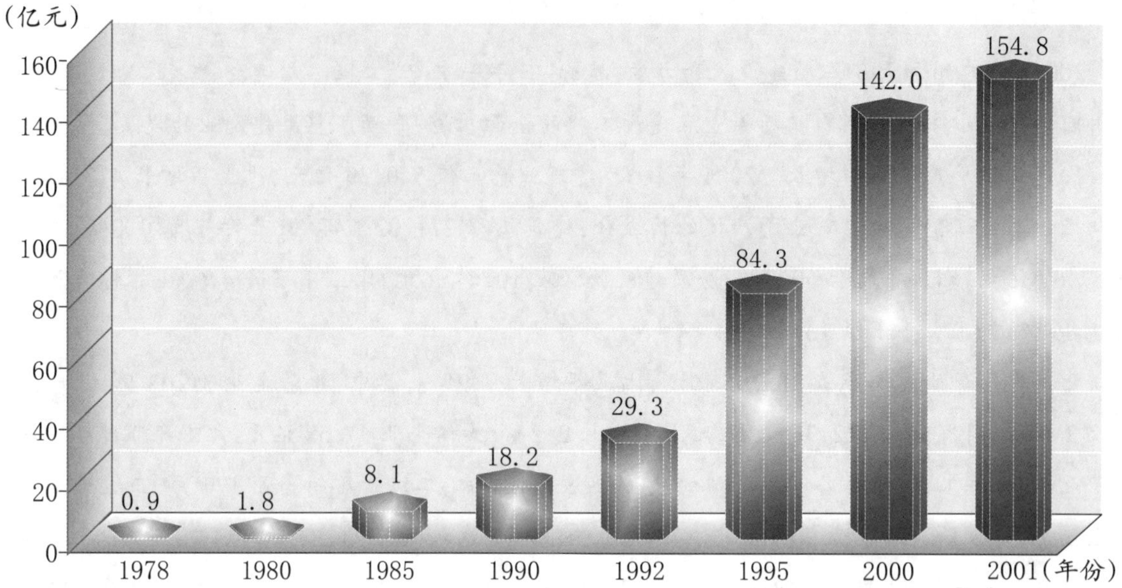

建筑企业施工、竣工产值

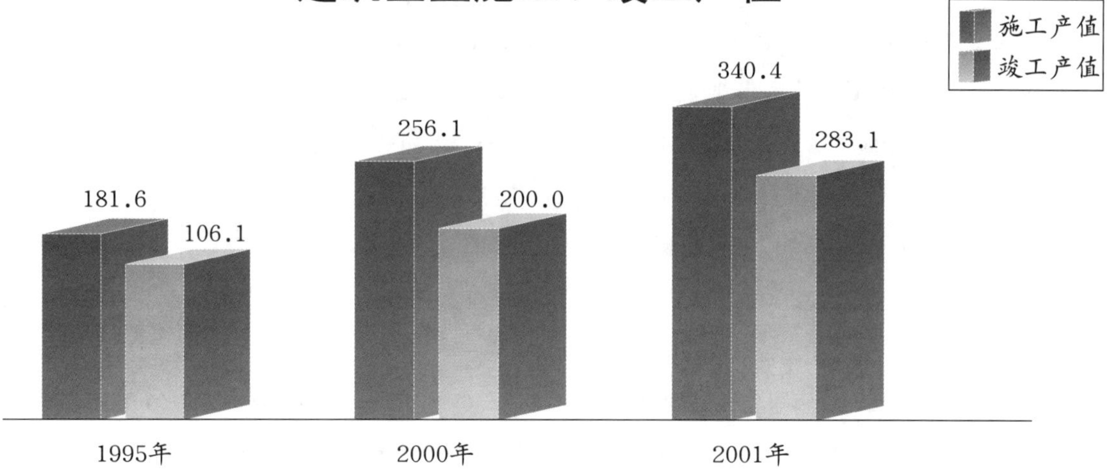

建筑安装企业全员劳动生产率

（按增加值计算）

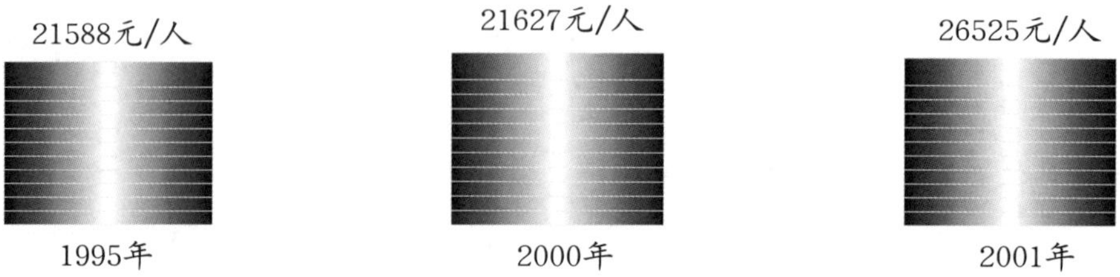

12-1 建筑安装企业主要指标

（2001 年）

项目	单位	合计	＃国有企业	＃联营企业	＃有限（股份）公司	＃港澳台商投资企业	＃集体企业
企业单位数	个	917	153	11	226	33	255
建筑业总产值	万元	3403870	1361288	23614	944595	71143	523361
单位工程施工个数	个	14586	4658	80	4215	110	2920
＃新开工	个	9185	2813	24	2583	54	1995
房屋建筑施工面积	米^2	34902211	9430246	21068	9266491	285392	8490098
＃新开工	米^2	15173595	2728975	5000	4807784	214379	3370499
房屋竣工面积	米^2	12057901	3065719	5681	2240815	11793	3389945
＃住宅	米^2	7453727	2121921	5681	1250079		1929756
工程质量							
单位工程竣工个数	个	9628	2878	27	2878	47	2019
＃优良工程个数	个	2856	1289	5	626	4	379
优良品率	%	29.66	44.79	18.52	21.75	8.51	18.77
劳动生产率	元／人	26525	33673	20747	32871	23745	17791
财务状况							
工程结算收入	万元	4590806	1783202	26700	1573601	114445	596259
工程结算成本	万元	4077525	1589941	23934	1421693	103956	515977
利润总额	万元	144803	28149	819	69393	2864	17770
年平均人数	人	318263	102360	2409	70946	6942	75404

12-2 建筑业企业财务指标

（2001 年）

单位：万元

项目	全市	中央属企业	省属企业	市属企业	区县属企业	其他企业	＃市区
实收资本合计	1138184	97557	366813	313196	115285	245333	1079833
＃国家资本金	227951	20048	140374	54991	10900	1638	197537
固定资产合计	761274	122723	221154	172421	113278	131698	716471
固定资产原价	1219847	250996	375032	268191	153384	172244	1138783
工程结算成本	4077525	280780	1499190	1201866	438317	657372	3854241
工程结算收入	4590806	326648	1695935	1311261	489713	767249	4339511
利润总额	144803	4399	66890	25446	10496	37572	140271
盈余企业数(个)	660	21	105	124	89	321	629
盈余金额	162501	4577	70848	28353	16810	41913	157879
亏损企业数(个)	190	5	26	41	34	84	182
亏损金额	17698	178	3958	2907	6314	4341	17608

注：其他企业包括街道、镇、乡、居委会、村委会和其他属企业。

12－3 建筑业企业情况

（2001 年）　　单位：万元

项　　目	企业个数（个）	建筑业总产值	建筑工程	安装工程	房屋构筑物修理	非标设备制造	竣工产值
总　　计	917	3403870	2710180	578700	106373	8617	2830524
按地区分							
市　区	877	3227115	2545052	569069	106335	6659	2714315
＃番禺区	102	349499	310077	36830	1817	775	283371
花都区	28	164873	161787	60	2026	1000	149955
县级市	40	176755	165128	9631	38	1958	116209
增城市	19	120571	112537	6076		1958	72151
从化市	21	56184	52591	3555	38		44058
按登记注册类型分							
内资企业	882	3332242	2651353	566378	105894	8617	2775099
国有企业	153	1361288	1050917	252392	54488	3491	1123565
集体企业	255	523361	388810	111318	22451	782	475754
股份合作企业	37	51441	47908	1927	1606		56284
联营企业	11	23614	21233	1511		870	24376
国有联营企业	3	6305	5318	117		870	6817
集体联营企业	3	2384	2050	334			1250
国有与集体联营企业	1	3511	3511				1045
其他联营企业	4	11414	10354	1060			15264
有限责任公司	206	925376	768316	141958	11628	3474	769809
国有独资企业	27	335843	327565	4104	1711	2463	286254
其他有限责任公司	179	589533	440751	137854	9917	1011	483555
股份有限公司	20	19219	15963	1503	1753		13228
私营企业	198	425441	355704	55769	13968		310191
私营独资企业	5	1293	892	401			1026
私营合伙企业	6	10426	10222	113	91		890
私营有限公司	178	400974	332574	54523	13877		295687
私营股份有限公司	9	12748	12016	732			12588
其他企业	2	2502	2502				1892
港、澳、台商投资企业	33	71143	58428	12236	479		54954
合资经营企业	17	54910	46978	7646	286		46063
合作经营企业	14	14003	10336	3474	193		8169
独资经营企业	2	2230	1114	1116			722
股份有限公司							
外商投资企业	2	485	399	86			471
合资经营企业	1	399	399				385
合作经营企业							
独资经营企业	1	86		86			86
股份有限公司							

12－3 续表

项　　目	年平均人数（人）	劳动生产率（元/人）	房屋建筑施工面积（米²）	房屋竣工面积（米²）	＃住宅
总　　计	318263	26525	34902211	12057901	7453727
按地区分					
市区	287815	27515	32380764	10748788	6536337
＃番禺区	40084	17306	6473250	2839346	1675091
花都区	24820	15734	4312969	1282287	900910
县级市	30448	17166	2521447	1309113	917390
增城市	15742	23649	1493878	827574	589014
从化市	14706	10226	1027569	481539	328376
按登记注册类型分					
内资企业	311269	26580	34616819	12046108	7453727
国有企业	102360	33673	9430246	3065719	2121921
集体企业	75404	17791	8490098	3389945	1929756
股份合作企业	8860	15200	881617	325919	210703
联营企业	2409	20747	21068	5681	5681
国有联营企业	513	39883			
集体联营企业	426	25751	21068	5681	5681
国有与集体联营企业	140	23286			
其他联营企业	1330	11496			
有限责任公司	68395	33245	9088569	2186045	1202815
国有独资企业	21587	46692	4310231	812934	506480
其他有限责任公司	46808	27043	4778338	1373111	696335
股份有限公司	2551	22850	177922	54770	47264
私营企业	51028	18881	6495459	3018029	1935587
私营独资企业	142	13803	7447	5093	4343
私营合伙企业	859	18545	52347		
私营有限公司	48017	18970	6154283	2853535	1778333
私营股份有限公司	2010	17264	281382	159401	152911
其他企业	262	19122	31840		
港、澳、台商投资企业	6942	23745	285392	11793	
合资经营企业	4988	22608	70222	11793	
合作经营企业	1502	17284	96582		
独资经营企业	452	57765	118588		
股份有限公司					
外商投资企业	52	66154			
合资经营企业	20	65500			
合作经营企业					
独资经营企业	32	66563			
股份有限公司					

12-4 建筑业企业盈亏情况

(2001年)　　单位:万元

项目	汇总户数(户)	盈余		亏损		盈(+)亏(-)总额
		户数(户)	金额	户数(户)	金额	
合计	917	727	162501	190	17698	144803
#市区	877	695	157879	182	17608	140271
内资企业	882	704	159119	178	17244	141875
国有企业	153	110	34670	43	6521	28149
集体企业	255	210	24366	45	6596	17770
股份合作企业	37	30	1482	7	121	1361
联营企业	11	9	827	2	8	819
国有联营企业	3	3	258			258
集体联营企业	3	3	266			266
国有与集体联营企业	1	1	6			6
其他联营企业	4	2	297	2	8	289
有限责任公司	206	173	69136	33	1172	67964
国有独资企业	27	23	23841	4	215	23626
其他有限责任公司	179	150	45295	29	957	44338
股份有限公司	20	18	1978	2	549	1429
私营企业	198	152	26631	46	2277	24354
私营独资企业	5	5	44			44
私营合伙企业	6	5	162	1	11	151
私营有限责任公司	178	135	26146	43	2149	23997
私营股份有限公司	9	7	279	2	117	162
其他企业	2	2	29			29
港、澳、台商投资企业	33	21	3318	12	454	2864
合资经营企业	17	13	1414	4	127	1287
合作经营企业	14	6	281	8	327	-46
独资经营企业	2	2	1623			1623
股份有限公司						
外商投资企业	2	2	64			64
合资经营企业	1	1	17			17
合作经营企业						
独资经营企业	1	1	47			47
股份有限公司						

12－5 建筑业企业年末技术装备情况

（2001 年）

项目	自有机械设备净值（万元）	全部设备功率（千瓦）	全员技术装备率（元/人）	全员劳动装备率（千瓦/人）
总计	364397	2316673	11450	7.28
#市区	335089	2018562	11643	7.01
按隶属关系分				
中央属企业	40621	303431	18091	13.51
省属企业	121830	816412	15092	10.11
市属企业	78504	434317	12928	7.15
区县属企业	44946	339641	7995	6.04
其他企业	78496	422872	7998	4.31
按登记注册类型分				
内资企业	361958	2297864	11628	7.38
国有企业	169400	1126954	16549	11.01
集体企业	58571	404422	7768	5.36
股份合作企业	5729	26869	6466	3.03
联营企业	2822	19007	11714	7.89
国有联营企业	778	5356	15166	10.44
集体联营企业	703	1840	16502	4.32
国有与集体联营企业	165	385	11786	2.75
其他联营企业	1176	11426	8842	8.59
有限责任公司	81760	488318	11954	7.14
国有独资企业	38008	237153	17607	10.99
其他有限公司	43752	251165	9347	5.37
股份有限公司	899	3790	3524	1.49
私营企业	42254	227229	8281	4.45
私营独资企业	235	4379	16549	30.84
私营合伙企业	966	6415	11246	7.47
私营有限责任公司	39233	201083	8171	4.19
私营股份有限公司	1820	15352	9055	7.64
其他企业	523	1275	19962	4.87
港、澳、台商投资企业	2437	18789	3511	2.71
合资经营企业	1870	7230	3749	1.45
合作经营企业	401	11214	2670	7.47
独资经营企业	166	345	3673	0.76
股份有限公司				
外商投资企业	2	20	385	0.38
合资经营企业	1	10	500	0.50
合作经营企业				
独资经营企业	1	10	313	0.31
股份有限公司				

12－6 建筑业企业总收入

单位：万元

项目	2000年			2001年		
	合计	工程结算收入	其他业务收入	合计	工程结算收入	其他业务收入
总计	3374326	3231421	142905	4865309	4590806	274503
按隶属关系分						
中央属企业	390379	369490	20889	340200	326648	13552
省属企业	896863	876495	20368	1817485	1695935	121550
市属企业	1890803	1793885	96918	1431719	1311261	120458
区县属企业	88451	87816	635	499588	489713	9875
其他企业	107830	103735	4095	776317	767249	9068
按登记注册类型分						
内资企业	3335488	3194097	141391	4748742	4475876	272866
国有企业	1520770	1438483	82287	1956283	1783202	173081
集体企业	849373	833335	16038	609220	596259	12961
股份合作企业	4419	4294	125	66617	66373	244
联营企业	28393	25873	2520	27813	26700	1113
国有联营企业	8005	7390	615	9266	9158	108
集体联营企业	5035	5035		2136	2134	2
国有与集体联营企业	2775	2509	266	4428	3425	1003
其他联营企业	12578	10939	1639	11983	11983	
有限责任公司	816160	780952	35208	1634678	1554936	79742
国有独资企业	304447	282779	21668	958251	896066	62185
其他有限公司	511713	498173	13540	676427	658870	17557
股份有限公司	21778	16907	4871	19550	18665	885

12－6 续表　　单位:万元

项　　目	2000年			2001年		
	合　计	工程结算收　　入	其他业务收　　入	合　计	工程结算收　　入	其他业务收　　入
私营企业	94595	94253	342	432243	427411	4832
私营独资企业				1262	1262	
私营合伙企业	9700	9700		9820	9810	10
私营有限责任公司	82763	82421	342	403754	399260	4494
私营股份有限公司	2132	2132		17407	17079	328
其他企业				2338	2330	8
港、澳、台商投资企业	38838	37324	1514	115454	114445	1009
合资经营企业	22190	22169	21	57396	57311	85
合作经营企业	14836	13343	1493	22194	21270	924
独资经营企业	1812	1812		35864	35864	
股份有限公司						
外商投资企业				1113	485	628
合资经营企业				399	399	
合作经营企业						
独资经营企业				714	86	628
股份有限公司						
按地区分						
市区	3214348	3073219	141129	4610864	4339511	271353
#番禺区	367863	366164	1699	377920	374974	2946
花都区	174744	173875	869	184154	179663	4491
县级市	159978	158201	1777	254445	251295	3150
增城市	113105	111921	1184	190679	188577	2102
从化市	46873	46280	593	63766	62718	1048

12－7 建筑业企业增加值及其构成

（2001 年）

单位：万元

项目	增加值	本年固定资产折旧	主营业务应付工资	主营业务应付福利	劳动待业保险费	工程结算税金及附加	管理费用中税金	营业利润
总计	844184	73884	394855	47604	47685	125947	6939	147270
按地区分								
市区	791917	69419	367167	44163	44745	117167	6705	142551
#番禺区	69369	7063	34250	2957	881	13249	287	10682
花都区	39052	5350	19359	2190	1509	7416	131	3097
县级市	52267	4465	27688	3441	2940	8780	234	4719
增城市	37228	3838	19286	2303	2784	5581	152	3284
从化市	15039	627	8402	1138	156	3199	82	1435
按登记注册类型分								
内资企业	827356	73230	385318	47262	47416	123318	6840	143972
国有企业	344681	36693	173907	23277	24947	49738	3431	32688
集体企业	134153	8728	63250	7756	2296	21171	1547	29405
股份合作企业	13467	527	8180	373	131	2840	71	1345
联营企业	4998	620	2076	350	315	895	13	729
国有联营企业	2046	102	1060	146	277	309	5	147
集体联营企业	1097	346	353	49		70		279
国有与集体联营企业	326	15	152	21	11	114	1	12
其他联营企业	1529	157	511	134	27	402	7	291
有限责任公司	227379	20813	90235	10693	18231	32795	1404	53208
国有独资企业	100795	5003	40615	5113	14868	13812	742	20642
其他有限责任公司	126584	15810	49620	5580	3363	18983	662	32566
股份有限公司	5829	173	2815	392	79	863	20	1487
私营企业	96348	5573	44575	4391	1413	14940	353	25103
私营独资企业	196	4	93	5		49	1	44
私营合伙企业	1593	152	891	88	5	315	4	138
私营有限责任公司	91089	5284	41663	4067	1216	13834	340	24685
私营股份有限公司	3470	133	1928	231	192	742	8	236
其他企业	501	103	280	30	4	76	1	7
港、澳、台商投资企业	16484	569	9500	339	261	2612	99	3104
合资经营企业	11277	380	7153	204	138	2027	34	1341
合作经营企业	2596	142	1838	62	68	460	45	－19
独资经营企业	2611	47	509	73	55	125	20	1782
股份有限公司								
外商投资企业	344	85	37	3	8	17		194
合资经营企业	131	73	25	1	1	14	17	
合作经营企业								
独资经营企业	213	12	12	2	7	3	177	
股份有限公司								
按隶属关系分								
中央属企业	76093	14229	35663	5600	7528	9398	433	3242
省属企业	295911	25158	127552	15698	13842	44789	2321	66551
市属企业	215857	17383	102875	13400	22202	26521	2144	31332
区县属企业	87384	8216	45411	4759	1919	18736	1144	7199
其他企业	168939	8898	83354	8147	2194	26503	897	38946

12－8 建筑业企业工程质量

(2001年)

项目	竣工工程(个)	#优良	房屋竣工面积(米^2)	#优良	优良品率(%) 竣工工程	优良品率(%) 竣工面积
总计	9628	2856	12057901	6313517	29.66	52.36
按隶属关系分						
中央属企业	953	424	831511	640840	44.49	77.07
省属企业	2960	789	1671217	763491	26.66	45.68
市属企业	1591	798	1827119	1982632	50.16	108.51
区县属企业	1630	153	2714194	806509	9.39	29.71
其他企业	2494	692	5013860	2120045	27.75	42.28
按登记注册类型分						
内资企业	9563	2837	12046108	6313517	29.67	52.41
国有企业	2878	1289	3065719	1897682	44.79	61.90
集体企业	2019	379	3389945	1057357	18.77	31.19
股份合作企业	94	32	325919	198511	34.04	60.91
联营企业	27	5	5681	5681	18.52	100.00
国有联营企业	22					
集体联营企业	1	1	5681	5681	100.00	100.00
国有与集体联营企业						
其他联营企业	4	4			100.00	
有限责任公司	2765	545	2186045	1767942	19.71	80.87
国有独资企业	230	95	812934	1079575	41.30	132.80
其他有限责任公司	2535	450	1373111	688367	17.75	50.13
股份有限公司	113	81	54770	23900	71.68	43.64
私营企业	1661	506	3018029	1362444	30.46	45.14
私营独资企业	5		5093			
私营合伙企业	44					
私营有限公司	1603	505	2853535	1304401	31.50	45.71
私营股份有限公司	9	1	159401	58043	11.11	36.41
其他企业	6					
港、澳、台商投资企业	47	4	11793		8.51	
合资经营企业	31	4	11793		12.90	
合作经营企业	13					
独资经营企业	3					
股份有限公司						
外商投资企业	18	15			83.33	
合资经营企业	15	15			100.00	
合作经营企业						
独资经营企业	3					
股份有限公司						

12－9 建筑业企业主要经济效益指标

（2001 年）

项目	竣工率（%）	本年竣工产值（万元）	建筑业总产值（万元）	单位工程竣工率（%）	单位工程竣工个数（个）	单位工程施工个数（个）
总计	83.16	2830524	3403870	66.01	9628	14586
按地区分						
市区	84.11	2714315	3227115	67.06	9277	13834
＃番禺区	81.08	283371	349499	70.40	1246	1770
花都区	90.95	149955	164873	39.83	235	590
县级市	65.75	116209	176755	46.68	351	752
增城市	59.84	72151	120571	41.05	188	458
从化市	78.42	44058	56184	55.44	163	294
按登记注册类型分						
内资企业	83.28	2775099	3332242	66.17	9563	14452
国有企业	82.54	1123565	1361288	61.79	2878	4658
集体企业	90.90	475754	523361	69.14	2019	2920
股份合作企业	109.41	56284	51441	48.70	94	193
联营企业	103.23	24376	23614	33.75	27	80
国有联营企业	108.12	6817	6305	32.84	22	67
集体联营企业	52.43	1250	2384	20.00	1	5
国有与集体联营企业	29.76	1045	3511			
其他联营企业	133.73	15264	11414	50.00	4	8
有限责任公司	83.19	769809	925376	67.92	2765	4071
国有独资企业	85.23	286254	335843	46.94	230	490
其他有限责任公司	82.02	483555	589533	70.79	2535	3581
股份有限公司	68.83	13228	19219	78.47	113	144
私营企业	72.91	310191	425441	69.82	1661	2379
私营独资企业	79.35	1026	1293	71.43	5	7
私营合伙企业	8.54	890	10426	89.80	44	49
私营有限责任公司	73.74	295687	400974	69.60	1603	2303
私营股份有限公司	98.74	12588	12748	45.00	9	20
其他企业	75.62	1892	2502	85.71	6	7
港、澳、台商投资企业	77.24	54954	71143	42.73	47	110
合资经营企业	83.89	46063	54910	46.97	31	66
合作经营企业	58.34	8169	14003	81.25	13	16
独资经营企业	32.38	722	2230	10.71	3	28
股份有限公司						
外商投资企业	97.11	471	485	75.00	18	24
合资经营企业	96.49	385	399	71.43	15	21
合作经营企业						
独资经营企业	100.00	86	86	100.00	3	3
股份有限公司						
按隶属关系分						
中央属企业	88.81	294029	331094	66.69	953	1429
省属企业	78.42	867755	1106549	70.03	2960	4227
市属企业	83.94	724256	862837	60.91	1591	2612
区县属企业	94.89	362864	382404	69.42	1630	2348
其他企业	80.67	581620	720986	62.82	2494	3970

12－9 续表

项　　　目	产　值 利润率 （%）	建筑业 总产值 （万元）	利　润 总　额 （万元）	实收资本 合　计 （万元）
总　　计	4.25	3403870	144803	1138184
按地区分				
市 区	4.35	3227115	140271	1079833
＃番禺区	3.02	349499	10543	67609
花都区	3.83	164873	6316	39272
县级市	2.56	176755	4532	58351
增城市	2.57	120571	3098	39587
从化市	2.55	56184	1434	18764
按登记注册类型分				
内资企业	4.26	3332242	141875	1104680
国有企业	2.07	1361288	28149	446357
集体企业	3.40	523361	17770	142593
股份合作企业	2.65	51441	1361	16759
联营企业	3.47	23614	819	8817
国有联营企业	4.09	6305	258	2420
集体联营企业	11.16	2384	266	2813
国有与集体联营企业	0.17	3511	6	646
其他联营企业	2.53	11414	289	2938
有限责任公司	7.34	925376	67964	334554
国有独资企业	7.03	335843	23626	162211
其他有限责任公司	7.52	589533	44338	172343
股份有限公司	7.44	19219	1429	7721
私营企业	5.72	425441	24354	147221
私营独资企业	3.40	1293	44	1229
私营合伙企业	1.45	10426	151	8430
私营有限责任公司	5.98	400974	23997	132436
私营股份有限公司	1.27	12748	162	5126
其他企业	1.16	2502	29	658
港、澳、台商投资企业	4.03	71143	2864	31903
合资经营企业	2.34	54910	1287	16306
合作经营企业	－0.33	14003	－46	7116
独资经营企业	72.78	2230	1623	8481
股份有限公司				
外商投资企业	13.20	485	64	1601
合资经营企业	4.26	399	17	1240
合作经营企业				
独资经营企业	54.65	86	47	361
股份有限公司				
按隶属关系分				
中央属企业	1.33	331094	4399	97557
省属企业	6.04	1106549	66890	366813
市属企业	2.95	862837	25446	313196
区县属企业	2.74	382404	10496	115285
其他企业	5.21	720986	37572	245333

12－10 建筑业企业(资质一级)一览表

(2001 年)

企业名称	建筑业总产值(万元)	建筑业增加值(万元)	固定资产原价(万元)	从业平均人数(人)	劳动生产率(元/人)	技术装备率(元/人)	优良品率(%)
广东省长大公路工程有限公司	118744	33423	36016	6508	51357	20155	100.00
广东中人企业(集团)有限公司	71133	8555	44929	2845	30070	83424	100.00
广东省水利水电第二工程局	55891	21812	40735	4289	50856	29883	100.00
广东省工业设备安装公司	52836	13616	17154	3030	44937	8944	47.50
广州市市政工程维修处	49984	29338	18693	5186	56572	13378	31.58
中铁大桥局集团第三工程有限公司	46816	8949	7803	4080	21934	5390	
广东省电信工程公司	46198	2895	6449	1848	15666	7781	29.91
中港四航局第二工程公司(广州)	45958	6611	22906	1851	35716	9400	90.00
中港四航局第一工程公司(广州)	42028	6493	20995	1681	38626	13409	66.67
广东省电力工业局第一工程局	40190	11968	25794	5120	23375	10146	40.38
广州市第四建筑工程有限公司	34980	7429	8641	1485	50027	16418	90.91
广州工程总承包集团有限公司	31727	2698	5590	1269	21261	9346	25.00
广东省电力工业局输变电工程公司	31602	10215	5748	2420	42211	10289	100.00
广州航道局	30958	16428	139342	2614	62846	77471	92.86
广州市第二建筑工程有限公司	30338	7041	6594	1773	39712	14337	83.87
广东省第四建筑工程公司	28054	7177	6152	2086	34406	9142	16.67
广州市建筑置业公司	27866	7926	4502	1115	71085	3336	100.00
广州市建筑集团有限公司(含国际,中建公司)	26115	10642	16595	2174	48951	10869	60.00
广州市建筑机械施工有限公司(市建五公司)	25274	4670	12454	1750	26686	16063	
广州市机电安装有限公司	25023	5604	4730	1410	39745	5440	60.00
广东基础工程公司	24896	4800	11068	1621	29611	11838	11.76
广东火电工程总公司	24439	10137	39204	1950	51985	53692	100.00
广州市市政工程机械施工有限公司	24389	6328	7965	976	64836	38781	57.89
广州市公路工程公司	23883	6494	10558	955	68000	58010	88.89
广东省第一建筑工程有限公司	22894	7815	7115	2652	29468	2598	
广东珠江工程总承包有限公司	21301	3053	5131	3210	9511	10255	
广州市番禺区建筑安装工程公司	21027	4632	5165	3100	14942	606	61.29
广东省源天工程公司	20793	5362	14484	1898	28251	14104	84.62
广东省华侨建设工程公司	20432	3219	4569	2013	15991	5594	43.75
广州市自来水工程公司	20421	8156	6588	1860	43849	7489	100.00
中国建筑三局(广州)第一建筑工程公司	20282	7017	2351	1500	46780	6140	100.00
广州市第三建筑工程有限公司	20011	7271	5628	2319	31354	4946	54.55
广州市第二市政工程有限公司	19800	5330	3317	911	58507	14918	8.00
广州市第一市政工程有限公司	18612	5084	6409	744	68333	48790	25.00
广州中国联和承造实业有限公司	18251	6543	615	2762	23689	4	
广州协安建设工程有限公司	17057	1710	573	812	21059	3067	5.26
广东省航盛工程有限公司	16566	2910	8598	1582	18394	24475	100.00
广州市房屋开发建设有限公司	16002	1700	6726	640	26563	10250	100.00
广州市第三市政工程有限公司	15919	3380	12236	710	47606	14127	25.00
广东省建筑装饰工程有限公司	14990	1559	29	600	25983	367	
广州市花都第一建筑工程有限公司	13820	3890	5635	3200	12156	4844	47.06
广东省第三建筑工程公司	13448	2656	7863	1898	13994	4932	
广东省建筑工程机械施工有限公司	13269	2416	5571	718	33649	2994	60.00
广州市住宅建设发展有限公司	13179	4185	12024	1240	33750	16363	100.00
广东省装饰总公司	12011	719	1177	480	14979	3146	
广东省石油化工建设集团公司	12003	4226	7713	1448	29185	6119	87.64
广州中煤江南基础工程公司	11767	1778	4007	1038	17129	17775	78.43
广州市市政集团有限公司	11598	5272	19168	1071	49225	95387	66.67

12－10 续表

企 业 名 称	建筑业总产值（万元）	建筑业增加值（万元）	固定资产原价（万元）	从业平均人数（人）	劳动生产率（元/人）	技术装备率（元/人）	优良品率（%）
广州房实工程总承包有限公司	11572	370	105	786	4707	1158	100.00
中国水产广州建港工程公司	11319	2502	6051	642	38972	40031	100.00
广东省建筑工程集团有限公司	11100	1700	3674	1098	15483	22568	
广州市建旅发展有限公司	10069	1454	1338	817	17797	11408	
广州市第四装修公司	9601	1453	82	608	23898	16	
广东省集美设计工程公司	9533	774	101	523	14799	134	
广东长城建设集团有限公司	8658	2262	712	1280	17672	5563	
广东金建设工程公司	8478	533	1979	411	12968	30097	2.70
广东中南建设物业发展总公司	8420	2018	3256	625	32288	34976	100.00
广州市城建开发装饰有限公司	8116	931	2417	330	28212	15515	
广州市水电设备安装公司	8066	2879	6213	620	46435	8532	37.84
广州市第三装修有限公司	7746	1013	504	310	32677	2355	
广州市园林建筑工程公司	7411	1438	1198	607	23690	12125	97.62
广州市美术公司	6939	1104	1245	278	39712	7914	
广东建城工程建设有限公司	6730	1296	966	796	16281	10791	
广州市第二装修公司	6435	962	334	369	26070	5122	
广州华辉装修建筑工程有限公司	6088	998	561	452	22080	3717	
广州地质勘察基础工程公司	5882	414	1795	270	15333	34741	
广东省建筑构件工程公司	5714	2455	1509	832	29507	12668	3.33
广州市番禺桥梁开发建设集团公司	5703	666	18092	800	8325	56363	16.67
广州市穗业工程承包有限公司	5618	1221	134	228	53553	44	
广州铝质装饰工程有限公司	5564	881	1753	223	39507	13049	
广州市奥特控制工程有限公司	5170	1125	1368	207	54348	48	100.00
广东省地质工程公司	5038	679	2260	244	27828	12582	50.70
广东省华侨建筑装饰公司	5028	674	1177	389	17326	8869	100.00
广州铝材厂装饰工程公司	4258	562	688	179	31397	21117	
广东省建筑装饰集团公司	4200	1573	75	317	49621	1167	
广东省钢结构工程公司	3277	727	5500	285	25509	13965	
广东省地质建设工程集团公司	3238	747	712	353	21161	12323	
广州金穗铝门窗有限公司	2644	310	196	106	29245	5472	
广州五华县第二建筑工程公司	2529	611	1705	392	15587	9260	22.22
广东顺浚工程有限公司	2073	476	391	268	17761	9963	100.00
广州白云山建筑装修工程公司	2030	187	1124	83	22530	31687	
华南理工大学工程承包总公司	1192	74	226	309	2395	6311	25.00
广东大地基础总公司	1180	－434	1689	49	－88571	220408	
中海发展(广州)有限公司	1142	2235	1005	374	59759	4412	
广东珠隧建材有限公司	1118	245	679	49	50000	126531	
广州市白云第一建筑集团市政工程公司	1061	57	7	50	11400	1200	
广州市建筑集团装饰有限公司	922	57	55	37	15405	270	
广州市园林建筑公司劳动服务公司	865	289	22	120	24083	83	90.00
广州市第一装修公司	767	228	306	72	31667	10278	
广州市利达华工程有限公司	766	169	61	64	26406	8594	40.00
广东正基建筑工程有限公司	668	69	337	75	9200	32533	
广州经济技术开发区自来水公司	568	117	223	118	9915	85	
广州珠江室内设计有限公司	207	48	23	32	15000	3750	
广东三英设计装饰工程有限公司	195	7	8	11	6364	909	
广州天翔科技发展有限公司	175	92	62	33	27879	13333	
广州市汇奇技术发展有限公司	161	28	4	15	18667	1333	100.00

12－11 建筑业企业(资质二级)一览表

(2001 年)

企业名称	建筑业总产值(万元)	建筑业增加值(万元)	固定资产原价(万元)	从业平均人数(人)	劳动生产率(元/人)	技术装备率(元/人)	优良品率(%)
广州市通信建设有限公司	49396	4247	863	1976	21493	1700	77.19
广东省煤炭建筑工程公司	29602	2543	1582	1214	20947	181	50.00
广东省煤炭建设(集团)有限公司	29602	2289	1244	1184	19333	6968	50.00
广东捷荣建筑安装工程有限公司	22432	5357	2857	1746	30682	10074	70.59
广东省冶金建筑安装有限公司	22371	1941	1664	1633	11886	7838	20.00
广州市黄埔区建筑工程总公司	21016	5422	4112	3986	13603	6874	89.47
广州铁路第一工程公司	20326	4617	6923	1695	27239	10519	98.11
广州石油化工总厂建筑安装工程公司	19140	8880	8895	2094	42407	7030	84.38
广东冠粤路桥有限公司	17365	8409	9044	1370	61380	36650	100.00
广州南方电力建设集团有限公司	16764	4979	693	671	74203	15	78.18
广州市电力工程公司	16287	5837	3887	651	89662	5776	100.00
广州市荔湾建筑工程有限公司	16197	1988	3066	2013	9876	3105	50.00
广州市越秀区住宅建设公司	15431	3546	8542	2238	15845	5666	66.67
广州市黄埔区第二建筑工程总公司	14123	3408	6738	2381	14313	26686	33.33
广州番禺港安建筑工程有限公司	13826	3180	1821	924	34416	11017	50.00
广州市海珠区建筑工程总公司	13295	2128	2257	598	35585	2977	14.29
广州市冶金建设公司	12114	1316	1881	577	22808	13310	25.00
广州市番禺区艺高装璜设计安装工程公司	12017	1616	333	1250	12928	1160	
广州市番禺区第二建筑工程公司	11429	856	2450	1718	4983	7130	15.63
广东省公路工程施工总公司	11183	22087	5091	447	494116	24004	100.00
广州自来水专业建安有限公司	11133	3513	892	1475	23817	4007	82.76
广州市水电建设工程公司	10831	985	1471	433	22748	12402	54.55
广州市电信工程公司	10829	3174	858	433	73303	5219	100.00
广州市花都第四建筑工程有限公司	10800	3162	2188	1850	17092	4784	52.38
广东省建东建筑安装工程公司	10500	3043	244	1590	19138	943	66.67
广东输变电实业开发公司	9171	2681	2292	871	30781	10976	7.89
广州市花都第二建筑工程有限公司	9090	2931	2277	1750	16749	5840	50.00
广州广钢集团工程建设有限公司	9068	2103	8489	789	26654	16502	
广东省富银建筑工程有限公司	9013	972	1875	542	17934	20941	
广州番禺市第三建筑工程公司	8980	1992	2305	1310	15206	8863	25.00
广州增城市建筑工程公司	8851	1887	2999	2050	9205	10488	
广州市花都第三建筑工程有限公司	8822	2187	2786	2018	10837	6551	50.00
广州市白云第一建筑集团公司	8719	1816	5131	1380	13159	20710	12.50
广州市海珠区市政建设工程总公司	8629	1743	944	850	20506	7329	
广州从化市建总建筑工程有限公司	8191	2127	1872	2250	9453	6538	100.00
广州从化市第四建筑公司	8126	2089	1242	2003	10429	2756	44.44
广州市宝盛建设实业有限公司	8047	2166	2064	1201	18035	14505	28.57
广州增城市第二建筑工程公司	8017	1897	1204	1528	12415	4974	
广州市化工建筑工程有限公司	8013	2056	1112	1441	14268	5920	50.00

12－11 续表1

企业名称	建筑业总产值（万元）	建筑业增加值（万元）	固定资产原价（万元）	从业平均人数（人）	劳动生产率（元/人）	技术装备率（元/人）	优良品率（%）
广州市花都土木建筑工程有限公司	7924	1938	2201	1640	11817	6274	50.00
广州住友建设发展公司	7845	1518	2154	720	21083	7389	57.14
广东省电力工业局技术改进公司	7800	3051	3203	572	53339	14406	
广东华盛建设有限公司	7258	2414	2690	1150	20991	20304	100.00
广州从化市第一建筑工程公司	7167	1254	1254	1290	9721	6442	29.41
广东广华实业开发有限公司	6938	1158	630	278	41655	8849	100.00
广州市花都区住宅建设公司	6887	1761	1251	2002	8796	3247	61.90
广州华盛工程实业有限公司	6781	1183	1447	458	25830	23908	100.00
广东梁亮建筑工程有限公司	6502	2378	5246	2808	8469	15118	100.00
广东宏昌建设工程有限公司	6502	1282	1212	780	16436	9962	100.00
广州市盾建地下工程有限公司	6441	5043	9339	258	195465	168062	
广东华工大建筑工程有限公司	6352	2034	616	574	35436	5401	33.33
广州市二轻工业建筑公司	6075	1383	3143	995	13899	6432	100.00
广州从化市第三建筑集团有限公司	6039	1717	427	2211	7766	1063	6.25
广州白云区市政建设工程公司	6001	870	1574	328	26524	35427	
广州市白云区第五建筑工程公司	5480	1848	2819	2908	6355	3439	
广东省建业技术工程公司	5300	609	536	250	24360	15920	79.17
中港四航局第四工程公司(广州)	5043	1127	9904	202	55792	59901	
广州市轻工建筑安装工程公司	5005	558	497	531	10508	2241	
广州市芳村区市政建设工程公司	4858	1216	1911	323	37647	13839	
广州市白云区第二建筑工程公司	4630	1573	2642	788	19962	22195	50.00
广州市白云区第三建筑工程公司	4513	774	2720	413	18741	38257	100.00
广州市芳村区建筑工程公司	4156	1150	3909	488	23566	10082	12.50
广州恒建工程有限公司	4136	390	1112	295	13220	6814	
广州市鲁班建筑防水补强有限公司	4081	364	1529	163	22331	2883	
广州铁路广州电务工程公司	4048	1198	1571	268	44701	7985	100.00
广州市建安实业有限公司	4007	561	1569	488	11496	8156	100.00
广州穗城建筑工程公司	3800	1179	1963	838	14069	10048	
广州珠江建筑装饰集团公司	3511	326	373	140	23286	11786	
广州市荔湾区市政建设工程总公司	3334	844	1849	530	15925	5264	7.14
广州市穗通冷气装饰工程公司	3283	544	5	133	40902	75	
广州从化市建筑市政工程总公司	3216	951	1651	1323	7188	8405	
广州市北郊公路工程公司	3192	1321	5553	420	31452	16952	75.00
广州华侨现代装饰服务有限公司	3111	309	18	197	15685	51	
广州华建工程建筑有限公司	3025	408	1883	430	9488	25581	100.00
广东省宏大建筑企业公司	3008	604	1093	230	26261	20522	
广州五羊装饰设计工程公司	2948	514	71	475	10821	21	
广州市白云区土木建筑工程公司	2541	745	2338	2138	3485	9252	
广州市番禺区黄阁建筑工程公司	2500	410	770	180	22778	22222	25.00

12－11　续表2

企　业　名　称	建筑业总产值（万元）	建筑业增加值（万元）	固定资产原价（万元）	从业平均人数（人）	劳　动生产率（元/人）	技　术装备率（元/人）	优　良品　率（%）
广州市东山区建筑安装工程公司	2487	740	3646	350	21143	71486	
广州市建筑科学研究院新技术开发公司	2405	392	580	96	40833	42708	100.00
广州广南建设工程公司	2298	249	1242	130	19154	20077	
广州市建兴装饰工程有限公司	2280	594	300	350	16971	3800	
广东省天城工程建设有限公司	2213	485	989	243	19959	34280	
中国科学院广州化学灌浆工程总公司	2195	329	208	88	37386	13523	30.59
广东省农垦建设实业总公司	2108	280	3893	486	5761	24815	100.00
广东裕通建设集团有限公司	2081	601	2260	387	15530	31111	100.00
广州市煤气工程公司	2063	887	1165	605	14661	4033	60.00
广州恒鑫建筑工程有限公司	2005	683	3932	340	20088	82353	
广州市恒盛建设工程有限公司	1992	355	8	137	25912	73	
广东省高速公路公司花都混凝土构公司	1918	－231	842	77	－30000	130	
广州市瑞丰建筑工程有限公司	1908	917	1942	386	23756	36399	100.00
中港四航局机电工程公司（广州）	1770	295	5656	246	11992	4756	100.00
广东省工业美术设计装修工程公司	1695	477	654	282	16915	18901	
广州中元石油化工工程有限公司	1630	1268	547	222	57117	45	
广州市民生建筑装饰工程有限公司	1606	108	429	64	16875	156	
广州市城建工程总承包有限公司	1597	345	278	421	8195	3729	50.00
广州市建筑集团网架钢结构有限公司	1564	69	7	96	7188	104	
广州市金辉建筑置业有限公司	1561	162	213	146	11096	11781	
广州白云铝质装修工程有限公司	1550	350	1402	107	32710	93	
广州市信建水电安装有限公司	1525	409	20	98	41735	102	
广东科诺电力岩土工程有限公司	1509	777	168	103	75437	12816	12.50
民航中南空管设备工程公司（广州）	1504	395	434	210	18810	3952	53.33
广州市三优建筑安装有限公司	1500	750	117	208	36058	48	
广东富海建筑工程有限公司	1358	547	1394	62	88226	104516	
广东前进装饰工程公司	1290	－9	316	52	－1731	192	
广州四航岩土技术工程有限公司	1238	158	369	62	25484	161	
海南邮电建设四方联营公司广州分公司	1220	221	13	66	33485	152	
广州市东山区安鑫工程有限公司	1188	103	73	50	20600	5000	
广东省工程承包公司	1179	640	73	356	17978	169	
广东省食品企业集团冷气装饰工程公司	1116	218	28	45	48444	1778	
广东省电力通信设备工程公司	1075	1236	2008	127	97323	2677	
广州市番禺南方装饰工程公司	1060	62	295	78	7949	9872	
广州市白云区第四建筑工程公司	1008	247	1624	193	12798	37358	
广东岭南古建园林工程公司	1000	252	141	150	16800	2333	100.00
广东海景工程建设有限公司	940	48	110	40	12000	17500	
广州协建工程有限公司	841	148	371	34	43529	27647	
广东雅风建筑工程有限公司	800	49	75	32	15313	9375	

12－11 续表 3

企业名称	建筑业总产值（万元）	建筑业增加值（万元）	固定资产原价（万元）	从业平均人数（人）	劳动生产率（元/人）	技术装备率（元/人）	优良品率（%）
广东欣建建筑工程有限公司	780	156	98	45	34667	222	
广州盛仁建筑装饰工程有限公司	755	437	129	132	33106	2727	
广东新南方基础工程有限公司	739	485	1146	61	79508	98033	
广东华馨环境艺术工程有限公司	686	103	16	38	27105	2105	
广州市黄埔电力器材工程公司	663	59	46	27	21852	370	
广东省农垦机械化土石方工程公司	638	289	935	56	51607	80000	
广州粤华装修工程有限公司	636	38	38	33	11515	1212	
广州市科盛物业管理有限公司	633	251	292	382	6571	131	
广东华南建业设计装饰工程有限公司	563	147	150	184	7989	6413	
广州华丽装饰工程有限公司	560	26	87	50	5200	400	
广东南粤装饰设计工程有限公司	543	38	64	22	17273	455	
广东广源工程公司	510	21	304	30	7000	76667	
广州市盈联水电设备安装有限公司	507	56	26	30	18667	3667	
广东华茂达建筑工程有限公司	458	97	1565	53	18302	291132	
广东省建设发展装饰工程公司	436	44	24	18	24444	556	
广东省燕塘水电工程安装公司	432	17	54	19	8947	526	
广东南方建筑置业有限公司	427	9	28	18	5000	556	
广州市越秀银燕空调装饰工程公司	408	42	270	37	11351	18919	
广州市江高建筑工程公司	403	274	929	928	2953	9095	
广州市黄埔广石化防腐工程公司	400	80	103	16	50000	7500	
广州市番禺区华润市政水电安装有限公司	387	－5	68	20	－2500	1500	
广东四建装饰工程有限公司	376	86	2	80	10750	125	
广州市城镇装饰工程公司	365	－13	197	37	－3514	10541	
广东华达装饰工程有限公司	327	63	90	49	12857	204	
广东建华冷气工程有限公司	313	30	7	35	8571	286	
广东省供销社企业集团远东装修公司	277	234	30	350	6686	857	
广州市高盛隆装修工程有限公司	268	－4	11	18	－2222	556	
广州市国营华安建筑开发公司	250	209	1248	60	34833	167	
广州市白云第一建筑集团装饰公司	250	102	94	33	30909	1515	
广东华固岩土工程有限公司	248	52	63	60	8667	167	
广东省起重打捞公司	208	9	1683	190	474	17947	
广州市穗宝室内装饰配套工程有限公司	196	70	2	90	7778	111	
广州市锐志机电安装有限公司	195	32	50	30	10667	2000	
广州南方装饰公司	193	－4	36	60	－667	167	
广州市越秀区越建喷漆厂	187	122	18	50	24400	200	
广州市机电建筑工程公司	170	466	1012	180	25889	34000	100.00
广州南沙经济技术开发区泰青环保公司	140	－7	6	12	－5833	833	
广东省城建规划建设公司	109	21	78	16	13125	14375	

主 要 统 计 指 标 解 释

【建筑业总产值(即自行完成施工产值)】是以货币表现的建筑安装企业在一定时期内生产的建筑业产品的总和。建筑业总产值包括：

⑴建筑工程产值:指列入建筑工程预算内的各种工程价值。

⑵设备安装工程产值:指设备安装工程价值,不包括被安装设备本身的价值。

⑶房屋、构筑物修理产值:指房屋、构筑物修理所完成的价值,但不包括被修理房屋、构筑物本身的价值和生产设备的修理价值。

⑷非标准设备制造产值:指加工制造没有定型的、非标准的生产设备的加工费和原材料价值,以及附属加工厂为本企业承建工程制作的非标准设备的价值。

【建筑业增加值】指建筑业企业在报告期内以货币表现的建筑业生产经营活动的最终成果。目前建筑业增加值采用分配法(收入法)计算,即从收入的角度出发,根据生产要素在生产过程中应得的收入份额计算。具体计算公式为：

建筑业增加值 = 本年提取的固定资产折旧 + 主营业务应付工资 + 主营业务应付福利费 + 管理费用中的劳动待业保险金、税金 + 工程结算税金及附加 + 营业利润

【房屋建筑施工面积】指在报告期内施工的全部房屋建筑面积,包括本期新开工的房屋面积、上期施工跨入本期继续施工的房屋面积、上期停缓建在本期恢复施工的房屋面积、本期竣工的房屋面积及本期施工后又停缓建的房屋面积。

【房屋建筑竣工面积】指在报告期内房屋建筑按照设计要求全部完工,达到了使用条件,经验收鉴定合格,正式交付使用单位的房屋建筑面积。

【工程结算收入】指企业承包工程实现的工程价款结算收入,以及向发包单位收取的除工程价款以外的按规定列作营业收入的各种款项,如临时设施费、劳动保险费、施工机械调迁费等以及向发包单位收取的各种索赔款。

【工程结算利润】指已结算工程实现的利润,如亏损以"-"号表示。计算公式为：

工程结算利润 = 工程结算收入 - 工程结算成本 - 工程结算税金及附加

【企业总收入】指与企业生产经营直接有关的各项收入,包括工程结算收入和其他业务收入。计算公式为：

企业总收入 = 工程结算收入 + 其他业务收入

【房地产开发和建筑业企业资质】是指企业(单位)从事房地产开发与经营和建筑工程活动所具备的条件和企业人员的素质。房地产开发与经营企业划分为一、二、三、四级和暂定级等5种级别;建筑业企业资质分为施工总承包、专业承包和劳务分包三个序列,三个序列按照工程性质和技术特点分别划分若干资质类别,各资质类别按照规定的条件划分为若干等级。

第十三篇

运输与邮电

运输邮电业保持良好的发展态势

2001年,广州市运输邮电业保持良好的发展态势,全年实现增加值395.84亿元,比上年增长9.2%。

一、交通运输业

1. 客货运量及客货物周转量均保持增长势头。2001年广州市全社会完成货运量24914.14万吨,比上年增长1.3%;完成货物周转量2254.40亿吨千米,比上年增长3.0%。从运输方式看,铁路、公路的货运量分别比上年增长1.7%和5.9%,货物周转量分别比上年增长1.4%和8.2%;而水路货运量下降4.5%,货物周转量增长2.9%;民航的货运量和货物周转量分别下降5.8%和13.6%。

2001年广州市全社会完成客运量24450.94万人次,比上年增长4.4%;完成旅客周转量352.91亿人千米,比上年增长7.3%。从运输方式看,公路、民航的客运量和周转量增长较快,而水路继续收缩,铁路则略有下降。公路、民航的客运量分别比上年增长5.5%和17.1%,旅客周转量分别增长10.8%和16.3%。铁路的客运量比上年下降3.9%,周转量基本持平;水路的客运量和周转量分别下降21.5%和18.8%。

2. 港口生产稳步发展。2001年全市港口货物吞吐量1.35亿吨,比上年增长8.7%。其中:港口货物进口量9026.04万吨,港口货物出口量4513.44万吨,分别比上年增长9.3%和7.6%。广州港继续保持全国三大亿吨港的地位。自1999年以来连续三年突破亿吨货物吞吐量大关,全年完成货物吞吐量1.21亿吨,比上年增长9.5%。

集装箱业务快速发展。2001年全年完成集装箱吞吐量227.62万TEU,达2633.15万吨,分别比上年增长10.7%和24.2%。

3. 民航业务在调整中发展,白云机场日趋繁忙。2001年末,广州民航的航线达69条,比上年末增加2条国际航线;航线里程达18.17万公里,比上年末增长3.9%;拥有30架飞机,比上年末增长3.5%;飞机班次达4.27万次,比上年增长11.9%;飞行时间达10.48万小时,增长14.2%。广州民航业务的不断发展,使广州白云国际机场成为全国最繁忙的三大航空港之一。2001年广州白云国际机场飞机起降架次达13.74万次,比上年增长3.5%;完成旅客吞吐量1382.93万人次,完成货邮吞吐量53.16万吨,均比上年增长8.1%。

二、邮电通信业

2001年广州市邮电通信行业继续加大投入,保持快速 发展势头。全年实现邮电业务收入151.53亿元,比上年增长9.4%。其中:实现电信收入141.08亿元,邮政收入10.45亿元,分别比上年增长9.7%和5.4%。

1. 电信通信能力明显提高。2001年末,全市电话交换机总容量达484.81万门,移动电话交换机容量达560万门,长途电话交换机总量为18.45路端,分别比上年末增长38.8%、24.1%和7.0%。

2. 固定电话、移动电话用户大幅增长。2001年7月固定电话初装费和移动电话入网费的取消,刺激了固定电话和移动电话用户数的增长。年末全市固定电话用户比上年末增长49.84万户,增幅为19.2%;移动电话用户比上年末增加259.04万户,增幅达86.2%。2001年全市居民每百人拥有电话131.29部,比上年增长46.0%;其中每百人拥有移动电话78.53部,比上年增长83.1%。稳居全国各大城市前列。

货物、旅客运输量

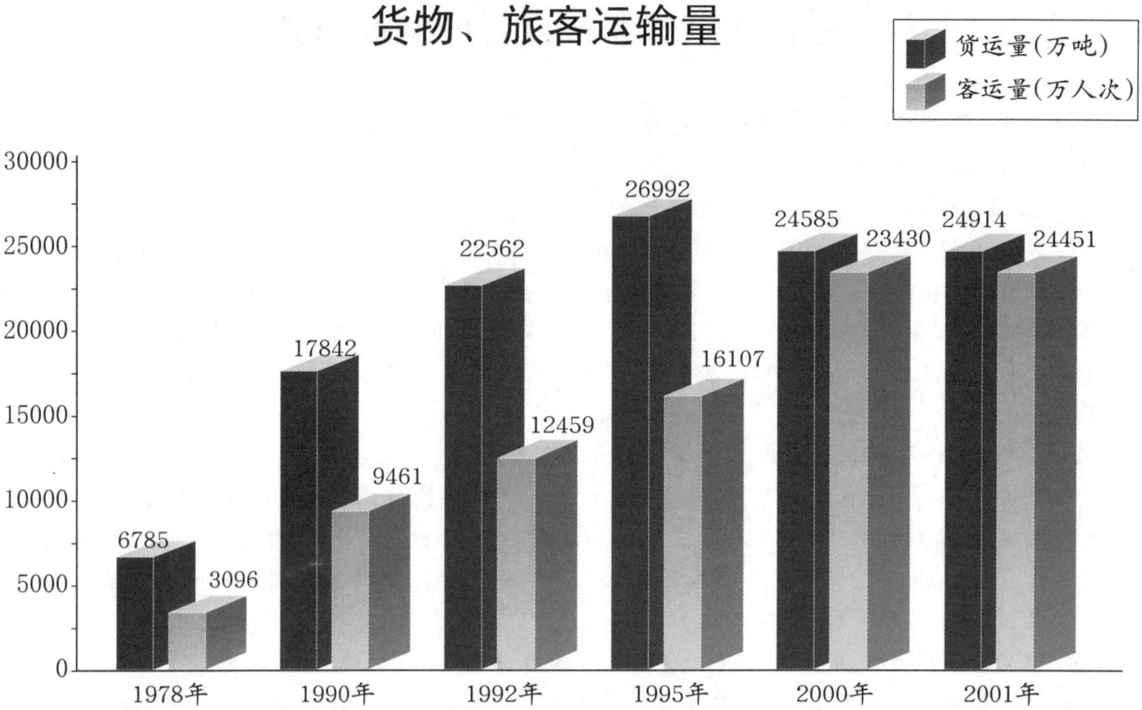

邮电业务总量
（2000年不变价）

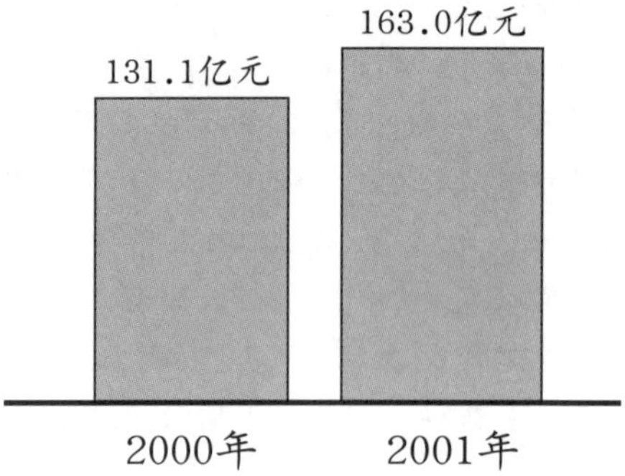

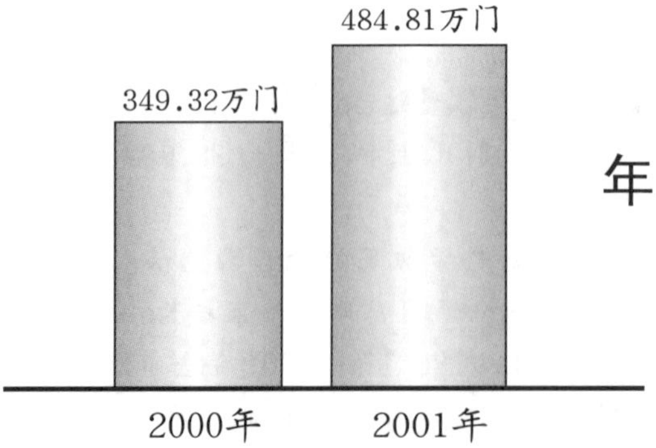

年末电话交换机总容量

13-1 交通邮电基本情况

项目	单位	2000年		2001年	
		全市	#市区	全市	#市区
全社会车辆数	辆	1350390	1154045	1447665	1226318
#民用汽车	辆	395773	361184	430373	394394
全社会货运量	万吨	24585	22907	24914	23240
#公路	万吨	12549	11087	13286	11738
水路	万吨	9569	9353	9143	9017
铁路	万吨	2018	2018	2051	2051
民航	万吨	20	20	19	19
全社会货物周转量	万吨千米	21892465	21485730	22544007	22166011
#公路	万吨千米	829040	732374	897363	792775
水路	万吨千米	19398631	19088562	19965440	19692032
铁路	万吨千米	1621651	1621651	1643700	1643700
民航	万吨千米	41269	41269	35674	35674
全社会客运量	万人次	23430	16859	24451	17729
公路	万人次	19964	13456	21057	14384
水路	万人次	190	127	149	100
铁路	万人次	2818	2818	2708	2708
民航	万人次	458	458	537	537
全社会旅客周转量	万人千米	3289680	2985149	3529119	3204636
公路	万人千米	912894	613323	1011210	690756
水路	万人千米	15050	10090	12225	8196
铁路	万人千米	1503764	1503764	1508100	1508100
民航	万人千米	857972	857972	997584	997584
港口货物吞吐量	万吨	12455	12455	13539	13539
进口	万吨	8261	8261	9026	9026
出口	万吨	4194	4194	4513	4513
白云国际机场货邮吞吐量	万吨	49	49	53	53
白云国际机场旅客吞吐量	万人次	1279	1279	1384	1384
邮电业务总量(2000年不变价格)	万元	1311125	1067986	1630454	1347066
城市电话交换机总容量	万门	247	215	485	437
报纸发行量	万份	115869	102632	132776	117640
杂志发行量	万份	3615	3615	4233	3944
年末电话机	万部	329.38	304.36	375.97	345.72
移动电话年末户数	万部	300.58	280.51	559.62	512.87
无线寻呼年末户数	万部	140.80	128.15	127.00	106.62
国际互联网用户	万户	82.59	78.45	120.95	116.73
电话普及率(含移动电话)	部/百人	89.91	103.21	131.29	148.81
#移动电话	部/百人	42.90	49.50	78.53	88.89

13-2 公路、航道线路基本情况

(2001 年)

项目	单位	全市	市区	#番禺区	#花都区	增城市	从化市
公路里程	**千米**	5179	2812	724	817	1268	1099
#晴雨通车里程	千米	5177	2810	722	817	1268	1099
等级公路	千米	4384	2422	686	694	989	973
高速	千米	84	84				
一级	千米	523	383	117	174	73	67
二级	千米	736	446	195	82	109	181
三级	千米	911	598	272	172	215	98
四级	千米	2130	911	102	266	592	627
等外公路	千米	795	390	38	123	279	126
有路面里程	**千米**	5071	2810	722	817	1268	993
高级	千米	3418	2100	582	570	525	793
次高级	千米	92	69	35	32	10	13
中级、低级	千米	1561	641	105	215	733	187
无路面里程	**千米**	108	2	2			106
桥梁							
座	座	1232	690	262	196	298	244
长度	米	66003	47395	33823	5733	9452	9156
永久式桥梁							
.座	座	1232	690	262	196	298	244
长度	米	66003	47395	33823	5733	9452	9156
半永久式桥梁							
座	座						
长度	米						
渡口	**个**	1	1	1			
内河航道里程	**千米**	1254	1099	964	63	97	58
#等级航道	千米	416	350	238	40	66	

13-3 全社会车辆数

（2001年）

项　　目	单　位	全　市	市　区	＃番禺区	＃花都区	增城市	从化市	＃私人
合　　计	辆	1447665	1226318	365282	141715	154028	67319	1200859
民用汽车	辆	430373	394394	45174	18771	26455	9524	235456
载客汽车	辆	263411	249467	24804	7655	10316	3628	150197
＃大型	辆	19908	19048	1778	382	611	249	1942
小轿车	辆	120791	114578	12851	3166	4735	1478	70895
载客汽车载客量	客位	2533323	2406509	230386	67970	92494	34320	1121721
＃大型	客位	851662	814872	76062	16342	26138	10652	83078
普通载货汽车	辆	154118	132890	19340	10765	15521	5707	84625
＃大型	辆	42758	34971	4453	4446	5637	2150	18879
普通载货汽车载重量	吨位	700619	591083	81649	58968	79700	29836	353108
＃大型	吨位	406631	332578	42348	42286	53607	20446	179539
专用载货汽车	辆	3813	3532	249	77	219	62	168
专用载货汽车载重量	吨位	45756	42384	2988	924	2628	744	2016
其他专用汽车	辆	7116	6713	630	179	332	71	409
特种汽车	辆	1915	1792	151	95	67	56	57
轮胎式拖拉机	台	3894	2441	1323	989	614	839	2177
＃手扶拖拉机	台	2014	1625	1118	507	98	291	1644
摩托车	辆	1009370	825510	318610	121915	126933	56927	963131
＃两轮摩托车	辆	1007600	824023	318395	121328	126791	56786	962056
其他机动车	辆	114	114					
载货挂车	辆	3914	3859	175	40	26	29	95

13－4 民用运输轮驳船拥有量

项　　目	单　位	1995 年		2000 年		2001 年	
		全　市	#交通系统	全　市	#交通系统	全　市	#交通系统
合　　计	艘	5892	1837	6313	1084	5858	674
机动船	艘	4681	1336	5627	932	5599	553
载客量	客位	83702	14056	79196	1718	76048	2122
净载重量	吨位	5744362	5265106	3463288	3013043	2887709	2617358
总功率	千瓦	2374079	1925479	1433107	1070102	1605436	955795
1.客船	艘	421	52	418	6	397	7
载客量	客位	81557	11911	78588	1698	75593	2122
2.客货船	艘	4	4	3	1	3	
载客量	客位	2145	2145	455	20	455	
净载重量	吨位	3880	3877	28	17	28	
3.货船	艘	3974	1176	4960	884	5138	517
净载重量	吨位	5358815	5105227	3293088	2945664	2887681	2617358
4.拖船	艘	282	104	246	41	61	29
功率	千瓦	194819	18411	192992	9999	13186	7760
驳船	艘	1211	501	686	152	259	121
载客量	客位			153		205	
净载重量	吨位	381667	156002	170172	67362	52570	54605

13－5 全社会客货运输(吞吐)量

(2001 年)

项　　目	客运量(万人次)	旅客周转量(万人千米)	货运量(万吨)	货物周转量(万吨千米)	旅客离港量(万人次)	货物吞吐量(万吨)	#集装箱
合　　计	24451	3529119	24914	22544007	135	13539	2633
#交通系统	9867	2718001	9099	20883884			
公路运输	21057	1011210	13286	897363			
#交通系统	6619	211503	211	8707			
个体及联户	2575	90125	7208	281105			
水路运输	149	12225	9143	19965440			
#交通系统	3	814	6403	19193973			
个体及联户	15	1309	969	73644			
铁路运输	2708	1508100	2051	1643700			
国有铁路	2708	1508100	2051	1643700			
民航运输	537	997584	19	35674			
直属	537	997584	19	35674			
管道运输			415	1830			
港口					135	13539	2633

13-6 市属交通系统公路货物运输基本情况

单位:万吨

项目	1995年		2000年		2001年	
	全市	#市区	全市	#市区	全市	#市区
运输车量数(辆)						
货运汽车	728	637	439	439	269	269
载货挂车	33	33	20	20		
货物运输量	498	456	212.74	212.74	211.21	211.21
汽车	498	456	212.74	212.74	211.21	211.21
#载货挂车	4	4				
货物周转量(万吨千米)	22012	19677	11748	11748	7999	7999
汽车	22012	19677	11748	11748	7999	7999
#载货挂车	218	218				
货物分类						
煤炭及制品	44.26	44.26	6.08	6.08	7.60	7.60
石油、天然气及制品	0.01	0.01	1.77	1.77	2.50	2.50
金属矿石	0.09	0.09				
钢铁	36	36	2.42	2.42	2.03	2.03
矿物性建筑材料	14.34	14.34	2.71	2.71		
水泥	4.71	4.71	0.03	0.03		
木材	4.51	4.51	0.12	0.12	0.07	0.07
非金属	11.74	11.74	1.82	1.82		
化学肥料及农药	0.17	0.17				
盐	0.17	0.17			0.02	0.02
粮食	0.28	0.28	0.04	0.04		
机械、设备、电器	26.51	26.51	9.14	9.14	15.59	15.59
化工原料及制品	6.62	6.62	0.98	0.98	1.25	1.25
有色金属	0.12	0.12	0.37	0.37	0.13	0.13
轻工医药产品	20.27	20.27	12.29	12.29	31	31
#日用工业品	18.92	18.92	9.07	9.07	24.85	24.85
农、林、牧、渔业产品	0.44	0.44	0.02	0.02	0.01	0.01
其他货类	327.76	285.76	174.95	174.95	126.16	126.16

13-7 交通系统水路货运量及货物分类

（2001 年） 单位：万吨

项目	合计	远洋	海运	内河	#市航运
货运量	6402.54	904.53	4113.6	1384.41	798
货物周转量(万吨千米)	19193973	8518644	10434792	240537	87857
客运量(万人次)	3			3	
旅客周转量(万人千米)	814			814	
货物分类					
煤类及制品	2780.65	14.15	2577	189.50	41.40
石油、天然气及制品	778.79	10.73	746	22.06	4
金属矿石	649.69	85.39	564	0.30	0.30
钢铁	345.31	130.23	37	178.08	58.60
矿物性建筑材料	189.63	12.30	16	161.33	148.90
水泥	57.84	3.82	11	43.02	42.30
木材	53.78	35.27	3	15.51	4.10
非金属	164.21	6.45	44	113.76	107.90
化学肥料及农药	105.62	81.42	17	7.20	6.70
盐	31.74	1.54	28	2.20	0.30
粮食	207.30	141.57	62	3.73	0.50
机械、设备、电器	40.28	30.14		10.14	6.40
化工原料及制品	77.32	61.90	4	11.42	2
有色金属	5.10	2.02		3.08	0.60
轻工医药产品	202.12	33.17		168.95	6.10
农、林、牧、渔业产品	31.59	24.67	1	5.92	5.60
其他货类	681.57	229.76	3.6	448.21	362.30

13-8 市属交通系统水路货运量及周转量

项目	1990 年	1995 年	2000 年	2001 年
运输总量(万吨)	1608	1477	976	798
货运量	1532	1435	976	798
驳运量	76	42		
周转量总量(万吨千米)	96708	136146	106840	87857
货运周转量	95420	135390	106840	87857
驳运周转量	1288	756		
在货物运输量中				
1.货运量(万吨)	1532	1425	976	798
内河	1400	942	439	328
外贸	132	483	537	470
#进口	30	153	294	264
沿海				
2.货物周转量(万吨千米)	95420	108075	106840	87857
内河	75189	51186	33397	22484
外贸	20231	56889	73443	65373
#进口	4132	21154	40898	35630
沿海				

13-9 铁路运输主要技术经济指标

项　　目	单　位	2000 年	2001 年
货运机车日产量	万吨千米	86.16	88.60
蒸汽机车	万吨千米		
内燃机车	万吨千米	76.30	55.10
电力机车	万吨千米	111.30	121.07
货运机车平均牵引总量	吨	2643	2793
蒸汽机车	吨		
内燃机车	吨	2548	2488
电力机车	吨	2828	2948
货运机车日车千米		342	338
客运机车日车千米	千米	394	548
蒸汽机车每万吨千米耗煤	公斤		
内燃机车每万吨千米耗油	公斤	27.37	34
电力机车每万吨千米耗电	千瓦小时	100.40	97.40
货物列车出发正点率	%	99.70	100
货物列车运行正点率	%	99.20	100
旅客列车出发正点率	%	99.40	99.40
旅客列车运行正点率	%	99.30	99.80
旅客列车技术速度	千米/小时	73	77.10
旅客列车旅行速度	千米/小时	65	67.10
客运密度	万人千米/千米	6265	6224
货物列车技术速度	千米/小时	49	48
货物列车旅行速度	千米/小时	33.30	34.40
货运密度	万吨千米/千米	7028	7031
货车周转时间	天	1.47	1.47
一次货物作业时间	小时	18.40	18.10
货车中转停留时间	小时	4.20	4.30
货车静载重(准轨)	吨	54.20	54.60
货车载重力利用率	%		
运输全员劳动生产率	千换算吨千米/人	130.50	156.64
运输每万换算吨千米成本	元	591.52	589.83
#货运成本	元	555.34	1125.43
客运成本	元	554.94	5.55

13－10 铁路运输基本情况

项　　　目	单　位	2000年	2001年
延展里程	千米	758.89	1316.20
营业里程	千米	382.50	382.50
正式营业	千米	382.50	382.50
临时营业	千米		
复线里程	千米	331.50	317.70
电气化线路里程	千米	96.03	329.30
内燃机牵引线路里程	千米	52.30	52.30
铁路机车	台	370	300
内燃机车	台	209	172
电力机车	台	145	120
蒸汽机车	台	16	8
铁路客车	辆	1217	
铁路货车	辆	1776	1100
客运量	万人次	2818	2708
旅客周转量	万人千米	1503764	1508100
货运量	万吨	2018	2051
货物周转量	万吨千米	1621651	1643700

13－11 铁路货物到发量

单位：万吨

货物名称	2000年			2001年		
	合计	到达量	发送量	合计	到达量	发送量
合　　计	3163.79	2056.97	1106.82	5444.10	3393.54	2050.56
煤类及制品	413.54	349.62	63.92	1434.14	1001.86	432.28
石油、天然气及制品	119.65	71.53	48.12	104.85	99.67	5.18
金属矿石	166.25	16.80	149.45	396.99	185.13	211.86
钢铁	439.77	397.24	42.53	719.60	576.20	143.40
矿物性建筑材料	191.55	61.39	130.16	567.19	152.58	414.61
水泥	43.88	43.80	0.08	107.56	48.42	59.14
木材	72.40	47.53	24.87	47.27	34.37	12.90
非金属	98.90	94.16	4.74	309.76	199.52	110.24
化学肥料及农药	97.24	65.00	32.24	101.45	90.88	10.57
盐	27.89	27.69	0.20	29.41	29.26	0.15
粮食	268.59	259.37	9.22	284.22	281.00	3.22
机械、设备、电器	77.43	12.65	64.78	144.02	10.44	133.58
化工原料及制品	171.93	126.71	45.22	165.42	127.88	37.54
有色金属				22.12	17.35	4.77
轻工医药产品	163.93	57.64	106.29	14.57	11.72	2.85
农、林、牧、渔业产品	116.04	64.59	51.45	105.26	70.52	34.74
其他货类	694.80	361.25	333.55	890.27	456.74	433.53

注：本表包括市郊的广北、广西、广南、黄埔、广州、石围塘、江高镇、棠溪、广州东、石牌、吉山、大朗、下元站的数字。

13－12 民航运输主要指标

项　　目	单　位	2000 年	2001 年
客货运输量			
客运量	万人次	458	537
国际航线	万人次	79	99
国内航线	万人次	379	438
＃地区航线	万人次	59	64
旅客周转量	万人千米	857972	997584
国际航线	万人千米	330767	412810
国内航线	万人千米	527205	584774
＃地区航线	万人千米	41893	45124
货邮运量	吨	199000	187400
国际航线	吨	17943	19484
国内航线	吨	181057	167916
＃地区航线	吨	8843	8556
货邮周转量	万吨千米	41269	35674
国际航线	万吨千米	9222	9642
国内航线	万吨千米	32047	26032
＃地区航线	万吨千米	645	644
总周转量	万吨千米	118486	125444
国际航线	万吨千米	38727	46480
国内航线	万吨千米	79759	78964
＃地区航线	万吨千米	4383	4672
飞行班次	班次	38130	42683
国际航线	班次	6563	7807
国内航线	班次	31567	34876
＃地区航线	班次	5406	5819
飞行时间	小时	91788	104827
运输飞行	小时	91314	104360
专业飞行	小时	474	467
飞机生产率	吨千米/小时	11527	12253
客座率	%	60.40	62.10
载运率	%	53.30	58.20

13－13 民航航线及飞机年末数

指 标 名 称	单 位	2000年	2001年
民用航空航线条数	条	67	69
国际航线	条	24	26
国内航线	条	43	43
#地区航线	条	6	6
民用航空航线里程	千米	174962	181749
国际航线	千米	104899	112216
国内航线	千米	70063	69533
#地区航线	千米	5579	5579
民航飞机期末架数	架		
运输飞机	架	29	30
大型飞机	架	29	30
小型飞机	架		
通用飞机	架		
其他用途飞机	架		
国外通航国家和地区	个	11	11
通航城市	个	14	14

13－14 白云国际机场吞吐量

项 目	单 位	2000年	2001年
飞机起降架次	次	132776	137355
进 港	次	66389	68661
出 港	次	66387	68694
旅客吞吐量	万人次	1279	1383
进 港	万人次	626	673
出 港	万人次	653	710
货邮吞吐量	吨	491868	531565
进 港	吨	215707	225016
出 港	吨	276161	306549
客座率	%	55.50	58.10
进 港	%	52.90	54.90
出 港	%	58.10	61.20
载运率	%	54.40	56.80
进 港	%	50.50	51.80
出 港	%	58.30	61.70

13－15 输油(气)管道基本情况

(2001 年)

项目	条数(条)	输油(气)里程(公里)	延展长度(公里)	输油(气)能力(万吨/年、千万立方米/年)	输油(气)量(万吨)	输油(气)周转量(万吨公里)
合计	18	64.64	64.64	553.98	415.36	1830.00
输原油管道						
输成品油管道	17	59.94	59.94	553.00	410.22	1804.41
输天然气管道						
输其他气体管道	1	4.70	4.70	0.98	5.14	25.59

13－16 港口码头泊位数

项目	单位	2000 年		2001 年	
		全市	#广州港	全市	#广州港
码头长度	米	54051	44416	52092	42457
泊位	个	837	643	787	593
#万吨级	个	50	46	50	46
总面积	平方米	1329065	1323626	1352755	1347316
1、生产用					
码头长度	米	45790	36155	43922	34287
泊位	个	716	522	668	474
#万吨级	个	50	46	50	46
总面积	平方米	1233333	1227894	1260290	1254851
2、非生产用					
码头长度	米	7860	7860	8170	8170
泊位	个	121	121	119	119
#万吨级	个				
总面积	平方米	95732	95732	92465	92465

13-17 港口吞吐量及货物分类

(2001年)　　单位:万吨

项目	合计	进口	出口	#广州港	进口	出口
旅客吞吐量(万人次)	135	68	67	11	5	6
国内航线	20	12	8	11	5	6
国际航线	115	56	59			
货物吞吐量	13539	9026	4513	12119	8139	3980
1.本港码头	8643	5300	3343	8532	5203	3329
企业码头	4896	3726	1170	3587	2936	651
2.外贸	3387	2616	771	2791	2201	590
内贸	10152	6410	3742	9328	5938	3390
#沿海	5615	4650	965	5615	4650	965
内河	4537	1760	2777	3713	1288	2425
货物分类						
煤类及制品	3493	2707	786	3376	2602	774
石油、天然气及制品	3603	1982	1621	3506	1897	1609
金属矿石	265	264	1	259	258	1
钢铁	729	661	68	684	618	66
矿物性建筑材料	1192	893	299	1067	801	266
水泥	63	17	46	1	1	
木材	226	213	13	152	139	13
非金属	530	253	277	218	177	41
化学肥料及农药	116	65	51	104	58	46
盐	39	27	12	39	27	12
粮食	635	392	243	570	332	238
机械、设备、电器	637	322	315	596	292	304
化工原料及制品	446	304	142	292	212	80
有色金属	137	91	46	65	19	46
轻工医药产品	787	487	300	657	417	240
农、林、牧、渔业产品	187	111	76	174	102	72
其他货类	454	237	217	359	187	172

13－18 港口标准集装箱吞吐量

（2001 年）

项目	合计	进口	出口	#广州港	进口	出口
箱数合计(箱)	2276226	1132719	1143507	1737843	867027	870816
#本港	1008047	500293	507754	1008047	500293	507754
重量合计(吨)	26331494	15385565	10945929	21514126	12220877	9293249
#本港	14280882	7869914	6410968	14280882	7869914	6410968
国内小计						
1.箱数(箱)	730563	360071	370492	706311	354465	351846
2.重量(吨)	11182594	6602099	4580495	11011841	6505047	4506794
国际小计						
1.箱数(箱)	1545663	772648	773015	1031532	512562	518970
#香港	1504418	758913	745505	990287	498827	491460
日本	11639	9634	2005	11639	9634	2005
韩国						
马来西亚	86	86		86	86	
新加坡	19838	2525	17313	19838	2525	17313
泰国	2251	592	1659	2251	592	1659
意大利	1		1	1		1
印尼						
2.重量(吨)	15148900	8783466	6365434	10502285	5715830	4786455
#香港	14641940	8665045	5976895	9995325	5597409	4397916
日本	94151	71871	22280	94151	71871	22280
韩国						
马来西亚	655	655		655	655	
新加坡	282222	21581	260641	282222	21581	260641
泰国	38480	10404	28076	38480	10404	28076
意大利	21		21	21		21
印尼						

13－19 邮政电信网

项目	单位	1995年		2000年		2001年	
		全市	＃市区	全市	＃市区	全市	＃市区
邮政网	个	290	196	821	764	531	480
自办邮政网点	个	208	123	210	174	234	199
＃市、县局	个	5	1	4	2	5	3
邮政储蓄所	个	130	78	158	129	176	147
代办网点	个	82	73	611	590	297	281
信箱、信筒	个	1651	715	1296	878	1177	759
电信网	个	132	132	468	339	1048	579
自办电信网点	个	26	26	82	53	156	100
＃电信局	个	5	1				
代办网点	个	106	106	268	250	892	579
邮政网络							
邮路总长度	千米			5866	5211	5866	5211
农村投递线路总长度	千米			18483	14792	14333	10612
电信网络							
长途业务电路	路			367020	367020	1645996	1645996
长途电话业务电路	路			130852	130852	175320	175320
数据通信网长途电路	路			140498	140498	1281750	1281750

13－20 邮政业务主要指标

项目	单位	2000年		2001年	
		全市	＃市区	全市	＃市区
邮政业务总量(2000年不变价格)	万元	101735	97906	108742	104269
国内分类业务总量					
函件	万件	19609	17455	33037	32023
包件	万件	499	469	347	336
汇票	万张	363	174	982	896
订销报纸累计数	万份	16270	14685	13915	12743
订销杂志累计数	万份	2693	2611	1703	1657
特快专递	万件	444	414	504	487
邮政储蓄年末收储余额	万元	269880	201327	329490	302542
国际及港澳分类业务					
函件	万件	388	368	592	588
包件	万件	8	8	6	6
特快专递	万件	21	19	21	20

13-21 电信业务主要指标

项目	单位	2000年		2001年	
		全市	#市区	全市	#市区
通信业务量					
邮电业务总量(2000年不变价格)	万元	1209390	970080	1521712	1242797
长途电话	万次	93949	87325	89184	83513
电报	万次	61	52	42	37
国际电话	万次	920	899	1021	999
港澳电话	万次	4004	3765	4159	3932
长途直拨有权用户期末数	万户	161.50	147.58	190.97	169.31
无线寻呼年末用户	万户	140.80	128.15	127.00	106.62
移动电话年末用户	万户	300.58	280.51	559.62	512.87
本地电话年末用户	万户	260.24	240.41	310.08	285.08
城市电话用户	万户	248.73	240.41	294.82	285.08
乡村电话用户	万户	11.51		15.26	
住宅电话年末用户	万户	186.42	169.72	234.73	214.79
城市电话用户	万户	176.31	169.72	222.38	214.79
乡村电话用户	万户	10.11		12.35	
公用电话	万户	7.54	6.35	8.25	6.85
分组交换用户	万户	0.09	0.09	0.11	0.11
数字数据用户	万户	1.58	1.48	1.82	1.71
国际互联网用户	万户	82.59	78.45	120.95	116.73
互联网用户使用时长	万分钟	231124.29	227388.25	432919.24	423238.97
电信主要通信能力					
长途电话交换机总量	路端	17.25	17.25	18.45	18.45
电话交换机总容量	万门	349.32	318.29	484.81	436.63
局用交换机容量	万门	293.94	265.13	399.87	355.74
城市电话用户	万门	276.50	265.13	370.01	355.74
乡村电话用户	万门	17.44		29.86	
接入网交换机容量	万门	55.38	53.16	84.52	80.89
城市电话用户	万门	53.66	53.16	81.52	80.89
乡村电话用户	万门	1.72		3.42	
移动电话交换机容量	万户	451.20	451.20	560	560
电话机	万部	329.38	304.36	375.97	345.72
本地电话机	万部	329.38	304.36	375.97	345.72
城市电话机	万部	314.55	304.36	358.15	345.72
乡村电话机	万部	14.83		17.82	

13－22 邮 电 业 务 收 入

单位：万元

项目	2000年		2001年	
	全市	#市区	全市	#市区
合计	1384846	1291709	1515282	1407792
#港澳及国际	89325	85434	60531	58572
1.邮政收入	99141	94803	104472	99579
#港澳及国际	9792	9604	9478	9314
函件	20049	19413	21856	21094
特快专递	19770	19144	22056	20911
汇票			8865	8026
包件	9209	8985	11582	11377
报刊	12685	12361	7429	7084
集邮业务			20578	18366
其他	37428	34900	12106	12721
2.电信收入	1285705	1196906	1410810	1308213
#港澳及国际	79533	75830	51053	49258
长途电信收入	311478	293281	291048	277331
#国内长途电话	191001	177330	198408	187614
国际及港澳电话	79533	75830	48334	46537
电报	492	453	430	409
其他	40452	39668	43876	42771
市内电话收入	277944	267716	330860	323158
其他收入	696283	635909	788902	707724
#无线寻呼	19955	14966	11306	9463
移动电话	636420	593662	719014	648903
其他	39908	27281	58582	49358

13－23 交通运输、邮电主要指标

（2001年按地区分）

地区	单位	全市	市区	#番禺区	#花都区	增城市	从化市
公路线路长度	千米	5179	2812	724	817	1268	1099
机动车拥有量	辆	1447665	1226318	365282	141715	154028	67319
#民用汽车	辆	430373	394394	45174	18771	26455	9524
摩托车	辆	1009370	825510	318610	121915	126933	56927
客运量	万人次	24451	17729	4829	3269	3756	2966
旅客周转量	万人千米	3529119	3204636	234784	157242	182059	142424
货运量	万吨	24914	23240	3002	2020	1178	496
货物周转量	万吨千米	22544007	22166011	415152	374852	344528	33468
邮电业务收入	万元	1515282	1407792	153629	55799	69037	38453

13－24 独立核算运输邮电企业财务指标

（2001年）

单位：万元

项目	合计	国有经济	集体经济	其他经济
企业个数（个）	44	22	16	6
＃亏损企业	18	6	9	3
资本金合计	1456861	1415809	23550	17502
流动资产合计	2106498	1832716	40993	232789
＃存货	228164	222637	362	5165
长期投资	717736	709827	7909	
固定资产合计	4618196	4003320	36404	578472
固定资产原价合计	7306495	6522372	65871	718252
＃生产经营用	6132138	5383462	30425	718251
累计折旧	3414058	3128634	32290	253134
＃本年折旧	540176	458494	4790	76892
无形及递延资产合计	111342	107005	1214	3123
＃无形资产	82606	80087	957	1562
其他资产	3780	3780		
资产合计	7557552	6656648	86520	814384
流动负债合计	2305259	2047310	46322	211627
长期负债合计	1503119	1492468	10651	
负债合计	3808378	3539778	56973	211627
所有者权益合计	3749174	3116870	29547	602757
＃股本	806435	788004	14537	3894
营运业务收入	3564478	2919850	26727	617901
营运业务成本	2349094	2132668	17609	198817
营运费用	183892	183211	1	680
营业税金及附加	105634	84038	732	20864
营运业务利润	925858	519933	8385	397540
其他业务利润	39888	30662	114	9112
管理费用	250530	224569	7301	18660
＃税金	4636	4529	102	5
财产保险费	358	333	18	7
劳动、待业保险费	55305	54583	700	22
财务费用	87089	88319	－114	－1116
利息支出	128670	129927	－97	－1160
营业利润	628127	237707	1312	389108
利润总额（亏损为－）	698230	280255	－694	418669
应交所得税	160797	19955	541	140301
应付利润	4037	3977	60	
本年应付工资总额	323470	307367	6747	9356
本年应付福利费总额	42133	39971	846	1316

注：本表为县及县以上独立核算公路运输、水上运输、内河（沿海）港口、铁路、民航、邮电企业口径。

13-25 独立核算运输邮电企业财务指标

(2001 年,按行业类型分)

单位:万元

项目	合计	公路运输	水上运输	港口	铁路	民航	邮电
企业个数(个)	44	13	18	4	1	1	7
#亏损企业	18	4	11	1			2
资本金合计	1456861	38595	387865	111216	490800	337418	90967
流动资产合计	2106498	80447	581886	118449	38075	793044	494597
#存货	228164	839	15021	6518	21020	162980	21786
长期投资	717736	23702	356377	46820	56169	227304	7364
固定资产合计	4618196	60750	464257	333579	485132	1213241	2061237
固定资产原价合计	7306495	87514	964392	453732	655270	2355718	2789869
#生产经营用	6132138	46527	600899	10518	637639	2349791	2486764
累计折旧	3414058	39800	612813	145361	212941	1172946	1230197
#本年折旧	540176	10128	40633	19873	27000	161789	280753
无形及递延资产合计	111342	1769	4110	2915		46091	56457
#无形资产	82606	1431	1180	211		28267	51517
其他资产	3780	236		25			3519
资产合计	7557552	166904	1406630	501788	579376	2279680	2623174
流动负债合计	2305259	72779	548593	102224	75043	679005	827615
长期负债合计	1503119	18659	348670	65501	31712	982267	56310
负债合计	3808378	91438	897263	167725	106755	1661272	883925
所有者权益合计	3749174	75466	509367	334063	472621	618408	1739249
#股本	806435	21236	307727	111216		337418	28838
营运业务收入	3564478	68533	310339	134268	209809	1267244	1574285
营运业务成本	2349094	36563	262854	81079	162299	1009551	796748
营运费用	183892	174	46	29		170847	12796
营业税金及附加	105634	2584	6295	4637	5950	34806	51362
营运业务利润	925858	29212	41144	48523	41560	52040	713379
其他业务利润	39888	1276	2081	14266	-364	11334	11295
管理费用	250530	27966	29346	55653	17808	38308	81449
#税金	4636	503	580	339	34	947	2233
财产保险费	358	74	97	58		129	
劳动、待业保险费	55305	5694	4720	20019	5902	10111	8859
财务费用	87089	-124	23229	1895	5648	46563	9878
利息支出	128670	-212	25594	4455		78981	19852
营业利润	628127	2646	-9350	5241	17740	-21497	633347
利润总额(亏损为-)	698230	2721	47051	4206	7926	8951	627375
应交所得税	160797	1420	29	2792	2616		153940
应付利润	4037	167			3870		
本年应付工资总额	323470	15611	65248	64901	65213	55952	56545
本年应付福利费总额	42133	2043	10782	7519	7337	4883	9569

注:本表为县及县以上独立核算公路运输、水上运输、内河(沿海)港口、铁路、民航、邮电企业口径。

主 要 统 计 指 标 解 释

【货(客)运量】指在一定时期内,各种运输工具实际运送的货物(旅客)数量。它是反映运输业为国民经济和人民生活服务的数量指标,也是制定和检查运输生产计划、研究运输发展规模和速度的重要指标。货运按吨计算,客运按人计算。货物不论运输距离长短、货物类别,均按实际重量统计。旅客不论行程远近或票价多少,均按一人一次客运量统计;半价票、小孩票也按一人统计。

【货物(旅客)周转量】指在一定时期内,由各种运输工具运送的货物(旅客)数量与其相应运输距离的乘积之总和。它是反映运输业生产总成果的重要指标,也是编制和检查运输生产计划,计算运输效率、劳动生产率以及核算运输单位成本的主要基础资料。计算货物周转量通常按发出站与到达站之间的最短距离,也就是计费距离计算。计算公式为:

货物(旅客)周转量 = $\sum$货物(旅客)运输量 × 运输距离

【沿海主要港口货物吞吐量】指经水运进出沿海主要港区范围,并经过装卸的货物数量,包括邮件及办理托运手续的行李、包裹以及补给运输船舶的燃、物料和淡水。货物吞吐量按货物流向分为进口、出口吞吐量,按货物交流性质分为外贸货物吞吐量和国内贸易货物吞吐量。货物吞吐量的货类构成及其流向,是衡量港口生产能力大小的重要指标。

【邮电业务总量】指以价值量形式表现的邮电通信企业为社会提供各类邮电通信服务的总数量。邮电业务量按专业分类包括函件、包件、汇票、报刊发行、邮政快件、特快专递、邮政储蓄、集邮、公众电报、用户电报、传真、长途电话、出租电路、市话无线寻呼、移动电话、分组交换数据通信、出租代维等。计算方法为各类产品乘以相应的平均单价(不变价)之和,再加上出租电路和设备、代用户维护电话交换机和线路等的服务收入。它综合反映了一定时期邮电业务发展的总成果,是研究邮电业务量构成和发展趋势的重要指标。计算公式为:

邮电业务总量 = $\sum$(各类邮电业务量 × 不变单价) + 出租代维及其他业务收入

【无线寻呼电话用户】指携带小型寻呼机,接收市话用户通过无线寻呼中心,在规定范围内向其发出声音、数字或文字显示信息的用户。在寻呼台办理登记手续的无线寻呼用户,每一部寻呼机按一户计算。

【移动电话用户】指在移动电话营业部门登记,通过移动电话交换机进入移动电话网、占有移动电话号码的电话用户。用户数量以实际办理登记手续进入邮电部门移动电话网的户数进行计算,一部或一台移动电话统计为一户。

【电话用户】指接入国家公众固定电话网,并按固定电话业务进行经营管理的电话用户。1997 年以前,电话用户分为市内电话用户和农村电话用户。市内电话用户是指接入县城及县以上城市电话网上的电话用户;农村电话用户是指接入县邮电局农话台及县以下农村电话交换点,以县城为中心(除市话用户外)联通县、乡(镇)、行政村、村民小组的用户。从 1997 年起,电话用户数分组调整为以用户所在区域划分为"城市电话用户"和"乡村电话用户",与过去的按市内电话和农村电话划分方法不同。而电话用户数、电话机部数统计方法不变。

第十四篇

国内贸易

消费品市场平稳发展

2001 年广州消费品市场呈现平稳增长的态势。全市实现社会消费品零售总额 1248.28 亿元，比上年增长 11.3%，其中，城镇和农村市场零售额分别为 1143.42 亿元和 104.86 亿元，分别比上年增长 11.0%和 14.7%。

一、市场运行特点

1.假日市场销售活跃。商家围绕节假日大做文章，居民节假日出外游玩、购物和外地来穗游客带动市场销售。1 月份有元旦、春节两大节日，加上受购物卡券限期使用的影响，市场销售畅旺。1 月份全市社会消费品零售总额达 115.66 亿元，比上年同月增长 12.9%；有“五一”节的 5 月份和有国庆节的 10 月份，全市社会消费品零售总额分别为 97.52 亿元和 114.95 亿元，同比分别增长 10.0%和 9.6%。

2.餐饮行业继续保持快速增长。全年广州批发零售贸易业、餐饮业和其它行业分别实现零售额 880.40 亿元、239.92 亿元和 127.96 亿元，分别比上年增长 12.3%、15.3%和下降 0.8%。餐饮行业增长幅度继续居各行业之首，分别比贸易业、其他行业高 3 个和 16.1 个百分点，比全市社会消费品零售总额的增幅高 4 个百分点。餐饮行业零售额占全市社会消费品零售总额的比重由上年 18.6%提高到 19.2%。

3.大型百货商店仍占主导地位，仓储式商场、连锁超市、便利店等经营业态日益壮大。全年限额以上百货商店零售额合计达 74.32 亿元，占限额以上批发零售贸易业零售额 28.9%。全年零售额超亿元的零售企业有 34 家，其中百货商店有 19 家。超级市场零售额达 38.13 亿元，占限额以上批发零售贸易业零售额 14.8%，比上年提高 0.8 个百分点。零售业态间相互竞争，推动消费品市场的发展。

4. 吃、穿、用等日常必需商品和电脑类、汽车类等商品销售增长较快。据统计，全年限额以上批发零售贸易业的食品烟酒饮料、服装鞋帽、日用品和化妆品日用类商品零售额分别为 38.96 亿元、33.61 亿元、19.28 亿元和 6.43 亿元，比上年分别增长 23.2%、15.7%、10.3%和 36.0%。全市限额以上批发零售贸易业电脑零售量 5.72 万台，同比增长 30.4%；移动电话机零售量达 33.7 万台，增长 9.7 倍。全年限额以上批发零售贸易业的汽车零售额为 48.49 亿元，比上年增长 19.0%；其中轿车零售额 27.57 亿元，同比增长 25.9%。

二、消费品市场增长的主要原因

1.城乡居民收入增加，刺激了居民的消费欲望。据统计，全年广州职工工资总额同比增长 11.4%。市区居民人均可支配收入比上年增长 5.2%，农村居民纯收入增长了 5.9%，为促进城乡居民消费奠定基础。

2.节假日消费继续拉动消费品市场发展。节假日上街游玩、购物仍是居民主要的消遣方式之一，因此节假日仍是消费品市场的黄金时段。商家越来越注重营造节日气氛，拓展节日市场。

3.会展活动增多和九运会在穗举办。随着经济发展，社会交流活动频繁，各类商务会展活动越办越多，聚集人气，使本地消费品市场受益匪浅。如在广州举办“服装节”、“美食节”、“国际大都会城市会议”、“茶文化博览会”、“花卉展”等活动，吸引了本地居民和外地游客。11 月因九运会在穗举行，当月社会消费品零售总额达 106.26 亿元，比上年同期增长 14.1%，为全年各月最高增幅。

社会消费品零售总额

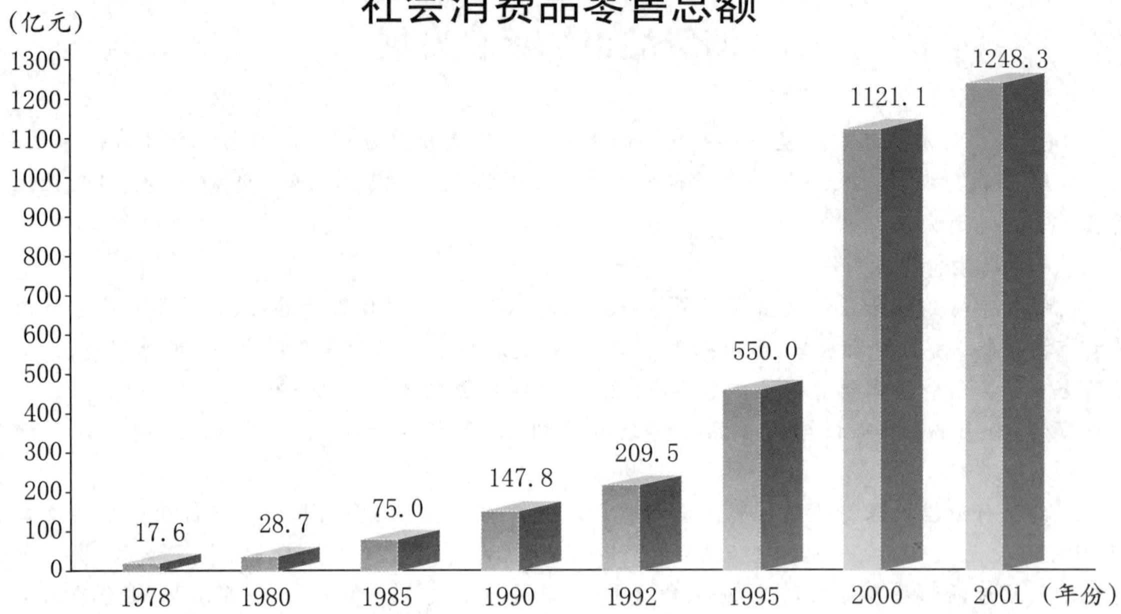

社会消费品零售总额构成(%)

按 行 业 分

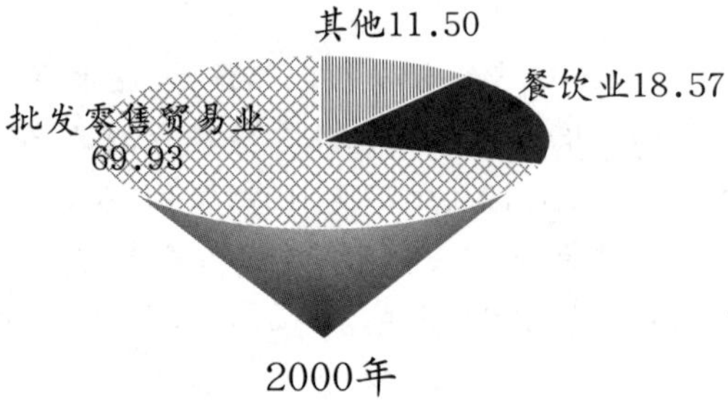

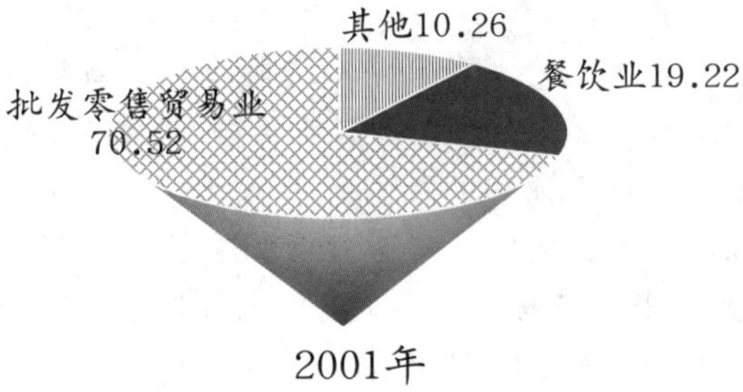

按 销 售 对 象 分

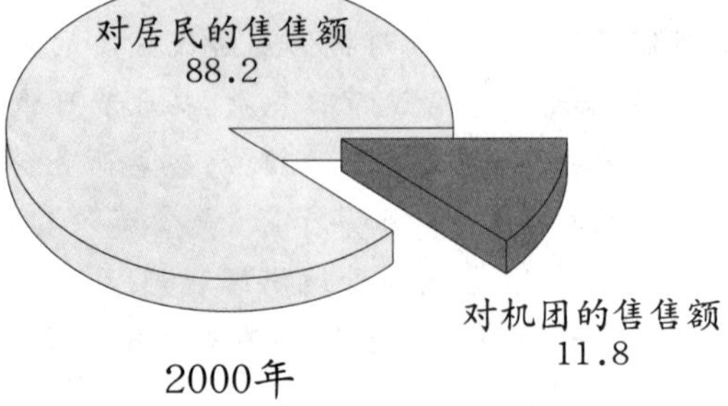

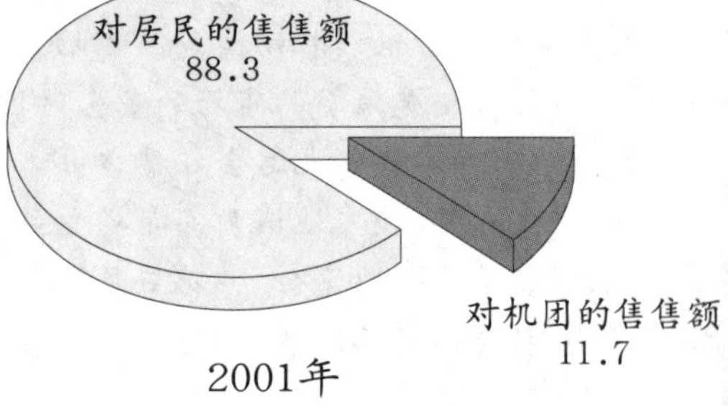

14－1 主要年份社会消费品零售总额

单位:万元

年份、时期	总计	按销售对象分		按行业分			
		对居民的零售额	对机团的零售额	批发零售业	餐饮业	其他行业	#制造业
1952	44933	41598	3335	36125	5410	3398	2666
1957	80584	73990	6594	63461	10589	6534	3836
1962	94690	87462	7228	75341	14173	5176	2792
1965	94760	85456	9304	80811	8796	5153	3539
1970	107918	97563	10355	92930	9143	5845	3826
1975	152120	135728	16392	129124	13048	9948	6460
1978	176300	158296	18004	148378	16242	11680	7327
1980	287127	252948	34179	224457	23307	39363	24261
1985	749841	675806	74035	499571	115750	134520	64827
1990	1477826	1327884	149942	945047	239607	293172	74574
1995	5499678	4920837	578841	3437585	962855	1099238	331749
1996	6864426	6147983	716443	4549455	1193692	1121279	370657
1997	8025887	7032651	993236	5329267	1387026	1309594	509907
1998	9045719	7912743	1132976	6010638	1583833	1451248	561812
1999	10006848	8806026	1200822	6661555	1820957	1524336	605225
2000	11211340	9890644	1320696	7839516	2081458	1290366	589711
2001	12482848	11021106	1461742	8803979	2399208	1279661	571027
1950－1952	110675	102504	8171	88711	14075	7889	5733
“一五”时期	330144	298017	32127	264031	42188	23925	15324
“二五”时期	462103	414194	47909	379250	60237	22616	13899
1963－1965	285516	259275	26241	241319	28612	15585	10466
“三五”时期	519550	471635	47915	450008	48523	21019	13577
“四五”时期	663567	596511	67056	564390	59398	39779	24513
“五五”时期	998522	884578	113944	820608	86244	91670	58472
“六五”时期	2459903	2194642	265261	1775024	260620	424259	222331
“七五”时期	5978373	5373287	605086	3847414	892809	1238150	388958
“八五”时期	16808010	15059958	1748052	10491118	2944665	3372227	959784
“九五”时期	45154220	39790047	5364173	30390431	8066966	6696823	2637312
1979－2001	83381471	73878273	9503198	55704390	14606742	13070339	4817014

14-2 市区主要年份社会消费品零售总额

单位:万元

年份、时期	总计	按销售对象分		按行业分			
		对居民的零售额	对机团的零售额	批发零售业	餐饮业	其他行业	#制造业
1952	38114	34974	3140	30079	4966	3069	2389
1957	70384	64112	6272	54860	9711	5813	3222
1962	79258	72350	6908	63084	11892	4282	2145
1965	79712	70892	8820	67980	7525	4207	2962
1970	87903	79000	8903	75923	7818	4162	2854
1975	124120	110141	13979	105362	11068	7690	5306
1978	143227	127407	15820	119936	13745	9546	6116
1980	237418	206330	31088	184858	19935	32625	21400
1985	632251	568894	63357	416357	108856	107038	54359
1990	1222915	1101153	121762	794325	216701	211889	53849
1995	4343763	3928495	415268	2783824	813012	746927	191899
1996	5618364	5045291	573073	3795232	1030453	792679	217521
1997	6685149	6003464	681685	4530462	1217018	937669	340696
1998	7552787	6682328	870459	5144895	1380089	1027803	377159
1999	8385293	7262503	1122790	5685771	1575266	1124256	423649
2000	10507973	9268032	1239941	7341774	1993554	1172645	539212
2001	11661045	10290872	1370173	8157733	2293624	1209688	538575
1950-1952	92138	84484	7654	72289	12808	7041	5001
"一五"时期	286386	255652	30734	226098	38952	21336	13086
"二五"时期	398912	354003	44909	328277	52851	17784	9603
1963-1965	236890	211815	25075	199805	24526	12559	8563
"三五"时期	424891	381372	43519	368228	41593	15070	9863
"四五"时期	539323	482104	57219	459701	50258	29364	19559
"五五"时期	814538	713654	100884	666816	73122	74600	49682
"六五"时期	2039838	1809849	229989	1476139	234727	328972	183998
"七五"时期	4998672	4510506	488166	3272004	814484	912184	296896
"八五"时期	13367366	12052752	1314614	8547217	2535895	2284254	565612
"九五"时期	38749566	34261618	4487948	26498134	7196380	5055052	1898237
1979-2001	71225331	63281319	7944012	48274523	13111423	9839385	3515949

14－3 社会消费品零售总额

（2001年）　　单位：万元

项目	全市	市区	#番禺区	#花都区	增城市	从化市
社会消费品零售总额	12482848	11661045	820927	536199	488595	333208
按行业分						
批发零售贸易业	8803979	8157733	583189	342216	376658	269588
限额以上企业	2572312	2528292	174064	61864	31973	12047
限额以下企业和个体	6231667	5629441	409125	280352	344685	257541
餐饮业	2399208	2293624	202242	154728	78157	27427
其他	1279661	1209688	35496	39255	33780	36193
#制造业	571027	538575	2312	19170	15499	16953
农民对非农业居民零售	428460	396731	11297	6876	17799	13930
按企业规模分						
限额以上企业	3330338	3266288	204834	78650	47759	16291
限额以下企业(单位)和个体户	9152510	8394757	616093	457549	440836	316917

14－4 批发零售贸易业商品购、销、存总额

（2001年，按地区分）　　单位：万元

项目	全市	市区	#番禺区	#花都区	增城市	从化市
商品购进总额	29752976	28822244	1281256	632560	480600	450132
商品销售总额	33256551	32143744	1467567	721574	631017	481790
批发	24452572	23986011	884378	379358	254359	212202
零售	8803979	8157733	583189	342216	376658	269588
年末库存总额	2093378	2045751	98193	42938	23400	24227
限额以上企业						
商品购进总额	17836098	17545504	597101	174819	162583	128011
市内	4931224	4764376	336064	37450	100619	66229
省内市外	3955045	3875383	128549	125389	27635	52027
国内省外	7493458	7454935	128508	11980	29447	9076
进口	1456371	1450810	3980		4882	679
商品销售总额	18735868	18422963	633599	114775	175825	137080
批发	16163556	15894671	459535	52911	143852	125033
市内	5308540	5193525	310843	49585	37408	77607
省内市外	6505041	6419169	141976	2710	68403	17469
国内省外	1703963	1662933	6716	616	19806	21224
出口	2646012	2619044			18235	8733
零售	2572312	2528292	174064	61864	31973	12047
年末库存总额	1151358	1140331	43396	7355	7839	3188
限额以下企业(单位)和个体						
商品购进总额	11916878	11276740	684155	457741	318017	322121
商品销售总额	14520683	13720781	833968	606799	455192	344710
批发	8289016	8091340	424843	326447	110507	87169
零售	6231667	5629441	409125	280352	344685	257541
年末库存总额	942020	905420	54797	35583	15561	21039

14－5 限额以上批发零售贸易企业商品购、销、存总额

（2001 年）　　单位：万元

项　　目	购进总额	#进　口	销售总额	批　　发	零　　售	年末库存
总　　计	17836098	1456371	18735868	16163556	2572312	1151358
按登记注册类型分						
内资企业	16514541	1396258	17263680	15168915	2094765	1044268
国有企业	7478488	1086809	8013758	7161201	852557	411064
集体企业	693262	33323	681807	593043	88764	48539
股份合作企业	334798	10783	373970	255528	118442	25777
联营企业	141175	14545	146821	113931	32890	10263
国有联营企业	107594	14545	108839	99681	9158	8057
集体联营企业	13464		14777	6307	8470	1062
国有与集体联营企业	14724		16703	5908	10795	588
其他联营企业	5393		6502	2035	4467	556
有限责任公司	3210015	126586	3228647	2778775	449872	213496
国有独资公司	600725	37212	602746	564601	38145	39645
其他有限责任公司	2609290	89374	2625901	2214174	411727	173851
股份有限公司	2729319	12634	2674938	2476914	198024	171072
私营企业	1925442	111578	2140573	1789523	351050	163422
私营独资企业	23690		20491	11680	8811	4583
私营合伙企业	12820		14142	13454	688	954
私营有限责任公司	1795169	111578	2002099	1687090	315009	154545
私营股份有限公司	93763		103841	77299	26542	3340
其他企业	2042		3166		3166	635
港、澳、台商投资企业	764281	11067	871202	516869	354333	52151
合资经营企业	208362		225272	68584	156688	16829
合作经营企业	199934		247170	188362	58808	21092
独资经营企业	225240	11067	238550	226398	12152	5921
股份有限公司	130745		160210	33525	126685	8309
外商投资企业	557276	49046	600986	477772	123214	54939
合资经营企业	375435	43128	384505	292035	92470	45177
合作经营企业	21548		41648	23822	17826	632
独资经营企业	147396	5918	166054	153136	12918	8787
股份有限公司	12897		8779	8779		343

单位：万元

项目	购进总额	#进口	销售总额	批发	零售	年末库存
按行业分						
食品、饮料、烟草批发业	1765083	65310	2028594	1939062	89532	95856
棉、麻、土畜产品批发业	161873	16242	199602	199602		15164
纺织品、服装和鞋帽批发业	1149410	62334	1285026	1227271	57755	62678
日用百货批发业	847242	79339	948315	935405	12910	72938
日用杂品批发业	108793	14660	94400	94213	187	1693
五金、交电、化工批发业	923629	310118	930342	908237	22105	76604
药品及医疗器械批发业	1076976	51150	1149340	959964	189376	116716
能源批发业	4391940	69319	4422291	4345633	76658	170325
化工材料批发业	594817	325461	627569	624138	3431	27252
木材批发业	95566	10233	109724	109721	3	15362
建筑材料批发业	160599	104	168336	168111	225	9219
矿产品批发业	66398		77559	77559		672
金属材料批发业	2177662	65319	2013433	1783602	229831	163175
机械、电子设备批发业	1252768	155218	1361285	1283882	77403	44695
汽车、摩托车及零配件批发业	245943	37273	255592	195076	60516	20945
再生物资回收批发业	82501		85751	85659	92	477
工艺美术品批发业	48147	56	54010	53897	113	5335
图书报刊批发业	178275	2989	130504	130100	404	21246
农业生产资料批发业	342555	61415	302568	296570	5998	33073
其他类未包括的批发业	329981	103358	340881	332876	8005	14120
食品、饮料和烟草零售业	41875	1208	50066	18330	31736	4495
日用百货零售业	1020838	5447	1246923	116773	1130150	102064
纺织品、服装和鞋帽零售业	14855	1041	20837	2373	18464	2127
日用杂品零售业	2077		2375	775	1600	495
五金、交电、化工零售业	80405	1887	92072	40643	51429	7588
药品及医疗器械零售业	79366	550	92567	33030	59537	10152
图书报刊零售业	88099		82297	22561	59736	16451
其他零售业	508425	16340	563609	178493	385116	40441

14－6 市区限额以上批发零售贸易企业商品购、销、存总额

（2001 年）

单位：万元

项目	购进总额	#进口	销售总额	批发	零售	年末库存
总计	17545488	1450810	18422963	15894671	2528292	1140331
按登记注册类型分						
内资企业	16246142	1390697	16973505	14922760	2050745	1038461
国有企业	7366428	1081248	7889244	7044771	844473	407576
集体企业	664006	33323	650218	566462	83756	47516
股份合作企业	334798	10783	373970	255528	118442	25777
联营企业	131993	14545	137012	107343	29669	10006
国有联营企业	101586	14545	102831	93673	9158	8057
集体联营企业	13464		14777	6307	8470	1062
国有与集体联营企业	14724		16703	5908	10795	588
其他联营企业	2219		2701	1455	1246	299
有限责任公司	3200072	126586	3217792	2767920	449872	213446
国有独资公司	600725	37212	602746	564601	38145	39645
其他有限责任公司	2599347	89374	2615046	2203319	411727	173801
股份有限公司	2695719	12634	2639575	2444083	195492	171016
私营企业	1851084	111578	2062528	1736653	325875	162489
私营独资企业	23690		20491	11680	8811	4583
私营合伙企业	12820		14142	13454	688	954
私营有限责任公司	1737636	111578	1942075	1652241	289834	153742
私营股份有限公司	76938		85820	59278	26542	3210
其他企业	2042		3166		3166	635
港、澳、台商投资企业	764281	11067	871202	516869	354333	52151
合资经营企业	208362		225272	68584	156688	16829
合作经营企业	199934		247170	188362	58808	21092
独资经营企业	225240	11067	238550	226398	12152	5921
股份有限公司	130745		160210	33525	126685	8309
外商投资企业	535065	49046	578256	455042	123214	49719
合资经营企业	353224	43128	361775	269305	92470	39957
合作经营企业	21548		41648	23822	17826	632
独资经营企业	147396	5918	166054	153136	12918	8787
股份有限公司	12897		8779	8779		343

单位:万元

项目	购进总额	#进口	销售总额	批发	零售	年末库存
按行业分						
食品、饮料、烟草批发业	1691675	65310	1949533	1863338	86195	94935
棉、麻、土畜产品批发业	161873	16242	199602	199602		15164
纺织品、服装和鞋帽批发业	1141293	62334	1275167	1217412	57755	62468
日用百货批发业	847242	79339	948315	935405	12910	72938
日用杂品批发业	108793	14660	94400	94213	187	1693
五金、交电、化工批发业	923629	310118	930342	908237	22105	76604
药品及医疗器械批发业	1075432	51150	1146612	958809	187803	116421
能源批发业	4305471	69319	4330262	4254128	76134	170224
化工材料批发业	591299	324782	623942	620511	3431	27135
木材批发业	95566	10233	109724	109721	3	15362
建筑材料批发业	160599	104	168336	168111	225	9219
矿产品批发业	66398		77559	77559		672
金属材料批发业	2177662	65319	2013433	1783602	229831	163175
机械、电子设备批发业	1252768	155218	1361285	1283882	77403	44695
汽车、摩托车及零配件批发业	183110	37273	189740	148482	41258	14928
再生物资回收批发业	61743		63459	63459		380
工艺美术品批发业	48147	56	54010	53897	113	5335
图书报刊批发业	178275	2989	130504	130100	404	21246
农业生产资料批发业	340581	61415	300524	294646	5878	33005
其他类未包括的批发业	324908	98476	335854	327849	8005	14120
食品、饮料和烟草零售业	41875	1208	50066	18330	31736	4495
日用百货零售业	1015085	5447	1240800	116382	1124418	100136
纺织品、服装和鞋帽零售业	14855	1041	20837	2373	18464	2127
日用杂品零售业	2077		2375	775	1600	495
五金、交电、化工零售业	80405	1887	92072	40643	51429	7588
药品及医疗器械零售业	78423	550	91614	33030	58584	10044
图书报刊零售业	85075		79372	20921	58451	15785
其他零售业	491229	16340	543224	169254	373970	39942

14－7 限额以上批发零售贸易企业商品分类销售、库存总额

（2001 年）　　单位：万元

项　　目	销售总额	批　发	零　售	年末库存
合　计	18735868	16163556	2572312	1151358
食品、饮料、烟酒类	2268351	1878706	389645	118234
肉禽蛋类	168978	133260	35718	8954
其他食品类	796442	590098	206344	68323
饮料类	102066	57417	44649	4116
烟酒类	1200865	1097931	102934	36841
服装鞋帽、针、纺织品类	1443683	1107613	336070	83647
服装类	1009336	756110	253226	48668
鞋帽类	135904	95309	40595	5520
针、纺织品类	298443	256194	42249	29459
化妆品类	93769	29441	64328	5460
金银珠宝类	66527	14180	52347	13449
日用品类	1076472	883627	192845	47490
#洗涤用品类	246624	206286	40338	10901
儿童玩具类	51992	43437	8555	441
五金、电料类	186702	174551	12151	3105
体育、娱乐用品类	95073	67309	27764	3661
书报杂志类	197278	135660	61618	35659
电子出版物及音像制品类	12743	9529	3214	1052
家用电器和音像器材类	846822	621062	225760	87342
中西药品类	1236474	986410	250064	122641
#西药	742180	561904	180276	85583
中草药及中成药	275855	221383	54472	24491
文化办公用品类	592574	515064	77510	47248
家具类	92402	63438	28964	6407
通讯器材类	569367	484800	84567	20582
煤炭及制品类	636256	634259	1997	8270
木材及制品类	46154	45504	650	12202
石油及制品类	4202525	4038641	163884	171560
化工材料及制品类	893745	884842	8903	78341
#化肥类	160685	160685		10627
金属材料类	1861746	1857567	4179	111427
建筑及装潢材料类	79443	76581	2862	3426
机电产品及设备类	1539161	984469	554692	113873
#农机类	10448	10448		814
汽车类	1062730	562200	500530	87434
种子饲料类	93431	93431		4150
棉麻类	27518	27518		2266
其他类	577652	549354	28298	49866

14-8 市区限额以上批发零售贸易企业商品分类销售、库存总额

(2001 年)　　　　单位:万元

项　　目	销售总额			年末库存
		批　发	零　售	
合　计	18422963	15894671	2528292	1140331
食品、饮料、烟酒类	2217482	1830906	386576	117309
肉禽蛋类	168071	132353	35718	8954
其他食品类	791601	585746	205855	68219
饮料类	101860	57411	44449	4111
烟酒类	1155950	1055396	100554	36025
服装鞋帽、针、纺织品类	1422642	1088134	334508	82664
服装类	989061	736829	252232	47826
鞋帽类	135577	95232	40345	5474
针、纺织品类	298004	256073	41931	29364
化妆品类	93122	29050	64072	5271
金银珠宝类	65992	14180	51812	12944
日用品类	1072893	881738	191155	47363
#洗涤用品类	246349	206286	40063	10808
儿童玩具类	51849	43397	8452	432
五金、电料类	186194	174216	11978	3093
体育、娱乐用品类	95019	67309	27710	3657
书报杂志类	194307	134020	60287	34993
电子出版物及音像制品类	12700	9529	3171	1052
家用电器和音像器材类	845723	620568	225155	87127
中西药品类	1232879	985303	247576	122243
#西药	740292	561454	178838	85374
中草药及中成药	274152	220726	53426	24304
文化办公用品类	592431	514974	77457	47224
家具类	92263	63299	28964	6407
通讯器材类	569367	484800	84567	20582
煤炭及制品类	635878	634259	1619	8270
木材及制品类	45467	45467		12190
石油及制品类	4102546	3942784	159762	171173
化工材料及制品类	890548	881645	8903	78177
#化肥类	160433	160433		10615
金属材料类	1861628	1857449	4179	111427
建筑及装潢材料类	79249	76387	2862	3426
机电产品及设备类	1461840	933401	528439	107618
#农机类	10448	10448		814
汽车类	1006544	531958	474586	81346
种子饲料类	93431	93431		4150
棉麻类	27518	27518		2266
其他类	531844	504304	27540	49705

14-9 限额以上批发零售贸易企业主要商品销售、库存量

（2001 年）

商品名称	单位	销售量				年末库存
			批 发		零 售	
				#出 口		
粮食	吨	1303157	1241658	3783	61499	172606
食用植物油	吨	70233	55935	131	14298	4726
食糖	吨	148416	148112	1022	304	8690
猪和猪肉	吨	115606	95360	13592	20246	7332
鲜蛋	吨	5548	4665	2924	883	16
鲜菜	吨	42898	37894	28712	5004	7
水产品	吨	19506	17976	8064	1530	2163
家禽	百只	75812	69213	66470	6599	325
卷烟	箱	1562028	1453703	22327	108325	48077
酒	吨	40778	27063	2207	13715	1646
鞋	万双	1683	1328	1251	355	58
布	万米	8293	8268	7615	25	250
棉花	吨	24962	24962			1978
服装	万件	20674	19255	17237	1419	483
电视机	台	820077	629820	4657	190257	120226
#彩色电视机	台	214688	83573	4657	131115	36131
64cm 以上电视机	台	74083	13901		60182	6333
组合音响	台	99338	72120	12412	27218	16178
摄像机	台	4492			4492	262
录像机	台	1202			1202	26
影碟机	台	187270	113361	13924	73909	10482
家用电冰箱	台	286418	197679	32	88739	23380
家用洗衣机	台	347733	212087		135646	30213
房间空调器	台	430146	312887	8819	117259	59728
微波炉	台	133208	52927	9392	80281	11171
微型计算机	台	240366	183120		57246	9084
普通电话机	部	1640593	1407543	92182	233050	106187
移动电话机	部	2047264	1710280		336984	95731
寻呼机	部	25288	761		24527	7812
煤炭	万吨	2073	2060		13	15
木材	米^3	113978	89978	11716	24000	21090
汽油	吨	3214538	2990966		223572	153053
煤油	吨	585971	585893		78	24883
柴油	吨	5899572	5644366		255206	342857
化学肥料	万吨	117	117			8
化学农药	吨	32542	32542	285		5303
农用薄膜	吨	710	710			104
钢材	万吨	480	479		1	32
铜	吨	19872	19872			147
铝	吨	36388	36388	88		479
水泥	吨	1093838	1091624	115769	2214	31268
汽车	辆	82197	44724		37473	6167
#轿车	辆	21458	8443		13015	1797
摩托车	辆	81288	80547	20718	741	712
拖拉机	台	288	288			92

14－10 市区限额以上批发零售贸易企业主要商品销售、库存量

（2001 年）

商品名称	单位	销售量				年末库存
			批发		零售	
				＃出口		
粮食	吨	1303157	1241658	3783	61499	172606
食用植物油	吨	64971	50679	131	14292	4694
食糖	吨	147746	147443	969	303	8646
猪和猪肉	吨	115606	95360	13592	20246	7332
鲜蛋	吨	5548	4665	2924	883	16
鲜菜	吨	33824	28820	19638	5004	7
水产品	吨	19506	17976	8064	1530	2163
家禽	百只	71971	65372	62629	6599	325
卷烟	箱	1512184	1405519	22327	106665	47122
酒	吨	40745	27040	2187	13705	1643
鞋	万双	1681	1328	1251	353	58
布	万米	8293	8268	7615	25	250
棉花	吨	24962	24962			1978
服装	万件	20401	18993	16975	1408	479
电视机	台	819437	629820	4657	189617	120104
＃彩色电视机	台	214054	83573	4657	130481	36009
64cm 以上电视机	台	74083	13901		60182	6333
组合音响	台	99282	72120	12412	27162	16172
摄像机	台	4492			4492	262
录像机	台	1202			1202	26
影碟机	台	187207	113361	13924	73846	10420
家用电冰箱	台	285936	197679	32	88257	23284
家用洗衣机	台	347364	212087		135277	30138
房间空调器	台	430036	312887	8819	117149	59662
微波炉	台	133066	52927	9392	80139	11111
微型计算机	台	240366	183120		57246	9084
普通电话机	部	1640593	1407543	92182	233050	106187
移动电话机	部	2047264	1710280		336984	95731
寻呼机	部	25288	761		24527	7812
煤炭	万吨	2072	2060		12	15
木材	米^3	89978	89978	11716		21090
汽油	吨	3189489	2969197		220292	152026
煤油	吨	585954	585876		78	24867
柴油	吨	5780632	5535956		244676	343335
化学肥料	万吨	117	117			8
化学农药	吨	31487	31487	285		5261
农用薄膜	吨	691	691			104
钢材	万吨	480	479		1	32
铜	吨	19872	19872			147
铝	吨	36388	36388	88		479
水泥	吨	1093838	1091624	115769	2214	31268
汽车	辆	74010	43122		30888	6138
＃轿车	辆	20826	8443		12383	1777
摩托车	辆	12542	12542	7718		137
拖拉机	台	288	288			92

14－11 限额以上批发零售贸易企业主要商品销售、库存总额

（2001 年）

单位：万元

商品名称	销售额	批发	#出口	零售	年末库存
粮食	348991	314038	1451	34953	32997
食用植物油	47490	31710	212	15780	2536
食糖	58678	58505	666	173	5227
猪和猪肉	103449	82920	14152	20529	7894
鲜蛋	2482	1734	962	748	11
鲜菜	10886	9191	7474	1695	5
水产品	22235	19482	15088	2753	896
家禽	19190	18139	17736	1051	49
卷烟	1095734	1029829	11776	65905	29218
酒	57869	39110	1703	18759	5296
鞋	90382	55090	38669	35292	2605
布	51261	50914	42790	347	1461
棉花	26967	26967			2266
服装	821039	614511	485233	206528	30393
电视机	169384	122872	301	46512	37874
#彩色电视机	65180	26609	301	38571	13309
64cm 以上电视机	27407	2839		24568	1713
组合音响	22819	18761	1169	4058	907
摄像机	4036			4036	118
录像机	246			246	5
影碟机	19686	12130	1430	7556	974
家用电冰箱	56423	35769	25	20654	5759
家用洗衣机	43995	22450		21545	3546
房间空调器	132104	93575	1605	38529	15468
微波炉	8588	3034	728	5554	818
微型计算机	177853	149063		28790	5308
普通电话机	18719	14171	192	4548	1517
移动电话机	348780	278875		69905	13788
寻呼机	268	53		215	66
煤炭	625097	623379		1718	8109
木材	13962	13312	2609	650	3065
汽油	1039527	965185		74342	45281
煤油	179786	179759		27	5609
柴油	1656982	1586612		70370	92588
化学肥料	160680	160680			10627
化学农药	68149	68149	1012		16060
农用薄膜	584	584			73
钢材	1301827	1299041	260	2786	78061
铜	32645	32645			190
铝	47486	47486	206		352
水泥	33440	33376	4389	64	857
汽车	969798	484861		484937	76252
#轿车	400256	124591		275665	29046
摩托车	31359	31050	5274	309	285
拖拉机	973	973			68

14－12 市区限额以上批发零售贸易企业主要商品销售、库存总额

（2001 年）

单位：万元

商品名称	销售额	批发	#出口	零售	年末库存
粮食	348991	314038	1451	34953	32997
食用植物油	45355	29591	212	15764	2516
食糖	58385	58212	644	173	5213
猪和猪肉	103449	82920	14152	20529	7894
鲜蛋	2482	1734	962	748	11
鲜菜	9620	7925	6208	1695	5
水产品	22235	19482	15088	2753	896
家禽	18283	17232	16829	1051	49
卷烟	1051456	987609	11776	63847	28462
酒	57683	39095	1692	18588	5258
鞋	90268	55090	38669	35178	2559
布	51261	50914	42790	347	1461
棉花	26967	26967			2266
服装	804760	599081	469803	205679	29761
电视机	169230	122872	301	46358	37830
#彩色电视机	65027	26609	301	38418	13265
64cm 以上电视机	27407	2839		24568	1713
组合音响	22803	18761	1169	4042	904
摄像机	4036			4036	118
录像机	246			246	5
影碟机	19676	12130	1430	7546	966
家用电冰箱	56316	35769	25	20547	5726
家用洗衣机	43941	22450		21491	3525
房间空调器	132067	93575	1605	38492	15441
微波炉	8577	3034	728	5543	812
微型计算机	177853	149063		28790	5308
普通电话机	18719	14171	192	4548	1517
移动电话机	348780	278875		69905	13788
寻呼机	268	53		215	66
煤炭	624998	623379		1619	8109
木材	13312	13312	2609		3065
汽油	1031809	958271		73538	45090
煤油	179780	179753		27	5604
柴油	1624561	1556349		68212	92698
化学肥料	160430	160430			10615
化学农药	66403	66403	1012		16000
农用薄膜	581	581			73
钢材	1301709	1298923	260	2786	78061
铜	32645	32645			190
铝	47486	47486	206		352
水泥	33440	33376	4389	64	857
汽车	951691	484413		467278	75661
#轿车	384009	124591		259418	28531
摩托车	6939	6939	2469		98
拖拉机	973	973			68

14－13 商品交易市场成交量

单位：吨

商品名称	2000年			2001年		
	全市	城镇	农村	全市	城镇	农村
消费品类						
粮食类	371867	298123	73744	424440	337337	87103
#大米	331809	268666	63143	372652	295105	77547
小麦	1071	490	581	1194	713	481
油脂油料类	82202	60273	21929	79470	61092	18378
棉烟麻类	7847	6752	1095	7665	6475	1190
肉食禽蛋类	484001	343041	140960	547358	424362	122996
#猪肉	249017	184070	64947	272127	204002	68125
牛肉	37604	32196	5408	43091	34974	8117
羊肉	6096	4626	1470	8272	6739	1533
鲜蛋	42638	28747	13891	102207	90784	11423
家禽	66424	44569	21855	92378	70741	21637
水产品类	544573	501269	43304	407184	358994	48190
蔬菜类	3727921	3587571	140350	3802944	3597102	205842
干鲜果类	939163	882663	56500	1546978	1484431	62547
大牲畜类(头)	23880		23880	21395		21395
家畜幼禽类	5382	1328	4054	170602	165607	4995
生产资料类						
机动车(辆)	11457	2422	9035	15902	3785	12117
#汽车	7539	2422	5117	9159	3785	5374
钢材	73487	57700	15787	181245	34445	146800
木材(米^3)	72424	72424		33648	33648	

14－14 商品交易市场成交额

单位：万元

项目	2000年			2001年		
	全市	城镇	农村	合计	城镇	农村
总计	4430955	3856493	574462	5041540	4474224	567316
按市场类型分						
消费品市场	3828532	3328671	499861	4666055	4177575	488480
综合市场	673375	387777	285598	639963	367218	272745
农副产品市场	2072115	1902153	169962	2453025	2285762	167263
工业消费品市场	971259	926958	44301	1470751	1422279	48472
其他	111783	111783		102316	102316	
生产资料市场	602423	527822	74601	375485	296649	78836
综合市场	47070	47070		57530	57530	
农业生产资料市场	745	745		175	175	
工业生产资料市场	136733	62132	74601	189994	111158	78836
其他	417875	417875		127786	127786	
按商品类别分						
消费品类	3828532	3328671	499861	4666055	4177575	488480
粮食类	131249	99355	31894	134661	104183	30478
油脂油料类	71094	52584	18510	70299	54868	15431
棉烟麻类	7432	4266	3166	8792	6819	1973
肉食禽蛋类	617358	444920	172438	650807	488549	162258
水产品类	531785	471400	60385	708129	648228	59901
蔬菜类	731836	690852	40984	750196	703193	47003
干鲜果类	391142	354019	37123	501962	466850	35112
大牲畜类	3495		3495	3108		3108
家畜幼禽类	9784	2415	7369	114512	106974	7538
工业品类	1079228	981043	98185	1502325	1417328	84997
其他	254129	227817	26312	221264	180583	40681
生产资料类	602423	527822	74601	375485	296649	78836
机动车	78042	33437	44605	100324	49380	50944
#汽车	74072	33437	40635	83538	39516	44022
钢材	49608	19612	29996	39948	12056	27892
木材	30272	30272		4206	4206	
其他	444501	444501		231007	231007	

14－15 消费品交易市场情况

（2001 年）

项　　目	批发市场（个）	#城　镇	成交额（万元）	#城　镇	成交量（吨）	#城　镇
合　　计	242	230	2854921	2838791		
综合批发市场	23	22	137231	135431		
工业消费品批发市场	171	169	1006685	1006365		
农副产品批发市场	48	39	1711005	1696995		
蔬菜市场	14	9	514114	510231	2862098	2845144
干鲜果市场	7	6	416407	412487	1237515	1227005
水产品市场	5	5	484820	484820	228504	228504
肉食禽蛋市场	3	3	51000	51000	80000	80000
粮食市场	8	7	68064	64644	216772	215872
其他市场	11	9	176600	173813		

14－16 商品交易市场分类情况

单位：个

项　　目	2000 年末			2001 年末		
	合　计	城　镇	农　村	合　计	城　镇	农　村
消费品市场	1041	811	230	1133	897	236
消费品综合市场	179	115	64	192	123	69
农副产品市场	457	339	118	468	350	118
农副产品综合市场	405	306	99	418	319	99
农副产品专业市场	52	33	19	50	31	19
工业消费品市场	372	324	48	425	376	49
工业消费品综合市场	223	179	44	315	271	44
工业消费品专业市场	149	145	4	110	105	5
其他市场	33	33		48	48	
生产资料市场	67	60	7	81	70	11
生产资料综合市场	18	17	1	21	16	5
农业生产资料市场	1	1		1	1	
农业生产资料综合市场	1	1		1	1	
农业生产资料专业市场						
工业生产资料市场	17	11	6	28	22	6
工业生产资料综合市场	4	4		13	13	
工业生产资料专业市场	13	7	6	15	9	6
其他市场	31	31		31	31	

14－17 年成交额超亿元的商品交易市场情况一览表

·(2001 年)

市场名称	市场类型	主要上市商品	市场总面积（米^2）	固定摊位（个）	年成交额（亿元）
合计	79(个)		1762269	36648	313
城市	69(个)		1655948	32515	292
江南农副产品批发市场	农产品专业	肉菜	50000	231	20
广州市白马服装市场	工业品专业	服装	43570	1124	18
广东金属物资市场	生产资料专业	钢材	186000	85	16
太平洋科技电子交易市场	工业品专业	计算机及配件	5000	209	15
广州市港务局黄沙水产品市场	农产品专业	水产品	10000	253	14
白云山农产品综合批发市场	农产品综合	农副产品	29364	448	14
新兴皮具总汇	工业品专业	日用品、皮具	10000	371	14
太平洋电脑市场	工业品专业	计算机及配件	5000	205	11
新大地服装城	工业品专业	服装	12500	650	10
越秀蔬菜批发市场	农产品专业	鲜菜	45000	162	9
华南汽贸广场	工业品专业	汽车及配件	28680	104	8
国际新贸广场	工业品专业	计算机及配件	600	163	8
东旺批发市场	副食品专业	粮油食品	45000	502	7
广州汽车博览中心	工业品专业	汽车	27779	26	6
站西服装城	工业品专业	服装	46000	975	6
西村果菜批发交易市场	农产品专业	水果	10000	100	5
广州市海珠区粮油综合交易城	农产品专业	粮油	21000	333	5
兴发广场	工业品专业	日用品	50000	1063	5
广东装饰材料市场	工业品专业	装饰材料	5039	180	4
五凤经济发展公司布匹市场	工业品专业	布匹	1116	438	4
天平水果批发市场	农产品专业	水果	8000	154	4
广州化工城	工业品专业	化工产品	5000	165	4
广州市海珠区南泰百货批发中心	工业品综合	工业品、农副产品	19000	1159	3
广州市海珠区中大布场 CDE 场	工业品综合	布匹	1500	294	3
广州南天商业大广场	工业品综合	日用品、服装	25702	1304	3
海珠区长江经济公司中大长江布匹市场	工业品专业	布匹	2318	381	3
沙东工业品附场	工业品专业	服装	5400	632	3
沙河第二成衣批发市场	工业品专业	服装	3100	450	3
天平粮油批发市场	农产品专业	粮油	11000	181	3
广州市芳村岭南花卉市场	其他专业	花卉	33684	3750	3
人和农产品综合市场	农产品综合	农副产品、工业品	700	470	3
三元里农贸市场	农产品综合	肉菜	2800	326	3
流行前线	工业品专业	服装	5000	256	2
星之光家电市场	工业品专业	家电	5000	268	2
源胜陶瓷玉石工艺街	其他专业	古玩、玉石	2000	453	2
广州市海珠区海印中大毛绒布料商场	工业品专业	纺织品	1580	204	2
广州市兴浩实业发展有限公司鞋城	工业品专业	鞋帽、服装	10000	571	2
广州市凤和天雄纺织城	工业品专业	纺织品、服装	13000	1033	2
瑞康布匹综合市场	工业品专业	布匹	3200	188	2

14－17　**续表**

市场名称	市场类型	主要上市商品	市场总面积（米^2）	固定摊位（个）	年成交额（亿元）
广州渔市场	农产品专业	鱼	3480	24	2
沙东工业品市场	工业品专业	服装	12000	971	2
沙东第二成衣批发市场	工业品专业	服装	2000	500	2
广州花卉博览园	其他专业	花卉	600003	519	2
萧岗农贸市场	农产品综合	肉菜	12000	1294	2
江村农贸综合市场	农产品综合	肉菜、副食品	10000	913	2
太和农贸总汇市场	农产品综合	肉菜	13480	673	2
江高粮油批发交易市场	农产品专业	粮油	9476	183	2
白云区东宝蛇类禽畜批发交易市场	农产品专业	蛇	18600	259	2
黄埔区大沙东农副产品市场	农产品综合	农副产品、工业品	2800	553	2
宏发市场	农产品综合	副食品	15000	527	2
淘金南综合市场	农产品综合	农副产品	787	57	1
黄花岗科贸街	工业品专业	计算机及配件	10000	126	1
陵园西通讯交易市场	工业品专业	通讯器材	1500	97	1
广州市南北水果交易市场	农产品专业	水果	25400	240	1
步步高时装广场	工业品专业	服装	10786	1333	1
广州市白云西郊商场	工业品专业	服装	4000	501	1
广州市越秀区东泰海味干果批发市场	农产品专业	副食品	1737	139	1
海珠区长江五金塑料百货交易城	工业品专业	日用品	8000	588	1
天平日杂批发市场	农产品专业	副食品	5500	131	1
长运工业品中心市场	工业品专业	服装	7000	356	1
景泰农贸综合市场	农产品综合	农副产品	2100	316	1
太和谢家庄农贸市场	农产品综合	肉菜	15000	199	1
梓元岗工业品综合市场	工业品综合	日用品、皮具	3000	242	1
南源水果批发市场	农产品专业	水果	25187	101	1
广州新源野生动物综合市场	农产品专业	野生动物	16000	294	1
广州市丰乐中综合批发市场	农产品综合	农副产品、工业品	8030	251	1
大石市场	农产品专业	农副产品	7500	394	1
易发市场	工业品专业	家电	11040	333	1
新华市场	农产品综合	农副产品、工业品	4910	540	1
农村	10（个）		106321	4133	21
增城市新塘镇新发商业中心	工业品专业	家电	6000	306	5
增城市汽车配件贸易城	工业品专业	汽车及配件	4200	300	3
增城市新塘钢材市场	生产资料专业	钢材	57411	121	3
增城荔城镇富鹏市场	农产品综合	农副产品、工业品	6320	652	2
从化新城市场	农产品综合	农副产品、工业品	9500	359	2
从化西街市场	农产品综合	农副产品、工业品	4710	368	2
增城市荔城镇工业品市场	工业品专业	服装	4500	600	1
增城市宏达市场	工业品专业	服装	2000	904	1
增城市新塘新星市场	工业品专业	服装	8000	369	1
从化市太平消费品综合市场	农产品综合	农副产品、工业品	3680	154	1

14－18 批发贸易业机构、网点、人员数

（2001 年，按登记注册类型分）

项目	机构（个）	#市区	网点（个）	#市区	人员（人）	#市区
合计	15849	15453	33092	30265	253012	242389
内资企业	15553	15159	32545	29720	235695	225214
国有企业	1417	1284	2238	2073	69028	65812
集体企业	2168	2083	3183	2952	24097	22335
股份合作企业	1760	1757	1909	1906	11658	11617
联营企业	137	131	152	144	1988	1866
国有联营企业	53	50	57	54	1029	965
集体联营企业	52	51	55	54	530	497
国有与集体联营企业	32	30	40	36	429	404
其他联营企业						
有限责任公司	1887	1852	2190	2150	30650	30180
国有独资公司	86	72	160	146	5022	4970
其他有限责任公司	1801	1780	2030	2004	25628	25210
股份有限公司	277	271	381	350	10518	9889
私营企业	7891	7765	8406	8280	68631	67337
私营独资企业	791	735	855	799	5514	5105
私营合伙企业	433	423	451	441	2942	2822
私营有限责任公司	6212	6158	6623	6569	56628	56000
私营股份有限公司	455	449	477	471	3547	3410
其他企业(含个体)	16	16	14086	11865	19125	16178
港、澳、台商投资企业	196	195	274	273	8937	8922
合资经营企业	49	49	79	79	1912	1912
合作经营企业	27	26	33	32	2128	2113
独资经营企业	111	111	150	150	4484	4484
股份有限公司	9	9	12	12	413	413
外商投资企业	100	99	273	272	8380	8253
合资经营企业	27	27	110	110	5087	5087
合作经营企业	6	5	29	28	479	352
独资经营企业	64	64	126	126	2593	2593
股份有限公司	3	3	8	8	221	221

14－19 零售贸易业机构、网点、人员数

（2001年，按登记注册类型分）

项目	机构（个）	#市区	网点（个）	#市区	人员（人）	#市区
合计	11179	10816	141646	121078	307615	275936
内资企业	11086	10726	141231	120667	292511	102108
国有企业	423	395	1164	1090	19136	18034
集体企业	2852	2796	3890	3692	20001	18769
股份合作企业	3139	3134	3447	3442	13696	13672
联营企业	97	94	129	126	1329	1316
国有联营企业	20	20	25	25	335	335
集体联营企业	56	53	68	65	435	422
国有与集体联营企业	21	21	36	36	559	559
其他联营企业						
有限责任公司	662	647	1293	1269	24335	24023
国有独资公司	22	21	95	92	4178	4146
其他有限责任公司	640	626	1198	1177	20157	19877
股份有限公司	144	134	211	196	4966	4799
私营企业	3740	3498	4529	4269	38358	36115
私营独资企业	903	748	1066	906	5247	4109
私营合伙企业	309	298	329	318	1647	1475
私营有限责任公司	2365	2293	2940	2856	29844	28958
私营股份有限公司	163	159	194	189	1620	1573
其他企业(含个体)	29	28	126568	106583	170690	144158
港、澳、台商投资企业	56	54	222	219	10725	10708
合资经营企业	21	21	111	111	4657	4657
合作经营企业	9	9	70	69	3488	3482
独资经营企业	21	20	36	35	952	945
股份有限公司	5	4	5	4	1628	1624
外商投资企业	37	36	193	192	4379	4342
合资经营企业	10	9	44	43	2444	2407
合作经营企业	8	8	114	114	1485	1485
独资经营企业	18	18	33	33	366	366
股份有限公司	1	1	2	2	84	84

14－20 餐饮业机构、网点、人员数

（2001 年，按登记注册类型分）

项目	机构（个）	#市区	网点（个）	#市区	人员（人）	#市区
合计	2066	1903	29458	26486	200394	185947
内资企业	1995	1838	29267	26313	173407	160623
国有企业	86	80	155	145	11685	11363
集体企业	487	478	552	541	11874	10984
股份合作企业	712	711	759	758	18518	18358
联营企业	7	6	11	10	449	401
国有联营企业	2	2	4	4	216	216
集体联营企业	4	3	6	5	205	157
国有与集体联营企业	1	1	1	1	28	28
其他联营企业						
有限责任公司	75	74	110	109	10647	10643
国有独资公司	3	3	4	4	321	321
其他有限责任公司	72	71	106	105	10326	10322
股份有限公司	21	21	37	36	3263	3245
私营企业	597	460	655	512	33160	28801
私营独资企业	346	220	359	228	13172	9975
私营合伙企业	76	71	81	76	3392	3208
私营有限责任公司	156	151	194	188	15473	14504
私营股份有限公司	19	18	21	20	1123	1114
其他企业(含个体)	10	8	26988	24202	83811	76828
港、澳、台商投资企业	58	52	76	70	12834	12068
合资经营企业	7	7	11	11	1500	1500
合作经营企业	38	33	52	47	9695	8989
独资经营企业	13	12	13	12	1639	1579
股份有限公司						
外商投资企业	13	13	115	103	14153	13256
合资经营企业	3	3	55	49	9381	8830
合作经营企业	7	7	57	51	4576	4230
独资经营企业	3	3	3	3	196	196
股份有限公司						

14－21 餐饮业营业收入

（2001 年）

单位：万元

项目	全市	市区	#番禺区	#花都区	增城市	从化市
总计	2404429	2298186	203455	155687	78649	27594
按企业规模分						
限额以上企业	764411	744214	31983	17745	15786	4411
限额以下企业(含个体)	1640018	1553972	171472	137942	62863	23183
按行业分						
正餐	1844666	1752514	180027	132779	68336	23816
快餐	391262	381852	17666	15721	6836	2574
其他餐饮业	168501	163820	5762	7187	3477	1204

14－22 限额以上批发零售贸易企业财务状况

（2001 年）

单位：万元

项　　目	资产总计	#流动资产	#固定资产	#无形及递延资产	流动负债	长期负债	所有者权益
总　计	9090904	5784683	1532964	289394	5449040	480921	2472661
按登记注册类型分							
内资企业	8473684	5432908	1422468	152024	5040964	454848	2362453
国有企业	4137438	2808545	851671	67191	2660827	342481	1106382
集体企业	600427	352375	187666	12621	376404	28206	194837
股份合作企业	127465	83981	37950	2238	110637	1391	14545
联营企业	38732	33427	3662	388	24686	606	13440
国有联营企业	30671	28218	1691	8	19200	606	10865
集体联营企业	2823	2162	530	8	1794		1029
国有与集体联营企业	3920	1864	1343	335	2758		1162
其他联营企业	1318	1183	98	37	934		384
有限责任公司	1374098	1079250	136482	36155	945366	53794	372347
国有独资公司	505631	375417	76459	3961	301743	15608	188280
其他有限责任公司	868467	703833	60023	32194	643623	38186	184067
股份有限公司	1544233	517288	151260	13817	428681	3104	557975
私营企业	646749	557129	50818	18944	490774	25209	102031
私营独资企业	6556	5960	230	366	5530	8	1017
私营合伙企业	1627	1603	24		2370	107	－850
私营有限责任公司	613338	525580	49800	18130	457059	25094	102451
私营股份有限公司	25228	23986	764	448	25815		－587
其他企业	4542	913	2959	670	3589	57	896
港、澳、台商投资企业	314225	233160	56291	12714	285552	16080	12393
合资经营企业(港或澳、台资)	117640	76462	23760	6504	108418	10065	－843
合作经营企业(港或澳、台资)	83350	73523	4500	4929	62828	2411	17911
港、澳、台商独资经营企业	33717	30850	2656	209	48094	2	－14379
港、澳、台商投资股份有限公司	79518	52325	25375	1072	66212	3602	9704
外商投资企业	302995	118615	54205	124656	122524	9993	97815
中外合资经营企业	257208	90541	44920	120177	96631	9959	77955
中外合作经营企业	19875	4952	8766	2208	11842	34	7999
外资企业	24683	21954	464	2265	12756		11927
外商投资股份有限公司	1229	1168	55	6	1295		－66

14－22 续表1 单位:万元

项目	资产总计	＃流动资产	＃固定资产	＃无形及递延资产	流动负债	长期负债	所有者权益
按行业分							
食品、饮料、烟草批发业	973105	597350	210179	24083	476421	141974	342528
棉、麻、土畜产品批发业	78264	63283	13037	93	49359	14770	14135
纺织品、服装和鞋帽批发业	846445	714401	61936	15316	585151	32511	214798
日用百货批发业	481904	374815	51441	3685	303070	57908	120329
日用杂品批发业	68574	57715	3244	1620	56446	3498	8630
五金、交电、化工批发业	247329	198103	32325	773	193017	25388	28921
药品及医疗器械批发业	540918	466782	38304	5554	438899	12762	87609
能源批发业	1973881	751392	181634	110025	718988	45515	650942
化工材料批发业	173141	124452	24091	734	122856	5446	44555
木材批发业	86265	49281	10841	357	47409	1017	37839
建筑材料批发业	79968	67435	8226	282	57966	5822	16180
矿产品批发业	28087	18801	8474	6	16780		4524
金属材料批发业	1110460	751632	318370	12120	788822	32044	289593
机械、电子设备批发业	459058	380436	38371	2516	386530	10291	62129
汽车、摩托车及零配件批发业	89408	68604	9157	2248	68139	2811	18451
再生物资回收批发业	29956	18574	10665	123	22270	6262	1396
工艺美术品批发业	46852	26347	18413	304	26714	15005	5133
图书报刊批发业	102741	73550	16062	513	62148	1508	39085
农业生产资料批发业	204740	134307	24009	9422	131947	4102	68691
其他类未包括的批发业	325474	151630	155309	942	170023	28725	126726
食品、饮料和烟草零售业	25364	16863	6513	1609	16869	533	7960
日用百货零售业	773326	416930	237369	82546	514958	27952	157401
纺织品、服装和鞋帽零售业	9023	6920	753	186	9197	161	－335
日用杂品零售业	530	524	6		426		104
五金、交电、化工零售业	42142	41102	495	378	33848	167	8127
药品及医疗器械零售业	36251	24742	7968	1553	17553	844	17830
图书报刊零售业	72130	41530	24133	2607	30853		41276
其他零售业	185568	147182	21639	9799	102381	3905	58104

14－22　续表 2　　单位：万元

项　　目	商品销售收入净额	商品销售成本	经营费用	商品销售税金及附加费	商品销售利润	代购代销收入	主营业务利润
总　　计	16729481	15598852	576568	20181	533880	8224	542104
按登记注册类型分							
内资企业	15626306	14658984	448382	19672	499268	8219	507487
国有企业	7304431	6815667	173259	9440	306065	5125	311190
集体企业	680611	646892	24350	797	8572	87	8659
股份合作企业	323818	293146	10691	790	19191	260	19451
联营企业	118523	111265	3378	164	3716	613	4329
国有联营企业	82638	78511	2112	105	1910	613	2523
集体联营企业	13908	12823	312	19	754		754
国有与集体联营企业	15554	14116	710	32	696		696
其他联营企业	6423	5815	244	8	356		356
有限责任公司	3009876	2809960	108956	3626	87334	1988	89322
国有独资公司	620189	576975	21467	368	21379	287	21666
其他有限责任公司	2389687	2232985	87489	3258	65955	1701	67656
股份有限公司	2247040	2170426	40613	1599	34402	62	34464
私营企业	1939212	1809473	86892	3222	39625	84	39709
私营独资企业	20862	19440	1010	15	397	10	407
私营合伙企业	12596	12159	284	6	147		147
私营有限责任公司	1808986	1686939	81830	3097	37120	74	37194
私营股份有限公司	96768	90935	3768	104	1961		1961
其他企业	2795	2155	243	34	363		363
港、澳、台商投资企业	753276	649740	90043	429	13064	5	13069
合资经营企业(港或澳、台资)	193965	162765	24333	180	6687	5	6692
合作经营企业(港或澳、台资)	226268	176502	37644	99	12023		12023
港、澳、台商独资经营企业	198719	191110	9990	142	－2523		－2523
港、澳、台商投资股份有限公司	134324	119363	18076	8	－3123		－3123
外商投资企业	349899	290128	38143	80	21548		21548
中外合资经营企业	265711	218258	30019	17	17417		17417
中外合作经营企业	21538	19730	3949		－2141		－2141
外资企业	58429	47977	3887	63	6502		6502
外商投资股份有限公司	4221	4163	288		－230		－230

14－22 续表3

单位：万元

项目	商品销售收入净额	商品销售成本	经营费用	商品销售税金及附加费	商品销售利润	代购代销收入	主营业务利润
按行业分							
食品、饮料、烟草批发业	1631392	1470747	77135	2646	80864	565	81429
棉、麻、土畜产品批发业	212817	201336	4337	85	7059	38	7097
纺织品、服装和鞋帽批发业	1313772	1120776	63561	2632	126803	424	127227
日用百货批发业	841471	761243	53472	900	25856	217	26073
日用杂品批发业	108012	101417	2734	47	3814	287	4101
五金、交电、化工批发业	668090	636624	20874	445	10147	1327	11474
药品及医疗器械批发业	1014479	948186	27584	1512	37197	124	37321
能源批发业	3934261	3814875	64725	2049	52612	270	52882
化工材料批发业	635455	614873	11885	232	8465	706	9171
木材批发业	125958	116691	6877	35	2355	115	2470
建筑材料批发业	140902	136120	2602	184	1996		1996
矿产品批发业	120500	116755	2101	108	1536	206	1742
金属材料批发业	1829735	1772561	34133	822	22219	380	22599
机械、电子设备批发业	1234710	1188917	24614	1173	20006	1612	21618
汽车、摩托车及零配件批发业	242018	227151	7506	121	7240	28	7268
再生物资回收批发业	80457	78928	674	161	694		694
工艺美术品批发业	51683	47996	2957	4	726	22	748
图书报刊批发业	52297	46394	2836	53	3014	30	3044
农业生产资料批发业	297249	282771	6046	84	8348	11	8359
其他类未包括的批发业	349295	336850	12448	307	－310	178	－132
食品、饮料和烟草零售业	32725	24197	5938	239	2351		2351
日用百货零售业	1039144	868089	94049	3734	73272	5	73277
纺织品、服装和鞋帽零售业	18367	12232	4120	175	1840		1840
日用杂品零售业	2034	1891	95	2	46		46
五金、交电、化工零售业	83073	77452	2668	121	2832		2832
药品及医疗器械零售业	80954	68370	6712	231	5641		5641
图书报刊零售业	64880	44718	10859	510	8793		8793
其他零售业	523751	480692	23026	1569	18464	1679	20143

14－22 续表 4 单位：万元

项目	其他业务利润	管理费用	财务费用	营业利润	利润总额	本年应付工资总额	本年应交增值税
总计	135633	507057	96164	35876	160332	254404	154656
按登记注册类型分							
内资企业	117820	469010	89680	29944	153172	231348	132422
国有企业	68108	272426	58123	10937	109600	132378	45231
集体企业	8369	19230	5902	－5982	3131	14445	7551
股份合作企业	2328	17499	1462	2873	5142	4811	5202
联营企业	706	3133	187	1858	1882	1331	2461
国有联营企业	640	1634	154	1518	1564	638	1677
集体联营企业		628	－3	129	125	140	359
国有与集体联营企业	64	577	39	144	130	358	335
其他联营企业	2	294	－3	67	63	195	90
有限责任公司	24224	83422	10299	19017	36773	41562	21272
国有独资公司	11419	27014	1756	3566	15402	13840	1182
其他有限责任公司	12805	56408	8543	15451	21371	27722	20090
股份有限公司	3249	34266	8264	－4863	－8409	17685	29158
私营企业	10843	38889	5216	6120	5052	19012	21421
私营独资企业	142	450	17	81	79	285	－435
私营合伙企业		409	－2	－260	－261	136	75
私营有限责任公司	10404	36055	5191	6026	4866	18047	20701
私营股份有限公司	297	1975	10	273	368	544	1080
其他企业	－7	145	227	－16	1	124	126
港、澳、台商投资企业	13335	25122	2701	－3421	－3301	16993	14332
合资经营企业(港或澳、台资)	3672	11240	1307	－4141	－3145	6037	4876
合作经营企业(港或澳、台资)	2227	9547	311	4352	3999	6432	5147
港、澳、台商独资经营企业	45	1961	－16	－4427	－4438	2134	1507
港、澳、台商投资股份有限公司	7391	2374	1099	795	283	2390	2802
外商投资企业	4478	12925	3783	9353	10461	6063	7902
中外合资经营企业	4010	10246	3438	7791	8953	4225	6213
中外合作经营企业	34	629	430	－3166	－3214	679	243
外资企业	434	2050	－84	4957	4952	1119	1413
外商投资股份有限公司			－1	－229	－230	40	33

14－22 续表5 单位:万元

项目	其他业务利润	管理费用	财务费用	营业利润	利润总额	本年应付工资总额	本年应交增值税
按行业分							
食品、饮料、烟草批发业	15233	78240	17362	1128	64684	49396	24733
棉、麻、土畜产品批发业	705	5603	1926	282	1444	3840	－535
纺织品、服装和鞋帽批发业	5852	60741	6315	28103	38528	21497	7298
日用百货批发业	7363	23738	4849	5240	10843	9468	9185
日用杂品批发业	703	3798	446	－1103	－402	1074	137
五金、交电、化工批发业	3631	12757	2998	－407	954	8094	1884
药品及医疗器械批发业	4737	25600	7861	8461	9276	14328	13106
能源批发业	11331	62485	14240	－12864	－5642	22266	39942
化工材料批发业	3533	11971	2244	－609	1131	5263	2954
木材批发业	3526	4023	1035	1013	6067	2544	60
建筑材料批发业	3006	3737	274	991	1446	2110	622
矿产品批发业	455	1319	772	141	273	414	237
金属材料批发业	12825	27093	10184	－1836	5598	12708	2350
机械、电子设备批发业	7731	22952	5059	1393	4450	11701	5453
汽车、摩托车及零配件批发业	1285	5156	616	2555	3596	2157	2762
再生物资回收批发业	536	3880	599	－3249	－113	1313	1630
工艺美术品批发业	1049	2704	1903	－712	－600	1701	118
图书报刊批发业	488	3246	42	250	497	1392	515
农业生产资料批发业	1423	6859	3348	－430	941	2150	703
其他类未包括的批发业	6792	11963	1077	－6429	640	9950	2097
食品、饮料和烟草零售业	1715	4157	94	－123	47	3736	1408
日用百货零售业	33214	89723	12030	2736	3587	44418	28811
纺织品、服装和鞋帽零售业	113	1339	68	576	482	1110	1028
日用杂品零售业		34		12	10	25	43
五金、交电、化工零售业	382	2281	109	836	851	1224	1154
药品及医疗器械零售业	1164	6371	33	402	600	5736	2263
图书报刊零售业	4177	9641	－83	3414	4683	6898	209
其他零售业	2664	15646	763	6105	6461	7891	4489

14－23 市区限额以上批发零售贸易企业财务状况

（2001 年）

单位：万元

项　　目	资产总计	#流动资产	#固定资产	#无形及递延资产	流动负债	长期负债	所有者权益
总　计	8969474	5724128	1488223	281870	5365452	467076	2451315
按登记注册类型分							
内资企业	8374920	5379674	1389834	147726	4971950	441003	2349199
国有企业	4106086	2793373	836430	66922	2644630	329727	1106603
集体企业	580051	339668	183091	10960	355413	27431	196255
股份合作企业	127465	83981	37950	2238	110637	1391	14545
联营企业	37110	31869	3623	363	22959	606	13545
国有联营企业	29547	27108	1677	8	17855	606	11086
集体联营企业	2823	2162	530	8	1794		1029
国有与集体联营企业	3920	1864	1343	335	2758		1162
其他联营企业	820	735	73	12	552		268
有限责任公司	1369864	1075893	136093	35667	940713	53794	372766
国有独资公司	505631	375417	76459	3961	301743	15608	188280
其他有限责任公司	864233	700476	59634	31706	638970	38186	184486
股份有限公司	1532298	516026	141480	13817	428374	3091	546361
私营企业	617504	537951	48208	17089	465635	24906	98228
私营独资企业	6556	5960	230	366	5530	8	1017
私营合伙企业	1627	1603	24		2370	107	－850
私营有限责任公司	587630	509936	47193	16275	435186	24791	98919
私营股份有限公司	21691	20452	761	448	22549		－858
其他企业	4542	913	2959	670	3589	57	896
港、澳、台商投资企业	314225	233160	56291	12714	285552	16080	12393
合资经营企业(港或澳、台资)	117640	76462	23760	6504	108418	10065	－843
合作经营企业(港或澳、台资)	83350	73523	4500	4929	62828	2411	17911
港、澳、台商独资经营企业	33717	30850	2656	209	48094	2	－14379
港、澳、台商投资股份有限公司	79518	52325	25375	1072	66212	3602	9704
外商投资企业	280329	111294	42098	121430	107950	9993	89723
中外合资经营企业	246531	84529	41418	119026	89363	9959	74546
中外合作经营企业	7886	3643	161	133	4536	34	3316
外资企业	24683	21954	464	2265	12756		11927
外商投资股份有限公司	1229	1168	55	6	1295		－66

14－23 续表 1

单位：万元

项目	资产总计	#流动资产	#固定资产	#无形及递延资产	流动负债	长期负债	所有者权益
按行业分							
食品、饮料、烟草批发业	947971	588564	197866	21770	460722	141958	335731
棉、麻、土畜产品批发业	78264	63283	13037	93	49359	14770	14135
纺织品、服装和鞋帽批发业	843881	712077	61824	15316	581191	32511	216194
日用百货批发业	481904	374815	51441	3685	303070	57908	120329
日用杂品批发业	68574	57715	3244	1620	56446	3498	8630
五金、交电、化工批发业	247329	198103	32325	773	193017	25388	28921
药品及医疗器械批发业	539994	466147	38083	5554	438013	12762	87571
能源批发业	1943851	745150	159619	109685	712711	32766	639938
化工材料批发业	172113	123649	23866	734	122040	5446	44343
木材批发业	86265	49281	10841	357	47409	1017	37839
建筑材料批发业	79968	67435	8226	282	57966	5822	16180
矿产品批发业	28087	18801	8474	6	16780		4524
金属材料批发业	1110460	751632	318370	12120	788822	32044	289593
机械、电子设备批发业	459058	380436	38371	2516	386530	10291	62129
汽车、摩托车及零配件批发业	59152	49154	4917	870	43336	2508	13301
再生物资回收批发业	19194	8404	10203		12538	5520	1136
工艺美术品批发业	46852	26347	18413	304	26714	15005	5133
图书报刊批发业	102741	73550	16062	513	62148	1508	39085
农业生产资料批发业	204186	133963	23853	9417	131664	4089	68433
其他类未包括的批发业	321529	147709	155285	942	166596	28725	126208
食品、饮料和烟草零售业	25364	16863	6513	1609	16869	533	7960
日用百货零售业	767128	415611	234003	81033	506052	27944	160117
纺织品、服装和鞋帽零售业	9023	6920	753	186	9197	161	－335
日用杂品零售业	530	524	6		426		104
五金、交电、化工零售业	42142	41102	495	378	33848	167	8127
药品及医疗器械零售业	36130	24621	7968	1553	17446	843	17817
图书报刊零售业	70635	40731	23484	2575	29706		40928
其他零售业	177149	141541	20681	7979	94836	3892	57244

项目	商品销售收入净额	商品销售成本	经营费用	商品销售税金及附加费	商品销售利润	代购代销收入	主营业务利润
总计	16427855	15310739	565186	19732	532198	8188	540386
按登记注册类型分							
内资企业	15350280	14394579	440418	19223	496060	8183	504243
国有企业	7190650	6708135	170124	9217	303174	5119	308293
集体企业	649996	616816	23738	716	8726	87	8813
股份合作企业	323818	293146	10691	790	19191	260	19451
联营企业	109629	102574	3280	162	3613	611	4224
国有联营企业	77544	73450	2102	105	1887	611	2498
集体联营企业	13908	12823	312	19	754		754
国有与集体联营企业	15554	14116	710	32	696		696
其他联营企业	2623	2185	156	6	276		276
有限责任公司	2999021	2800027	108247	3601	87146	1960	89106
国有独资公司	620189	576975	21467	368	21379	287	21666
其他有限责任公司	2378832	2223052	86780	3233	65767	1673	67440
股份有限公司	2214017	2137601	39656	1575	35185	62	35247
私营企业	1860354	1734125	84439	3128	38662	84	38746
私营独资企业	20862	19440	1010	15	397	10	407
私营合伙企业	12596	12159	284	6	147		147
私营有限责任公司	1748149	1628263	80637	3015	36234	74	36308
私营股份有限公司	78747	74263	2508	92	1884		1884
其他企业	2795	2155	243	34	363		363
港、澳、台商投资企业	753276	649740	90043	429	13064	5	13069
合资经营企业(港或澳、台资)	193965	162765	24333	180	6687	5	6692
合作经营企业(港或澳、台资)	226268	176502	37644	99	12023		12023
港、澳、台商独资经营企业	198719	191110	9990	142	－2523		－2523
港、澳、台商投资股份有限公司	134324	119363	18076	8	－3123		－3123
外商投资企业	324299	266420	34725	80	23074		23074
中外合资经营企业	242981	196573	30019	17	16372		16372
中外合作经营企业	18668	17707	531		430		430
外资企业	58429	47977	3887	63	6502		6502
外商投资股份有限公司	4221	4163	288		－230		－230

14－23　**续表 3**　　　　单位：万元

项　　目	商品销售收入净额	商品销售成本	经营费用	商品销售税金及附加费	商品销售利润	代购代销收入	主营业务利润
按行业分							
食品、饮料、烟草批发业	1556856	1401264	72351	2447	80794	562	81356
棉、麻、土畜产品批发业	212817	201336	4337	85	7059	38	7097
纺织品、服装和鞋帽批发业	1304827	1111927	63551	2632	126717	419	127136
日用百货批发业	841471	761243	53472	900	25856	217	26073
日用杂品批发业	108012	101417	2734	47	3814	287	4101
五金、交电、化工批发业	668090	636624	20874	445	10147	1327	11474
药品及医疗器械批发业	1011751	945900	27418	1501	36932	124	37056
能源批发业	3841435	3723838	62024	1955	53618	270	53888
化工材料批发业	631828	611247	11869	230	8482	706	9188
木材批发业	125958	116691	6877	35	2355	115	2470
建筑材料批发业	140902	136120	2602	184	1996		1996
矿产品批发业	120500	116755	2101	108	1536	206	1742
金属材料批发业	1829735	1772561	34133	822	22219	380	22599
机械、电子设备批发业	1234710	1188917	24614	1173	20006	1612	21618
汽车、摩托车及零配件批发业	176152	165307	5472	88	5285		5285
再生物资回收批发业	58184	56697	603	125	759		759
工艺美术品批发业	51683	47996	2957	4	726	22	748
图书报刊批发业	52297	46394	2836	53	3014	30	3044
农业生产资料批发业	295095	280757	5972	84	8282	11	8293
其他类未包括的批发业	344223	331831	12448	304	－360	178	－182
食品、饮料和烟草零售业	32725	24197	5938	239	2351		2351
日用百货零售业	1037216	866282	93691	3707	73536	5	73541
纺织品、服装和鞋帽零售业	18367	12232	4120	175	1840		1840
日用杂品零售业	2034	1891	95	2	46		46
五金、交电、化工零售业	83073	77452	2668	121	2832		2832
药品及医疗器械零售业	80001	67534	6697	230	5540		5540
图书报刊零售业	62207	42514	10601	504	8588		8588
其他零售业	505706	463815	22131	1532	18228	1679	19907

14－23 续表4 单位：万元

项目	其他业务利润	管理费用	财务费用	营业利润	利润总额	本年应付工资总额	本年应交增值税
总计	135505	500438	94305	42491	167256	251260	149853
按登记注册类型分							
内资企业	117692	463044	88062	34139	157612	228819	128471
国有企业	68026	269625	57579	11302	110331	130857	43865
集体企业	8335	17135	5498	－3363	5545	14281	6972
股份合作企业	2328	17499	1462	2873	5142	4811	5202
联营企业	701	2900	109	2059	2023	1227	1576
国有联营企业	635	1529	75	1672	1658	609	817
集体联营企业		628	－3	129	125	140	359
国有与集体联营企业	64	577	39	144	130	358	335
其他联营企业	2	166	－2	114	110	120	65
有限责任公司	24222	83135	10260	19125	36867	41368	21153
国有独资公司	11419	27014	1756	3566	15402	13840	1182
其他有限责任公司	12803	56121	8504	15559	21465	27528	19971
股份有限公司	3244	34244	8267	－4083	－7596	17432	29163
私营企业	10843	38361	4660	6242	5299	18719	20414
私营独资企业	142	450	17	81	79	285	－435
私营合伙企业		409	－2	－260	－261	136	75
私营有限责任公司	10404	35527	4620	6240	5279	17842	19849
私营股份有限公司	297	1975	25	181	202	456	925
其他企业	－7	145	227	－16	1	124	126
港、澳、台商投资企业	13335	25122	2701	－3421	－3301	16993	14332
合资经营企业(港或澳、台资)	3672	11240	1307	－4141	－3145	6037	4876
合作经营企业(港或澳、台资)	2227	9547	311	4352	3999	6432	5147
港、澳、台商独资经营企业	45	1961	－16	－4427	－4438	2134	1507
港、澳、台商投资股份有限公司	7391	2374	1099	795	283	2390	2802
外商投资企业	4478	12272	3542	11773	12945	5448	7050
中外合资经营企业	4010	9906	3460	7064	8256	4157	5438
中外合作经营企业	34	316	167	－19	－33	132	166
外资企业	434	2050	－84	4957	4952	1119	1413
外商投资股份有限公司			－1	－229	－230	40	33

14－23 **续表5** 单位:万元

项目	其他业务利润	管理费用	财务费用	营业利润	利润总额	本年应付工资总额	本年应交增值税
按行业分							
食品、饮料、烟草批发业	15201	75762	16815	4047	67898	47758	23320
棉、麻、土畜产品批发业	705	5603	1926	282	1444	3840	－535
纺织品、服装和鞋帽批发业	5838	60545	6122	28387	38730	21453	6438
日用百货批发业	7363	23738	4849	5240	10843	9468	9185
日用杂品批发业	703	3798	446	－1103	－402	1074	137
五金、交电、化工批发业	3631	12757	2998	－407	954	8094	1884
药品及医疗器械批发业	4718	25327	7840	8471	9271	14168	13027
能源批发业	11345	62300	13975	－11411	－4156	21852	39369
化工材料批发业	3525	11941	2243	－568	1191	5248	2954
木材批发业	3526	4023	1035	1013	6067	2544	60
建筑材料批发业	3006	3737	274	991	1446	2110	622
矿产品批发业	455	1319	772	141	273	414	237
金属材料批发业	12825	27093	10184	－1836	5598	12708	2350
机械、电子设备批发业	7731	22952	5059	1393	4450	11701	5453
汽车、摩托车及零配件批发业	1285	4484	245	1615	2797	1837	1667
再生物资回收批发业	522	3822	550	－3091	－122	1288	1157
工艺美术品批发业	1049	2704	1903	－712	－600	1701	118
图书报刊批发业	488	3246	42	250	497	1392	515
农业生产资料批发业	1423	6815	3338	－442	938	2140	692
其他类未包括的批发业	6776	11872	1079	－6406	646	9926	2088
食品、饮料和烟草零售业	1715	4157	94	－123	47	3736	1408
日用百货零售业	33194	87892	11751	5090	6042	44344	28771
纺织品、服装和鞋帽零售业	113	1339	68	576	482	1110	1028
日用杂品零售业		34		12	10	25	43
五金、交电、化工零售业	382	2281	109	836	851	1224	1154
药品及医疗器械零售业	1164	6296	28	381	579	5710	2219
图书报刊零售业	4163	9416	－148	3485	4761	6733	158
其他零售业	2659	15185	708	6380	6721	7662	4334

14－24 限额以上餐饮企业财务状况

（2001 年）

单位：万元

项　　目	合　计	＃国有企业	＃集体企业	＃私营企业	＃股份合作企业	＃外商投资企业	＃港澳台商投资企业
年末资产负债							
流动资产合计	152415	36526	5527	37513	14705	18484	33085
固定资产合计	110680	12448	8617	34389	7678	21205	12199
固定资产原价	176073	21048	10613	52946	10906	31213	30189
累计折旧	68791	9631	2514	19224	3576	10145	18017
无形及递延资产合计	72765	2770	740	19517	7457	25161	6899
资产总计	348780	54097	15020	96979	29971	66192	55186
流动负债合计	243178	27288	5008	84916	19719	47010	40502
长期负债合计	30652	6189	645	7676	2714		4580
所有者权益合计	71092	20620	9119	4005	7399	19182	10104
损益及分配							
营业收入	522331	49552	27359	142249	80189	106062	77566
营业成本	257671	25299	14533	73963	40456	50046	34565
营业费用	186339	14595	8027	50739	27615	38631	32641
营业税金及附加费	27261	2082	1286	8358	4364	5299	3870
经营利润	51060	7576	3513	9189	7754	12086	6490
管理费用	52502	8389	2995	12414	6984	5661	10531
财务费用	5865	626	81	1603	554	1249	785
营业利润	－7307	－1439	437	－4828	216	5176	－4826
利润总额	－5091	831	384	－4384	365	5122	－4867
工资、福利费、增值税							
本年应付工资总额	63816	7619	3744	18051	9841	8414	10238
本年应付福利费总额	4982	977	407	1452	439	686	518

14－25 市区限额以上餐饮企业财务状况

（2001 年）

单位：万元

项　　目	合　计	＃国有企业	＃集体企业	＃私营企业	＃股份合作企业	＃外商投资企业	＃港澳台商投资企业
年末资产负债							
流动资产合计	145127	36395	5143	32367	14058	18484	32186
固定资产合计	97547	11938	8616	30171	2394	21205	9204
固定资产原价	157201	20454	10612	46069	4443	31213	25377
累计折旧	62918	9547	2514	16521	2397	10145	16176
无形及递延资产合计	69032	2175	594	17709	6429	25161	6743
资产总计	324604	52861	14489	85806	23012	66192	51116
流动负债合计	222359	26061	3761	69614	18394	47010	38784
长期负债合计	30652	6189	645	7676	2714		4580
所有者权益合计	67984	20611	9835	8383	1765	19182	7752
损益及分配							
营业收入	501585	49100	24378	134717	76403	106062	72836
主营业务成本	247987	25091	12976	69791	39372	50046	32577
营业费用	179686	14349	6787	48247	26365	38631	31658
营业税金及附加费	26195	2064	1148	8060	4141	5299	3590
经营利润	47717	7596	3467	8619	6525	12086	5011
管理费用	49552	8370	2891	11796	6183	5661	9150
财务费用	5045	614	60	1146	321	1249	688
营业利润	－6880	－1388	516	－4323	21	5176	－4827
利润总额	－4390	880	475	－3605	145	5122	－4863
工资、福利费、增值税							
本年应付工资总额	60709	7489	3285	16908	9112	8414	9671
本年应付福利费总额	4885	977	405	1399	418	686	497

14－26 贸易业主要连锁店基本情况

（2001 年）

名　　称	网　点（个）	从业人员（人）	销售额（万元）	营业面积（米²）
广州市好又多百货商业广场有限公司	6	2193	171153	58990
广州友谊商店股份有限公司	2	1992	114561	31000
广州正大万客隆(佳景)有限公司	2	611	68126	24880
广州百佳超级市场有限公司	3	642	55072	27016
广州市岛内价连锁货仓商场发展有限公司	10	1623	48159	29582
广州东泽电器有限公司	6	186	28341	23880
广州城建开发宏城连锁超级市场有限公司	22	717	23486	12909
广东国讯通信连锁经营有限公司	11	340	23406	2433
广州副食品企业集团有限公司南粤连锁分公司	27	649	20081	11575
广州市医药公司健民连锁店	98	641	19882	6536
广州屈臣氏个人用品商店有限公司	8	218	13747	3357
广州采芝林药业连锁店	89	964	11387	6253
广东银峰星电讯服务有限公司	5	98	10770	207
广州润迅概念连锁销售有限公司	17	216	7905	2210
广州市顺民城实业发展有限公司	6	200	6283	2500
广州市宝生园有限公司	104	348	6090	3490
广州市黄埔佳信通讯有限公司	6	145	6013	275
广东金羊发行有限公司	11	206	5571	2307
广州大洋文化连锁店有限公司	90	332	4477	7443
广州市黄埔区百事佳配送贸易有限公司	8	253	4437	10020
广东赛壹便利店有限公司	45	470	3308	3597
广州东海堂(饼屋)食品有限公司	28	132	3158	464
广州市港湾商业有限公司	10	132	2705	1023
广州市8字连锁店有限公司	39	269	2177	6358
广州市万佳百货有限公司	2	411	2124	32760
广州市大山冷气有限公司	2	28	2014	400
广州市东方眼镜连锁企业有限公司	18	146	1993	1832
广州记德来有限公司	13	60	1953	2372
广州中山医博济药店连锁有限公司	26	230	1612	2291
广州日夜便利店有限公司	5	60	1222	500
广州采芝林(杏林堂)药业连锁店	25	100	1188	1100
广州市黄埔区康宁药业连锁店	10	63	1047	728
广州市丰宁中力电器有限公司	2	20	956	500
广州市宏晋萍果牌服装连锁店有限公司	5	45	758	245

14－27 销售额超5亿元的贸易企业一览表

（2001年）

单位：万元

企业名称	主要从事业务	销售额合计	批发	零售	年末库存
中国石油化工股份有限公司广东石油分公司	石油及制品批发	1875843	1875843		131543
广东物资集团公司	金属材料批发	1049123	826880	222243	89571
中国烟草总公司广东省公司	卷烟批发	801091	759991	41100	20452
广东省电力工业燃料公司	煤炭、燃油批发	573333	573333		
广州宝钢南方贸易有限公司	钢材批发	504343	504343		35199
中化广东进出口公司	石油及制品批发业	327054	327054		5058
中国石油化工股份有限公司广州分公司	批发零售汽煤柴油制品	321196	319797	1399	1021
广东省纺织品进出口(集团)公司	纺织、服装进出口	296495	290893	5602	8583
广州市医药公司	西药批发业	290180	181137	109043	42683
广东省石油企业集团公司	石油制品销售	229641	229641		4736
广东省丝绸(集团)公司	丝织品出口	198831	197662	1169	10032
广东省轻工业品进出口(集团)公司	轻工业品进出口	194929	194929		
广东省外经贸开发公司	机械化工产品批发	188950	188950		6029
广东省五金矿产进出口集团公司	五金矿产进出口	170557	170557		1067
广东省农业生产资料总公司	农业生产资料销售	164415	164415		15357
广州纺织品进出口集团有限公司	纺织品进出口	154329	154329		911
广东东凌集团有限公司	销售农副产品	153608	153608		19415
华南蓝天航空油料有限公司	石油及制品批发	146566	143152	3414	4812
广州市烟草贸易公司	卷烟批发	146123	144285	1838	3274
广州神州数码有限公司	通信设备批发	134240	134240		
广东金蜂星电讯有限公司	销售通信设备批发	126832	126682	150	8624
广州市好又多百货商业广场有限公司	百货零售	126685		126685	7115
广东省畜产进出口集团公司	畜产品出口	123180	123180		12013
广州珠江电力燃料有限公司	煤炭及制品批发	120397	120397		
广州友谊商店股份有限公司	日用百货零售	114561	1192	113369	10346
广州市广州百货大厦	日用百货零售	111906	4738	107168	4164
广东省电信器材公司	电信器材设备批发	111649	111649		4046
广州友谊班尼路服饰有限公司	销售服装	109299	78381	30918	14911
广州市华泰兴石油化工有限公司	燃料油批发	102530	102530		8262
广州立白企业集团有限公司	洗衣粉批发	97979	97979		2114
深圳虎威制衣有限公司广州分公司	销售服装	97872	84506	13366	4999

14－27 续表 单位：万元

企业名称	主要从事业务	销售额合计	批发	零售	年末库存
广东省食品进出口集团公司	食品进出口	97456	97140	316	526
广州经济技术开发区中穗石油化工发展有限公司	批发零售石油制品	97050	97050		1168
广东富佳石油化工有限公司	石油制品	91275	91275		304
中国包装进出口广东公司	包装材料进出口	86828	86828		8035
广东天贸南方大厦百货有限公司	百货零售	84299		84299	5693
广州市建材发展有限公司	建筑材料批发	83361	83361		6984
北方光电科技股份有限公司	自营或代理各类商品	81267	81267		
广东省番禺区沙园集团公司	家电零售	79066	71419	7647	11468
广州越秀企业(集团)公司	进出口贸易	76741	76741		
广州汇麟物资资源有限公司	燃料油批发	75899	75899		
广州中山医医药有限公司	化学、生物制品、试剂	75294	75294		3470
广州市番禺石油企业集团公司	石油及制品批发	73659	31080	42579	370
广州市长远电信发展有限公司	手机批发	73337	73337		951
广州市番禺中油油品销售有限公司	销售汽油柴油	71485	71485		1131
广东省土产进出口(集团)公司	木材批发	69418	69415	3	14192
广州正大万客隆(佳景)有限公司	百货零售	68126		68126	7287
广州浩霖贸易有限公司	销售洗涤用品	63395	63395		12508
广州市新大新公司	百货零售	62616	5773	56843	979
广东佳都信息技术有限公司	销售电子产品	62068	49654	12414	2476
中国医药(集团)广州公司	药品批发	60910	59585	1325	4640
中国抽纱广东进出口公司	抽纱品纺织品进出口	59500	59500		113
广东省药材公司	中药材批发	59320	56356	2964	4359
广东粤兴医药有限公司	销售药品	58879	58879		8732
广州轻达机械企业有限公司汽车工业贸易公司	汽车销售	57837	32419	25418	6256
广州市药材公司	中草药及制品批发	57013	53153	3860	7799
龙翔化工(广州保税区)国际贸易有限公司	化工产品批发	57002	57002		1645
广州经济技术开发区商业进出口贸易公司	纺织品贸易	55092	55092		
广州百佳超级市场有限公司	百货零售	55072		55072	3821
广州美晨营销有限公司	牙膏批发	54540	54540		
广州本田汽车第一销售有限公司	汽车销售	50524		50524	297

14-28 零售额超亿元的零售企业一览表

（2001 年）

企业名称	销售额（万元）	#零售额	从业人数（人）	营业面积（米²）
广州市好又多百货商业广场有限公司	126685	126685	1599	28103
广州友谊商店股份有限公司	114561	113369	1992	31000
广州市广州百货大厦	111906	107168	1380	17800
广东天贸南方大厦百货有限公司	84299	84299	711	11150
广州正大万客隆(佳景)有限公司	68126	68126	611	24880
广州市新大新公司	62616	56843	764	8900
广州百佳超级市场有限公司	55072	55072	642	27016
广州本田汽车第一销售有限公司	50524	50524	124	4377
广东吉之岛天贸百货有限公司	49099	49099	499	7800
广州市岛内价连锁货仓商场发展有限公司	48159	43548	1623	29582
广州市新大新(东山)有限责任公司	38161	37148	304	13000
广州王府井百货大楼有限责任公司	36837	36837	602	12000
东山百货大楼股份有限公司	33664	33664	382	4800
广东亿安百盛商业有限公司	25877	25877	398	15930
广州城建开发宏城连锁超级市场有限公司	23486	23486	717	12909
广州穗田汽车销售有限公司	23081	23081	50	1321
广州购书中心有限公司	22387	22048	491	4988
广州市南方大厦有限公司	21617	21611	1418	16025
广州市医药公司健民连锁店	19882	19882	641	6536
广东天贸百货有限公司	19559	19559	321	11020
广东国讯通信连锁经营有限公司	23406	19272	340	2433
广州东泽电器有限公司	28341	18422	186	23880
广州市番禺友谊集团公司	16017	16017	667	2160
广州市新华书店集团有限公司	25024	15270	515	12965
广东通达汽车贸易有限公司	15116	15116	44	13500
广州玛莉雅实业有限公司	14148	14148	336	29000
广州市好又多广雅百货商业广场有限公司	13971	13971	294	3637
广州屈臣氏个人用品商店有限公司	13747	13747	218	3357
永安百货集团有限公司	13567	13545	385	12929
广州东百花地湾百货有限公司	13210	13210	278	4138
广州市骏延汽车贸易有限公司	12530	12530	54	3250
广州采芝林药业连锁店	11387	11107	944	6253
广东银峰星电讯服务有限公司	10770	10770	98	207
广州市沙河百货有限公司	11070	10557	316	3000

14-29 社会商品购买力来源与分配

单位:万元

项　　目	2000年		2001年	
	合　计	#城镇居民	合　计	#城镇居民
年初结余货币总额	21461074	17959396	22957328	20014897
储蓄存款	20345554	17552485	22398602	19534454
手存现金	1115520	406911	558726	480443
货币收入总额	21223001	17631578	25679234	21416521
#本地居民	12833275	10275239	15584405	12225347
国有单位职工工资	2188085	2099621	2400877	2304842
城镇集体单位职工工资	289750	274224	214814	204073
各种合营单位职工工资	938750	868344	713163	663242
城镇个体劳动者净货币收入	913030	913030	1177809	1177809
其他职业者收入	251889	229005	265399	240913
农民从集体统一经营中得到的收入	538011		813333	
农民从经济联合体中得到的收入	60695		68730	
农民出售农副产品的收入	802489		961532	
农民从事工业和手工业的净货币收入	79504		85864	
农民劳务净收入	315101		493044	
居民从国家财政得到的收入	79614	50558	120688	82915
银行和信用社农贷净增加额	-29463		-41775	
居民其他货币收入	6398270	5840457	8302767	7551553
外宾购买消费品的货币	475491		295293	
社会集团购买公用消费品的货币	1320696	1220139	1461742	1370173
乡(镇)购买农业生产资料的货币	7550		8160	
外地汇(带)入货币总额	6593539	6136200	8337794	7821001
非商品性支出总额	7611007	5167323	8741954	6144835
居民文化生活服务支出	2541680	1851204	2936648	2166649
本地居民	2308237	1644425	2680816	1954317
外地居民	233443	206779	255832	212332
居民向国家缴纳的各种税金	150557	89613	175328	100367
居民其他货币支出	4918770	3226506	5629978	3877819
当年社会商品购买力总额	12115740	10408754	13319492	11868961
居民消费品购买力	9890644	9077042	11021106	10290872
本地居民	6748809	5979955	7390821	6703610
外地居民	3141835	3097087	3630285	3587262
外宾消费品购买力	475491		295293	
社会集团公用消费品购买力	1320696	1220139	1461742	1370173
农民农业生产资料购买力	428909	111573	541351	207916
年末结余货币总额	22957328	20014897	26575116	23417622
储蓄存款	22398602	19534454	26004346	22932817
手存现金	558726	480443	570770	484805
补充资料:				
本地常住居民平均人数(人)	6928460	4812954	6999227	5373342
本地常住居民消费品购买力	6748809	5979955	7390821	6703610
本地常住居民平均每人消费品购买力(元)	9741	12425	10559	12476
本地常住居民文化生活服务支出	2308237	1644425	2680816	1954317
本地常住居民平均每人文化生活服务支出(元)	3332	3417	3830	3637

主 要 统 计 指 标 解 释

【批发零售贸易、餐饮业统计限额标准】 批发业的限额标准为年销售额2000万元及以上；零售业的限额标准为年销售额500万元及以上；餐饮业的限额标准为年营业额200万元及以上。

【社会消费品零售总额】 指国民经济各行业直接售给城乡居民和社会集团的消费品零售额的总和。它是反映各行业通过各种商品流通渠道向居民和社会集团供应的直接用于消费的商品总金额，是研究国内零售市场变动情况、反映经济景气程度的重要指标。

社会消费品零售总额包括：⑴售给城乡居民作为生活用的商品和修建房屋用的建筑材料；⑵售给社会集团的各种办公用品和公用消费品；⑶售给机关、团体、学校、部队、企业、事业单位的职工食堂和旅店（招待所）附设专门供本店旅客食用，不对外营业的食堂的各种食品、燃料；企业、单位和国营农场直接售给本单位职工和职工食堂的自己生产的产品；⑷售给部队干部、战士生活用的粮食、副食品、衣着品、日用品、燃料；⑸售给来华的外国人、华侨、港澳台同胞的消费品；⑹居民自费购买的中、西药品、中药材及医疗用品；⑺报社、出版社直接售给居民和社会集团的报纸、图书、杂志，集邮公司出售的新、旧纪念邮票、特种邮票、首日封、集邮册、集邮工具等；⑻旧货寄售商店自购、自销部分的商品；⑼煤气公司、液化石油气站售给居民和社会集团的煤气灶具和罐装液化石油气；⑽农民和各种所有制的农林牧渔业生产单位售给非农业居民和社会集团的商品。不包括售给国民经济各部门企业、事业单位（包括国有经济的农场）生产经营用的各种原材料、燃料、设备、工具等和售给批发零售贸易业、餐饮业作为转卖用的商品，旧货寄售商店受托寄售卖出的商品，服务业的营业收入，邮局出售邮票的收入，自来水、电力、煤气生产（供应）单位的产品供应收入，也不包括农民之间的商品销售。

【商品购进总额】 指从本企业（单位）以外的单位和个人购进（包括从境外直接进口）作为转卖或加工后转卖的商品总额。它反映批发零售贸易业从国内、国外市场上购进商品的总量。商品购进总额包括：⑴从工农业生产者购进的商品；⑵从出版社、报社的出版发行部门购进的图书、杂志和报纸；⑶从各种登记注册类型的批发零售贸易企业（单位）购进的商品；⑷从其他单位购进的商品，如从机关、团体、企业等单位购进的剩余物资，从餐饮业、服务业购进的商品，从海关、市场管理部门购进的缉私和没收的商品，从居民手中收购的废旧商品等；⑸从国（境）外直接进口的商品。不包括企业（单位）为自身经营用和未通过买卖行为而收入的商品以及销售退回、商品升溢等。

【商品销售总额】 指对本企业（单位）以外的单位和个人出售（包括对境外直接出口）的商品总额。它反映批发零售贸易业在国内市场上销售商品以及出口商品的总量。商品销售总额包括：⑴售给城乡居民和社会集团消费用的商品；⑵售给工业、农业、建筑业、运输邮电业、批发零售贸易业、餐饮业、服务业等作为生产、经营使用的商品；⑶售给批发零售贸易业作为转卖或加工后转卖的商品；⑷对国（境）外直接出口的商品。不包括出售本企业（单位）自用的废旧包装用品；未通过买卖行为付出的商品；经本单位介绍，由买卖双方直接结算，本单位只收取手续费的业务；购货退出的商品以及商品损耗和损失等。

【批发零售贸易业库存】 指报告期末各种登记注册类型的批发零售贸易企业（单位）已取得所有权的商品。它反映批发零售贸易企业（单位）的商品库存情况和对市场商品供应的保证程度。

期末库存包括：⑴存放在批发零售贸易业经营单位（如门市部、批发站、经营处）仓库、货场、货柜和货架中的商品；⑵挑选、整理、包装中的商品；⑶已记入购进而尚未运到本单位的商品，即发货单或银行承兑凭证已到而货未到的部分；⑷寄放他处的商品，如因购货方拒绝承付而暂时存放在购货方的商品和已办完加工成品收回手续而未提回的商品；⑸委托其他单位代销（未作销售或调出）尚未售出的商品；⑹代其他单位购进尚未交付的商品。不包括所有权不属于本单位的商品、拨付除批发零售贸易业以外的其他行业所属独立核算加工厂等加工生产尚未收回成品的商品、代国家物资储备部门保管的商品等。

库存总额采用的计算价格是：农副产品采购单位按购进价计算；批发单位按进货价计算；零售单位按核算价格计算，即按什么价格核算就按什么价格计算。

【消费品市场成交额】 指从事消费品交易的商品市场的全部商品成交金额。消费品市场包括农副产品市场和工业消费品市场。

第十五篇

对外经济贸易和旅游

对外经济平稳发展

2001 年，广州市积极采取措施，应对世界经济发展放缓和美国“9.11”事件的影响，对外经济稳中求进。

一、外贸出口先升后降，进口微降 1.3%

2001 年全市外贸进出口总值 230.37 亿美元，比上年下降 1.3%。其中外贸出口总值 116.24 亿美元，下降 1.4%；市属出口总值 91.86 亿美元，增长 0.1%。外贸进口总值 114.13 亿美元，比上年下降 1.3%。全年贸易顺差 2.11 亿美元。

1.一般贸易出口保持增长，加工贸易出口下降。2001 年，广州市一般贸易出口 44.16 亿美元，比上年增长 3.8%，增幅比全省高出 9.2 个百分点；占全市一般贸易出口总值的 38.0%，较上年提高了 1.9 个百分点。加工贸易出口 70.53 亿美元，下降 4.6%。

2. 集体、私营企业出口异军突起。2001 年，广州市集体、私营企业的出口分别为 3.14 亿美元和 0.41 亿美元，比上年分别增长 33.4% 和 1.5 倍，显示出强劲的增长势头。外商投资企业出口 60.52 亿美元，增长 0.7%。国有企业出口 51.99 亿美元，比上年下降 5.7%。

3.对外出口仍以香港、美国和欧盟为主。2001 年，对这三个国家(地区)的出口额分别为 38.87 亿美元、26.22 亿美元和 16.55 亿美元，共占全市出口总值的七成多。对非洲、大洋洲的出口分别增长 20.5% 和 8.2%。

4.高新技术产品出口增长较快。2001 年，高新技术产品出口 8.99 亿美元，增长 10.9 %；占全市出口总值的比重为 7.7%，比上年提高了 0.9 个百分点。纺织纱线织物及制品、旅行用品及箱包的出口分别增长 2.6% 和 0.2%。机电产品出口下降 0.1%。

二、利用外资保持平稳增长

2001 年广州市实际利用外资 33.27 亿美元，比上年增长 6.8%；合同利用外资 20.06 亿美元，增长 22.7%。

1.外商直接投资占广州市利用外资的份额较大。2001 年，在全市合同利用外资中，外商直接投资达 19.62 亿美元，比上年增长 28.5%，占全市合同利用外资的 97.8%；在实际利用外资中，外商直接投资 30.01 亿美元，比上年增长 0.4%，占全市实际利用外资的 90.2%。

2.香港仍然是外商投资最主要的来源。2001 年，新批香港投资项目数、合同利用外资额、实际利用外资额分别为 741 个、8.78 亿美元和 17.20 亿美元，分别占全市新批项目数、合同利用外资额、实际利用外资额的 68.2%、43.7% 和 51.7%。

3.投资项目规模明显增大，增资项目继续增多。2001 年，广州市合同利用外资平均每个项目金额达 185 万美元，比上年的 113 万美元高出 72 万美元。外商投资企业增资的项目数达 408 个，增资额 9 亿美元，分别比上年增加 42 个和 1.65 亿美元；直接投资合同外资的增资额占全市直接投资合同外资额的 45.9%。

4.外商独资企业发展较快。2001 年末，广州市实有 8305 家外商投资企业，其中外商独资企业 2950 家，占全市外商投资企业的 35.5%，比上年的 32.4% 提高了 3.1 个百分点。在全市外商直接投资中，外商独资企业的新批项目数、合同利用外资额、实际利用外资额分别为 458 个、11.62 亿美元和 9.13 亿美元，比上年分别增长 18.0%、71.5% 和 23.6%。

三、旅游业持续稳定发展

2001 年，广州市城市接待过夜的旅游者达 2511.68 万人次。其中接待国内旅游者 2069.31 万人次；接待海外旅游者 442.37 万人次，比上年增长 5.1%。在接待的海外旅游者中，外国人 110.38 万人次，香港同胞 263.37 万人次，澳门同胞 25.89 万人次，台湾同胞 42.72 万人次，分别增长 1.8%、7.3%、0.3% 和 4.4 %。旅游者在穗平均停留时间为 2.08 天。在来穗的外国游客中，来自日本、美国、马来西亚、德国和新加坡的游客分居前五位。2001 年旅游业经营状况良好，全市旅游业总收入 455.23 亿元，其中旅游外汇收入 16.52 亿美元，增长 7.0%。

主要涉外宾馆接待国际旅游者人数

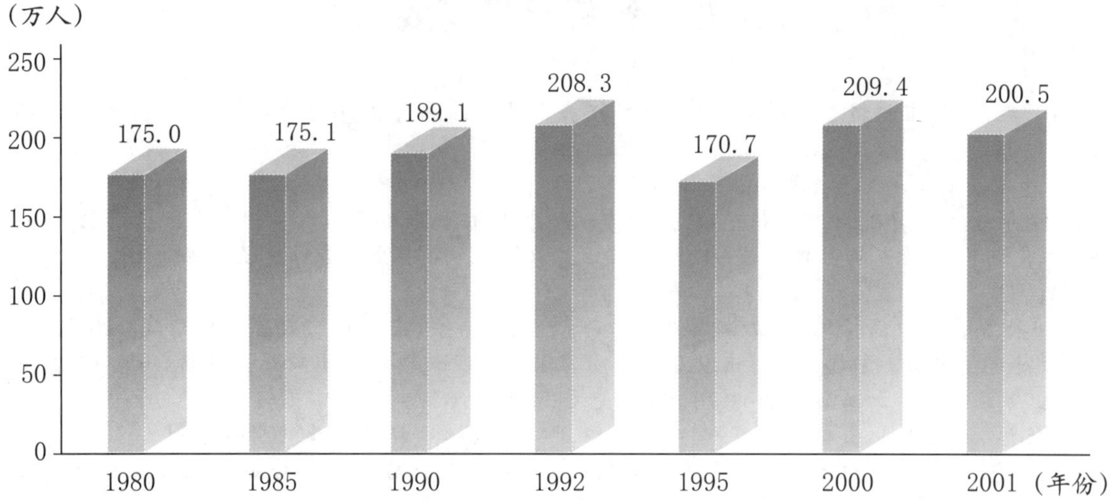

海关出口商品总值构成(%)

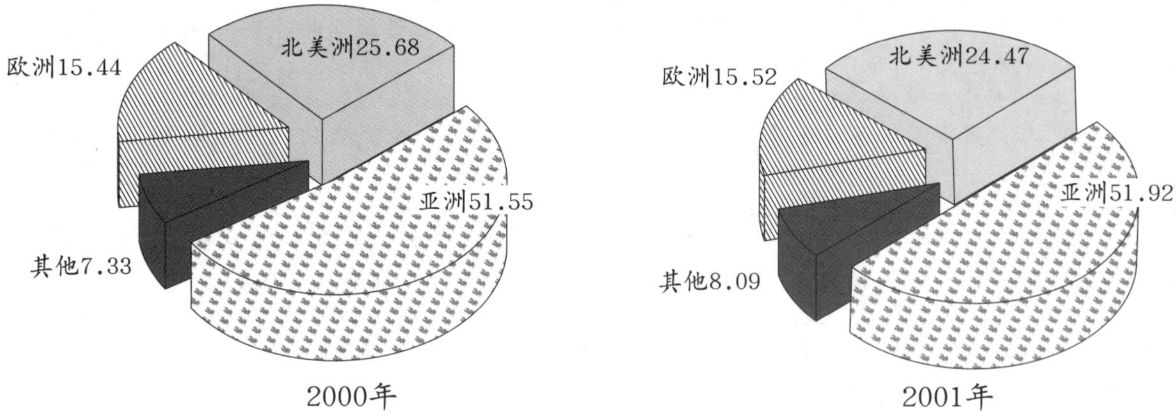

实际利用外资

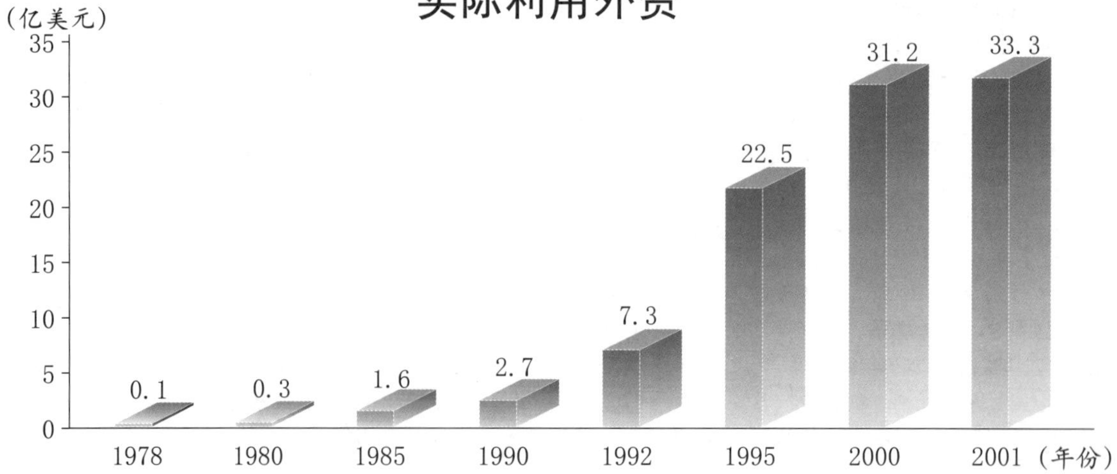

15-1 广州地区口岸进出口商品总值

单位:万美元

项　　目	2000年	2001年
进出口商品货物总值	2675414	2699261
出口商品货物总值	1260743	1259519
进口商品货物总值	1414671	1439742

15-2 广州市口岸国际旅客出入境人数

单位:人次

项　　目	2000年		2001年	
	入　境	出　境	入　境	出　境
合 计	1623585	1508166	1749134	1642489
外国人	545744	568305	606942	629298
华侨	2132	3603		
港澳和台湾同胞	1075709	936258	1142192	1013191
#台湾同胞	114258	122767	104481	112125

15-3 海关进出口商品总值

单位:万美元

项目	2000年			2001年		
	合计	出口	进口	合计	出口	进口
总计	2335056	1179046	1156010	2303669	1162345	1141324
按贸易方式分						
一般贸易	950840	425462	525378	993435	441611	551824
国家间国际组织无偿援助和捐赠的物资	247	161	86	1382	172	1210
华侨港澳同胞外籍华人捐赠的物资	126		126	95		95
补偿贸易						
来料加工装配贸易	528735	299428	229307	556343	327960	228383
进料加工贸易	712933	439595	273338	609265	377376	231889
寄售代销贸易	45	45		25	25	
边境小额贸易						
来料加工装配进口的设备	5873		5873	4341		4341
对外承包工程货物	26	26				
租赁贸易	2600		2600	920		920
外商投资企业作为投资进口的设备物品	56807		56807	58824		58824
出料加工贸易						
保税仓库进出境货物	44345	8747	35598	38289	6992	31297
保税区仓储转口货物	31923	5534	26389	40391	8102	32289
易货贸易						
免税外汇商品	287		287	151		151
其他贸易	269	48	221	208	107	101
按登记注册类型分						
国有企业	1066764	551524	515240	954063	519935	434128
集体企业	61591	23563	38028	99954	31444	68510
“三资”企业	1179927	600824	579103	1211230	605227	606003
中外合资企业	443420	212402	231018	424150	183236	240914
中外合作企业	291187	151834	139353	289608	160085	129523
外商独资企业	445320	236588	208732	497472	261906	235566
私营企业	12807	1610	11197	22811	4082	18729
其他企业	13967	1525	12442	15611	1657	13954

15－3 续表 单位:万美元

项目	2000年			2001年		
	合计	出口	进口	合计	出口	进口
按国别(地区)分						
亚洲小计	1344744	607786	736958	1321997	603474	718523
#香港	504386	399864	104522	489156	388695	100461
澳门	8172	7871	301	9247	8731	516
印度尼西亚	35650	10031	25619	29814	9133	20681
日本	289680	90750	198930	291479	87647	203832
马来西亚	41834	10428	31406	44534	14655	29879
新加坡	38038	14791	23247	43800	16615	27185
韩国	108010	7752	100258	99688	8574	91114
泰国	26782	6404	20378	30011	6644	23367
台湾	162900	9316	153584	141579	8983	132596
非洲小计	41715	27993	13722	47239	33720	13519
欧洲小计	391113	182034	209079	404877	180342	224535
#英国	51878	23951	27927	44282	24675	19607
德国	76901	32784	44117	86405	33675	52730
法国	26820	12807	14013	31860	14593	17267
意大利	25893	13942	11951	26959	13224	13735
荷兰	33707	24356	9351	28886	17940	10946
西班牙	14191	9725	4466	13876	8850	5026
瑞典	13505	4534	8971	10800	3142	7658
瑞士	23996	2359	21637	25065	3233	21832
俄罗斯联邦	19137	2278	16859	17754	2538	15216
拉丁美洲小计	50356	33748	16608	44704	33589	11115
北美洲小计	462045	302758	159287	439225	284471	154754
#加拿大	36293	21862	14431	36775	22215	14560
美国	425718	280862	144856	402398	262204	140194
大洋洲小计	45083	24727	20356	45627	26749	18878
#澳大利亚	36190	21888	14302	37881	24089	13792
新西兰	7264	1897	5367	6905	1893	5012

15-4 海关进口商品总值

（2001 年）

单位：万美元

项　　目	全　市	市　区	#番禺区	#花都区	增城市	从化市
总　　计	1141324	1079919	279389	17541	31515	29890
按贸易方式分						
一般贸易	551824	542661	35919	4467	7460	1703
国家间国际组织无偿援助和捐赠的物资	1210	1204				6
华侨港澳同胞外籍华人捐赠的物资	95	92	30		3	
补偿贸易						
来料加工装配贸易	228383	189935	113128	8317	12117	26331
进料加工贸易	231889	222006	89218	3289	8723	1160
寄售代销贸易						
边境小额贸易						
来料加工装配进口的设备	4341	4052	2773	28	220	69
对外承包工程货物						
租赁贸易	920	920				
外商投资企业作为投资进口的设备物品	58824	55278	14582	1440	2988	558
出料加工贸易						
保税仓库进出境货物	31297	31234	23735			63
保税区仓储或转口货物	32289	32289				
易货贸易						
免税外汇商品	151	151				
其他贸易	101	97	4		4	
按登记注册类型分						
国有企业	434128	424694	46703	4217	7040	2394
集体企业	68510	67409	17504		789	312
“三资”企业	606003	555147	208785	13256	23672	27184
中外合资企业	240914	237084	56773	3350	2934	896
中外合作企业	129523	98023	48228	1892	7745	23755
外商独资企业	235566	220040	103784	8014	12993	2533
私营企业	18729	18723	411	68	6	
其他企业	13954	13946	5986		8	

15－5 海关出口商品总值

（2001 年）

单位：万美元

项　　目	全　市	市　区	#番禺区	#花都区	增城市	从化市
总　　计	1162345	1085176	336547	27424	41647	35522
按贸易方式分						
一般贸易	441611	427908	30948	9376	10272	3431
国家间国际组织无偿援助和捐赠的物资	172	172				
华侨港澳同胞外籍华人捐赠的物资						
补偿贸易						
来料加工装配贸易	327960	282647	155014	12030	15265	30048
进料加工贸易	377376	359703	148001	6018	15630	2043
寄售代销贸易	25	25				
边境小额贸易						
来料加工装配进口的设备						
对外承包工程货物						
租赁贸易						
外商投资企业作为投资进口的设备物品						
出料加工贸易						
保税仓库进出境货物	6992	6513	2576		479	
保税区仓储或转口货物	8102	8102				
易货贸易						
免税外汇商品						
其他贸易	107	106	8		1	
按登记注册类型分						
国有企业	519935	500696	53997	7546	14505	4734
集体企业	31444	30386	16498		337	721
“三资”企业	605227	548476	264101	19093	26798	29953
中外合资企业	183236	178478	49817	5002	3542	1216
中外合作企业	160085	130443	67510	4053	4290	25352
外商独资企业	261906	239555	146774	10038	18966	3385
私营企业	4082	3962	1659	785	6	114
其他企业	1657	1656	292		1	

15-6 海关进口主要商品数量和金额

商品名称	单位	2000年		2001年	
		数量	金额（万美元）	数量	金额（万美元）
谷物及谷物粉	吨	160948	2640	351696	5794
食用植物油	吨	99269	3840	164070	5500
天然橡胶	吨	37920	2628	41952	2600
合成橡胶	吨	54926	5844	58402	6250
原木	米^3	1043322	15937	853025	11504
原油	吨	828483	15415	475827	9023
成品油	吨	3584600	61662	4587567	66823
医药品	吨	858	5768	983	7878
肥料	吨	311049	3774	280280	3362
尿素	吨				
牛皮革及马皮革	吨	75589	27649	71518	23189
纸及纸板	吨	430419	25000	348837	18994
丝绸	万米	701	1436	295	801
棉机织物	万米	16989	13791	16653	12944
涂复或浸渍塑料的织物	吨	42865	12243	33307	10633
针织或钩编织物	吨	37742	7484	30058	5959
钻石	千克	763	38818	843	42133
钢材	吨	1479561	72520	1384456	57978
铜	吨	85822	21343	47293	13471
铝	吨	30118	6207	30359	5836
机械提升搬运装卸设备			6708		7841
印刷、装订机械			2291		7967
纺织机械			5207		6859
金属加工机床	台	5318	7976	3983	9104
橡胶或塑料加工机械			7039		8801
有线电话电报设备的零附件	吨	858	2266	609	5587
电视、收音机及无线电讯设备的零附件			3009		2468
通断及保护电路装置			10132		14378
电线和电缆	吨	11677	5009	9320	4725
初级形状的塑料	吨	749031	70738	934313	77108
飞机及其他航空器	架	1	2600	1	1
自动数据处理设备及其部件	万台	472	21280	382	19692
集成电路及微电子组件	万个	73569	22529	64232	26822
汽车及汽车底盘	辆	5750	11591	9441	15242

15-7 海关出口主要商品数量和金额

商品名称	单位	2000年		2001年	
		数量	金额（万美元）	数量	金额（万美元）
活猪	万头	15	1870	14	1737
活家禽	万只	873	2180	575	1426
鲜冻猪肉	吨	12916	1642	10457	1402
水海产品	吨	15545	2202	22183	2917
鲜蛋	万个	9166	265	6156	205
谷物及谷物粉	吨	61802	829	24472	633
蔬菜	吨	59421	2010	48618	1504
鲜干水果及坚果	吨	16889	704	25841	649
食用植物油	吨	56995	3082	50770	2711
茶叶	吨	11601	1874	17393	2471
药材	吨	5501	519	4631	529
纸烟	万支	128623	1457	116435	1461
生丝	吨	1245	2764	1156	2554
成品油	吨	399098	9106	363673	8645
医药品	吨	14305	5538	15617	6036
烟花炮竹	吨	24828	2867	25580	3739
纺织纱线织物及制品			61631		63472
水泥	吨	293228	1278	342150	1315
珍珠宝石及半宝石			31941		37447
钢材	吨	221216	7482	194890	6816
电扇	万台	1235	4083	679	4404
电子计算器	万台	4298	7428	4422	4721
原电池	万个	331842	12809	408564	15891
集装箱	个	78833	18957	56302	13660
服装及衣着附件			162588		154337
照相机	万架	349	6244	440	6336
手表	万只	3675	8818	2890	7507
船舶	艘	116	13754	176	10321
家具			20431		17718
灯具照明装置及类似品			19962		20806
鞋类			122615		104592
塑料制品	吨	160686	24364	163688	24593
玩具			38327		36002
贵金属或包贵金属的首饰	万克	11412	43769	13223	43241

15-8 海关进口主要商品数量

（2001 年，按洲别分）

商品名称	单位	合计	亚洲	#港澳台	#日本	非洲	大洋洲
谷物及谷物粉	吨	351696	776	129			118261
食用植物油	吨	164070	111623	3295		27	
天然橡胶	吨	41952	41909	456			
合成橡胶	吨	58402	45424	20650	10544	19	234
原木	米³	853025	524143	426		116281	127887
原油	吨	475827	345586			130241	
成品油	吨	4587567	3748336	64264	328825	56886	43
医药品	吨	983	279	119	55		13
肥料	吨	280280	76468	59			
牛皮革及马皮革	吨	71518	36007	16767	156	1338	5239
纸及纸板	吨	348837	238312	76049	26778	11	7590
丝绸	万米	295	294	72	222		
棉机织物	万米	16653	16574	10583	235		7
涂复或浸渍塑料的织物	吨	33307	32943	22744	521		1
针织或钩编织物	吨	30058	29738	26692	86		
钻石	千克	843	210	21		81	
钢材	吨	1384456	907384	231625	388770	32342	32609
铜	吨	47293	43377	18333	14086		912
铝	吨	30359	19371	5378	1021	1503	4628
金属加工机床	台	3983	3298	2613	486		
有线电话电报设备的零附件	吨	609	512	121	333		2
电线和电缆	吨	9320	6651	2222	1595		98
初级形状的塑料	吨	934313	700063	222093	147184	1470	1394
自动数据处理设备及其部件	万台	382	362	10	7		...
集成电路及微电子组件	万个	64232	61612	31235	18286	297	...
汽车及汽车底盘	辆	9441	3354	23	2842		

15－8 续表

商品名称	单位	欧洲	#德国	#英国	北美洲	#美国	拉丁美洲
谷物及谷物粉	吨	64878			108558	77311	59223
食用植物油	吨				43794	9998	8626
天然橡胶	吨				43	43	
合成橡胶	吨	6686	2199	887	5186	4271	853
原木	米³	82529	65254		2185	1393	
原油	吨						
成品油	吨	687010	193	87	95292	95250	
医药品	吨	623	200	29	56	34	12
肥料	吨	118410		58	85402	2	
牛皮革及马皮革	吨	13931	614	128	11562	3384	3441
纸及纸板	吨	50266	9526	657	50223	43247	2435
丝绸	万米	1					
棉机织物	万米	52	5	3	20	19	
涂复或浸渍塑料的织物	吨	283	103	9	80	80	
针织或钩编织物	吨	139	29		180	176	1
钻石	千克	281		57	271	271	
钢材	吨	385379	11201	33779	3469	3469	23273
铜	吨	823	291	93	764	764	1417
铝	吨	3281	988	245	1576	1565	
金属加工机床	台	287	112	58	398	396	
有线电话电报设备的零附件	吨	50	23	1	44	24	1
电线和电缆	吨	1293	243	121	1278	795	
初级形状的塑料	吨	53511	12948	1221	164079	159786	13796
自动数据处理设备及其部件	万台	3	1	...	17	17	...
集成电路及微电子组件	万个	1340	436	309	847	847	136
汽车及汽车底盘	辆	5939	1040	13	141	138	7

15-9 海关进口主要商品金额

（2001年，按洲别分）

单位：万美元

商品名称	合计	亚洲	#港澳台	#日本	非洲	大洋洲
谷物及谷物粉	5794	30	5			1907
食用植物油	5500	3226	127		3	
天然橡胶	2600	2594	31			
合成橡胶	6250	4284	1538	1480	3	30
原木	11504	6749	10		2016	745
原油	9023	6544			2479	
成品油	66823	53962	1399	4994	777	13
医药品	7878	1901	659	421		171
肥料	3362	918	11			
牛皮革及马皮革	23189	18465	11457	107	30	298
纸及纸板	18994	12257	3503	1774	1	454
丝绸	801	799	102	23		
棉机织物	12944	12811	8378	286		5
涂复或浸渍塑料的织物	10633	10418	5986	539		2
针织或钩编织物	5959	5830	4946	90		
钻石	42133	8269	440		2137	
钢材	57978	43127	13322	17659	691	1336
铜	13471	12255	4935	3348		172
铝	5836	3258	1051	399	432	866
机械提升搬运装卸设备	7841	4901	1379	3404		43
印刷、装订机械	7967	4088	394	3636		1
纺织机械	6859	2523	1364	900		
金属加工机床	9104	6262	2234	3929		
橡胶或塑料加工机械	8801	5256	2765	2377		14
有线电话电报设备的零附件	5587	1948	515	1225		9
电视、收音机及无线电讯设备的零附件	2468	1180	150	647		566
通断及保护电路装置	14378	8623	2567	5277		44
电线和电缆	4725	2953	800	1072		46
初级形状的塑料	77108	53740	18510	11526	89	123
自动数据处理设备及其部件	19692	11609	434	1186		45
集成电路及微电子组件	26822	24330	8655	6790	41	2
汽车及汽车底盘	15242	6483	29	5793		

15－9　**续表**　　单位:万美元

商品名称	欧洲	#德国	#英国	北美洲	#美国	拉丁美洲
谷物及谷物粉	1019			1773	1234	1065
食用植物油				1791	410	480
天然橡胶				6	6	
合成橡胶	966	273	164	882	639	85
原木	1885	1472		109	75	
原油						
成品油	10546	70	19	1525	1522	
医药品	4911	1572	197	352	335	543
肥料	1402		1	1042	…	
牛皮革及马皮革	1544	122	123	940	604	1912
纸及纸板	3274	612	67	2893	2514	115
丝绸	2					
棉机织物	105	12	12	23	21	
涂复或浸渍塑料的织物	188	85	2	25	25	
针织或钩编织物	86	14		43	42	…
钻石	28880		4041	2847	2847	
钢材	11762	1309	1445	373	373	689
铜	420	160	64	357	357	267
铝	756	314	35	524	522	
机械提升搬运装卸设备	2271	1069	1	626	613	
印刷、装订机械	3786	2795	391	92	92	
纺织机械	4139	1520	94	197	89	
金属加工机床	641	255	104	2201	2175	
橡胶或塑料加工机械	2993	926	37	538	283	
有线电话电报设备的零附件	1614	1076	9	2009	1245	7
电视、收音机及无线电讯设备的零附件	412	108	6	310	309	
通断及保护电路装置	4696	2522	182	994	862	21
电线和电缆	820	202	54	906	820	
初级形状的塑料	7335	1824	226	15099	14774	722
自动数据处理设备及其部件	2834	463	96	5175	5039	29
集成电路及微电子组件	1023	39	249	1269	1268	157
汽车及汽车底盘	8209	3840	53	538	534	12

15－10 海关出口主要商品数量

（2001 年，按洲别分）

商品名称	单位	合计	亚洲	#港澳台	#日本	非洲	大洋洲
活猪	万头	14	14	14			
活家禽	万只	575	575	574			
鲜冻猪肉	吨	10457	10457	10457			
水海产品	吨	22183	20414	12075	2302		174
鲜蛋	万个	6156	6152	6152			
谷物及谷物粉	吨	24472	24460	5488			9
蔬菜	吨	48618	38272	16389	8350	362	123
鲜干水果及坚果	吨	25841	23956	13456	1177		161
食用植物油	吨	50770	50656	50655			74
茶叶	吨	17393	4835	1622	2156	7707	32
药材	吨	4631	4203	3052	178	11	109
纸烟	万支	116435	75227	8770		23664	4610
生丝	吨	1156	1119	82	15	9	
成品油	吨	363673	351155	161208		851	
医药品	吨	15617	11279	8577	330	550	88
烟花炮竹	吨	25580	3843	453	1985	615	81
水泥	吨	342150	341475	341470			
钢材	吨	194890	174603	157727	698	9286	269
电扇	万台	679	466	204	20	55	23
电子计算器	万台	4422	2392	2032	130	12	16
原电池	万个	408564	133934	65791		238479	4549
集装箱	个	56302	56302	56302			
照相机	万架	440	427	227	179	…	
手表	万只	2890	2136	878	1179	1	8
船舶	艘	176	161	86		6	2
塑料制品	吨	163688	61605	40833	7465	3366	2827
贵金属或包贵金属的首饰	万克	13223	1920	1909	10	…	444

15－10 续表

商品名称	单位	欧洲	#德国	#英国	北美洲	#美国	拉丁美洲
活猪	万头						
活家禽	万只						
鲜冻猪肉	吨						
水海产品	吨	837	12	532	758	402	
鲜蛋	万个	4					
谷物及谷物粉	吨	2			1	1	
蔬菜	吨	1459	17	564	8095	4910	307
鲜干水果及坚果	吨	879	201	64	845	559	
食用植物油	吨	11	6		13	6	16
茶叶	吨	3128	365	127	1691	1633	
药材	吨	37			271	267	
纸烟	万支	28			3120	2770	9786
生丝	吨	20					8
成品油	吨	3560					8107
医药品	吨	2018	380	70	1332	1155	350
烟花炮竹	吨	12647	5373	1809	7037	7013	1357
水泥	吨	25			650	650	
钢材	吨	1062	24	1	8339	7986	1331
电扇	万台	55	9	...	23	21	57
电子计算器	万台	1549	114	20	349	330	104
原电池	万个	16310	853	3977	7822	7362	7470
集装箱	个						
照相机	万架	1			12	12	...
手表	万只	287	33	27	453	450	5
船舶	艘	6					1
塑料制品	吨	28442	3883	6257	62731	59462	4717
贵金属或包贵金属的首饰	万克	132	24	91	10727	10715	

15－11 海关出口主要商品金额

（2001年，按洲别分） 单位：万美元

商品名称	合计	亚洲	#港澳台	#日本	非洲	大洋洲
活猪	1737	1737	1737			
活家禽	1426	1426	1425			
鲜冻猪肉	1402	1402	1402			
水海产品	2917	2649	1458	987		18
鲜蛋	205	205	205			
谷物及谷物粉	633	633	222			…
蔬菜	1504	1077	443	404	47	9
鲜干水果及坚果	649	464	257	59		25
食用植物油	2711	2679	2679			21
茶叶	2471	956	378	449	998	6
药材	529	410	260	40	1	16
纸烟	1461	921	134		295	69
生丝	2554	2468	182	32	17	
成品油	8645	8362	4094		21	
医药品	6036	3315	1523	167	235	52
烟花炮竹	3739	782	59	580	86	13
纺织纱线织物及制品	63472	55965	47428	1456	872	965
水泥	1315	1312	1311			
珍珠宝石及半宝石	37447	16482	16461	7		
钢材	6816	5620	4467	180	438	20
电扇	4404	2738	945	67	424	186
电子计算器	4721	3373	2877	185	6	7
原电池	15891	3846	1845		11223	86
集装箱	13660	13660	13660			
服装及衣着附件	154337	99305	77648	8309	2450	8949
照相机	6336	6285	649	5583	1	
手表	7507	4139	899	3070	7	27
船舶	10321	2516	2451		1	2
家具	17718	5273	2498	1638	270	983
灯具照明装置及类似品	20806	4468	2415	384	712	590
鞋类	104592	15987	4654	7901	857	1056
塑料制品	24593	10084	6929	1430	431	402
玩具	36002	6057	4491	885	148	207
贵金属或包贵金属的首饰	43241	13398	13237	159	1	2279

15－11 续表

单位:万美元

商品名称	欧洲	#德国	#英国	北美洲	#美国	拉丁美洲
活猪						
活家禽						
鲜冻猪肉						
水海产品	165	6	98	85	26	
鲜蛋	...					
谷物及谷物粉	...			...	...	
蔬菜	74	4	15	282	169	15
鲜干水果及坚果	88	18	5	72	66	
食用植物油	4	2		3	1	4
茶叶	319	75	15	192	178	
药材	7			95	94	
纸烟	1			47	42	128
生丝	49					20
成品油	82					180
医药品	1325	201	28	993	895	116
烟花炮竹	1733	666	366	953	949	172
纺织纱线织物及制品	2491	243	418	2162	1781	1017
水泥	...			3	3	
珍珠宝石及半宝石	20902	8	14	63	57	
钢材	91	3	1	523	480	124
电扇	479	85	2	66	59	511
电子计算器	632	196	14	675	665	28
原电池	397	20	82	184	174	155
集装箱						
服装及衣着附件	16669	3029	1672	18101	15176	8863
照相机	9			40	40	1
手表	1525	89	131	1784	1769	25
船舶	7802					...
家具	4398	526	684	6453	6105	341
灯具照明装置及类似品	5946	2389	975	8043	7516	1047
鞋类	13826	2788	2022	70425	68386	2441
塑料制品	4502	909	777	8363	7909	811
玩具	4588	573	1047	24344	23568	658
贵金属或包贵金属的首饰	655	15	592	26908	26899	

15-12 海关进出口商品分类金额

单位:万美元

项目	2000年		2001年	
	进口	出口	进口	出口
合计	1156010	1179046	1141324	1162345
第一类 活动物、动物产品	23557	11834	12943	11772
活动物	1431	4346	403	3447
肉及食用杂碎	15142	3408	8191	3530
水产品	4352	2196	1303	2917
乳品、蛋品、天然蜂蜜、其他食用动物产品	1532	1135	1782	1055
其他动物产品	1100	749	1264	823
第二类 植物产品	11158	8163	12881	7904
树苗及花草	229	384	347	508
蔬菜	439	1568	837	1191
水果及坚果	4833	806	3153	707
咖啡、茶叶及调味香料	272	2488	220	3087
谷物	2614	503	4735	194
制粉工业产品	217	449	189	571
植物油籽及果实、种子、药材及饲料	1332	850	2006	764
虫胶、树胶、树脂	865	392	981	273
编结植物材料、其他植物产品	357	723	413	609
第三类 动、植物油脂及蜡	9868	4279	9291	3134
动、植物油脂及蜡	9868	4279	9291	3134
第四类 食品、烟草及制品	13366	16603	14959	16066
动物产品制品	71	2217	47	1562
糖及糖食	1223	2341	979	1887
可可及可可制品	205	23	192	42
粮食及乳制品、糕饼点心	1094	1881	1376	1936
蔬菜、水果等植物制品	1607	1114	1500	1248
杂项食品	2253	3799	6082	3569
饮料、酒及醋	2597	1674	1969	2480
食品的残渣、动物饲料	3384	186	2180	138
烟草及烟草制品	932	3368	634	3204
第五类 矿产品	97652	13430	98589	14445
盐、硫磺、建筑材料	1127	3371	1166	3473
矿砂、矿渣及矿灰	2873	111	2751	184
矿物燃料、矿物油及产品	93652	9948	94672	10788
第六类 化工产品	104212	48650	106983	49489
无机化学品	5951	10570	6213	9045
有机化学品	40513	8792	43470	8833
药品	5418	3426	6757	3538
肥料	3774	35	3362	24
鞣料、染料浸膏、染料、颜料、油漆、油墨	14583	6468	12878	5978

项目	2000年		2001年	
	进口	出口	进口	出口
化妆品及其原料、芳香料制品	4098	5521	4718	6348
洗涤用品	3877	2156	3773	2320
蛋白类物质、改性淀粉、胶、酶	2440	975	3005	1437
炸药、烟火制品、易燃材料制品	23	2900	7	3789
照相及电影用品	5360	3270	4926	2797
杂项化学产品	18175	4537	17874	5380
第七类 塑料、橡胶及其制品	112393	56164	120950	58123
塑料及其制品	99226	46251	106440	47982
橡胶及其制品	13167	9913	14510	10141
第八类 皮革、毛皮及其制品、旅行用品、手提包	32748	50682	28410	48418
生皮及皮革	31110	2428	25681	2494
皮革制品、旅行用品及手提包	820	47312	1138	44058
毛皮、人造毛皮及制品	818	942	1591	1866
第九类 木及木制品、草柳编结品	31947	12022	20577	11806
木及木制品、木炭	31800	9198	20411	8744
软木及软木制品	97	17	103	11
草柳编结品	50	2807	63	3051
第十类 木浆、纸、纸板及制品	40047	11524	34207	12193
木浆及其他纤维素浆、废碎纸板	9731	178	10241	
纸及纸板、纸浆、纸制品	29449	7757	23075	7221
书籍、印刷品、设计图纸	867	3589	891	4972
第十一类 纺织原料及纺织制品	90972	210490	85513	207044
蚕丝	1532	7760	872	6526
羊毛、动物毛、毛纱线及制品	1775	435	1603	490
棉花	25760	16754	26949	16090
其他纺织纤维、纸纱线及机织物	1621	1909	1944	2130
化学纤维长丝	11063	2314	8455	1769
化学纤维短丝	13843	7615	14137	7117
絮胎、毡尼及无纺物、特种纱线、线绳索缆	2261	1797	2413	1526
地毯及纺织铺地制品	258	1310	163	1637
特种机织物、纺织装饰品、刺绣品	4781	3632	3908	4427
浸渍、涂布、包覆或层压的纺织物	12918	637	11209	662
针织物及钩编织物	7482	14853	5959	18319
针织或钩编的服装及衣着附件	2335	51016	2882	52825
非针织或非钩编的服装及衣着附件	5069	93237	4762	86594
其他纺织制成品、成套物品	274	7221	257	6932
第十二类 鞋帽伞杖、加工羽毛、人造花、人发制品	2459	130857	2833	114785
鞋类及零件	2280	120414	2563	104592

15－12　续表 2　　单位:万美元

项　目	2000 年		2001 年	
	进　口	出　口	进　口	出　口
帽类及另件	45	4997	36	5096
伞、杖、鞭及零件	51	1808	8	2098
加工羽毛、羽绒及制品、人造 花、人发制品	83	3638	226	2999
第十三类 建筑材料、陶瓷产品、玻璃及其制品	7828	12267	7730	14302
矿物材料的制品	1631	1880	1675	2712
陶瓷产品	324	5832	530	5973
玻璃及其制品	5873	4555	5525	5617
第十四类 珠宝首饰、硬币	75207	77080	47673	82080
珠宝首饰	75207	77080	47673	82080
第十五类 贱金属及其制品	146424	79608	132232	80893
钢铁	76831	5151	72490	4299
钢铁制品	5906	36702	7140	35568
铜及其制品	36382	1813	30590	1587
镍及其制品	807	4	1285	15
铝及其制品	14856	3734	8235	5053
铅及其制品	11	18	285	27
锌及其制品	1441	497	1207	741
锡及其制品	420	662	393	507
其他贱金属、金属陶瓷及其制品	398	340	325	235
贱金属工具、器具、利口器餐具及零件	6155	17627	7411	20025
贱金属杂项制品	3217	13060	2871	12836
第十六类 机械、电气设备、电视机及音响设备	265642	222510	281144	233057
核反应堆、锅炉、机械设备及零件	120558	59207	134304	59054
机电、电气设备、电视机及音响设备	145084	163303	146840	174003
第十七类 车辆、航空器、船舶及有关运输设备	50139	54559	53264	45806
铁道及电车机车、车辆及零件	406	18968	87	13678
车辆及零附件(铁道车辆除外)	44563	21623	50893	21718
航空器、航天器及零件	4196	135	1459	40
船舶及浮动结构体	974	13833	825	10370
第十八类 仪器、医疗器械、钟表及乐器	35212	48406	37479	47063
光学、照相电影、计量检验、医疗仪器设备	25335	24485	28439	24179
钟表及零件	9320	18233	8725	16416
乐器及零附件	557	5688	315	6468
第十九类 杂项制品	5164	109789	5976	103867
家具、床上用品、照明装置、发光标志	1130	42274	2276	40577
玩具、游戏、运动用品及零附件	2126	58400	2114	53332
杂项制品	1908	9115	1586	9958
第二十类 艺术品、收藏品及古物	15	101	31	87
第二十一类 特殊交易品及未分类产品		28	27659	11

15－13 各时期对外经济贸易主要指标

单位:万美元

年份、时期	外贸进口总值	外贸出口总值	新签合同数(项)	合同利用外资	实际利用外资
“五五”时期		80961	1932	27263	3997
#1979－1980		40525	1932	27263	3997
“六五”时期		185623	16946	113436	45457
“七五”时期	273075	512599	11285	228032	124814
“八五”时期	1166230	1912506	13694	2658701	692256
“九五”时期	2855622	3853646	8343	1311543	1482989
2001	877462	918640	1087	200604	332746
1979－2001	5172389	7423539	53287	4539579	2682259

注:1998年以后的外贸进出口总值,是海关提供的外经局计划口径进出口数据,在此之前为出口企业提供的同口径数据。

15－14 外贸进出口商品总值

单位:万美元

项目	2000年合计	内资企业	外资企业	2001年合计	内资企业	外资企业
进口商品总值	846572	274521	572051	877462	276328	601134
一般贸易	273373	148361	125012	319863	160187	159676
加工贸易	451928	89080	362848	432517	75474	357043
其他贸易	121271	37080	84191	125082	40667	84415
出口商品总值	917625	317117	600508	918640	315870	602770
一般贸易	228837	179557	49280	247264	196965	50299
加工贸易	672811	134100	538711	656174	115005	541169
其他贸易	15977	3460	12517	15202	3900	11302

15－15 利用外资情况

单位:万美元

项目	1990年	1995年	2000年	2001年	1979－2001年
合同数(项)	2711	2564	1445	1087	53287
对外借款	3				57
外商直接投资	389	1774	647	678	12512
中外合资企业	144	439	135	144	3632
中外合作企业	133	852	124	75	5443
外商独资企业	112	483	388	458	3436
外商投资股份制企业				1	1
外商其他投资	2319	790	798	409	40718
国际租赁	12	18			121
补偿贸易	7				107
加工装配	2300	772	798	409	40490
合同利用外资额	55426	685657	163454	200604	4539579
对外借款	5067	8391			277962
外商直接投资	47183	673101	152759	196229	4156014
中外合资企业	10706	140826	28492	24900	710324
中外合作企业	24227	439053	56538	53849	2765186
外商独资企业	12250	93222	67729	116186	679210
外商投资股份制企业				1294	1294
外商其他投资	3176	4165	10695	4375	105603
国际租赁	1455	3616			21840
补偿贸易	479				12111
加工装配	1242	549	10695	4375	71652
实际利用外资额	27263	225298	311541	332746	2682259
对外借款	6643	8391	8211	25700	267040
外商直接投资	18613	214444	298923	300119	2369594
中外合资企业	9024	49868	47085	53939	601493
中外合作企业	6038	138609	177977	122557	1268937
外商独资企业	3551	25967	73861	91298	466839
外商投资股份制企业				32325	32325
外商其他投资	2007	2463	4407	6927	45625
对外发行股票				4070	4070
国际租赁	765	2331			10590
补偿贸易	377				8421
加工装配	865	132	4407	2857	22544

15-16 利用外资情况

(2001年,按地区分)　　单位:万美元

项目	全市	市区	#番禺区	#花都区	增城市	从化市
合同数(项)	1087	871	231	245	52	164
对外借款						
外商直接投资	678	610	173	58	52	16
中外合资企业	144	128	31	3	13	3
中外合作企业	75	70	11	6	4	1
外商独资企业	458	411	131	49	35	12
外商投资股份制企业	1	1				
外商其他投资	409	261	58	187		148
国际租赁						
补偿贸易						
加工装配	409	261	58	187		148
合同利用外资额	200604	176414	45777	5681	21508	2682
对外借款						
外商直接投资	196229	172177	41977	5636	21508	2544
中外合资企业	24900	22682	2726	61	2013	205
中外合作企业	53849	45649	13463	891	6998	1202
外商独资企业	116186	102552	25788	4684	12497	1137
外商投资股份制企业	1294	1294				
外商其他投资	4375	4237	3800	45		138
国际租赁						
补偿贸易						
加工装配	4375	4237	3800	45		138
实际利用外资额	332746	307780	37156	6245	21513	3453
对外借款	25700	25700				
外商直接投资	300119	275291	34776	6200	21513	3315
中外合资企业	53939	52534	6176	256	1220	185
中外合作企业	122557	112196	11996	1632	8281	2080
外商独资企业	91298	78236	16604	4312	12012	1050
外商投资股份制企业	32325	32325				
外商其他投资	6927	6789	2380	45		138
对外发行股票	4070	4070				
国际租赁						
补偿贸易						
加工装配	2857	2719	2380	45		138

15－17 实际利用外资

单位：万美元

项　　目	1990 年	1995 年	2000 年	2001 年
总　计	27263	225298	311541	332746
按国民经济行业分				
农、林、牧、渔业	38	679	2219	4893
采掘业			14	34
制造业	22589	126537	134434	197074
电力、煤气及水的生产和供应业			1932	353
建筑业	34	19876	5842	1591
地质勘查业、水利管理业			56	4
交通运输、仓储及邮电通信业	1131	2253	2037	9163
批发和零售贸易、餐饮业	470	4912	4759	5292
房地产业	1228	66009	128751	80518
社会服务业			19457	21387
卫生、体育和社会福利业		3154	2345	3502
教育、文化艺术及广播电影电视业	161	1167	8	2
科学研究和综合技术服务业		188	243	289
其他行业	1612	523	9444	8644
按国别(地区)分				
香　港	19084	159302	200154	190617
澳　门		3698	6340	2519
台　湾	2269	3705	7298	7235
日　本	705	24841	6623	27227
菲律宾			－86	105
泰　国	7	237	220	241
新加坡	239	7693	10463	9940
英　国		6912	1787	3309
德　国		2289	7770	2442
加拿大	53	1123	52	517
美　国	2058	9876	13680	16130
澳大利亚	168	814	990	323
法　国	1529	733	1630	465
荷　兰		972	1124	1062
西班牙			44	723
奥地利			364	185
英属维尔京群岛			39390	48353
意大利			350	12843
其　他	1151	3103	13348	8510

15－18 直接投资项目利用外资分类

单位：万美元

项　　目	2000年			2001年		
	合同数（项）	合同利用外资额	实际利用外资额	合同数（项）	合同利用外资额	实际利用外资额
总　计	647	152759	298923	678	196229	300119
按国民经济行业分						
农、林、牧、渔业	10	688	2219	10	4793	4893
采掘业	2	802	14			34
制造业	437	111645	130027	447	113526	164447
电力、煤气及水的生产和供应业	1	376	1932		58	353
建筑业	7	7277	5842	4	2421	1591
地质勘查业、水利管理业			56		－100	4
交通运输、仓储及邮电通信业	4	386	2037	6	3173	9163
批发和零售贸易、餐饮业	9	775	4759	8	449	5292
金融、保险业						
房地产业	24	11755	128751	22	24158	80518
社会服务业	113	11596	11610	113	32270	21387
卫生、体育和社会福利业	1	1051	2345		－13	3502
教育、文化艺术及广播电影电视业		－36	8	1	406	2
科学研究和综合技术服务业	4	774	243	2	652	289
其他行业	35	5670	9080	65	14436	8644
按国别（地区）分						
香　港	359	63787	195747	332	83375	157990
澳　门	8	1645	6340	2	659	2519
台　湾	95	9275	7298	109	9610	7235
日　本	7	8133	6300	18	11039	27227
菲律宾	2	159	－86	1	35	105
泰　国	1	26	220	3	1473	241
新加坡	18	7719	10463	16	6995	9940
英　国	6	852	1597	8	520	3309
德　国	3	487	4497	3	30	2442
加拿大	4	435	52	12	32	517
美　国	45	6669	13587	35	26212	16130
澳大利亚	6	620	990	9	－241	323
法　国	1	307	1630	2	－660	465
荷　兰	4	3040	1124	5	1843	1062
西班牙	2	812	44	1	97	723
奥地利				1	174	185
英属维尔京群岛	67	37115	39390	78	46601	48353
意大利	2	126	350	4	551	12843
瑞　士	1	14	1105		461	1561
西萨摩亚	6	2353	612	11	3069	2002
其　他	10	9185	7663	28	4354	4947

15－19 外商投资企业基本情况

（2001年末）　　　　单位：万美元

项　　　　目	年末企业数（户）	投资总额	注册资本	#外　方
总　　计	8305	5045486	2560719	2057805
按登记注册类型分				
中外合资企业	2172	1159841	678475	393822
中外合作企业	3179	2965027	1322431	1122115
外商独资企业	2950	835279	535157	535157
外商投资股份制企业	4	85339	24656	6711
按国民经济行业分				
农、林、牧、渔、水利业	114	25935	18974	14907
采掘业	49	11755	7922	6667
制造业	5941	2055873	1304160	1020131
电力煤气及水的生产和供应业	37	150638	61658	29733
建筑业	124	192682	47277	30978
地质勘探业、水利管理业	3	1065	661	611
交通运输、仓储及邮电通信业	156	145791	46521	36432
批发和零售贸易、餐饮业	539	115338	81769	68374
金融、保险业	3	7061	3686	3621
房地产业	780	1968901	761539	660477
社会服务业	440	311108	190855	154801
卫生、体育和社会福利事业	26	23150	13595	11402
教育、文化艺术和广播电视事业	32	10512	7230	6554
科学研究和综合技术服务业	35	8518	6110	5778
其他行业	26	17159	8762	7339
按国别（地区）分				
香　港	5977	3448291	1751370	1394200
台　湾	749	86825	66860	61800
美　国	298	177642	101615	81502
澳　门	119	107631	51628	37513
新加坡	140	120560	64109	53110
日　本	105	178116	93146	60779
澳大利亚	63	29208	23599	13557
加拿大	62	9688	7426	5672
马来西亚	47	10007	6753	6301
泰　国	29	2079	1832	1658
荷　兰	27	24225	13041	11103
英　国	103	130414	72402	65840
英属维尔京群岛	259	364305	151796	141241
其　他	327	356495	155142	123529

15－20 外商投资企业注册情况

单位：户

项目	1990年	1995年	2000年	2001年
合计	1500	7825	8085	8305
中外合资企业	681	2519	2180	2172
中外合作企业	655	3907	3281	3179
外商独资企业	164	1399	2620	2950
外商投资股份制企业			4	4

15－21 合同外资额1000万美元以上利用外资项目

（2001年）

项目	投资方式	经营范围
广州益力多乳品有限公司	合资企业	生产乳酸菌乳制品及相关系列产品
和黄健宝保健品有限公司	合资企业	科研、开发、生产保健食品
广州银辉盛通信工程有限公司	合作企业	设计、建造高新技术光缆传输网络及其相关传输系统，生产网络相关零配件
广州置银房地产开发有限公司	合作企业	经营房地产开发
广州双菱钢铁工业有限公司	合作企业	生产、加工高强度带肋钢筋及各种结构圆钢、高强度机械用棒材
广州合生骏景房地产有限公司	合作企业	经营房地产开发
广州市时代名苑房地产开发有限公司	合作企业	经营房地产开发
广东中铁亿俊媒体设备有限公司	合作企业	研究、设计、生产铁路列车电视、电话、电脑三网合一信息系统设备
广东中铁天华网络技术有限公司	合作企业	设计、开发、生产数据通信多媒体系统设备，信息、通信系统网络技术开发
广州特安房地产开发有限公司	合作企业	经营房地产开发
广州德伟丰通信工程有限公司	合作企业	设计、建设及承接高科技光缆传输线路接入网以及相关的网络传输系统工程，生产相关配件
和记黄埔地产（广州番禺）有限公司	合作企业	经营房地产开发
广东增城庆威电子科技有限公司	合作企业	生产线宽为0.35微米以下大规模集成电路（内存条）及与其相关的电子产品
广州北达光网通讯有限公司	合作企业	投资、兴建及安装传输通讯系统及与本系统相关驻地通信系统，并提供传输介质服务和通信
广立电子科技（广州）有限公司	独资企业	从事电脑、电子产品及其五金塑胶配件的生产、加工、制造、销售及国际贸易、保税仓储业
广州南沙蒲洲大酒店有限公司	独资企业	旅业、餐饮以及与本酒店配套的健身、娱乐、出租车、零售、会议服务等配套服务
建华兴化工（广州）有限公司	独资企业	生产各种二甲苯衍生物、增塑剂、胶粘剂、助剂、合成胶乳、合成树脂及相关的综合利用
捷普电子（广州）有限公司	独资企业	生产大中型电子计算机、数字磁带录放机、计算机辅助设计（三维CAD）、辅助测试（CAT）
长兴（广州）电子材料有限公司	独资企业	生产、加工电子用高科技化学品光刻胶及相关制品
广州宏顺塑胶工业有限公司	独资企业	生产、加工多功能塑胶薄膜
广州忠信世纪玻纤有限公司	独资企业	生产及销售玻璃纤维、玻璃钢制品
特普莱（广州）科技电池有限公司	独资企业	开发、生产、加工高性能、免维护、密封型蓄电池及相关系列产品和电池生产设备
友嘉（广州）电子科技有限公司	独资企业	开发及生产高精密度多层印刷线路板，新型印刷线路板及其相关产品
广州心心纸品有限公司	独资企业	研究、生产婴儿纸尿裤、妇女卫生巾、生活用纸品及相关产品
广州艾帕克汽车配件有限公司	独资企业	生产、加工汽车关键零部件（含组合仪表）、精冲模、精密型腔模、模具标准件、焊装夹具
广州翰绮翔包装制品有限公司	独资企业	生产、加工模具、模具标准件、金属包装制品、工业塑胶包装制品
广东省巨大精密工业有限公司	独资企业	生产、加工新型电子元器件、光电精密器件
广州庆成金属工业有限公司	独资企业	生产、加工汽车用锻造毛坯件、制动器总成、驱动桥总成、变速器、活塞、气门、液压挺杆
雪若娜玛复合包装（广州）有限公司	独资企业	生产各类铝塑复合管及塑料管

15－22 出口商品总值超 5000 万美元的企业一览表

（2001 年）　　　　单位：万美元

企　业　名　称	进出口总值	出口总值	进口总值
广东省丝绸进出口(集团)公司	25731	23970	1761
广州纺织品进出口集团有限公司	20136	19057	1079
广东省畜产进出口集团公司	20533	17784	2749
广州东宝(番澳)首饰有限公司	33416	17310	16106
广州工艺品番禺进出口公司	32746	17160	15586
广州市番禺对外贸易(集团)公司	27955	16077	11878
美国通用电器塑料中国有限公司	23093	12662	10431
广州电池厂	12443	12396	47
从化东麟钻石有限公司	21959	10783	11176
捷普电子(番禺)有限公司	20994	10565	10429
广州市纺织工业联合进出口公司	11187	10165	1022
从化市利福钻石有限公司	19287	10110	9177
广东省食品进出口集团公司	10296	10085	211
广州添利线路版有限公司	11561	10051	1510
广州市番禺对外经济贸易公司	18143	10041	8102
番禺中德电控有限公司	14345	9807	4538
番禺创信鞋业有限公司	13073	8159	4914
广东省土产进出口(集团)公司	11826	8135	3691
北方光电科技股份有限公司	8395	8132	263
广州广船国际股份有限公司	16419	7882	8537
广东省五金矿产进出口集团公司	17963	7849	10114
广州万邦鞋业有限公司	11413	7614	3799
广东省机械进出口股份有限公司	19352	7488	11864
镇泰(广州)有限公司	10341	7214	3127
互通太平洋(番禺)纺织印染有限公司	13016	7204	5812
华纳(广州)有限公司	13352	7176	6176
依利安达(广州)电子有限公司	9609	7155	2454
中国石化国际事业广州公司	16207	7127	9080
广东省工艺品进出口(集团)公司	7871	6854	1017
中国抽纱广东进出口公司	7439	6830	609
广州进道集装箱有限公司	10030	6537	3493
广州畜产进出口公司	7359	6484	875
番禺世门手袋有限公司	11174	6428	4746
番禺潭洲振裕纺织染印有限公司	11653	6347	5306
广州保税区恒和金银珠宝有限公司	12718	6283	6435
广州经济技术开发区商业进出口贸易公司	9447	5869	3578
中化广东进出口公司	41091	5796	35295
广州粮油食品进出口公司	5556	5221	335
中国航空技术进出口广州公司	8513	5211	3302
广州市花都区对外经济贸易发展公司	6661	5206	1455
广州荣诚鞋业有限公司	8126	5173	2953
中国土产畜产广东茶叶进出口公司	5296	5150	146

15-23 对外承包和劳务合作

项目	单位	1990年	1995年	2000年	2001年
新签合同数	个	1005	806	4989	6317
合同金额	万美元	1887	6632	10588	8186
完成营业额	万美元	1072	5810	7288	7487
派出人数	人次	994	1473	684	1088
年末在外人数	人	1201	2893	1833	2247

15-24 旅行社组团出境旅游人数情况

单位:人

线路	2000年	2001年
合计	330853	300174
香港	108617	89267
澳门	113626	88876
泰国、香港	16347	16156
新加坡、香港		
新加坡、马来西亚、香港	27040	19882
新加坡、马来西亚、泰国、香港	9738	10674
马来西亚		
泰国	22751	25800
印度尼西亚	13	
菲律宾	2241	1318
韩国	11901	6592
澳大利亚	5834	2641
其他	12745	38968

15－25 主要宾馆接待过夜旅游者情况

项　　　目	1990 年	1995 年	2000 年	2001 年
人数合计(人次)	6680975	9646246	12186933	11828857
海外旅游者	1890998	1706706	2094150	2005410
外国人	324498	478845	756286	724339
＃日 本	65536	68793	133292	160153
菲律宾	3488	3281	8353	7966
新加坡	27539	23715	27966	30572
美 国	47323	49163	75044	86428
加拿大	12140	11161	14243	16771
英 国	18801	15417	20003	21059
法 国	13262	20582	26503	24126
德 国	10696	17108	28171	30663
意大利	7323	8051	10849	10677
瑞 士	2915	3179	3350	2724
澳大利亚	11088	11424	15476	17988
新西兰	2494	2179	2564	3491
华 侨	70706	101089	103131	
港澳和台湾同胞	1495794	1126772	1234733	1281071
＃台湾同胞	476805	159153	151585	155209
国内旅游者	4789977	7939540	10092783	9823447
人天数合计(人天)	12883274	20686998	23033303	21285037
海外旅游者	3187131	3620613	4376328	3599910
外国人	665214	1282729	1869567	1466704
华 侨	128303	217573	231071	
港澳和台湾同胞	2393614	2120311	2275690	2133206
＃台湾同胞	722045	304284	409624	279765
国内旅游者	9696143	17066385	18656975	17685127
平均每天接待海外旅游人数(人次)	5181	4676	5737	5494
主要宾馆开房率(％)	67.66	62.91	61.73	61.87

附:2001 年城市接待过夜旅游者 2511.68 万人次,其中海外旅游者 442.37 万人次,国内旅游者 2069.31 万人次。
注:1995 年以前只包括主要涉外宾馆,1996 年起包括主要宾馆。

15-26 旅游行业经营情况

单位:万元

项目	1990 年	1995 年	2000 年	2001 年
营业收入	322159	1062978	4157174	4552330
营业成本	145303	392071	1539646	1653259
费用	139584	538746	2219271	2474999
税金	10842	45872	194913	194854
营业利润	26430	86289	203344	229218
投资收益		11001	3435	71133
营业外收支净额	884	15330	4798	15810
利润总额	27314	112620	211577	316161
年末职工人数(人)	76719	107349	409346	411206
期末固定资产原价	312632	806374	4078009	4347562
期末固定资产净值	191669	512944	2289622	2342377

注:1996 年起统计范围增加旅游景点、旅游商店、饮食、民航等旅游服务单位,数字与以前不可比。

15-27 主要宾馆(酒店)住宿设施情况

项目	1995 年	1996 年	1997 年	1998 年	1999 年	2000 年	2001 年
宾馆酒店数(家)	204	315	315	315	315	290	302
#星级宾馆酒店数	76	86	90	95	100	135	176
五星级宾馆酒店数	5	5	5	5	5	5	5
四星级宾馆酒店数	6	9	9	10	12	15	20
三星级宾馆酒店数	22	27	29	31	32	51	70
二星级宾馆酒店数	42	44	46	48	50	61	76
一星级宾馆酒店数	1	1	1	1	1	3	5
客房总数(间)	44051	71817	72952	64586	66210	45626	45332
床位总数(张)	90009	144395	144715	128959	132351	88739	88757

15－28 旅行社基本情况

单位：万元

项目	1995年	1996年	1997年	2000年	2001年
企业情况					
企业数(家)	90	96	103	121	136
年末职工人数(人)	5404	6846	7194	4976	5322
接待情况					
接待旅游者人数(万人次)	84.54	104.94	124.16	271.88	352.40
海外旅游者	32.50	33.43	34.22	51.74	79.43
国内旅游者	52.04	71.51	89.94	220.14	272.97
＃出境游	15.71	18.23	18.56	33.09	30.02
经营情况					
营业收入	162507	179239	209011	282076	326015
营业成本	128939	139881	165280	240706	283599
营业费用	14962	16915	19174	17394	19107
营业税金及附加	2145	2403	2420	2450	2241
经营利润	16461	20040	22137	21526	21068
管理费用	11889	14940	16603	13465	17381
财务费用	－21	1459	3246	974	1070
营业利润	4593	3641	2288	7087	2617
投资收益	2092	2170	1553		
营业外收支净额	1928	1583	600	600	－70
利润总额	8613	7394	4441	7687	2547

15－29 宾馆(旅店)业住宿设施情况

(2001年)

宾馆(旅店)名称	开业年份	宾馆星级	客房数(间)	床位数(张)
合　计			102101	202217
星级宾馆小计			32743	62617
白天鹅宾馆	1983	5	843	1600
广东国际大酒店	1992	5	527	1006
花园酒店	1984	5	1009	1519
中国大酒店	1984	5	1013	1414
东方宾馆股份有限公司	1961	5	999	1770
广东迎宾馆	1952	4	284	574
中央酒店	1986	4	231	428
增城宾馆	1995	4	330	660
增城百花山庄	1985	4	181	371
增城太阳城大酒楼	1994	4	190	380
番禺区祈福新村渡假俱乐部	1999	4	285	560
嘉逸豪庭酒店	2001	4	147	186
景星宾馆	1994	4	352	616
广东全球通大酒店	2000	4	247	430
华厦大酒店	1991	4	680	1360
广州市凯旋华美达大酒店	1991	4	263	550
广州大厦	1986	4	439	816
广信江湾新城大酒店	1992	4	320	625
广州珀丽酒店	1988	4	332	664
远洋宾馆	1986	4	238	386
广东大厦	1988	4	500	963
花都新世纪酒店	1987	4	393	729
番禺宾馆	1980	4	259	519
文化假日酒店	1989	4	374	748
胜利宾馆	1956	4	379	758
香江酒店	1989	3	155	320
珠海特区大酒店	1990	3	161	308
惠福大酒店	2000	3	135	261
广州国际海员俱乐部	1989	3	189	378
星都大酒店	1995	3	174	344
越秀天安大厦	1989	3	160	298
广东博斯坦宾馆	1995	3	48	94
冰花酒店	1993	3	87	174
广州民航大酒店	1995	3	101	185
黄埔区鸿福门歌舞厅	1992	3	110	220
总统大酒店	1995	3	234	468
中旅酒店	1999	3	118	233
三寓宾馆	1984	3	687	1292
白云宾馆	1976	3	797	1594
湖滨宾馆	1989	3	221	442
禺山宾馆(番禺喜悦假日酒店)	1994	3	116	239
番禺香江大酒店有限公司	1994	3	150	300
番禺丽江渡假花园	1994	3	115	228

15－29　续表 1

宾馆(旅店)名称	开业年份	宾馆星级	客房数(间)	床位数(张)
番禺世昌宾馆	1998	3	74	148
番禺世昌大酒店	1998	3	94	143
番禺美丽华大酒店	1986	3	168	248
番禺莲花山粤海村	1988	3	82	172
番禺合力大酒店	1998	3	97	193
番禺祈福(南沙)酒店	1996	3	168	336
番禺龙泉大酒店有限公司	1998	3	139	238
东方丝绸大酒店	1990	3	252	500
大东园宾馆	1997	3	160	311
从化温泉正大度假村	1997	3	44	100
从化市天伦酒店	1998	3	80	160
广东温泉宾馆	1952	3	300	500
从化华侨大厦	1989	3	94	181
云山大酒店	1982	3	326	628
东园宾馆	1989	3	101	176
粤海中心	1991	3	51	102
燕岭大厦	1987	3	240	600
新天河宾馆	1999	3	226	407
新世界大酒店	1999	3	80	155
新好景饮食娱乐中心	1999	3	98	228
五羊城酒店	1982	3	246	483
广州市富丽华大酒店	1992	3	360	678
华茂中心	1987	3	160	310
广东邮电大厦	1995	3	62	117
浙江大厦富春宾馆	1990	3	143	286
嘉应宾馆	1997	3	239	420
华侨酒店	1983	3	338	685
华海大酒店	1987	3	141	250
花都区芙蓉鸿波山庄	1997	3	92	148
花都华侨大酒店	1995	3	60	150
花都丽美大酒店	1994	3	88	125
花都金湖大酒店	1999	3	93	206
花都京华饮食服务有限公司	2000	3	75	148
花地明珠酒店有限公司	1993	3	49	100
湛江大厦(雷州酒店)	1992	3	166	338
新大地宾馆	1986	3	159	318
天龙大酒店	1995	3	141	282
湖天宾馆	1991	3	212	417
流花宾馆	1972	3	565	1068
丽都大酒店	1992	3	332	664
广州宾馆	1968	3	299	598
爱群大酒店	1937	3	330	660
红棉大酒店	1980	3	322	641
汉京大酒店	1999	3	120	240
广州天河远洋大厦	1999	3	216	405

15－29　**续表 2**

宾馆(旅店)名称	开业年份	宾馆星级	客房数(间)	床位数(张)
神州酒店	1997	3	97	194
南湖酒店	1997	3	152	289
金桥宾馆	1994	3	56	110
广东华侨友谊酒店	1992	3	169	278
广州白云国际机场宾馆	1994	3	286	588
广东友谊文化合作公司	1988	3	205	418
从化双湖酒店	1995	3	126	248
芳村区花地大厦旅业部	1998	2	50	100
茶窖湾商业综合服务中心	2000	2	113	210
光明楼酒店	1992	2	79	166
怡乐酒店	1991	2	138	293
番禺天贸友谊酒店	1993	2	28	56
增城华侨酒店	1993	2	100	200
广东京粤水产联合公司	1991	2	45	90
粤新大酒店	1984	2	111	213
华粤大厦	1985	2	100	200
海珠酒店	1969	2	104	181
海印体育宾馆	1987	2	58	112
番禺莲花山休假村	1990	2	89	208
番禺大岗镇园林宾馆	1985	2	38	76
番禺大岗翠江酒店	1956	2	92	202
番禺石基娱乐公司	1996	2	68	130
番禺广州宾馆	1996	2	54	102
东海大厦	1989	2	104	200
金叶大厦	1991	2	200	386
广东旅游大厦	1998	2	149	217
西部大酒店	1989	2	86	152
广州市乐苑大酒店	1996	2	188	360
穗丰(湖北)国际贸易服务公司	1988	2	332	658
石牌酒店	1991	2	124	248
解放大酒店	1997	2	98	196
月亮湾酒店	2000	2	150	281
云浮酒店	1993	2	180	360
粤桂宾馆	1995	2	28	56
新兴大酒店	1992	2	112	235
新侨酒店	1986	2	66	128
广视大厦	1987	2	51	110
中发大酒店	1989	2	258	516
粤罗酒店	1990	2	100	200
鸿运宾馆	1995	2	64	128
广州艺术宾馆有限公司	1999	2	100	200
广州市国茂大酒店	1993	2	45	100
华丽宫大酒店	1986	2	254	485
南方大厦酒店	1955	2	220	382
金川宾馆	1993	2	75	190

15－29 续表3

宾馆(旅店)名称	开业年份	宾馆星级	客房数(间)	床位数(张)
新亚大酒店	1927	2	125	228
新华大酒店	1933	2	102	178
新东江宾馆	1996	2	50	104
东江大酒店	1999	2	70	140
东亚大酒店	1914	2	147	280
广东大酒店	1967	2	109	209
白宫酒店	1928	2	160	302
德政大厦	1951	2	237	515
从化钻石山庄有限公司	1995	2	51	102
花都金岛大酒店有限公司	1995	2	60	120
花都区华美大酒店	2001	2	78	142
花都东亚酒店	1998	2	147	294
花都区不夜天大旅店	1998	2	100	189
碧涛大酒店	1995	2	44	89
北京大酒店	1986	2	118	233
华南大厦酒店	1987	2	63	126
沙河大饭店	1986	2	84	168
沙河宾馆	1993	2	178	378
三元里大酒店	1998	2	126	252
登峰大酒店	1987	2	201	402
天河酒店	1987	2	116	223
广州梅州大厦	1997	2	72	140
广州成都宾馆	1996	2	90	180
广钢大厦	1988	2	31	62
广东省华侨旅社	1972	2	248	529
河北大厦	1990	2	131	262
梅花园林宾馆	1981	2	60	120
京海宾馆	1999	2	83	164
山西大厦	1988	2	178	340
天翔大酒店	1995	2	83	166
广州重庆大厦宾馆	1990	2	93	192
广州银鹰大酒店	1998	2	57	107
广州银海港宾馆	1993	2	73	104
广州市芳村宾馆	1998	2	57	110
广州石化明珠宾馆	1977	2	207	499
北城酒店	1984	2	182	378
车站大酒店(停业)	1989	2	177	354
飞霞大厦(停业)	1988	2	98	196
西城大酒店	1982	1	329	655
广泰来酒店	1979	1	27	55
番禺区灵山尖沙咀酒店	1996	1	20	40
滨江酒店	1962	1	216	438
北京旅店	1967	1	68	127
未评星级宾馆(旅店)小计			69358	139600

15－30 主要旅游景点情况

（2001 年）

景 点 名 称	所属区域地址	景点类型	联系电话
世界大观	天河区东圃镇黄村	古迹与建筑类	82372037
东方乐园	白云区大金钟路	消闲求知健身类	86628628
广东南湖游乐园	白云区同和	消闲求知健身类	87461678
太阳岛乐园	白云区人和镇	消闲求知健身类	86452949
航天奇观	天河区东圃镇黄村	消闲求知健身类	82308861
广州赛马会	天河区黄埔大道 889 号	消闲求知健身类	87539822
光孝寺	越秀区光孝路 109 号	古迹与建筑类	83371622
六榕寺	越秀区六榕路 87 号	古迹与建筑类	83392843
清真先贤古墓	越秀区解放北路 901 号	古迹与建筑类	86692743
怀圣清真寺	越秀区光塔路 56 号	古迹与建筑类	83333593
中山纪念堂	越秀区东风中路	古迹与建筑类	83552030
黄花岗公园	东山区先烈中路 79 号	古迹与建筑类	87775069
流花湖公园	越秀区流花路	消闲求知健身类	86662196
草暖公园	越秀区环市西路 187 号	消闲求知健身类	86677369
越秀公园	越秀区解放北路	消闲求知健身类	86662357
兰圃	越秀区解放北路 901 号	生物景观类	86677255
文化公园	荔湾区西堤二马路 37 号	消闲求知健身类	81888585
广州起义烈士陵园	东山区中山二路 92 号	古迹与建筑类	83825037
荔湾湖公园	荔湾区龙津西路 155 号	消闲求知健身类	81813626
东山湖公园	东山区东湖路 123 号	消闲求知健身类	87755226
广州动物园	东山区先烈中路 120 号	消闲求知健身类	87671635
广州海洋馆	东山区先烈中路 120 号	消闲求知健身类	87611884
天河公园	天河区黄埔大道员村	消闲求知健身类	85525020
三台岭游览区(云台花园、索道)	天河区广园路白云山南麓	地文景观类	87714954
鸣春谷游览区	白云区白云山顶	地文景观类	87706871
明珠楼游览区	白云区白云山黄婆洞水库	地文景观类	87706871
摩星岭游览区(广州碑林、摩星岭)	白云区白云山顶	地文景观类	87706871
雕塑公园	白云区下塘西路	古迹与建筑类	86351029
麓湖游览区	天河区麓湖路	古迹与建筑类	83593474
西汉南越王墓博物馆	越秀区解放北路 867 号	古迹与建筑类	86660885
陈家祠	荔湾区中山七路恩龙里	古迹与建筑类	81705028
镇海楼(广州博物馆)	越秀区越秀公园内	古迹与建筑类	83545253
农民运动讲习所旧址	东山区中山四路 42 号	古迹与建筑类	83844290
黄埔军校旧址纪念馆	黄埔区黄埔长洲岛	古迹与建筑类	82201082
花都区洪秀全纪念馆	花都区新华镇新华路 52 号	古迹与建筑类	86832232
南海神庙	黄埔区南岗镇庙头村	古迹与建筑类	82210927
丹水坑旅游区	黄埔区南岗镇	古迹与建筑类	82237173
广州市商业步行街	荔湾区下九路、第十甫路	购物类	81391862
北京路商业步行街	越秀区北京路	购物类	83354595
莲花山旅游区	番禺区莲花山镇	消闲求知健身类	84861298
余荫山房	番禺区南村镇北大街	古迹与建筑类	84769293
森美反斗乐园	番禺区南村镇大镇岗	消闲求知健身类	84766268

15－30　续表 1

景　点　名　称	所属区域地址	景点类型	联系电话
伶仃旅游农业发展有限公司	番禺区新垦镇新港大道	消闲求知健身类	84955405
利泰瀑布游览区	番禺区南村镇大镇岗	水域风光类	84761368
番禺香江野生动物世界	番禺区大石镇礼村	生物景观类	84783333
番禺博物馆	番禺区市桥镇沙头银平路	古迹与建筑类	84809245
番禺原野庄园	番禺区钟村镇谢村	消闲求知健身类	84770929
留耕堂	番禺区沙湾镇北村	古迹与建筑类	84731247
南沙天后宫	番禺区大角山	古迹与建筑类	84981223
芙蓉度假区	花都区芙蓉镇	消闲求知健身类	86853133
花都盘古王公园	花都区狮岭镇盘古路	消闲求知健身类	86846134
九龙潭旅游度假区	花都区北兴镇	消闲求知健身类	86855190
梯面旅游区	花都区梯面镇	消闲求知健身类	86851313
从化天湖旅游区	从化市温泉镇天湖	消闲求知健身类	87838801
流溪河国家森林公园	从化市流溪河林场	消闲求知健身类	87852288
广东黄龙湖森林公园	从化市良口镇	消闲求知健身类	87851005
广州抽水蓄能电站度假区	从化市吕田镇小杉	消闲求知健身类	87836998
裕达隆花园	增城市三江镇大埔围水库	消闲求知健身类	82913305
何仙姑家庙、古藤	增城市小楼镇	古迹与建筑类	82841628
百花山庄	增城市荔城镇百花林水库	消闲求知健身类	82610739
华南植物园	天河区沙河龙洞	消闲求知健身类	85231555
广州南华高尔夫俱乐部	增城市镇龙镇	消闲求知健身类	82876388
沙湾宝墨园	番禺区沙湾镇紫坭村	古迹与建筑类	84746666
广州市客轮旅游分公司	越秀区沿江中路天字码头	水域风光类	83328932
东风公园	天河区广州大道北 199 号	消闲求知健身类	87617887
广州市黄埔军事博览中心	黄埔区长洲镇	古迹与建筑类	82202190
广东省珠江航运公司	海珠区滨江中路 276 号 6 楼	水域风光类	84446853
蓝海豚游船	东山区大沙头客运站	水域风光类	81882863
广州市瀛州生态公园	海珠区新滘镇小洲村	生物景观类	34080418
圆玄道观	花都区新华镇九潭	古迹与建筑类	86861288
黄大仙祠	芳村区荣兴路	古迹与建筑类	81560426
南越王宫博物馆	越秀区中山四路 316 号	古迹与建筑类	83844480
化龙农业大观园	番禺区化龙镇农业技术综合开发区	生物景观类	84754113
祈福农庄	番禺区市广路祈福新村	消闲求知健身类	84511401
广州艺术博物院	天河区麓湖路 13 号	古迹与建筑类	83659334
广东美术馆	东山区二沙岛烟雨路 38 号	古迹与建筑类	87353773
广东革命历史博物馆	东山区陵园西路 2 号	古迹与建筑类	83365901
广东省星海音乐厅	东山区二沙岛晴波路 33 号	古迹与建筑类	87352222
广州长隆夜间动物世界	番禺区迎宾路	生物景观类	84783333
番禺南沙高尔夫球会	番禺区南沙芦湾黄山鲁林场	消闲求知健身类	84687910
珠江公园	天河区珠江新城金穗路 900 号	消闲求知健身类	38858081
广州花卉博览园	芳村区龙溪大道北路	生物景观类	81418245
南湖高尔夫乡村俱乐部	白云区同和镇南湖旅游区南湖北岸	消闲求知健身类	87461172

15－31 广州市与各友好城市交流情况

项目	1979年至1984年	1985年	1990年	1995年	2000年	2001年
批数(批)						
出访交流考察	34	8	12	35	16	22
接待来访团组	100	19	27	63	35	56
派外进修生	3			1	2	3
人数(人次)						
出访交流考察	295	44	138	267	98	108
接待来访团组	2014	420	301	532	216	456
派外进修生	10		1	1	2	3

15－32 广州市与国外结成友好城市一览表

(2001年末)

国别	城市	缔结日期(年、月、日)
日本	福冈	1979.05.02
美国	洛杉矶	1981.12.08
菲律宾	马尼拉	1982.12.08
加拿大	温哥华	1985.03.27
澳大利亚	悉尼	1986.05.12
意大利	巴里	1986.11.12
法国	里昂	1988.01.19
德国	法兰克福	1988.04.11
新西兰	奥克兰	1989.02.17
韩国	光州	1996.10.25
瑞典	林雪平	1997.11.24
南非	德班	2000.07.17
英国	布里斯托尔	2001.05.23

15-33 各国驻广州总领事馆一览表

（2001年末）

国　别	开馆时间	领区范围	馆　址	电　话	传　真	邮　编
美国	1979.08.31	广东广西福建海南	沙面南街1号	81218000	81219001	510133
日本	1980.03.01	广东广西福建海南	花园酒店花园大厦1楼	83343009	83338972	510064
泰国	1989.02.12	广东广西福建海南	花园酒店花园大厦M07房	83804277	83889959	510064
波兰	1989.07.22(复馆)	广东广西海南	沙面大街63号	81219993	81219995	510133
澳大利亚	1992.12.09	广东广西福建海南湖南	环市东路339号广东国际大酒店主楼14-15楼	83350909	83350718	510098
越南	1993.01.18	广东(暂定)	侨光路华厦大酒店B座2楼北部	83305911	83305915	510115
马来西亚	1993.10.24	广东福建海南江西湖南	天河北路233号中信广场商业大厦1915-1918房	87395660	87395669	510613
加拿大	1994.09.28	广东广西福建海南	中国大酒店商业大厦801房	86660569	86672401	510015
德国	1995.11.07	广东广西福建海南	环市东路339号广东国际大酒店19楼	83306533	83317033	510098
英国	1997.01.14	广东广西福建海南	环市东路339号广东国际大酒店2楼	83336520	83312799	510098
法国	1997.04.28	广东广西福建海南	环市东路339号广东国际大酒店801房	83303405	83303437	510098
菲律宾	1997.05.23	广东广西福建海南	环市东路339号广东国际大酒店7楼	83311461	83330573	510098
荷兰	1998.02.27	广东广西福建海南	环市东路339号广东国际大酒店705房	83302067	83303601	510098
柬埔寨	1998.07.01	广东广西福建海南	花园酒店花园大厦8114室	83879005	83879006	510064
丹麦	1998.09.23	广东广西福建海南	中国大酒店商业大厦1578房	86660353	86670315	510015
意大利	1998.11.04	广东广西福建海南	天河北路233号中信广场商业大厦5207房	38770556	38770270	510613
韩国	2001.08.28	广东广西福建海南	体育东路羊城国际商贸中心西塔18楼	38870555	38870923	510620

主 要 统 计 指 标 解 释

【海关进出口总额】指实际进出我国国境的货物总金额。主要包括对外贸易实际进出口货物，来料加工装配、补偿贸易、进料加工进出口货物，国家间及国际组织无偿援助物资和赠送品，华侨、港澳台同胞和外籍华人捐赠品，租赁期满归承租人所有的租赁货物，边境地方贸易及边境地区小额贸易进出口货物（边民互市贸易除外），中外合资企业、中外合作经营企业、外商独资经营企业进出口货物和公用物品，到、离岸价格在规定限额以上的进出口货样和广告品（无商业价值、无使用价值和免费提供出口的除外），从保税仓库提取在中国境内销售的进口货物，以及其他进出口货物。海关进出口总额用以观察一个国家在对外贸易方面实际进出口货物的总规模。我国规定出口货物按离岸价格统计，进口货物按到岸价格统计。

【利用外资】指我国各级政府、部门、企业和其他经济组织通过对外借款、吸收外商直接投资以及用其他方式筹措的境外现汇、设备、技术等。

【对外借款】指我国政府、部门、企业和中国银行等单位通过对外正式签订借款协议，从境外筹措的资金，包括外国政府贷款、国际金融组织贷款、外国银行商业贷款、出口信贷以及对外发行债券等。

【外商直接投资】指外国企业和经济组织或个人（包括华侨、港澳台胞以及我国在境外注册的企业）按我国有关政策、法规，用现汇、实物、技术等在我国境内开办外商独资企业、与我国境内的企业或经济组织共同举办中外合资经营企业、合作经营企业或合作开发资源的投资（包括外商投资收益的再投资），以及经政府有关部门批准的项目投资总额内企业从境外借入的资金。

【对外承包工程】指各对外承包公司以招标议标承包方式承揽的下列业务：⑴承包国外工程建设项目，⑵承包我国对外经援项目，⑶承包我国驻外机构的工程建设项目，⑷承包我国境内利用外资进行建设的工程项目，⑸与外国承包公司合营或联合承包工程项目时我国公司分包部分，⑹对外承包兼营的房屋开发业务。对外承包工程的营业额是以货币表现的本期内完成的对外承包工程的工作量，包括以前年度签订的合同和本年度新签订的合同在报告期内完成的工作量。

【对外劳务合作】指以收取工资的形式向业主或承包商提供技术和劳动服务的活动。我国对外承包公司在境外开办的合营企业，中国公司同时又提供劳务的，其劳务部分也纳入劳务合作统计。劳务合作营业额按报告期内向雇主提交的结算数（包括工资、加班费和奖金等）统计。

【海外旅游者】指来中国参观、访问、旅行、探亲、访友、休养、考察、参加会议或从事经济、科技、文化、教育、体育、宗教等活动，在我国旅游住宿设施内至少停留一夜的外国人、华侨、港澳同胞和台湾同胞。不包括外国在我国的常驻机构，如使领馆、通讯社、企业办事处的工作人员；来我国常驻的外国专家、留学生以及在岸逗留不过夜人员。

【国内旅游者】指我国大陆居民和在我国境内常住1年以上的外国人、华侨、港澳台同胞离开常住地在境内其他地方的旅游住宿设施内至少停留一夜，最长不超过12个月的游客。

第十六篇

科　技

科技事业稳步发展

2001 年,广州市加大科技投入力度,资金投入和劳动力投入均有所增长,高新技术产品生产增长幅度较大,全市科技事业呈现稳步发展的势头。

一、全社会科技投入总量增幅明显

2001 年,全社会专业技术人员为 66.5 万人,其中科学家和工程师为 35.91 万人,分别比上年增长 3.1%和 5.0%;从事科技活动的人数达到 11.78 万人,比上年增长 5.0%。全社会科技活动经费达到 100 亿元,比上年增长 14.4%,其中研究与发展(R&D)活动经费达到 37.6 亿元,比上年增长 14.9%。此外,全市还加大了教育方面投入,高校及中专招生人数达到 14.44 万人,比上年增加 1.67 万人,增长 13.1%。

二、专利申请量和授权量继续增长

随着科技投入的加大,专利申请量和授权量不断增加。2001 年全市专利申请量和授权量分别为 4998 件和 3337 件,分别比上年增长 11.2%和 4.9%。

三、大中型工业企业积极开展科技活动

2001 年,全市大中型工业企业 592 家,比上年增加 20 家。大中型工业企业科技活动经费支出额达 20.83 亿元,比上年增长 28.9%;有设立技术开发机构的企业比上年增加 1 家;技术开发项目总数达 2588 项,比上年增长 12.0%。专利申请量达 221 项,比上年增长 40.8%。

四、民营科技企业保持增长势头

2001 年,全市民营科技企业已达 1787 家,比上年增加 91 家,增长 5.4%。民营科技企业中,高新技术企业达 311 家,比上年增加 47 家,增长 17.8%;高新技术企业占民营科技企业的比重达 17.4%,比上年的 15.6%提高了 1.8 个百分点。民营科技企业从业人员达 9.41 万人,全年技工贸收入为 376 亿元,分别比上年增长 40.0%和 24.1%。

2001 年,年技工贸收入超 100 万元的民营科技企业有 575 家,比上年增加 44 家,增长 8.3%。在这 575 家民营企业中,共有从业人员 6.19 万人,其中科技人员 3.65 万人,比上年增长 33.9%;科技人员占从业人员比重达到 58.9%,比上年提高了 3.8 个百分点;资产总额达到 410 亿元,增长 23.9%;全年技工贸总收入为 366 亿元,增长 22%;出口创汇 10.9 亿美元,增长 67.1%;上缴税金 18 亿元,增长 12.5%。

五、高新技术产品生产发展较快

2001 年,广州市大力推进高新技术产品生产,生产行业从原来的工业扩展至农业和服务业,生产高新技术产品的企业已达到 544 家,职工人数 16.45 万人。高新技术产品产值达到 619.83 亿元,比上年增长 27.2%;高新技术产品增加值 181.72 亿元,比上年增长 26.3%;高新技术产品销售收入 539.5 亿元,比上年增长 20.7%。

国有单位各类专业技术人员

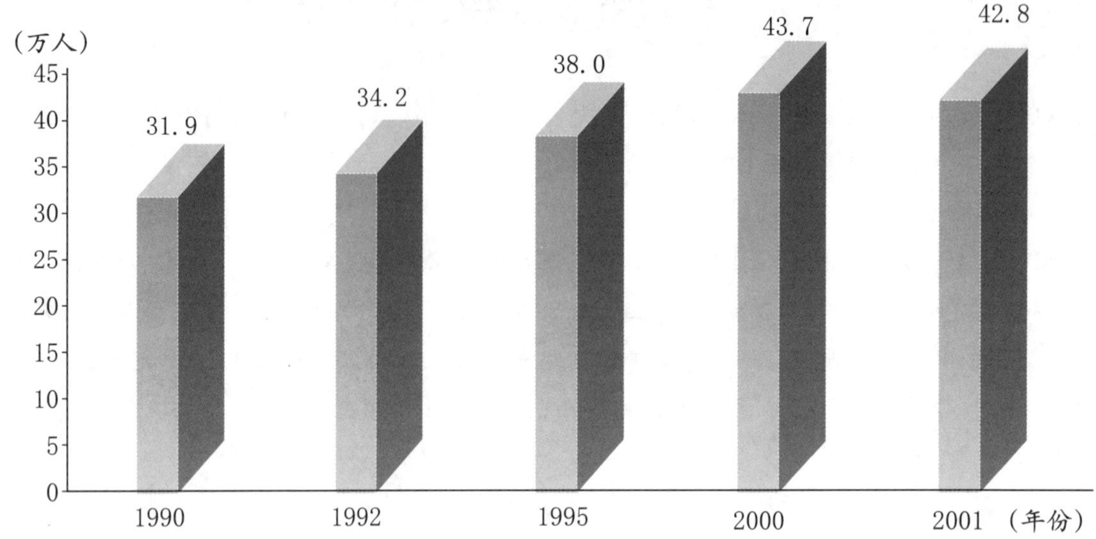

大中型工业企业技术开发情况

机构数(个)

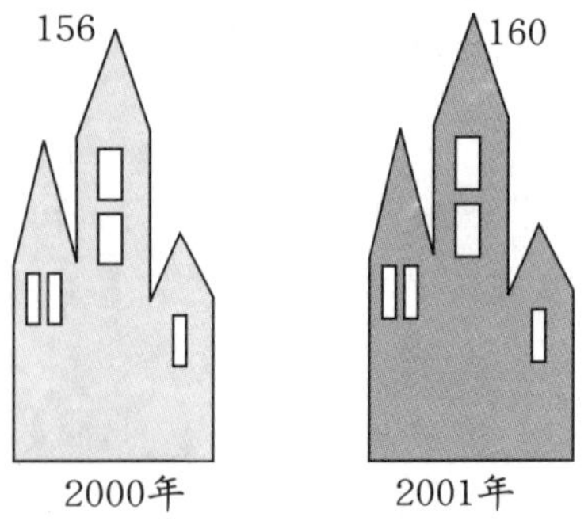

技术开发人员数(人)

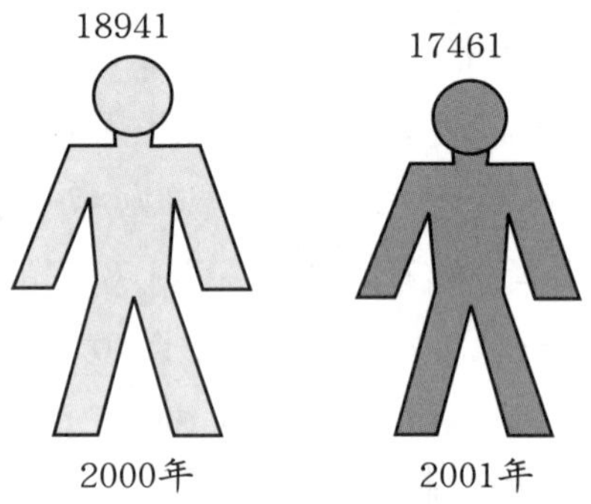

技术开发经费支出总额(亿元)

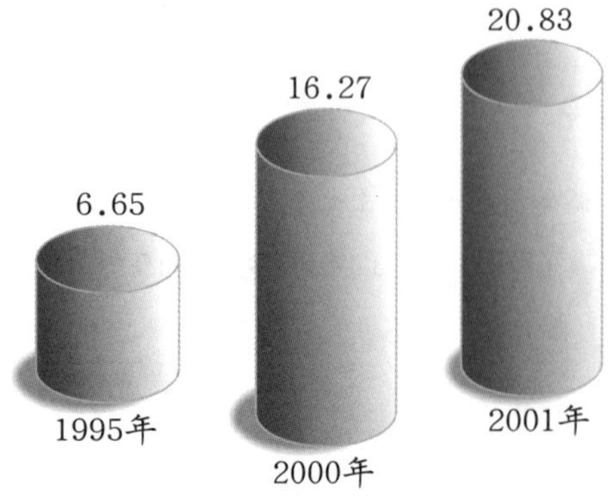

其中 :实验发展支出(亿元)

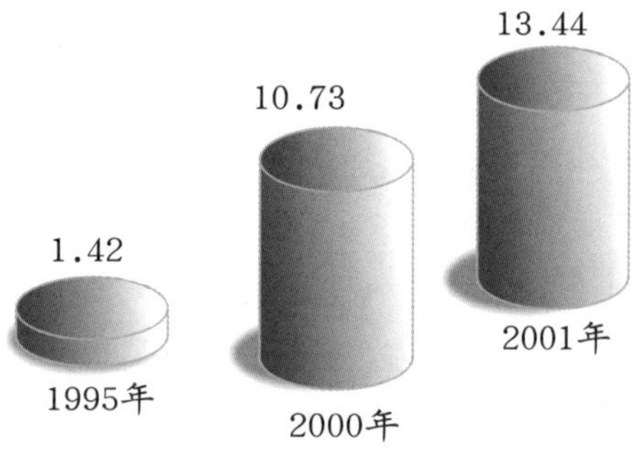

16－1 科技监测主要指标

项　目	单位	1995 年	2000 年	2001 年
每万人口专业技术人员数	人/万人	797	920	934
每万人口中科学家工程师数	人/万人	422	488	504
科研机构人均固定资产原价	千元/人	72.49	117.51	102.64
综合技术服务业新增固定资产占全社会新增固定资产比重	%	0.24	0.37	0.30
每百万人口专利申请量	件/百万人	119.63	648.34	706.93
每百万人口中高校及中专招生数	人/百万人	12739	18424	20425
每万人口中从事科技活动人员数	人/万人	136	160	165
从事科技活动人员中科学家工程师比重	%	43.12	61.19	61.80
研究与发展经费占国内生产总值比重	%	0.87	1.38	1.40
科技活动经费支出占国内生产总值比重	%	2.20	3.68	3.72
地方政府科技拨款占地方财政支出比重	%	1.71	4.20	3.14
科技开发贷款占银行贷款总额比重	%	0.20	0.22	0.13
技术开发经费占产品销售收入比重	%	0.86	1.04	1.18
万名科技活动人员科技论文数	篇/万人	2498	3311	4466
获国家级科技成果奖	项	25	16	10
每百万人口发明专利批准数	件/百万人	115.89	456.19	471.99
高新技术产品增加值占国内生产总值比重	%	1.21	6.06	6.77
高新技术产品出口额占工业制成品出口额比重	%	2.96	11.64	7.78
新产品销售收入占全部销售收入比重	%	10.78	7.05	12.83
科技进步在工业经济增长中的份额	%	40.91	48.10	49.10
人均国内生产总值	元/人	19366	34284	38007
亿元投资新增国内生产总值	亿元/亿	0.53	0.37	0.34
万元国内生产总值综合能耗	吨/万元	1.28	0.91	0.84
工业废水排放达标率	%	64	90.09	88.54
工业固体废物综合利用率	%	71.30	83.48	87.09
人均生活用电量	千瓦·时/人	393.30	603.21	660.96
人均邮电业务量	元/人	722.26	2483.24	3070.39

16－2 各类科学研究与开发机构基本情况

项目	单位	2000年			2001年		
		全市	#市区	#市属	全市	#市区	#市属
机构数	个	196	188	86	192	184	85
#自然科学	个	180	172	78	176	168	78
从业人员	人	21561	21339	5595	18925	18707	5163
#自然科学	人	20759	20537	5193	18131	17913	4772
在从业人员中的科研人员	人	14099	14021	3529	12482	12401	3250
#自然科学	人	13410	13332	3179	11817	11736	2904

16－3 市属各类专业人员

单位:人

项目	1995年		2000年		2001年	
	合计	#市区	合计	#市区	合计	#市区
合计	193432	155621	207396	180814	200056	177403
农、林、牧、渔业	5726	5185	5386	4320	3570	2956
采掘业	174	174	119	119	94	94
制造业	38667	36315	31779	30854	28189	27647
电力、煤气及水的生产和供应业	1547	1524	2427	2306	2078	1963
建筑业	7447	7137	10235	9909	9018	8798
地质勘查业、水利管理业	773	476	909	612	986	756
交通运输、仓储及邮电通信业	9846	9567	6723	6209	6884	6594
批发和零售贸易、餐饮业	10929	9466	9368	8336	7109	6755
金融、保险业	1973	1863	7044	6925	6183	6159
房地产业	2205	1997	2307	1991	2029	1906
社会服务业	3346	2854	5273	4310	5787	5388
卫生、体育和社会福利业	24895	18511	28724	24350	30085	25888
教育、文化艺术及广播电影电视业	66986	44927	76655	62456	79069	64795
科学研究和综合技术服务业	4565	4198	3846	3698	3051	2921
国家机关、政党机关和社会团体	9191	7073	9191	8188	9191	8188
其他行业	5162	4354	7410	6231	6733	6595

16－4 国有单位各类专业技术人员

（按职称分）

单位：人

项目	2000年			2001年		
	全市	#市区	#市属	全市	#市区	#市属
合计	437428	411278	207396	428367	400432	200056
工程技术人员	99131	96653	39698	99006	96450	36824
高级工程师	9120	9060	2261	9472	9413	2103
工程师	32307	31886	11417	31963	31467	10831
助理工程师、技术员	51052	49219	23012	50919	49051	21613
未聘任专业技术职务的	6652	6488	3008	6652	6519	2277
农业技术人员	3095	2631	1836	2952	2364	1590
高级农艺师	200	197	52	259	247	58
农艺师	1095	1007	555	1024	892	470
助理工程师、技术员	1591	1260	1127	1467	1087	965
未聘任专业技术职务的	209	167	102	202	138	97
科学研究人员	7102	7096	732	7045	7039	618
正副研究员	1909	1909	172	2396	2395	167
助理研究员	3295	3293	318	2724	2722	252
研究实习员、实验员	1698	1694	204	1755	1752	170
未聘任专业技术职务的	200	200	38	170	170	29
卫生技术人员	50623	46798	31210	50523	46131	31586
正副主任医师	3645	3567	1824	4031	3941	1957
主治医师	11198	10838	5573	11086	10611	5858
医（护）师（士）	34499	31119	22941	34241	30444	23036
未聘任专业技术职务的	1281	1274	872	1165	1135	735
教学人员	98115	84684	72882	98642	84300	74544
高等院校	16748	16696	2748	17414	17362	2765
正副教授	5919	5915	791	6589	6585	809
讲师	6269	6251	1141	6266	6248	1140
助教	4145	4115	733	4096	4067	733
未聘任专业技术职务的	415	415	83	463	462	83
中专技工学校	8781	8474	3992	8709	8378	4032
高级讲师	1096	1065	465	1091	1059	473
讲师	3450	3349	1602	3460	3351	1614
助理讲师、教员	3687	3557	1641	3594	3455	1656
未聘任专业技术职务的	548	503	284	564	513	289
中学	29297	24317	27207	29719	24490	27994
高级教师	2531	2419	2221	2526	2407	2286
一级教师	10034	8673	8786	10029	8593	9024
二级、三级教师	13219	10405	12852	13645	10705	13224
未聘任专业技术职务的	3513	2820	3348	3519	2785	3460

16－4 续表 1

单位：人

项目	2000年			2001年		
	全市	#市区	#市属	全市	#市区	#市属
小学	43289	35197	38935	42800	34070	39753
高级教师	11896	10091	10804	11753	9869	11082
一、二、三级教师	26809	21208	24073	26815	20945	24492
未聘任专业技术职务的	4584	3898	4058	4232	3256	4179
民航飞行技术人员	543	543	1	552	552	1
一级飞行技术人员	101	101		43	43	
二级飞行技术人员	248	248	1	162	162	
三级、四级飞行技术人员	144	144		347	347	1
未聘任专业技术职务的	50	50				
船舶技术人员	10032	10032	1	10006	10006	1
高级船长	189	189		184	184	
船长、大副	4073	4073		4474	4474	1
二副、三副	4763	4763	1	4092	4092	
未聘任专业技术职务的	1007	1007		1256	1256	
经济人员	75982	73661	24980	67352	65319	21651
高级经济师	1208	1204	171	1206	1197	158
经济师	20309	19956	5373	20144	19824	4967
助理经济师、经济员	45612	43737	16574	39802	38238	14406
未聘任专业技术职务的	8853	8764	2862	6200	6060	2120
会计人员	51929	49049	20367	51878	48713	18899
高级会计师	395	393	90	399	390	91
会计师	8667	8521	2542	8506	8281	2450
助理会计师、会计员	38557	35921	16855	38630	35777	15639
未聘任专业技术职务的	4310	4214	880	4343	4265	719
统计人员	4905	4728	2756	4808	4617	2439
高级统计师	28	26	10	26	26	9
统计师	853	838	454	848	837	427
助理统计师、统计员	3778	3621	2172	3697	3520	1891
未聘任专业技术职务的	246	243	120	237	234	112
翻译人员	1721	1711	494	1709	1695	487
正副译审	146	146	21	139	138	20
翻译	770	768	174	769	769	163
助理翻译	729	721	262	651	638	259
未聘任专业技术职务的	76	76	37	150	150	45
图书、档案、文博人员	4736	4672	2185	4682	4617	2149
正副研究馆员	243	242	60	251	250	62
馆员	1474	1464	562	1495	1487	585
助理馆员、管理员	2782	2733	1449	2743	2693	1398
未聘任专业技术职务的	237	233	114	193	187	104

单位：人

项目	2000年			2001年		
	全市	#市区	#市属	全市	#市区	#市属
新闻、出版人员	3805	3750	743	3842	3773	847
正副编审、高级、主任记者	676	676	113	785	785	115
编辑、记者、一级校对	1567	1559	312	1583	1577	326
助理编辑、记者、二、三级校对	1426	1387	279	1337	1289	355
未聘任专业技术职务的	136	128	39	137	122	51
律师、公证人员	880	835	331	868	838	309
一、二级律师、公证员	250	250	26	240	240	29
三级律师、公证员	164	159	89	159	156	74
四级律师、公证员、助理	395	358	176	416	390	173
未聘任专业技术职务的	71	68	40	53	52	33
播音人员	115	115	47	135	135	48
播音指导、主任播音员	2	2		2	2	
一级播音员	26	26	5	32	32	6
二级、三级播音员	82	82	42	98	98	39
未聘任专业技术职务的	5	5		3	3	3
工艺美术人员	750	750	295	710	710	283
高级工艺美术师	40	40	5	31	31	3
工艺美术师	157	157	46	150	150	38
助理工艺师、美术员	485	485	210	466	466	217
未聘任专业技术职务的	68	68	34	63	63	25
体育人员	590	574	319	598	583	333
主教练	142	142	46	166	166	55
教练	247	247	131	231	231	132
助理教练	173	158	120	175	161	130
未聘任专业技术职务的	28	27	22	26	25	16
艺术人员	2013	2006	858	1988	1985	810
一、二级艺术人员	534	534	185	511	511	184
三级艺术人员	844	843	362	795	794	328
四级艺术人员	512	506	217	578	576	228
未聘任专业技术职务的	123	123	94	104	104	70
政工人员	17523	17152	7660	16649	16183	6636
高级政工师	1162	1144	461	1931	1928	516
政工师	7885	7724	3380	7257	7042	2933
助理政工师、政工员	8476	8284	3819	7461	7213	3187
海关专业人员	3838	3838	1	4422	4422	1

16-5 市属科协基本情况

(2001年)

项目	单位	合计	市科协	区、县级市科协	市级学会
机构数	个	89	1	13	75
机关人数	人	355	48	61	246
在册学会、协会、研究会	个	321	75	246	
企业科协	个	85	63	22	
农村专业技术协会	个	140	1	139	
农技协会会员人数	人	11955	74	11881	
举行国内、国际学术交流活动					
#次数	次	504	4	109	391
参加人数	人	56735	700	13958	42077
交流论文	篇	3656	85	1423	2148
接待国外专家学者					
#次数	次	29	5	8	16
接待人数	人	646	29	354	263
组织科技报告场次	场	45	5	33	7
举办各种培训班班数	班	573	14	88	471
参加各种培训班人数	人	40724	1557	6242	32925
完成咨询合同数	项	579	453	4	122
咨询合同实现金额	万元	866	700		166
无偿科技咨询	项	247		129	118

16-6 大中型工业企业技术开发成果

项目	单位	2000年		2001年	
		全市	#市区	全市	#市区
专利申请数	件	157	157	221	221
专利授权数	件	90	90	90	90
技术开发项目数	项	2310	2292	2588	2481
#应用研究	项	2	2		
实验发展	项	2208	2196	2201	2098

16－7 大中型工业企业技术开发机构、人员情况

单位：人

项目	2000年		2001年	
	全市	#市区	全市	#市区
大中型工业企业数(个)	572	542	592	547
企业技术开发机构数(个)	156	149	160	153
有设立开发机构的大中型企业(个)	142	135	143	136
技术开发人员合计	18941	18699	17461	17217
#工程技术人员	10796	10845	9954	9985
具有高、中级职称或大学本科及以上学历的人员	9437	9267	9882	9715
技术开发机构的人员	5784	5703	7961	7880
#具有高中级职称或大学本科及以上学历的人员	3561	3508	4701	4658

16－8 大中型工业企业技术开发经费总额

单位：万元

行业	1995年		2000年		2001年	
	合计	#市区	合计	#市区	合计	#市区
上年结转	11900	11422				
本年筹集额	66535	62225	191179	187282	166540	164728
上级拨款	1443	1413	5211	5161	10396	10118
专项贷款	18345	15228	41835	40955	12115	11815
本企业自筹	45961	44808	141011	138044	142943	141709
接受外单位委托	637	637			400	400
其他	149	139	3122	3122	686	686
技术开发经费支出总额	66519	62013	162727	159295	208262	206079
#应用研究			5	5	10	10
实验发展	14177	13471	107347	104304	134433	133006

16－9 民营科技企业情况

项目	1997年	1998年	1999年	2000年	2001年
民营科技企业数(个)	1427	1591	1607	1696	1787
＃当年新增	277	164	16	89	87
高新技术民营科技企业	147	174	223	264	311
从业人员(人)	39900	44964	60668	67185	94077
全年技工贸总收入(亿元)	76	138	165	303	376

16－10 年收入超100万元的民营科技企业情况

项目	单位	1998年	1999年	2000年	2001年
民营科技企业个数	个	371	368	531	575
从业人员数	人	25394	36874	52232	61863
＃科技人员	人	13252	18901	27217	36455
具有高、中、初级职称人员	人	8151	10570	15008	16075
资产总额	亿元	112	191	331	410
＃固定资产	亿元	35	59	79	98
无形资产	亿元	3	10	66	67
流动资产	亿元	66	109	166	212
全年技工贸总收入	亿元	118	161	300	366
出口创汇	万美元	15416	19112	65227	108976
上缴税金	亿元	5	8	16	18

16－11 高新技术产品情况

(2001年)　　单位：万元

项目	企业数(个)	产品数(个)	总产值	增加值	产品销售收入	＃出口销售收入	实现利税总额	享受减免税总额
合计	544	844	6198268	1817176	5394994	506000	901891	51495
农业	35	57	63726	9780	66688	3212	4303	372
工业	411	662	6108633	1798746	5302606	502651	894576	50591
服务业	98	125	25909	8650	25700	137	3012	532
合计中：软件产品	140	177	372668	117255	345270	188	41451	3612

16－12 生产高新技术产品的工业企业概况

（2001年）　　　　单位：万元

项　　目	企业数（个）	年末职工人数（人）	产品研究开发人员	总产值	增加值（生产法）	产品销售收入	实现利税总额	享受减免税总额	技术开发经费支出总额
总　　计	411	153379	8867	8781118	2392928	7766470	1140699	55938	91150
按地区分									
东山区	8	2340	343	31534	8964	31790	3985	285	2068
荔湾区	12	7116	273	206509	68590	204108	31474	574	2236
越秀区	15	4915	121	64533	20485	84930	9755	21	944
海珠区	33	20903	816	628796	224425	529265	109497	5605	18449
天河区	102	19179	3563	1081986	252363	804895	96107	7169	29025
芳村区	12	5812	174	126371	51307	123205	22215	447	3110
白云区	48	25128	726	946780	264028	769662	100077	2286	10886
黄埔区	64	24980	1538	4037634	1050389	3727639	645342	28406	9704
番禺区	47	23336	847	926588	247339	819077	101675	9559	9634
花都区	13	2263	96	96963	29839	87663	3439	968	1006
增城市	28	5696	240	277749	84508	245468	8547	542	3566
从化市	29	11711	130	355675	90691	338768	8586	76	522
按技术领域分									
电子与信息技术	110	37962	4213	1271077	428291	1252563	143624	8417	28334
机电一体化技术	76	30638	1377	2741099	846136	2201175	589873	29966	18239
生物技术	38	14751	788	610065	229249	399722	122999	6215	19381
新材料技术	145	51791	1801	3417109	696459	3219873	251842	8150	18306
新能源高效节能环保技术	19	10951	383	412557	96071	399771	16859	2666	2442
环保技术	14	4114	184	82675	25789	67289	576	188	1336
其他技术	9	3172	121	246536	70933	226077	14926	336	3112

注：东山区含黄花岗科技园，天河区含天河科技园，黄埔区含广州经济技术开发区、广州保税区，番禺区含南沙经济技术开发区，下表同。

16－13 工业企业高新技术产品情况

（2001 年）

单位：万元

项目	企业数（个）	产品数（个）	总产值	增加值（生产法）	产品销售收入	#出口销售收入	实现利税总额	享受减免税总额
总计	411	662	6108633	1798746	5302606	502651	894576	50591
按地区分								
东山区	8	17	18333	5115	16474	155	3041	232
荔湾区	12	28	45122	10569	43916	375	4132	573
越秀区	15	36	21054	6822	20030	262	3439	
海珠区	33	78	305549	115785	294147	3290	51393	1982
天河区	102	183	766169	210539	560838	1769	76897	6917
芳村区	12	20	90078	38795	86866	2077	19509	336
白云区	48	75	822898	220307	621455	37600	88738	901
黄埔区	64	91	2658776	796801	2393565	151119	536864	27271
番禺区	47	55	710729	220125	660881	283323	90629	11172
花都区	13	13	68611	14422	61397	3719	3254	968
增城市	28	30	252174	69844	212033	489	7911	163
从化市	29	36	349140	89622	331004	18473	8769	76
按技术领域分								
电子与信息技术	110	165	1185479	358640	1139298	38126	122594	7751
机电一体化技术	76	96	2618150	764408	2066743	21331	583129	32505
生物技术	38	91	337016	117160	256741	1381	53567	2321
新材料技术	145	247	1579647	448252	1494791	306949	120204	7342
新能源高效节能环保技术	19	27	88367	21892	76892	40959	－1811	582
环保技术	14	18	68256	23082	55875	30919	2675	90
其他技术	9	18	231718	65312	212266	62986	14218	

主 要 统 计 指 标 解 释

【独立研究与开发机构】指有明确的任务和研究方向,有一定学术水平的业务骨干和一定数量的研究人员,具有研究、开发、开展学术工作的基本条件,主要进行科学研究与技术开发活动,并且在行政上有独立的组织形式,财务上独立核算盈亏,有权与其他单位签订合同,在银行有单独户头的单位。包括国务院各部门、中国科学院、中国社会科学院和各省、自治区、直辖市以及地(市)以上〔含地(市)〕各部门所属的国有科学研究与技术开发机构。

【独立研究与开发机构职工】指在独立研究与开发机构工作,并由其支付工资的人员。包括长期职工、临时职工和招聘人员,不包括编制以外的离休、退休人员和停薪留职人员。

【研究与发展经费支出】指用于研究与发展课题活动(基础研究、应用研究、实验发展)的全部实际支出,包括用于研究与发展课题活动的直接支出和间接用于研究与发展活动的支出(如研究院、所管理费,维持研究院、所正常运转的必需费用和与研究发展有关的基本建设支出)。

【科学家和工程师】指具有大学本科及以上学历和不具备上述学历但有高、中级职称的人员。

【专业技术人员】指从事专业技术工作和专业技术管理工作的人员。包括已经聘任专业技术职务从事专业技术工作和技术管理人员,以及未聘任专业技术职务,现在专业技术岗位上的人员。

【工程技术人员】指在国民经济各行业中从事工程技术工作的专业技术人员,包括高级工程师、工程师、助理工程师、技术员和未评定职称的技术人员。

【农业技术人员】指在国民经济各行业中从事农业技术工作的专业技术人员,包括高级农艺师、农艺师、助理农艺师、技术员和未评定职称的技术人员。

【卫生技术人员】指在国民经济各行业中从事卫生医务工作的专业技术人员,包括正副主任医师、主治医师、医师、医(护)士和未评定职称的技术人员。

【科学研究人员】指在国民经济各行业中从事科学技术活动的专业技术人员,包括正副研究员、助理研究员、研究实习员、技术员和未评定职称的技术人员。

第十七篇

教育、文化、体育、卫生、社会福利和其他

社会事业蓬勃发展

2001年,广州在经济保持较快发展的同时,各项社会事业全面发展。

一、教育事业发展迅速

高等教育持续发展。2001年广州市高等教育规模继续扩大,全市有普通高等学校37所,比上年增加6所;招收本、专科学生8.81万人,在校学生24.47万人,分别比上年增长19.0%和32.2%。全市有中等职业技术学校200所,比上年减少29所;招生人数6.96万人,比上年增长5.1%。基础教育有新的发展。从2001学年起,普通高中全面开设信息技术课,筹建"广州市教育信息中心",实施"校校通"工程。全市初中在校学生35.12万人,小学在校学生78.86万人,分别比上年增长5.1%和4.2%;初中升学率92.7%,比上年提高2.1个百分点;适龄儿童入学率达99.97%。

二、文化事业生机勃勃

2001年广州市有专业艺术表演团体18个,从业人员1679人。全年新排上演剧目83个,演出4247场;观众达574万人次,比上年增长14.8%。创作了一批艺术精湛的优秀作品。芭蕾舞剧《梅兰芳》、大型史诗剧《再走万水千山》、大型杂技晚会《现在梦幻时—聊斋》等,受到广大市民的好评。推出了"广州之夜"百场艺术精品的演出系列活动,成功并出色地承办了"九运会"闭幕式大型文艺晚会、全国第十一届"群星奖"决赛、第九十届广交会开幕酒会文艺演出、第六届羊城艺术博览月等重大活动。一批优秀文艺作品在国际、国内比赛中获奖,其中,国际奖12项,国家奖23项,省级奖24项。

三、卫生事业稳步发展

2001年全市有各级各类医疗卫生机构2257个,其中医院253间,比上年增加1间。医疗床位3.94万张,比上年增长1.7%,其中医院床位3.46万张,增长2.5%。卫生技术人员5.63万人,比上年增长1.1%,其中医生2.39万人,增长1.9%。有高级职称的卫生技术人员5120人,比上年增长4.7%。加强疾病预防控制,全市儿童计划免疫全程接种率达99%以上。继续抓好妇幼卫生工作,孕产妇保健系统管理率达87.3%;3岁以下儿童保健系统管理率达88.5%,比上年提高0.1个百分点;婚前医疗检查率达93.8%,比上年提高12.7个百分点。抓好农村合作医疗保障工作,有医疗点的农村1224条,比上年增长6.2%;实行合作医疗或医疗保险的村699条,比上年增长29.7%。

四、体育事业蓬勃发展

2001年,广州市体育工作以迎"九运会"为契机,掀起了全民健身运动的高潮,分别举办了以迎九运、宣传《体育法》为主题的大规模群体活动、元旦万人跑、职工运动会、春节体育花会等大型活动。全市中小学校《国家体育锻炼标准》实施率达99.6%,有83.6万中小学生达标,达标率为95.1%。全年举办县、区级以上运动会250次,参加运动会的运动员53.6万人。广州市运动员在国内外重大比赛中,共夺得世界冠军8个、亚洲冠军15个、全国冠军75个。在九运会上夺得金牌20枚,比八运会增加了13枚。

五、社会保障体系不断完善

2001年广州市社会保障制度改革取得重要进展。全面贯彻实施社会保险费征收新办法,努力推进社会保险基金一体化管理工作。启动医疗保险制度改革,首批2050个单位参加了医疗保险。年末全市参加社会养老保险、失业保险、工伤保险人数分别达157.55万人、183.02万人和112.90万人,分别比上年增长3.6%、2.3%和6.3%;参加生育保险和医疗保险人数分别达67.49万人和41.45万人。社会救济不断完善,城镇居民中获最低生活保障人数达2.27万人,农村居民中获最低生活保障人数1.82万人;城镇临时性救济人数0.73万人,农村临时救济人数达1.06万人。全年社会救济福利事业费支出2.67亿元,救灾支出2247万元,分别比上年增长62.8%和12.3%。

各类学校及在校学生数

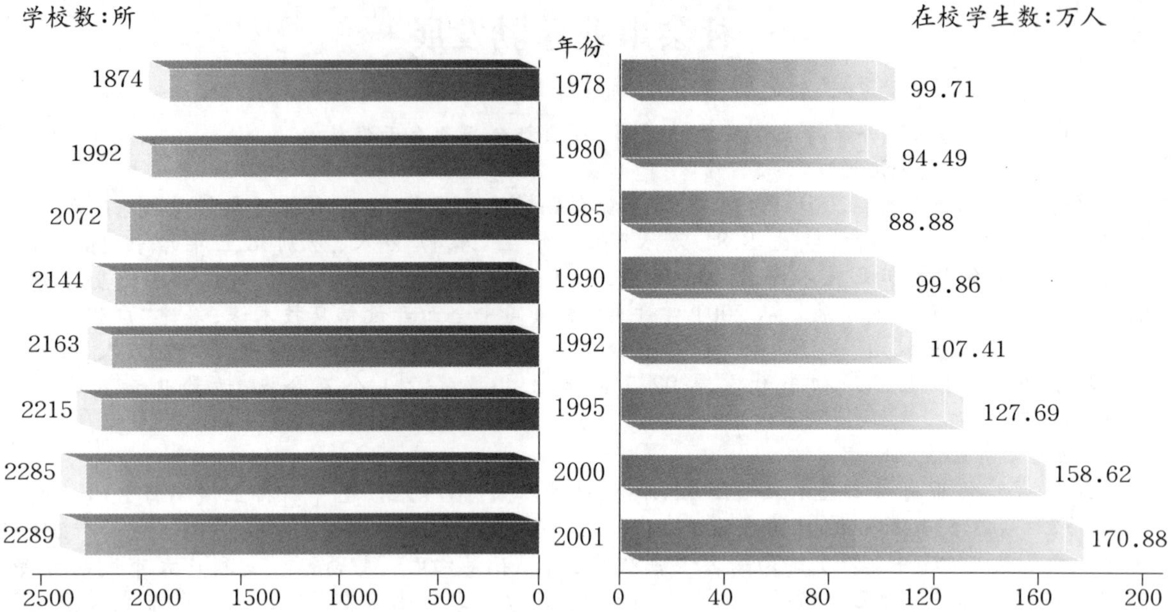

卫生事业基本情况

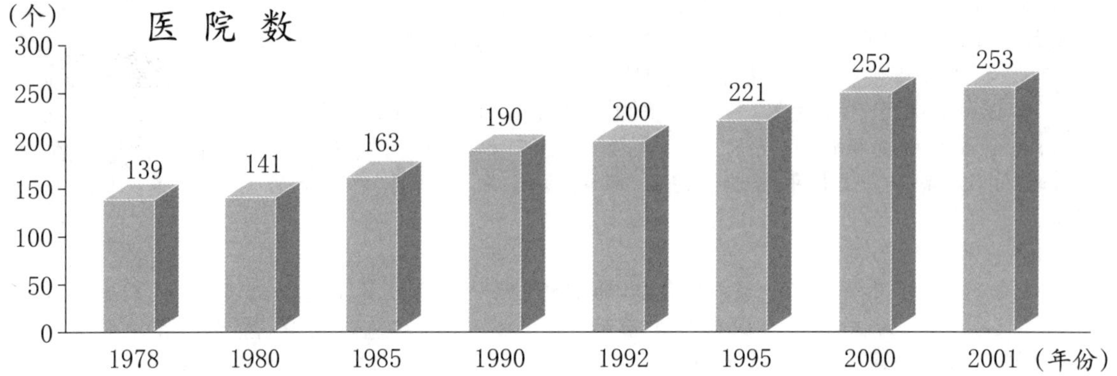

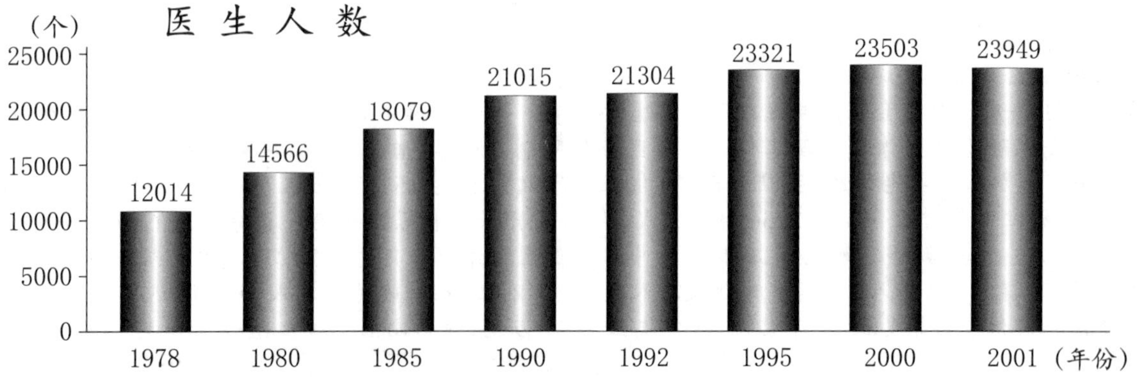

17-1 普通高等院校基本情况

（2001 年）

单位：人

院校名称	毕业生数	招生数	在校学生数	教职工人数	#专任教师	#教授	#副教授	#讲师
合计	32634	88120	244736	34474	14846	1555	4916	5338
中山大学	3120	4342	16600	5105	1860	422	634	590
暨南大学	1877	2803	11008	3476	1003	148	438	256
华南理工大学	2581	3308	12605	3719	1750	266	632	630
广东工业大学	2941	6543	18809	2561	1155	104	355	522
华南农业大学	1384	3013	9056	1893	753	89	257	246
广州中医药大学	455	1129	4202	984	338	59	109	112
广州医学院	567	970	3248	1084	341	26	138	126
广东药学院	644	1253	4183	618	266	9	81	93
华南师范大学	3020	5867	17140	2427	1068	114	365	359
广东外语外贸大学	1168	2823	9836	1366	648	37	180	227
广州体育学院	744	1126	3183	504	235	22	93	72
广州美术学院	210	713	2145	386	221	22	53	104
星海音乐学院	190	293	951	346	150	15	40	46
广东职业技术师范学院	690	2249	5882	566	274	19	100	96
广东商学院	1285	3857	10243	919	470	39	182	138
广州大学	4028	8163	21267	2359	1207	84	463	404
仲恺农业技术学院	662	1082	3414	404	182	10	73	68
广州金融高等专科学校	659	1717	3931	349	163	2	47	72
广州航海高等专科学校	387	1156	2736	345	169	3	37	77
广东公安高等专科学校	544	1303	3401	467	217	8	67	92
南华工商学院	447	1412	4088	342	202	8	30	89
华联学院	777	1275	3334	258	134	19	69	23
番禺职业技术学校	493	1530	3250	174	105	6	34	32
培正商学院	405	1581	3989	366	147	12	34	55
白云职业技术学院		1487	3493	298	192	1	30	65
广东轻工职业技术学院		2101	5719	398	186	1	46	77
广东交通职业技术学院		1982	5097	377	194		36	105
广东水利电力职业技术学院		1445	4953	246	126	1	37	57
广州民航职业技术学院	230	1041	2121	278	139		35	70
广东农工商职业技术学院		1645	4037	282	190	4	58	105
广东财经职业学院				112	68		16	17
广东外语职业学院	255	366	650	188	98		26	50
广东纺织职业技术学院		464	464	144	94		16	46
广东建设职业技术学院		509	509	190	108		25	48
广东女子职业技术学院		650	650	160	70	3	25	27
广东机电职业技术学院		555	555	124	72		15	38
广东岭南职业技术学院		764	764	200	80	2	10	17
高校分校、大专班	2871	15603	37223	459	171		30	87

17-2 普通高等院校各类专业学生数

（2001年）

单位：人

项目	毕业生数	#本科	招生数	#本科	在校学生数	#本科
合计	32634	19613	88120	38621	244736	127761
哲学	55	55	49	49	197	197
经济学	3207	1414	7505	2936	19493	8896
法学	2106	1102	4406	1912	12368	6037
教育学	1691	916	3860	1611	10718	5334
文学	5008	2933	12396	5752	33467	19161
历史学	338	338	394	394	1536	1495
理学	3498	2992	6666	4196	21136	15519
工学	8355	4760	26955	10198	75312	33125
农学	833	774	1822	1315	5821	4185
医学	2372	1839	5378	3946	18598	14758
管理学	5171	2490	18689	6312	46090	19054

17-3 研究生基本情况

单位：人

年份	培养单位	#高校	毕业生数	#高校	#博士	招生数	#高校	#博士	在学生数	#高校	#博士
1985	15	12	654	650	7	1526	1518	74	2878	2859	92
1990	25	13	1491	1438	101	1113	1090	76	3355	3264	293
1991	24	13	1272	1234	109	1171	1157	167	3216	3149	338
1992	19	13	947	917	76	1258	1228	162	3492	3426	417
1993	18	13	1025	1003	76	1521	1490	201	3940	3865	533
1994	18	13	1079	1064	142	1866	1831	298	4656	4562	681
1995	21	13	1259	1215	154	1875	1782	407	5283	5080	935
1996	21	13	1440	1396	188	2367	2249	457	6162	5888	1192
1997	21	13	1770	1715	253	2387	2288	457	6696	6388	1391
1998	21	13	1843	1759	420	2997	2921	582	7821	7521	1539
1999	21	13	2168	2059	371	3673	3559	788	9253	8952	1933
2000	21	13	2131	2028	417	5435	5274	1048	12492	12135	2549
2001	22	14	2753	2671	540	7080	6837	1352	17150	16631	3421

17－4 各类学校数及在校学生数

（2001 年）

项　　目	全　市	市　区	＃番禺区	＃花都区	增城市	从化市
各类学校数合计(所)	2278	1683	350	233	355	240
普通高等学校	37	37	1	1		
中等学校	621	534	69	41	53	34
普通中学	421	341	57	37	50	30
＃高中	150	131	16	8	10	9
中等专业学校	72	70	2	1	1	1
＃师范学校	2	2				
技工学校	63	62	1	2		1
职业中学	65	61	9	1	2	2
小学	1604	1098	279	190	301	205
特殊学校	16	14	1	1	1	1
各类学校在校学生数(人)	1708774	1439853	207165	127806	160494	108427
普通高等学校	244736	244736	3900	3989		
中等学校	669557	570076	77830	48470	58470	41011
普通中学	458099	364258	69125	44527	55415	38426
＃高中	106919	88225	15677	10167	11241	7453
中等专业学校	110380	108924	390	341	905	551
＃师范学校	3666	3666				
技工学校	64008	62476	1205	520		1532
职业中学	37070	34418	7110	3082	2150	502
小学	788604	619588	124346	75185	101795	67221
特殊学校	5877	5453	1089	162	229	195

17－5 高中、初中、小学毕业生升学情况

项　　目	单　位	2000 年			2001 年		
		全　市	市　区	县级市	全　市	市　区	县级市
高中毕业生数	人	22704	18686	4018	26018	21597	4421
已升学人数	人	18657	16174	2483	21444	18132	3312
升学率	%	82.17	86.56	61.80	82.42	83.96	74.92
初中毕业生数	人	92446	71082	21364	102518	80485	22033
已升学人数	人	83814	65467	18347	95073	75752	19321
升学率	%	90.66	92.10	85.88	92.74	94.12	87.69
小学毕业生数	人	121066	93952	27114	124901	97746	27155
已升学人数	人	120598	93940	26658	121873	95065	26808
升学率	%	99.61	99.99	98.32	97.58	97.26	98.72

17－6 各类学校招生数及毕业生数

（2001 年）

单位：人

项目	全市	市区	＃番禺区	＃花都区	增城市	从化市
各类学校招生数	455796	388753	49699	30505	40918	26125
普通高等学校	88120	88120	2180	1581		
中等学校	234133	197578	27965	17119	21473	15082
普通中学	164539	130150	24649	15818	20355	14034
＃高中	42666	35085	6036	4041	4577	3004
中等专业学校	28981	28526	118	110	345	110
＃师范学校	1184	1184				
技工学校	27308	26598	524	173		710
职业中学	13305	12304	2674	1018	773	228
小学	132870	102460	19503	11789	19413	10997
特殊学校	673	595	51	16	32	46
各类学校毕业生数	348433	293414	40396	26187	32760	22259
普通高等学校	32634	32634	493	405		
中等学校	189735	162002	20755	13331	16756	10977
普通中学	128536	102082	18331	11916	16101	10353
＃高中	26018	21597	3915	2305	2572	1849
中等专业学校	32226	32094	278	258	37	95
＃师范学校	1726	1726	199	150		
技工学校	16968	16666	250	418		302
职业中学	12005	11160	1896	739	618	227
小学	124901	97746	18991	12435	15919	11236
特殊学校	1163	1032	157	16	85	46

17－7 普通中小学专任教师学历情况

（2001 年）

项目	人数（人）	高中	初中	小学	构成（%）	高中	初中	小学
合计	61804	6918	19106	35780	100.00	100.00	100.00	100.00
研究生毕业	203	150	21	32	0.33	2.17	0.11	0.09
本科毕业	18692	6150	9680	2862	30.24	88.90	50.66	8.00
大专毕业	25398	582	8720	16096	41.10	8.41	45.64	44.99
高中毕业	17349	36	672	16641	28.07	0.52	3.52	46.51
高中阶段以下	162		13	149	0.26		0.07	0.41

附：教师学历达标率：高中 91.07%，初中 96.41%，小学 99.58%。

17－8 各类学校教职工人数及专任教师数

(2001 年)　　单位:人

项　目	全　市	市　区	＃番禺区	＃花都区	增城市	从化市
各类学校教职工人数	128876	113643	11417	7015	8935	6298
普通高等学校	34474	34474	334	366		
中等学校	50597	44022	5220	3098	3612	2963
普通中学	34391	28314	4567	2891	3355	2722
中等专业学校	8521	8361	101	26	70	90
＃师范学校	635	635				
技工学校	4614	4534	123	64		80
职业中学	3071	2813	429	117	187	71
小学	43260	34612	5817	3533	5313	3335
特殊学校	545	535	46	18	10	
各类学校专任教师数	86547	74407	9876	5700	7064	5076
普通高等学校	14846	14846	175	147		
中等学校	35528	30450	4463	2501	2821	2257
普通中学	26024	21285	3976	2357	2649	2090
＃高中	6918	5784	967	559	658	476
中等专业学校	4432	4327	67	20	49	56
＃师范学校	348	348				
技工学校	2969	2913	87	47		56
职业中学	2103	1925	333	77	123	55
小学	35780	28726	5199	3040	4235	2819
特殊学校	393	385	39	12	8	

17－9 中专及大专以上留学人员情况

单位:人

项　目	2000 年		2001 年	
	出国及去港澳留学	外国及港澳来穗留学	出国及去港澳留学	外国及港澳来穗留学
大专以上	2921	4852	2985	4557
普通中专	63	37	101	27

17－10 学生辍学情况

项目	单位	2000年			2001年		
		全市	市区	县级市	全市	市区	县级市
高中							
上学年初学生	人	80083	66018	14065	91151	75256	15895
＃辍学生	人	1414	898	516	852	495	357
辍学率	%	1.77	1.36	3.67	0.93	0.66	2.25
初中							
上学年初学生	人	318416	248698	69718	334110	261626	72484
＃辍学生	人	8889	6495	2394	1576	－461	2037
辍学率	%	2.79	2.61	3.43	0.47	－0.18	2.81
小学							
上学年初学生	人	741950	577211	164739	756961	592194	164767
＃辍学生	人	－4519	－5390	871	－23680	－22683	－997
辍学率	%	－0.61	－0.93	0.53	－3.13	－3.83	－0.61

17－11 小学教育的几个比率

项目	单位	2000年			2001年		
		全市	市区	县级市	全市	市区	县级市
适龄儿童入学率	%	99.97	99.97	99.99	99.97	99.97	99.95
6－11岁学龄儿童数	人	709227	547853	161374	664889	521668	143221
＃已入学人数	人	709027	547673	161354	664666	521517	143149
毕业率	%	98.60	98.67	98.34	100.15	100.28	99.68
学年初毕业班人数	人	122786	95215	27571	124711	97470	27241
毕业生人数	人	121066	93952	27114	124901	97746	27155

17－12 成人教育基本情况

单位：人

项目	2000年			2001年		
	全市	市区	县级市	全市	市区	县级市
成人高等教育						
学校数(所)	28	28		27	27	
教职工人数	8306	8306		8644	8644	
＃专任教师数	4492	4492		4677	4677	
兼任教师数	3284	3284		3445	3445	
招生数	56976	56976		61750	61750	
毕业生	33299	33299		34111	34111	
在校学生数	143479	143479		154760	154760	
成人中等教育						
学校数(所)	65	60	5	63	56	7
教职工人数	2828	2561	267	2416	2109	307
＃专任教师数	1980	1793	187	1518	1308	210
兼任教师数	2547	2526	21	1145	1125	20
招生数	21871	20112	1759	20285	18927	1358
毕业生	26295	25573	722	21874	21263	611
在校学生数	72565	69567	2998	63992	60490	3502

17－13 各级成人教育在校学生数

单位：人

项目	2000年			2001年		
	全市	市区	县级市	全市	市区	县级市
成人高等教育	143479	143479		154760	154760	
广播电视大学	29923	29923		21001	21001	
职工大学	13648	13648		15772	15772	
函授大学、夜大学	72428	72428		88655	88655	
管理干部学院	20142	20142		20435	20435	
教育学院	7338	7338		8897	8897	
成人中等学校	72565	69567	2998	63992	60490	3502
成人中等专业学校	65578	63221	2357	61890	58465	3425
成人中学	4391	4313	78	1997	1920	77
教师进修学校	2596	2033	563	105	105	

17－14 社会力量办普通中小学、职业中学及幼儿园情况

（2001 年）

单位：人

项目	学校数（所）	毕业生数	招生数	在校生数	教职工数	#专任教师
合计	781	36086	59715	195370	18995	11149
普通中学	56	2761	9887	21855	2373	1476
高中	9	736	1925	3635		
初中	47	2025	7962	18220		
职业高中	21	1958	3567	8078	667	361
小学	95	5988	20517	86052	6180	4104
幼儿园	609	25379	25744	79385	9775	5208

注：本表数字已同时计入各类学校的有关指标中。

17－15 幼儿园基本情况

项目	2000 年			2001 年		
	全市	市区	县级市	全市	市区	县级市
幼儿园数（所）	1568	1428	140	1626	1476	150
教育部门办	771	710	61	766	693	73
其他部门办	319	304	15	251	240	11
社会力量办	478	414	64	609	543	66
教职工人数（人）	26738	24431	2307	28422	25986	2436
#教师	13029	11794	1235	14545	13257	1288
保健员	986	882	104	1255	1130	125
在园幼儿数（人）	232798	189419	43379	260718	215302	45416

17-16 文化事业主要指标

项目	单位	2000年		2001年	
		全市	#市区	全市	#市区
电影、艺术事业					
全年摄制完成影片	部	2	2	5	5
#故事片	部	2	2	4	4
全年发行各种新影片	部	110	110	102	102
#国产片	部	55	55	49	49
港产及进口片	部	55	55	53	53
电影放映、艺术表演单位					
电影院	间	34	33	31	30
电影院座位	个	24004	23912	21374	21282
剧场、影剧院	间	19	16	19	17
剧场、影剧院座位	个	23663	21457	23647	22345
电影映出场次	场	84379	82820	74922	73583
电影观众人数	万人次	312	304	262	254
专业艺术表演团体	个	19	19	18	18
本年新排上演剧目	个	80	80	83	83
艺术表演团体演出场次	场	4689	4689	4247	4247
#出访演出	场	730	730	880	880
艺术表演团体演出观众人次	万人次	500	500	574	574
广播电视事业					
1.广播					
广播电台	座	8	6	8	6
节目套数	套	14	12	15	13
中波发射台和转播台	座	2	2	2	2
平均日播音	小时:分	302:50	260:50	320:30	278:30
广播人口覆盖率	%	99.70	100	99.75	100
2.电视					
电视台	座	5	4	5	4
节目套数	套	7	6	21	19
平均周播放时间	小时:分	638:35	557:05	2837:07	2607:00
电视剧	集	251	251	386	386
自制	集	120	120	288	288
译制	集				
合拍	集	131	131	98	98
电视人口覆盖率	%	99.47	100	99.50	100

17－16 **续表**

项　　目	单　位	2000年		2001年	
		全　市	#市　区	全　市	#市　区
图书、档案事业					
公共图书馆	间	15	13	15	13
总藏量	万册(件)	845	824	795	773
#图书	万册	651	633	628	609
阅览室座席	个	6310	5680	6916	6286
#少儿阅览室座席	个	1486	1326	1811	1649
总流通人次	万人次	790	761	859	827
书册外借册次	万册次	376	360	401	383
图书销售量	万册	6070	5280	6639	6007
档案馆	个	24	22	25	23
档案馆藏档案	万卷	263	258	318	313
群众文化事业					
群众艺术馆、文化馆	间	14	12	14	12
文化站	个	157	126	161	130
举办展览	个	853	682	886	737
组织文艺活动	次	4609	4034	3564	3010
举办训练班	次	1760	1339	2380	1976
文物事业					
博物馆、纪念馆	个	27	25	28	26
#博物馆	个	14	12	14	12
文物藏品	件	217306	215782	224184	223349
#一级品	件	909	909	911	911
举办陈列、展览	个	176	161	206	190
参观人次	千人次	2366	2307	3012	2975
#外宾	千人次	271	271	319	319
文物保护单位	处	157	151	157	151
文物商店	间	2	2	2	2
出版事业					
全年出版报纸	种	73	73	81	79
全年出版报纸	万份	233782	233782	270785	270260
全年出版图书	种	3865	3865	4159	4159
全年出版图书	万册	26426	26426	26595	26595
全年出版杂志刊物	种	260	260	270	270
全年出版杂志刊物	万册	22505	22505	20867	20867

注:从2000年起,图书销售量不含非图书商品。

17－17 体育事业基本情况

项目	单位	1990年	1995年	2000年	2001年
群众体育活动情况					
举办县区级以上运动会	次	469	539	270	250
参加运动会的运动员人数	万人次	30.1	59.4	74.5	53.6
达到《国家体育锻练标准》人数	万人	58.2	71.6	85.3	83.6
优秀级	万人	13.3	19.2	25.2	23.4
良好级	万人	28.0	28.6	32.6	33.6
及格级	万人	16.9	23.8	27.5	26.6
运动员在各次比赛中取得的成绩					
破记录					
破世界纪录	项	5		3	
破亚洲纪录	项				
破全国纪录	项	2	1		6
获得冠军					
获得世界冠军	个	1	9	12	8
获得亚洲冠军	个	5	1	5	15
获得全国冠军	个	20	30	51	75

17－18 卫生事业机构数

(2001年)

单位:个

项目	全市	市区	#番禺区	#花都区	增城市	从化市
各类卫生机构合计	2257	2081	109	100	88	88
#卫生部门机构	257	219	30	16	28	10
医院小计	253	211	26	17	21	21
县及县以上医院	159	146	6	8	7	6
#工业及其他部门医院	54	49	2	4	2	3
卫生院	94	65	20	9	14	15
疗养院、所	16	12	1	1		4
门诊部、所	1880	1758	77	78	63	59
专科防治所、站	24	22	2	1	1	1
卫生防疫机构	30	28	1	1	1	1
#卫生防疫站	30	28	1	1	1	1
妇幼保健站	1	1				
药品检验所、室	10	8			1	1
其他卫生事业机构	19	19				
医药研究机构	9	9	1			
高等医药院校	5	5				
中等医药院校	10	8	1	1	1	1

注:卫生机构包括私人开业、个体办诊所。

17－19 卫生事业机构床位数

（2001年） 单位:张

项　　目	全　市	市　区	#番禺区	#花都区	增城市	从化市
各类卫生机构床位合计	39417	35939	2964	1609	1696	1782
#卫生部门床位	25842	23617	2661	1047	1437	788
医院床位小计	34558	32140	2660	1301	1696	722
县及县以上医院	31523	29907	1507	842	1135	481
#工业及其他部门医院	7936	7734	149	162	159	43
卫生院	3035	2233	1153	459	561	241
疗养院、所床位	3278	2280	114	300		998
门诊部、所床位	367	340				27
专科防治所、站床位	8	8		8		
其他床位	1206	1171	190			35

17－20 卫生事业机构工作人员

（2001年） 单位:人

项　　目	全　市	市　区	#番禺区	#花都区	增城市	从化市
合　　计	73036	67245	4573	2728	3290	2501
#卫生技术人员小计	56262	51685	3996	2262	2665	1912
医生	23949	22087	1723	926	1053	809
中医师	3614	3433	234	100	109	72
西医师	18190	17025	1296	690	624	541
中西结合高级医师	225	225	1	1		
西医士	1611	1155	155	122	281	175
中医士	274	215	35	12	38	21
其他中医	35	34	2	1	1	
护师	11884	11163	828	398	380	341
护士	8193	7237	607	450	618	338
助产士	297	265	25	21	27	5
其他卫生技术人员	11939	10933	813	467	587	419
在合计中:						
卫生部门的机构工作人员合计	48711	44660	3989	1969	2840	1211
#卫生技术人员小计	37233	34022	3552	1636	2290	921
医生	15122	13862	1515	671	884	376
中医师	2371	2237	201	64	87	47
西医师	11769	10934	1172	534	537	298
中西结合高级医师	123	123	1			
西医士	732	472	117	65	234	26
中医士	114	84	23	7	25	5
其他中医	13	12	1	1	1	
护师	8477	7923	758	324	338	216
护士	5451	4767	528	319	549	135
助产士	236	207	21	10	25	4
其他卫生技术人员	7947	7263	730	312	494	190

17-21 医院、区卫生院工作情况

(2001 年)

项目	单位	医院	#市区	#卫生院	#市区
填报单位	个	253	211	94	65
诊疗人次数	万人次	4967	4672	947	781
#门诊人次数	万人次	4419	4180	826	697
急诊人次数	万人次	401	355	99	71
健康检查人数	万人次	206	190	59	52
入院人数	万人	65	59	12	9
出院人数	万人	64	57	11	8
#出院病人数	万人	55	50	8	6
年末实有病床数	张	34538	32120	3035	2233
平均开放病床数	张	30137	27397	2937	2181
病床使用率	%	84.86	87.68	62.54	63.06
病床周转率	次/年	21.13	20.81	36.10	34.83
出院者平均住院日	日	13.89	14.64	6.06	6.38
每千人口拥有病床数	张	5.53	6.23		
每千人拥有医院病床数	张	4.85	5.57		
每千人拥有医生数	人	3.36	3.83		

17-22 县及县以上医院工作情况

(2001 年)

项目	单位	合计	按部门分			按地区分	
			#卫生部门	#工业及其他部门	#集体所有制	市区	县级市
填报单位	个	159	78	54	12	146	
诊疗人次数	万人次	4020	3271	553	167	3891	
#门诊人次数	万人次	3593	2952	456	159	3483	
急诊人次数	万人次	303	244	49	6	284	
健康检查人数	万人次	146	102	39	5	138	
入院人数	万人	53	44	7	1	49	
出院人数	万人	53	45	7	1	49	
#出院病人数	万人	47	40	6	1	44	
年末实有病床数	张	31503	21656	7916	635	29887	
平均开放病床数	张	29139	21149	6346	662	27397	
病床使用率	%	81.46	84.87	73.52	53.68	82.66	
病床周转率	次/年	18.21	21.04	11.37	8.86	18.04	
出院者平均住院日	日	15.45	14.60	19.70	21.40	15.91	

17－23　农村村级卫生组织情况

(2001 年)

项　　目	单　位	全　市	市　区	#番禺区	#花都区	增城市	从化市
农村村级个数	个	1262	734	305	183	302	226
#实行合作医疗或医疗保险的村	个	699	676	305	151	16	7
无医疗点的村	个	38					38
农村设置的医疗点数	个	1143	680	268	190	286	177
村或群众集体办	个	922	606	255	178	181	135
乡村医生或卫生员联合办	个	75	44	10	1	21	10
乡卫生院设点	个	5	5				
个体办	个	107	13	1	3	74	20
其他	个	34	12	2	8	10	12
乡村医生和卫生员数	人	2337	1541	470	325	483	313
乡村医生	人	1713	1109	385	272	432	172
卫生员	人	624	432	85	53	51	141

17－24　卫生事业其他指标

项　　目	单位	1990 年	1995 年	2000 年	2001 年
防病工作					
甲、乙类传染病发病率	1/10 万	248.43	271.40	146.24	152.06
甲、乙类传染病死亡率	1/10 万	0.45	0.33	1.07	0.93
儿童计划免疫接种率					
卡介苗基础免疫	%	99.26	99.46	99.79	99.69
脊髓灰质炎基础免疫	%	99.05	99.44	99.35	99.33
百白破基础免疫	%	99.05	99.29	99.57	99.57
麻疹基础免疫	%	98.16	99.01	99.32	99.25
乙肝基础免疫	%			98.75	99.15
妇幼工作					
孕产妇保健系统管理率	%		77.65	88.02	87.29
孕产妇保健管理覆盖率	%	59.47	91.59	91.35	91.23
3 岁以下儿童保健系统管理率	%		77.65	88.45	88.53
7 岁以下儿童保健管理覆盖率	%	39.15	93.83	94.73	95.13
每住院分娩出生缺陷发生率(监测点)	%			1.63	1.52
出生低体重儿发生率	%	4.59	3.53	3.61	3.60
5 岁以下儿童中、重度营养不良发生率	%	5.67	2.52	1.16	1.13
婚前医疗检查率	%		56.49	81.11	93.81
婚前医疗检查疾病检出率	%		9.52	14.01	11.10
生命指标					
平均期望寿命	岁	74.16	73.11	74.69	75.51
男性	岁	71.78	70.51	72.16	72.66
女性	岁	77.22	76.90	77.41	78.57
孕产妇死亡率	1/10 万	36.60	26.60	20.39	17.00
5 岁以下儿童死亡率	‰	23.74	19.19	11.82	10.51

注:1.甲、乙类传染病从 1997 年起增加肺结核和新生儿破伤风两种病;2.平均期望寿命以死因统计年报计算。

17－25 结婚和离婚对数

单位：对

区、县级市	2000年		2001年	
	登记结婚对数	离婚对数	登记结婚对数	离婚对数
全 市	51559	9247	49771	9907
市 区	40210	8419	40321	8964
东 山	4098	1360	4194	1415
荔 湾	2998	959	2964	985
越 秀	2679	912	2690	856
海 珠	5289	1529	5234	1466
天 河	3688	803	4049	957
芳 村	1334	268	1415	294
白 云	6363	768	6347	984
黄 埔	1739	250	1764	302
番 禺	6727	894	6772	980
花 都	4261	671	3820	704
市民政局	1034	5	1072	7
市法院				14
县级市	11349	828	9450	943
增 城	6811	489	5379	474
从 化	4538	339	4071	469

17－26 市属社会保险情况

单位：人

项目	2000年		2001年	
	年末参保人数	全年享受人数	年末参保人数	全年享受人数
养老保险	1520737	453827	1575520	454499
失业保险	1788604	121833	1830160	134957
工伤保险	1062345	5923	1129030	6449
生育保险	685417	9256	674876	9891

注：失业保险为全地区数。

17－27 优抚和社会救济、福利事业情况

项　　　　目	单位	1990 年	1995 年	2000 年	2001 年
优抚事业					
优抚收养单位数	个	1	1	1	1
优抚收养单位床位数	张	84	100	140	188
年末优抚收养人数	人	84	50	29	132
优抚对象人数	人	72001	60866	66047	66862
优抚对象享受定恤定补人数	人	5579	7029	7128	7123
优待烈军属户数	户	7179	6068	7947	7818
优抚事业费	万元	473	2536	5027	8705
社会救济					
城镇最低生活保障线人数	人			20132	22684
城镇最低生活保障已保人数	人				22684
农村最低生活保障线人数	人			15687	22216
农村最低生活保障已保人数	人				18203
城镇临时救济人数	人次				7301
农村困难户临时救济人数	人次	82372	66161	10221	10575
农村定期救济人数	人				5206
＃散居孤老残幼	人				2276
社会救济福利事业费	万元	1718	5722	16417	26725
救灾支出	万元	63	242	220	247
社会福利					
社会福利性收养单位数	个	120	139	182	174
社会福利性收养单位床位数	张	2804	5238	12371	13159
年末社会福利性收养单位在院人数	人	2656	3956	8142	9475
社会福利企业单位数	个	774	3113	118	73
社会福利企业残疾职工人数	人	4924	5816	1643	1753
城乡基层社会保障					
农村建立社会保障网络数	个	4	56	76	119
城镇社区服务设施数	个	3351	348	236	247
＃城镇社区服务中心	个		69	80	72
民政部门发放离退休费	万元	2253	3843	9762	13028

注:1999 年起社会福利院改为社会福利性收养单位,并扩大了统计范围。

17－28 律师、公证、基层司法基本情况

项　　　　目	单位	1990 年	1995 年	2000 年	2001 年
律师工作					
律师事务所	个	23	95	153	188
执业律师	人	593	1940	2637	2734
担任常年法律顾问	家	1580	3496	3810	5036
民事诉讼代理	件	3593	5753	6994	7965
经济诉讼代理	件	2757	4077	8190	9241
行政诉讼代理	件		85	154	280
非诉讼法律事务	件	5806	11890	13247	17271
刑事辩护及代理	件	2764	1920	2246	2830
涉外法律事务	件	1732	3866	3604	2283
索回赔、欠款	万元	21838	45751	94218	93265
公证工作					
公证处	个	13	14	14	14
公证人员	人	167	288	290	297
办结公证总数	件	195176	250096	438838	385706
#国内民事公证	件	56585	53431	94398	80192
国内经济公证	件	31622	77788	177691	123950
涉外民事公证	件	104346	113038	166470	181287
涉外经济公证	件	2623	5839	279	277
帮助避免经济损失	万元	2031	17386	22168	12388
基层司法工作					
法律服务所	个	168	180	158	156
法律服务所人员	人	611	550	546	466
担任法律顾问	家	1406	2484	2769	2980
民事诉讼代理	件	755	1963	2475	2207
非诉讼代理	件	32748	39199	26288	20942
协办公证	件	15322	34126	24135	16024
帮助挽回经济损失	万元	2342	11206	24564	29909
年末人民调解委员会	个	4084	3766	3569	3452
年末调解人员	人	32324	35608	36177	35466
调解纠纷总数	件	10583	8070	10044	13715

注：律师、公证情况从 1995 年起包括省属数，下表同。

17－29 市区律师、公证、基层司法基本情况

项目	单位	1990 年	1995 年	2000 年	2001 年
律师工作					
律师事务所	个	16	87	149	183
执业律师	人	539	1839	2601	2693
担任常年法律顾问	家	1343	3142	3763	4980
民事诉讼代理	件	3243	5391	6769	7758
经济诉讼代理	件	2371	3702	8034	9079
行政诉讼代理	件		75	154	280
非诉讼法律事务	件	5466	7538	12326	16326
刑事辩护及代理	件	2373	1631	2218	2800
涉外法律事务	件	1633	2514	3527	2269
索回赔、欠款	万元	13080	43429	94169	93230
公证工作					
公证处	个	9	10	12	12
公证人员	人	134	255	276	288
办结公证总数	件	136424	220357	419574	375430
国内民事公证	件	15949	50523	93089	79741
国内经济公证	件	21722	58152	164160	119459
涉外民事公证	件	96392	106624	162046	178363
涉外经济公证	件	2361	5058	279	277
帮助避免经济损失	万元	1769	17386	20616	12388
基层司法工作					
法律服务所	个	108	115	125	126
法律服务所人员	人	447	343	438	415
担任法律顾问	家	775	1743	2404	2600
民事诉讼代理	件	480	1426	2197	2091
非诉讼代理	件	29641	36169	25087	20254
协办公证	件	10617	30026	21511	15991
帮助挽回经济损失	万元	994	3507	19651	29650
年末人民调解委员会	个	2614	2282	2874	2861
年末调解人员	人	24390	25851	24415	28704
调解纠纷总数	件	6763	5301	7708	11744

17－30 社会治安主要指标

项目	单位	2000年		2001年	
		全市	#市区	全市	#市区
刑事案件					
立案合计	件	141930	130638	123554	113648
当年破案数	件	39379	36027	34291	30655
当年破案率	%	27.75	27.58	27.75	26.97
治安案件					
受理数	件	61823	55900	82777	76400
查处数	件	40118	36258	51411	47081
城市交通事故					
交通事故	件	15304	10415	11351	8643
死伤人数	人	16772	11315	13780	12154
#死亡人数	人	1714	1275	1848	1339
损失折款	万元	5976	4598	6075	5020
火灾					
火灾起数	起	324	314	311	276
死伤人数	人	153	153	123	109
#死亡人数	人	44	44	48	39
损失折款	万元	936	891	1283	1198

17－31 城市环境污染及处理

单位：万吨

项目	2000年		2001年	
	全市	#市区	全市	#市区
废水排放量	95933	89056	104758	96836
工业废水排放量	24622	21058	24780	21048
工业废水排放达标量	21732	18604	21940	18574
城市生活污水	71311	67998	79978	75788
工业废气排放总量(亿标米^3)	1959.16	1798.39	2249.22	2086.08
工业粉尘去除量	91.58	72.69	92.99	71.64
工业粉尘排放量	12.24	4.17	6.94	3.83
工业固体废物产生量	346.8	336.3	399.6	367.7
工业固体废物综合利用量	285.3	276.6	366.6	338.7
工业固体废物处置量	40.6	38.8	39.8	36.6
历年工业废渣堆存总量	457	456	470	468
交通干线噪声平均值(分贝)(八区)		69.1		68.9
建成烟尘控制区面积(千米^2)(八区)		284.6		297.5

主 要 统 计 指 标 解 释

【普通高等学校】指按照国家规定的设置标准和审批程序批准举办，通过国家统一招生考试，招收高中毕业生为主要培养对象，实施高等教育的全日制大学、独立设置的学院和高等专科学校、短期职业大学。

【成人高等学校】指按照国家有关规定审批，招收通过全国成人高教统一招生考试的具有高中毕业或同等学历的在职从业人员，利用脱产、半脱产、业余或函授等多种形式对其实施高等学历教育，培养高等教育专科或本科毕业水平的专门人才，修业年限、课程设置和总学时数均按高等学历教育要求付诸实施的学校。包括广播电视大学、职工高等学校、农民高等学校、管理干部学院、教育学院、独立设置的函授学院等。

【小学学龄儿童入学率】指调查范围内已入小学学习的学龄儿童占校内外学龄儿童总数(包括弱智儿童，不包括盲聋哑儿童)的比重。计算公式为：

小学学龄儿童入学率=已入学的小学学龄儿童数/校内外小学学龄儿童总数×100%

【文化事业机构】指从事专业文化工作和为专业文化工作服务的独立建制的单独核算的单位。不包括这些单位另外举办独立核算的其他机构和各部门的业余文化组织。

【艺术表演团体】指从事戏曲、音乐、舞蹈、杂技等专业艺术表演，有独立帐户的单位，不包括半工半艺、半农半艺和民间职业剧团。

【艺术表演观众人数(人次)】指售票、包场演出或民族地区免费演出的艺术表演观众人次数，不包括彩排审查和内部观摩演出的观看人次数。

【医院】指设有固定床位，能收容病人住院并能为病人提供医疗、护理服务的医疗机构，包括县及县以上医院、农村乡卫生院和其他医院三部分。医院按所属性质不同分为卫生部门、工业及其他部门和集体经济单位三类。县及县以上医院按业务性质不同分为综合医院和专科医院。

【卫生技术人员】指卫生事业机构支付工资的全部职工中现从事卫生技术工作的专业人员，包括中医师、西医师、中西医结合高级医师、护师、中药师、西药师、检验师、其他技师、中医士、西医士、护士、助产士、中药剂士、西药剂士、检验士、其他技士、其他中医、护理员、中药剂员、西药剂员、检验员和其他初级卫生技术人员。

【医生】指经卫生部门审查合格，从事医疗工作的专业人员。分为中医医生和西医医生。包括卫生技术人员中的中医师、西医师、中西医结合高级医师、中医士、西医士和其他中医。

【社会福利性收养单位】指由国有、集体及其他所有制举办的社会福利院、儿童福利院、精神病人福利院和老年公寓等以收养各类对象为目的的福利事业单位的总称。

【年末社会福利性收养单位在院人数】指收养单位报告期末实际收养的优抚对象、社会“三无”对象和自费人员的总人数。

【社会福利企业单位】指以安置城镇有一定劳动能力的盲、聋、哑和肢体残疾人员就业为目的，享受国家减免税待遇的国有或集体企业。包括福利工厂、福利商业和服务业、假肢厂和安置农场等单位。

【农村五保户】指农村中既无劳动能力，又无经济来源的老、弱、孤、残的农民，其生活由集体供养，实行保吃、保穿、保住、保医、保葬(孤儿保教)，简称“五保”。享受五保待遇的家庭叫五保户。

【律师】指依照法定条件、程序取得资格，依法可以接受当事人委托或由法院指定向当事人提供法律帮助，从事有关法律事务活动的人员。

【公证人员】指在国家公证机关依法办理公证事务的司法人员，包括公证员、助理公证员和在公证处工作的其他人员。

【办理公证文书】指公证处在一定时期内办结的公证文书件数。公证文书按司法部规定或批准的格式制作，包括国内公证和涉外公证两部分。国内公证分为经济合同公证和民事法律关系公证两大类。

【调解人员】指在人民调解委员会担负调解民间一般民事纠纷和轻微违法行为引起纠纷的工作人员，包括调解委员会的委员和调解小组的调解员。

【调解民间纠纷】指调解委员会依照法律规定，根据自愿原则，用说服教育的方法调解民间发生的有关民事权利和义务的争执，促成当事双方达到协议和谅解，解决纠纷。包括婚姻家庭纠纷，财产权益纠纷等，不包括法院受理调解的民事案件数。

【废水排放总量】包括生产废水和生活污水。生产废水指企业、事业单位在生产、科研过程中向外环境排放的所有排放口的废水量总和。生活污水指城镇居民区和企、事业单位职工集中居住区排放的污水量。

【工业废水排放量】指经过企业厂区所有排放口排到企业外部的工业废水量。包括 生产废水、外排的直接冷却水、超标排放的矿井地下水和与工业废水混排的厂区生活污水，不包括外排的间接冷却水(清污不分流的间接冷却水应计算在内)。

【工业废水排放达标量】指各项指标都达到国家或地方排放标准的外排工业废水量，包括未经处理外排达标和经过处理后外排达标两部分。

【工业废水处理量】指报告期内各种水治理设施实际处理的工业废水量，包括处理后外排和处理后回用的工业废水量和虽经处理但未达到国家或地方排放标准的废水量。如车间和厂排放口均有治理设施，并对同一废水分级处理时，不应重复计算工业废水处理量。

【工业废气排放量】指企业厂区内燃料燃烧和生产工艺过程中产生的各种排入空气的含有污染物的气体总量，按标准状态

〔273K,101325Pa〕计算。

【工业粉尘排放量】指企业在生产工艺过程中排放的颗粒物重量，如钢铁企业的耐火材料粉尘、焦化企业的筛焦系统粉尘、烧结机的粉尘、石灰窑的粉尘、建材企业的水泥粉尘等。不包括电厂排入大气的烟尘。

【工业粉尘回收量】指经生产工艺废气净化处理装置处理回收的粉尘和尘泥量(包括干法和湿法)。不包括电厂的烟尘。通常情况如下：

工业粉尘产生量 = 工业粉尘排放量 + 工业粉尘回收量

【工业固体废物产生量】指企业在生产过程中产生的固体状、半固体状和高浓度液体状废弃物的总量，包括危险废物、冶炼废渣、粉煤灰、炉渣、煤矸石、化工废渣、尾矿、放射性废物和其他废物等；不包括矿山开采的剥离废石和掘进废石(煤矸石和呈酸性或碱性的废石除外。酸性或碱性废石指采掘的废石其流经水、雨淋水的 pH 值小于 4 或 pH 值大于 10.5 者。

【工业固体废物综合利用量】指通过回收、加工、循环、交换等方式，从固体废物中提取或者使其转化为可以利用的资源、能源和其他原材料的固体废物量(包括当年利用往年的工业固体废物累计贮存量)，如用作农业肥料、生产建筑材料、筑路等。综合利用量由原产生固体废物的单位统计。

【工业固体废物处置量】指将固体废物焚烧或者最终置于符合环境保护规定要求的场所，并不再回取的工业固体废物量(包括当年处置往年的工业固体废物累计贮存量)。处置方法有填埋(其中危险废物应安全填埋)、焚烧、专业贮存场(库)封场处理、深层灌注、回填矿井等。

附　　录

附1-1 五次全国人口普查广州市人口基本情况

项目	1953年	1964年	1982年	1990年	2000年
总户数(户)	713780	880333	1215399	1539015	2820647
家庭户			1210483	1512464	2374086
集体户			4916	26551	446561
总人口(人)	2849316	3882411	5193284	6299943	9942022
男性	1443188	1963092	2632754	3248496	5175742
女性	1406128	1919319	2560530	3051447	4766280
按年龄分组的人口					
0－14岁	478171	1615726	1379625	1439474	1633142
15－64岁				4463279	7702721
65岁以上				397190	606159
民族人口					
汉族	2844734	3873180	5180278	6276329	9803149
各少数民族	4582	9231	13006	23614	138873
城乡人口					
市、镇人口	1517748	2151496	3285596	4372293	8090976
乡村人口	1331568	1730915	1907688	1927650	1851046
受教育程度					
研究生					35385
大学本科				163943	365145
大学专科				180328	525815
中专				236192	619955
高中				907387	1414902
初中				1614934	3682899
小学				1991386	2382018
文盲、半文盲				551776	

附1-2 广州市第五次全国人口普查总户数、总人口

区、县级市	总户数（户）			总人数（人）		
		家庭户	集体户		男	女
全　市	2820647	2374086	446561	9942022	5175742	4766280
市　区	2468366	2054909	413457	8524826	4445052	4079774
东山区	173276	158050	15226	556264	282654	273610
荔湾区	151662	143462	8200	474830	240287	234543
越秀区	108920	102471	6449	341422	169300	172122
海珠区	382868	331426	51442	1237273	652802	584471
天河区	336451	262234	74217	1109320	609296	500024
芳村区	98185	82165	16020	323758	175678	148080
白云区	479429	389228	90201	1748722	919586	829136
黄埔区	125758	99485	26273	389413	215355	174058
番禺区	423440	320765	102675	1630461	809594	820867
花都区	188377	165623	22754	713363	370500	342863
县级市	352281	319177	33104	1417196	730690	686506
增城市	220868	195356	25512	899644	466540	433104
从化市	131413	123821	7592	517552	264150	253402

附1-3 广州市第五次全国人口普查家庭户和集体户人口数

单位：人

区、县级市	家庭户总人数			集体户总人数		
		男	女		男	女
全　市	7636166	3849971	3786195	2305856	1325771	980085
市　区	6414523	3227839	3186684	2110303	1217213	893090
东山区	488952	237769	251183	67312	44885	22427
荔湾区	441274	216877	224397	33556	23410	10146
越秀区	312217	151840	160377	29205	17460	11745
海珠区	987574	499329	488245	249699	153473	96226
天河区	749416	383625	365791	359904	225671	134233
芳村区	246265	125302	120963	77493	50376	27117
白云区	1243020	635451	607569	505702	284135	221567
黄埔区	274541	142585	131956	114872	72770	42102
番禺区	1082019	539163	542856	548442	270431	278011
花都区	589245	295898	293347	124118	74602	49516
县级市	1221643	622132	599511	195553	108558	86995
增城市	744121	378855	365266	155523	87685	67838
从化市	477522	243277	234245	40030	20873	19157

附1-4 广州市第五次全国人口普查按文化程度分组人口数

单位:人

区、县级市	小学	初中	高中和中专	大专及以上
全市	2382018	3682899	2034857	926345
市区	1871083	3144927	1885912	895696
东山区	84871	130071	171106	134651
荔湾区	95498	137025	155095	48859
越秀区	62465	90693	109206	55469
海珠区	228145	411590	338201	164921
天河区	169444	323845	282196	253363
芳村区	74580	122717	77767	19174
白云区	391554	747298	340617	112832
黄埔区	76391	154721	92437	32426
番禺区	472218	728289	221713	54859
花都区	215917	298678	97574	19142
县级市	510935	537972	148945	30649
增城市	344758	343240	84715	19217
从化市	166177	194732	64230	11432

附1-5 广州市第五次全国人口普查按年龄分组人口数

单位:人

区、县级市	总人口			
		0-14岁	15-64岁	65岁及65岁以上
全市	9942022	1633142	7702721	606159
市区	8524826	1264696	6743859	516271
东山区	556264	71364	427649	57251
荔湾区	474830	65462	352059	57309
越秀区	341422	44840	253514	43068
海珠区	1237273	154851	993266	89156
天河区	1109320	142840	925419	41061
芳村区	323758	42286	259568	21904
白云区	1748722	275780	1393210	79732
黄埔区	389413	52746	323284	13383
番禺区	1630461	262183	1298261	70017
花都区	713363	152344	517629	43390
县级市	1417196	368446	958862	89888
增城市	899644	221349	623859	54436
从化市	517552	147097	335003	35452

附2 全国国民经济主要指标

项目	单位	1980年	1985年	1990年	1995年	2000年	2001年
年末总人口	万人	98705	105851	114333	121121	126583	127627
年末从业人数	万人	42361	49873	63909	67947	71150	73025
＃职工人数	万人	10444	12358	14059	14908	11259	
国内生产总值	亿元	4517.8	8964.4	18547.9	58478.1	89403.6	95933
农业总产值	亿元	1922.6	3619.5	7662.1	20340.9	24915.8	26150.6
工业总产值	亿元	5154.3	9716.5	23924.4	91893.8		
全社会固定资产投资额	亿元	910.9	2543.2	4517.0	20019.3	32917.7	36898.0
社会消费品零售总额	亿元	2140.0	4305.0	8300.0	20620.0	34152.6	37595.2
货运量	万吨	546537	745763	970602	1234810	1358124	
客运量	万人次	341785	620206	772682	1172596	1478573	
港口货物吞吐量	万吨	21731	31154	48321	80166	125603	
邮电业务总量(1990年不变价)	亿元	13.3	29.6	81.7	988.9	4792.7	
海关进口总值	亿美元	200.2	422.5	533.5	1320.8	2250.9	2436.0
海关出口总值	亿美元	181.2	273.5	620.9	1487.8	2492.0	2661.6
实际利用外资	亿美元		46.5	102.9	481.3	593.6	
财政收入	亿元	1159.9	2004.8	2937.1	6242.2	13395.2	
财政支出	亿元	1228.8	2004.3	3083.6	6823.7	15886.5	
居民消费价格总指数	%	107.5	109.3	103.1	117.1	100.4	100.7
商品零售价格总指数	%	106.0	108.8	102.1	114.8	98.5	99.2
职工年人均工资	元	762	1148	2140	5500	9371	
城镇居民年人均可支配收入	元	478	739	1510	4283	6280	6860
农村居民年人均纯收入	元	191	398	686	1578	2253	2366
各类学校在校学生数	万人	20419.2	20117.0	19532.5	22418.1		
＃高等学校	万人	114.4	170.3	206.3	290.6	556.1	719.0
普通中学	万人	5508.1	4706.0	4586.0	5371.0	7368.9	7919.0
小学	万人	14627.0	13370.2	12241.4	13195.2	13013.3	12543.0
医院病床数	万张	198.2	222.9	262.4	283.6	294.8	297.0
卫生技术人员	万人	279.8	341.1	389.8	425.7	449.1	449.0
＃医生	万人	115.3	141.3	176.3	191.8	207.6	209.0

注:2001年为初步统计数据。

附3 广东省国民经济主要指标

项　目	单位	1980 年	1985 年	1990 年	1995 年	2000 年	2001 年
年末总人口	万人	5227.67	5655.60	6246.32	6788.74	7498.54	7565.33
年末从业人数	万人	2367.78	2731.11	3118.10	3551.20	3936.32	4058.63
#职工人数	万人	563.62	660.82	785.49	911.90	818.94	787.36
国内生产总值	亿元	249.65	577.38	1559.03	5733.97	9662.23	10556.47
农业总产值	亿元	126.25	245.21	600.71	1445.48	1701.18	1722.35
工业总产值	亿元	248.68	534.72	1902.25	8849.90	16904.47	18540.48
全社会固定资产投资额	亿元	38.29	184.59	381.47	2327.22	3233.70	3536.41
社会消费品零售总额	亿元	117.67	289.23	667.36	2304.15	4071.95	4515.28
货运量	万吨		58726	85809	111063	112685	131621
客运量	万人次		49848	78046	130998	161075	178676
港口货物吞吐量	万吨	7059	8811	11904	18933	29144	34696
邮电业务总量(1990 年不变价)	亿元	1.86	3.63	26.30	204.93	602.31	782.67
海关进口总值	亿美元	3.56	24.26	196.77	473.80	781.87	810.69
海关出口总值	亿美元	21.95	29.53	222.21	565.92	919.19	954.26
实际利用外资	亿美元	2.14	9.19	20.23	121.00	145.75	157.55
财政收入	亿元	36.10	65.46	131.02	382.34	910.56	1157.43
财政支出	亿元	24.93	60.84	150.69	525.63	1069.86	1318.79
居民消费价格指数	%	109.5	114.8	97.5	114.0	101.4	99.3
商品零售价格指数	%	108.5	113.6	95.6	111.6	99.9	98.7
职工年人均工资	元	789	1393	2929	8250	12799	15682
城镇居民年人均可支配收入	元	473	954	2303	7439	9762	10415
农村居民年人均纯收入	元	274	495	1043	2699	3654	3770
各类学校在校学生数	万人	1012.96	934.15	1030.46	1289.60	1483.43	1543.67
#高等学校	万人	4.10	6.99	9.59	15.18	29.95	38.19
普通中学	万人	252.11	236.45	234.03	339.46	460.69	489.70
小学	万人	748.86	671.25	747.29	883.19	929.93	952.98
医院病床数	万张	8.50	9.82	11.41	13.78	15.72	16.22
卫生技术人员	万人	14.45	17.53	19.48	22.99	26.50	26.83
#医生	万人	5.51	6.56	8.11	9.89	11.12	11.36

注:邮电业务总量 2000 年和 2001 年数据按 2000 年不变价格计算。

附4 全国十大城市国民经济主要指标

（2001年）

项　　目	单位	广州市	北京市	天津市	上海市	重庆市
年末总人口	万人	712.60	1122.30	913.98	1327.14	3097.91
年末从业人数	万人	510.07	628.90	488.34	752.26	1697.00
#职工人数	万人	172.29	400.30		375.37	
国内生产总值	亿元	2685.76	2845.70	1840.10	4950.84	1749.77
农业总产值	亿元	167.05	214.10	169.51	227.61	431.17
工业总产值	亿元	3393.19	2908.80	3366.53	7656.96	
全社会固定资产投资额	亿元	978.21	1530.50	705.10	1984.31	801.82
社会消费品零售总额	亿元	1248.28	1593.50	832.70	1861.30	699.33
货运量	万吨	24914	30607	28229	54049	29470
客运量	万人次	24451	22469	3302	6324	60087
港口货物吞吐量	万吨	13539		11369	22099	2840
邮电业务收入	亿元	151.53				
海关进口总值	亿美元	114.13	85.30	86.84	332.70	7.31
海关出口总值	亿美元	116.23	48.70	95.02	276.28	11.03
实际利用外资	亿美元	33.27	40.10	32.97	74.10	4.24
财政收入	亿元	246.19	454.20	163.64	620.24	106.12
财政支出	亿元	292.63	559.10	234.67	726.38	237.55
居民消费价格指数	%	98.9	103.1	101.2	100.0	101.7
职工年人均工资	元	22141	19155		17764	8340
城镇居民年人均可支配收入	元	14694	11578	8959	12883	6721
农村居民年人均纯收入	元	6446	5099	4825	5850	1971
高等学校在校学生数	万人	24.47	34.03	15.40	28.00	17.00
中等专业学校在校学生数	万人	11.04	11.78	8.10	12.12	
普通中学在校学生数	万人	45.81	72.01	59.24	80.23	
小学在校学生数	万人	78.86	66.44	66.55	72.28	
医院个数	个	253	458	495	432	
医院病床数	万张	3.46	6.65	4.04	7.63	
医生	万人	2.39	5.21	2.92	4.85	4.47

附 4 续

项　　目	单位	沈阳市	武汉市	南京市	哈尔滨市	西安市
年末总人口	万人	689.30	758.23	553.04	941.10	694.80
年末从业人数	万人	374.80	406.12	266.66	492.70	389.10
#职工人数	万人	162.50	180.40	119.31	210.60	
国内生产总值	亿元	1238.00	1347.80	1150.30	1120.10	734.00
农业总产值	亿元	141.35	133.78	113.29	295.40	76.80
工业总产值	亿元	1847.10	1611.76	2040.51	1101.00	930.00
全社会固定资产投资额	亿元	302.80	508.44	464.91	311.80	287.70
社会消费品零售总额	亿元	623.50	685.82	465.83	503.00	365.90
货运量	万吨	15157	16244	15749	8553	7728
客运量	万人次	6790	11703	16197	6374	9079
港口货物吞吐量	万吨		2560	5963	126	
邮电业务收入	亿元	66.5		68.2	41.7	36.1
海关进口总值	亿美元	15.40	12.09	38.37	6.40	17.00
海关出口总值	亿美元	12.50	9.46	57.51	6.20	8.80
实际利用外资	亿美元	12.10	14.32	9.02	2.20	1.80
财政收入	亿元	76.60	86.16	112.64	65.40	55.90
财政支出	亿元	99.30	119.60	117.40	93.60	57.30
居民消费价格指数	%	100.0	99.5	99.9	101.0	98.7
职工年人均工资	元	8249	9079	14103	7989	10786
城镇居民年人均可支配收入	元	6386	7305	8848	6407	6705
农村居民年人均纯收入	元	3230	3100	4311	2618	2489
高等学校在校学生数	万人	16.77	30.80	27.80	14.80	25.49
中等专业学校在校学生数	万人	3.79	9.05	7.69	4.80	5.63
普通中学在校学生数	万人	38.75	51.30	29.07	66.00	52.50
小学在校学生数	万人	48.43	70.90	42.30	59.70	74.51
医院个数	个	362	219	284	225	431
医院病床数	万张	3.58	2.87	2.10	2.89	3.17
医生	万人	2.08	2.36	1.49	2.14	1.86

附5 珠江三角洲十二市(区)国民经济主要指标

(2001年)

项目	单位	广州市	深圳市	珠海市	佛山市	惠州市	肇庆市
年末总人口	万人	712.60	132.04	75.93	335.85	280.45	388.90
年末从业人数	万人	510.07	332.80	81.75	193.02	196.84	203.94
#职工人数	万人	172.29	94.90	26.96	44.14	42.71	24.75
国内生产总值	亿元	2685.76	1954.17	366.59	1068.36	480.39	411.02
人均国内生产总值	元	38007	43344	48931	31972	17211	10600
农业总产值	亿元	167.05	32.71	24.78	136.07	111.11	169.56
工业总产值	亿元	3393.19	3193.77	700.12	2360.97	1048.37	576.81
全社会固定资产投资额	亿元	978.21	673.37	104.87	238.20	84.43	88.04
社会消费品零售总额	亿元	1248.28	609.26	128.44	374.85	145.26	139.84
城乡集市贸易成交额	亿元	504.15	260.20	45.29	188.52	60.08	56.83
货物运输量	万吨	24914	5147	3921	11580	4498	5507
邮电业务总量(2000年不变价格)	亿元	163.05	182.37	29.93	88.42	28.61	13.81
海关出口总值	亿美元	116.23	374.80	37.89	63.56	49.09	7.62
#一般贸易出口额	亿美元	44.16	40.87	7.91	18.97	1.68	3.25
实际利用外资	亿美元	33.27	36.03	12.02	10.15	11.80	4.76
一般预算财政收入	亿元	246.19	262.49	31.56	83.31	18.28	12.10
一般预算财政支出	亿元	292.63	253.70	37.35	94.72	25.89	22.93
居民消费价格指数	%	98.9	97.8	98.6	99.7	100.3	99.9
城镇在岗职工年人均工资	元	22772	25941	17040	14221	10482	9670
城镇居民年人均可支配收入	元	14694	23544	15870	13600	10551	7739
农村居民年人均纯收入	元	6446	9869	4800	5988	3750	3849
普通高等学校在校学生数	万人	24.47	1.86		1.06	0.58	1.14
中等专业学校在校学生数	万人	11.04	0.37	0.45	1.23	1.10	1.49
普通中学在校学生数	万人	45.81	12.62	5.55	26.17	18.21	23.08
小学在校学生数	万人	78.86	36.37	10.44	39.69	34.52	41.10
医院病床数	万张	3.46	1.09	0.24	1.26	0.61	0.62
卫生技术人员	万人	5.63	1.71	0.42	1.68	1.08	1.17
#医生	万人	2.39	0.81	0.18	0.70	0.45	0.44

附5续

项目	单位	江门市	东莞市	中山市	顺德市	南海市	番禺区
年末总人口	万人	380.74	153.89	134.83	109.48	110.50	94.44
年末从业人数	万人	206.80	100.13	124.28	86.55	135.36	65.39
#职工人数	万人	36.96	16.98	14.23	12.08	7.52	16.45
国内生产总值	亿元	615.16	578.93	362.50	390.87	393.90	332.55
人均国内生产总值	元	16155	37777	26994	35919	35854	35548
农业总产值	亿元	136.16	55.93	38.42	46.84	51.75	46.14
工业总产值	亿元	1296.89	1308.95	911.53	888.09	831.92	695.12
全社会固定资产投资额	亿元	122.88	125.49	177.99	73.08	70.27	91.86
社会消费品零售总额	亿元	222.81	196.12	119.53	110.35	141.52	78.28
城乡集市贸易成交额	亿元	79.03	135.00	99.08	67.53	21.14	15.61
货物运输量	万吨	3710	5527	3468	2949	4113	1581
邮电业务总量(2000年不变价格)	亿元	15.60	122.55	32.07	36.30	18.39	
海关出口总值	亿美元	25.71	189.89	43.58	30.88	14.84	33.65
#一般贸易出口额	亿美元	8.82	2.59	8.35	6.88	6.46	
实际利用外资	亿美元	8.36	18.16	7.38	2.80	2.45	3.48
一般财政收入	亿元	24.96	45.02	25.55	31.88	25.37	28.03
一般财政支出	亿元	31.42	47.86	26.78	35.00	27.46	30.19
居民消费价格指数	%	100.1	96.6	99.8	99.6	100.3	99.8
城镇在岗职工年人均工资	元	10264	16183	16287	13556	13352	17085
城镇居民年人均可支配收入	元		16938	12803	15113	14380	
农村居民年人均纯收入	元	4608	7366	5279	5282	7142	6939
高等学校在校学生数	万人	0.66	0.38	0.48			0.35
中等专业学校在校学生数	万人	2.84	0.45	0.29	0.06		
普通中学在校学生数	万人	24.93	12.21	9.71	8.01	11.43	6.91
小学在校学生数	万人	41.71	29.54	17.75	13.09	14.90	12.43
医院病床数	万张	0.80	0.75	0.42	0.38	0.35	0.26
卫生技术人员	万人	1.42	0.81	0.60	0.46	0.44	0.40
#医生	万人	0.58	0.34	0.25	0.18	0.19	0.17

附6 香港特别行政区主要统计指标

项　　目	单位	1995 年	1996 年	1999 年	2000 年	2001 年
总人口(年中数)	万人	615.6	643.6	672.1	666.5	672.5
男性	万人	308.4	322.0	329.9	327.7	328.7
女性	万人	307.2	321.6	342.2	338.8	343.8
居民户数	万户	181.3	189.4	206.9	206.5	210.6
出生率	‰	11.2	9.9	7.6	8.1	7.2
死亡率	‰	5.1	5.0	5.0	5.1	4.8
劳动人口	万人	304.6	320.7	335.9	340.2	344.0
劳动人口就业率	%	61.9	61.5	60.8	61.4	61.6
男性	%	76.7	75.4	73.4	73.6	72.9
女性	%	47.3	47.8	49.0	50.0	51.1
失业率	%	3.5	2.6	6.0	4.4	6.1
就业不足率	%	2.3	1.5	2.8	2.6	3.0
本地生产总值(按 1990 年价格计)	亿港元	7558	7898	8087	8933	
人均生产总值	港元	122778	122718	122403	134023	
本地生产总值(按当年价格计)	亿港元	10771	11919	12270	12667	
人均生产总值	港元	174972	185206	185724	190045	
外贸总值	亿港元	28353	29335	27417	32307	30492
1. 出口总值(离岸价)	亿港元	13442	13979	13490	15727	14810
香港产品出口	亿港元	2317	2122	1706	1810	1535
香港产品转口	亿港元	11125	11858	11784	13917	13275
2. 进口总值(到岸价)	亿港元	14911	15356	13927	16580	15682
耗电量及电力供应	兆焦耳	112817	115789	127566	134928	139830
#工业	兆焦耳	20222	19934	17547	17769	16759
商业	兆焦耳	59908	64465	76028	80347	84214
住宅	兆焦耳	27063	29194	31400	32234	32799
工业生产指数(1986 年为 100)	%	126.2	121.5	103.1	102.5	98.2
#服装制品业(鞋类除外)	%	114.6	109.7	99.2	102.1	97.0
纺织制品业(含针织业)	%	110.8	103.8	89.9	93.3	91.2
电器及电子制品、机械、专业设备及光学用品制造业	%	179.5	170.3	151.7	153.0	143.7

附 6 续

项　目	单位	1995 年	1996 年	1999 年	2000 年	2001 年
私人房屋竣工费用	亿港元	284	266	603	343	275
竣工面积	万米^2	216.2	183.4	257.8	151.5	135.4
#工业	万米^2	42.7	42.6	19.5	10.4	7.1
商业	万米^2	54.5	42.0	60.6	16.0	17.1
住宅	万米^2	88.5	76.9	129.5	110.1	96.3
持牌车辆总数	万辆	46.6	47.5	50.4	51.7	52.5
#货车	万辆	11.8	11.7	11.4	11.4	11.3
私家车	万辆	28.5	29.3	32.2	33.2	34.1
进出香港货物总量	万吨	19296.7	19496.1	20969.4	21726.8	21962.9
进出香港旅客总数	万人次	9212.6	9975.0	12903.5	14397.3	14967.5
道路长度	公里	1717	1743	1885	1904	1911
公共交通工具客运量	百万人次	3826	3914	3896	3973	4020
每千人拥有电话数	部	519	526	568	588	581
访港旅客总人次	万人次	1020.0	1297.4	1132.8	1305.9	1372.5
酒店房间入住率	%	85	88	79	83	79
政府收入	亿港元	1750	1800	2161	2330	2251
政府支出	亿港元	1432	1913	2188	2695	2675
#保安服务	亿港元	190	219	251	259	267
经济服务	亿港元	80	96	214	123	125
社会服务	亿港元	318	407	561	587	591
环保基础设施及公共服务	亿港元	275		447		
消费物价指数						
(以 1994 年 10 月 - 1995 年 9 月为 100)						
甲类指数	%	108.7	106.0	96.7	97.0	98.3
乙类指数	%	109.2	106.4	95.3	96.1	98.4
丙类指数(原恒生指数)	%	109.6	106.6	96.3	95.5	98.5
工资指数(以 1992 年 9 月为 100)						
名义工资指数	%	129.3	137.6	149.4	151.0	152.1
实际工资指数	%	101.6	102.8	108.9	112.8	114.6
全日制大专学校学生	万人	5.91		7.06		

附7 澳门特别行政区主要统计指标

项　　目	单位	1998年	1999年	2000年	2001年
总人口	万人	43.05	42.96	43.15	43.67
男性	万人	20.47	20.62	20.72	20.95
女性	万人	22.58	22.34	22.43	22.72
自然增长率	‰	7.2	6.5	5.8	4.4
出生率	‰	10.4	9.7	8.9	7.5
死亡率	‰	3.2	3.2	3.1	3.1
劳动力参与率	%	65.3	64.7	63.4	64.0
男	%	77.5	75.6	73.4	73.6
女	%	54.6	55.6	54.9	55.9
失业率	%	4.6	6.4	6.8	6.4
就业不足率	%	1.5	1.3	2.9	3.5
本地生产总值(按1996年价格计)	百万澳门元	52579.9	51021.4	53380.6	54519.0
本地生产总值(按当年价格计)	百万澳门元	51901.7	49021.1	49742.0	49802.1
出口总值	百万澳门元	17083.6	17580.0	20380.4	18472.9
进口总值	百万澳门元	15596.4	16300.2	18097.6	19170.4
净供应电量	百万千瓦·时	1445.2	1432.0	1477.7	1510.4
每居民之电力消耗	千千瓦·时	3.57	3.58	3.65	3.69
总楼宇建筑面积	千米^2	969.19	668.78	370.32	404.33
#住宅	千米^2	559.54	307.74	230.09	174.09
商业及写字楼	千米^2	174.58	128.58	54.81	107.66
工业	千米^2	39.59	33.94		
年末行驶车辆数	辆	107251	114247	114218	115770
每千居民拥有车辆数	辆	123	128	130	129
每千居民拥有电话数	部	583	698	744	849
入境旅客	千人次	6948.5	7443.9	9162.2	10279.0
#亚洲	千人次	6655.6	7170.4	8891.1	10012.6
中国大陆	千人次	816.8	1645.2	2274.7	3005.7
中国香港	千人次	4721.8	4229.8	4954.6	5196.1
日本	千人次	155.7	145.3	144.9	140.9
其他	千人次				
欧洲	千人次	140.4	137.4	120.9	114.6
美洲	千人次	97.8	97.0	108.6	109.0
酒店入住率	%	51.3	53.7	57.6	60.7
公共财政总收入	百万澳门元	15548.4	16942.6	15338.5	
#直接税	百万澳门元	6355.3	5987.4	6895.4	7547.4
间接税	百万澳门元	488.9	495.9	532.6	840.8
公共财政总支出	百万澳门元	15505.7	16636.2	15024.3	
综合消费物价指数(包括房租)	%	101.83	101.20	99.49	97.52
高等教育学生数	人	7409	8444	7094	8358
每千居民拥有学生数	人	237	250	246	249

中译英国民经济主要指标

1 ADMINISTRATIVE DIVISION

(End of 2001)

District and County	Urban Sub – district Office	Town	Neighborhood Committee	Village Committee
Total	98	74	1918	1262
Urban Districts	97	44	1855	734
Dongshan	10		221	
Liwan	12		207	
Yuexiu	10		223	
Haizhu	16	1	418	20
Tianhe	16	2	230	15
Fangcun	9	1	90	17
Baiyun	11	14	269	178
Huangpu	4	3	78	16
Panyu	9	13	95	305
Huadu		10	24	183
Cities at County Level	1	30	63	528
Zengcheng	1	15	37	302
Conghua		15	26	226

List of Urban Sub – district Offices and Towns under Districts and Counties:

Dongshan: Baiyun Donghu Meihuacun Huale Nonglin Huanghuagang Zhuguang Jianshe Dadong Datang

Liwan: Zhanqian Xicun Caihong Nanyuan Changhua Shamian Jinhua Longjin Fengyuan Duobao Lingnan Hualin

Yuexiu: Hongqiao Guangwei Beijing Renmin Liurong Guangta Daxin Shishu Liuhua Dongfeng

Haizhu: Chigang Nanshitou Xingang Fengyang Shayuan Nanhuaxi Binjing Haizhuang Sushe Jiangnanzhong Changgang Longfeng Jianghai Ruibao Pazhou Nanzhou Xinjiao

Tianhe: Wushan Yuancun Chebei Shahe Dengfeng Shipai Tianhenan Xinghua Shadong Linhe Tangxia Tianyuan Liede Xiancun Huangcun Yuangang Shahe Dongpu

Fangcun: Baihedong Chongkou Huadi Shiweitang Hailong Zhongnan Dongsha Dongjia Chajiao Dongjiao

Baiyun: Kuangquan Sanyuanli Songzhou Jingtai Tongde Huangshi Tangjing Xinjing Tonghe Jingxi Yongping Banghu Renhe Longgui Tonghe Zuliao Taihe Zhongluotan Jiufou Luogang Shijing Shenshan Jianggao Yayao Liangtian

Huangpu: Huangpu Hongshan Yuzhu Xiagang Dasha Nangang Changzhou

Panyu: Shiqiao Shawan Zhongcun Dashi Nansha Dalong Qiaonan Shatou Donghuang Nancun Xinzao Hualong Shilou Dongchong Huangge Yuwotou Wanqingsha Hengli Lingshan Dagang Lanhe Shiqi

Huadu: Xinhua Furong Timian Huashan Huadong Beixing Tanbu Chini Shiling Huaqiao

Zengcheng: Shazhuang Licheng Zhengguo Sanjiang Shitan Xiancun Shapu Xintang Yonghe Ningxi Zhucun Zhenlong Zhongxin Fuhe Paitan Xiaolou

Conghua: Jiekou Chengjiao Wenquan Liangkou Dongming Taoyuan Lütian Guancun Jiangpu Shengang Taiping Qigan Aotou Longtan Minle

2 MAIN INDICATORS OF NATIONAL ECONOMY AND SOCIAL DEVELOPMENT

Item	1990	1995	2000	2001
Population and Employment				
Year – end Population (10 000 persons)	594.25	646.71	700.69	712.60
Year – end Employment (10 000 persons)	341.15	407.78	503.69	510.07
# Staff and Workers (10 000 persons)	189.39	208.24	180.37	172.29
Gross Domestic Product (100 million yuan)	319.60	1243.07	2375.91	2685.76
Primary Industry (100 million yuan)	25.73	73.46	94.37	97.28
Secondary Industry (100 million yuan)	136.30	580.19	1032.05	1125.06
Tertiary Industry (100 million yuan)	157.57	589.42	1249.49	1463.42
Per Capita GDP(yuan)	5418	19366	34292	38007
Overall Labor Productivity (yuan/person)	9368	31761	49572	52846
Agriculture				
Gross Output Value of Agriculture (100 million yuan)	43.93	126.81	163.05	167.05
Yield of Major Farm Crops				
Grain (10 000 tons)	119.53	97.90	88.11	75.13
Sugarcane (10 000 tons)	202.63	75.43	7.60	8.50
Fruits (10 000 tons)	30.89	31.80	32.97	34.93
Peanuts (10 000 tons)	3.88	2.73	2.56	2.60
Vegetable (10 000 tons)	126.34	215.80	306.49	328.74
Aquatic Products (10 000 tons)	8.72	18.78	32.52	33.53
Industry				
Gross Industrial Output Value (100 million yuan)	442.44	1722.49	3100.02	3393.19
Output of Major Industrial Products				
Motor Vehicles	6333	9963	38118	55601
Motorcycles (10 000)	1.01	21.88	60.31	60.35
Bicycles (10 000)	172.39	177.46	134.87	167.87
Household Refrigerators (10 000)	68.38	90.02	58.14	45.75
Television Sets (10 000)	36.06	32.88	34.61	42.73
Cameras (10 000)	84.47	233.09	86.81	97.88
Household Air – Conditioners (10 000)	2.14	28.25	103.43	105.24
Cells (10 000)	82053	168460	188885	244062
Electricity (100 million kwh)	81.80	178.63	267.18	269.59
Pig Iron (10 000 tons)	32.15	51.15	66.68	69.40
Steel (10 000 tons)	55.01	90.94	151.16	176.79
Cement (10 000 tons)	342.60	954.31	1262.04	1204.16
Chemical Fertilizer (10 000 tons)	20987	28302	38683	33906
Investment in Fixed Assets				
Total Investment in Fixed Assets (100 million yuan)	90.59	618.25	923.67	978.21
# Residential Buildings (100 million yuan)	23.28	169.63	325.03	331.69

Continued

Item	1990	1995	2000	2001
Total Retail Sales of Consumer Goods (100 million yuan)	147.78	549.97	1121.13	1248.28
Transportation ,Postal and Telecommunication Services				
Total Freight Traffic (10 000 tons)	17842	26992	24585	24914
# Railway (10 000 tons)	1898	2286	2018	2051
Highway (10 000 tons)	7799	11996	12549	13286
Waterway (10 000 tons)	7614	11987	9569	9143
Civil Aviation (10 000 tons)	8	11	20	19
Total Passenger Traffic (10 000 person – times)	9461	16107	23430	24451
Railway (10 000 person – times)	1939	2530	2818	2708
Highway (10 000 person – times)	6368	12437	19964	21057
Waterway (10 000 person – times)	711	660	190	149
Civil Aviation (10 000 person – times)	443	480	458	537
Volume of Freight Handled at Ports (10 000 tons)	5099	8340	12455	13539
Postal and Telecommunication Services (at Constant Price of 1990,100 million yuan)	5.60	38.03	138.48	151.53
Foreign Trade and Economic Cooperation				
Total Imports through Customs(USD 100 million)	18.24	71.32	115.60	114.13
Total Exports through Customs (USD 100 million)	23.55	95.67	117.91	116.23
Amount of Foreign Capital Actually Used (USD 100 million)	2.73	22.53	31.15	33.27
Government Finance				
Government Revenue in Budget (100 million yuan)	36.94	97.08	200.55	246.19
Government Expenditure in Budget (100 million yuan)	24.31	111.24	240.72	292.63
Price Indices (preceding year = 100)				
General Consumer Price Index (%)	97.30	113.50	102.80	98.90
General Retail Price Index (%)	96.30	109.70	99.40	97.40
People's Livelihood				
Annual Average Wages of Staff and Workers (yuan)	3504	10317	19091	22141
Per Capita Annual Disposable Income of Urban Residents (yuan)	2749	9038	13967	14694
Per Capita Annual Net Income of Rural Residents (yuan)	1539	4483	6086	6446
Education and Culture				
Number of Regular Institutions of Higher Education	26	25	31	37
Number of Students Enrollment of Regular Institutions of Higher Education (10 000 persons)	6.55	9.54	18.51	24.47
Number of Secondary Schools	539	576	617	621
Number of Students Enrollment of Secondary Schools (10 000 persons)	36	48.17	63.89	66.96
Number of Primary Schools	1575	1604	1626	1604
Number of Students Enrollment of Primary Schools (10 000 persons)	57.23	69.44	75.70	78.86
Public Health				
Hospital Beds (10 000)	2.44	2.87	3.37	3.46
Medical Technical Personnel (10 000 persons)	4.83	5.29	5.57	5.63
# Doctors (10 000 persons)	2.10	2.33	2.35	2.39

3 DEVELOPMENT SPEED OF MAIN INDICATORS OF NATIONAL ECONOMY AND SOCIAL DEVELOPMENT

Item	2001 as percentage of the following years(%)			1979－2001 Average Annual Growth Rates(%)
	1990	1995	2000	
Population and Employment				
Year－end Population	119.9	110.2	101.7	1.71
Year－end Employment	149.5	125.1	101.3	2.86
# Staff and Workers	91.0	82.7	95.5	0.68
Gross Domestic Product	523.1	208.6	112.7	14.11
Primary Industry	208.5	132.7	102.2	5.92
Secondary Industry	647.2	206.5	110.9	14.70
Tertiary Industry	460.9	218.3	115.1	14.93
Per Capita GDP(yuan)	436.6	189.5	110.5	12.16
Overall Labor Productivity (yuan/person)	348.2	166.1	106.6	10.83
Agriculture				
Gross Output Value of Agriculture	217.2	135.0	101.6	6.27
Yield of Major Farm Crops				
Grain	62.9	76.7	85.3	－1.69
Sugarcane	4.2	11.3	111.8	－11.31
Fruits				
Peanuts	66.9	95.1	101.4	－1.05
Vegetable	260.2	152.3	107.3	8.03
Aquatic Products	384.6	178.6	103.1	10.81
Industry				
Gross Industrial Output Value	723.1	238.6	114.9	15.89
Output of Major Industrial Products				
Motor Vehicles	878.0	558.1	145.9	14.83
Motorcycles	6003.7	275.8	100.1	43.46
Bicycles	97.4	94.6	124.5	4.80
Household Refrigerators	66.9	50.8	78.7	
Television Sets	118.5	130.0	123.5	16.36
Cameras	115.9	42.0	112.8	19.18
Household Air－Conditioners	4917.8	372.5	101.8	28.66
Cells	297.4	144.9	129.2	10.06
Electricity	329.6	150.9	101.1	15.01
Pig Iron	215.9	135.7	104.1	5.43
Steel	321.4	194.4	117.0	10.32
Cement	351.5	126.2	95.4	11.74
Chemical Fertilizer	161.6	119.8	87.7	9.11
Investment in Fixed Assets				
Total Investment in Fixed Assets	1079.8	158.2	105.9	23.76
# Residential Buildings	1424.5	195.5	102.0	29.30

Continued

Item	2001 as percentage of the following years(%)			1979－2001 Average Annual Growth Rates (%)
	1990	1995	2000	
Total Retail Sales of Consumer Goods	844.7	227.0	111.3	20.35
Transportation ,Postal and Telecommunication Services				
Total Freight Traffic	139.6	92.3	101.4	
# Railway	108.1	89.7	101.6	
Highway	170.4	110.8	105.9	
Waterway	120.1	76.3	95.5	
Civil Aviation	237.5	172.7	95.0	
Total Passenger Traffic	258.4	151.8	104.4	
Railway	139.7	107.0	96.1	
Highway	330.7	169.3	105.5	
Waterway	21.0	22.6	78.4	
Civil Aviation	121.2	111.9	117.2	
Volume of Freight Handled at Ports	265.5	162.3	108.7	8.79
Postal and Telecommunication Services	2707.8	398.4	109.4	32.46
Foreign Trade and Economic Cooperation				
Total Imports through Customs	625.7	160.0	98.7	
Total Exports through Customs	493.7	121.5	98.6	
Amount of Foreign Capital Actually Used	1220.5	147.7	106.8	
Government Finance				
Government Revenue in Budget	666.4	253.6	122.8	13.40
Government Expenditure in Budget	1203.6	263.1	121.6	20.69
Price Indices (preceding year = 100)				
General Consumer Price Index	217.1	108.2	98.9	8.90
General Retail Price Index	170.1	93.6	97.4	7.90
People's Livelihood				
Average Annual Wages of Staff and Workers	631.9	214.6	116.0	16.10
Per Capita Annual Disposable Income of Urban Households	534.5	162.6	105.2	16.46
Per Capita Net Income of Rural Residents	418.8	143.8	105.9	15.18
Education and Culture				
Number of Regular Institutions of Higher Education	142.3	148.0	119.4	4.00
Number of Students Enrollment of Regular Institutions of Higher Education	373.8	256.5	132.2	11.11
Number of Secondary Schools	115.2	107.8	100.6	2.61
Number of Students Enrollment of Secondary Schools	186.0	139.0	104.8	2.20
Number of Primary Schools	101.8	100.0	98.6	0.25
Number of Students Enrollment of Primary Schools	137.8	113.6	104.2	1.43
Public Health				
Hospital Beds	141.7	120.3	102.5	3.89
Medical Technical Personnel	116.5	106.5	101.1	2.55
# Doctors	114.0	102.7	101.9	3.04

4 SELECTED INDICATORS ON AVERAGE DAILY SOCIAL AND ECONOMIC ACTIVITIES

Item	1990	1995	2000	2001
Daily Production				
Gross Domestic Product (10 000 yuan)	8756	34057	65094	73582
Gross Output Value of Industry and Agriculture (10 000 yuan)	13326	50666	89399	97541
Gross Output Value of Industry (10 000 yuan)	12122	47192	84932	92964
Gross Output Value of Agriculture (10 000 yuan)	1204	3474	4467	4577
Government Revenue in Budget (10 000 yuan)	1012	2660	5494	6745
Daily Output of Major Industrial Products				
Household Refrigerators	1873	2466	1593	1253
Electric Fans	5388	8325	2148	2134
Household Washing Machines	759	494		
Television Sets	988	901	948	1171
Cells(10 000)	225	462	517	669
Clocks	8200	15840	27912	28116
Sewing Machines	2659	1747	243	112
Cameras	2314	6386	2378	2682
Bicycles	4723	4862	3695	4599
Motor Vehicles	17	27	104	152
Beer (ton)	565	1108	1975	2124
Cigarettes (case)	1680	1931	2199	2300
Machine – made Paper and Paperboard (ton)	743	1968	1680	1888
Daily Consumption				
Total Resident Consumption (10 000 yuan)	3432	11482	18158	20276
Total Retail Sales of Consumer Goods (10 000 yuan)	4049	15068	30716	34200
Resident Grain Consumption (ton)	2138	1945	1957	1889
Resident Meat Consumption (ton)	576	635	570	873
Resident Cooking Oil Consumption (ton)	75	143	159	151
Resident Aquatic Product Consumption (ton)	340	491	688	612
Resident Egg Consumption (ton)	93	228	441	328

Continued

Item	1990	1995	2000	2001
Daily Service				
Electricity Sales (10 000 kwh)	1364	2989	5402	5800
Tap Water Sales (10 000 tons)	225	304	301	356
Liquefied Petroleum Gas Sales (ton)	143	349	508	732
Artificial Coal Gas Sales (ton)	1	19	30	40
Volume of Freight Handled at Ports (ton)	139701	228505	341233	370932
Total Freight Traffic (ton)	488822	739507	673562	682575
Railway Freight Traffic (ton)	71134	99939	86679	149153
Railway Passenger Traffic (person – time)	53123	69315	77205	74192
Passenger Traffic by Bus and Tram(10 000 person – times)	192	222	424	488
Passenger Traffic by Taxi (10 000 person – times)	55	78	92	101
Postal and Telecommunication Services (10 000 yuan)	153	1042	3794	4151
Handled Letters (10 000 Pcs)	42	79	57	95
Newspaper Circulation (10 000 copies)	277	492	317	364
Magazine Circulation (10 000 copies)	11	13	10	12
Seeing Movie (10 000 person – times)	13.71	4.17	0.85	0.72
Domestic Long – distance Calls (10 000 sheets)	14	127	257	244
International Long – distance Calls (10 000 sheets)	4	14	13	14
Telegrams (Pcs)	12521	6055	1671	1151
Number of International Tourists Received (person – time)	5181	4676	5737	5494
Number of Domestic Tourists Received (person – time)	13123	21752	27651	26914
Daily Population Changes and Marriages				
Births (person)	242	208	195	185
Deaths (person)	89	98	110	103
Immigrants (person)	275	361	486	520
Emigrants (person)	242	213	294	265
Marriages (couple)	151	169	141	136
Divorces (couple)	12	13	25	27

5 PEOPLE'S MATERIAL AND CULTURE LIFE IN MAIN YEARS

Item	1990	1995	2000	2001
Annual Average Wages of Staff and Workers (yuan)	3504	10317	19091	22141
Annual Per Capita Disposable Income of Urban Residents (yuan)	2749	9038	13967	14694
Annual Per Capita Net Income of Rural Residents (yuan)	1539	4483	6086	6446
Total Retail Sales of Consumer Goods (100 million yuan)	147.78	549.97	1121.13	1248.28
Per Capita Living Space of City Citizens (sq. m)	7.99	9.61	13.13	13.87
Saving Deposit				
Outstanding Amount of Saving Deposits in Urban and Rural Areas at Year - end (100 million yuan)	181.14	961.49	2239.86	2600.43
Per Capita Saving Deposits (yuan)	3048	14867	31967	36492
Traffic in Urban Area				
Possession of Buses per 10 000 Persons	6.53	10.11	16.76	16.86
Average Daily Passengers by Buses (10 000 person - times)	191.80	222.23	441.68	505.70
Possession of Taxis per 10 000 Persons	34.33	45.82	45.44	39.60
Average Daily Passenger by Taxis (10 000 person - times)	55.45	78.28	92.29	101.02
Post and Telecommunication Service				
Possession of Telephones per 100 Persons in Urban Area	9.70	41.00	117.22	131.29
Per Capita Annual Number of Letters Mailed	26	45	30	49
Gas Supply				
Access Rate to Gas and Liquefied Gas (%)	40.90	86.60	93.55	93.54
Tap Water				
Per Capita Daily Used Water (liter)	460	541	555	475
Retailing, Catering and Service Trades				
Number of Outlets Per 10 000 Persons				
Retailing Trade	153	274	250	245
Catering Trade	17	25	42	41
Number of Service Providers Per 10 000 Persons				
Retailing Trade (person)	674	932	862	787
Catering Trade (person)	142	295	287	281

Continued

Item	1990	1995	2000	2001
Culture				
Number of Publications Per 100 Persons				
Newspaper (Daily)	54	74	92	105
Magazines (Annual)	1851	3098	3248	2953
Books (Annual)	4745	5707	3814	3764
Education				
Number of University and College Students per 10 000 Persons(person)	110	148	264	343
Percentage of School - age Children Enrolled (%)	99.85	99.92	99.97	99.97
Public Health				
Number of Hospital Beds Per 10 000 Persons	41	44	48	48
Number of Doctors Per 10 000 Persons	35	36	34	34
Employment				
Per Employee Support Population in Urban Area(person)	1.68	1.69	1.72	1.81
Virescence				
Coverage Rate of Urban Green Areas (%)	19.50	24.08	31.60	31.44
Per Capita Urban Public Green Areas (sq. m)	3.88	4.69	7.87	11.18
Number of Durable Consumer Goods Owned				
Per 100 Urban Households Owned				
Color TV Sets	88.70	111.00	154.80	160.40
Household Computers			54.20	60.80
Hi - Fi Stereo Component Systems	17.30	40.70	64.80	63.20
Washing Machines	87.30	105	99.40	99
Household Refrigerators	87.30	102.30	100.60	100.80
Motorcycles	4.00	12.70	23.60	25.60
Air Conditioners	1.30	57.30	154.80	161.80
Per 100 Rural Households Owned				
Color TV Sets	20	62	105	107
Monochrome TV Sets	67	49	19	14
Washing Machines	22	42	61	61
Household Refrigerators	3	33	57	59
Motorcycles	5	45	110	113

6 PER CAPITA MAIN INDICATORS OF NATIONAL ECONOMY

Item	1978	1980	1985	1990	1995	2000	2001
Gross Domestic Product(yuan)	907	1160	2302	5418	19366	34292	38007
Gross Output Value of Industry(yuan)	1586	1777	3293	7501	26836	44743	48018
Gross Output Value of Agriculture(yuan)	168	180	333	745	1976	2353	2364
Government Revenue in Budget(yuan)	287	311	534	626	1513	2895	3484
Gross Output of Grain Crops(kilogram)	234	251	209	203	153	127	106
Total Retail Sales of Consumer Goods(yuan)	371	579	1388	2505	8568	16182	17665
Investment in Fixed Assets(yuan)	153	201	807	1536	9632	13331	13843
Total Exports on Customs Statistics(USD)				399	1490	1702	1645
Living Space in Urban Area(sq. m)	3.82	3.97	6.22	7.99	9.61	13.13	13.87

7 AVERAGE ANUUAL IMPROVEMENT SPEED OF MAIN INDICATORS IN EACH PERIOD

(%)

Period	Gross Domestic Product	Gross Output Value of Industry	Gross Output Value of Agriculture	Total Retail Sales of Consumer Goods	Government Revenue in Budget	Resident Consumption Level
1st Five - Year Plan Period	14.49	24.04	5.95	12.39	13.95	4.46
2nd Five - Year Plan Period	0.74	6.56	0.06	3.28	1.36	3.28
1963 - 1965	16.32	16.39	11.21	0.02	11.35	-0.15
3rd Five - Year Plan Period	7.94	12.22	0.47	2.63	9.62	1.87
4th Five - Year Plan Period	5.99	7.23	2.47	7.11	6.43	4.21
5th Five - Year Plan Period	9.20	7.02	4.36	13.55	4.02	10.32
6th Five - Year Plan Period	12.71	12.83	6.22	21.17	13.33	13.00
7th Five - Year Plan Period	10.83	13.07	4.58	14.53	5.07	15.79
8th Five - Year Plan Period	20.18	26.10	9.98	30.06	21.32	9.56
9th Five - Year Plan Period	13.10	15.73	5.85	15.31	23.59	7.09

8 PROPORTIONS OF MAIN NATIONAL ECONOMIC INDICATORS

(%)

Item	1978	1980	1985	1990	1995	2000	2001
Employees							
Primary Industry	43.69	40.23	31.26	28.24	22.68	18.99	19.01
Secondary Industry	32.13	33.55	37.66	36.40	38.84	40.12	39.03
Tertiary Industry	24.18	26.22	31.08	35.36	38.48	40.89	41.96
Gross Domestic Product							
Primary Industry	11.67	10.85	9.69	8.05	5.91	3.97	3.62
Secondary Industry	58.59	54.52	52.92	42.65	46.67	43.44	41.89
Tertiary Industry	29.74	34.63	37.39	49.30	47.42	52.59	54.49
Gross Output Value of Industry							
Light Industry	63.24	65.16	65.40	63.97	58.20	56.85	55.57
Heavy Industry	36.76	34.84	34.60	36.03	41.80	43.15	44.43
Gross Output Value of Agriculture							
Planting	77.83	77.72	65.18	63.77	53.13	50.51	52.56
Forestry	1.71	2.59	1.28	1.14	0.84	0.81	0.80
Animal Husbandry	13.78	13.11	24.19	25.11	29.14	26.41	24.33
Sideline	2.24	2.50	4.06	3.57	2.27	4.09	4.09
Fishery	4.44	4.08	5.29	6.41	14.62	18.18	18.22
Total Retail Sales of Consumer Goods							
Whole and Retail Sale Trades	84.16	78.17	66.62	63.95	62.50	69.92	70.53
Catering Trade	9.21	8.12	15.44	16.21	17.51	18.57	19.22
Others	6.63	13.71	17.94	19.84	19.99	11.51	10.25
Investment In Fixed Assets							
Primary Industry	5.94	4.97	3.13	1.57	0.69	0.72	0.18
Secondary Industry	44.19	39.90	32.94	38.29	27.48	15.28	14.51
Tertiary Industry	49.87	55.13	63.93	60.14	71.83	84.00	85.31

9 GROSS DOMESTIC PRODUCT IN MAIN YEARS

(10 000 yuan)

Year (Period)	Gross Domestic Product	Primary Industry	Secondary Industry	Industry	Construction	Tertiary Industry
1952	53910	10787	16940	16434	506	26183
1957	111836	14952	51153	46088	5065	45731
1962	124147	20314	61196	56196	5000	42637
1965	180348	25033	101444	93401	8043	53871
1970	266600	31234	170872	164979	5893	64494
1975	366351	44318	227351	219739	7612	94682
1978	430947	50287	252479	243585	8894	128181
1980	575497	62438	313734	295337	18397	199325
1985	1243623	120449	658130	577048	81082	465044
1990	3195952	257288	1362975	1180978	181997	1575689
1995	12430697	734606	5801945	4959398	842547	5894146
1996	14449358	811630	6753844	5814566	939278	6883884
1997	16462567	857155	7661529	6661968	999561	7943883
1998	18416052	888763	8264307	7142835	1121472	9262982
1999	20567383	928522	9393241	8076035	1317206	10245620
2000	23759129	943718	10320464	8900429	1420035	12494947
2001	26857574	972806	11250617	9702444	1548173	14634151
1950 - - 1952	138545	29687	43557	42432	1125	65301
1st Five - Year Plan Period	446375	70744	179270	163383	15887	196361
2nd Five - Year Plan Period	714451	84851	400777	372652	28125	228823
1963 - - 1965	469514	71608	255258	232026	23232	142648
3rd Five - Year Plan Period	1065638	154579	603396	577866	25530	307663
4th Five - Year Plan Period	1552917	197149	959585	930744	28841	396183
5th Five - Year Plan Period	2253990	259115	1288406	1234654	53752	706469
6th Five - Year Plan Period	4373327	459872	2395362	2137482	257880	1518093
7th Five - Year Plan Period	11603019	1017120	5296091	4548434	747657	5289808
8th Five - Year Plan Period	38574663	2454921	18098928	15601173	2497755	18020814
9th Five - Year Plan Period	93654489	4429788	42393385	36595833	5797552	46831316
1979 - - 2001	176126084	9448506	80017841	69139848	10877993	86659737

10 YEAR－END TOTAL HOUSEHOLDS AND POPULATION IN MAIN YEARS

Year	Total Households	Total Population	Agriculture	Non－agriculture	＃ Female	Ratio by sex (Female＝100)
Total						
1949	618698	2475259	1295637	1179622	1207954	104.91
1952	678722	2719141	1370170	1348971	1322250	105.64
1957	811439	3377586	1513557	1864029	1659746	103.50
1962	864664	3702454	1588191	2114263	1830123	102.31
1965	888576	3985070	1795294	2189776	1963842	102.92
1970	979764	4185363	2095823	2089540	2083979	100.84
1975	1071998	4591000	2408674	2182326	2263898	102.79
1978	1145925	4828961	2507540	2321421	2374951	103.33
1980	1162717	5018638	2458247	2560391	2468837	103.28
1985	1369661	5449820	2493662	2956158	2663431	104.62
1990	1641840	5942534	2528674	3413860	2887427	105.81
1995	1871894	6467115	2514356	3952759	3132759	106.44
1996	1905998	6560508	2527804	4032704	3179757	106.32
1997	1945905	6664862	2556223	4108639	3231941	106.22
1998	2007082	6741400	2568576	4172824	3272236	106.02
1999	2044756	6850024	2593729	4256295	3327111	105.89
2000	2100434	7006896	2645841	4361055	3401415	106
2001	2135837	7125979	2615185	4510794	3455802	106.20
Urban Area						
1949	322133	1427648	388645	1039003	671270	112.68
1952	379087	1621776	415232	1206544	759811	113.44
1957	501793	2144799	455861	1688938	1032721	107.68
1962	542385	2394071	476997	1917074	1169713	104.67
1965	558343	2540688	560508	1980180	1235777	105.59
1970	605820	2515655	640643	1875012	1244494	102.14
1975	657669	2688779	747281	1941498	1313965	104.63
1978	706489	2831152	766176	2064976	1375737	105.79
1980	738713	3026616	737241	2289375	1472247	105.58
1985	883946	3288825	719278	2569547	1589830	106.87
1990	1054065	3579360	665079	2914281	1719027	108.22
1995	1172637	3853751	687037	3166714	1840191	109.42
1996	1193230	3901840	680430	3221410	1863900	109.34
1997	1211123	3956521	689200	3267321	1890134	109.32
1998	1229851	3993008	686731	3306277	1911456	108.90
1999	1248357	4054958	689565	3365393	1943367	108.66
2000(old eight districts)	1272083	4139045	700245	3438800	1980858	108.95
2000(new ten districts)	1734902	5666812	1652826	4013986	2742947	106.60
2001	1765120	5769691	1614883	4154808	2791775	106.67

11 STATISTICS ON NATURAL CHANGES IN TOTAL POPULATION IN MAIN YEARS

(Person, ‰)

Year	Annual Average Population	Birth		Death		Natural Growth Rate
		Population	Birth Rate	Population	Death Rate	
Total						
1949	2460084					
1952	2698816					
1957	3286712	129805	39.49	23395	7.12	32.37
1962	3683932	142881	38.78	25066	6.80	31.98
1965	3949440	106665	27.01	20739	5.25	21.76
1970	4157439	98912	23.79	22700	5.46	18.33
1975	4543684	76948	16.94	27019	5.95	10.99
1978	4753314	73470	15.46	25283	5.32	10.14
1980	4959822	80604	16.25	27643	5.57	10.68
1985	5402904	89630	16.59	28968	5.36	11.23
1990	5898400	88289	14.97	32388	5.49	9.48
1995	6418678	75867	11.82	35735	5.57	6.25
1996	6513812	78339	12.03	37216	5.71	6.32
1997	6612685	75184	11.37	35696	5.40	5.97
1998	6703131	67695	10.10	40981	6.11	3.99
1999	6795712	81485	11.99	39176	5.76	6.23
2000	6928460	71248	10.28	39987	5.77	4.51
2001	7066438	67542	9.56	37641	5.33	4.23
Urban Area						
1949	1437368	38234	26.60	21992	15.30	11.30
1952	1610163	59254	36.80	16585	10.30	26.50
1957	2073385	93095	44.90	13477	6.50	38.40
1962	2393555	88574	37.01	14358	6	31.01
1965	2534506	53146	20.97	10982	4.33	16.64
1970	2513446	46984	18.69	13612	5.42	13.27
1975	2671601	32957	12.34	15302	5.73	6.61
1978	2770944	35159	12.69	14743	5.32	7.37
1980	2972122	40800	13.73	16519	5.56	8.17
1985	3255203	47881	14.71	17735	5.45	9.26
1990	3561652	44394	12.46	20329	5.71	6.75
1995	3828449	34888	9.11	22843	5.97	3.14
1996	3877796	37143	9.58	23259	6	3.58
1997	3929181	34205	8.71	22979	5.85	2.86
1998	3974765	30963	7.79	26096	6.57	1.22
1999	4023983	40782	10.13	25251	6.28	3.86
2000(old eight districts)	4097002	35378	8.64	25009	6.10	2.54
2000(new ten districts)	5613729	49805	8.87	33222	5.92	2.95
2001	5718252	48455	8.47	31613	5.53	2.94

12 OVERALL EMPLOYEES IN MAIN YEARS

(Person)

Year	Total	Staff and Workers	Rural Employed Persons	Urban Employed Persons
Total				
1952	1118684	258326	656361	203997
1957	1372154	583563	715936	72655
1962	1473434	731780	708931	32723
1965	1699954	864321	773445	62188
1970	1970034	940661	989239	40134
1975	2375975	1208401	1138712	28862
1978	2668989	1473615	1178422	16952
1980	2750467	1565533	1160625	24309
1985	3134739	1756497	1310633	67609
1990	3411513	1893944	1408961	108608
1995	4077775	2082361	1698890	296524
1996	4122092	2028859	1745016	348217
1997	4282130	1998075	1886755	397300
1998	4453911	1970276	2027885	455750
1999	4548852	1879463	2150743	518646
2000	5036875	1803652	2644313	588910
2001	5100728	1722910	2694498	683320
Urban Area				
1952	653940	239331	210612	203997
1957	816510	528539	215316	72655
1962	890078	656113	201242	32723
1965	1073976	773058	238730	62188
1970	1175850	838216	297500	40134
1975	1460693	1089396	342506	28591
1978	1699547	1332852	349914	16781
1980	1788188	1419816	345190	23182
1985	1991006	1559619	376128	55259
1990	2115276	1641416	393185	80675
1995	2472382	1768604	486356	217422
1996	2462386	1708226	492449	261711
1997	2495357	1657729	529613	308015
1998	2581462	1623272	597893	360297
1999	2572959	1517032	642428	413499
2000(old eight districts)	2748013	1445868	827426	474719
2000(new ten districts)	4233440	1682793	2001897	548750
2001	4266608	1596507	2031142	638959

Note: The Rural Employed Persons didn't include the nonnative labors before 1996 and it included the nonnative labors employed above 6 months in 1997 but it has included all the nonnative labors since 1998.

13 EMPLOYEES AND COMPOSITION BY TYPE OF INDUSTRY IN MAIN YEARS

Year	Total Employees (person)				Composition (Total = 100)		
		Primary Industry	Secondary Industry	Tertiary Industry	Primary Industry	Secondary Industry	Tertiary Industry
Total							
1952	1118684	646632	156720	315332	57.80	14.01	28.19
1957	1372154	706391	309909	355854	51.48	22.59	25.93
1962	1473434	712412	357782	403240	48.35	24.28	27.37
1965	1699954	780842	46004	459068	45.93	27.06	27.01
1970	1970034	958925	574633	436476	48.68	29.17	22.15
1975	2375975	1129317	700250	546408	47.53	29.47	23.00
1978	2668989	1165987	857527	645475	43.69	32.13	24.18
1980	2750467	1106432	922756	721279	40.23	33.55	26.22
1985	3134739	979869	1180526	974344	31.26	37.66	31.08
1990	3411513	963548	1241813	1206152	28.24	36.40	35.36
1995	4077775	924969	1583686	1569120	22.68	38.84	38.48
1996	4122092	935441	1547814	1638837	22.69	37.55	39.76
1997	4282130	932283	1628759	1721088	21.77	38.04	40.19
1998	4453911	936990	1703752	1813169	21.04	38.25	40.71
1999	4548852	930299	1750917	1867636	20.45	38.49	41.06
2000	5036875	956506	2020610	2059759	18.99	40.12	40.89
2001	5100728	969852	1990625	2140251	19.01	39.03	41.96
Urban Area							
1952	6539400	208230	179610	266100	31.84	27.47	40.69
1957	816510	211864	279569	325077	25.95	34.24	39.81
1962	890078	207976	323933	358169	23.37	36.39	40.24
1965	1073976	242858	422999	408119	22.61	39.39	38.00
1970	1175850	279618	511108	385124	23.78	43.47	32.75
1975	1460693	363095	628811	468787	24.86	43.05	32.09
1978	1699547	366748	767870	364929	21.58	45.18	33.24
1980	1788188	338240	818404	631544	18.91	45.77	35.32
1985	1991006	267498	903334	820174	13.44	45.37	41.19
1990	2115276	249162	900297	965817	11.78	42.56	45.66
1995	2472382	248653	988281	1235448	10.06	39.97	49.97
1996	2462386	242137	930102	1290147	9.83	37.77	52.40
1997	2495357	232534	915115	1347708	9.32	36.67	54.01
1998	2581462	236185	926689	1418588	9.15	35.90	54.95
1999	2572959	238480	890991	1443488	9.27	34.63	56.10
2000(old eight districts)	2748013	243451	937672	1566890	8.86	34.12	57.02
2000(new ten districts)	4233440	567841	1762633	1902966	13.41	41.64	44.95
2001	4266608	568297	1724519	1973792	13.32	40.42	46.26

Note: The Employees in Secondary Industry have included the rural nonnative labors since 1997, it coundn't be compared with those over the past years.

14 TOTAL WAGES OF STAFF AND WORKERS AND RELATED INDEX IN MAIN YEARS

Year	Total Wages	State - owned Units	Urban Collective - Owned Units	Units of Other Type of Ownership	Foreign Funded Enterprises
Absolute Value(10 000 **yuan**)					
1978	101809	76913	24896		
1980	142243	108015	34228		
1985	278892	208829	65660	4403	3127
1990	656434	487524	121441	47469	41198
1991	783043	565974	148783	68286	61119
1992	971335	690135	183771	97429	89978
1993	1316773	941475	226929	148369	106957
1994	1815428	1277944	308933	228551	183030
1995	2146245	1481375	344494	320376	263343
1996	2395597	1672483	348629	374485	313623
1997	2615842	1798987	338388	478467	404483
1998(old caliber)	2831440	1900631	344677	586132	454061
1998(new caliber)	2831440	1758088	322399	750953	454061
1999	3085768	1917375	296558	871835	507875
2000	3480880	2188085	289750	1003045	586413
2001	3878065	2401471	216967	1259627	691639
Index(**preceding year** = 100)					
1978	116.20	121.34	102.76		
1980	139.72	140.44	137.48		
1985	123.19	121.95	124.25	190.69	236.36
1990	107.71	106.08	105.39	137.10	152.37
1991	119.29	116.09	122.51	143.85	148.35
1992	124.05	121.94	123.52	142.68	147.22
1993	135.56	136.42	123.48	152.28	118.87
1994	137.87	135.74	136.14	154.04	171.12
1995	118.22	115.92	111.51	140.18	143.88
1996	111.62	112.90	101.20	116.89	119.09
1997	109.19	107.56	97.06	127.77	128.97
1998	108.24	105.65	101.86	122.50	112.26
1999	108.98	109.06	91.99	116.10	111.85
2000	112.80	114.12	97.70	115.05	115.46
2001	111.41	109.75	74.88	125.58	117.94

Note: Since 1999 the Absolute Value of Wages by type were different from the past years but Index computed on the same caliber.

15 URBAN PRIVATE AND INDIVIDUAL EMPLOYEEES

(person)

Item	1985	1990	1995	2000	2001
Total	57609	98608	274453	562754	647940
By Region					
Urban Region(old eight districts)	45259	70675	200287	453012	514531
Urban Region(new ten districts)	51608	82677	233612	524813	605706
Panyu City	5310	5610	15985	42270	54477
Huadu City	1039	6392	193400	29531	36698
Cities at County Level	6001	15931	38841	37941	42234
Zengcheng City	5028	12389	31554	29123	29757
Conghua City	973	3542	7287	8818	12477
By Trade					
Farming, Forestry, Animal Husbandary and Fishery			109	1031	1540
Mining and Quarrying			418	573	699
Manufacturing } Production and Supply of Electricity, Gas and Water (with Mining and Quarrying)	7168	16787	36251	63891	75665
Construction	142	289	931	8655	11161
Geological Prospecting and Water Conservancy					
Transport, Storage, Postal and Telecommunications	412	1188	7018	14943	22777
Wholesale, Retail and Catering Service	41190	66804	183709	331752	367652
Banking and Insurance					
Real Estate and Social Service	8638	13253	33445	108959	125908
Health Care, Sports and Social Welfare	54	286	526	1537	1587
Education, Culture, Art, Broadcasting, Film and Television	5	1	2728	11335	16933
Scientific Research and Polytechnical Services			6658		
Government Agencies, Party Agencies and Social Organizations					
Others			2660	20078	24018

16 REMPLOYMENT FOR THOSE WHO REGISTERED FOR UNEMPLYOMENT

(person)

Item	1985	1990	1995	2000	2001
Total Urban Unemployed Persons	114924	154869	137146	225880	293848
Urban Unemployed Persons by New Assignment	76792	89473	68620	134791	177739
Unemployed Persons Assigned in State - owned Units	34272	49619	35604	25045	44582
Employed	32442	49619	35604		
Filling Vacancies	1830				
Unemployed Persons Assigned in Collective - owned Units	17140	27837	16620	16026	20494
1. Assigned in Collective - owned Units above District Level	10751	15810	11065		
Employed	10293	15810	11065		
Filling Vacancies	458				
2. Assigned in Other Collective - owned Units	6389	12027	5555		
Assigned in Urban Sub - District Office - owned Collective Units	3446	1745	862		
Assigned in State - owned Collective Units		704	369		
Assigned in Collective Units Owned by Fatigue Duty Company	2570	3998	1101		
Assigned in Collective Units Owned by Mass	216	202	281		
Assigned in Other Collective Units	157	5378	2942		
Individual Labor	10620	5233	3940	39508	46894
Provisional Worker	14760				
Assigned in Other Ownership Units		6784	12456	54212	65769
Unemployed Persons Decreased by Other Reason	2571	8854	5031	5993	24475
The Year - end Urban Unemployed Persons	35561	56542	63495	85096	91634
Urban Registered Unemployed Rate (%)	1.91	2.75	2.60	3.15	3.76

17 TOTAL INVESTMENT IN FIXED ASSETS IN MAIN YEARS

(10 000 yuan)

Year	Total	Old Concept of Civil Economy	State-owned	Colletive-owned	Urban	Rural	Individual	Urban	Rural
Total									
1952	3931	3931	3931						
1957	16560	16560	16560						
1962	7456	7426	7426	30	30				
1965	20658	19760	19760	898	898				
1970	20668	19968	19968	700	700				
1975	56180	53556	53556	2624	2624				
1978	72641	68584	68584	1755	1325	430	2302	637	1665
1980	99565	89823	89823	2934	2709	225	6808	1131	5677
1985	436197	346000	346000	44788	17308	27480	45409	8832	36577
1990	905937	761738	761738	73172	29884	43288	71027	6677	64350
1995	6182515	5346423	3324871	512751	64312	448439	323341	49855	273486
1996	6389360	5618981	3172138	452339	65056	387283	318040	21980	296060
1997	6565767	5888550	3543369	372225	50702	321523	304992	20127	284865
1998	7588283	6868046	3803451	408949	50825	358124	311288	16138	295150
1999	8782586	8041136	4514598	441220	67866	373354	300230	26512	273718
2000	9236676	8410094	4830889	463807	56919	406888	362775	27624	335151
2001	9782093	9004111	4475639	506459	67520	438939	271523	31151	240372
Urban Area									
1952	3255	3255	3255						
1957	15264	15264	15264						
1962	6841	6811	6811	30	30				
1965	19609	18718	18718	891	891				
1970	19205	18575	18575	630	630				
1975	51934	49572	49572	2362	2362				
1978	67021	64825	64825	1219	1148	71	977	480	497
1980	88684	83831	83831	2339	2300	39	2514	818	1696
1985	362215	312993	312993	31819	13321	18498	17403	4692	12711
1990	688267	612465	612465	47334	19816	27518	28468	1527	26941
1995	4735978	4274483	2933472	305309	43165	262144	156186	27818	128368
1996	4961794	4535627	2796738	254569	34277	220292	171598	3232	168366
1997	5415077	5059142	3121671	192795	25820	166975	163140	9584	153556
1998	6402341	6056185	3443918	188199	34207	153992	157957	3861	154096
1999	7469488	7092917	4117335	226881	55369	171512	149690	4491	145199
2000(eight districts)	7532152	7118431	4240540	219040	45922	173118	194681	4330	190351
2000(ten districts)	8880172	8168174	4674001	388830	53519	335311	323168	20964	302204
2001	9422360	8758523	4374404	434962	56339	378623	228875	19348	209527

18 TOTAL INVESTMENT IN FIXED ASSETS IN MAIN YEARS

(By Kind of Investment) (10 000 yuan)

Year	Total	Capital Construction	Innovation	Others	Real Estate Development
Total					
1952	3931	3931			
1957	16560	16560			
1962	7456	7426		30	
1965	20658	19760		898	
1970	20668	19968		700	
1975	56180	53556		2624	
1978	72641	65105	3479	4057	
1980	99565	79330	9801	10434	
1985	436197	200457	98513	90755	46472
1990	905937	422295	221809	144414	117419
1995	6182515	2137537	1093281	860561	2091136
1996	6389360	2194209	1120865	782646	2291640
1997	6565767	2283400	1206085	702059	2374223
1998	7588283	2927028	1231700	735866	2693689
1999	8782586	3531702	1432444	859413	2959027
2000	9236676	3085834	1585199	1009827	3555816
2001	9782093	3184471	1755560	971855	3870207
Urban Area					
1952	3255	3255			
1957	15264	15264			
1962	6841	6811		30	
1965	19609	18718		891	
1970	19205	18575		630	
1975	51934	49572		2362	
1978	67021	61547	3278	2196	
1980	88684	74126	9446	5112	
1985	362215	189155	78828	49780	44452
1990	688267	330649	184139	75938	97541
1995	4735978	1786962	785063	461495	1702458
1996	4961794	1634670	968611	429726	1928787
1997	5415077	1926341	1042755	362865	2083116
1998	6402341	2592443	1052502	355159	2402237
1999	7469488	3216985	1292147	390514	2569842
2000(old eight districts)	7532152	2637583	1457790	522329	2914450
2000(new ten districts)	8880172	3003384	1524285	886435	3466068
2001	9422360	3110231	1712049	834987	3765093

19 TOTAL INVESTMENT IN FIXED ASSETS IN EACH PERIOD

(By Kind of Investment) (10 000 yuan)

Period	Total	Capital Construction	Innovation	Others	Real Estate Development
Total					
1950 – 1952	8110	8110			
1st Five – Year Plan Period	55375	55375			
2nd Five – Year Plan Period	122004	121780		224	
1963 – 1965	50972	49217		1755	
3rd Five – Year Plan Period	69853	66803		3050	
4th Five – Year Plan Period	167262	160829		6433	
5th Five – Year Plan Period	402292	358507	19628	24157	
6th Five – Year Plan Period	1310742	591568	337346	292454	89374
7th Five – Year Plan Period	3850377	1545049	1058484	714379	532465
8th Five – Year Plan Period	18092347	5930203	3259794	3110538	5791812
9th Five – Year Plan Period	38562672	14022173	6576293	4089811	13874395
1950 – 1978	702015	678752	3479	19784	
1979 – 2001	71772084	25415333	13003626	9194872	24158253
1950 – 2001	72474099	26094085	13007105	9214656	24158253
Urban Area					
1950 – 1952	6753	6753			
1st Five – Year Plan Period	49757	49757			
2nd Five – Year Plan Period	108373	108149		224	
1963 – 1965	46782	45119		1663	
3rd Five – Year Plan Period	64513	61706		2807	
4th Five – Year Plan Period	153532	147741		5791	
5th Five – Year Plan Period	369312	336720	18565	14027	
6th Five – Year Plan Period	1080481	561550	291792	143135	84004
7th Five – Year Plan Period	3037051	1286621	877951	407072	465407
8th Five – Year Plan Period	12949086	4681034	2440633	1548825	4278594
9th Five – Year Plan Period(eight districts)	31780852	12008022	5813805	2060593	11898432
9th Five – Year Plan Period(ten districts)	33128872	12373823	5880300	2424690	12450050
1950 – 1978	643162	623364	3278	16520	
1979 – 2001	59773710	22145840	11218012	5366710	21043148
1950 – 2001	60416872	22769204	11221290	5383230	21043148

20 ANNUAL AVERAGE GROWTH SPEED OF TOTAL INVESTMENT IN FIXED ASSETS IN EACH PERIOD

(%)

Period	Total	Capital Construction	Innovation	Others	Real Estate Development
Total					
1951 - 1952	87.99	87.99			
1st Five - Year Plan Period	36.80	36.80			
2nd Five - Year Plan Period	13.20	13.10			
1963 - 1965	47.30	45.30		249.70	
3rd Five - Year Plan Period	-12.80	-12.80		-12.60	
4th Five - Year Plan Period	16.50	16.30		21.00	
5th Five - Year Plan Period	12.20	9.90		21.10	
6th Five - Year Plan Period	34.20	13.60	73.10	64.30	
7th Five - Year Plan Period	19.60	14.80	26.70	15.50	29.10
8th Five - Year Plan Period	50.40	36.70	38.40	53.40	89.20
9th Five - Year Plan Period	7.50	9.20	6.20	-1.70	9.60
1951 - 1978	17.10	16.90			
1979 - 2001	27.70	21.30	37.11	33.40	
1951 - 2001	20.13	17.40			
Urban Area					
1951 - 1952	70.30	70.30			
1st Five - Year Plan Period	39.90	39.90			
2nd Five - Year Plan Period	11.90	11.90			
1963 - 1965	47.30	45.20		242.80	
3rd Five - Year Plan Period	-13.60	-13.60		-15.00	
4th Five - Year Plan Period	16.10	15.90		21.00	
5th Five - Year Plan Period	12.00	10.40		5.80	
6th Five - Year Plan Period	31.30	14.20	68.40	64.20	
7th Five - Year Plan Period	17.80	10.40	28.00	16.90	25.70
8th Five - Year Plan Period	48.00	37.00	34.50	51.20	83.90
9th Five - Year Plan Period	10.00	10.00	13.40	-3.70	11.40

21 TOTAL INVESTMENT IN FIXED ASSETS AND BUILDING CONSTRUCTION IN MAIN YEARS

Year (Period)	Total Investment in Fixed Assets (10 000 yuan)		Newly Increased Fixed Assets (10 000 yuan)	Floor Space of Buildings Under Construction (10 000 sq.m)		Floor Space of Buildings Completed (10 000 sq.m)	
		Residential Buildings			Residential Buildings		Residential Buildings
1952	3931	389	3323	28.32	8.97	14.16	5.07
1957	16560	2166	13060	191.79	83.77	95.89	41.88
1962	7456	955	7260	52.75	23.71	28.22	13.46
1965	20658	2003	17530	120.85	45.45	82.64	31.19
1970	20668	1235	16458	145.31	48.22	72.65	24.11
1975	56180	3721	35511	301.25	108.53	113.30	38.40
1978	72641	8987	95685	429.55	173.09	184.97	84.82
1980	99565	24254	77438	610.94	334.12	269.07	163.33
1985	436197	104015	344990	1448.87	820.45	796.96	531.33
1990	905937	232839	779577	1681.89	970.81	879.68	537.36
1995	6182515	1696316	3449779	4958.58	2840.92	1847.86	1212.84
1996	6389360	1722037	4441604	4890.55	2812.24	1824.89	1155.37
1997	6565767	1902460	4739141	4935.07	2922.72	1743.37	1202.72
1998	7588283	2330102	6338823	5445.19	3307.05	1893.83	1275.12
1999	8782586	2878473	6245103	6041.03	3639.10	2245.16	1501.22
2000	9236676	3250326	6907436	6152.47	3789.88	2404.81	1539.43
2001	9782093	3316894	7075104	6612.84	3916.82	2138.40	1304.28
1950 - 1952	8110	778	6584	56.19	20.77	28.09	10.97
1st Five - Year Plan Period	55375	6464	47649	572.19	203.39	290.22	104.28
2nd Five - Year Plan Period	122004	7495	95387	800.11	215.86	414.52	115.24
1963 - 1965	50972	5162	44012	284.98	110.36	164.70	64.55
3rd Five - Year Plan Period	69853	6402	58789	515.04	210.15	296.95	122.91
4th Five - Year Plan Period	167262	11290	111348	920.60	319.39	406.78	131.68
5th Five - Year Plan Period	402292	61679	323278	2341.15	1060.94	947.92	459.34
6th Five - Year Plan Period	1310742	402770	1030043	6004.01	3745.15	3328.09	2352.35
7th Five - Year Plan Period	3850377	989264	3056834	8645.37	4722.40	4454.23	2808.76
8th Five - Year Plan Period	18092347	5632278	11179716	17131.12	9906.30	7045.41	4339.71
9th Five - Year Plan Period	38562672	12083398	28672107	27464.31	16470.99	10112.06	6673.86
1950 - 1978	702015	57559	552284	4340.21	1530.97	2087.32	746.92
1979 - 2001	71772084	22466315	51148567	67007.70	39371.55	27540.05	17741.01
1950 - 2001	72474099	22523874	51700851	71347.91	40902.52	29627.37	18487.93

22 URBAN RESIDENT CONSUMER PRICE INDICES BY CATEGORY

(preceding year = 100)

Item	2001
General Consumer Price Index	98.9
Consumer Price Index	96.9
Service Item Price Index	104.0
Food	97.6
# Grain	93.2
Oil or Fat	96.3
Meat, Poultry and their Products	98.2
Eggs	97.3
Aquatic Products	91.8
Vegetables	103.1
# Fresh Vegetables	104.1
Cigarettes, wine and Articles	101.7
Clothing	96.3
Household Facilities and Articles	96.8
# Durable Consumer Goods	94.7
Medicine and Medical Service	98.1
# Medical Service	98.1
Means of Transportations and Communications	98.6
Recreation, Education and Culture Articles	101.1
Residence	101.7

23 URBAN RETAIL PRICE INDICES BY CATEGORY

(preceding year = 100)

Item	1996	1997	1998	1999	2000	2001
General Retail Price Index	104.3	99.4	96.3	96.8	99.4	97.4
Food	105.8	100.2	95.3	95.5	98.9	98.1
Beverages, Tobacco and Liquor	105.7	98.9	99.0	99.6	100.4	101.8
Garments, Shoes and Hats	108.9	101.6	97.9	92.3	97.7	95.5
Textiles	107.1	100.5	100.7	92.0	98.1	101.9
Traditional Chinese and Western Medicines	111.8	105.7	102.1	98.2	95.2	96.0
Cosmetics	102.3	102.2	99.9	99.9	100.8	99.0
Books, Newspapers and Magazines	133.0	107.4	113.4	100.1	110.9	110.3
Stationery and Sport Goods	106.9	98.6	93.6	98.8	99.0	95.6
Articles for Daily Use	103.2	99.8	99.6	98.6	100.2	99.4
Household Appliances	96.6	94.2	92.0	98.3	95.9	93.0
Jewelry	98.6	94.6	90.6	95.4	104.2	89.2
Fuels	103.6	109.1	90.6	107.0	124.5	98.0
Building Decoration Materials	96.9	97.4	88.9	96.6	98.2	99.1
Mechanical and Electrical Products	92.6	87.0	90.0	92.8	90.7	91.4

24 RURAL RESIDENT CONSUMER PRICE INDICES BY CATEGORY

(preceding year = 100)

Item	1996	1997	1998	1999	2000	2001
Rural General Consumer Price Index	105.79	101.01	97.69	96.23	96.10	97.94
Living Consumer Price Index	105.96	101.19	97.66	96.09	96.33	98.03
Food	106.92	100.65	94.28	94.84	96.47	99.49
# Grain	102.54	97.20	97.13	95.71	92.70	96.64
Vegetables	92.50	99.96	92.24	93.84	96.87	110.80
Meat, Poultry and their Products	110.93	102.96	89.71	93.58	93.99	97.15
Eggs	119.91	87.16	90.02	94.36	85.71	98.31
Aquatic Products	105.43	94.79	90.21	92.65	98.31	98.46
Clothing	108.24	100.77	93.58	94.78	94.28	97.13
# Garments	107.51	99.50	87.60	95.94	93.66	96.91
Residence	101.94	101.07	97.61	95.52	103.14	98.66
# Building Materials	96.69	96.58	98.35	93.02	100.31	99.35
Household Facilities and Articles	104.79	98.87	97.60	95.35	96.65	97.26
# Durable Consumer Goods	104.09	97.66	94.91	96.18	94.55	96.14
Daily Use Household Sundries	105.56	99.67	101.28	94.12	98.41	98.23
Medicine and Medical Service	113.53	106.75	101.36	98.46	96.46	97.21
# Traditional Chinese Medicine	111.11	106.60	101.51	98.19	97.32	95.35
Western Medicine	118.79	107.45	101.78	99.12	96.47	99.27
Means of Transportation and Communication	93.53	92.44	94.37	95.12	86.62	88.28
# Means of Transportation	93.60	91.97	93.71	98.46	90.84	92.89
Recreation, Education and Culture Articles	108.27	94.92	103.72	93.23	89.66	91.03
# Durable Consumer Goods for Recreational Use	105.69	93.13	94.13	88.87	85.75	87.36
Books, Newspapers and Magazines	127.83	106.97	109.88	112.32	104.60	99.01
Services	110.99	108.64	103.55	100.84	97.15	97.28
# Transportations	105.12	106.85	98.82	97.61	102.46	103.48
Tuition	112.36	110.25	107.76	112.61	97.04	96.17
Repair	113.02	108.88	102.26	97.41	98.06	102.06
Medical and Health Care Services	103.23	113.57	121.12	105.94	102.10	99.86
Production Consumer Price Index	105.24	100.47	97.74	96.68	95.40	97.49
Floating Assets	105.58	100.59	98.12	96.48	95.66	97.37
Small Farm Tools	109.13	102.48	97.15	93.97	95.80	97.53
Forage	108.85	100.51	109.80	98.81	85.65	95.64
Young Livestock and Fowls	121.27	94.17	81.02	83.42	105.87	105.20
Chemical Fertilizer	100.72	102.20	87.60	95.88	96.28	96.17
Chemical Pesticide	102.84	102.61	98.97	102.03	99.44	95.49
Pesticide Appliance	111.62	106.76	96.71	90.51	97.01	100.69
Fuels for Production Use	101.79	103.79	94.51	103.00	121.94	92.93
Fixed Assets	95.34	97.62	91.44	100.30	91.26	98.16
Grown－up Livestock	97.99	98.41	71.90	89.68	91.45	93.04
Semi－mechanized Farm Implements	103.44	95.26	90.72	103.58	101.42	98.38
Mechanized Farm Machinery	101.50	99.44	94.40	106.48	98.44	100.50
Conveyance	91.96	97.07	97.76	100.28	85.84	98.49

25 URBAN HOUSEHOLD PER CAPITA ANNUAL DISPOSABLE INCOME AND EXPENDITURE ON CONSUMPTION

(yuan)

Item	1980	1985	1990	1995	2000	2001
Cash on Hand at Year - beginning	12.05	34.21	283.96	530.44	618.67	681.76
Disposable Income	606.12	1099.77	2748.95	9038.16	13966.53	14694.00
Expenditure on Consumption	521.04	1011.48	2409.60	7601.73	11349.47	11467.35
Food	366.57	632.13	1461.41	3816.34	4835.57	4589.72
Clothing	49.10	65.33	154.14	498.13	586.69	573.00
Household Facilities, Articles and Service	23.98	86.83	174.15	690.69	812.79	836.21
Medicine and Medical Services	6.36	13.20	40.08	244.53	444.61	557.56
Transportations and Communications	5.09	31.47	73.05	476.24	1033.55	1100.27
Recreation, Education and Culture Services	23.67	78.92	193.59	734.42	1443.42	1515.95
Residence	23.74	52.45	192.88	658.94	1474.60	1539.97
Miscellaneous Commodities and Services	22.53	51.15	120.30	482.44	718.24	754.67
Cash on Hand at Year - end	15.20	74.02	386.10	1122.25	892.92	783.04

26 TAP WATER SUPPLY IN URBAN DISTRICTS

Item	1990	1995	2000	2001	
				Eight Districts	Ten Districts
Length of Tap Water Supply Pipelines(1000m)	2947	4138	5169	5498	10825
# Trunk Pipe(1000m)	886	1197	2029	2128	2128
Production Capacity of Tap Water at Year - end (10 000 tons/day)	260	364	355	365	489
Total Annual Volume of Tap Water Supply (10 000 cu. m)	86136	124184	124958	119633	148078
Total Annual Sale of Tap Water (10 000 cu. m)	82307	110899	109943	103998	129899
For Productive Use (10 000 cu. m)	27902	37377	26379	23732	35649
For Residential Use (10 000 cu. m)	54405	73522	83564	80266	94250
The Maximum Daily Tap Water Supply (10 000 cu. m)	265	374	375	380	380
Year - end Population with Access to Tap Water (10 000 persons)	328	372	412	410	549
Percentage of Population with Access to Tap Water (%)	100	98.20	99.01	99.69	99.74
Per capita Daily Water Consumption (Based on Urban Population with Access to Tap Water) (liter)	419	544	554	536	471
Per capita Daily Water Consumption (Based on Total Population with Access to Tap Water) (liter)	460	541	555	539	475

27 ELECTRICITY SUPPLY IN URBAN DISTRICTS

(10 000kwh)

Item	1990	1995	2000	2001
Total				
Electricity Supply	527670	1329050	2096499	2245355
Sale of Electricity	498014	1090811	1971582	2116961
# Electricity Consumption by Industry	297277	737951	1084992	1133617
Electricity Consumption by Urban and Rural Households	81301	252491	418084	467250
Urban	57250	177549	253099	288472
Rural	24051	74942	164985	178778
Urban Districts				
Electricity Supply	428107	958143	1436451	2002697
Sale of Electricity	404046	790334	1356970	1895498
# Electricity Consumption by Industry	239331	482226	627360	964733
Electricity Consumption by Urban and Rural Households	60192	189711	315672	436041
Urban	49013	147861	230502	270746
Rural	11179	41850	85170	165295

28 LIQUEFIED PETROLEUM GAS AND GAS SUPPLY IN URBAN DISTRICTS

Item	2000		2001(eight districts)		2001(ten districts)	
	Total	Gas Company	Total	Gas Company	Total	Gas Company
Gas						
Capacity of Gas Storage(cu. m)	36852	10000	38794	10000	38794	10000
Gas Supply (ton)	185507	70132	183012	64475	267116	64475
Gas Sale (ton)	185507	70132	183012	64475	267116	64475
# Household Use (ton)	118761	59021	104073	55226	128044	55226
Number of Households Using Gas	504623	207543	479357	221069	606111	221069
Number of Residents Using Gas (10 000 person)	171.57	70.56	167.80	77.40	212.20	77.40
Liquefied Petroleum Gas						
Length of Gas Pipelines (1000m)	1418	1392	1485	1481	1485	1481
Gas Sale (10 000 cu. m)	11003	10623	14452	14062	14452	14062
# Household Use (10 000 cu. m)	8509	8129	9572	9242	9572	9242
Number of Households Using Gas	426983	417031	476133	468938	476133	468938
Number of Residents Using Gas (10 000 person)	145	142	166.60	164.10	166.60	164.10
Percentage of Population Using Gas (%)	93.55		94.51		93.54	

Note: Liquefied Petroleum Gas Sale doesn't include that of the industrial enterprises' production for own use.

29 FLOOR SPACE OF BUILDINGS IN URBAN AREA IN MAIN YEARS

Year	Total Floor Space of Buildings (Year-end) (10 000sq. m)	Total Floor Space of Residential Buildings (Year-end) (10 000sq. m)	Total Living Space of Residential Buildings (Year-end) (10 000sq. m)	Per Capita Net Living Space (sq. m)
1952	1256.38	789.76	473.86	3.93
1957	1484.49	868.31	520.99	3.08
1962	1823.35	943.00	565.86	2.95
1965	1957.95	992.63	595.50	3.01
1970	2166.65	1056.93	634.16	3.39
1975	2484.36	1153.38	692.03	3.57
1978	2889.89	1314.03	788.42	3.82
1980	3247.82	1512.88	907.73	3.97
1985	5511.97	2834.43	1700.66	6.62
1990	7567.44	3974.23	2327.55	7.99
1995	9666.45	5276.22	3043.65	9.61
2000	13740.03	7952.05	4515.36	13.13
2001	14829.01	8713.55	4934.19	13.87

30 INVESTMENT IN FIXED ASSETS IN CITY CONSTRUCTION

(10 000 yuan)

Year	Total	Tap Water	Public Service	Gas
1978	3150	803	2296	51
1980	5407	774	4348	285
1985	17212	2525	13397	1290
1990	64424	12405	32741	19278
1991	81781	11616	49310	20855
1992	137813	16742	102870	18201
1993	251411	13008	218251	20152
1994	422510	58679	357345	6486
1995	661264	87382	559769	14113
1996	595693	87903	497870	9920
1997	919932	47523	862770	9639
1998	1333760	45179	1281400	7181
2000	1366620	54354	1304728	7538
2001	1335199	28777	1297313	9109

31 PUBLIC SERVICE IN URBAN DISTRICTS

Item	1990	1995	2000	2001	
				Eight Districts	Ten Districts
Length of Paved Roads (1000m)	945	1809	2053	2199	4210
# High－grade Road Surface (1000m)	833	1573	1817	1979	3284
Area of Paved Roads (10 000 sq. m)	1085	1983	2805	3242	5270
# High－grade Road Surface (10 000 sq. m)	993	1811	2634	3015	4111
Bridges	265	524	685	754	919
# Cloverleaf Junctions	24	52	100	121	124
Pedestrian Bridges	42	74	106	111	114
Tunnels	5	7	9	20	25
Street Lamps	39138	59643	92279	107761	154940
Total Length of Lines (1000m)	2718	3329	6585	6475	7481
Total Length of Sewer (1000m)	1217	1535	1952	2073	3099

32 PARKS, GARDENS AND GREEN AREA IN URBAN DISTRICTS

Item	1990	1995	2000	2001	
				Eight Districts	Ten Districts
Total Area of City Parks, Gardens and Green Areas (hectare)	14262	27198	45473	46029	99144
# Public Green Areas (hectare)	1132	1485	2705	3263	4646
Total Area of Green Coverage Areas in Urban Area (hectare)	3655	6240	9400	10600	16550
Total Area of Parks, Gardens and Green Areas in Urban Area (hectare)	3508	5763	8797	9949	14677
Under Municipal Parks and Gardens Bureau System (hectare)	783	1559	2690	3461	4098
Out of Municipal Parks and Gardens Bureau System (hectare)	2725	4204	6107	6488	10579
Total Area of Green Coverage on Roadside in Urban Area (hectare)	147	295	595	809	1061
Coverage Rate of Urban Green Areas (%)	19.50	24.08	31.60	34.37	31.44
Number of Parks	24	38	72	79	125
# Amusement Parks	3	3	3	3	3
Zoos	1	1	1	1	3
Total Area of Parks (hectare)	1026	1264	1883	1893	2797
# Amusement Parks (hectare)	69	73	68	68	68
Zoos (hectare)	43	43	42	42	402
Total Area of Water in Parks (hectare)	139	135	177	177	202
# Amusement Parks (hectare)	5	6	3	3	3
Zoos (hectare)	3	2	2	2	15
Number of Beauty Spots	6	4	1	1	2
Total Area of Beauty Spots (hectare)	2664	2130	1730	1730	1883
# Water Area (hectare)	113	30	2	2	5
Total Area of Urban Area (1000 sq. m)	187.40	259.10	297.50	308.42	526.42

33 CITY ENVIRONMENT AND SANITATION

Item	1990	1995	2000	2001	
				Eight Districts	Ten Districts
Total Area Cleaned (10 000 sq. m)	2112	2372	2288	3033	3554
Staff and Workers of Environment and Sanitation Department (person)	12479	15587	15813	18383	19916
Garbage and Night Soil Disposal (10 000 tons)	136	188	193	282	290
Garbage (10 000 tons)	105	155	166	239	244
Night Soil (10 000 tons)	31	33	27	43	46
Number of Environment and Sanitation Mechanical Equipments	475	872	967	1005	1068
Daily Handling Capacity of Night Soil Innoxiously Processing Mill (ton)	400	1000	742	1166	1264
Number of Public Lavatories	558	619	579	605	665

34 MAIN INDICATORS OF AGRICULTURE

Item	1990	1995	2000	2001
Number of Rural Households	723782	841016	865440	882850
Number of Rural Labors (person)	1387731	1516681	1610371	1606899
Primary Industry (person)	911286	879715	882664	892795
Secondary Industry (person)	295251	390257	422566	388563
Tertiary Industry (person)	181194	246709	305141	325541
Area of Cultivated Land (hectare)	164635	132439	118460	115352
Area of Land Actually Ploughed by Tractors (hectare)	126104	101865	95331	96793
Area of Effective Irrigated Land (hectare)	152075	125060	112731	109861
Total Power of Agricultural Machinery (10kw)	174421	241922	246999	247026
Chemical Fertilizers Supply (converted into pure chemical fertilizers)(ton)	134591	106953	90136	106315
Pesticide Supply (ton)	7483	6737	3740	2425
Electricity Consumed in Rural Areas (10 000 kwh)	84909	376000	783960	855980
Gross Output Value of Rural Society (10 000 yuan)	1138369	8547293	16786050	18724074
Added Value of Agriculture (10 000 yuan)	257288	734606	943719	972806
Gross Output Value of Agriculture(10 000 yuan)	439322	1268076	1630468	1670518
Commodity Rate of Agriculture (%)	74.05	83.44	85.81	86.12
Yield of Major Farm Crops				
Grain (ton)	1195283	978988	881069	751288
Sugarcane (ton)	2026304	754327	76035	85044
Peanuts (ton)	38812	27325	25625	25976
Fruits (ton)	308886	318018	329650	349282
Aquatic Products (ton)	87172	187775	325191	335295
Pork (ton)	84542	100928	141548	143612
Vegetable (ton)	1263415	2158004	3064896	3287449
Number of Township and Village Enterprises	61324	85088	98363	101973
Employees in Township and Village Enterprises	534097	966132	1221077	1257447
Gross Income of Township and Village Enterprises (10 000 yuan)	968773	7562954	16604241	18995663
Original Value of Fixed Assets of Township and Village Enterprises (10 000 yuan)	370354	2136796	4943480	5427474

35 AREA OF CULTIVATED LAND IN MAIN YEARS

(Year – end) (hectare)

Year	Area of Cultivated Land	Paddy Field	Dry Field	Per Capita Area of Cultivated Land (Based on Rural Population)	Per Capita Area of Cultivated Land (Based on Rural Labors)
1952	212968	188312	24656	0.16	0.33
1957	216368	188579	27789	0.14	0.31
1962	198186	168447	29739	0.12	0.28
1965	191252	166566	24686	0.11	0.24
1970	188398	165393	23005	0.09	0.20
1975	186869	164740	22129	0.08	0.17
1978	185735	164062	21673	0.07	0.16
1980	184827	163178	21649	0.08	0.17
1985	174338	153675	20663	0.07	0.18
1990	164635	145404	19231	0.07	0.18
1995	132439	117683	14756	0.05	0.15
1996	128186	113596	14590	0.05	0.14
1997	126340	112336	14004	0.05	0.14
1998	125440	111752	13688	0.05	0.14
1999	122704	109242	13462	0.05	0.14
2000	118460	105364	13096	0.04	0.13
2001	115352	101962	13390	0.04	0.13

36 GROSS OUTPUT VALUE OF INDUSTRY IN MAIN YEARS

(10 000 yuan)

Year(Period)	Total (at the price of the same year)	Light Industry	Heavy Industry	Total (at constant price of 1990)	Light Industry	Heavy Industry
1949	29670	26644	3026	32960	28430	4530
1952	49612	42657	6955	57077	47129	9948
1957	138497	111268	27229	167616	129707	37909
1962	180698	135171	45527	230265	165699	64566
1965	278331	195362	82969	363036	245384	117652
1970	473200	314691	158509	646125	413836	232289
1975	658434	414798	243636	916130	551732	364398
1978	753873	476737	277136	1056253	638185	418068
1980	881242	574239	307003	1286085	792438	493647
1985	1779333	1163704	615629	2351845	1467985	883860
1990	4424437	2830366	1594071	4345682	2882641	1463041
1995(old standard)	19353440	11263263	8090177	13854652	8690180	5164472
1995(new standard)	17224948	10263515	6961433	13169472	8414840	4754632
1996	20685796	12641264	8044532	15684742	10607975	5076767
1997	23753915	14395602	9358313	18489780	12387980	6101800
1998	25127025	15661603	9465422	21069644	13973099	7096545
1999	27793652	16797164	10996488	24074002	15550782	8523220
2000	31000188	17622183	13378005	27337139	16776472	10560667
2001	33931904	18855507	15076397	31421481	18552870	12868611
1950 - 1952	128640	110683	17957	146337	126136	20201
1st Five - Year Plan Period	527303	432382	94921	627218	516606	110612
2nd Five - Year Plan Period	1183456	833617	349839	1475718	1044799	430919
1963 - 1965	701979	505233	196746	910260	658416	251844
3rd Five - Year Plan Period	1699709	1136488	563221	2285860	1536299	749561
4th Five - Year Plan Period	2729688	1729515	1000173	3784008	2397464	1386544
5th Five - Year Plan Period	3861380	2443104	1418276	5457579	3436370	2021209
6th Five - Year Plan Period	6447893	4209237	2238656	8933853	5824122	3109731
7th Five - Year Plan Period	16252266	10438049	5814217	17426769	11840078	5586691
8th Five - Year Plan Period	59397158	34984219	24412939	47270331	30306808	16963523
9th Five - Year Plan Period	128360576	77117816	51242760	106655307	69296308	37358999
1979 - 2001	246090803	146680186	99410617	214144854	137347931	76796923

Note: Gross Output Value of Industry include those of the enterprises of villages, below villages and individuals.

37 TOTAL REAIL SALE OF SOCIAL CONSUMER GOODS IN MAIN YEARS

(10 000 yuan)

Year (Period)	Total	By Purchaser		By Sector			
		Ordinary Residents	Government Agencies, Party Agencies and Social Organizations	Wholesale and Retail Sales Trade	Catering Trade	Manufacturing	Others
1952	44933	41598	3335	36125	5410	3398	2666
1957	80584	73990	6594	63461	10589	6534	3836
1962	94690	87462	7228	75341	14173	5176	2792
1965	94760	85456	9304	80811	8796	5153	3539
1970	107918	97563	10355	92930	9143	5845	3826
1975	152120	135728	16392	129124	13048	9948	6460
1978	176300	158296	18004	148378	16242	11680	7327
1980	287127	252948	34179	224457	23307	39363	24261
1985	749841	675806	74035	499571	115750	134520	64827
1990	1477826	1327884	149942	945047	239607	293172	74574
1995	5499678	4920837	578841	3437585	962855	1099238	331749
1996	6864426	6147983	716443	4549455	1193692	1121279	370657
1997	8025887	7032651	993236	5329267	1387026	1309594	509907
1998	9045719	7912743	1132976	6010638	1583833	1451248	561812
1999	10006848	8806026	1200822	6661555	1820957	1524336	605225
2000	11211340	9890644	1320696	7839516	2081458	1290366	589711
2001	12482848	11021106	1461742	8803979	2399208	1279661	571027
1950 - 1952	110675	102504	8171	88711	14075	7889	5733
1st Five - Year Plan Period	330144	298017	32127	264031	42188	23925	15324
2nd Five - Year Plan Period	462103	414194	47909	379250	60237	22616	13899
1963 - 1965	285516	259275	26241	241319	28612	15585	10466
3rd Five - Year Plan Period	519550	471635	47915	450008	48523	21019	13577
4th Five - Year Plan Period	663567	596511	67056	564390	59398	39779	24513
5th Five - Year Plan Period	998522	884578	113944	820608	86244	91670	58472
6th Five - Year Plan Period	2459903	2194642	265261	1775024	260620	424259	222331
7th Five - Year Plan Period	5978373	5373287	605086	3847414	892809	1238150	388958
8th Five - Year Plan Period	16808010	15059958	1748052	10491118	2944665	3372227	959784
9th Five - Year Plan Period	45154220	39790047	5364173	30390431	8066966	6696823	2637312
1979 - 2001	83381471	73878273	9503198	55704390	14606742	13070339	4817014

38 TRANSACTION VALUE IN COMMODITIES MARKETS

(10 000yuan)

Item	2000			2001		
	Total	Urban	Rural	Total	Urban	Rural
Total	4430955	3856493	574462	5041540	4474224	567316
By Type of Markets						
Consumer Goods Markets	3828532	3328671	499861	4666055	4177575	488480
Comprehensive Markets	673375	387777	285598	639963	367218	272745
Agricultural Products and byproducts Markets	2072115	1902153	169962	2453025	2285762	167263
Industrial Consumer Goods Markets	971259	926958	44301	1470751	1422279	48472
Others	111783	111783		102316	102316	
Production Material Markets	602423	527822	74601	375485	296649	78836
Comprehensive Markets	47070	47070		57530	57530	
Agricultural Production Material Markets	745	745		175	175	
Industrial Production Material Markets	136733	62132	74601	189994	111158	78836
Others	417875	417875		127786	127786	
By Type of Commodities						
Consumer Goods	3828532	3328671	499861	4666055	4177575	488480
Grain	131249	99355	31894	134661	104183	30478
Oil or Fat	71094	52584	18510	70299	54868	15431
Cotton, Tobacco and Fiber	7432	4266	3166	8792	6819	1973
Meat, Poultry and Eggs	617358	444920	172438	650807	488549	162258
Aquatic Products	531785	471400	60385	708129	648228	59901
Vegetables	731836	690852	40984	750196	703193	47003
Dried and Fresh Melons and Fruits	391142	354019	37123	501962	466850	35112
Large Domestic Animals	3495		3495	3108		3108
Young Livestock and Fowls	9784	2415	7369	114512	106974	7538
Industrial Products	1079228	981043	98185	1502325	1417328	84997
Others	254129	227817	26312	221264	180583	40681
Production Materials	602423	527822	74601	375485	296649	78836
Vehicle	78042	33437	44605	100324	49380	50944
# Motor Vehicle	74072	33437	40635	83538	39516	44022
Steels	49608	19612	29996	39948	12056	27892
Lumber	30272	30272		4206	4206	
Others	444501	444501		231007	231007	

39 BASIC STATISTICS ON INDIVIDUAL BUSINESS

Item	2000			2001		
	Number of Individuals	Employees	Registered Capital (10 000 yuan)	Number of Individuals	Employees	Registered Capital (10 000 yuan)
Total	226016	380941	404995	250672	427923	490425
Urban Area	196297	330266	333109	216551	369655	401630
Dongshan District	8184	8482	11207	10007	10276	13135
Liwan District	15754	18742	17667	17729	20717	18896
Yuexiu District	17929	24797	19616	20057	30085	21129
Haizhu District	20208	20758	13029	22762	23570	18582
Tianhe District	13993	31348	28795	13993	31348	28795
Fangcun District	7076	11250	8699	8396	12824	9993
Baiyun District	35314	53991	68476	37531	55066	73037
Huangpu	10302	17338	11900	10019	17081	13030
Panyu District	31430	82772	99589	41155	102882	154601
Huadu District	26581	45240	30743	27062	46304	31591
Development Zone	445	1634	462	593	1857	791
Transaction Substation	8433	13001	22758	6555	16804	17869
Zhujiang Substation	648	913	168	692	841	181
No. 1 Substation						
No. 2 Substation						
City at County Level	29719	50675	71886	34121	58268	88795
Zengcheng City	21290	37662	57995	23769	40958	70169
Conghua City	8429	13013	13891	10352	17310	18626

40 TOTAL VALUE OF IMPORT AND EXPORT COMMODITIES (COSTOMS STATISTICS)

(USD10 000)

Item	2000			2001		
	Total	Export	Import	Total	Export	Import
Total	2335056	1179046	1156010	2303669	1162345	1141324
By Trade Form						
General Trade	950840	425462	525378	993435	441611	551824
Donation and Gratis Aid of International Organizations	247	161	86	1382	172	1210
Donation of Overseas Chinese	126		126	95		95
Compensation Trade						
Processing and Assembling with Customer's Materials	528735	299428	229307	556343	327960	228383
Processing and Assembling with Import Materials	712933	439595	273338	609265	377376	231889
Sale by Consignment	45	45		25	25	
Small Trade on Border						
Equipment for Processing and Assembling by Import	5873		5873	4341		4341
Contacted Projects in Foreign Countries	26	26				
International Leasing	2600		2600	920		920
Foreign Funded Equipments	56807		56807	58824		58824
Trade for Processing and Assembling by Export						
Cargo Passing in and out Bonded Warehouses	44345	8747	35598	38289	6992	31297
Storage Goods or Sailing Goods in Bonded Warehouses	31923	5534	26389	40391	8102	32289
Barter Trade						
Tax - free Commodities on Foreign Exchange	287		287	151		151
Others	269	48	221	208	107	101
By Ownership						
State - owned Enterprises	1066764	551524	515240	954063	519935	434128
Collectitve - owned Enterprises	61591	23563	38028	99954	31444	68510
Foreign Funded Enterprises	1179927	600824	579103	1211230	605227	606003
Joint Ventures	443420	212402	231018	424150	183236	240914
Cooperative Ventures	291187	151834	139353	289608	160085	129523
Sole - Foreign Enterprises	445320	236588	208732	497472	261906	235566
Individual Enterprises	12807	1610	11197	22811	4082	18729
Others	13967	1525	12442	15611	1657	13954

Continued (USD10 000)

Item	2000			2001		
	Total	Export	Import	Total	Export	Import
By Continent						
Asia	1344744	607786	736958	1321997	603474	718523
# Hongkong	504386	399864	104522	489156	388695	100461
Macao	8172	7871	301	9247	8731	516
Indonesia	35650	10031	25619	29814	9133	20681
Japan	289680	90750	198930	291479	87647	203832
Malaysia	41834	10428	31406	44534	14655	29879
Singapore	38038	14791	23247	43800	16615	27185
South Korea	108010	7752	100258	99688	8574	91114
Thailand	26782	6404	20378	30011	6644	23367
Taiwan	162900	9316	153584	141579	8983	132596
Africa	41715	27993	13722	47239	33720	13519
Europe	391113	182034	209079	404877	180342	224535
# Britain	51878	23951	27927	44282	24675	19607
Germany	76901	32784	44117	86405	33675	52730
France	26820	12807	14013	31860	14593	17267
Italy	25893	13942	11951	26959	13224	13735
Holand	33707	24356	9351	28886	17940	10946
Spain	14191	9725	4466	13876	8850	5026
Sweden	13505	4534	8971	10800	3142	7658
Switzerland	23996	2359	21637	25065	3233	21832
Russia	19137	2278	16859	17754	2538	15216
Latin America	50356	33748	16608	44704	33589	11115
North America	462045	302758	159287	439225	284471	154754
# Canada	36293	21862	14431	36775	22215	14560
United States	425718	280862	144856	402398	262204	140194
Oceania	45083	24727	20356	45627	26749	18878
# Australia	36190	21888	14302	37881	24089	13792
New Zealand	7264	1897	5367	6905	1893	5012

41 UTILIZATION OF FOREIGN CAPITAL

(USD10 000)

Item	1990	1995	2000	2001	1979 - 2001
Number of Signed Contracts and Agreements on Projects of Utilization of Foreign Capital	2711	2564	1445	1087	53287
Foreign Loans	3				57
Foreign Direct Investments	389	1774	647	678	12512
Joint Ventures Enterprises	144	439	135	144	3632
Cooperative Operation Enterprises	133	852	124	75	5443
Venture Exclusively with Foreign Investment	112	483	388	458	3436
Foreign Investment Share Enterprises				1	1
Other Foreign Investment	2319	790	798	409	40718
International Lease	12	18			121
Compensation Trade	7				107
Processing and Assembly	2300	772	798	409	40490
Total Amount of Foreign Capital to be Utilized through Signed Contracts and Agreements	55426	685657	163454	200604	4539579
Foreign Loans	5067	8391			277962
Foreign Direct Investments	47183	673101	152759	196229	4156014
Joint Ventures Enterprises	10706	140826	28492	24900	710324
Cooperative Operation Enterprises	24227	439053	56538	53849	2765186
Venture Exclusively with Foreign Investment	12250	93222	67729	116186	679210
Foreign Investment Share Enterprises				1294	1294
Other Foreign Investment	3176	4165	10695	4375	105603
International Lease	1455	3616			21840
Compensation Trade	479				12111
Processing and Assembly	1242	549	10695	4375	71652
Total Amount of Foreign Capital Actually Used	27263	225298	311541	332746	2682259
Foreign Loans	6643	8391	8211	25700	267040
Foreign Direct Investments	18613	214444	298923	300119	2369594
Joint Ventures Enterprises	9024	49868	47085	53939	601493
Cooperative Operation Enterprises	6038	138609	177977	122557	1268937
Venture Exclusively with Foreign Investment	3551	25967	73861	91298	466839
Foreign Investment Share Enterprises				32325	32325
Other Foreign Investment	2007	2463	4407	6927	45625
Issuing Stocks abroad				4070	4070
International Lease	765	2331			10590
Compensation Trade	377				8421
Processing and Assembly	865	132	4407	2857	22544

42 CONTRACTED PROJECTS AND LABOR COOPERATION WITH FOREIGN COUNTRIES OR TERRITORIES

Item	1990	1995	2000	2001
Number of Contracts Signed	1005	806	4989	6317
Contracted Value (USD10 000)	1887	6632	10588	8186
Value of Business Fulfilled (USD10 000)	1072	5810	7288	7487
Number of Person Sent abroad (person – times)	994	1473	684	1088
Number of Person Staying abroad at Year – end (person)	1201	2893	1833	2247

43 NUMBER OF REGISTRED FOREIGN – FUNDED ENTERPRISES

Item	1990	1995	2000	2001
Total	1500	7825	8085	8305
Joint Venture Enterprises	681	2519	2180	2172
Cooperative Operation Enterprises	655	3907	3281	3179
Exclusively with Foreign Investment Enterprises	164	1399	2620	2950
Foreign Investment Share Enterprises			4	4

44 BASIC STATISTICS ON POSTGRADUATES

(person)

Year	Training Units		Graduates			New Students Enrolllments			Students Enrollments		
		# Schools		# Schools	# Doctors		# Schools	# Doctors		# Schools	# Doctors
1985	15	12	654	650	7	1526	1518	74	2878	2859	92
1990	25	13	1491	1438	101	1113	1090	76	3355	3264	293
1991	24	13	1272	1234	109	1171	1157	167	3216	3149	338
1992	19	13	947	917	76	1258	1228	162	3492	3426	417
1993	18	13	1025	1003	76	1521	1490	201	3940	3865	533
1994	18	13	1079	1064	142	1866	1831	298	4656	4562	681
1995	21	13	1259	1215	154	1875	1782	407	5283	5080	935
1996	21	13	1440	1396	188	2367	2249	457	6162	5888	1192
1997	21	13	1770	1715	253	2387	2288	457	6696	6388	1391
1998	21	13	1843	1759	420	2997	2921	582	7821	7521	1539
1999	21	13	2168	2059	371	3673	3559	788	9253	8952	1933
2000	21	13	2131	2028	417	5435	5274	1048	12492	12135	2549
2001	22	14	2753	2671	540	7080	6837	1352	17150	16631	3421

45 NUMBER OF TOURISTS STAYING OVERNIGHT IN MAIN HOTELS

Item	1990	1995	2000	2001
Total Number of Tourists (person－time)	6680975	9646246	12186933	11828857
International Tourists	1890998	1706706	2094150	2005410
1. Foreigners	324498	478845	756286	724339
# Japan	65536	68793	133292	160153
Philippines	3488	3281	8353	7966
Singapore	27539	23715	27966	30572
United States	47323	49163	75044	86428
Canada	12140	11161	14243	16771
Britain	18801	15417	20003	21059
France	13262	20582	26503	24126
Germany	10696	17108	28171	30663
Italy	7323	8051	10849	10677
Switzerland	2915	3179	3350	2724
Australia	11088	11424	15476	17988
New Zealand	2494	2179	2564	3491
2. Overseas Chinese	70706	101089	103131	
3. Compatriots from Hongkong, Macao and Taiwan	1495794	1126772	1234733	1281071
# Taiwan	476805	159153	151585	155209
Domestic Tourists	4789977	7939540	10092783	9823447
Total Number of Tourists and Days (Person－day)	12883274	20686998	23033303	21285037
International Tourists	3187131	3620613	4376328	3599910
1. Foreigners	665214	1282729	1869567	1466704
2. Overseas Chinese	128303	217573	231071	
3. Compatriots from Hongkong, Macao and Taiwan	2393614	2120311	2275690	2133206
# Taiwan	722045	304284	409624	279765
Domestic Tourists	9696143	17066385	18656975	17685127
Average Daily International Tourists to Guangzhou (person－time)	5181	4676	5737	5494
Room Occupancy(%)	67.66	62.91	61.73	61.87

Appendix: In 2001, there were 25 116 800 tourists staying overnight in Guangzhou, including 4 423 700 international tourists and 20 693 100 domestic tourists.

Note: Before 1995 the data only include Main Tourist Hotels, from 1997 it include all Main Hotels.

46 BUSINESS STATUS OF TOURISM

(10 000yuan)

Item	1990	1995	2000	2001
Business Income	322159	1062978	4157174	4552330
Operating Costs	145303	392071	1539646	1653259
Expenses	139584	538746	2219271	2474999
Taxes	10842	45872	194913	194854
Business Profits	26430	86289	203344	229218
Yield		11001	3435	71133
Net Income of Out－business	884	15330	4798	15810
Total Profits	27314	112620	211577	316161
Staff and Workers at Year－end	76719	107349	409346	411206
Original Prices of Fixed Assets at Year－end	312632	806374	4078009	4347562
Net Value of Fixed Assets at Year－end	191669	512944	2289622	2342377

Note: From 1996 the data couldn't be compared with those before 1996, because the statistics range has been extended with sight spots and travel service (shops, civil aviation ect.)

47 LIST OF OF MAIN HOTELS

Item	1995	1996	1997	1998	1999	2000	2001
Number of Hotels	204	315	315	315	315	290	302
# Star Hotels	76	86	90	95	100	135	176
Five－star	5	5	5	5	5	5	5
Four－star	6	9	9	10	12	15	20
Three－stat	22	27	29	31	32	51	70
Two－star	42	44	46	48	50	61	76
One－star	1	1	1	1	1	3	5
Total Number of Guest Rooms	44051	71817	72952	64586	66210	45626	45332
Total Number of Beds	90009	144395	144715	128959	132351	88739	88757

48 BASIC STATISTICS ON TRAVEL AGENCIES

(10 000yuan)

Item	1995	1996	1997	2000	2001
Enterprises Status					
Total Number of Travel Agencies	90	96	103	121	136
Staff and Workers at Year－end	5404	6846	7194	4976	5322
Reception Capacity					
Total Number of Tourists	84.54	104.94	124.16	271.88	352.40
International Tourists	32.50	33.43	34.22	51.74	79.43
Domestic Tourists	52.04	71.51	89.94	220.14	272.97
# Local Residents Going Overseas	15.71	18.23	18.56	33.09	30.02
Business Status					
Business Income	162507	179239	209011	282076	326015
Business Costs	128939	139881	165280	240706	283599
Business Expenses	14962	16915	19174	17394	19107
Business Taxes	2145	2403	2420	2450	2241
Operational Profits	16461	20040	22137	21526	21068
Overhead Expenses	11889	14940	16603	13465	17381
Financial Expense	－21	1459	3246	974	1070
Business Profits	4593	3641	2288	7087	2617
Yield	2092	2170	1553		
Net Income of Out－business	1928	1583	600	600	－70
Total Profits	8613	7394	4441	7687	2547

49 MAIN INDICATORS OF SCIENTIFIC AND TECHNOLOGICAL MONITORING

Item	1995	2000	2001
Scientific and Technological Personnel per 10000 People (person/10 000 persons)	797	920	934
Scientists and Engineers Per 10000 People (person/10 000 persons)	422	488	504
Per Capita Average Original Value of Fixed Assets of Scientific Research Institutions (10 00yuan/person)	72.49	117.51	102.64
Proportion of Added Fixed Assets in Polytechnic Services to Added Fixed Assets of Total Society (%)	0.24	0.37	0.30
Number of Patent Examined per 1 Million People (case/million persons)	119.63	648.34	706.93
Number of New Student Enrollment of Adult Education Schools and Secondary Schools for Adults (person/million persons)	12739	18424	20425
Number of Person Engaged in Scientific and Technological Activities per 10000 People (person/10 000 persons)	136	160	165
Proportion of Scientists and Engineers to Person Enggaged in Scientific and Technological Activities (%)	43.12	61.19	61.80
Proportion of Research and Development Expenses to GDP (%)	0.87	1.38	1.40
Proportion of Expenditures for Scientific and Technological Activities to GDP (%)	2.20	3.68	3.72
Proportion of Government Appropriations on Science and Technology to Local Government Expenditure (%)	1.71	4.20	3.14
Proportion of Loans on Development of Science and Technology to Total Loans from Banks (%)	0.20	0.22	0.13
Proportion of Technical Development Funds to Sales Revenue (%)	0.86	1.04	1.18
Number of Articles per 10000 Persons Engaged in Scientific and Technological Activities (piece/10 000 persons)	2498	3311	4466
Number of National Prizes for Scientific and Technological Research Achievements (item)	25	16	10
Number of Patents Granted per 1 Million People (case/million persons)	115.89	456.19	471.99
Proportion of Added Value of High-tech Products to GDP (%)	1.21	6.06	6.77
Proportion of Export Value of High-tech Products to Total Export Value of All Industrial Finished Products (%)	2.96	11.64	1.78
Proportion of Sales Value of New Products to Total Sales Value (%)	10.78	7.05	12.83
Percentage of Technological Advancement to Industrial Growth (%)	40.91	48.10	49.10
Per capita Average GDP (yuan/person)	19366	34284	38007
Added GDP by per 100 million yuan Investment (100 million yuan/100 million yuan)	0.53	0.37	0.34
Synthetical Energy Consumption on per 10000 yuan GDP (ton/10 000 yuan)	1.28	0.91	0.84
Rate of Industrial Waste Water Reaching Discharge Standards (%)	64	90.09	88.54
Rate of Industrial Solid Wastes Utilized in a Comprehensive Way (%)	71.30	83.48	87.09
Per capita Average Electricity Consumption on Living (kwh/person)	393.30	603.21	660.96
Per capita Average Business Volume of Post and Telecommunications (yuan/person)	722.26	2483.24	3070.39

50 BASIC STATISTICS ON LAWYER, NOTARIZATION AND BASIC LEVEL JUDICAL WORK

Item	1990	1995	2000	2001
Lawyer				
Number of Law Office	23	95	153	188
Number of Full - time Lawyer (persons)	593	1940	2637	2734
Number of Units Inviting Lawyers as Permanent Legal Advisors	1580	3496	3810	5036
Agent of Civil Cases (cases)	3593	5753	6994	7965
Agent of Economic Cases (cases)	2757	4077	8190	9241
Agent of Administrative Action (cases)		85	154	280
Agent of Non - litigations Legal Affairs (cases)	5806	11890	13247	17271
Defender or Agent of Criminal Cases (cases)	2764	1920	2246	2830
Agent of Foreign - related Legal Affairs (cases)	1732	3866	3604	2283
Claiming Indemnity and Arrearage (10000 yuan)	21838	45751	94218	93265
Notarization				
Number of Notary Offices	13	14	14	14
Number of Notarial Public (persons)	167	288	290	297
Number of Notarized Documents (cases)	195176	250096	438838	385706
Domestic Civil Case Notarization (cases)	56585	53431	94398	80192
Domestic Economic Notarization (cases)	31622	77788	177691	123950
Foreign - related Civil Case Notarization (cases)	104346	113038	166470	181287
Foreign - related Economic Notarization (cases)	2623	5839	279	277
Assisting to Avoid Economic Loss (10000 yuan)	2031	17386	22168	12388
Basic Level Judical Work				
Number of Law Service	168	180	158	156
Number of Law Service Personnel (persons)	611	550	546	466
Number of Unit Inviting Law Service Personnel as Legal Advisors	1406	2484	2769	2980
Agent of Civil Cases (cases)	755	1963	2475	2207
Agent of Non - litigation Legal Affairs (cases)	32748	39199	26288	20942
Assisting to Transact Notarization (cases)	15322	34126	24135	16024
Assisting to Retrieve Economic Loss (10000 yuan)	2342	11206	24564	29909
Number of People's Mediation Committees at Year - end	4084	3766	3569	3452
Number of Mediators at Year - end (person)	32324	35608	36177	35466
Number of Disputes Mediated (case)	10583	8070	10044	13715

Notes: Statistics on lawyer and notarization include the data of provincial level since 1995.

51 MAIN INDICATORS OF PUBLIC SECURITY

Item	2000		2001	
	Total	Urban Area	Total	Urban Area
Criminal Cases				
Number of Cases Registered (cases)	141930	130638	123554	113648
Number of Cases Cracked at the Same Year (cases)	39379	36027	34291	30655
Percentage of Cases Cracked to Total Criminal Cases at the Same Year (%)	27.75	27.58	27.75	26.97
Offense Cases against Public Order				
Cases Accepted (cases)	61823	55900	82777	76400
Cases Investigated and Dealed (cases)	40118	36258	51411	47081
City Traffic Accidents				
Number of Traffic Accidents (cases)	15304	10415	11351	8643
Number of Deaths and Injuries (persons)	16772	11315	13780	12154
# Number of Deaths (persons)	1714	1275	1848	1339
Losses Converted into Cash (10000 yuan)	5976	4598	6075	5020
Fires				
Number of Fires (cases)	324	314	311	276
Number of Deaths and Injuries (persons)	153	153	123	109
# Number of Deaths (persons)	44	44	48	39
Losses Converted into Cash (10000 yuan)	936	891	1283	1198

52 CITY ENVIROMENT POLUTION AND TREATMENT

(10 000 tons)

Item	2000		2001	
	Total	Urban Area	Total	Urban Area
Total Volume of Waste Water Discharged	95933	89056	104758	96836
Industrial Waste Water	24622	21058	24780	21048
# Volume of Industrial Waste Water up to the Discharge Standards	21732	18604	21940	18574
City Domestic Sewage	71311	67998	79978	75788
Total Volume of Industrial Waste Gas Emission (100 million cu. m)	1959.16	1798.39	2249.22	2086.08
Total Volume of Industrial Dust Emission	12.24	4.17	6.94	3.83
Total Volume of Industrial Dust Retrieved	91.58	72.69	92.99	71.64
Total Volume of Industrial Solid Waste Produced	346.8	336.3	399.6	367.7
Total Volume of Industrial Solid Waste Utilized in a Comprehensive Way				
Total Volume of Industrial Solid Waste Treated	285.3	276.6	366.6	338.7
Total Volume of Industrial Waste Residue Accumulated over the Years	457	456	470	468
Traffic Noise in Urban Area (decibel)		69.1		68.9
Area of Soot Control Region in Urban Area (1000 sq. m)		284.6		297.5

中国统计出版社最新资料书简目

广州市药品监督管理局

局长 杨卫东

主要职责：贯彻执行国家和省有关药品监督管理工作方针、政策、法律、法规和规章；结合广州的实际，研究制订的实施办法并监督实施。组织实施处方药、非处方药分类管理制度；负责药品不良反应监测。监督实施药品标准、医疗器械产品和药用包装材料的国家、行业标准；核发第一类医疗器械产品注册证和审核经营备案登记；受省局的委托审核第二类医疗器械产品注册证；依法对直接接触药品的包装材器的使用进行监督管理；查处有关违法行为。监督抽查药品生产、经营和医疗机构的药品。医疗器械质量；依法查处制、售假劣药品和医疗器械行为；监督管理中药材集贸市。监督实施药物非临床研究质量、药物临床试验质量管理规范。监督管理麻醉药品、精神药品、毒性药品、放射性药品及特种药械。监督实施药品生产、经营和医疗机构制剂配制的质量管理规范；依法审核药品生产、批发和医疗机构制剂许可证，审批《药品经营企业（零售）许可证》。监督实施药品流通的管理制度和办法；监督实施处方药和非处方药、中药材、中药饮片的购销规则。协助实施执业药师和驻店药师的资格认定制度；负责执业药师、驻店药师注册初审工作。指导本辖区药品检验机构、局的派出机构及所属事业单位的业务工作。承办市政府和上级药品监督管理部门交办的其他事项。

单位地址：广州市十八甫路96号 邮编：510130 联系电话：81395713 举报投诉电话：81873897 传真：81395913